고대철학

A New History of Western Philosophy volume 1 :

Ancient Philosophy

케니의 서양철학사 1권

고 대 철 학

앤서니 케니 지음
김성호 옮김

서광사

이 책은 Sir Anthony Kenny의 *A New History of Western Philosophy* volume 1 : *Ancient Philosophy* (Oxford University Press, 2004)를 완역한 것이다.

케니의 서양철학사 1권
고대철학

앤서니 케니 지음
김성호 옮김

펴낸이—이숙
펴낸곳—도서출판 서광사
출판등록일—1977. 6. 30.
출판등록번호—제 406-2006-000010호

(10881) 경기도 파주시 회동길 77-12(문발동)
Tel: (031) 955-4331 / Fax: (031) 955-4336
E-mail: phil6161@chol.com
http://www.seokwangsa.co.kr / http://www.seokwangsa.kr

제1판 제1쇄 펴낸날 · 2008년 6월 20일
제1판 제7쇄 펴낸날 · 2023년 8월 30일

ISBN 978-89-306-0627-1 94160
ISBN 978-89-306-0626-4 94160 (전 4권)

차례

옮긴이의 말

다소 번거로운 일인지도 모르지만 우선 이 책을 번역하게 된 과정부터 소개하려 한다. 옮긴이는 이 책의 저자인 케니가 철학사에 관한 일련의 저술들을 펴내기 이전부터 누군가가 '서양철학사'를 새로 쓴다면 케니보다 적임자는 없으리라고 생각해 왔다. 이미 잘 알려져 있고 또 케니 자신도 머리말에서 소개하듯이 케니의 연구 성과는 고대철학에서 현대철학에 이르기까지 서양철학 전반을 폭넓게 포괄하며 그 깊이 또한 최고 전문가 수준에 이른다. 그는 아리스토텔레스 윤리학 연구의 세계적인 대가일 뿐만 아니라 중세의 토마스 아퀴나스, 근대의 데카르트, 현대의 프레게와 비트겐슈타인에 대해서도 상당히 권위 있는 연구서를 출판하였고 이들 모두는 각 분야의 필독서로 인정받고 있다. 그리고 옮긴이는 이전에 데카르트에 관한 그의 책을 번역하기도 하였다.

서양철학 전반에 대하여 문자 그대로 무불통지(無不通知)라는 말이 어울리는 탁월한 학자 케니가 언젠가는 '서양철학사'를 새로 펴내 주기를 내심 기대하고, 혹시 기회가 되면 이를 우리말로 번역해야겠다고 마음먹은 지는 이미 오래되었다. 옮긴이의 이런 기대가 헛되지 않았는지 케니는 1990년대 들어 철학사를 다룬 두 권의 책을 출판하였다. 첫 번째는 *The Oxford Illustrated History of Western Philosophy*(Oxford Uni. Press, 1994)인데 이 책은 각 시대별로 전문 학자들이 쓴 내용을 케니가 편집한 것으로 케니 자신은 근대철학 부분을 서술하였다. 두 번째는 *A Brief History of Western Philosophy* (Blackwell, 1998)이며 이는 케니가 단독으로 전체를 서술한 철학사이다(이 책의 개정판은 *An Illustrated Brief History of Western Philosophy* (Blackwell, 2006)인데 본문은 그대로 두고 그림과 사진을 더한 형태로 출판되었다). 이들의 출판 소식을 듣고 번역할 마음은 먹었지만 괜히 다른 일을 한답시고 게으름을 피우는 사이에 국내의 다른 출판사들이 번역 저작권을 얻었고, 부지런한 역자 분들이 번역을 완성하여 이미 두 책 모두 우리말 번역서가 출판되었다. 이 때문에 다소 아쉬운 마음을 가지고 있었는데 케니가 위의 두 책 중 후자를 보충하고 확대하여 전체 4권으로 구성된, 즉 고대, 중세, 근대, 현대 철학을 각각 한 권씩으로 서술한 방대한 철학사를 계획하였고 이들이 연이어 출판되었다는 반가운 소식을 접하고 이 기회를 놓쳐서는 안 되겠다는 생각에 서둘러 네 권 모두에 대한 번역 저작권을 서광사를 통하여 얻었으며, 이제 그 첫 권에 해당하는 '고대철학'을 번역하여 선보이게 되었다.

케니의 철학사가 지닌 몇 가지 장점을 소개하면 다음과 같다. 그의 철학사에서 가장 돋보이는 장점은 무엇보다도 어렵지 않다는 점이다. 케니는 서양철학에 대한 최소한의 관심을 지닌 분이 주의 깊게 읽어 나가면 충분히 이해할 수 있을 정도로 쉽게 글을 쓰며 간간이 재미있는 일화를 소개하여 독자들을 웃음 짓게 한다. 철학이라는 학문 자체가 그리 쉽고 만만한 분야는 아니지만 적어도 이 책에서 어떤 철학자나 그의 이론에 대한 설명이 그 자체보다도 더 어려워 독자들을 미궁에 빠뜨리는 경우는 없다고 확신한다. 그렇다고 해서 케니의 철학사가 수박 겉핥기식으로 쉽고 간단한 내용만을 얼기설기 모아 놓았다고 생각해서는 결코 안 된다. 많은 부분에서 그의 설명은 기존의 어떤 철학사에서도 찾아볼 수 없는 내용들을 깊이 있게 다루며 최근의 해석과 논쟁까지도 상세히 소개한다. 특히 플라톤의 이데아론에 관한 설명이나 아리스토텔레스의 논리학과 자연학 등에 관한 명확한 설명이 이를 잘 보여 준다. 따라서 케니는 전문성과 대중성 사이의 조화라는, 정말 이루기 힘든 목표를 이 책에서 충분히 실현하였으며 이는 진정한 대가만이 도달할 수 있는 경지라는 생각이 든다.

두 번째로 이 책은 기존의 철학사와는 다른 형식을 택하는데 이 또한 큰 장점이 아닐 수 없다. 케니는 이 책의 전반부에 해당하는 1장과 2장에서는 고대철학 전반을 시대적 흐름에 따라 개관하고, 후반부인 3장부터 9장까지는 논리학, 인식론, 윤리학 등의 주제를 선택한 후 이들에 대하여 심층적으로 고찰한다(고대철학뿐만 아니라 다른 시대도 모두 이런 형식으로 서술되었다). 이는 시대적 흐름에 충실하다 보면 주제별 논의가 산만하게 흩어지고, 주제별 접근에 충실하다 보면 시대적 연관성을 파악하기 어려워지는 약점을 보완한 새로운 형식이다. 이런 형식의 접근을 통하여 케니는 시대별 접근과 주제별 접근 사이의 조화라는 어려운 과제 또한 성공적으로 해결하였다고 생각된다.

이 책의 세 번째 장점은 케니라는 한 학자가 철학사 전체를 단독으로 서술하였다는 점이다. 케니 자신이 머리말에서도 밝히듯이 현대와 같은 전문화의 시대에는 어떤 한 사람이 서양철학사 전체는 고사하고 어떤 한 시대를 전반적으로 다룬 철학사도 제대로 쓰기가 어렵다. 많은 철학 전공자들이 애용하는, 현재도 계속 출판 중인 *The Cambridge History of Philosophy*를 예로 들어 보면 17세기 철학을 다룬 책만 해도(D. Garber and M. Ayers (eds.), *The Cambridge History of Seventeenth-Century Philosophy* (Cambridge Uni. Press, 1998), vol. I and II) 두 권을 합하여 1,600면 분량에 이를 정도로 방대하고 상세하지만 무려 30명이 넘는 학자들이 각자의 세부전공에 대하여 쓴 글을 모아 놓은 형태일 뿐 어떤 한 학자가 17세기 전반을 조망한 부분을 찾기는 어렵다. 물론 여러 학자가 함께 쓴 철학사도 나름대로 충분한 의미와 장점을 지니며, 이런 철학사를 펴내는 작업도 반드시 필요하다. 하지만 어떤 한 학자가 자신의 고유한 관점으로 전체를 해석하고, 자신의 고유한 문체로 일관성을 유지하면서 쓴 철학사는 드문 만큼이나 큰 가치와 의미를 지닌다고 생각된다. 그리고 이런 철학사의 전형을 바로 케니의 철학사에서 발견한다.

이런 여러 장점을 지니는 케니의 철학사를 번역하여 소개하는 기회를 얻게 된 것을 무척 기쁘게 생각하지만 동시에 옮긴이의 서투른 번역이 케니의 훌륭한 책에 흠집을 내지나 않았는지 걱정과 부담이 되기도 한다. 특히 고대 그리스철학을 전공하신 분들이 보시기에는 용어 선택이나 원문 인용 등에서 여러 부족함과 미흡함이 있으리라 여겨진다. 하지만 이 책이 특정한 주제를 다룬 전문서나 논쟁을 위한 논문이 아니라 전반적인 철학사이기 때문에 폭넓은 독자들을 위하여 가능하면 쉽고 친근한 용어를 사용하여 번역하였음을 감안해 주시기를 바랄 뿐이다. 또한 이 책을 번역하면서 옮긴이가 이전에 애링턴의 《서양 윤리학사》를 번역할 때보다 훨씬 더 많은 고대 그리스철학의 원전들이 번역, 출판되었음을 알게 되었고 이들로부터 큰 도움을 얻었다. 일일이 밝히지는 않더라도 고대철학을 전공하신 많은 분들의 노고에 깊이 감사드린다.

번역 작업을 계속하다 보니 번역 자체뿐만이 아니라 번역의 이론이나 기법에 관한 책에도 관심을 갖고 자주 읽어 보기도 한다. 최근 읽은 책의 한 대목을 보면 19세기 말에서 20세기 초에 걸쳐 많은 서양 서적을 중국어로 번역한 대표적인 번역가 옌푸(嚴復, 1854~1921)는 훌륭한 번역의 조건으로 원문의 내용을 번역문에서 정확히 표현하는 '신'(信), 번역문이 쉽고 순탄하게 읽혀야 하는 '달'(達), 번역문 자체가 아름다워야 하는 '아'(雅)의 세 가지를 내세웠다고 한다. 옮긴이의 능력이나 재주가 '아'를 운운할 수준에 미치지 못함은 옮긴이 자신이 너무도 잘 아는 바, 그저 '신'을 바탕으로 군데군데 '달'을 추구해 보려고 애썼지만 이나마 제대로 이루어졌는지 의심스러울 따름이다. 하지만 언젠가는 이 세 조건을 모두 만족시키는 번역을 — 어쩌면 이것이 번역의 이데아일지도 모르겠다 — 내놓으리라는 목표를 향해서 꾸준히 노력하겠다는 말씀만은 드린다.

앞서 말했듯이 케니의 새 철학사가 출간된다는 소식을 듣고 급한 마음에 모두 저작권을 얻기는 하였지만 막상 번역을 시작하고 보니 예정했던 기간보다 훨씬 늦게 1권의 번역을 마쳤다. 늦어지는 번역 원고 때문에 옮긴이보다도 더 속을 태웠을 서광사의 김찬우 부장님께 미안함과 동시에 감사하다는 말씀을 전하며 이렇게 훌륭한 책을 만들어 주신 서광사 편집부의 모든 분들께도 깊이 감사드린다. 그 외에도 이 책을 번역하는 과정에 많은 도움을 준 선후배 동학들께도 고개 숙여 감사한다. 마지막으로 이 책이 철학에 관심을 지닌 많은 분들께 작은 도움이라도 되고 그분들이 서양 고대철학에 대한 이해를 늘이는 데 조금이라도 기여한다면 옮긴이로서는 더 이상 바랄 바가 없다.

2008년 5월

옮긴이 김 성 호

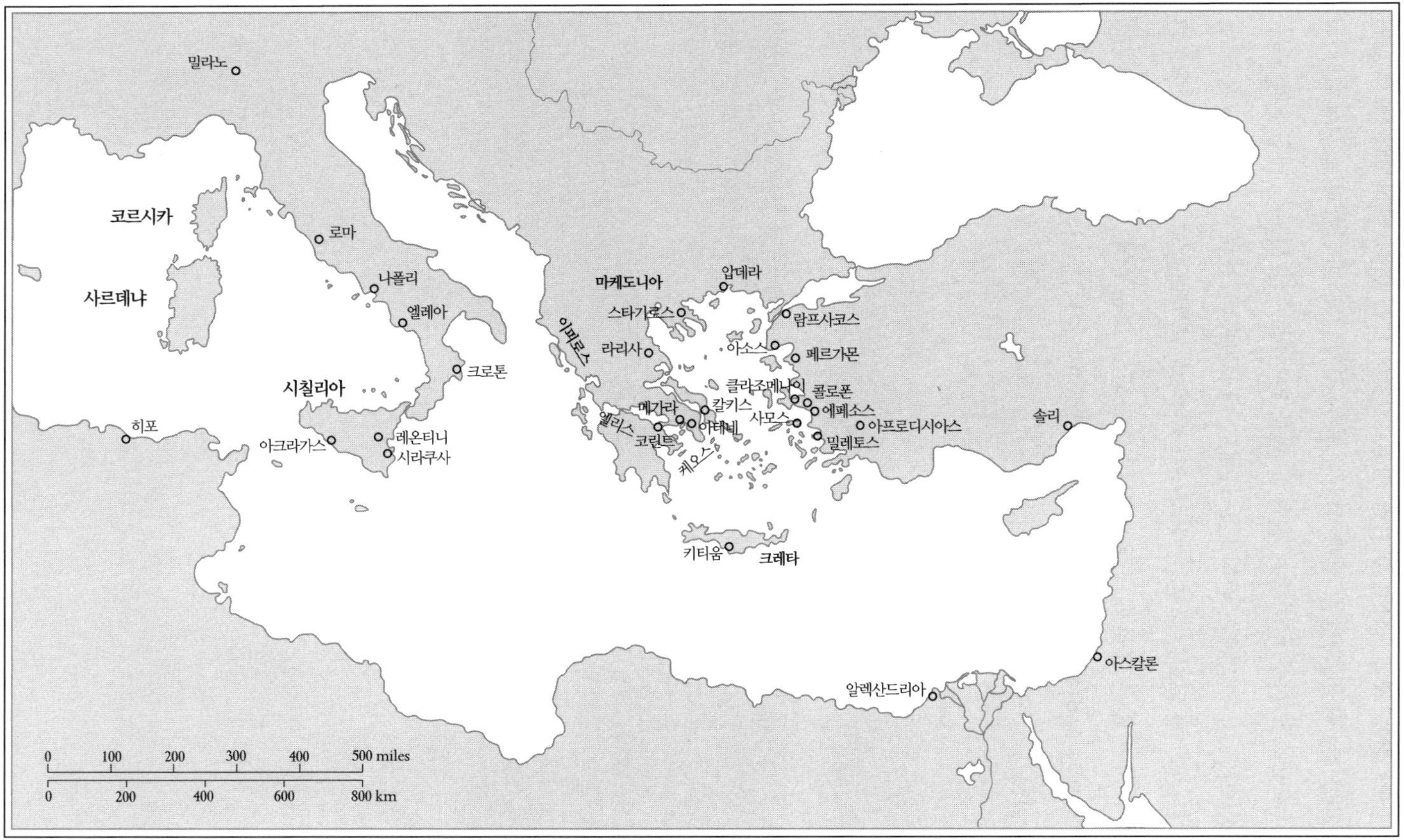
밀라노
코르시카
사르데냐
로마
나폴리
엘레아
크로톤
시칠리아
히포
아크라가스
레온티니
시라쿠사
마케도니아
압데라
스타기로스
이피로스
라리사
람프사코스
아소스
페르가몬
클라조메나이
콜로폰
메가라
칼키스
에페소스
사모스
아프로디시아스
엘리스
코린트
아테네
케오스
밀레토스
솔리
키티움
크레타
아스칼론
알렉산드리아
0 100 200 300 400 500 miles
0 200 400 600 800 km

머리말

왜 우리는 철학사를 공부하는가? 많은 이유들이 있겠지만 이들은 대체로 두 부류로, 철학적인 이유와 역사적인 이유로 나뉜다. 우리는 현재 이루어지는 철학적 탐구의 주제들을 해명하기 위하여 과거의 위대한 철학자들을 탐구할 수도 있다. 아니면 이전 사람들과 사회를 이해하고 그들이 사고하고 행위 했던 개념의 지형도를 파악하기 위하여 그들의 철학을 읽는지도 모른다. 또한 지속적인 관심의 대상이 되는 철학적 문제들을 해결하는 데 도움을 얻기 위하여 또는 지나간 시대의 지적 세계에 더욱 깊이 접근하기 위하여 다른 시대 철학자들의 저술을 읽을 수도 있다.

서양철학의 출발점부터 현재까지를 다루려 하는 이 철학사에서 나는 위의 두 목적을 모두 이루려 하지만 서로 다른 부분에서 서로 다른 방법을 사용하려 하므로 우선 이 서문에서 이에 관하여 분명히 밝혀 두려 한다. 하지만 이 철학사를 서술하기 위한 전략을 소개하기에 앞서 잠시 철학 자체의 본성에 대하여 생각해 볼 필요가 있다. '철학'이라는 단어는 서로 다른 사람이 말할 때 서로 다른 의미를 지니며 이에 따라 '철학사'도 수많은 다른 방식으로 해석될 수 있다. 철학사가 무엇을 의미하는가는 각각의 철학사가가 철학의 본질을 무엇으로 보는가에 달려 있다.

이런 사실은 최초의 철학사가였던 아리스토텔레스(Aristotle)나 스스로 철학을 완성함으로써 최후의 철학사가가 되기 원했던 헤겔(Hegel)의 경우에서 잘 드러난다. 이들 둘은 철학의 본성에 관하여 서로 전혀 다른 견해를 지니고 있었다. 그렇지만 이들 모두는 철학이 점점 발전한다는 관점을 공유하였다. 시대가 흐를수록 철학의 문제들은 이전보다 훨씬 더 명확하게 정의되며 이들에 대하여 훨씬 더 정확한 대답이 주어진다. 아리스토텔레스는《형이상학》(*Metaphysics*)의 1권에서, 헤겔은《철학사 강의》(*Lectures on the History of Philosophy*)에서 자신들보다 앞서 등장한 여러 철학자들의 가르침을 소개하면서 이를 자신들이 제시하려 하는 철학적 전개 방향으로 나가기 위한 일종의 예비 단계로 서술한다.

오직 철학자로서 최고의 자기 확신을 지닌 사람만이 이런 방식으로 철학사를 쓸 수 있다. 철학자가 철학사를 쓸 경우 대부분 빠지기 쉬운 유혹은 자신의 저술을 통해서 완결된 철학사를 쓰는 것이 아니라, 현재 어떤 철학 체계가 유행하든 간에, 철학을 점진적인 발전 과정으로 쓰려는 태도이다. 하지만 이런 유혹은 단호히 물리쳐야 한다. 철학의 발전이 어느 특정한 방향을 향한다는 사실을 보장해 주는 어떤 근거도 존재하지 않는다.

사실 철학이 어떤 발전이라도 이루었는가 자체가 의문시된다. 이전 언젠가에 등장했던 중요한 철학적 문제는 수세기가 지난 후에도 여전히 논의되며 어떤 명확한 답변에 조금도 접근하지 못한 듯이 보인다. 20세기 철학자인 비트겐슈타인(Ludwig Wittgenstein)은 다음과 같이 썼다.

> 사람들이 철학은 전혀 발전하지 않았으며 이미 고대 그리스인들이 골몰하였던 철학적 문제들이 오늘날에도 여전히 문제시된다고 말하는 것을 항상 듣는다. 하지만 이렇게 말하는 사람들은 왜 그럴 수밖에 없는지는 전혀 알지 못한다. 그 이유는 우리의 언어가 여전히 동일하며 항상 동일한 문제를 불러일으키기 때문이다. … 나는 '철학자들이 "실재"라는 말의 의미에 플라톤에 비하여 조금도 다가가지 못했다'라고 쓴 글을 읽었다. 이 얼마나 이상한 일인가! 또 플라톤이 그렇게 가까이 다가갔다는 점은 얼마나 놀라운가! 우리가 조금도 더 가까이 다가가지 못했음은 더 놀랍지 않은가? 과연 플라톤이 **그**

토록 똑똑했기 때문인가? (MS 213/424)

어쩌면 우리가 철학의 진보에 대한 아리스토텔레스적인 태도와 비트겐슈타인적인 태도라고 부를 수 있는 바 사이의 차이는 철학 자체에 대한 서로 다른 두 관점 사이의 차이와 연결되는 듯하다. 철학은 한편으로는 과학으로, 다른 한편으로는 예술로 또 다른 그 무엇으로도 간주될 수 있다. 사실 철학을 무엇 하나로 분류하기는 어려우며 철학은 예술과 과학 모두와 유사하기도 하다.

한편으로 철학자도 진리를 추구한다는 점에서 철학은 과학으로 보이기도 한다. 철학에서도 발견이 이루어지는 듯하며 철학자도 과학자와 마찬가지로 현재 진행 중인, 점차 누적되는 지적인 모험에 참여하고 협력하는 즐거움을 누릴 수 있다. 만일 그렇다면 철학자는 최근의 저술들에 정통해야 하며 최근의 기법들에 보조를 맞추어야 한다. 이런 견해에 따르면 21세기 철학자로서 우리는 철학적 작업을 수행한 이전 사람들에 비하여 유리한 위치에 서 있다. 우리가 과거 위대한 철학자들의 어깨 위에 서 있음은 의심의 여지가 없지만 어쨌든 우리는 그들 위에 서 있지 않은가? 우리는 플라톤(Plato)과 칸트(Kant)를 넘어섰다.

다른 한편으로 철학을 예술로 본다면 고전적인 작품들은 시대를 초월한다. 만일 물리학이나 화학을, 이들의 역사가 아니라 이들 자체를 배우려 한다면 오늘날 뉴턴(Newton)이나 패러데이(Faraday)를 읽을 필요는 없다. 하지만 우리는 여전히 호메로스(Homer)와 셰익스피어(Shakespeare)를 읽는데 이는 단지 오래 전에 살았다가 과거로 사라진 사람들이 마음속에 지녔던 특별하고 아름다운 무언가를 알기 위해서가 아니다. 그리고 철학에 대해서도 충분히 이런 주장을 펼 수 있다. 오늘날 아리스토텔레스를 읽는 까닭은 단지 옛것을 즐기는 호기심을 만족시키기 위해서가 아니다. 철학은 본질적으로 지적인 천재 각 개인의 작품이며 셰익스피어가 호메로스를 대신할 수 없듯이 칸트가 플라톤을 대신할 수는 없다.

위의 두 설명은 각각 어느 정도 참이기는 하지만 이들 중 어떤 것도 전적으로 참은 아니며 또한 진리 전체를 포함하지도 않는다. 철학은 과학이 아니며 따라서 최근의 기법 같은 것은 존재하지 않는다. 철학은 지식을 확장하거나 세계에 대한 새로운 진리를 얻는 문제가 아니다. 철학자들은 다른 철학자들이 부정할 만한 중요한 정보를 갖고 있지 않다. 철학은 지식이 아니라 이해의 문제, 말하자면 알려진 바를 조직화하는 문제이다. 하지만 철학은 모든 것을 포괄하므로 철학의 영역은 보편적이며, 지식을 조직화하기 위하여 철학은 오직 천재들만이 제대로 할 수 있을 정도로 어려운 무언가를 필요로 한다. 그런데 우리 모두가 천재는 아니므로 우리가 철학을 통해서 무언가를 얻기 위하여 사용할 수 있는 유일한 방법은 과거 몇몇 위대한 철학자들의 정신세계에 손을 한번 뻗어 보는 것뿐이다.

철학이 과학은 아니지만 철학사를 살펴보면 철학은 과학과 밀접한 관계를 유지함을 발견한다. 고대와 중세에는 철학의 한 부분으로 여겨졌던 수많은 학문 분과들이 개별 과학으로 독립한 지도 꽤 오래 지났다. 어쩌면 여전히 개념이 명료하지 않으며 방법이 논의의 대상이 되는 분야만이 오늘날까지 철학으로 남았는지도 모른다. 하지만 어떤 과학적 개념도 완전히 해명되지 않았으며 어떤 과학적 방법도 전혀 논쟁의 대상이 되지 않을 수는 없다는 점 또한 사실이다. 그렇다면 모든 과학에는 항상 철학적 요소가 남아 있다는 말도 일리가 있다. 그러나 일단 여러 주제들이 더 이상 아무 문제도 없는 듯 언급되고, 개념들이 더 이상 논쟁거리가 없는 듯이 표준화되고, 해결의 방법론에 대하여 어느 정도 합의가 이루어지면 그 분야는 더 이상 철학의 한 분과가 아니라 독립적인 영역을 확보한 과학이 된다.

철학은 한때는 학문의 여왕으로 또 한때는 학문의 시녀로 불렸지만 철학을 여러 학문의 탄생지 또는 산파로 생각하는 편이 나을 듯하다. 하지만 사실 여러 학문들이 철학으로부터 생겨나는 방식은 출산이라기보다는 분열에 가깝다. 많은 예를 들 수 있지만 다음의 두 예가 이를 잘 보여 준다.

17세기 철학자들은 우리의 관념들 중 어떤 것은 본유적이며 어떤 것은 획득되는가라는 문제를 해결하는 데 많은 노력을 쏟았다. 이 문제는 다시 두 문제로 나뉘는데 그중 하나는 심리학적이며('우리가 유전적으로 물려받은 바는 무엇이며 환경적으로 얻는 바는 무엇인가?'), 다른 하나는 인식론에 속한다('우리의 지식은 얼마나 경험에 의존하며 또 얼마나 경험과 무관한가?'). 여기서 첫 번째 질문은 과학적 심리학이 다루는 반면 두 번째 질문은 철학적인 것으로 남는다. 두 번째 질문 자체는 다시 여러 질문들로 나뉘는데 그중 하나로 '수학은 단지 논리학의 확장에 지나지 않은가 아니면 하나의 독립적인 진리 체계인가?'를 들 수 있다. 수학이 순수 논리학으로부터 도출될 수 있는가 그렇지 않은가에 대해서는 20세기 논리학자와 수학자들의 노력으로 정확한 대답이 주어졌다. 하지만 이 대답은 철학적이 아니라 수학적이다. 여기서 우리는 처음에는 다소 혼란스러웠던 철학적 질문이 두 방향으로 — 즉 심리학과 수학으로 — 나뉘는 모습을 본다. 하지만 문제의 중심부에는 수학적 명제의 본성과 관련된 철학적 요소가 여전히 자리 잡고 영향을 미친다.

이보다 시대적으로 앞선 예는 다소 복잡하다. 아리스토텔레스는 철학의 한 분야를 '신학'이라는 영예로운 위치에 올려놓았다. 오늘날 우리가 그의 저술을 읽어 보면 이 분야는 천문학과 종교철학이 결합된 영역으로 보인다. 기독교와 이슬람 계통의 아리스토텔레스주의자들은 여기에 자신들의 성서가 가르치는 내용을 더하였다. 13세기 아퀴나스(St Thomas Aquinas)에 이르러서야 자연신학과 계시신학 사이에 뚜렷한 구별이 이루어졌는데 이는 철학적인 체계에서 계시에 호소하는 주장들을 제거한 최초의 중요한 분열이기도 하다. 하지만 천문학과 자연신학이 분리되는 데는 더 오랜 시간이 걸렸다. 이 예는 철학으로부터 분리된 바가 반드시 과학일 필요는 없으며 예를 들면 성서학과 같은 인문학의 분과일 수도 있음을 보여 준다. 이는 또한 철학사가 분열뿐만 아니라 융합의 경우도 포함한다는 점을 보여 주는 예이기도 하다.

철학은 어떤 규준과 중요한 관계를 지닌다는 점에서 예술과 유사하다. 철학자는 일련의 고전적인 문헌들을 인용하면서 자신의 문제를 제시한다. 철학은 한정된 주제가 아니라 오직 특유의 방법만을 지니므로 위대한 철학자들이 실제로 행한 활동에 의해서 정의되는 분야이기도 하다. 철학자로 인정받은 최초의 인물들, 즉 소크라테스 이전 철학자들은 동시에 과학자이기도 하였으며 이들 중 일부는 또한 종교 지도자이기도 하였다. 이들은 아직 자신들이 어떤 공통적인 직업을 지니며 이에 종사한다고 생각하지 않았는데 이런 태도는 21세기 철학자에게까지도 이어진다. 현재 우리가 사용하는 것에 근접한 의미로 '철학'이라는 단어를 저술에서 처음 사용한 인물은 플라톤이었다. 우리들 중 자신을 철학자라고 부르는 사람은 진정 플라톤과 아리스토텔레스의 상속자라고 보아도 좋을 듯하다. 하지만 우리는 그들의 유산 중 극히 일부만을 상속받았을 뿐이다. 우리를 다른 위대한 그리스인들의 상속자와 구별해 주는 바는, 우리로 하여금 감히 그들의 이름을 물려받았다고 말하게 만드는 근거는 물리학자나 천문학자, 의학자, 언어학자와는 달리 우리가 철학자로서 오직 플라톤과 아리스토텔레스가 이미 사용했던 것과 같은 방법을 사용하여 그들이 추구했던 바와 같은 목표를 추구한다는 점이다.

만일 철학이 과학과 예술 사이의 어디쯤에 놓여 있다면 '철학은 발전하는가?'라는 질문에 대한 대답은 과연 무엇인가?

어떤 사람들은 철학의 주요 임무가 우리의 지적인 혼동을 치료하는 것이라고 생각한다. 철학자의 역할에 대하여 이런 다소 겸손한 관점을 택할 경우 철학자의 임무는 시대에 따라 달리 표현된다. 왜냐하면 각 시대가 서로 다른 형태의 치료를 필요로 하기 때문이다. 별로 지적인 훈련을 받지 않은 사람들의 마음에 얽힌 매듭 자체가 시대에 따라 다르기 때문에 이를 푸는 데도 서로 다른 정신적인 운동이 필요하다. 예를 들면 우리 시대에 유행하는 병폐는 인간의 정신을 컴퓨터처럼 여기려는 유혹인 반면 이전 시대에는 정신을 전화교환기나 페달을 밟아 소리를 내는 오르간, 우리 내부의 작은 사람, 정령 등으로 여기려는 유혹이 있었다. 이전 시대의 병폐들 중에는 예를 들면 별이 생명체라는 믿음처럼 한 번 등장했다가 사라진 것도 있고 별을 통해서 인간의 행위를 예언할 수 있다는 믿음처럼 거듭해서 등장한 것도 있다.

하지만 철학이 치료의 역할을 한다는 견해는 단지 시대에 따라 철학이 변화한다는 주장만을 허용할 뿐 철학이 진정으로 발전한다는 주장에는 이르지 못하는 듯하다. 그러나 이 또한 반드시 참은 아니다. 사고의 혼동이 어떤 철학자에 의해서 만족스럽게 제거되어 더 이상 경솔한 사상가가 유혹의 덫을 놓을 수 없는 일이 일어나기도 한다. 우리는 이 철학사의 1권에서 이런 예들을 상세히 검토할 예정이다. 예를 들면 존재론(존재에 관한 학문)이라는 분야의 창시자인 파르메니데스(Parmenides)는 '존재한다'는 그리스어 동사의 서로 다른 의미를 구조적으로 혼동한 채 이에 기초한 체계를 제시하였다. 플라톤은 한 대화편에서 이 동사의 의미를 성공적으로 분류하여 이를 서로 뒤섞어 사용하는 일이 다시 일어나지 않도록 만들었다. 사실 맨 처음 파르메니데스를 이런 혼동에 빠뜨린 바가 정확히 무엇인지를 밝히기 위해서는 엄청난 철학적 상상력과 노력이 필요하다.

이런 종류의 발전은 자주 성공하였기 때문에 드러나지 않기도 한다. 어떤 철학적 문제가 일단 해결되기만 하면 아무도 그것을 더 이상 철학적 문제로 여기지 않는다. 이는 마치 풍자시에 나오는 반역과도 같다. '반역은 결코 성공할 수 없다. 이유가 뭘까? / 반역이 성공하면 아무도 감히 반역이라고 부르지 않기 때문에.'

철학적 발전이 가장 분명하게 드러나는 형태는 철학적 분석의 발전이다. 철학은 많은 정보에 통상적인 무언가를 더함으로써 발전하지 않는다. 앞서 말하였듯이 철학이 제공하는 바는 정보가 아니라 이해이다. 물론 현대철학자들은 과거의 위대한 철학자들이 몰랐던 바를 많이 안다. 하지만 이들이 아는 바는 철학적 내용이 아니라 철학이 낳은 과학을 통해서 발견된 진리들이다.

반면에 이전 시대의 가장 위대한 철학자들도 이해하지 못했던 바를 현대철학자들은 이해하기도 한다. 예를 들면 현대철학자들은 단어의 서로 다른 의미를 구별함으로써 언어를 명료화한다. 그리고 일단 이런 구별이 이루어지면 이후 철학자들은 자신의 철학적 성찰에서 이를 반드시 고려해야만 한다.

자유의지 문제를 예로 들어 보자. 철학사의 어떤 시점에서 두 종류의 인간 자유 사이에, 즉 무관심성의 자유(현재와 다르게 행위 할 능력)와 자발성의 자유(자신이 원하는 바를 행할 능력) 사이에 구별이 이루어졌다. 일단 이런 구별이 이루어지자 '인간은 의지의 자유를 누리는가?'라는 질문에 대하여 이런 구별을 충분히 고려한 대답이 등장하게 되었다. 심지어 이 두 자유가 일치한다고 믿는 사람조차도 이 사실을 보이기 위한 논증을 제시해야만 한다. 즉 이 구별을 무시하고는 이 주제를 진지하게 다룰 수 없게 되었다.

철학과 규준 사이의 관계를 전제하면 철학적 발전의 중요한 한 형태가 과거 위대한 철학자들의 사상을 다루고 해석함으로써 이루어진다는 점은 그리 놀라운 일이 아니다. 과거의 위대한 저술들은 철학에서 중요성을 잃는 법이 없다 — 하지만 이들이 지적으로 기여하는 바가 고정되어 있지는 않다. 각 시대는 자신의 문제와 목표에 따라 철학의 고전들을 해석하고 응용한다. 이런 사실은 최근 윤리학 분야에서 가장 두드러진다. 플라톤과 아리스토텔레스의 윤리학 저술들은 20세기 다른 어떤 도덕철학자의 저술보다도 현대의 도덕적 사고에 큰 영향을 미치는데 — 이 점은 어떤 인용 색인을 보더라도 쉽게 확인된다 — 이들이 이전에 해석되고 응용된 방식과는 전혀 달리 새롭게 해석되고 응용됨을 볼 수 있다. 이런 새로운 해석과 응용은 플라톤과 아리스토텔레스에 관한 우리의 이해를 진정 향상시키는 결과를 낳는다. 물론 이 경우의 이해는 플라톤의 대화편들이 쓰인 순서를 새롭게 탐구하거나 아리스토텔레스의 다양한 윤리적 저술들 사이의 문체를 비교함으로써 얻는 이해와는 전혀 다른 종류에 속한다. 우리가 얻는 새로운 빛은 오히려 셰익스피어의 《리어 왕》(*King Lear*)을 새롭게 지적으로 각색한 작품을 보면서 그를 높이 평가하는 경우와 유사하다.

철학사가는 일차적으로 철학에 관심을 두든 아니면 역사에 관심을 두든 간에 철학자인 동시에 역사가가 되지 않을 수 없다. 회화의 역사를 쓰는 사람이 화가일 필요는 없으며, 의학사를 쓰는 사람은 역사가이지 개업의가 아니다. 하지만 철학사가는 철학의 역사를 쓰면서 철학을 하지 않을 수 없다. 이는 철학을 전혀 모르는 사람은 훌륭한 철학사가가 될 수 없기 때문만은 아니다. 요리법을 전혀 모르는 사람도 마찬가지로 훌륭한 요리 역사를 절대 쓸 수 없다. 철학과 그 역사 사이의 연결은 다른 분야보다 훨씬 더 밀접하다. 역사가로서의 임무 자체가 철학사가로 하여금 다양한 주제들에 관한 자신의 의견을 요약하여 덧붙이도록, 왜 과거 철학자들이 그런 견해를 내세웠는가에 대한 근거를 제시하도록, 그들의 논증에서 드러나지 않은 전제들에 대하여 깊이 생각하도록 그리고 그들이 이끌어 낸 추론의 정합성과 타당성을 평가하도록 강요한다. 그런데 철학적 결론에 대하여 근거를 제시하는 일, 철학적 논증에 숨겨진 전제들을 추적하는 일 그리고 철학적 논증들을 논리적으로 평가하는 일 자체가 이미 전형적인 철학적 활동들이다. 따라서 진정한 철학사가라면 반드시 역사뿐만 아니라 철학에도 정통한 전문가가 되어야 한다.

다른 한편으로 철학사가는 과거 철학자들이 저술 활동을 했던 시기의 역사적 맥락에 대해서도 충분한 지식을 지녀야 한다. 역사상의 행위를 설명할 때 우리는 행위자가 왜 그렇게 했는지, 그 근거를 추구한다. 충분한 근거를 발견하면 우리는 그 행위를 이해했다고 생각한다. 심지어 행위자 자신이 언급한 바에 비추어 보아도 충분한 근거를 발견하지 못했다는 결론에 이르면 그 다음에는 다양하고 훨씬 복잡한 설명이 뒤따르기 마련이다. 행위에 대하여 참인 바는 철학적 견해에 대해서도 마찬가지로 참이다. 만일 철학사가가 과거 철학자의 이론에 대하여 충분한 근거를 발견하면 그의 임무는 완수된다. 반면에 과거 철학자에게서 충분한 근거를 발견할 수 없다는 결론에 이르면 철학사가는 더 이상의 훨씬 복잡한 임무, 즉 그 철학자의 이론을 그것이 등장한 맥락에 비추어 — 지적인 맥락뿐만이 아니라 어쩌면 사회적 맥락에도 비추어 — 설명해야 하는 임무에 봉착한다.[1]

철학과 역사가 밀접하게 연결된다는 사실은 심지어 어떤 철학 사조가 맨 처음 등장하는 계몽기에 이루어지는 일차적인 탐구에서도 잘 드러난다. 이 점을 매우 잘 보여 주는 현대의 예로 19세기 위대한 독일 철학자 프레게(Gottlob Frege)의 대표적 저술 《산수의 기초》(*The Foundations of Arithmetic*)[2]를 들 수 있다. 이 책의 전반부는 거의 다른 철학자들과 수학자들의 견해를 논의하고 반박하는 데 할애된다. 다른 학자들의 견해를 논의하는 과정에서 프레게는 자신의 통찰이 정교하게 형성됨을 확인하며 이는 결국 그가 자신의 결정적인 이론을 더욱 쉽게 제시하는 데 도움을 준다. 하지만 그가 자신의 견해와 반대되는 주장들을 상당히 길게 소개한 주된 이유는 독자들에게 현재 중요한 문제가 제기되는데 후에 자신이 이를 해결하려 한다는 확신을 심어 주기 위해서이다. 이런 예비 작업이 없으면 우리는 무언가를 배우는 데 필요한 최초의 전제, 즉 우리 자신의 무지에 대한 자각에 이르지 못한다고 그는 말한다.

현대와 같은 전문화 시대에 철학사들은 대부분 서로 다른 분야, 서로 다른 시대를 전공한 여러 학자들의 공동 작업을 통해서 출판된다. 나에게 단독으로 탈레스(Thales)에서 데리다(Derrida)에 이르는 서양철학사를 쓰도록 요청한 옥스퍼드대학 출판부는 철학의 전개 과정을 어떤 한 사람의 관점에서 바라보고 고대와 중세, 근대와 현대 모두를 서로 연결된 주제로 어떤 한 사람이 이야기함으로써 틀림없이 무언가를 얻을 수 있다는 믿음을 표현하였다. 나의 철학사는 모두 네 권으로 구성될 예정인데 1권은 서양철학의 출발

[1] 이런 임무가 얼마나 중요한지는 Michael Frede가 자신의 책 *Essays in Ancient Philosophy* (Oxford: Clarendon Press, 1987)에 덧붙인 머리말에서 잘 드러난다.

[2] 〔옮긴이 주〕 참고로 이 책의 훌륭한 우리말 번역을 소개하면 고틀로프 프레게, 《산수의 기초》, 박준용, 최원배 옮김 (아카넷, 2003).

점부터 기원후 387년 아우구스티누스(St Augustine)가 기독교로 개종한 때까지를 다룬다. 2권은 아우구스티누스로부터 제5차 라테란 공의회(the Lateran Council)가 열린 1512년까지를 다룰 예정이다. 3권은 1848년《공산당 선언》(*Communist Manifesto*)의 출판에서 마무리 지으려 하고 마지막 4권에서는 두 번째 천년의 끝부분까지 언급하려 한다.

이 철학사의 여러 부분에서 논의할 수많은 철학자들 모두에 대하여 내가 전문가라고 말할 수 없음은 명백한 사실이다. 하지만 나는 네 권에서 다루어질 각 시대의 대표적인 철학자에 관한 여러 저술을 이미 출판하였다. 나는 아리스토텔레스(*The Aristotelian Ethics*와 *Aristotle on the Perfect Life*), 아퀴나스(*Aquinas on Mind*와 *Aquinas on Being*), 데카르트(*Descartes: A Study of his Philosophy*와 *Descartes: Philosophical Letters*) 그리고 프레게와 비트겐슈타인(펭귄 출판사가 기획한 입문서 시리즈 중 *Frege*와 *Wittgenstein* 그리고 *The Legacy of Wittgenstein*)에 관한 여러 책을 펴냈다.[3] 이런 책들을 쓰는 데 쏟았던 노력이 이 철학사에서 다룰 서로 다른 네 시대의 철학적 양식과 특성을 파악하는 데 도움이 되기를 바랄 뿐이다. 이전의 노력을 통해서 내가 여러 철학적 문제와 통찰이 지닌 영속적인 중요성을 인식할 수 있었음은 분명한 사실이다.

나는 이 철학사를 이 머리말의 첫 부분에서 언급한 점들을 항상 고려하면서 쓰려고 한다. 즉 나는 철학의 현재 상태가 지금까지의 철학적 노력이 도달한 최고점을 드러낸다는 어떤 보수적인 환상에서도 벗어나려 한다. 이런 환상과는 정반대로 내가 이 책을 쓰는 목적은 이미 세상을 떠난 위대한 철학자들이 철학의 많은 측면에서 결코 시대에 뒤떨어지지 않았으며 우리가 영예롭게 물려받은 많은 위대한 저술들을 계속 주의 깊게 읽음으로써 오늘날

[3] 〔옮긴이 주〕 이들 중 우리말로 번역된 책들을 차례대로 소개하면 다음과 같다.《아퀴나스의 심리철학》, 이재룡 옮김 (가톨릭대학교 출판부, 1999);《데카르트의 철학》, 김성호 옮김 (서광사, 1991);《프레게》, 최원배 옮김 (서광사, 2002);《비트겐슈타인》, 김보현 옮김 (철학과현실사, 2001).

에도 얼마든지 탁월한 철학적 조명을 얻을 수 있음을 보이기 위함이다.

모든 종류의 철학사에서 핵심은 바로 해석, 즉 철학의 원전들을 주의 깊게 읽고 해석하는 일이다. 해석은 내부적 해석과 외부적 해석의 두 종류로 나뉜다. 내부적 해석을 시도하면서 해석자는 이른바 자비로운 해석의 원리를 사용하여 원전을 가능한 한 정합성을 유지하는 일관된 형태로 해석하려고 노력한다. 외부적 해석을 시도하면서 해석자는 하나의 원전을 다른 많은 원전들과 비교하고 대조함으로써 그것이 지닌 중요성을 드러내려 한다.

해석은 이 머리말의 첫 부분에서 언급한, 역사에 관한 서로 전혀 다른 두 가지의 노력을 기초로 형성되는 듯하다. 그중 하나는 역사상의 철학이라고 부를 수 있을 듯한데 이는 원전에서 논의되는 내용이나 주제에 대한 철학적 진실 또는 철학적 이해에 도달하는 것을 목표로 삼는다. 다른 하나의 노력은 사상사로서 이는 현재 다루는 주제에서 어떤 진실을 발견하는 것이 아니라 한 철학자 개인이나 한 시대 또는 역사적 연속성에 대한 폭넓은 이해에 도달하는 것을 목표로 삼는다. 사상사를 연구하는 학자들은 전형적으로 연구 대상이 되는 원전에서 말하는 바가 무엇인지를 밝히기 위한 근거보다는 그것의 근원, 원인, 동기 등을 추구한다.

이 두 분야 모두 해석에 기초하지만 이들 중 사상사가 원전을 정확하고 예민하게 읽는 일과 더욱 밀접하게 관련되는 듯하다. 그리 엄밀한 해석을 하지 못하는 사람도 훌륭한 철학자가 될 수는 있다. 비트겐슈타인은《철학적 탐구》(*Philosophical Investigations*)의 첫머리에서 아우구스티누스의 언어철학에 관하여 논의한다. 그가 제시한 바는 지극히 의심스러운 해석에 지나지 않는다. 하지만 이 사실이 '아우구스티누스적인' 언어 이론에 대한 그의 철학적 비판이 지닌 설득력을 약화시키지는 않는다. 비트겐슈타인은 자신이 사상사를 다룬다고 전혀 생각하지 않은 것과 마찬가지로 역사상의 철학을 다룬다고도 조금도 생각하지 않았다. 위대한 아우구스티누스를 잘못된 이론을 제시한 인물로 지적한 까닭은 오직 이런 잘못이 충분히 공격할 만한 가치를 지닌다는 사실을 보이기 위함이다.

서로 다른 철학사에서는 역사가의 기법과 철학자의 기법이 차지하는 비율 또한 서로 다른 듯하다. 그리고 그 철학사의 목적과 논의 대상이 되는 철학의 분야에 따라 적절한 비율도 달라지기 마련이다. 역사적 이해의 추구와 철학적 계몽의 추구 모두 철학사의 정당한 접근 방법이기도 하지만 동시에 이들 모두 나름대로의 위험성도 지닌다. 과거 철학자들이 골몰했던 철학적 문제에 정통하지 못한 채 철학사만을 탐구하는 역사가는 지나치게 표면적으로 서술하는 잘못을 저지르기 쉽다. 과거 여러 철학자들이 저술 활동을 했던 각 시대의 역사적 맥락에 관한 지식이 없이 고대, 중세 또는 근대의 원전만을 읽은 철학자는 시대착오적인 잘못을 저지르기 쉽다. 이런 두 가지 덫 중 어느 것에도 빠지지 않고 확고하게 자신의 길을 걸어가는 철학사가는 무척 드물다.

그런데 이런 잘못들 중 어느 하나도 철학사 전체의 목적을 물거품으로 만들기에 충분하다. 과거 철학자들을 괴롭혔던 철학적 문제에 별 관심이 없는 역사가는 그들이 어떻게 자신의 생각을 이끌어 나갔는지를 제대로 이해하지 못한다. 반면에 과거의 고전들이 형성된 역사적 배경을 무시한 철학자는 오늘날 관심의 대상이 되는 주제에 새로운 빛을 던지지 못하고 마치 가장무도회의 장식용 옷을 차려 입은 사람처럼 현대인들의 선입견만을 드러낸다.

이 두 위험성은 철학사의 서로 다른 영역을 서로 다른 정도로 위협한다. 형이상학의 영역에서는 표면적이고 피상적인 이해를 가장 경계하여야 한다. 기본적인 철학적 문제들에 대하여 별 관심이 없는 사람에게는 과거 위대한 철학자들의 체계가 단지 정교한 미치광이 짓으로 보일 뿐이다. 반면에 정치철학에서는 시대착오적 이해가 가장 위험하다. 플라톤이나 아리스토텔레스가 민주정을 비판한 대목을 읽을 때 고대 아테네 정치제도에 대하여 전혀 모른다면 그들을 제대로 이해할 수 없다. 형이상학과 정치철학 사이에 윤리학과 심리철학이 위치한다. 두 위험성이 거의 같은 정도로 이들 둘을 위협하는 듯하다.

나는 이 철학사를 쓰면서 철학적인 역사가인 동시에 역사를 잘 아는 철학자의 관점을 유지하려 한다. 여러 명의 저자가 쓴 철학사의 경우 때로는 시대순의 배열을, 때로는 주제 중심의 배열을 택한다. 나는 이 두 접근 방식을 결합하여 각 권마다 앞부분에서는 시대순으로 접근하고 그 이후에는 지속적인 중요성을 지니는 특정한 철학적 주제들을 선별하여 주제 중심으로 접근하려 한다. 역사적인 문제에 더 큰 관심이 있는 독자들은 시대순으로 접근한 부분을 먼저 읽고 관심이 확장되면 주제 중심으로 접근한 부분 중 필요한 곳을 읽는 편이 좋으리라 생각된다. 철학적 주제들에 더 큰 관심이 있는 독자들은 주제 중심으로 접근한 부분에 먼저 집중한 후 특정한 주제가 어떤 맥락에서 등장하였는지를 파악하려면 시대순으로 접근한 부분으로 되돌아오는 편이 좋을 듯하다.

이런 계획을 바탕으로 1권의 전반부에서 나는 일반적으로 받아들여지는 시대순의 배열에 따라 피타고라스(Pythagoras)에서 아우구스티누스까지를 살펴보았으며 후반부에서는 우리가 여전히 그들로부터 배울 바가 많다고 생각되는 그리스 고전 시대와 로마 제국 시대의 철학자들을 중심으로 주제를 선별하여 더욱 상세히 검토하였다. 주제 중심으로 접근한 부분에 등장하는 각각의 주제는 앞으로 출판될, 다른 시대를 다룬 책들에서도 같은 주제가 등장하리라는 점을 부분적으로 고려하여 선택하였다.

나는 대학교 2, 3학년 수준의 학생들을 주된 독자로 예상하고 이 책을 썼다. 하지만 나는 철학사에 관심이 있는 사람들 중에 정식으로 철학 과목을 수강하지 않은 사람도 많다는 사실을 깨달았다. 따라서 나는 독자들이 현대의 철학적 기법이나 전문 용어에 익숙하지 않다는 점을 최대한 가정하고 이 책을 서술하였다. 또한 나는 어떤 교과목을 통과하기 위해서가 아니라 순수하게 자신의 깨달음과 즐거움을 위해서 이 책을 읽을 독자들이 철학사를 충분히 즐길 수 있도록 명료하면서도 지나치게 무겁지는 않은 태도를 유지하려고 노력하였다.

1장

출발점:
피타고라스에서 플라톤까지

철학의 역사가 아리스토텔레스로부터 시작되지는 않았지만 철학의 역사에 대한 서술은 그로부터 시작되었다. 아리스토텔레스는 자신에 앞서 등장한 철학자들의 저술을 체계적으로 탐구하고, 기록하고, 비판한 최초의 철학자이다. 그는 《형이상학》(*Metaphysics*) 1권에서 자신보다 앞서 등장한 철학자들, 지적인 측면에서 먼 스승이라 할 수 있는 피타고라스와 탈레스로부터 실제로 자신이 20여 년 동안 그 아래서 교육을 받았던 플라톤에 이르는 여러 철학자들의 가르침을 요약하여 제시한다. 오늘날까지도 그의 기록은 철학의 요람기에 대한 가장 풍부하고 신뢰할 만한 자료를 제공한다.

사원인설

아리스토텔레스는 초기 그리스철학자들을 사원인설이라는 자신의 체계에 따라 분류한다. 그는 과학적 탐구는 무엇보다도 원인에 대한 탐구라고 생각하였는데, 원인에는 질료인, 동력인, 형상인, 목적인의 네 종류가 있다고 주장하였다. 다음과 같은 간단한 예를 들어 그의 생각을 설명해 보자. 요리사 알프레도가 이탈리아식 스튜인 리소토(risotto)를 만들려 할 때 리소토의 질료인은 그것을 만드는 데 들어가는 재료이며, 동력인은 요리사 자신이고, 형상인은 조리법이며, 목적인은 그의 음식점을 찾은 손님들의 만족이다. 아리스토텔레스는 세계를 과학적으로 이해하기 위해서는 이런 원인들 각각이 이 세계에서 작용하는 방식을 탐구할 필요가 있다고 굳게 믿었다(*Metaph*. *A* 3. 983^{a}24~^{b}17).

소아시아 지역의 그리스 해안 출신인 여러 초기 철학자들은 질료인에 집중하였다. 그들은 우리가 사는 세계를 구성하는 기본적인 재료가 무엇인지를 탐구하였다. 탈레스(Thales)와 그 후계자들은 다음과 같은 질문을 제기하였다. 가장 기본적인 수준에서 세계는 물로, 공기로, 불로, 흙으로 아니면 이들 중 어떤 것 또는 이들 모두의 결합으로 만들어지는가?(*Metaph*. *A* 3. 983^{b}20~84^{a}16) 이 질문에 대하여 어떤 대답을 하더라도 그것은 분명히 우리의 지적 호기심을 만족시킬 수 없다고 아리스토텔레스는 생각한다. 접시에 놓인 요리의 재료들은 결코 스스로 한데 섞이지 않는다. 이들을 자르고, 혼합하고, 휘젓고, 끓이는 등의 일을 함으로써 이들에게 작용하는 동력인이 반드시 필요하다. 초기 철학자들 중 몇몇은 이 점을 인식하여 세계의 변화와 발전을 일으키는 동력인을 나름대로 추측하여 제시하였다. 때로 이 동력인은 재료들 자체 중 하나로 여겨지기도 하였다 — 특히 가장 활발하게 움직이는 불이 설득력 있는 후보로 등장하였다. 하지만 대체로 재료 자체보다 더 추상적이며 더 생기 있는 다른 어떤 요소 또는 한 쌍의 요소들, 예를 들면 사랑이나 욕망, 투쟁 또는 선과 악 등이 동력인으로 여겨졌다(*Metaph*. *A* 3~4. 984^{b}8~31).

한편 이탈리아에서는 — 다시 한 번 아리스토텔레스에 따르면 — 피타고라스(Pythagoras)를 중심으로 수학적 경향을 보이는 철학자들이 전혀 다른 방식으로 탐구를 진행하였다. 이들은 재료의 이름을 밝히는 대신에 조리법이 다양한 수를 포함한다고 생각하였다. 즉 이 재료 몇 그램과 저 재료 몇 리터가 필요하다는 점을 밝혀야 한다. 피타고라스주의자들은 재료 자체보다도 세계의 구성방식에서 드러나는 수에 더 큰 관심을 보였다. 아리스토텔레스의 언급에 따르면 이들은 수라는 요소가 만물의 요소이며, 천상의 세계 전체가 음계를 이룬다고 생각하였다. 이들은 칠현금의 악보에서 음표들 사이의 관계가 현의 길이 사이의 서로 다른 수적 비율에 대응한다는 사실을 발견하고 크게 고무되었다. 이들은 이런 생각을 일반화하여 질적인 차이가 수적 차이의 결과일지 모른다고 생각하였다. 아리스토텔레스의 용어로 표현하면 이들은 세계의 형상인을 탐구한 셈이 된다(*Metaph*. *A* 5. 985ᵇ23∼986ᵇ2).

아리스토텔레스는 자신에 바로 앞서 등장한 철학자들에 관하여 언급하면서 소크라테스(Socrates)는 본성의 세계에 대한 탐구보다는 윤리학에 몰두한 반면, 플라톤(Plato)은 자신의 철학 이론을 통하여 탈레스와 피타고라스학파 양쪽의 접근 방식을 결합하였다고 말한다. 플라톤의 이데아론(Theory of Ideas)은 지금까지 고안된 이론 중 가장 포괄적인 철학 체계로 인정되지만 아리스토텔레스의 눈에는 몇 가지 근거에서 — 그가 여기서 요약하여 제시하고 그 후 여러 저술에서 더욱 발전시키는 몇몇 이유들 때문에 — 불만족스럽게 보였다. 즉 플라톤의 이데아론에는 설명해야 할 바가 너무나 많으며, 이데아는 단지 설명을 필요로 하는 새로운 용어를 더할 뿐이다. 따라서 이데아는 해결책을 제시하는 것이 아니라 문제를 일으킬 뿐이다(*Metaph*. *A* 5. 990ᵇ1 이하).

어떤 문헌에 대한 탐구로 논의를 시작하는 대부분의 저술들은 지금까지 등장한 모든 문헌들을 통틀어도 메워지지 않는 어떤 공백이 있는데, 이제 저자가 독창적인 탐구를 통하여 이 공백을 메우려 한다는 점을 보이려고 애쓴다. 이 점에서 아리스토텔레스의 《형이상학》도 예외가 아니다. 그가 굳이 숨기려 하지 않는 《형이상학》의 서술 목적은 이전 철학자들이 사원인 중에 나머지 하나인 목적인, 즉 자신의 자연철학에서 가장 중요한 역할을 담당하는 목적인을 얼마나 소홀히 생각하였는지를 보이려는 것이다(*Metaph*. *A* 5. 988ᵇ6∼15). 아리스토텔레스는 최초의 철학은 모든 측면에서 불명료함으로 가득 차 있어 비록 출발은 하였지만 단지 유아기 수준에 지나지 않는다고 결론짓는다(*Metaph*. *A* 5. $993^a15 \sim 7$).

현대철학자가 최초의 그리스 사상가들이 남긴 단편을 읽는다면 그들이 던진 질문보다는 그들이 질문에 답하면서 사용한 방법을 보고 더욱 깊은 인상을 받을 듯하다. 이와는 전혀 다른 측면에서 《성서》의 창세기 또한 아리스토텔레스가 제기한 사원인설에 대한 대답을 나름대로 제공한다. 예를 들어 최초 인간의 근원이 무엇인가라고 묻는다면 동력인은 신이며, 질료인은 지상의 흙이며, 형상인은 신의 형상과의 유사성이며, 목적인은 인간이 바다의 물고기와 하늘의 새와 땅에 움직이는 모든 생물을 다스리기 위함이라는[1] 대답을 듣는다. 하지만 창세기는 철학적 저술은 아니다.

다른 한편으로 피타고라스는 아리스토텔레스가 던진 질문에 답하였다는 사실보다는 직각삼각형에서 빗변의 제곱은 다른 두 변의 제곱을 합한 것과 같다는 정리를 증명하였다는 사실로 더욱 잘 알려져 있다. 탈레스 또한 일식을 정확하게 예측한, 이 일식은 기원전 585년에 일어났는데, 최초의 인물로 그 이후 그리스인들로부터 신뢰를 받아 왔다. 하지만 이들은 철학이 아니라 기하학과 천문학의 성과이다.

하지만 이 당시 종교와 과학, 철학 사이의 구별이 그 이후 시대만큼 뚜렷하지 않았다는 점은 분명한 사실이다. 아리스토텔레스와 그의 스승인 플라톤의 저술은 그 이후 모든 시대에 걸쳐 철학의 전형을 제공하였으며, 오늘날까지도 '철학자'로 불리는 모든 사람은 자신이 이 둘 중 한 사람의 후계자라고 주장한다. 21세기 철학 잡지에 논문을 기고하는 사람들이 플라톤과 아리스토텔레스의 저술에서 발견되는 것과 동일한 개념 분석 기법을 사용하며, 그들과 동일한 이론적 논증들을 반복하거나 반박하는 경우를 쉽게 찾아볼 수 있다. 하지만 그들의 저술에는 지금은 결코 철학적 논의로 여겨질 수 없

[1] 〔옮긴이 주〕《성서》, 창세기, 1장 28절 참조.

는 바도 수없이 많다. 기원전 6세기경에는 종교와 과학, 철학적 요소 모두가 하나의 문화적 틀 안에서 함께 발효되었다고 말할 수 있다. 시간이 한참 흐른 지금의 관점에서 보면 현대의 철학자, 과학자, 신학자 모두가 이런 초기 사상가들을 자신의 지적인 스승으로 되돌아볼 수 있을 듯하다.

밀레토스학파

그리스철학에 기초를 놓은, 그래서 전통적으로 그리스철학의 아버지로 여겨지는 밀레토스 출신의 탈레스(Thales of Miletus, 기원전 625~545경)가 직접 남겼다고 전해지는 말은 단 두 마디뿐이다. 이들은 과학과 종교가 뒤섞여 있음을 잘 보여 주는데 그중 하나는 '모든 것은 신들로 가득 차 있다'는 말이며, 다른 하나는 '물은 모든 것의 제일원리이다'라는 말이다. 탈레스는 기하학자로서 원에 내접하는 직각삼각형의 작도법을 처음 발견하였다. 그는 신들에게 소를 제물로 바치면서 이 발견을 자축하였다(D.L. 1. 24~5). 뿐만 아니라 그는 한낮에 자신의 그림자 길이가 실제 키와 일치하는 시간에 맞추어 피라미드 그림자의 길이를 잼으로써 피라미드의 높이를 측정하기도 하였다. 그는 자신의 기하학을 실용적으로 사용하였다. 한 변의 길이와 그 변의 양측 두 각의 크기가 같은 두 삼각형은 서로 합동이라는 사실을 증명한 후 그는 이 결과를 이용하여 바다에 떠 있는 배까지의 거리를 계산하였다.

탈레스는 또한 천문학자와 기상학자로도 높은 평판을 얻었다. 일식을 예측한 일 외에도 그는 한해가 365일로 이루어진다는 사실을 보이고 하지와 동지 날짜를 결정한 최초의 인물로 전해지며, 또한 별자리를 연구하여 해와 달의 크기를 추정하기도 하였다. 그는 이런 기술을 기상 관측에 적용하여 큰 이익을 얻었다고 한다. 어떤 해에 올리브 열매가 풍작을 이루리라고 예상한 그는 올리브기름을 짜는 기계를 모두 미리 독점하였고 이를 통하여 많은 돈을 벌었다. 이에 대하여 아리스토텔레스는 철학자도 스스로 원하기만 하면 쉽게 부자가 될 수 있다는 점을 그가 잘 보여 준다고 말하였다(*Pol*. 1. 11. 1259ᵃ6~18).

탈레스에 대하여 예로부터 전해져 내려오는 이야기의 절반만 사실이라 할지라도 그는 다양한 재능을 지닌 인물임에 틀림없다. 하지만 그에 대하여 전통적으로 전해지는 모습은 다소 모호하다. 한편으로 그는 성공한 철학자인 동시에 정치 및 군사 전문가로 묘사된다. 다른 한편으로 그는 현실에 어둡고 얼빠진 사람으로 웃음거리가 되기도 한다. 특히 플라톤은 다음과 같은 이야기를 전한다.

> 탈레스가 별들을 탐구하느라고 하늘을 관찰하다가 바로 앞에 있는 도랑에 빠졌다. 이 모습을 본 재치 있는 트라키아 하녀는 높은 천상에 있는 것을 알고 싶어 미칠 지경이지만 바로 앞 발 아래 있는 것도 보지 못한다고 그를 조롱하였다. (*Theaetetus* 174a)

그가 별을 관찰하다가 도랑에 빠진 이 사건 때문에 죽음을 맞이하였다는 이야기도 있지만 이는 거의 믿을 만한 것이 못된다.

탈레스는 아테네의 위대한 입법가인 솔론(Solon)과 더불어 고대 그리스의 7현인 또는 현자 중의 한 사람으로 간주된다. 또한 그는 많은 경구를 남겼다고 전해진다. 그는 어떤 나이 이전에는 결혼하기 너무 이르며 그 나이 이후에는 결혼하기 너무 늦다고 말하였다. 그리고 왜 아이가 없냐는 질문을 받고는 '모든 아이들을 좋아하기 때문'이라고 답하였다.

탈레스의 이런 언급은 그 후 오랫동안 철학자들이 결혼을 경멸한다는 증거로 여겨졌다. 누구든지 진정으로 위대한 철학자들의 목록을 만들어 보면 거기에 포함된 철학자들 대부분이 평생 결혼하지 않았다는 사실을 발견하게 된다. 예를 들어 언뜻 떠오르는 목록은 플라톤, 아우구스티누스(Augustine),

아퀴나스(Aquinas), 스코투스(Scotus), 데카르트(Descartes), 로크(Locke), 스피노자(Spinoza), 흄(Hume), 칸트(Kant), 헤겔(Hegel), 비트겐슈타인(Wittgenstein) 등을 포함할 텐데, 이 중 아무도 결혼하지 않았다.[2] 아리스토텔레스는 결혼과 철학이 서로 양립할 수 없다는 규칙을 반박하는 예외적인 경우이다.

심지어 고대 사람들도 왜 탈레스가 물을 궁극적인 설명 원리로 채택하였는지 쉽게 이해할 수 없었다. 탈레스는 개울에 흐르는 물 위에 떠 있는 통나무처럼 땅이 물에 의존하여 그 위에 떠 있다고 말하였다 — 하지만 그렇다면 다시 물은 무엇에 의존하는가라고 아리스토텔레스는 묻는다(*Cael*. 2. 13. 294ᵃ28~34). 탈레스는 더 나아가 모든 것은 물로부터 생겨났으며, 어떤 의미에서는 물로 만들어졌다고 말한다. 하지만 다시 한 번 그가 이렇게 말한 이유는 모호한데, 이에 대하여 아리스토텔레스는 모든 동물과 식물이 살기 위해서는 물을 필요로 하며 정액이 축축하기 때문에 그렇게 생각하지 않았겠는가라고 추측한다(*Metaph*. *A* 3. 983ᵇ17~27).

탈레스에 비하여 조금 젊지만 그의 동료이기도 했던 밀레토스 출신의 아낙시만드로스(Anaximander of Miletus, 기원전 547경 사망)는 다소 이해하기 쉬운 우주론을 제시하였다. 우리는 그의 견해에 대하여 더욱 많이 알 수 있는데 그 까닭은 그가 《자연에 관하여》(*On Nature*)라는 저술을 남겼기 때문이다. 그는 이 책을 당시 막 유행하기 시작한 산문체로 썼다. 탈레스와 마찬가지로 그 또한 수많은 과학적 성과를 최초로 이룬 인물로 전해진다. 그는 최초의 세계 지도와 별자리표, 그리스 최초의 해시계뿐만 아니라 실내용 시계까지도 만들었다. 그는 지구가 원통형이라고, 즉 높이가 지름의 삼분의 일

[2] 〔옮긴이 주〕 헤겔을 결혼하지 않은 철학자의 목록에 포함시킨 것은 저자의 착각으로 보인다. 여러 전기적 자료에 의하면 헤겔은 분명히 결혼하였고, 행복한 결혼 생활을 누렸다. 대표적으로 최근에 번역, 출판된 방대한 헤겔 전기인 테리 핀카드, 《헤겔, 영원한 철학의 거장》, 전대호, 태경섭 옮김(이제이북스, 2006), 383면 이하 참조. 또한 위의 목록에 포함되지 않았지만 결혼하지 않은 철학자로 라이프니츠(Leibniz), 쇼펜하우어(Schopenhauer), 니체(Nietzsche) 등을 들 수 있다.

자신이 만든 해시계를 들고 있는 아낙시만드로스, 로마시대의 모자이크

이하인 원기둥 모양이라고 가르쳤다. 지구의 둘레에는 불로 가득 차 있는 거대한 바퀴들이 있다. 각각의 바퀴에는 구멍이 뚫려 있어 이 구멍을 통하여 밖에서도 불을 볼 수 있는데 이런 구멍들이 바로 해와 달과 별이다. 구멍들이 차단되는 경우가 있는데 이것이 일식과 달의 차고 기움을 설명해 준다. 하늘의 불은 지금은 거의 감추어져 보이지 않지만 이전에는 막 생겨난 지구의 둘레를 도는 거대한 둥근 불꽃이었다. 이 불꽃이 폭발하였을 때 그 파편들이 마치 나무껍질이 나무를 감싸고 자라나듯 그렇게 자라나 지구 둘레의

바퀴가 되었다.

아낙시만드로스는 나무가 자라면서 껍질이 저절로 벗겨지는 현상을 보고 깊은 인상을 받았다. 그는 인간의 기원도 이에 비유하여 설명한다. 그는 다른 동물들은 태어나자마자 바로 자신을 돌볼 수 있지만 인간은 오랜 기간의 양육을 필요로 한다는 점을 지적한다. 만일 인간이 이전에도 항상 지금과 같았더라면 인류는 살아남을 수 없었을 것이다. 옛날에는 인간이 가시투성이의 껍질에 둘러싸여 어린 시절을 보냈으리라고 그는 추측한다. 따라서 인간은 물고기처럼 보였으며, 수중에서 살았을 것이다. 성숙한 후에는 껍질을 벗어버리고 마른 땅으로 올라와 마침내 스스로 자신을 돌볼 수 있는 환경에서 살게 되었다. 이 때문에 아낙시만드로스는, 완전한 채식주의자는 아니지만, 가능하면 인류의 조상인 생선을 먹지 말라고 권고하였다(KRS 133~7).

아낙시만드로스의 우주론은 몇 가지 점에서 탈레스의 우주론보다 훨씬 복잡하다. 우선 그는 지구를 떠받치는 무언가를 찾으려 하지 않았다. 지구는 현재의 모습대로 공중에 정지해 있는데 그 까닭은 지구가 모든 것들로부터 같은 거리만큼 떨어져 있어 다른 방향이 아닌 어떤 한 방향으로 움직여야 한다고 생각할 아무런 근거가 없기 때문이다(DK 12 A11; Aristotle, *Cael*. 2. 13. 295^{b}10).

두 번째로 그는 우주의 궁극적인 원질을 현재 세계의 우리 주변에서 쉽게 발견할 수 있는 요소들, 예를 들면 물이나 불 같은 요소들 중 어떤 것과 동일시하려는 모든 시도는 일종의 오류라고 생각하였다. 그는 사물의 기본 질료는 한계가 없고 한정되지 않은(*apeiron*) 무언가여야 한다고 말하였다. 아낙시만드로스가 사용한 그리스어 단어 *apeiron*은 자주 '무한한 것'으로 번역되기도 하는데 이런 번역은 그것을 지나치게 큰 무언가로 생각하게 만드는 오해의 소지가 있다. 그 스스로 자신의 질료가 공간상 무한히 확장된다고 생각하였는지 그렇지 않은지는 분명하지 않다. 확실히 알려진 바는 그것이 시간상 시작도 끝도 없으며, 또한 어떤 특정한 종류나 유형의 사물에 속하지 않는다고 그가 생각하였다는 점뿐이다. 우리가 그로부터 얻을 수 있는 바를 쉽게 표현하면 '영원히 지속하는 질료' 정도가 아닌가 싶다. 후에 아리스토텔레스는 이 개념을 발전시켜 자신의 '제일질료' 개념을 이끌어 내었다.[3]

세 번째로 아낙시만드로스는 현재 세계의 기원에 대한 설명을 제시하면서 특히 어떤 힘이 작용하여 세계가 존재하게 되었는지를 탐구하는데, 아리스토텔레스라면 이에 대하여 그가 질료인뿐만 아니라 동력인도 탐구하였다고 말할 듯하다. 아낙시만드로스는 우주를 서로 대립하는 요소들, 예를 들면 뜨거움과 차가움, 메마름과 축축함 등이 경쟁하는 장으로 보았다. 때로는 이들 중 어느 한 요소가 지배하며 때로는 그와 대립하는 요소가 지배한다. 이들은 서로 침입하기도 하며 또한 물러서기도 하는데 이런 변화는 상호교환의 원리에 따라 이루어진다. 아낙시만드로스는 현재까지 전해지는 단편 중 하나에서 이 점을 시적으로 표현한다. '그들은 자신들의 불의(不義, injustice)에 대한 벌과 배상을 시간의 질서에 따라 서로에게 지불한다'(DK 12 B 1). 예를 들면 여름에 맹위를 떨쳤던 뜨거움과 메마름이 겨울이 되면 차가움과 축축함에게 자신들이 저지른 바에 대하여 배상한다고 생각할 수 있다. 서로 대립하는 여러 요소들 중에 뜨거움과 차가움이 가장 먼저 모습을 드러내는데 이들은 영원히 지속하는, 한정되지 않은 질료인 최초의 근원적인 알로부터 분리되어 나왔다. 이들로부터 땅과 불이 생겼는데, 앞에서 살펴보았듯이, 이 두 요소는 현재 우리가 사는 세계의 근원을 이룬다.

아낙시메네스(Anaximenes, 기원전 546~525경에 주로 활동)는 아낙시만드로스보다 한 세대 정도 후에 등장하였는데 밀레토스의 우주론자 세 사람 중 마지막 인물이다. 몇 가지 점에서 그는 아낙시만드로스보다는 탈레스에 더욱 가깝지만 그렇다고 해서 그가 과학을 발전시키기보다는 퇴보시켰다고 생각한다면 이는 오해이다. 탈레스와 마찬가지로 그도 지구가 무언가에

[3] 아래의 5장 참조.

의지해야 한다고 생각하지만 그는 물보다는 부드러운 공기를 택한다. 지구 자체는 평평하며 다른 천체들도 마찬가지다. 천체들은 밤과 낮의 흐름에 따라 우리의 위아래로 회전하는 것이 아니라, 마치 모자를 썼을 때 장식 끈이 우리 머리 둘레를 빙 두르게 되듯이, 지평선을 따라 우리 주변을 회전한다(KRS 151~6). 여러 천체가 떠오르고 지는 일은 평평한 지구가 기울어지는 현상을 통해서 명백히 설명된다. 궁극적인 원질과 관련해서 아낙시메네스는 아낙시만드로스가 제시한 한정되지 않은 질료라는 개념은 지나치게 모호하다고 생각하여 탈레스처럼 현존하는 요소들 중에 어떤 하나를 기본적인 질료로 지정하는데 이 질료로 물이 아닌 공기를 선택한다.

공기는 움직이지 않을 때는 보이지 않지만 움직이고 응축되면 맨 처음 바람이 되고 그 다음에는 구름이, 다시 물이 된다. 마지막으로 물이 응축되면 진흙과 돌이 된다. 희박하게 된 공기는 불이 되는데, 이를 거치면 모든 요소들 전반이 완성된다. 이렇게 희박하게 되거나 응축되는 방식을 통하여 모든 것이 근원적인 공기로부터 생성되는 과정을 마음에 그려 볼 수 있다(KRS 140~1). 이런 주장을 지지하기 위하여 아낙시메네스는 경험에, 사실상 일종의 실험에 호소하는데 — 이는 이 책의 독자들도 쉽게 혼자 해 볼 수 있는 실험이기도 하다. 두 손을 모으고 처음에는 입술을 오므린 채 입김을 불어 보고, 그 다음에는 입을 크게 벌리고 입김을 불어 보라. 첫 번째는 공기가 차갑게, 두 번째는 따듯하게 느껴질 것이다. 이 실험이 바로 공기의 농도와 온도 사이의 연관성을 보여 준다고 아낙시메네스는 주장한다(KRS 143).

실험을 이용하였다는 점에서, 그리고 질의 변화를 양의 변화와 연결하여 통찰하였다는 점에서 아낙시메네스는 초기 단계의 과학자로 기록될 수 있을 듯하다. 하지만 그가 보여 준 바는 단지 초기 단계에 지나지 않는다. 그는 자신이 언급한 양을 측정하기 위한 어떤 방법도 제시하지 않았으며, 양과 질 사이의 관계에 대한 어떤 방정식도 고안하지 않았고, 그가 생각한 공기라는 원질은 여전히 신화적이며 종교적인 속성을 유지하고 있었다.[4] 그에 따르면 공기는 신적인 것으로서 공기로부터 신들이 만들어진다(KRS 144~6). 또한 공기는 우리의 영혼이며, 우리의 육체를 결합시킨다(KRS 160).

그렇다면 밀레토스학파의 철학자들을 아직 진정한 자연과학자라고 볼 수는 없을 듯하다. 하지만 또한 그들은 결코 신화작가도 아니었다. 그들은 신화적인 배경에서 완전히 벗어나지는 못하였지만 그로부터 점점 멀어지는 중이었다. 그리고 '철학'이라는 단어의 의미에 걸음마 단계의 과학까지 포함되지 않는다면 그들을 진정한 철학자라고 보기도 어렵다. 플라톤 이래로 현대에 이르기까지 철학자들의 밑천이자 전유물이 되어 온 개념적 분석이나 경험과 무관한 논증 등의 방법을 그들은 거의 사용하지 않았다. 한마디로 그들은 사색가였는데, 그들의 사색에는 철학과 과학, 종교적 요소들이 혼합되어 풍부하고 중요한 결과를 만들어 내었다고 할 수 있다.

피타고라스학파

고대로부터 피타고라스는 탈레스와 더불어 철학을 그리스 세계에 도입한 인물로 여겨졌다. 그는 기원전 570년경 소아시아 해안에 접한 섬 사모스(Samos)에서 태어났다. 40세 전후에 그는 사람의 발 모양으로 생긴 이탈리아의 발가락 부분에 위치한 크로톤(Croton)으로 이주하였다. 그곳에서 그는 도시의 통치를 관장하는 중요한 직위를 맡았으나 기원전 510년경 폭력을 동반한 혁명이 일어난 후 추방되었다. 그는 크로톤에 인접한 메타폰티온(Metapontum)으로 거처를 옮겼으며 기원전 500년 전후에 그곳에서 사망하였다. 크로톤에 머물렀던 동안 그는 거의 종교단체와 유사한 공동체를 설립하였는데 이 공동체는 그가 죽은 후에도 계속 유지되다가 기원전 450년경

[4] J. Barnes, *The Presocratic Philosophers*, rev. edn. (London: Routledge, 1982), 46~8 참조.

해체되었다. 그는 '철학자'라는 단어를 처음 사용한 인물로 전해진다. 그는 자신이 성자나 현인(*sophos*)이라기보다는 단지 지혜를 사랑하는 자(*philosophos*)에 지나지 않는다고 겸손하게 말하였다(D.L. 8. 8). 그의 삶에 관한 상세한 내용은 이미 전설 속에 묻혀 버렸지만 그가 수학과 신비주의를 깊이 연구하였음은 확실하다. 이 두 영역에서 그가 미친 지적인 영향은, 명시적으로 드러났든 아니면 암시적인 수준에 머무르든 간에, 플라톤에서 포르피리오스(Porphyry)에 이르는 고대철학 전반에 걸쳐 강하게 나타난다.

피타고라스학파는 음악의 음계와 수적 비례가 서로 관련됨을 발견한 후 수학의 탐구가 우주의 구조와 질서를 파악하는 데 필수적인 요소라고 믿게 되었다. 이들은 천문학과 화성학(和聲學)이 서로 자매 관계를 이루는 학문이라고, 전자가 눈을 위한 것이라면 후자는 귀를 위한 것이라고 말하였다(Plato, *Rep*. 530d). 하지만 이로부터 이천 년이나 지난 후 갈릴레오(Galileo)와 그 후계자들이 우주라는 책은 어떤 의미에서 수로 쓰여 있다는 점을 보인 후에야 그들의 주장이 사실로 밝혀졌다. 고대 세계에서 수론은 수에 관한 신비주의와 지나치게 얽혀 있어 과학의 진보를 기여하기는 어려웠으며, 이 시대의 진정한 과학적 발전은 (예를 들면, 아리스토텔레스의 동물학이나 갈레노스(Galen)의 의학 등은) 수학의 도움과는 무관하게 이루어졌다.

크로톤에 있었던 피타고라스의 철학적 공동체는 이와 유사한 많은 단체들의 모범이 되었다. 플라톤의 아카데메이아(Academy), 아리스토텔레스의 리케이온(Lyceum), 에피쿠로스(Epicurus)의 정원 등이 모두 피타고라스의 공동체를 본받았다. 이들 중 어떤 것은 법적으로 인정받은 반면 다른 것은 덜 형식적인 모임 수준에 머물렀다. 또한 어떤 것은 현대의 학술연구 단체와 유사한 반면 다른 것은 수도원에 더욱 가까웠다. 피타고라스의 공동체는 재산을 공동으로 소유하면서 일련의 금욕적이고 엄격한 규칙에 따라 생활하였다. 이런 규칙들에는 침묵을 지켜라, 빵을 부수지 말라, 떨어진 것을 주어 올리지 말라, 칼로 불을 쑤시지 말라, 항상 왼쪽보다 오른쪽 신발을 먼저 신어

피타고라스는 채식주의를 권하였다. 이를 묘사한 루벤스(Rubens)의 상상화

라 등이 포함된다. 피타고라스학파는 처음부터 철저한 채식주의자는 아니었지만 점차 몇몇 종류의 고기, 생선, 조류를 먹지 않게 되었다. 특히 그들이 콩 먹는 일을 엄격하게 금지하였음은 잘 알려져 있다(KRS 271~2, 275~6).

음식과 관련된 이런 규칙들은 영혼에 관한 피타고라스의 믿음과 밀접하게 연결된다. 피타고라스는 영혼은 결코 육체와 더불어 죽지 않으며 윤회하여 다른 곳에서, 아마도 다른 종류의 동물로 다시 태어난다고 굳게 믿었다.[5] 피타고라스주의자들 중 몇몇은 이런 믿음을 더욱 확장하여 인간의 영혼이 3천 년을 주기로 세상 전체를 윤회한다고까지 생각하였다. 이들에 따르면 육

[5] 아래의 7장 참조.

체의 죽음 이후 인간 영혼은 계속해서 땅이나 바다, 공중에 사는 모든 동물을 거쳐 윤회하며 결국 다시 인간의 육체로 되돌아와 태어나는 과정을 반복한다(Herodotus 2. 123; KRS 285). 하지만 피타고라스의 추종자들은 피타고라스는 죽은 후 신이 되었다고 굳게 믿었다. 피타고라스에 대하여 이들이 남긴 기록은 믿기 힘든 경이로움으로 가득 차 있다. 이에 따르면 피타고라스는 예지 능력을 지녔고, 동시에 두 장소에 나타날 수 있었으며, 허벅지가 황금이었고, 아폴론(Apollo)의 아들이라는 것이다. 더욱 냉정하게 말하면 그가 누리는 영예에는 '독단적으로 그 자신만이 말하였다'(Ipse dixit)는 사실도 함께 포함된다.

크세노파네스

피타고라스가 사망하고, 494년 밀레토스가 파괴되면서 소크라테스 이전 철학의 첫 번째 시기는 막을 내린다. 그 다음 세대에서 우리는 과학자와 유사할 뿐만 아니라 현대적인 의미에서도 진정한 철학자라 할 수 있는 여러 사상가들을 만나게 된다. 콜로폰(Colophon, 현재 터키의 이즈미르(Izmir)에 인접한 마을로 밀레토스에서 북쪽으로 수백 마일 떨어져 있다) 출신의 크세노파네스(Xenophanes)는 무척 오래 살면서(기원전 570~470경) 두 시기 모두에 걸쳐 활동하였다. 그는 또한 피타고라스처럼 그리스 문화의 동서 중심지를 연결하는 역할도 하였다. 20대에 콜로폰에서 추방당한 후 그는 방랑하는 음유시인이 되었는데, 그 자신의 설명에 따르면 67년 동안 그리스 전역을 여행하면서 자작시나 다른 사람의 시를 낭송하였다고 한다(D.L. 9. 18). 그는 술과 올림픽 경기, 만찬의 향연 등을 노래하였지만 오늘날에도 계속 논의되는 바는 대부분 그의 철학적 시들이다.

밀레토스학파와 마찬가지로 크세노파네스도 일종의 우주론을 제시하였다. 그는 기본적인 요소가 물이나 공기가 아니라 흙이며, 흙은 우리 발 아래로부터 무한에 이르기까지 계속 뻗어 있다고 주장하였다. '땅으로부터 모든 것이 생기고 땅에서 모든 것이 끝난다'는(D.K. 21 B27) 그의 말은 기독교의 장례식이나 재의 수요일(Ash Wednesday)[6] 기도문에 등장하는 '인간이여, 너는 흙이니 흙으로 돌아가리라'는[7] 문구를 떠올리게 한다. 하지만 다른 곳에서 크세노파네스는 흙과 물이 결합하여 만물의 원질이 된다고 주장하는데 그는 실제로 우리가 사는 땅이 오래 전에는 바다 밑에 가라앉아 있었음에 틀림없다고 굳게 믿었다. 이런 믿음은 그가 과학에 기여한 가장 중요한 언급, 즉 화석을 관찰하고 기록한 바와 연결된다.

> 조개껍질이 내륙은 물론 여러 산에서도 발견되었으며, 시라쿠사(Syracuse)의 채석장에서는 물고기와 해초의 흔적도 발견되었다고 한다. 파로스(Paros)에서는 산호의 흔적이 바위 깊은 곳에서, 또한 멜리테(Malta)에서는 온갖 종류의 해물들이 찍힌 석판이 발견되었다. 이들은 오래전 모든 것이 진흙으로 뒤덮여 있을 때 만들어졌으며, 이런 흔적은 진흙 속에서 말라 버린 것이다. (KRS 184)

하지만 천체에 관한 크세노파네스의 추측은 그리 인상적이지 않다. 그는 지구가 우리 아래로 무한히 뻗어 있다고 생각하였으므로 해가 질 때 해가 지구의 아래로 내려간다는 생각을 받아들일 수 없었다. 다른 한편으로 그는 기울어지는 지구의 지평선을 따라 천체들이 회전한다는 아낙시메네스의 생각은 성립될 수 없다고 보았다. 이에 대하여 그는 새롭고 독창적인 설명을 제시한다. 즉 매일 떠오르는 해는 항상 새로운 해라고 그는 주장한다. 아침마다 작

6 〔옮긴이 주〕 사순절의 첫날로 부활절 6주반 전의 수요일을 의미한다. 이날 참회의 상징으로 머리에 재를 뿌렸으므로 이런 이름이 붙었다.

7 〔옮긴이 주〕《성서》, 창세기, 3장 19절 참조.

은 불꽃들이 모여 해가 되며, 저녁에는 무한 속으로 사라진다. 해가 원 운동을 하는 듯이 보이는 까닭은 단지 해와 우리 사이의 거리가 무척 멀기 때문이다. 이런 이론으로부터 수많은 날들이 존재하듯이 수많은 해 또한 존재한다는 사실이 도출된다. 왜냐하면 이 세계는 물로 뒤덮이거나 흙으로 뒤덮이는 시기를 거치기는 하지만 영원히 지속되기 때문이다(KRS 175, 179).

크세노파네스의 우주론은 기초가 그리 탄탄하지는 않지만 자연주의를 택하였다는 점에서 주목할 만하다. 그의 이론에서는 소크라테스 이전의 다른 철학자들에게서 드러나는 물활론(animism)이나 종교와 유사한 요소가 발견되지 않는다. 예를 들면 그가 보기에 무지개는 (그리스 신화에서 등장하는 이리스(Iris)처럼) 신 자체도 아니며, (노아(Noah)가 보았듯이[8]) 신의 흔적도 아니다. 무지개는 단지 다양한 색깔을 띠는 구름일 뿐이다(KRS 178). 하지만 이렇게 자연주의를 택하였다는 사실이 크세노파네스가 종교에 전혀 관심이 없었음을 의미하지는 않는다. 이와는 정반대로 그는 소크라테스 이전 철학자들을 통틀어 신학을 가장 깊이 탐구하였던 인물이기도 하다. 하지만 그는 통속적인 미신을 경멸하였으며 엄격하고 세련된 유일신론을 옹호하였다.[9] 하지만 그는 신학과 자연학 모두에서 결코 독단적이지 않았다.

> 신은 죽을 수밖에 없는 존재인 우리들에게 처음부터 모든 것을 말해
> 주지 않았으며
> 우리는 단지 오랫동안 탐구하여 지식에 이를 뿐이다. (KRS 188)

[8] 〔옮긴이 주〕 신이 언약의 증거로 노아에게 무지개를 보이는 대목은 《성서》, 창세기, 9장 13~17절 참조.

[9] 아래의 9장 참조.

헤라클레이토스

헤라클레이토스는 이오니아 지방 출신의 초기 철학자들 중 마지막 인물인 동시에 가장 유명한 인물이기도 하다. 그는 크세노파네스보다 30년쯤 후에 태어났다고 추측된다. 왜냐하면 6세기 끝 무렵에 그가 중년이었다는 기록이 전해지기 때문이다(D.L. 9. 1). 그는 밀레토스와 콜로폰의 중간에 위치한 대도시 에페소스(Ephesus)에서 살았다. 헤라클레이토스의 저술 중 중요한 부분들이 오늘날까지 전해지는데 이는 그 이전의 어떤 철학자가 남긴 것보다도 많은 분량에 달한다. 하지만 이런 사실이 그의 사상이 쉽게 파악된다는 점을 의미하지는 않는다. 그가 남긴 단편들은 간결하고 정교한 산문체의 경구 형식을 취하므로 자주 그 의미가 모호하며 때로는 의도적으로 애매하게 표현한 듯도 하다. 헤라클레이토스는 무언가를 논증하지 않으며, 바로 단언한다. 그의 모호한 문체는 아폴론(Apollo)의 신탁을 모방한 듯도 한데 신탁에 대하여 그 자신도 '말하지도 감추지도 않고, 다만 징표를 보일 뿐'(KRS 244)이라고 말한다. 이후 수세기 동안 헤라클레이토스를 동경하였던 많은 철학자들은 그의 역설적이고 변덕스러운 경구를 나름대로 해석하면서 자신들의 철학적 색채를 드러내었다.

심지어 고대에도 헤라클레이토스는 이해하기 어려운 인물로 여겨졌다. 그는 '수수께끼 같은 사람', '모호한 헤라클레이토스' 등의(D.L. 9. 6) 별명으로 불렸다. 그는 철학에 관하여 세 부분으로 구성된 논문을 써서 — 오늘날 전해지지는 않지만 — 아르테미스(Artemis) 대신전(성 바울로(St Paul)가 '에페소 사람들의 아르테미스 신당'이라고 불렀던[10])에 봉헌하였다. 당시 사람들도 이 문헌이 자연학에 관한 내용인지 아니면 정치에 관한 논문인지

[10] 〔옮긴이 주〕 이에 관해서는 《성서》, 사도행전, 19장 21~41절 참조. 《성서》에 등장하는 인명, 지명 등은 모두 '공동번역 개정판'의 표기에 따랐다.

를 분명히 알지 못했다. 헤라클레이토스에 대하여 소크라테스는 다음과 같이 말하였다고 전해진다. '내가 이해할 수 있는 바는 탁월하다. 어쩌면 내가 이해하지 못하는 바도 탁월할지 모른다. 하지만 오직 깊은 바다에 뛰어든 사람만이 그 바닥까지 이를 수 있다'(D.L. 2. 22). 19세기 독일의 관념론자인 헤겔은 헤라클레이토스의 열렬한 찬미자였는데 헤라클레이토스에 대하여 소크라테스와는 상반되는 평가를 내렸지만 그 또한 바다를 예로 든 은유를 사용하여 이를 표현하였다. 소크라테스 이전 초기 철학자들의 오락가락하는 사변을 거친 후 헤라클레이토스에 이르러 마침내 우리는 안전한 땅을 발견하였다고 헤겔은 말한다. 뒤이어 그는 '헤라클레이토스의 명제 중 내가 나 자신의 논리학에서 채택하지 않는 것은 없다'고 자신만만하게 덧붙인다.[11]

후대의 데카르트나 칸트와 마찬가지로 헤라클레이토스도 자신이 철학의 완전히 새로운 출발점을 연다고 생각하였다. 그는 이전 철학자들의 저술은 쓸모없다고 주장하였다. 호메로스(Homer)는 시가 경연에서 일찍이 쫓겨났어야 마땅하며, 헤시오도스(Hesiod), 피타고라스, 크세노파네스 등도 어떤 진정한 의미도 발견하지 못한 그저 박식가에 불과하다(D.L. 9. 1). 하지만 다시 한 번 데카르트나 칸트와 마찬가지로, 헤라클레이토스도 이전 철학자들로부터 자신이 생각한 정도 이상으로 큰 영향을 받았다. 크세노파네스처럼 그도 통속적인 종교에 대해서 지극히 비판적이었다. 이런 종교에서는 자신을 정화한답시고 다른 피로 자신을 더럽히는데 이는 마치 진흙탕에 들어가서 진흙으로 몸을 씻으려는 짓과 같다. 신들의 조각상에 대고 기원하는 일은 텅 빈 집에서 속삭이는 것과 같으며, 남근 숭배의 행렬이나 디오니소스(Dionysus)에게 바치는 제사 등은 단지 역겨운 일에 지나지 않는다(KRS 241, 243).

[11] *Lectures on the History of Philosophy*, ed. and trans. E. S. Haldane and F. H. Simpson (London: Routledge, 1968), 279.

다시 한 번 크세노파네스처럼 헤라클레이토스도 해는 날마다 새롭다고 믿었으며(Aristotle, *Mete*. 2. 2355ᵇ13～14), 또한 아낙시만드로스처럼 해도 배상이라는 우주적 원리의 지배를 받는다고 생각하였다(KRS 226). 사실 헤라클레이토스는 해가 날마다 새롭게 바뀐다는 생각을 더욱 확장하여 우주 전체가 항상 변화한다는 이론에 이르렀다. 그는 모든 것은 계속 움직이며, 아무것도 가만히 정지해 있지 않기 때문에 세계는 흐르는 강물과 같다고 말한다(KRS 214). 이는 충분히 사실일 수 있는 듯 보이지만 이를 기초로 헤라클레이토스는 지나치게 멀리 나아가 우리가 같은 강물에 발을 두 번 담글 수조차 없다고까지 말한다(Plato, *Cra*. 402a). 문자 그대로 해석하면 강물을 일종의 흐름이라기보다는 물을 포함한 물체로 여기는, 이른바 강물의 동일성에 대한 기준을 확립하지 않는 한 이 말은 거짓인 듯하다. 하지만 비유적으로 해석하면 이 말은 세계의 모든 것이 끊임없이 변화하는 구성요소들로 이루어진다는 주장 정도로 볼 수 있다. 아리스토텔레스는 이 말이 후자의 의미를 지닌다면 변화는 지각할 수 없는 것이어야 한다고 말하였다(*Ph*. 8. 3. 253ᵇ9 이하). 어쩌면 이것이 드러난 조화보다 숨겨진 조화가 — 즉 변화하는 우주의 배후에 놓여 있는 리듬으로서의 조화가 — 낫다는(KRS 207) 그의 경구가 암시하는 바인지도 모른다. 헤라클레이토스가 무엇을 의미하였든 간에 이 말은 그리스 후기 철학에 이르기까지 계속해서 다양하게 해석되는 역사를 지니게 되었다.

계속 흐르는 강물보다도 항상 모든 것을 다 태워 버리면서 계속 새롭게 충전되어 활활 타오르는 불이 끊임없는 변화의 전형을 더욱 잘 드러낸다. 일찍이 헤라클레이토스는 세계는 항상 살아서 타오르는 불이며 바다와 땅은 이 영원한 모닥불의 재라고, 또한 불은 황금과 같아서 마치 우리가 황금을 모든 종류의 물건으로 교환할 수 있듯이 불은 다른 어떤 종류의 요소로도 변화할 수 있다고도 말하였다(KRS 217～19). 불과 같은 이 세계는 존재하는 유일한 세계인데 신들이나 인간이 만든 것이 아니라 오직 로고스(Logos)가 완전히 지배하는 세계이다. 그는 이토록 찬란한 세계의 질서가 단지 아무렇게나 쌓인 쓰레기더미라는 생각은 불합리하다고 주장한다(DK 22 B124). '로고스'는 일상의 그리스어에서 서술되거나 언급된 말을 의미하는 단어이다. 하지만 헤라클레이토스 이래로 거의 모든 그리스철학자들은 이 단어에 몇몇 더욱 큰 의미를 부여해 왔다. 번역가들은 자주 이를 '이성'(Reason)으로 — 인간 개인이 지닌 추론의 능력을 지시하든 아니면 더욱 상승시켜 질서와 아름다움의 우주적 원리를 지시하든 간에 — 옮기기도 한다. 《성서》의 네 번째 복음서를 쓴 저자가 '한 처음, 천지가 창조되기 전부터 말씀(Logos)이 계셨다. 말씀은 하느님과 함께 계셨고 하느님과 똑같은 분이셨다'(요한의 복음서, 1장 1절)라고 선언한 내용을 보면 이 단어가 기독교 신학에서 어떻게 받아들여졌는지를 잘 알 수 있다.

이 우주적인 로고스를 파악하기는 몹시 힘들며 대부분의 사람들은 그렇게 하는 데 실패한다고 헤라클레이토스는 말한다. 로고스의 중요성을 깨달은 사람과 비교해 볼 때 그렇지 못한 많은 사람들은 유일한 우주적 진리에 직면하는 대신 그저 자신만이 꿈꾸는 몽상의 세계에서 웅크린 채 잠자는 수준에 머물 뿐이다(S.E., *M*. 7. 132). 인간은 우주를 지배하는 이성적인 불에 얼마나 가까이 다가갔는가에 따라 세 부류로 나뉜다. 헤라클레이토스 자신과 같은 철학자들은 불타오르는 로고스에 가장 가까이 위치하므로 이로부터 따듯함을 가장 크게 느낀다. 그 다음으로 일반인들은 로고스의 불빛을 받고 깨어나 자신의 추론 능력을 사용할 수 있게 된다. 마지막으로 여전히 잠자고 있는 사람들은 영혼의 창문을 닫아 버리고 오직 숨을 쉼으로써 자연과 접촉하는 수준에 머문다(S.E., *M*. 7. 129~30).[12] 이런 로고스는 곧 신인가? 이에 대하여 헤라클레이토스는 특유의 모호한 대답을 한다. '하나이면서 유일하게 진정으로 현명한 이것은 제우스(Zeus)라는 이름으로 불리려고 하지 않으

[12] 플라톤의 저술을 접해 본 사람들은 《국가》에 등장하는 동굴의 비유가 이미 여기서 예견됨을 보고 놀라리라 생각된다.

면서 또한 그렇게 불리려고도 한다.' 이를 통하여 그는 로고스가 신성하지만 올림포스의 어떤 신들과도 동일시될 수 없음을 의미하려 한 듯하다.

인간의 영혼은 그 자체로 하나의 불이다. 때로 헤라클레이토스는 땅, 물과 더불어 영혼을 언급하면서 이 셋이 근본적인 요소라고 말한다. 물은 불을 끄기 때문에 최고의 영혼은 건조한 영혼이며, 우리는 항상 영혼이 젖지 않도록 해야 한다. 여기서 젖음이 정확하게 무엇을 의미하는지는 알기 어렵다. 하지만 술이 그런 작용을 한다는 사실은 분명하다. 술 취한 사람은 어린아이에게 이끌려 다닌다고 헤라클레이토스는 말한다(KRS 229~31). 어쩌면 그가 사용한 '젖은'(wet)이라는 단어는 이 단어가 현대에 속어로 사용될 때 지니는 '술 취한'이라는 의미와 가까운 듯도 하다. 어쨌든 건조한 영혼을 지닌 사람, 예를 들면 전쟁에서 죽음을 맞이하는 용감하고 강인한 사람은 물에 의해서 죽어 사라지지 않고 우주의 불과 결합하게 된다(KRS 237).[13]

헤겔이 헤라클레이토스에 대하여 가장 찬탄한 바는 그가 서로 정반대되는 요소가 공존한다고, 예를 들면 우주는 분할될 수 있는 동시에 분할될 수 없으며, 만들어지는 동시에 만들어지지 않으며, 죽는 동시에 죽지 않는다고 주장하였다는 점이다. 이렇게 정반대되는 요소가 서로 동일하다는 주장은 때로 어떤 술어들이 상대적이라는 점을 직설적으로 표현한 듯하다. 가장 유명한 표현으로 '올라가는 길과 내려가는 길은 하나이며 동일하다'는 언급을 들 수 있는데 이는 매우 심오한 무언가를 의미하는 듯이 들린다. 하지만 이는 내가 산을 내려가면서 누군가를 만났는데 그 사람은 산을 올라가고 있다면 우리 둘은 모두 같은 길 위에 있다는 정도를 의미하는지도 모른다. 서로 다른 상황에서는 서로 다른 것들이 우리의 마음을 끈다. 배고플 때는 음식이, 졸릴 때는 침대가 우리의 마음을 끈다(KRS 201). 또한 서로 다른 종들은 서로 다른 것을 좋아한다. 바닷물은 물고기에게는 반드시 필요하지만 인간

[13] KRS 208에서의 논의 참조.

에게는 독과 같다. 원숭이는 황금보다 쓰레기더미를 좋아한다(KRS 199).

하지만 헤라클레이토스가 공존한다고 생각하였던 서로 정반대되는 요소들의 모든 쌍이 상대성의 개념을 통해서 쉽게 설명되지는 않으며, 심지어 가장 평범한 듯이 보이는 쌍이 가장 깊은 의미를 지니기도 한다. 예를 들면 디오게네스 라에르티오스(Diogenes Laertius)는 불-공기-물-땅의 순서는 내려오는 길이며, 땅-물-공기-불의 순서는 올라가는 길이라고 말한다(D.L. 9. 9~11). 이 두 길은 오직 지속적이고 영원히 이어지는 우주적 과정의 단계로 파악될 경우에만 같은 길로 여겨질 수 있다. 실제로 헤라클레이토스는 우주의 불이 타오르는 단계와 꺼지는 단계를 오간다고 굳게 믿었다(KRS 217). 우주가 만들어지는 동시에 만들어지지 않으며, 죽는 동시에 죽지 않는다는 그의 주장 또한 어쩌면 이런 의미로 이해해야 될 듯싶다(DK 22 B50). 이렇게 배후에서 진행되는 과정은 시작도 끝도 없는데, 불이 타올랐다가 꺼지는 각각의 순환이 바로 등장하였다가 사라지는 개별적인 세계인지도 모른다.

소크라테스 이전 철학자들 중 몇몇이 적극적으로 정치활동을 하였다는 기록이 있기는 하지만 단편들에 비추어 볼 때 헤라클레이토스를 정치철학을 제시한 최초의 인물로 보려는 주장은 상당한 설득력을 지닌다. 그러나 그는 현실 정치에는 별로 관심이 없었다. 그는 귀족 출신으로 통치자가 될 권리를 타고났지만 자신의 권리를 포기하고 모든 재산과 더불어 동생에게 물려주었다. 그는 스스로 정치가와 논쟁을 벌이기보다는 어린아이들과 노는 편이 좋다고 말한 것으로 전해진다. 하지만 그는 신성한 법에 관하여 — 즉 물리적인 법칙이 아니라 인간의 모든 법들 위에 놓인 규범적인 법에 관하여 — 언급한 최초의 철학자이다.

여기서 잠시 볼트(Robert Bolt)가 모어(Thomas More)를 소재로 삼아 쓴 희곡 《사계절의 사나이》(*A Man for All Seasons*)에 등장하는 유명한 대목을 인용해 보자. 모어의 사위 로퍼(Roper)는 모어에게 설령 법에 위반될지라도 스파이를 체포하라고 재촉한다. 모어는 이를 거부하면서 다음과 같이 말한다. '나는 무엇이 옳은지는 모르지만 무엇이 합법적인지는 안다. 따라서 나는 합법적인 것을 고수하려 한다.' 또한 모어는 로퍼에게 답하면서 인간의 법이 신의 법 위에 놓일 수 있음을 부정한다. '나는 신이 아니다. 하지만 수많은 법들의 숲 속에서 나는 그곳을 지키는 산지기이다'라고 모어는 말한다. 이에 대하여 로퍼는 설령 악마를 만날지라도 영국의 모든 법들을 모두 베어 없애 버리겠다고 말한다. 모어는 다음과 같이 대답한다. '네가 마지막 법을 베어 버리는 순간 악마는 등을 돌려 네게 달려들고 만다 — 로퍼, 모든 법들이 다 쓰러지고 없다면 너는 어디에 숨으려 하는가?'[14]

모어 자신의 저술이나 그에 관한 기록에서 이런 대화가 실제로 등장하는 부분이나 문구를 발견하기는 어렵다. 하지만 헤라클레이토스의 단편 중 두 개가 모어의 정서를 잘 표현해 준다. '민중들은 성벽을 지키기 위해서 싸우듯이 법을 지키기 위해서도 싸워야 한다'(KRS 249). 도시국가는 당연히 법에 의존하여야 하지만 동시에 모두에게 공통되는 보편적인 법에 훨씬 더 크게 의존하여야 한다. '인간의 모든 법들은 유일한 법, 즉 신성한 법이 기른다'(KRS 250).

헤라클레이토스가 남긴 단편들을 모두 더해도 15,000단어를 넘지 않는다. 하지만 그가 고대와 근대의 철학자들에게 큰 영향을 미쳤음은 여전히 놀랄 만한 일이다. 라파엘로(Raphael)가 로마 바티칸 궁 서명실(Vatican stanze)에 그린 프레스코 벽화 《아테네학당》(*The School of Athens*)은 헤라클레이토스가 차지하는 위치를 적절하게 보여 주는 듯하다. 이 기념비적인 벽화에는 라파엘로가 상상해서 그린 수많은 그리스철학자들의 모습이 등장하는데, 올바르고 당연하게 플라톤과 아리스토텔레스가 중앙에 그려져 있다. 하지만 서명실에 들어서서 벽화를 보는 순간 바로 우리의 시선을 잡아끄는 인물이 있는데 그의 모습은 후에 더해졌다고도 한다. 그는 바로 가장 낮은

14 Robert Bolt, *A Man for All Seasons* (London : Heinemann, 1960), 39.

계단에서 장화를 신은 채 시무룩한 표정으로 깊은 사색에 잠겨 있는 헤라클레이토스이다.[15]

파르메니데스와 엘레아학파

로마시대에 헤라클레이토스는 '우는 철학자'로 알려졌다. 그와 대비되어 웃는 철학자로 불렸던 인물은 원자론자인 데모크리토스(Democritus)였다. 하지만 헤라클레이토스와 더욱 적절하게 대비되는 인물은 기원전 5세기 이탈리아에서 등장한 철학 학파의 대표자였던 파르메니데스(Parmenides)라 할 수 있다. 아테네를 중심으로 한 그리스 고전철학에서 헤라클레이토스는 모든 것은 움직인다는 이론의 지지자로, 파르메니데스는 아무것도 움직이지 않는다는 이론의 지지자로 여겨졌다. 플라톤과 아리스토텔레스는 서로 다른 다양한 방식으로 어떤 것은 움직이며 어떤 것은 정지해 있다는 대담한 새로운 주장을 옹호하기 위하여 노력하였다.

아리스토텔레스에 따르면(*Metaph*. *A* 5. 986^{b}21~5) 파르메니데스는 크세노파네스의 제자였는데 너무 어렸기 때문에 스승과 함께 콜로폰에서 연구할 수는 없었다고 한다. 파르메니데스는 삶의 대부분을 나폴리(Naples)에서 남쪽으로 70마일 정도 떨어진 엘레아(Elea)에서 보냈다. 어쩌면 그곳에서 방랑하던 크세노파네스를 만났을지도 모른다. 크세노파네스와 마찬가지로 파르메니데스 또한 시인이었다. 그는 다소 서투른 형태의 철학시를 썼는데 그 중 120행 내외가 오늘날까지 전해진다. 그는 저술이 연속성을 지닌 단편의 형태로 우리에게 전해지는 최초의 철학자이며 이는 상당히 중요한 의미를

15 전통적으로 헤라클레이토스로 여겨진 인물은 실제로 그를 풍자해서 벽화에 그린 것이 아니라, 라파엘로가 미켈란젤로(Michelangelo)를 모델로 삼아 그렸다는 설이 있다. 하지만 R. Jones와 N. Penny는 *Raphael* (London: Yale University Press, 1983)에서 이런 설들을 모두 부정한다.

지닌다.

그의 철학시는 서시와 뒤이은 두 부분으로 구성되는데 이 중 한 부분은 진리에 이르는 길로, 다른 부분은 유한한 의견의 길로 불린다. 서시에서는 시인이 해의 딸들과 더불어 마차를 타고 밤의 집을 떠나 빛을 향하여 여행을 시작하는 모습이 묘사된다. 그 후 이들은 밤과 낮의 길로 향하는 문에 도착한다. 하지만 이 두 길이 진리와 의견의 길과 같은지 다른지는 확실하지 않다. 어쨌든 시인의 부탁에 따라 문을 열어 준 여신은 그를 환영하면서 그가 두 길에서 배워야 할 바를 다음과 같이 말해 준다.

> 믿을 수 있는 진리의 흔들리지 않는 심장과 더불어
> 죽을 수밖에 없는 가엾은 자들의 의견에 들어 있는 거짓 허구도 배워야 한다. (KRS 288. 29~30)

오직 두 가지 탐구의 길만이 가능하다.

> 탐구의 방법에는 두 가지 길이 있는데
> 그중 하나는 있다라는, 그리고 있지 않을 수 없다라는 길로서 —
> 이는 진리를 동반하는 진리의 길이다 —
> 다른 하나는 있지 않다라는, 그리고 있지 않을 수밖에 없다라는 길이다. (KRS 291. 2~5)

(나는 우선 독자들에게 파르메니데스의 그리스 원문 또한 여기 인용된 번역문만큼이나 어색하고 모호하다는 점을 믿어 달라는 부탁을 드린다.) 파르메니데스가 제시한 진리의 길은 다소 수수께끼처럼 도입되었지만 철학의 새로운 시대를 연 중요한 개념이다. 이 개념은 존재론 또는 형이상학, 즉 존재에 관한 탐구라는 새로운 분과의 기초로 작용한다.

파르메니데스에게 존재하는 모든 것, 존재한다고 생각될 수 있는 모든 것은 결코 존재 자체와 다른 무언가가 아니다. 이 존재 자체는 하나이며, 분할될 수 없다. 또한 시작도 끝도 없으며 시간의 흐름에 따라 변화하지도 않는다. 예를 들어 주전자 안에 물이 계속 끓어 모두 사라져 버리는 경우 헤라클레이토스 식으로 표현하면 이는 물의 소멸과 수증기의 생성이라 할 수 있다. 하지만 파르메니데스의 입장에서 보면 이는 존재의 소멸이나 생성이 결코 아니다. 어떤 변화가 일어난다 할지라도 이는 존재로부터 비존재로의 변화가 아니다. 모든 변화는 오직 존재의 영역 안에서 일어날 뿐이다. 더 나아가 파르메니데스의 입장에서는 사실상 어떤 진정한 변화도 결코 존재하지 않는다. 존재는 영원히 동일한 하나로 지속되며, 과거, 현재, 미래가 모두 하나이기 때문에 시간은 실재하는 무언가가 아니다.[16]

하지만 일상의 세계에서 명백히 일어나는 변화를 파르메니데스는 철학시의 두 번째 부분, 감각의 길에서 다루는데 여신은 이 길을 다음과 같이 소개한다.

> 이제 나는 신뢰할 만한 논증과 사고를 멈춘다,
> 진리에 관한 이야기를. 나머지는 다른 종류의 것으로서 —
> 인간들의 믿음을 설명하는 거짓말투성이이다. (KRS 300)

왜 여기서 파르메니데스가 착각에 빠진 인간들이나 현혹될 만한 거짓 개념들을 다시 설명할 필요를 느꼈는지, 그 이유는 분명하지 않다. 그의 철학시 중 두 번째 부분을 전체 맥락에서 분리하여 살펴보면 이오니아 사상가들의 우주론과 매우 유사한 내용을 발견하게 된다. 여기서 파르메니데스는 이전에 이미 지적되었던 서로 반대되는 요소들의 쌍에 빛과 어둠을 더하였으며,

16 파르메니데스의 존재론은 아래의 6장에서 더욱 상세히 검토할 예정이다.

아리스토텔레스는 그가 모든 것의 동력인으로 사랑을 도입하였다고 믿기도 하였다(*Metaph*. *A* 3. 984^b27). 사실 감각의 길에는 지금까지 일반적으로 알려지지 않았던 두 가지 진리가 등장한다. 첫 번째는 지구가 구형이라는 점이며(D.L. 9. 21), 두 번째는 샛별(the Morning Star)과 개밥바라기(the Evening Star)는 같은 별, 즉 금성이라는 점이다. 파르메니데스는 이를 자신이 발견하지 않았다고 주장하였지만 이 발견은 훨씬 후에 등장한 철학자들에게 동일성 언명의 전형을 제공하였다.[17]

파르메니데스에게는 멜리소스(Melissus)라는 제자가 있었는데 그는 피타고라스가 태어났던 섬인 사모스 출신으로 헤라클레이토스와 더불어 연구하기도 하였다고 전해진다. 그는 활발한 정치 활동을 하였으며, 사모스 함대의 지휘관 자리에 오르기도 하였다. 기원전 441년 사모스는 아테네의 공격을 받았는데 이 전쟁에서 결국 아테네가 승리를 거두기는 하였지만 멜리소스는 페리클레스(Pericles)가 이끄는 함대에 두 차례나 패배를 안겼다고 전해진다(Plutarch, *Pericles* 166c~d; D.L. 9. 4).

멜리소스는 철학시로 표현된 파르메니데스의 사상을 일반적인 산문체로 풀어 설명하였으며, 우주는 한계가 없고, 변화하지 않으며, 움직이지 않고, 분할될 수 없는 동질의 것이라고 주장하였다. 그는 이런 일원론적인 입장으로부터 두 가지 결론을 이끌어 내었다고 전해진다. (1) 고통은 실재하지 않는다. 왜냐하면 고통은 존재의 결핍을 함축하는데 (이는 불가능하기) 때문이다. (2) 진공 따위는 존재하지 않는다. 왜냐하면 이는 일종의 비존재여야만 하기 때문이다. 따라서 공간의 이동은 불가능하다. 공간을 차지하는 물체가 이동할 수 있는 다른 공간이 없기 때문이다(KRS 534).

파르메니데스의 또 다른 제자는 엘레아 출신의 제논(Zeno)이다. 그는 운동의 가능성을 부정하는 일련의 유명한 논증들을 제시하였다. 첫 번째 논증

[17] 19세기 철학자 프레게(Gottlob Frege)는 널리 알려진 바대로 의미와 지시를 구별하면서 바로 이 예를 사용하였다.

은 다음과 같다. '운동은 존재하지 않는다. 왜냐하면 운동하는 모든 것은 목표점에 도달하기에 앞서 출발점과 목표점 사이의 중간점을 통과하여야 하기 때문이다.' 운동장에서 멀리 있는 목표점에 도달하려면 우리는 그 중간점을 반드시 지나가야만 한다. 그 중간점에 도달하기 위해서 다시 그곳까지의 중간점을 지나가야만 하며, 이런 과정은 무한히 계속된다. 더욱 유명한 두 번째 논증은 흔히 아킬레우스와 거북의 경주로 알려져 있다. '빠른 쪽이 결코 느린 쪽을 따라잡을 수 없다. 왜냐하면 뒤쫓는 쪽은 달아나는 쪽이 출발했던 곳에 도달해야 하는데 그 동안 느린 쪽은 조금이라도 앞서 나갈 수밖에 없기 때문이다.' 이제 아킬레우스가 거북보다 네 배 빨리 뛰며, 둘이 백 미터 경주를 하는데 거북이 아킬레우스보다 사십 미터 앞에서 출발한다고 가정해 보자. 제논의 논증에 따르면 아킬레우스는 이 경주에서 결코 이길 수 없다. 그가 사십 미터 지점에 도달하는 동안 거북은 십 미터 앞에 가 있다. 다시 아킬레우스가 십 미터를 달리는 동안 거북은 이 미터 반을 간다. 아킬레우스가 간격을 메우려 할 때마다 거북은 비록 계속 짧아지기는 하지만 새로운 간격을 만들어 내기 때문에 아킬레우스는 결코 거북을 따라잡을 수 없다 (Aristotle, *Ph*. 5. 9. 239b11~14).

이를 비롯한 다른 유사한 논증들에서 제논은 거리와 운동은 무한히 분할될 수 있다고 가정한다. 몇몇 철학자들은 그의 논증이 교묘하기는 하지만 궤변에 가까운 역설에 지나지 않는다고 무시하였다. 반면 다른 철학자들은 이를 크게 칭찬하였다. 대표적으로 러셀(Bertrand Russell)은 제논의 논증이 19세기에 바이어슈트라스(Weierstrass)와 칸토어(Cantor)가 이룩한 수학 르네상스에 기초를 제공하였다고 주장한다.[18] 제논의 역설을 우리에게 전해 준 아리스토텔레스는 이를 무력화하여야 한다고 주장하면서 두 형태의 무한, 즉 현실적 무한과 잠재적 무한을 구별함으로써 운동의 가능성을 다시 확립

[18] *The Principles of Mathematics* (London: Allen & Unwin, 1903), 347.

하려 한다.[19] 하지만 그 후 무척 오랫동안 제논이 제기한 문제에 대해서 철학자와 수학자 모두를 만족시키는 대답은 주어지지 않았다.

엠페도클레스

그리스와 이탈리아의 초기 철학자들 중 가장 눈부신 활약을 펼친 인물은 엠페도클레스(Empedocles)인데 그는 주로 기원전 5세기 중반에 활동하였다. 그의 고향은 아크라가스(Acragas)인데 시칠리아(Sicily) 섬 남쪽 해안의 도시로 지금은 아그리젠토(Agrigento)로 불린다. 이 도시의 항구 이름은 현재 엠페도클레 항(Porto Empedocle)인데, 이곳이 철학자 엠페도클레스를 존경하는 뜻에서 계속 이런 이름으로 불렸던 것은 아니며 이는 이탈리아의 과거 영광을 기리기 위하여 여러 곳의 지명을 바꾸었던 19세기 이탈리아 통일운동(Risorgimento)의 정열이 낳은 결과이다.

엠페도클레스는 말 경연대회에서 상을 받은 종마를 위한 사육장을 소유할 정도로 부유한 귀족 가문에서 태어났다. 하지만 정치적인 측면에서 그는 민주주의자였다고 전해진다. 그는 도시국가에 독재를 실시하려는 음모를 좌절시켰다고 한다. 이에 감사한 시민들이 그를 왕으로 추대하려 하였으나 그는 이 직위를 거부하고 자연학자와 조언자로서 검소한 삶을 사는 편을 택했다(D.L. 8. 63). 설령 그에게 정치적 야망은 없었을지 몰라도 약간의 허영심은 남았던 듯하다. 그가 남긴 시의 한 대목에서 자신이 가는 곳마다 수많은 남녀가 모여들어 조언을 구하고 치료를 바랐다고 자랑 삼아 말한다. 그는 자신이 노화를 막는 약을 지녔으며, 날씨를 마음대로 조절하는 주문을 알았다고 주장한다. 같은 시에서 그는 자신이 신의 경지에 이르렀다고 터놓고 공언

[19] 아래의 5장 참조.

한다(D.L. 8. 66).

서로 다른 전기적 자료들에 의하면 엠페도클레스가 피타고라스의 제자인 동시에 크세노파네스, 파르메니데스의 제자였다고도 하는데 이는 연대상 불가능한 일이다. 그가 《자연에 관하여》(*On Nature*)라는, 6보격의 시를 썼다는 점에서 파르메니데스를 모방하였음은 분명하다. 이 저술은 그의 친구 파우사니아스(Pausanias)에게 헌정되었는데 전체는 약 2,000행 내외이지만 오늘날 전하는 분량은 오분의 일 정도이다. 그는 또한 《정화 의례들》(*Purifications*)이라는 종교시도 썼는데 이는 앞의 시에 비하여 그리 많이 전해지지 않는다. 학자들은 현재 전해지는 수많은 단편들이 각각 어떤 시의 일부인지에 대하여 의견의 일치를 보이지 않는다. 어떤 학자들은 두 시 모두가 어떤 단일한 작품의 일부라고 생각하기도 한다. 1994년 스트라스부르(Strasbourg)대학 고문서실에서 발견된 파피루스에 적힌 40개의 단편들이 엠페도클레스의 작품으로 확인되면서 그의 저술을 둘러싼 조각그림 맞추기가 재현되었다. 시인으로서 엠페도클레스는 파르메니데스보다 원숙한 모습을 보이며 더욱 다재다능하다. 아리스토텔레스에 따르면 그는 페르시아의 왕 크세르크세스(Xerxes)가 그리스를 침공한 사건에 대한 서사시도 썼다고 하며, 또 다른 자료에 의하면 몇 편의 비극도 썼다고 전한다(D.L. 8. 57).

엠페도클레스의 자연철학은 어떤 관점에서 보면 이오니아철학자들의 사상을 종합한 것이라 할 수 있다. 앞에서 살펴보았듯이 이들 각각은 어떤 하나의 물질을 선택하여 이를 우주의 기본적인 또는 가장 중요한 재료로 제시하였다. 탈레스는 물에, 아낙시메네스는 공기에, 크세노파네스는 흙에, 헤라클레이토스는 불에 이런 특별한 지위를 부여하였다. 엠페도클레스는 이 네 실체 모두를 우주의 근본적인 구성요소 또는, 그 자신의 표현에 따르면, '뿌리'라는 동일한 용어로 부른다. 그의 주장에 따르면 이 뿌리들은 항상 존재해 왔는데 다양한 비율로 서로 혼합됨으로써 우리에게 친숙한 세계의 여러 물체와 동식물들을 만들어 낸다.

이 네 뿌리로부터 존재하였던, 존재하는,
존재할 모든 것들이 생겨난다.
나무, 짐승, 인간, 남자와 여자 모두와
하늘의 새, 물에서 뛰노는 고기와
높은 곳에서 오랫동안 숭배되었던, 나이 많은 신들까지도.
이 네 가지만이 존재하는 전부인데, 서로 섞이고
혼합되어 세계의 다양함을 만들어 낸다. (KRS 355)

엠페도클레스가 뿌리라고 불렀던 바를 플라톤을 비롯한 이후 그리스철학자들은 요소(*stoicheia*)라는 용어로 표현하였는데 이 용어는 원래 단어의 음절을 의미하였다. 이 용어의 라틴어 번역은 *elementum*이며 이로부터 현재 우리가 사용하는 '요소'(element)라는 용어가 유래하였다. 하지만 라틴어 *elementum*에서 엠페도클레스의 뿌리는 단어의 음절이 아니라 단어를 구성하는 각각의 글자에 비유된다. 즉 *elementum*은 LMNtum에서 유래하였다. 17세기 보일(Boyle)이 등장하기 이전까지 많은 철학자와 과학자들은 엠페도클레스가 제시한 네 요소를 물리학과 화학에서 매우 중요한 역할을 담당하는 것으로 여겼다. 사실 이 네 요소는 다소 변형된 형태로 오늘날 우리에게까지 영향을 미친다고 말할 수 있다. 엠페도클레스는 자신의 요소들을 서로 다른 네 종류의 물체로 생각하였다. 현재 우리는 고체, 액체, 기체를 물체의 세 가지 상태로 여긴다. 엠페도클레스라면 얼음과 물, 수증기를 각각 흙과 물, 공기의 특별한 경우로 간주하겠지만 우리는 이를 물(H_2O)이라는 동일한 물질의 서로 다른 세 가지 상태라고 생각한다. 불을, 특히 해가 내뿜는 불을 다른 요소들과 마찬가지로 중요한 네 번째의 요소로 생각하는 일은 그리 불합리하지 않다. 어쩌면 20세기에 해와 같이 높은 온도 상태의 물체가 지니는 속성들을 연구하는 플라즈마(plasma) 물리학이 등장한 사실은 엠페도클레스의 네 번째 요소에 다른 세 요소와 동등한 지위를 부여한 결과인지도 모른다.

아리스토텔레스는 엠페도클레스가 우주론이 우주에 존재하는 요소들과 동일시되어서는 안 되는 어떤 원인, 즉 현실 세계의 생물과 무생물을 구성하는 요소들이 전개되고 혼합되는 데 필요한 원인을 지적하여야 한다는 사실을 깨달았다는 점을 들어 그를 칭찬한다. 엠페도클레스는 사랑과 불화가 바로 이런 역할을 한다고 생각한다. 사랑은 요소들을 결합하며, 불화는 이들을 분리시킨다. 네 가지 뿌리는 어떤 때는 다수가 결합하여 하나를 이루기도 하고, 다른 때는 하나가 다수로 분리되기도 한다. 어떤 때는 사랑이 작용하여 하나로 결합되고, 다른 때는 불화의 증오가 작용하여 서로 분리되기도 하는, 이런 계속되는 상호관계는 결코 멈추지 않는다고 엠페도클레스는 말한다(KRS 348).

사랑과 불화는 그 후 여러 시대를 거치면서 자연에 관한 이론에서 자주 등장하였던 인력과 척력이 최초로 모습을 드러내는 독창적인 개념이기도 하다. 엠페도클레스는 역사가 때로는 사랑이, 때로는 불화가 지배하는 일종의 순환이라고 생각한다. 사랑의 영향을 받을 때는 여러 요소들이 결합하여 안정되고 조화로운, 빛나는 세계를 이루는데, 이는 파르메니데스의 우주를 떠올리게 한다. 불화의 영향을 받을 때는 요소들이 서로 분리되지만 사랑이 회복되면서 잃었던 영역을 되찾을 때 서로 다른 모든 생물체의 종이 등장한다(KRS 360). 네발짐승과 새, 물고기 등의 모든 복합적 존재는 생겨났다가 사라지는 일시적인 피조물일 뿐이다. 오직 네 가지 요소만이 영원히 지속되며, 오직 우주적 순환만이 영원히 이어진다.

생물 종들의 기원을 설명하면서 엠페도클레스는 적자생존이라는 주목할 만한 진화론을 제시한다. 맨 처음 살과 뼈는 네 요소의 화학적 혼합에 의해서 생겨났는데 살은 불과 공기, 물이 각각 같은 분량으로 섞여 만들어졌고, 뼈는 둘만큼의 물과 둘만큼의 흙 그리고 넷만큼의 불이 섞여 만들어졌다. 이런 복합물로부터 아직 세분되지 않은 팔다리와 기관들이, 예를 들면 아직 구멍이 생기지 않은 눈, 어깨 없는 팔, 목이 없는 머리 등이 형성되었다(KRS

375~6). 이들은 서로 결합할 만한 상대방을 찾을 때까지 여기저기를 방황한다. 이들이 우연히 만난 상대방과 결합하는 경우가 자주 일어나는데 이렇게 미숙한 단계에서 이루어지는 결합은 지극히 부적절하다. 왜냐하면 이런 결합의 결과 수많은 기괴한 존재들이, 말하자면 인간의 머리를 한 황소, 황소 머리를 한 인간, 앞뒷면 모두에 얼굴과 가슴이 있는 남녀 양성의 피조물 등이 생겨나기 때문이다(KRS 379). 이렇게 우연히 만들어진 유기체 대부분은 허약하고 제대로 대를 잇지 못한다. 오직 가장 적합한 구조를 갖춘 존재들만이 살아남아 현재 우리가 아는 인간과 동물 종이 된다. 이들이 생식에 적합하여 계속 살아남는지 여부는 의도나 계획이 아니라 우연의 문제이다(Aristotle, *Ph*. 2. 8. 198^{b}29).

아리스토텔레스는 엠페도클레스가 서로 다른 생명체가 지닌 서로 다른 기관이, 예를 들면 올리브 열매와 알, 잎과 깃털이 동일한 기능을 수행할 수도 있다는 중요한 생물학의 원리를 처음 발견하였다고 주장하면서 이를 높이 평가한다(Aristotle, *GA* 1. 23. 731^{a}4). 하지만 목적론을 우연으로 축소 해석하려는 엠페도클레스의 시도는 비난하는데, 그 후 수세기 동안 생물학자들은 엠페도클레스보다는 아리스토텔레스를 따랐다. 하지만 다윈(Darwin)이 '그리 엄밀하지는 않지만 자연 선택의 원리를 예견하였다는 점을'[20] 들어 엠페도클레스에게 경의를 표함으로써 최후에 미소를 지은 사람은 엠페도클레스라 할 수 있다.

엠페도클레스는 자신의 네 요소를 활용하여 감각적 지각에 대한 설명도 제시하는데 이는 유사한 것은 유사한 것을 통해서 알려진다는 원리에 기초한다. 《정화 의례들》이라는 종교시에서 그는 자신의 자연학 이론을 피타고라스의 윤회설과 연결한다.[21] 죄를 지은 존재는 — 신이든 인간이든 간에 — 불화

20 《종의 기원》(*The Origin of Species*), 6판의 부록 참조. 위의 언급은 A. Gottlieb, *The Dream of Reason: A History of Western Philosophy from the Greeks to the Renaissance* (London: Allen Lane, 2000), 80에서 재인용하였다.

가 그의 영혼을 땅과 바다에 사는 다른 종류의 동물로 환생하게 함으로써 처벌받는다. 윤회의 순환은 결국 인간들 중 최고의 계층으로, 즉 예언자, 찬가를 읊는 시인, 의사, 군주로 상승할 수 있다는 희망을 갖게 만든다(KRS 409). 물론 엠페도클레스는 자신이 이런 직업을 모두 경험해 보았다고 주장한다.

자신의 저술을 통하여 엠페도클레스는 엄격한 기계론적 태도와 신비적인 종교적 태도 사이를 계속 오가는 모습을 보인다. 때로 그는 자신의 네 요소를 각각 신의 이름으로(제우스, 헤라(Hera), 아이도네우스(Aidoneus), 네스티스(Nestis)) 부르기도 하며, 사랑을 여신 아프로디테(Aphrodite)와 동일시하기도 하는데 특히 그가 아프로디테에게 바친 찬가는 실러(Schiller)의 위대한 '환희의 송가'(Ode to Joy)를 떠올리게 한다(KRS 349). 그는 자신이 신의 수준에 이르렀다고 주장하지만 이 또한 그가 올림포스의 신들에게서 신성을 제거한 것과 같은 방법으로 얼마든지 반박될 수 있다. 하지만 그의 주장은 특히 전설처럼 전해지는 그의 죽음과 관련해서 뒷사람들의 주목을 받았다.

그의 죽음에 관해서 다음과 같은 이야기가 전해진다. 의사들이 이미 죽었다고 단념한 판테이아(Pantheia)라는 여성이 있었는데 엠페도클레스가 그녀의 생명을 기적적으로 소생시켰다. 이를 축하하기 위하여 그는 에트나(Etna) 화산 기슭의 어떤 부잣집에서 80명의 손님을 초대하여 희생제를 겸한 연회를 열었다. 다른 손님들이 잠자리에 든 후 그는 하늘에서 자신의 이름을 부르는 소리를 들었다. 그는 서둘러 화산의 정상으로 올라간 다음, 밀턴(Milton)의 표현을 빌리면,

> 마치 신이라도 된 듯
> 에트나의 불꽃 속으로 거침없이 뛰어들었다. (《실낙원》(*Paradise Lost* III. 470))

[21] 아래의 7장 참조.

아널드(Matthew Arnold)[22]는 시집 《에트나 산정의 엠페도클레스》(*Empedocles on Etna*)에서 이 이야기를 각색하여 전한다. 그는 분화구의 가장자리에 선 엠페도클레스의 입을 빌려 다음과 같이 말한다.

> 너의 심장은 더 이상 불타오르지 않는다.
> 너는 더 이상 산 사람이 아니다, 엠페도클레스!
> 오로지 강력한 사유의 불꽃 —
> 아무 가릴 것 없고, 영원히 쉬지 않는 정신일 뿐이다!
> 모든 것은 원래의 요소로
> 되돌아간다.
> 우리 육신은 흙으로,
> 우리 피는 물로,
> 온기는 불로,
> 숨은 공기로.
> 이들 모두 좋게 태어났으니 좋게 돌아가리라 —
> 하지만 정신은? (326~38행)

여기서 아널드는 엠페도클레스가 분화구로 마지막 발걸음을 내딛기에 앞서 진리를 사랑한 데 대한 보상으로 자신의 지성이 결코 완전히 사라지지 않기를 바랐음을 표현한다.

[22] 〔옮긴이 주〕 1822년에 태어나 1888년에 사망한, 영국 빅토리아 시대의 유명한 시인이며 문학, 사회비평가이다.

아낙사고라스

엠페도클레스가 다윈의 선구자로서 그 이름을 오늘날까지 전한다면 그와 같은 시대 인물은 아낙사고라스는 자주 최근에 유행하는 우주 대폭발 이론(the big bang)의 지적인 선구자로 간주되기도 한다. 아낙사고라스는 기원전 500년경 이즈미르에서 가까운 클라조메나이(Clazomenae)에서 태어났으며, 아낙시메네스의 제자였을 수도 있다. 페르시아와 그리스 사이의 전쟁이 끝난 후 그는 아테네로 가서 정치가 페리클레스(Pericles)와 친분을 나누었다. 따라서 그는 아테네로 건너온, 아테네에 온 후 유명해졌든 아니면 이미 유명하여 아테네에서 환영받았든 간에, 여러 뛰어난 철학자들 중 최초의 인물로 손꼽힌다. 하지만 페리클레스가 세력을 잃게 되자 아낙사고라스도 대중의 공격 목표가 되었다. 그는 반역과 불경죄로 고소당하였지만 헬레스폰트(Hellespont) 해협 근처의 람프사코스(Lampsacus)로 도피하여 428년에 죽을 때까지 명예로운 망명자로 살았다.

우주의 기원에 관한 그의 설명은 다음과 같다. '모든 것은 함께 있었고, 수적으로 무한히 많은 동시에 무한히 작았다. 왜냐하면 작다는 것은 또한 한정이 없기 때문이다. 모든 것이 함께 있었으므로 그들 중 어떤 것도 작음으로 인하여 분명하게 구별되지 않았다. 모든 것은 무한한 공기와 에테르의 아래에 놓여 그들의 지배를 받았다'(KRS 467). 이런 원시 상태의 무한정한 것들이 그들을 둘러싼 에테르와 공기에서 벗어나 회전하기 시작하는데 이로부터 별들과 해, 달이 형성된다. 이 회전을 통하여 희박한 것으로부터 농후한 것이, 차가운 것으로부터 뜨거운 것이, 젖은 것으로부터 마른 것이, 어두운 것으로부터 밝은 것이 떨어져 나온다. 하지만 이러한 분리는 결코 완전히 끝나지 않으며, 지금도 각각의 모든 사물에 그와 정반대되는 요소가 일정 부분 포함되어 있다. 예를 들면 검은 것에도 흰 요소가 약간은 들어 있으며, 뜨거운 것에도 차가운 요소가 조금은 들어 있다. 사물들은 자신 안에서 가장 우세한 요소가 무엇인가에 따라 이름이 붙여진다(Aristotle, *Ph*. 1. 4. 187a23). 모든 것이 함께 있다는 사실은 정액의 경우에서 가장 명백하게 드러난다. 정액은 머리카락과 살과, 그 밖에도 훨씬 더 많은 것을 포함함에 틀림없다. 또한 우리가 먹는 음식도 분명 이 경우에 해당한다(KRS 483~4, 496). 이런 의미에서 사물들은 처음부터 모두 함께 있었고, 지금도 함께 있다.

아낙사고라스는 우주의 팽창이 지금까지 계속되어 왔으며 미래에도 계속되리라고 주장한다(KRS 476). 어쩌면 우주는 우리가 사는 세계와 다른 어떤 세계를 이미 만들어 내었는지도 모른다. 모든 것 안에 모든 것이 들어 있는 상황이 이런 결과를 낳는다. 이러한 다른 세계에 관하여 아낙사고라스는 다음과 같이 말한다.

> 사람들뿐만이 아니라 혼이 부여된 다른 동물들도 형성되었다. 그 사람들에게도 우리와 마찬가지로 농장과 주거를 위한 도시가 있으며, 해와 달 그리고 그 밖의 것들도 우리와 똑같이 지닌다. 땅은 그들을 위하여 모든 종류의 것들을 길러 내는데, 그들도 우리처럼 이들을 수확하고 저장한다. 이런 일이 오직 우리들에게만 일어나는 것이 아니라 다른 어디에서도 얼마든지 일어날 수 있기 때문에 나는 이들이 모두 분리의 과정이라고 말하였다. (KRS 498)

그렇다면 아낙사고라스는 한참 후에 브루노(Giordano Bruno)가 내세웠으며, 오늘날 상당히 많은 학자들 사이에서 유행하는 주장, 즉 우리가 사는 우주는 단지 수많은 우주들 중 하나에 불과하며 우리의 우주와 마찬가지로 다른 우주들에도 얼마든지 지적인 존재들이 살지도 모른다는 주장을 최초로 제시한 인물이라 할 수 있다.

아낙사고라스에 따르면 우주의 전개를 이끄는 운동은 지성(nous)의 작용이다. '모든 것이 함께 있었는데, 지성이 등장하여 여기에 질서를 부여하였다'(D.L. 2. 6). 지성은 무한하지만 사물과 분리되어 있어 일반적으로 사물의 요소들이 뒤섞이는 데 함께 혼합되지 않는다. 만일 혼합된다면 지성까지도 진화의 과정에 포함되어 버리므로 그 과정을 지배할 수 없게 된다. 지성이 물체를 확고하게 지배한다는 이런 주장은 당시 사람들에게 매우 충격적으로 받아들여졌으며, 이 때문에 그들은 아낙사고라스를 지성이라는 별명으로 부르기도 하였다. 그의 주장은 플라톤과 아리스토텔레스 모두에게 큰 영향을 미쳤지만 그것이 실제로 정확하게 무엇을 의미하였는지를 평가하기는 쉽지 않다.

플라톤의 대화편《파이돈》(*Phaedo*)에서 소크라테스는 죽기 전 마지막 날 감옥에서 초기 철학자들에게서 발견되는, 자연과학의 영역에 적용되는 기계론적 설명에 대하여 자신이 점차 환멸감을 느끼게 되었음을 고백한다. 그는 아낙사고라스가 모든 것을 지성 또는 정신을 통해서 설명하였다는 이야기를 듣고 무척 만족스러웠다고 말한다. 하지만 아낙사고라스의 저술에 가치에 관한 언급이 전혀 등장하지 않는 점을 알고 실망하였음을 밝힌다. 즉 아낙사고라스는 소크라테스의 모든 행위가 오직 지성에 따라 수행되었을 뿐이라고 말하면서, 아테네 법정의 명령을 준수하여 감옥에 앉아 있는 일이 더 낫다는 그의 판단에 대해서는 아무런 언급도 하지 않은 채 살과 근육으로 이루어진 그의 육신에 관하여 말함으로써 그가 감옥에 앉아 있는 이유를 제시할 사람이라는 것이다. 여기서 소크라테스는 목적론적 설명이 기계론적 설명보다 훨씬 중요하다고 생각한다. '만일 누군가가 왜 각각의 것이 생겨나고, 사라지고 또 계속 유지되는지 그 이유를 알고 싶어 한다면 그가 발견해야만 하는 바는 바로 다음과 같은 것이네. 즉 그것이 어떻게 존재해야 최선인지 또는 어떻게 다른 것들에 작용하고 또 작용을 받아야 최선인지를 밝혀야만 하네'(*Phd*. 97d).

아낙사고라스는 자신의 지성에 관하여 언급하면서 신에게나 어울리는 방식을 사용하는데, 어쩌면 이 때문에 아테네 법정에서 이상한 신들을 도입하였다는 강력한 비난을 받았는지도 모른다. 하지만 그의 불경죄는 사실상 그 자신의 과학적 추측에 근거하였던 듯하다. 해는 불타는 쇳덩어리로 펠로폰네소스(Peloponnesus) 반도보다 조금 큰 정도라고 그는 말하였다. 이런 주장은 해를 신성시하면서 숭배하는 당시의 관행과 양립될 수 없었다. 망명지 람프사코스에서 아낙사고라스는 처음으로 학교에 방학을 도입함으로써 마지막까지 인류에게 큰 기여를 하였다. 도시의 관리들이 그의 명예를 기리기 위하여 무엇을 했으면 좋겠는가라고 묻자 그는 자신이 죽는 그 달에는 어린이들이 학교에 오지 않고 놀도록 매년 허락하라고 답하였다. 그는 쉬운 설명을 위하여 저술에 도표를 포함시킨 최초의 인물로서 이미 많은 과학도들이 그에게 깊이 감사하고 있다.

원자론자들

소크라테스 이전 시대의 마지막을 장식하면서 가장 두드러지게 현대 과학을 예견하게 한 인물로 밀레토스 출신의 레우키포스(Leucippus)와 압데라(Abdera) 출신의 데모크리토스(Democritus)를 들 수 있다. 이들의 이름은 마치 무척 닮은 두 사람을 지칭하는 듯이 항상 함께 언급되므로 둘이 함께 원자론을 처음 제시하였다고 생각하기 쉽지만, 사실 레우키포스에 대해서는 데모크리토스의 스승이었다는 점을 제외하면 거의 알려진 바가 없다. 현재 우리가 원자론에 대하여 아는 지식은 거의 모두 데모크리토스가 남긴 저술에 의존한다. 데모크리토스는 박식한 인물인 동시에 많은 작품을 쓴 저술가로서 80여 편의 논문을 썼다고 전해지며, 이를 통하여 시와 조화의 문제로부터 군사 전술과 바빌로니아의 신관에 이르는 폭넓은 주제를 다루었다고 한다. 이들 모두는 사라져 버렸지만 오늘날까지 전하는 그의 단편은 그 이전 다른 어떤 철학자에 비해서도 많은 분량에 이른다.

데모크리토스는 트라키아(Thrace) 해안의 압데라에서 태어났으며 따라서 초기의 중요 철학자들 중 그리스 본토에서 태어난 최초의 인물이다. 그가 태어난 시기는 다소 불분명하지만 기원전 470년에서 460년 사이로 추정된다. 그가 아낙사고라스보다 40년 후에 태어났다는 기록이 있는데, 실제로 그는 아낙사고라스의 몇 가지 생각을 받아들이기도 하였다. 그는 여러 곳을 여행하였으며 이집트와 페르시아를 방문하기도 하였다. 하지만 그가 방문한 나라들이 그리 큰 인상을 남기지는 못한 듯하다. 언젠가 그는 페르시아의 왕이 되느니 과학적 설명 하나를 발견하는 편이 낫겠다고 말한 적이 있다(D.L. 9. 41; DK 68 B118).

데모크리토스의 기본 입장은 물체를 무한히 나눌 수 없다는 것이다. 이런 결론에 이른 논증 과정을 현재 정확히 알 수는 없지만 아리스토텔레스는 아마 다음과 같이 진행되었으리라고 추측한다. 어떤 종류의 물체라도 한 조각 잘라 내어 다시 그것을 가능한 한 작게 잘라 나누어 보자. 그것이 더 이상 나눌 수 없는 작은 조각이 되면 이 일을 멈출 수밖에 없다. 물체를 무한히 나눌 수 있다고 가정해서는 안 된다. 만일 그럴 수 있다고 가정하려면 이렇게 끝까지 나눈 후에 그 다음에는 무슨 일이 일어나겠는가를 한번 생각해 보자. 만일 무한한 수의 부분들 각각이 어떤 크기라도 지닌다면 부분들은 다시 나뉠 수 있어야만 하는데, 이는 이미 끝까지 나누었다는 가정과 모순을 일으킨다. 반면에 만일 각각의 부분들이 어떤 크기도 지니지 않는다면 이들을 아무리 더한다 할지라도 어떤 분량에도 도달할 수 없다. 영은 무한히 더하더라도 여전히 영이기 때문이다. 따라서 우리는 물체를 이렇게 나누는 일에는 어떤 한계가 있으며, 가능한 한 작게 나뉜 부분들도 반드시 크기와 형태를 지님에 틀림없다고 결론지어야 한다. 데모크리토스는 더 이상 나눌 수 없는 이 작은 물체를 바로 '원자'(atom)라고(이 단어 자체가 그리스어로 '나눌 수 없음'을 의미한다) 불렀다(Aristotle, *GC* 1. 2. 316^{a}13~^{b}16).[23]

데모크리토스는 원자들은 너무 작아서 감각을 통해서는 인식되지 않는다고 생각하였다. 하지만 원자들의 수는 무한하며, 무한하게 다양한 모습으로 등장할 수 있지만 원자들 자체는 영원히 존재한다. 엘레아학파와는 달리 데모크리토스는 진공을 허용하더라도 아무 모순이 발생하지 않는다고 주장한다. 진공은 존재하며, 이 무한한 텅 빈 공간에서 원자들은 마치 어두운 방에 빛줄기가 비칠 때 보이는 먼지처럼 끊임없이 운동한다. 원자들은 서로 다른 형태를 보인다. 원자들은 형태가 서로 다를 수도 있고(마치 글자 A가 N과 서로 다르듯이), 결합의 순서가 (AN이 NA와 다르듯이) 또는 위치가 (동일한 형태인 N과 Z가 서로 다른 위치에 놓여 있듯이) 서로 다를 수도 있다. 어떤 원자는 오목하고 어떤 원자는 볼록하며, 또 어떤 원자는 갈고리 모양이며 어떤 원자는 눈처럼 둥글다. 원자들은 끊임없이 운동하면서 서로 충돌하기도 하고 서로 결합하기도 한다(KRS 583). 일상의 삶에서 접하는 평범한 대상은 원자들이 우연히 충돌하고 결합하여 형성된 원자들의 복합체인데, 대상들의 종류가 서로 다른 까닭은 그들을 구성하는 원자가 서로 다르기 때문이다(Aristotle, *Metaph*. *A* 4. 985^{b}4~20; KRS 556).

아낙사고라스와 마찬가지로 데모크리토스도 다수의 세계가 존재한다고 생각한다.

> 서로 크기가 다른 무수히 많은 세계들이 존재한다. 어떤 세계에는 해도 달도 없다. 다른 어떤 세계에는 더욱 큰 해와 달이 있기도 하고, 또 다른 세계에는 더 많은 수의 해와 달이 있기도 한다. 한 세계와 그 다음 세계 사이의 거리는 일정하지 않다. 어떤 공간에는 세계들이 더 많고, 다른 공간에는 더 적다. 또한 어떤 세계는 커지고 있고, 어떤 세계는 전성기에 도달했으며, 어떤 세계는 쇠퇴하고 있다. 다른 세계들이 서로 충돌함으로써 소멸하기도 한다. 어떤 세계에는

[23] 이런 논증에 반대하는 아리스토텔레스의 입장에 관해서는 아래의 5장 참조.

동물이나 식물, 습기조차도 전혀 없다. (KRS 565)

데모크리토스는 오직 원자와 빈 공간, 둘만이 실재한다고 생각한다. 우리가 물이나 불, 식물이나 인간으로 인식하는 대상들 모두는 빈 공간에서 서로 결합된 원자에 지나지 않는다. 우리가 감각을 통해서 파악하는 성질들은 실재하지 않으며, 이들은 단지 관습의 결과일 뿐이다.

데모크리토스는 우리가 지각하는 성질들이 어떻게 서로 다른 종류의 원자와 그 배열로부터 생겨나는지를 상세히 설명한다. 예를 들면 매운 맛은 작고, 날카롭고, 모나고, 표면에 굴곡이 있는 원자들로부터, 단 맛은 크고, 둥글고, 부드러운 원자들로부터 생긴다. 우리가 감각을 통해서 얻는 지식은 원자론에 의해서 밝혀지는 지식에 비하면 단지 어둠에 지나지 않는다. 자신의 여러 주장을 정당화하기 위하여 데모크리토스는 체계적인 인식론을 발전시켰다.[24]

데모크리토스는 자연학뿐만 아니라 윤리학에 대해서도 많은 글을 썼다. 많은 내용이 격언의 형태로 오늘날까지 전하는데 이 중 몇몇은 일상에서 자주 인용되기도 한다. 하지만 그를 단지 진부한 관습적 지혜를 격언의 형태로 전한 인물 정도로 생각한다면 이는 잘못이다. 이와는 정반대로, 아래의 8장에서 살펴보겠지만, 그가 남긴 언급들을 주의 깊게 검토해 보면 그가 체계적인 도덕 이론을 전개한 최초의 사상가 중 한 사람임을 확인할 수 있다.

소피스트

데모크리토스가 세상을 떠나기 전에 이미 그와 고향이 같은, 압데라 출신의

[24] 아래의 4장 참조.

젊은 철학자 프로타고라스(Protagoras)가 등장하였는데 프로타고라스는 새로운 철학자 계층인 소피스트의 선두주자가 되었다. 소피스트는 원래 여러 도시를 옮겨 다니면서 다양한 주제에 관한 전문적인 지식을 가르치는, 말하자면 순회 교사들이었다. 설령 이들이 가장 넓은 의미에서의 철학을 넘어서서 더욱 폭넓고 다양한 영역의 교육을 제공하는 학교기관이나 시설을 세우지는 않았다 할지라도 이들은 지식이나 기술을 가르쳐 주면서 대가를 받았으므로 이들을 최초의 직업적인 철학자라고 불러도 별 무리가 없을 듯하다. 소피스트 중에 가장 다재다능한 인물이었던 엘리스(Elis) 출신의 히피아스(Hippias)는 수학, 천문, 음악, 역사, 문학, 신화 등에 모두 능하였을 뿐만 아니라 옷과 신발을 만드는 실용적인 기술까지도 겸비하였다고 전한다. 또 다른 소피스트들은 수학과 역사, 지리 등을 충분히 가르칠 수 있었다. 또한 이들 모두는 뛰어난 수사학자였다. 소피스트들은 기원전 5세기 중반에 주로 아테네에서 활발하게 활동하였는데 당시 아테네에는 법정에서 변론을 펴거나 정치에 진출하기를 바라는 젊은이들이 많았고, 이들은 교육과 지도를 받는 대가로 소피스트에게 상당한 액수의 비용을 기꺼이 지불하였다.

소피스트들은 법정에서 이루어지는 토론과 웅변을 통한 설득의 방법을 체계적으로 연구하였으며 이 과정에서 이들은 다양한 주제에 관한 글을 썼다. 이들은 기본 문법으로부터 출발하였다. 프로타고라스는 명사의 성 및 동사의 시제와 법을 처음으로 구별하였다(Aristotle, *Rh*. 3. 4. 1407^{b}6~8). 이들은 계속해서 논증의 기법을 열거하고 자기 옹호를 위한 요령을 개발하였다. 애매한 문헌들을 해석하고 상대방의 연설을 평가하면서 이들은 최초의 문학비평가로도 활동하였다. 또한 이들은 대중을 상대로 한 강의와 공연을 하기도 하고 논쟁을 주고받는 토론회를 개최하기도 하였는데, 이는 한편으로는 교육을 다른 한편으로는 여흥을 위한 것이었다(D.L. 9. 53). 종합해 보면 이들은 현대사회의 교사, 상담역, 변호사, 홍보 전문가, 대중매체의 유명인사 등등의 역할을 담당하였다.

프로타고라스는 압데라의 대사 자격으로 아테네를 처음 방문하였다. 그는 아테네 시민들로부터 환영받았다고 전해지며 그 후 몇 차례 더 아테네를 방문하였다. 기원전 444년 페리클레스는 프로타고라스에게 남부 이탈리아의 투리오(Thurii)에 그리스 도시국가들이 연합하여 새로 세운 식민지의 헌법 초안을 부탁하기도 하였다. 그는 비극작가 에우리피데스(Euripides)의 집에서 아테네 시민들을 대상으로 한 첫 번째 공개 강의를 하였다. 그는《신들에 관하여》(*On the Gods*)라는 제목의 소논문을 큰 소리로 읽었는데 그 첫머리는 오래토록 기억되어 오늘날까지 전한다. '신들에 관하여, 나는 그들이 존재하는지 존재하지 않는지, 또 그들이 어떤 모습으로 보이는지 확신할 수 없다. 왜냐하면 신에 관한 지식에 이르는 길에는 많은 방해물이 놓여 있기 때문이다. 이런 방해물로는 주제 자체가 모호하다는 점 그리고 인간의 삶이 너무 짧다는 점을 들 수 있다'(D.L. 9. 51). '인간은 만물의 척도'라는 그의 유명한 말은 상대주의적인 인식론을 요약하여 표현하는데 이에 관해서는 후에 상세히 살펴볼 예정이다.[25]

프로타고라스는 어떤 질문에 대해서도 어떤 측면에서도 논증을 펼칠 준비를 갖추었던 듯이 보인다. 사실 그는 자신은 항상 나쁜 논증을 더 좋게 만들 수 있다고 호언장담하였다. 어쩌면 이는 그저 그가 논증 능력이 떨어지는 사람을 잘 가르쳐 소송 등에 대비한 최선의 준비를 갖추어 줄 수 있음을 의미하는지도 모른다. 하지만 아리스토파네스(Aristophanes)나 아리스토텔레스 같은 비판자들은 이와는 전혀 달리 그가 나쁜 논증을 좋게 보이도록 만들 수 있음을 의미하였다고 해석한다(Aristophanes, *Clouds*, 112 이하, 656~7; Aristotle, *Rh*. 2. 24. 1402^{a}25). 프로타고라스를 적대시하는 사람들은 그가 교육의 대가를 지불하지 않은 제자 에우알토스(Eualthus)를 고소한 이야기를 즐겨 언급한다. 에우알토스는 프로타고라스의 가르침을 받은 후 재판에

[25] 아래의 4장 참조.

나가 자신이 이기면 대가를 지불하겠다고 약속하였다. 그런데 그는 아직 자신이 단 한 번도 재판에서 이기지 못하였다는 이유로 대가의 지불을 거절하였다. 프로타고라스는 대가를 지불하라고 그를 고소하면서 다음과 같이 말한다. '내 말을 잘 듣게. 만일 이 소송에서 내가 이기면 자네는 재판의 판결에 따라 나에게 대가를 지불해야만 하네. 만일 자네가 이기더라도 여전히 자네는 나에게 대가를 지불해야 하네. 왜냐하면 자네는 재판에서 이긴 셈이 되기 때문이지'(D.L. 9. 56).

또 다른 소피스트 프로디코스(Prodicus)는 에게 해의 섬 케오스(Ceos) 출신인데 프로타고라스와 마찬가지로 자신이 속한 도시국가의 공적인 임무를 맡아 아테네로 왔다. 그는 언어학자였는데 문법보다는 단어의 의미에 더 큰 관심을 보였다. 아마도 그를 최초의 사전 편찬자로 여길 수 있을 듯하다. 아리스토파네스와 플라톤은 그를 그저 학자인 체하는, 평범한 인물로 얕잡아 보면서 그가 한 일은 기껏해야 사실상 같은 의미를 지니는 단어들을 쓸데없이 구별한 일뿐이라고 평가한다. 하지만 그가 시도한 몇몇 구별은(예를 들면 Plato, *Protagoras* 340b2에 등장하는, 무엇을 '원한다'는 동일한 의미를 지니는 두 그리스어 단어 *boulesthai*와 *epithumein* 사이의 구별은) 후에 큰 철학적 중요성을 지니게 되었다.

프로디코스는 덕과 악덕을 두 여성으로 의인화한 후 이 둘 중 누구를 선택할지를 놓고 고민하는 젊은 헤라클레스(Heracles)를 다룬 낭만적이고 도덕적인 우화의 저자로 여겨진다. 또한 그는 종교의 근원에 관한 이론도 제시하였다. '옛사람들은 해와 달, 강과 연못, 그 외의 무엇이라도 삶에 도움이 되기만 하면 신으로 여겼다. 왜냐하면, 이집트사람들이 나일(Nile) 강을 숭배하는 데서 알 수 있듯이, 그런 것들로부터 큰 도움을 받기 때문이다'(DK 84 B5). 그렇다면 불의 신 헤파이스토스(Hephaestus)를 숭배하는 일은 사실 불을 숭배하는 것이며, 농업의 신 데메테르(Demeter)를 숭배하는 일은 사실 먹을 양식을 숭배하는 것이다.

시칠리아의 레온티니(Leontini) 출신인 고르기아스(Gorgias)는 한때 엠페도클레스의 제자였는데, 레온티니와 시라쿠사 사이에 전쟁이 일어나자 도움을 구하기 위하여 아테네로 파견된 대사였다. 따라서 그는 프로타고라스에 뒤이은 대사 출신의 소피스트이다. 그는 설득력 있는 웅변가였을 뿐만 아니라 전문적인 수사학자로서 연설에서 사용되는 서로 다른 수사법, 예를 들면 대조법이나 수사를 위한 질문법 등을 분류하기도 하였다. 그의 문체와 연설법은 그의 생전에는 크게 칭찬받았지만 후에는 지나치게 미사여구를 즐긴다는 평가를 받았다. 그의 저술들 중 철학적 관심을 끄는 두 편의 짧은 글이 오늘날까지 전한다.

첫 번째 글은 트로이아(Troy)의 헬레네(Helen)를 비난하는 사람들에 대항하여 그녀를 옹호하는 수사학적 훈련을 다룬 것인데, 여기서 고르기아스는 헬레네가 파리스(Paris)와 함께 달아남으로써 트로이아 전쟁의 불씨를 제공하였다는 점을 들어 그녀를 비난해서는 안 된다고 주장한다. '그녀는 단지 자신이 행하지 않을 수 없는 바를 행했을 뿐이다. 그녀가 그렇게 한 까닭은 변덕스러운 운명에, 즉 신들의 결정이나 필연적인 섭리에 따랐기 때문이거나 아니면 폭력에 의하여 유괴되었거나, 감언이설에 설득되었거나 또는 사랑에 압도되었기 때문이다'(DK 82 B11, 21~4). 고르기아스는 이런 이유들을 차례로 검토한 후 어떤 경우든 헬레네는 비난받아서는 안 된다고 주장한다. 어떤 인간도 운명을 거스르지는 못한다. 비난받아야 할 자는 유괴를 하는 자이지 유괴를 당하는 자가 아니다. 여기에 이르기까지 고르기아스는 비교적 쉬운 길을 걸어왔다. 하지만 헬레네가 설득에 굴복당하였다 할지라도 여전히 비난받아서는 안 된다는 점을 보이려면 그는 우리가 사용하는 말의 능력을 충분히 입증해야만 하는 어려운 작업을, 물론 이 또한 말을 통해서 이루어지겠지만, 수행해야 한다. 이에 관해서 그는 다음과 같이 말한다. '말은 실재하거나 지각될 수 있는 대상이 아니기 때문에 무척 부담스러운 존재이다. 하지만 말은 신과 같은 결과를 낳을 수도 있다.' 이 경우에도 비난받아야 할 자는 설득하는 자이지 설득당하는 자가 아니다. 마지막으로 만일 헬레네가 사랑에 빠졌다면 비난받아서는 안 된다. 사랑은 우리 인간이 저항할 수 없는 신과 같은 것 또는 우리의 동정심을 자극하는 일종의 정신적 질병이기 때문이다. 이 짧고 재치 있는 언급이 바로 자유와 결정론, 불가항력, 외부의 자극, 억누를 수 없는 충동 등을 둘러싼 다양한 철학적 논의의 출발점을 이룬다.

고르기아스의 저술 《존재하지 않는 바에 관하여》(*On What is Not*)에는 세 가지 회의적인 결론에 이르는 논증이 등장한다. 이 세 가지 결론은 첫째 아무것도 존재하지 않으며, 둘째 무언가가 존재하더라도 그것을 인식할 수 없으며, 셋째 무언가를 인식하더라도 그 내용을 다른 사람에게 전달할 수 없다는 것이다. 여기에 포함된 일련의 논증은 두 경로를 통해서 후세에 전해지는데 이 중 하나는 위(僞)아리스토텔레스(pseudo-Aristotelian) 계열의 저술인 《멜리소스에 관하여》(*On Melissus*)이며 다른 하나는 섹스토스(Sextus Empiricus)이다.

첫 번째 논증은 '존재한다'는 그리스어 동사가 다양한 형태로 등장한다는 특징을 다소 악용한 듯하다. 여기서 이 논증을 상세히 언급하지는 않겠지만 후에 6장에서 이 논증에는 결정적인 모호함이 포함되어 있음을 보이려 한다. 두 번째의 논증은 다음과 같이 진행된다. 만일 사고의 대상들이 존재하는 것이라면 오직 존재하는 것만이 사고의 대상이 될 수 있다. 하지만 사고의 대상들은 존재하는 것이 아니다. 만일 사고의 대상이 존재한다면 우리가 사고하는 모든 것이 존재해야만 한다. 우리는 하늘을 나는 사람이나 바다 위로 달리는 전투마차 등등, 실제로 전혀 존재하지 않는 것을 얼마든지 생각할 수 있다. 따라서 존재하는 것은 사고의 대상이 될 수 없다. 세 논증 중 가장 그럴듯한 세 번째 논증은 개인들 각각의 감각이 자신만이 갖는 사적인 것인데, 우리가 상대방에게 전달할 수 있는 바는 경험이 아니라 단지 말에 불과하다는 점을 지적한다.

이 유명한 소피스트가 자신의 궁색한 결론을 이끌어 내기 위하여 도입한 논증들은 사실 궤변에 가까우며, 이를 처음 접한 사람들이 받아들이지 않았으리라는 점은 의심의 여지가 없다. 궤변의 본질이 무엇인가를 진단하기보다 이를 바로 거부하는 일이 손쉬울지 모르지만, 궤변에서 벗어나는 해결책을 발견하기란 여전히 무척 어렵다. 첫 번째 궤변은 플라톤이 적절하게도 《소피스테스》(*The Sophist*)라고 이름 붙인 대화편에서 본질적으로 해소된다.[26] 두 번째 궤변은 가끔 플라톤에서도 발견되는 논증적 오류를 포함한다. 하지만 아리스토텔레스의 논리학은 '모든 A가 B는 아니다'가 '어떤 B도 A가 아니다'를 함축하지 않는다는 점을 이후의 학자들에게 명확히 제시하였다. 세 번째 논증에서 등장하는 경험의 개인성 문제는 20세기에 이르러 비트겐슈타인의 저술이 등장한 후에야 비로소 결정적으로 해명되었다.

프로타고라스와 히피아스, 프로디코스, 고르기아스 외에도 이름과 명성이 오늘날 우리에게까지 전해지는 또 다른 소피스트들이 있다. 힘이 곧 옳음이라는 주장의 강력한 옹호자인 칼리클레스(Callicles), 정의란 권력을 쥔 자들의 자기이익이라고 폭로하였던 트라시마코스(Thrasymachus) 등을 예로 들 수 있다. 또한 상대방에게 당신의 아버지는 개라는 점을 증명해 보이려 했던 한 쌍의 궤변가 에우티데모스(Euthydemus)와 디오니시도로스(Dionysidorus)도 있다. 하지만 이들을 비롯하여 앞에서 살펴보았던 더욱 유명한 소피스트들 모두가 주로 플라톤의 대화편에서 대화를 나누는 등장인물로 우리에게 알려진다. 이들의 철학적 주장은 대화편에서 전개되는 대화의 맥락을 통해서 가장 잘 파악된다. 그렇다면 소피스트들에 관한 역사적 진실을 파헤치는 일은 셰익스피어(Shakespeare)의 작품에 등장하기 이전에 리어 왕(King Lear)이나 햄릿(Hamlet)이 어떤 모습이었는지를 발견하려는 것만큼이나 무의미한 일인지도 모른다.

[26] 아래의 6장 참조.

어쨌든 이제 소피스트들에게 작별을 고하고 소크라테스를 살펴보려 한다. 소크라테스는 어떤 견해에 따르면 가장 위대한 소피스트이기도 하고, 다른 견해에 따르면 어떤 종류의 궤변도 단호히 거부하고 그 반대편에 섬으로써 참된 철학자의 전형을 제시한 인물이기도 하다.

소크라테스

철학사에서 소크라테스는 다른 아무와도 비교할 수 없는 독보적인 위치를 차지한다. 한편으로 그는 최초로 위대한 철학 시대의, 따라서 어떤 의미에서는 철학 자체의 막을 연 인물로 존경받는다. 철학 교과서에서는 그보다 앞서 등장한 모든 철학자들은 한데 묶어 '소크라테스 이전 철학자'(Presocratics)로 분류하는데 이는 마치 소크라테스 이전은 철학의 선사시대에 속한다는 듯한 인상을 준다. 다른 한편으로 소크라테스는 어떤 저술도 남기지 않았으며 그가 직접 언급했다고 전하는, 즉 그의 추종자 중 한 사람이 문학적으로 꾸며 낸 것이 아니라 그 자신이 분명히 말했다고 확신할 수 있는 단 하나의 문장도 발견하기 어렵다. 우리에게 그의 철학을 직접 전하는 일차적인 자료는 크세노파네스, 파르메니데스, 엠페도클레스 또는 데모크리토스에 비하여 분량이 훨씬 적다. 하지만 그는 이후 철학에, 심지어 오늘날 우리에게까지도, 이런 철학자들과는 비교조차 할 수 없을 정도로 큰 영향을 미쳤다.

고대에도 이미 수많은 철학 학파들이 소크라테스가 그 학파의 창시자라고 주장하였으며, 수많은 철학자들 또한 소크라테스를 철학자의 귀감으로 존경하였다. 중세에 접어들면 그의 사상 자체는 그리 깊이 연구되지 않았으나 모든 논리학자와 형이상학자들이 예를 들 경우에는 항상 그의 이름을 사용하였다. 스콜라철학자들에게 '소크라테스'는 법학자들이 가상적 인물을 지칭하면서 오랫동안 사용해 온 '존 도우'(John Doe)라는 이름과 같은 것이었다. 현대에도 서로 다른 유형에 속하는 많은 철학자들이, 특히 독재 치하에 살면서 비이성적인 이데올로기에 동조하기를 거부하여 박해받는 철학자들이 소크라테스의 삶을 철학적 삶의 전형으로 여겨 왔다. 또한 많은 사상가들은 '검토되지 않은 삶은 살 만한 가치가 없다'는 말을 소크라테스가 직접 남긴 언급 중 가장 훌륭한 것으로 여기면서 이를 자기 자신의 좌우명으로 삼기도 한다.

소크라테스의 삶에 관하여 분명히 밝혀진 사실들을 언급하는 데는 그리 오랜 시간이 걸리지 않는다. 그는 그리스가 페르시아의 침공을 플라타이아이(Plataea) 전투에서 물리친 지 정확하게 10년 후인 기원전 469년 아테네에서 태어났다. 그는 아테네가 정치가 페리클레스의 통치 아래 민주주의를 꽃피우면서 그리스 세계 전역에 절대적인 지배권을 행사하였던 시기에 성장하였다. 이 시기는 또한 예술과 문학의 황금기로서 유명한 페이디아스(Phidias)의 조각과 더불어 파르테논(Parthenon) 신전이 세워진 때이며 아이스킬로스(Aeschylus), 소포클레스(Sophocles), 에우리피데스(Euripides) 등이 위대한 비극 작품을 썼던 때이기도 하다. 동시에 '역사학의 아버지' 헤로도토스(Herodotus)가 페르시아 전쟁에 관한 저술을 썼으며, 아낙사고라스가 철학을 아테네에 도입한 것도 바로 이때이다.

소크라테스의 생애 후반기는 펠로폰네소스 전쟁(431～4)의 어두운 그림자가 짙게 드리운 시기였다. 이 전쟁의 결과 아테네는 승리를 거둔 스파르타에 그리스 세계의 패권을 넘기지 않을 수 없었다. 전쟁 초기 소크라테스는 중무장 보병으로 참전하여 세 번의 중요한 전투를 겪었다. 그는 특히 422년 델리움(Delium)에서에서 아테네 군이 참패한 후 퇴각하는 과정에서 뛰어난 용기를 발휘하였다는 명성을 얻었다. 아테네로 돌아온 그는 전쟁의 마지막 시기인 406년 아테네 민회의 공직을 맡았다. 당시 한 무리의 지휘관들이 아르기누사이(Arginusae) 해전에서 승리를 거둔 후 죽은 병사들의 시신을 포기하였다는 이유로 재판에 회부되었다. 지휘관들을 각각의 개인이 아니라 단체로 고소하는 일은 헌법에 위배되는 것이었지만 오직 소크라테스만이 이러한 불법에 반대하는 쪽에 표를 던졌다. 고소당한 지휘관들은 결국 처형되고 말았다.

전쟁이 끝난 404년 스파르타는 아테네의 정치체제를 민주주의에서 이른바 '30인 참주'에 의한 과두정치로 바꾸었는데, 이 시기는 잔혹한 공포 정치로 오랫동안 기억되었다. 죄가 없는 살라미스 출신의 레온(Leon)을 체포하라는 명령을 받았지만 소크라테스는 아무 반응도 보이지 않았다. 그는 이렇게 불법적인 명령은 거부하였지만 과두정치를 폐지하고 민주주의를 회복하려는 혁명에서는 어떤 역할도 담당하지 않았던 듯하다. 당시 그의 직선적인 태도에 대하여 민주주의자와 귀족주의자들 모두 점차 불만을 갖게 되었으며, 권력을 회복한 민주주의자들은 그와 가까운 인물이, 예를 들면 크리티아스(Critias)나 카르미데스(Charmides) 등이 30인 참주에 포함되었음을 기억하였다.

결국 야심을 품은 민주주의 정치가 아니토스(Anytus)는 두 동료와 함께 다음과 같은 이유로 소크라테스를 고발하였다. '소크라테스는 국가가 인정하는 신들을 부인하고 다른 새로운 신들을 도입함으로써 범죄를 저질렀다. 또 그는 젊은이들을 타락시키는 범죄도 저질렀다. 이에 대한 처벌로 사형을 요구한다'(D.L. 2. 40). 그의 재판기록은 전하지 않지만 소크라테스의 숭배자 두 사람이 상상력을 발휘하여 재판에서 그가 자신을 변호하기 위하여 행한 변론을 재구성한 내용은 남아 있다. 그가 실제로 무엇이라고 말했든 간에 그는 500명의 시민 배심원들 중 충분한 수의 마음을 돌리는 데 실패하였다. 결국 그는 근소한 차이로 유죄 판결을 받았으며 사형이 선고되었다. 종교적 행사 때문에 사형 집행이 연기되어 잠시 감옥에 갇혀 있다가 399년 봄 그는 사형 집행인이 건네준 독당근즙을 마시고 세상을 떠났다.

소크라테스를 고발한 근거가 된 이른바 불경죄는 그에게 그리 새로운 죄목이 아니다. 423년 희극작가 아리스토파네스는 《구름》(*The Clouds*)이라는 희극을 썼는데, 여기서 그는 소크라테스라고 불리는 등장인물을 소개하면서 사이비 연구소의 한 기관인 궤변 학교를 운영하는 인물로 묘사한다. 이 기관의 학생들은 거짓 논증으로 참된 논증을 이기는 방법을 배울 뿐만 아니라 전통적인 종교에 반대하기 위한 불경스러운 회의주의 정신에 따라 천문학도 연구한다. 그들은 네 가지 기본 요소, 즉 공기와 에테르, 구름, 혼돈을 신으로 모시는 새로운 신전을 지으려 한다(260~6). 또한 그들은 존재하지도 않는 제우스가 아니라 천체들의 회전인 디노스(Dinos, 문자 그대로 직역하면 '소용돌이'를 의미하는데)가 세계를 지배한다고 말한다(380~1). 희곡의 대부분은 익살로 가득 차 있어 진지하게 고려할 만한 작품이 아님은 분명하다. 여기서 소크라테스는 벼룩이 벼룩의 발을 기준으로 몇 피트나 뛰어오를 수 있는지를 측정하려 하며, 덜컹거리는 기계를 타고 날면서 구름을 탐구하는 인물로 묘사된다. 하지만 천문학이 신들을 향한 경건함과 양립할 수 없다는 주장은 설령 농담이라 할지라도 매우 위험한 것이었다. 당시는 아낙사고라스가 해는 불타는 쇳덩어리에 불과하다고 주장하다가 추방된 지 채 10여 년도 지나지 않은 때였다. 이 희곡은 소크라테스가 신들을 모욕하고 달의 비밀을 침해했으므로 그를 처벌해야 한다고 주장하는 성난 군중들이 그의 집을 불태우는 내용으로 끝맺는다. 아리스토파네스의 희극을 기억하는 사람들은 틀림없이 399년의 사건을 그 작품 내용이 그대로 현실화된 유감스러운 경우로 생각하였을 듯하다.

소크라테스에게 훨씬 호의적인 태도를 보이는 다른 작가들도 《구름》에서 묘사된 그의 특징들 중 몇몇은 그대로 받아들인다. 소크라테스가 배불뚝이에 넓적코, 퉁방울눈을 하고 뒤뚱거리며 걸었다는 점에는 모두 일치된 의견을 보인다. 그는 항상 덥수룩한 모습에 남루한 옷을 걸치고 맨발로 다니기를 좋아한 인물로 그려진다. 심지어 아리스토파네스조차도 그를 가난에 전혀 개의치 않는, 참을성이 대단한 사람으로 다음과 같이 묘사한다. '결코 추위에 떨지 않으며, 아침밥을 못 먹어도 배고파하지 않으며, 포도주와 많은 음식을 얼마든지 물리칠 수 있는 사람이다'(414~17). 다른 문헌들에는 소크라테스가 포도주를 물리친 까닭은 그가 철저한 금주가가 아니라 술을 자제하는 뛰어난 능력을 지녔기 때문이라는 언급도 등장한다(Plato, *Smp*. 214a). 소크라테스는 크산티페(Xanthippe)와 결혼하여 람프로클레스(Lamprocles)라는 아들 하나를 두었다. 뚜렷한 근거는 없지만 계속 이어진 전통에 따르면 크산티페는 악처였다고 한다(D.L. 2. 36~7). 다른 고대 문헌에 따르면 그는 정식으로 두 번째 부인 미르토(Myrto)와 결혼하였으며 그녀와 사이에서 두 아들을 두었다고 한다(D.L. 2. 26). 하지만 당시에 그는 자신보다 스무 살 가량 연하인 멋지고 젊은 귀족 알키비아데스(Alcibiades)와 사랑에 빠짐으로써 더욱 많은 사람들의 입에 오르내렸다. 둘 사이의 사랑은 열정적이었지만 요즘 말로 표현하면 이른바 순전히 정신적인(platonic) 사랑이었다.

크세노폰이 묘사한 소크라테스

더욱 중요한 주제들과 관련해서 소크라테스의 생애와 사상을 확실히 알려주는 문헌은 거의 없다. 더 상세한 자료를 얻으려면 무엇보다도 소크라테스의 두 제자가 남긴 저술에 의존할 수밖에 없는데 특히 이들의 저술은 완전한 모습으로 현재까지 전해진다. 이 둘 중 한 사람은 군인 출신의 역사가였던 크세노폰(Xenophon)이며, 다른 한 사람은 이상주의 철학자 플라톤이다. 둘 모두는 소크라테스가 고소당한 후 재판정에서 자신을 변호하면서 행했던 변론을 저술로 남겼다. 크세노폰은 이에 더하여 네 권으로 이루어진 소크라테스 회상록(*memorabilia Socratis*)과 소크라테스가 등장하는 대화편《향연》(*Symposium*)도 썼다. 플라톤은《소크라테스의 변론》(*Apology*) 외에도 최소한 스물다섯 개의 대화편을 썼는데 그중 하나를 제외한 나머지 전부에 소크라테스가 등장한다. 하지만 크세노폰과 플라톤이 묘사한 소크라테스의 모습은 《성서》 중 '마르코의 복음서'와 '요한의 복음서'가 묘사하는 예수 그리스도의 모습만큼이나 서로 크게 다르다. '마르코의 복음서'에서 예수는 비유와 짧은 격언 등을 사용하며 질문에 대한 대답을 통하여 자신의 생각을 암시하는 반면 '요한의 복음서'에서 예수는 다양한 수준의 사람들을 고려한 폭넓은 설교를 펼친다. 크세노폰이 묘사한 소크라테스와 플라톤이 《국가》(*Republic*)에서 묘사한 소크라테스 사이에도 이와 유사한 대비가 이루어지는데, 전자에서 소크라테스는 마치 평범한 노동자와 같은 태도로 질문을 던지고 주장을 펴고 상대방을 타이르는 반면 후자에서 그는 수준 높은 문학적 장치들을 동원하여 깊이 있는 형이상학적 강의를 해 나간다. '요한의 복음서'가 묘사한 예수의 모습이 이후 기독교 신학의 전개에 가장 큰 영향을 미쳤듯이 철학사에 풍부한 사상적 계기를 제공한 것은 플라톤이 묘사한 소크라테스이다.

크세노폰에 따르면 소크라테스는 경건한 인물로 종교적인 의식에 충실히 따랐으며 신탁을 존중하였다. 기도 중에 그는 자신이 어떻게 해야 옳은지 신들께서 결정해 달라고 간청하였다. 신들은 모든 사람의 말과 행동, 말하지 않은 의도까지도 모두 아는 전지전능한 존재이기 때문이다(*Mem*. 1. 2. 20; 3. 2). 그는 가난한 사람의 적은 헌금도 부유한 사람의 비싼 제물만큼이나 신들을 기쁘게 한다고 가르쳤다(*Mem*. 1. 3. 3). 그는 탐욕이나 야심이 없이 예의 바르고 온화한, 욕망을 절제할 줄 알고 어려움을 잘 참는 사람이었다. 그는 교사가 아니었지만 말뿐만 아니라 실행을 통해서 덕을 가르쳤으며, 꾸지람뿐만이 아니라 짓궂게 놀리고 우회적인 비유를 들면서 악덕을 말렸다. 그가 이렇게 모범을 보였지만 몇몇 제자들은 잘못된 길로 빠지기도 하였는데 이를 근거로 그를 비난해서는 안 된다. 비록 아테네 민주주의의 어떤 측면에 대해서는 비판적이었지만 그는 사람들의 좋은 친구였으며, 어떤 범죄나 국가에 대한 반역을 전혀 저지르지 않았다(*Mem*. 1. 2).

소크라테스를 회상하며 쓴 글에서 크세노폰의 주된 관심은 재판과정에서 소크라테스에게 가해졌던 비난에 대하여 그의 무고함을 밝히고, 그의 삶이 사실은 보수적인 아테네 시민이 보더라도 사형으로 선고하기보다는 오히려 존경할 만하다는 점을 밝히는 데 있다. 또한 크세노폰은 소크라테스와 당시의 다른 철학자들 사이에 일정한 거리를 두려고 애쓴다. 아낙사고라스와 달리 소크라테스는 자연학이나 천문학에 쓸데없이 관심을 보이지 않았으며(*Mem*. 1. 1. 16), 소피스트들과 달리 그는 어떤 대가도 받지 않았고 자신이 모르는 바를 잘 아는 체 가장하지도 않았다(*Mem*. 1. 6~7).

크세노폰은 소크라테스의 모습을 있는 그대로, 다소 융통성 없지만 예리한 통찰력을 갖추고 현실적인 윤리적 문제들에 대하여 상식 수준의 조언을 하는 인물로 묘사한다. 대화를 나누면서 그는 우선 애매한 점을 해소하고 위선적인 표현을 제거한다. 하지만 철학적인 논증이나 사변을 펼치려는 시도는 거의 하지 않는다. 그가 그런 시도를 하는 매우 드문 경우가 신의 존재와 섭리를 증명하려는 대목에서 등장하는데 이는 상당히 중요한 부분이기도 하다. 여기서 소크라테스는 만일 어떤 대상이 유용하다면 그것은 우연의 산물이 아니라 어떤 계획의 결과임에 틀림없다고 주장한다. 그런데 우리의 감각기관은 매우 유용하며 정교하게 구성되어 있다. '우리의 눈은 매우 정교하기 때문에 눈꺼풀에 덮여 있다가 필요할 때만 열리며 잠잘 때는 다시 닫힌다. 따라서 강한 바람에도 눈을 다치지 않으며 속눈썹은 마치 보호막처럼 촘촘하게 나 있다. 그리고 머리에서 나는 땀 때문에 눈이 상하는 경우를 막기 위하여 이마에는 겉눈썹도 있다'(*Mem*. 1. 4. 6). 이런 신체 부분들을 비롯하여 생식과 자기보존을 향한 본능의 소유 등은 현명하고 자비로운 장인(*demiourgos*)의 작품처럼 보인다. 우주에서 오직 인간만이 정신(*nous*)을 소유한다는 생각은 매우 교만한 것이다. 물론 우리가 무한하고 광대한 우주를 지배하는 우주적 지성을 볼 수 없음은 분명한 사실이다. 하지만 우리 자신의 육체를 지배하는 영혼도 마찬가지로 볼 수 없다. 더욱이 우주적 힘이 인간과는 아무 관련이 없다는 것은 어리석은 생각에 지나지 않는다. 그 힘은 우리 인간에게 직립할 수 있는 자세와 다양한 목적을 지닌 손, 명료한 언어, 항상 성행위를 할 수 있는 능력 등을 부여하였으므로 오히려 다른 모든 동물에 비하여 인간에게 더욱 큰 혜택을 베풀었다고 보아야 한다(*Mem*. 1. 4. 11~12).

이런 주장은 그 후 계속 이어진 '설계로부터의 신 존재 증명'을 충분히 예견하게 하지만 크세노폰의 저술에는 철학사를 통틀어 소크라테스에게 독보적인 지위를 부여할 만한 근거는 거의 등장하지 않는다. 크세노폰이 묘사한 소크라테스보다는 몇몇 소크라테스 이전 철학자들이 더욱 넓은 연구 범위, 더욱 깊이 있는 통찰과 독창성을 보여 주는 듯하다. 이후 여러 세대에 걸쳐 등장한 철학자들의 상상력을 자극하고 사로잡은 소크라테스의 모습은 바로 플라톤이 묘사한 그의 모습이므로 이제 그 모습을 살펴보려 한다.

플라톤이 묘사한 소크라테스

하지만 플라톤이 묘사한 소크라테스라는 말 자체가 지나친 단순화의 위험을 안고 있는지도 모른다. 왜냐하면 플라톤의 대화편에서 소크라테스라고 불리는 인물은 어떤 일관된 역할이나 특성을 보이지 않기 때문이다. 몇몇 대화편에서 그는 주로 비판적인 탐구자의 역할을 맡아 아는 체하는 다른 등장인물들에게 도전하여 특유의 질문과 대답 방법을 — 이른바 소크라테스의 문답법을 — 사용하여 그들 스스로 모순을 발견하도록 유도한다. 다른 대화편에서 소크라테스는 많은 청중들 앞에서 기꺼이 열변을 토하면서 다소 독단적인 형태의 윤리적, 형이상학적 체계를 제시한다. 또 다른 대화편에서는 그리 중요하지 않은 역할을 맡아 다른 주인공에게 철학적 논의의 주도권을 넘기고 떠나기도 한다. 따라서 더욱 깊은 논의를 진행하기에 앞서 잠시 주된 논지에서 벗어나 언제 어디서 이루어진 대화가 소크라테스의 실제 모습을 반영하는지 또 언제 어디서 이루어진 대화는 플라톤 철학의 대변인 노릇을 하는 소크라테스라는 등장인물을 묘사하는지를 반드시 검토하여야 한다.

13세기 영국 베네딕투스 수도회의 수사이며 연대기 작가였던 패리스(Matthew Paris)가 그린 소크라테스와 플라톤의 초상. 누가 누구를 가르치는 모습일까?

최근까지 학자들은 이런 차이를 대화편이 쓰인 시기의 구별을 통하여 설명하려고 노력해 왔다. 즉 서로 다른 대화편에서 소크라테스에게 맡겨진 서로 다른 역할은 플라톤의 사상적 발전과정을, 즉 그가 점차 스승인 소크라테스의 가르침으로부터 벗어나는 과정을 반영한다고 보았다. 대화편을 연대순으로 배열하기 위한 최초의 실마리는 아리스토텔레스가 제공하였는데 그는 플라톤이 《법률》(*Laws*)을 《국가》보다 후에 썼다고 말한다(*Pol*. 2. 6. 1264^{b}24~7). 실제로 《법률》은 플라톤이 죽을 때까지 완성하지 못하였다고 전해진다(D.L. 3. 37). 이에 기초하여 19세기 학자들은 플라톤 생애의 초창기부터 마지막 단계에 이르기까지 그가 쓴 대화편들을 무리 지어 분류하려고 하였다. 이들은 서로 다른 대화편들에서 자주 등장하는 상이한 문체상의 특징, 예를 들면 전문적인 용어의 사용, 뜻이 같은 관용어들 사이의 선호도, 모음충돌의 회피, 대화에서 나타나는 특정한 운율 등을 모두 탐구하였다.

이렇게 문체를 분석하는 연구에 기초하여, 19세기 말경에는 무려 500가지에 이르는 서로 다른 언어학적 기준이 마련되었는데, 한 무리의 대화편이 《법률》과 유사성을 보인다는 데 의견이 모아졌다. 모든 학자들은 대화편 《크리티아스》(*Critias*), 《필레보스》(*Philebus*), 《소피스테스》(*Sophist*), 《정치가》(*Statesman*), 《티마이오스》(*Timaeus*)가 이에 속한다는 점과 이들이 플라톤의 저술 활동 중 마지막 단계에 등장하였다는 점에 동의하였다. 다시 이 대화편들 사이의 선후 관계에 대해서는 어떤 합의도 이루어지지 않았지만 이 무리에 속하는 대화편 모두에서 소크라테스의 역할이 극히 미미하다는 점은 지적할 만하다. 오직 《필레보스》에서만 그가 중요한 인물로 등장한다. 《법률》에는 소크라테스가 아예 등장하지 않으며, 《티마이오스》, 《크리티아스》, 《소피스테스》, 《정치가》에서는 다른 인물이 주된 역할을 하고 소크라테스는 그저 단역배우처럼 주변을 기웃거릴 뿐이다. 이 네 대화편 중 앞의 둘에서는 대화편의 제목대로 티마이오스와 크리티아스 두 사람이, 뒤의 둘에서는 파르메니데스의 고향인 엘레아 출신의 두 이방인이 주인공 역할을 한다. 따라서 이 무리에 속하는 대화편들은 이미 오래전 세상을 떠난 스승 소크라테스보다는 자신의 사상을 완성한, 성숙한 플라톤의 견해를 표현한다고 보는 편이 합리적인 듯하다.

초기 대화편들을 두 무리로 나누면서 학자들은 다시 한 번 아리스토텔레스가 제공한 실마리에 따른다. 《형이상학》 13권 4. 1078b27~32에서 그는 플라톤의 이데아론이 형성된 과정을 설명하면서 소크라테스의 역할을 다음과 같이 설명한다. '두 가지는 소크라테스의 공적으로 돌려야 마땅하다고 생각되는데 그중 하나는 귀납적 논증이며 다른 하나는 보편적 정의(定義)이다. 이 둘은 과학적 인식의 출발점이다. 그는 보편 또는 정의를 분리된 실재로 여기지 않았지만 〔플라톤주의자들은〕 실재로 여겼으며 이를 사물의 이데아라고 불렀다.' 하지만 몇몇 중요한 대화편에서 이데아론은 소크라테스의 입을 통해서 설명되는데, 이에 속하는 대표적인 대화편으로 《파이돈》(*Phaedo*), 《국가》, 《향연》(*Symposium*)을 들 수 있다. 이들 대화편에서 소크라테스는 질문을 던지는 탐구자가 아니라 하나의 철학 체계 전반을 꿰뚫고 있는 교사의 모습으로 등장한다. 문체를 분석하는 기준에서도 이들 대화편은 다른 것에 비하여 이미 언급한 후기 대화편에 더욱 가깝다는 사실이 드러난다. 따라서 이들을 중기 대화편으로 분류하고, 소크라테스보다는 플라톤 자신의 철학을 반영한다고 보는 편이 합리적이다.

세 번째 무리에 속하는 대화편들은 대체로 다음과 같은 공통적인 특징을 지닌다. (1) 길이가 비교적 짧으며, (2) 소크라테스가 교사가 아니라 질문을 던지는 자로 등장하며, (3) 이데아론이 제시되지 않으며, (4) 문체를 분석해 보면 맨 처음 확인하였던 후기 대화편들과는 확연한 차이를 보인다. 이에 속하는 대화편으로는 《크리톤》(*Crito*), 《카르미데스》(*Charmides*), 《라케스》(*Laches*), 《리시스》(*Lysis*), 《이온》(*Ion*), 《에우티데모스》(*Euthydemus*), 《소히피아스》(*Hippias Minor*), 등이 있다. 이들 대화편은 일반적으로 역사상 실존한 소크라테스의 철학적 견해를 가장 잘 반영한다고 여겨진다. 《소크라테스의 변론》(*Apology* — 이하 《변론》으로 약칭) 또한 이 무리에 속하는데 여기서는 소크라테스 혼자 등장하여 재판정에서 자신의 지난 삶을 이야기한다. 《변론》은 철학적 내용이나 문체의 특성에서도 이 무리에 속하는 다른 대화편들과 유사하다. 그리고 《국가》 중 1권도 내용이나 문체 모두가 《국가》의 나머지 부분보다는 이 무리에 속하는 대화편들과 유사하기 때문에 몇몇 학자들은 이 1권이 어쩌면 처음에는 《트라시마코스》(*Thrasymachus*)라는 제목의 독립된 대화편이었을지도 모른다고 추측하는데 이는 충분한 근거가 있는 생각이다. 이런 초기 대화편들을 연대순으로 배열하기는 무척 어렵다. 하지만 어떤 학자들은 《리시스》가 최초의 대화편이며 기원전 399년 이전에 쓰였다고 주장하는데, 그 근거는 소크라테스가 '이 젊은이가 나에 관해서 퍼트리는 거짓말은 정말 부담스럽다'고 말하면서 이 대화편을 직접 읽었다는 오래된 일화가 전해지기 때문이다(D.L. 3. 35).

내가 보기에 플라톤의 대화편들을 초기, 중기, 후기의 세 무리로 분류하는 일반적인 견해는 충분히 받아들일 만하다고 생각된다. 이 구분은 서로 독립적인 세 가지 기준, 즉 대화편의 극적인 구성, 철학적 내용, 문체의 특성을 기막히게 모두 만족시킨다. 우리가 대화편에서 소크라테스에게 부여된 역할에 초점을 맞추든 아니면 철학적인 내용이나 문체 및 관용어구와 관련된 세부적 분석에 초점을 맞추든 간에 항상 동일하게 세 유형의 분류에 이르게 된다. 20세기에 접어들어 훨씬 더 정교한 통계적 기법이 동원되고 막대한 분량의 새로운 자료들이 전산화되면서 문체 분석의 방법이 크게 발전하였지만 이런 방법은 19세기 후반과 20세기 초에 합의된 대화편들의 서술 연대를 확증하는 정도에 그쳤다.[27]

하지만 아직도 몇몇 대화편들은 위의 세 무리 중 어디에 속하는지 분명히 밝혀지지 않았는데 그 까닭은 유감스럽게도 이들의 경우 세 기준을 통한 검토 결과가 완전히 일치하지 않기 때문이다. 이에 속하는 중요한 대화편에는

[27] 하지만 유일하게 《티마이오스》와 그 부록에 해당하는 《크리티아스》와 관련해서는 기존의 합의된 견해가 심각하게 의문시된다. 이를 둘러싼 논쟁은 플라톤의 이데아론에 관하여 논의하면서 검토할 예정이다.

《크라틸로스》(*Cratylus*), 《에우티프론》(*Euthyphro*), 《고르기아스》(*Gorgias*), 《메논》(*Meno*), 《파이드로스》(*Phaedrus*), 《파르메니데스》(*Parmenides*), 《프로타고라스》(*Protagoras*), 《테아이테토스》(*Theaetetus*) 등이 있다. 더욱 최근의 문체 분석을 통한 연구는 이 문제에 새로운 실마리를 제공한다.[28] 하지만 이들 대화편 각각을 서술 시기에 따라 배열하려는 상세한 논의를 여기서 모두 소개하기에는 공간이 부족하므로 위에서 제시한 세 가지 기준을 중심으로 검토하여 내가 보기에 가장 합리적인 견해에 따라 대화편의 서술 연대만을 제시하려 한다.

《고르기아스》와 《프로타고라스》, 《메논》은 초기와 중기 대화편 사이에 속할 듯하다. 이들에서 이데아론은 등장하지 않지만 소크라테스는 초기 대화편에서처럼 아무것도 모르는 체하는 질문자가 아니라 중기 대화편에 가까운, 다른 사람을 가르치는 철학자의 역할을 한다. 철학적 내용을 고려할 때 이들의 서술 순서는 《프로타고라스》, 《고르기아스》, 《메논》이며, 문체를 분석하는 연구에 따르면 《메논》, 《프로타고라스》, 《고르기아스》 순이 된다. 《크라틸로스》는 문체상으로 이들에 가깝지만 정확하게 어디 위치하는지 결정하기가 어렵다. 《에우티프론》은 흔히 초기 대화편으로 간주되지만 이데아론을 암시하는 내용을 포함하며 문체 또한 《고르기아스》에 더욱 가깝다. 따라서 나는 이를 초기와 중기 사이의 대화편으로 보는 편이 낫다고 생각한다.

특히 고대인들은 《파이드로스》를 플라톤의 대화편들 중 최초의 작품으로 여겼다(D.L. 3. 38). 하지만 내용과 문체 모두에서 이 대화편은 중기에 속한다고 보는 편이 합리적이다. 하지만 《파이드로스》와 문체가 유사한, 매우 중요한 다른 두 대화편 《파르메니데스》와 《테아이테토스》도 이와 같은 경우에

28 L. Brandwood, *The Chronology of Plato's Dialogues* (Cambridge: Cambridge University Press, 1990); G. Ledger, *Re-counting Plato: A Computer Analysis of Plato's Style* (Oxford: Clarendon Press, 1989); J. T. Temple, 'A Multivariate Synthesis of Published Platonic Stylometric Data', *Literary and Linguistic Computing*, 11/2 (1996), 67~75 참조.

속한다고 생각해서는 안 된다. 내용상 이 두 작품은 정통적인 이데아론과 상당한 거리를 보인다. 이데아론은 《테아이테토스》에서는 완전히 무시되며, 《파르메니데스》에서는 강력한 비판의 대상이 된다. 구조상 《파르메니데스》는 다른 모든 대화편과 차이를 보이는 반면, 《테아이테토스》는 초기 대화편들과 유사하다. 또한 내적인 관련성의 측면에서 《테아이테토스》는 《파르메니데스》의 주장을(183e) 이어받으며, 《소피스테스》의 내용을(210d) 예견하게 한다. 모든 것을 공정하게 고려할 때 《파르메니데스》와 《테아이테토스》는 중기와 후기 사이에 썼다고 보는 편이 올바른 듯하다. 하지만 이 시기에 플라톤이 보인 철학적 입장을 체계적으로 논의하고 평가하는 작업은 이데아론을 설명하고 난 후에야 제대로 이루어질 수 있다.

소크라테스 자신의 철학

역사상 실존한 소크라테스에 관한 정보를 제공하는 근원으로서 플라톤에 어느 정도 안심하고 의존할 수 있는지를 밝히기 위하여 그가 쓴 대화편들의 저술 순서를 가능한 한 제대로 확립하는 일이 반드시 필요하였다. 이제 이 작업을 어느 정도 마쳤으므로 플라톤의 초기 대화편에 묘사된 모습을 중심으로 소크라테스 자신의 철학에 대하여 설명하려 한다. 《변론》에서 플라톤은 크세노폰과 마찬가지로 소크라테스가 무신론자라는 비난에 맞서 그를 옹호하려고 애쓴다. 플라톤은 소크라테스에게 가해진 두 가지 비판, 즉 그가 무신론자라는 비판과 그가 낯선 신들을 도입하였다는 비판이 서로 모순을 일으킨다는 점을 지적하며, 그의 생각이 아낙사고라스의 세속적인 물리적 우주관과는 거리가 있음을 보인다. 《변론》에서 소크라테스는 자신이 단 한 번도 자연학에 대하여 논의한 적이 없다고 주장하는데(19d), 이는 후에 아리스토텔레스가 언급한 바에(*Metaph*. *A* 6. 987^{b}2) 비추어 보더라도 전혀 사실이 아니다. 그리고 만일 소크라테스가 우주론의 여러 주제들에 전혀 관심을 보이지 않았더라면 앞서 살펴본 아리스토파네스의 비웃음은 그저 김빠진 농담 정도로 별 이목을 끌지 못하였을 것이다. 더욱이 플라톤도 《파이돈》에서 지구가 평평한지 둥근지, 또 지구가 우주의 중심인지, 해와 달을 비롯한 천체가 왜 움직이며 어느 정도의 속도로 움직이는지 등에 관한 아낙사고라스의 의문에 한때 관심이 있었음을 고백하는 소크라테스의 모습을 묘사한다 (*Phd*. 97b~99a).

소크라테스가 과학적 탐구를 포기한 까닭은 아낙사고라스에 대한 환상에서 벗어났기 때문인 듯하며 그 후 소크라테스는, 《변론》과 아리스토텔레스에 따르면, 자신의 삶 후반부를 지배하였던 철학적 문제들에만 집중하였다. 플라톤과 크세노폰에 따르면 그의 관심을 전환시킨 또 다른 요소는 델포이(Delphi) 신전에서 무아지경에 빠진 여사제가 아폴론(Apollo)의 이름으로 전한 신탁이었다. 아테네에 소크라테스보다 현명한 사람이 단 하나라도 있는가라는 질문을 받고 여사제는 없다고 대답하였다. 소크라테스는 이 대답을 듣고 혼란에 빠졌으며 이때부터 다양한 종류의 지혜를 지녔다고 주장하는 서로 다른 계층의 많은 사람들을 의문시하기 시작하였다고 고백한다. 정치가와 시인들은 어떤 진정한 전문적 지식도 전혀 지니고 있지 않다는 사실이 바로 명백해졌으며, 장인들은 단지 특수한 영역에서만 진정한 지식을 지니면서도 자신들이 한 번도 주장한 적이 없는 보편적 지혜를 지니는 체 가장한다는 사실도 밝혀졌다. 이를 통하여 소크라테스는 오직 자신만이 자신의 지혜가 무의미함을 깨달았다는 점에서 현명하며 따라서 신탁은 옳았다고 결론짓는다(23b).

진정한 지식을 추구하고 거짓 지식을 폭로하는 일이 가장 중요한 분야는 바로 도덕의 영역이다. 왜냐하면 소크라테스가 볼 때 덕과 도덕적 지식은 서로 동일한 하나이기 때문이다. 최선이 무엇인지 진정으로 아는 사람은 그와는 다른 행위를 할 수 없으며, 따라서 모든 그릇된 행위는 무지의 결과이다.[29]

이에 비추어 보면 그가 젊은이들을 타락시켰다는 비난은 전혀 근거가 없음이 밝혀진다. 누구나 자신을 해칠지도 모를 악한 사람들보다는 그렇지 않은 선한 사람들과 더불어 살고 싶어 한다. 따라서 소크라테스에게는 젊은이들을 의도적으로 타락시킬 어떤 동기도 있을 수 없다. 그리고 만일 그가 저도 모르게 그렇게 하였다면 그는 고소당하기보다는 교육을 받아야 한다(26a).

《변론》에서 소크라테스는 자신이 사람들의 그릇된 행위를 막기에 충분한 지혜를 소유하고 있다고 주장하지 않는다. 대신에 그는 자신이 내부에서 들려오는 신성한 목소리에 의지하였는데, 이 목소리는 그가 잘못된 길로 접어들려는 순간마다 그를 가로막았다고 한다(41d). 따라서 그는 결코 무신론자가 아니며 신성한 임무를 수행하는 데, 즉 델포이의 신탁이 일러 준 대로 거짓 지혜를 폭로하는 데 평생을 비쳤다. 죽음의 공포 때문에 자신의 임무를 저버리는 일이야 말로 신을 배반하는 행위가 될 것이다. 만일 그에게 철학적 탐구를 포기한다는 조건으로 풀어 주겠다고 제안한다면 그는 다음과 같이 답할 것이다. '아테네 시민 여러분, 저는 여러분을 존경하고 사랑합니다. 하지만 저는 여러분보다는 신에게 복종할 것입니다. 그리고 제가 살아 있고 힘이 있는 한에는 철학을 실천하고 가르치는 일을 결코 멈추지 않을 것입니다' (29d).

플라톤의 초기 대화편은 자신의 철학적 임무를 끊임없이 수행하는 소크라테스의 모습을 묘사한다. 특히 초기 대화편들의 제목은 어떤 분야의 지식을 지니고 있다고 스스로 주장하거나 어떤 덕을 드러낸다고 여겨지는 개인의 이름에 따라 붙여진 경우가 많다. 예를 들면 시를 다루는 《이온》은 (호메로스의 서사시를 낭송하는 경연에서) 상을 받은 음유시인의 이름이며, 용기에 관하여 논의하는 《라케스》는 뛰어난 장군의 이름이며, 정념과 절제 및 우정을 다룬 《카르미데스》와 《리시스》는 귀족 정치에 동조하는 모임을 이끌었

29 '소크라테스의 역설'로 알려진 이 독특한 주장에 관해서는 아래의 8장에서 더욱 상세히 논의하려 한다.

던 총명한 두 젊은이의 이름이다. 이들 대화편 각각에서 소크라테스는 논의 중인 주제에 대한 과학적 설명 또는 정의(定義)를 추구하는데, 대화편의 제목에 이름이 등장하는 인물을 주된 상대방으로 삼아 그에게 질문을 던지고 그가 질문에 제대로 답할 수 없음을 보이는 방법을 사용한다. 이들 대화편은 모두 겉보기에 위와 같은 추구가 실패하는 것으로 끝나면서 《변론》의 결론, 즉 특정한 분야에서 진정한 지혜를 소유하리라고 가장 크게 기대되었던 사람조차도 실제로 대화를 나누어 보니 지혜를 분명히 드러내지 못했다는 사실을 확인해 준다.

소크라테스가 정의를 추구한 까닭은 서로 다른 대화편들에서 서로 다르게 나타난다. 《국가》 1권에서 정의(正義)에 대한 정의(定義)를 추구하는 까닭은 정의가 정의로운 사람에게 유익한지 그렇지 않은지를 확인하기 위해서이며, 《에우티프론》에서 경건함에 대한 정의를 추구하는 까닭은 양심이라는 특별히 어려운 문제를 해결하기 위해서이다. 하지만 아리스토텔레스가 제대로 지적하듯이 정의의 추구는 소크라테스의 방법이 보여 주는 중요한 특성이다. 그의 방법은 때로 우리가 정의나 경건함에 대하여 완벽한 정의를 내리지 못한다면 어떤 특수한 행위가 정의롭거나 경건한지 아니면 그렇지 않은지를 결코 알 수 없다는 그릇된 주장을 포함한다는 점에서 비판의 대상이 되기도 한다. 그리고 이런 주장은 특유의 문답법을 적용하여 어떤 특수한 행위가(예를 들면 어떤 사람이 칼을 맡긴 후 제정신이 아닌 상태에서 칼을 돌려달라고 하는 경우나 작전상 후퇴를 하는 경우에) 정의나 용기 같은 개별적인 덕목을 드러내는지 그렇지 않은지에 대하여 일종의 합의를 구하려는 소크라테스 자신의 일상적인 태도와도 모순을 일으킨다. 소크라테스의 방법은 단지 만일 우리가 어떤 덕목에 관한 일반적인 정의에 이르지 못한다면 (a) 그 덕목이 어떤 특수한 속성을, 예를 들면 가르쳐질 수 있다든지 유익하다는 등의 속성을 보편적으로 지니는지 그렇지 않은지를 결정할 수 없으며, (b) 경계선상에 놓여 있는 미묘한 경우, 예를 들면 고소당한 살인자를 죽였다는 이유로 아들이 아버지를 고소한 일이 경건한 행위인가 그렇지 않은가 등의 경우에 판단을 내릴 수 없다는 정도의 약한 주장만을 포함한다.

아리스토텔레스가 강조하여 지적한, 소크라테스의 방법이 지닌 또 다른 특성은 이른바 귀납적 논증을 사용한다는 점인데 이는 사실상 보편적인 정의에 이르지 못해도 개별적인 경우들의 진리성을 확신할 수 있다는 사실을 전제한다. 플라톤이 묘사한 소크라테스는 자신이 기술(*techne*)에 대한 완벽한 정의를 지니고 있다고 주장하지 않는다. 하지만 그는 기술의 본성에 관한 일반적 진리를 이끌어 내기 위하여 몇 차례나 개별적인 기술들을 고찰한다. 특히《국가》1권에서 그는 훌륭한 기술자의 기준이 얼마나 많은 돈을 버는가가 아니라 기술이 적용된 대상을 얼마나 유익하게 만드는가에 달려 있음을 보이려고 애쓴다. 이를 보이기 위하여 그는 서로 다른 기술들이 낳은 결과를 나열한다. 훌륭한 의사는 환자를 건강하게 만들며, 훌륭한 선장은 안전한 항해를 인도하며, 훌륭한 건축가는 좋은 집을 짓는다. 여기서 이런 사람들이 얼마나 많은 돈을 버는가는 그들이 지닌 기술의 좋음과 아무 상관이 없다. 즉 기술들이 얼마나 효과적인가는 돈을 버는 일과는 전혀 별개의 문제임을 알 수 있다(*Rep*. 1. 346a～e).

소크라테스의 방법에서 아리스토텔레스가 확인한 두 가지 절차, 즉 보편적 정의의 추구와 귀납적 논증의 사용은 서로 밀접하게 연결된다. 특수한 경우들로부터 일반적 진리를 이끌어 내는 귀납적 논증은 보편적 정의에 크게 기여한다. 비록 초기 대화편에서 이런 작업이 영원히 완성되지 않았고 어떤 예외도 허용하지 않는 정의에 결코 이르지 못하였다 할지라도 이는 분명한 사실이다. 덕에 대한 보편적인 정의가 확립되지 않았지만 일반적 진리는 경계선상에 놓여 있는 미묘한 현실적 경우들을 해결하는 데나 덕의 속성들에 관한 예비적인 가정들을 평가하는 데 적용된다. 따라서 위에서 언급한,《국가》에 등장하는 예에서 귀납법은 훌륭한 통치자는 백성들에게 이익을 주는 사람임을 보이는 데 사용되며, 따라서 정의(正義)는 (이 대화편의 등장인물

중 한 사람이 주장하듯이) 권력을 쥔 강자의 이익이 결코 아니라는 사실이 밝혀진다.

덕에 관하여 논의하는 초기 대화편들에서 소크라테스는 항상 자신이 무지하다고 공언하지만 그 내용에는 지식 및 덕에 관한 수많은 주제가 등장한다. 이런 주제들은 이 책의 뒷부분 중 인식론과 윤리학을 다루는 장에서 훨씬 더 상세히 논의할 예정이다. 지금은 이들이 '과연 덕을 가르칠 수 있는가?'라는 하나의 질문으로 모아진다는 점을 주목하는 정도로 충분하다. 만일 덕이 지식이라면 덕은 당연히 가르칠 수 있어야 한다. 하지만 어느 누구든 성공적으로 덕을 가르친 교사를 지적하기란 몹시 어렵다.

하지만 당시 아테네에는 이와 관련된 전문적 지식을 지녔다고 자처하는 사람들이 적지 않았는데 이들이 바로 소피스트이다. 플라톤의 저술 경력 중 초기의 끝부분, 즉 중기가 시작되기 직전에 쓴 대화편들에는 당시 중요한 소피스트들의 — 히피아스, 고르기아스, 프로타고라스의 — 이름이 제목으로 붙어 있는데, 이들은 덕을 가르칠 수 있는가라는 질문을 다루면서 덕을 가르칠 수 있는 비밀스러운 능력을 지녔다고 자처하는 소피스트들의 허구를 폭로한다. 대표적으로 《소히피아스》에서는 덕이 가르치고 배울 수 있는 일종의 기술이라는 생각이 지닌 심각한 난점들이 제시된다. 알지 못한 채 잘못을 저지르는 기술자는 알면서 고의로 잘못을 저지르는 기술자보다 열등하다. 따라서 만일 덕이 일종의 기술이라면 의도적으로 죄를 저지르는 사람이 무지해서 죄를 저지르는 사람보다 더욱 덕이 있다는 결론에 이른다(376b). 《고르기아스》에서는 소피스트들의 화살통에서 마치 화살과 같은 역할을 하는 수사학이 진정한 덕을 만들어 내지 못한다는 점이 논증된다. 《프로타고라스》는 사실상 덕을 가르칠 수 있다는 주장을 — 이것이 진지한 주장이든 아니면 반어적인 주장이든 간에 — 펴는 듯이 보인다. 왜냐하면 덕이란 우리 행위의 결과를 놓고 쾌락과 고통의 정도를 계산하는 기술이기 때문이다.[30]

소크라테스에서 플라톤에로

위의 언급이 덕을 가르칠 수 있는 가능성에 관한 소크라테스의 마지막 주장이든 그렇지 않든 간에 대화편의 독자들은 이와는 전혀 다른 대답이 《메논》과 《파이돈》에서 바로 제시됨을 발견한다. 덕 그리고 소크라테스가 덕과 동일시하는 선과 악에 관한 지식은 현세에서는 가르칠 수 없다. 이는 오직 현세가 아닌 더 나은 세상을 상기함으로써만 회복될 수 있다. 이것은 덕에 관한 특수한 주장이 아니라 지식 전반에 관한 일반적 주장으로 등장한다. 《메논》에는 한 번도 기하학을 배운 적이 없는 노예 소년도 적절한 질문을 통하여 중요한 기하학의 진리들을 생각해 낼 수 있다는 내용이 등장한다(82b~86a). 《파이돈》에는 비록 우리가 대충 크기가 같은 대상을 자주 본다고 할지라도 서로 절대적으로 동일한 한 쌍의 대상은 결코 볼 수 없다는 주장이 펼쳐진다. 따라서 절대적인 동일성의 관념은 경험으로부터 도출된 것이 아니라, 우리가 전생에서 얻었던 바임에 틀림없다. 절대적인 선이나 절대적인 아름다움 등의 관념에 대해서도 이와 마찬가지로 생각할 수 있다(74b~75b).

그렇다면 《메논》과 《파이돈》에서는 새로운 두 이론이 — 이데아론과 상기설이 — 도입되는데, 학자들은 이들이 역사상 실존한 소크라테스가 아니라 플라톤이 제시한 이론이라는 점에 일반적으로 동의한다. 이들은, 아리스토텔레스의 표현에 따르면, 소크라테스가 추구한 보편적 정의와 우리가 일상적 세계에서 대하는 경험적 실재들을 '분리하는' 결과를 낳는다.

또한 《파이돈》에서 플라톤은 감옥에 갇힌 소크라테스가 보낸 마지막 며칠 동안을 묘사한다. 소크라테스의 친구인 크리톤은 (그의 이름을 딴 대화편 《크리톤》에 등장하듯이) 소크라테스를 탈출시키려는 계획을 세웠지만 동의를 얻지 못한다. 소크라테스는 이를 거절하면서 자신이 아테네의 여러 법률

[30] 아래의 8장 참조.

로부터 큰 도움을 받아 태어나고, 자라고, 만족스럽게 살아왔는데 이제 법률과 맺은 약속에 등을 돌리고 도망칠 수는 없다고 말한다(51d~54c). 신성한 섬 델로스에서 배가 돌아오면 종교적인 행사 때문에 사형집행을 미루는 기간도 끝나고 만다. 배가 도착한 사실을 안 소크라테스는 친구들을 불러 모아 영혼의 불멸성에 관하여 긴 대화를 나눔으로써 죽음을 준비한다.[31] 이 대화는 육체적 죽음 후에도 살아남은 영혼이 저승에 이르는 여행을 소재로 삼은 여러 신화들을 소크라테스가 이야기하는 내용으로 끝을 맺는다.

크리톤은 죽은 후 어떻게 매장해 주면 좋겠는지 소크라테스에게 묻는다. 이에 소크라테스는 단지 육체만이 묻힐 뿐이며 영혼은 축복받은 자들의 행복한 세계로 떠나가게 되니 어떻게 묻어도 좋다고 답한다. 마지막 목욕을 한 후 소크라테스는 가족들에게 작별을 고하고, 간수에게 농담을 던지면서 독당근즙 한 잔을 마신다. 그는 팔다리의 감각을 점점 잃으면서도 차분하게 감정을 가라앉히는 모습을 (어쩌면 의학적으로는 불가능한 일인지도 모르지만) 보인다. 그의 마지막 말은, 그가 생전에 한 수많은 다른 말들과 마찬가지로, 그 뜻을 정확하게 이해하기 어렵다. '크리톤, 나는 〔의술의 신〕 아이스쿨라피오스(Aesculapius)께 닭 한 마리를 빚지고 있네. 잊지 말고 꼭 빚을 갚아주게나.' 여기서 또다시 그가 과연 말한 바 그대로를 의미하였는지 아니면 특유의 반어법을 사용하였는지는 의문으로 남는다.

플라톤은 《파이돈》이라는 하나의 대화편을 통해서 소크라테스의 마지막 모습을 묘사하는 동시에 그 자신의 고유한 이론인 이데아론을 처음으로 분명히 소개하는데 이 두 가지가 실제로 동시에 일어났다고 보기는 어렵다. 이 대화편에서 우리는 소크라테스의 육체적 죽음뿐만 아니라 그 개인의 철학도 죽음을 맞이하는 모습을, 그리고 그의 철학이 더욱 형이상학적이고 신비적인 형태의 플라톤주의로 환생하는 장면을 목격하게 된다.

[31] 이 대화에 포함된 철학적 내용은 아래의 7장에서 분석할 예정이다.

소크라테스의 주상(柱像). 아래 새겨진 글은 플라톤의 《크리톤》에 등장한다.

소크라테스가 죽었을 때 플라톤은 이십대 후반이었으며, 소크라테스의 제자가 된 지는 약 8년이 지난 후였다. 아테네의 유명한 귀족 가문 출신이었던 플라톤은 당시 펠로폰네소스 전쟁에 나가 충분히 싸울 수 있는 나이였으며 그의 형제인 글라우콘(Glaucon)과 아데이만토스(Adeimantus)는 실제로 전쟁에 참가하기도 하였다. 플라톤의 삼촌인 크리티아스(Critias)와 카르미데스(Charmides)는 아테네의 30인 참주에 속해 있었지만 플라톤 자신은 아테네에서 정치 활동에 전혀 참여하지 않았다. 그는 40세 때 시칠리아로 가서 당시 그곳을 다스리던 디오니시오스 1세(Dionysius I)의 처남인 디온(Dion)의 친구가 되었다. 또한 그곳에 머무르는 동안 피타고라스학파의 철학자 아르키타스(Archytas)와도 알게 되었다. 아테네로 돌아온 후 플라톤은 자신의 집 주변 사유지 작은 숲에 아카데메이아(Academy)라는 이름의 철학 공동체를 세웠다. 여기서 한 무리의 사상가들이 플라톤의 가르침에 따라 수학, 천문학, 형이상학, 윤리학, 신비주의 등에 대한 관심과 의견을 서로 나누었다. 60세에 이르러 그는 당시 왕위를 물려받은, 디온의 조카 디오니시오스 2세(Dionysius II)의 초청을 받아 다시 시칠리아를 방문하였다. 하지만 디온과 디오니시오스가 서로 반목하고 싸우는 상황이었기 때문에 그의 방문은 성공적이지 못했다. 그 후 플라톤은 왕실의 조언자 자격으로 시칠리아를 세 번째 방문하였지만 이 또한 아무 성과가 없었다. 그는 기원전 360년 환멸을 느낀 채 아테네로 돌아왔다. 그는 평생 결혼하지 않았지만 아테네에서 한 결혼 축하연에 참석하였다가 평화롭게 세상을 떠났는데 이때는 기원전 347년, 그의 나이는 80이었다.

고대의 학자들은 플라톤의 삶에 관한 수많은 이야기를 지어내었지만 이들 중 믿어도 좋을 만한 것은 거의 없다. 그의 생애에 관한 분명한 사실로 이루어진 뼈대에 살을 덧붙이고 싶다면 전통적으로 그의 저술에 포함되어 온 편지들을 읽는 것이 최선의 방법이다. 편지들 중 일부는 다른 사람이 썼다고 여겨지기도 하지만 이들도 라에르티오스가 쓴, 플라톤의 생애에 관한 저술에 등장하는 일화보다 훨씬 더 그럴듯한 정보들을 포함한다. 이들은 플라톤이 마지막 20년 동안 행했던 일들을 주로 전하는데 특히 시라쿠사의 통치에 관여한 일과 전제 왕국을 자신의 정치적 이상이 구현된 체제로 바꾸려 한 일 등을 집중적으로 전한다.

오늘날까지 전해지는 플라톤의 저술은 분량이 약 50만 단어에 이른다. 이들 중 몇몇은 위작일 가능성도 있지만 적어도 고대에 플라톤이 썼다고 알려졌는데 현재 전하지 않는 저술은 단 한 권도 없다. 특히 고대 후기 학자들은 그의 대화편들을 광범위하게 인용할 뿐만 아니라 때로 그가 아카데메이아에서 행한 강의가 구전된 내용에 큰 중요성을 부여하기도 한다.

플라톤은 대화편 형식의 글을 쓰기로 마음먹었지만 모든 대화편을 통틀어 단 한 번도 자신이 직접 대화자로 나서지 않기 때문에 여러 등장인물이 제시하는 다양한 철학적 주장들 중 과연 어떤 것이 플라톤 자신의 주장인지를 확인하기가 몹시 어렵다. 우리는 이미 그가 묘사한 소크라테스를 살펴보면서 이와 똑같은 경우를 경험하였는데, 대화편 《소피스테스》와 《정치가》에 등장하는 엘레아 출신의 낯선 인물 티마이오스나 《법률》에 등장하는 아테네 출신의 낯선 인물 등을 비롯한 중요한 대화자가 제시하는 주장과 관련해서도 과연 누가 플라톤의 견해를 대변하는지에 항상 주의를 기울여야 한다. 하지만 대화편의 형식을 통하여 플라톤은 어려운 철학적 주제에 대한 판단을 잠시 유보하고 그 주제에 관하여 서로 다른 의견을 보이는 양측이 내세우는 가장 강력한 논거들을 검토할 수 있게 된다(D.L. 3. 52 참조).

이데아론

플라톤의 대화편에서 발견되는 견해들 중 가장 유명한 것은 이데아론이다. 이 이론은 《에우티프론》에서 시작하여 중요한 대화편에서 계속 등장하는데 명백하게 제시되고 형식적으로 확립되기보다는 자주 암시되거나 당연시되고 또 일방적으로 주장되기도 한다. 하지만 짧으면서도 가장 명확한, 이데아론에 대한 언급은 대화편에서가 아니라 전통적으로 플라톤이 썼다고 여겨져 온 편지 중 일곱 번째 편지에 등장하는데, 이 편지는 시칠리아에서 행한 여러 활동을 옹호하는 내용이 대부분을 차지한다. 현대에는 자주 이 편지가 플라톤이 직접 쓴 작품이 아니라는 주장이 제기되기도 한다. 하지만 시라쿠사인들에게 보낸 이 일곱 번째 편지를 플라톤의 저술이 아니라고 거부하는 것은 고린토인들에게 보낸 둘째 편지가 바울로의 작품이 아니라고 거부하는 것만큼이나 근거 없는 주장에 지나지 않는다(사실 이 두 편지는 여러 측면에서 서로 유사하다). 또한 문체 분석 작업을 통해서 검토해 보더라도 플라톤의 일곱 번째 편지를 의심할 만한 근거는 없다.[32] 만에 하나 이 편지가 그의 작품이 아니더라도 이를 플라톤에 관한 이차 문헌을 통틀어 이데아론을 가장 명확하고 권위 있게 설명하는 문헌으로 보는 데는 아무런 문제가 없다. 따라서 이 편지는 이데아론을 설명하는 데 매우 유용한 출발점의 역할을 한다.

일곱 번째 편지에는 플라톤이 자주 설명하였던 기본적인 이론, 즉 이데아론이 다음과 같이 제시된다.

> 존재하는 것들 각각에 대하여 우리가 지식을 얻으려면 다음의 세 가지가 필요하다. 즉 첫째로 이름, 둘째로 정의, 셋째로 형태가 필요하다. 그렇다면 지식 자체는 네 번째 요소이며, 또한 우리가 요청하여야 하는 다섯 번째 요소도 있는데 이는 인식 가능한 동시에 진정으로 실재하는 무언가이다. 이 점을 제대로 이해하기 위하여 다음과 같은 예를 고찰해 보고 이를 모든 것의 전형으로 간주해 보자. 원이라고 불리는 무언가가 존재한다. 그것은 우리가 방금 사용하였듯이

[32] Ledger는 *Re-counting Plato*, 148~50 및 224에서 일곱 번째 편지를 플라톤이 직접 썼다고 주장하면서, 후기 대화편 중 맨 처음 작품인 《필레보스》와 비슷한 시기에 썼으리라고 추측한다.

> 원이라는 이름을 지닌다. 그 다음에 그것에 대한 정의도, 즉 명사와 동사가 결합된 정의도 존재한다. '중심으로부터 같은 거리에 위치한 모든 점들을 경계로 삼는 도형'을 둥글거나 원형인 모든 것, 즉 원의 정의로 제시할 수 있을 듯하다. 세 번째로 우리가 그리고, 문질러 지우고, 회전시켰다가 다시 멈출 수도 있는 원의 형태가 존재한다. 이들 모두를 통해서 상징되는 원 자체는 어떤 변화도 겪지 않는, 전혀 다른 종류의 무언가이다. 네 번째로 우리는 이런 자료들에 기초하여 지식, 이해, 참된 의견을 지니게 되는데 — 한데 모아 생각해 보면 이는 우리의 정신 안에 있을 뿐, 소리로 들리거나 물체의 형태를 띠지 않는다. 따라서 이는 원 자체나 앞에서 언급한 세 요소와 명백히 구별된다. 이들 모두 중에 유사성이나 닮음의 측면에서 다섯 번째 요소와 가장 가까운 것은 이해이며, 다른 것들은 다섯 번째 요소와 멀리 떨어져 있다. 진정으로 둥근 것뿐만 아니라 진정으로 곧바른 것, 진정한 색, 진정한 선과 아름다움, 진정한 정의(正義)가 존재한다. 또한 자연물과 제조된 물체에 있어서도 진정한 것이 존재한다. 불, 물, 그리고 다른 요소들에 있어서도 진정한 것이 존재하며, 모든 생명체와 도덕적 특성에 있어서도, 우리가 행하고 겪는 모든 것에 있어서도 마찬가지로 진정한 것이 존재한다. 어떤 경우든 처음 네 가지 요소를 파악하지 못한 사람은 결코 다섯 번째에 대한 완전한 지식을 지닐 수 없다. (342a~d)

나도 플라톤에 따라 처음 네 요소를, 즉 '원'이라는 단어, 원에 대한 (몇 단어로 이루어진) 정의, 원이라는 도형, 내가 지닌 원의 개념을 구별함으로써 논의를 시작하려 한다. 이들 네 요소를 명확히 파악하는 일이 중요한 까닭은 그래야만 이들을 가장 중요한 다섯 번째 요소, 플라톤이 '원 자체'라고 부른 것과 분명히 구별하고 대조할 수 있기 때문이다. 그리고 플라톤의 유명한 이론이 다루려는 바도 바로 이 다섯 번째 요소, 즉 이데아이다. 이데아론은 다방면에 걸쳐 폭넓게 적용되는데 이 점은 위의 인용문 마지막 부분에서 플라톤이 나열한 목록만 보더라도 명백히 드러난다. 다른 저술들에서 플라톤은 이데아를 지칭하면서 서로 다른 다양한 표현을 사용한다. '형상'(*eide*)이라는 표현이 가장 널리 사용되지만, X의 이데아 또는 형상은 'X 자체', 'X인 바로 그것', 'X임', 'X인 바'로 불리기도 한다.

여기서 일곱 번째 편지에 제시된 플라톤의 목록에 등장하지 않는 바를 지적하는 일이 상당히 중요하다. 그는 가장 낮은 단계에서조차도 현실에 존재하는 둥근 물체, 예를 들면 수레바퀴나 둥근 통 등을 언급하지 않는다. 이들을 제외한 이유는 그의 다른 저술에서 명백히 제시된다(*Phd*. 74a~c 참조). 우리가 경험에서 접하는 바퀴나 통은 결코 완벽한 원형이 아니다. 어딘가에 휘어진 곳이나 튀어나온 혹이 있어 원주의 모든 점이 중심으로부터 같은 거리에 놓여 있지 않는 일이 얼마든지 일어난다. 그리고 우리가 종이나 모래 위에 그리는 모든 원에 대해서도 이와 똑같은 경우에 속한다. 플라톤은 여기서 이 점을 강조하여 다루지는 않지만 이것이 바로 그가 도형으로서의 원이 내가 지닌 원의 개념보다 원 자체로부터 멀리 떨어져 있다고 말하는 이유이다. 원에 대한 나의 주관적인 개념은 — '원'이 의미하는 바에 대한 나의 이해는 — 원의 이데아와 동일하지 않다. 왜냐하면 이데아는 객관적인 실재이지 어떤 개인의 정신이 지니는 속성이 아니기 때문이다. 하지만 최소한 나의 정신이 지닌 원의 개념은 **완벽한 원**에 대한 개념이다. 그것은 내 손가락의 반지처럼 원에 가깝지만 불완전한 무언가에 대한 개념이 결코 아니다.

앞의 인용문에서 플라톤은 다음과 같은 문장의 주어 위치에 놓여 있는 '원'이라는 단어를 고찰하는 데서 출발하여 원의 이데아에 도달한다.

> 원은 중심에서 같은 거리에 있는 모든 점들을 원주로 삼는 평면도형이다.

하지만 때로 그는 'X'가 주어 위치가 아니라 술어의 자리에 놓인 문장을 검토하여 X의 이데아를 도입하기도 한다.

다음을 고려해 보자. 소크라테스와 시미아스(Simmias), 케베스(Cebes)는[33] 모두 '인간'이라 불린다. 이는 이들이 모든 인간에게 공통적인 요소를 지니고 있음을 의미한다. 이제 '시미아스는 인간이다'라고 말한다면 여기서 '시미아스'라는 이름이 시미아스라는 한 개인을 대표하는 것과 같은 방식으로 '인간'이라는 단어가 무언가를 의미하고 대표하는지 그렇지 않은지가 궁금해진다. 만일 그렇다면 무엇을 의미하고 대표하는가? 여기서 '인간'이라는 단어는 '케베스는 인간이다'에서 '인간'이라는 단어와 같은 것을 대표하는가 그렇지 않은가? 이런 문제를 다루기 위해서 플라톤은 인간의 이데아를 도입한다. 인간의 이데아는 시미아스와 케베스, 소크라테스 모두를 인간으로 만들어 주는 무언가이며, '인간'이라는 이름이 의미하는 바를 지니는 일차적인 존재이다.

하나의 공통적인 술어가 많은 개체들에 대하여 참이 되는 경우를 놓고 플라톤은 이런 개체들 모두가 어떤 이데아 또는 형상과 연결된다고 말한다. 예를 들어 A, B, C 모두 F라면 이들은 F라는 하나의 형상과 연결된다. 때로 그는 이런 관계를 일종의 모방으로 묘사하여 A, B, C 모두 F와 유사하다고 말하기도 한다. 또 그는 이를 분유(分有)의 관계로 보고 A, B, C 모두 F를 분유하며, 이들은 F를 공통적으로 지닌다고 말한다. 공통적인 술어의 배후에는 공통의 이데아가 있다는 원리를 얼마나 보편적으로 적용할 수 있는지는 그리 분명하지 않다. 플라톤 자신도 때로는 이 원리가 보편적이라고 말하지만 때로는 어떤 특정한 종류의 술어에 이를 적용하는 데 주저하기도 한다. 분명히 그는 서로 다른 다양한 유형의 이데아를, 즉 선의 이데아, 침대의 이데아,

[33] 〔옮긴이 주〕 시미아스와 케베스는 《파이돈》에서 소크라테스가 독배를 마시기 전 감옥에서 대화를 나누고, 소크라테스의 임종을 지킨 인물로 등장한다. 이들에 대한 상세한 언급은 《에우티프론, 소크라테스의 변론, 크리톤, 파이돈》, 박종현 역주 (서광사, 2003), 262면 참조.

원의 이데아, 존재의 이데아 등을 언급한다. 또한 그는 이데아론을 '…은 둥글다'와 같이 하나의 명사와 관련되는 술어를 넘어서서 '…은 …과 서로 다르다'와 같이 둘 이상의 명사와 관련되는 술어에까지 확장할 준비가 되어 있다. 예를 들어 A는 B와 서로 다르며, 또한 B는 A와 서로 다르다고 말할 때 '다르다'는 단어가 두 번 사용되지만 우리는 이를 하나의 관계에 각각 적용하였을 뿐이다.

이제 이데아와 세계에 존재하는 평범한 것들 사이의 관계에 대한 플라톤의 주장을 정리해 보면 다음과 같다.

(1) **공통성의 원리.** 서로 다른 여러 가지가 F라면 그 까닭은 이들이 F의 이데아라는 한 가지 요소를 분유하거나 모방하기 때문이다(*Phd*. 100c; *Men*. 72c, 75a; *Rep*. 5. 476a10, 597c).

(2) **분리의 원리.** F의 이데아는 F인 모든 것들과 구별된다(*Phd*. 74c; *Smp*. 211b).

(3) **자기서술의 원리.** F의 이데아는 F 자체이다(*Hp. Ma*. 292e; *Prt*. 230c~e; *Prm*. 132a~b).

(4) **순수성의 원리.** F의 이데아는 다름 아닌 F일 뿐이다(*Phd*. 74c; *Smp*. 211e).

(5) **유일성의 원리.** 오직 F의 이데아만이 진정으로, 참으로, 전적으로 F이다(*Phd*. 74d, *Rep*. 5. 479a~d).

(6) **절대성의 원리.** 이데아는 영원히 지속되며, 어떤 부분으로 나뉘지도 않고, 어떤 변화도 겪지 않는다. 또한 감각을 통해서는 지각되지 않는다(*Phd*. 78d; *Smp*. 211b).

공통성의 원리는 그 자체로는 고유한 플라톤의 이론만은 아니다. '분유'라는 단어를 그리 달갑지 않게 생각하는 많은 사람들도 어떤 속성을 지니는 많은 것들에는 그 속성이 '공통적으로' 존재한다는 말은 만족스럽게 받아들인다. 예를 들어 '만일 A, B, C가 모두 붉다면 이는 그들 모두 붉음이라는 속성을 공통적으로 지니기 때문이며, 우리는 붉은 것들 사이에 공통적인 점을 발견함으로써 '붉음'의 의미를 배우게 된다.' 플라톤의 특유한 점은 우리가 '공통적으로 지닌'이라는 표현을 사용할 때 여기에 함축된 바를 진지하게 추적하였다는 사실이다.[34] 예를 들면 F의 이데아는 오직 유일하여야만 한다. 그렇지 않다면 우리는 왜 F인 것들이 공통적으로 무언가를 지니는지 설명할 수 없게 된다(*Rep*. 597b~c).

분리의 원리는 이데아와 그 이데아를 드러내는 개체들 사이의 계층 개념과 연결된다. 분유한다는 것과 분유된다는 것은 서로 전혀 다른 두 관계이며 따라서 이 두 관계는 서로 다른 차원에 속해야만 한다.

자기서술의 원리는 플라톤에게 매우 중요한데 그 까닭은 이 원리가 없다면 그는 어떻게 이데아가 개체들에서 속성으로 드러나는지를 제대로 설명할 수 없기 때문이다. 오직 뜨거운 것만이 무언가를 뜨겁게 만들 수 있다. 젖은 수건으로 몸을 닦는다고 해서 뜨거워지지는 않는다. 따라서 일반화시키면 그 자체로 F인 것만이 어떻게 다른 것이 F인지를 설명할 수 있다. 즉 차가움의 이데아가 왜 눈이 차가운지를 설명할 수 있으려면 그 이데아는 그 자체로 차가운 것이어야만 한다(*Phd*. 103b~e).

F의 이데아는 F일 뿐만 아니라 F의 완벽한 표본이기도 하다. 그것은 F임이 아닌 다른 어떤 요소에 의해서 희석되거나 다른 요소와 혼합되어서는 안 된다. 따라서 순수성의 원리가 필요하다. 만일 F의 이데아가 F가 아닌 다른 어떤 속성이라도 지니려면 다른 어떤 이데아를 분유하여야만 한다. 그런데 이 다른 어떤 이데아는 F의 이데아가 F가 아닌 다른 모든 것의 이데아에 대하여 우월하듯이 이와 동일한 방식으로 F의 이데아에 대하여 우월하여야 한

[34] 나는 이 점을 G. E. M. Anscombe, *Three Philosophers* (Oxford: Blackwell, 1961), 28에서 배웠다.

다. 이데아들 사이의 계층적 관계라는 개념은 플라톤에게 판도라의 상자와도 같은 것인데, 정통적인 이데아론이 등장하는 주요 대화편들에서 그는 이 상자를 닫아 두는 쪽을 택한다.

유일성의 원리에 대한 여러 학자들의 언급은 자주 오해를 불러일으키기도 한다. 플라톤은 오직 이데아만이 진정으로 존재하고, 우리가 감각 경험을 통해서 접하는, 이데아가 아닌 개체들은 존재와 비존재 사이에 있다고 거듭해서 말한다. 이 말은 자주 오직 이데아만이 진정으로 현존하며, 감각 가능한 대상들은 실재하지 않는 환상에 불과하다는 의미로 해석된다. 하지만 전후 맥락에 비추어 보면 플라톤이 오직 이데아만이 진정으로 존재한다고 말할 때 오직 이데아만이 진정으로 현존한다는 점이 아니라 특수한 경우에 F가 어떤 식으로 드러나든 간에 오직 F의 이데아만이 진정으로 F라는 점을 의미하였음이 분명하다. 개체들은 F임과 F 아님 사이에 있다는 점에서 — 즉 때로는 F이기도 하고 때로는 F가 아니기도 하다는 의미에서 — 존재와 비존재 사이에 있다고 말할 수 있다.[35]

예를 들면 오직 아름다움의 이데아만이 진정으로 아름답다. 왜냐하면 개별적인 아름다운 것들은 (a) 한 측면에서는 아름답지만 다른 측면에서는 추할 수도 있으며(말하자면 몸매는 아름답지만 안색은 그렇지 않을 수도 있으며), (b) 한때는 아름답지만 다른 때는 그렇지 않을 수도 있으며(20세에는 아름답지만 70세에는 그렇지 않을 수도 있으며), (c) 어떤 것과 비교해서는 아름답지만 다른 것과 비교해서는 그렇지 않을 수도 있으며(헬레네(Helen)는 메데이아(Medea)에 비해서는 아름다울지 몰라도 아프로디테(Aphrodite)에 비해서는 그렇지 않을 수도 있으며), (d) 어떤 상황에서는 아름답지만 다른 상황에서는 그렇지 않을 수도 있기 때문이다(*Smp*. 211a~e).

정통적인 이데아론의 중요한 특성은 절대성의 원리이다. 이데아를 분유

35 나는 이 점을 Vlastos의 논문 'Degrees of Reality in Plato', in R. Bambrough (ed.), *New Essays on Plato and Aristotle* (London: Routledge & Kegan Paul, 1965)을 통해서 처음 배웠다.

하는 개체들은 변화하는, 생성과 소멸이 발생하는 수준 낮은 세계에 속하는 반면 개체들이 분유하는 이데아는 수준 높은 존재의 세계, 영원불변하는 세계에 속한다. 모든 이데아들 중 선의 이데아가 최고의 위치를 차지하는데 선의 이데아는 지위와 능력에서 다른 모든 이데아보다 우월하며, 이에 근거하여 우리가 인식할 수 있는 모든 것이 존재하게 된다(*Rep*. 509c).

이데아론이 지닌 문제는 이데아론을 규정하는 위의 원리들이 서로 완벽하게 조화되지 않는 듯이 보인다는 점이다. 분리의 원리가 공통성의 원리나 자기서술의 원리와 조화를 이루기는 어렵다. 이런 어려움은 플라톤 자신이 《파르메니데스》에서 처음으로 지적하는데 여기서 그의 논증은 다음과 같이 제시된다. 우선 많은 개체들이 있는데 이들 각각이 F라고 가정해 보자. 그렇다면 위의 (1)에 따라 F의 이데아가 존재한다. (3)에 의해서 이 이데아는 F 자체이다. 하지만 이제 F의 이데아와 F인 원래의 개체들은 F인 것들의 새로운 집합을 구성한다. 다시 (1)에 의해서 이 집합은 존재하여야만 한다. 왜냐하면 이 집합에 속하는 모든 개체들은 F의 이데아를 분유하기 때문이다. 하지만 (2)에 의해서 이 이데아는 처음 가정되었던 이데아일 수 없다. 따라서 또 다른 F의 이데아가 존재해야만 한다. 하지만 (3)에 의해서 이는 결국 F가 되며, 이런 과정이 무한히 계속된다. 이런 무한 역행을 피하려면 이를 낳는 위의 원리들 중 어느 하나를 포기하여야 한다. 플라톤이 이런 어려움을 얼마나 심각하게 생각하였는지, 또 이를 해결하기 위하여 자신의 원리들 중 어떤 것을 변형해야 한다고 생각하였는지에 대하여 현대의 학자들은 서로 다른 의견을 보인다. 나는 후에 플라톤의 형이상학에 대하여 더욱 상세히 논의하면서 이 문제를 다시 다루려 한다.[36]

플라톤은 자신의 이데아론을 많은 철학적 문제들에 적용한다. 그는 이데아를 도덕적 가치의 기초로, 과학적 인식의 근거로, 모든 존재의 궁극적 근

[36] 아래의 337면 이하 참조.

원으로 사용한다. 플라톤이 이데아론을 통하여 답하는 대표적인 문제 중의 하나는 자주 보편의 문제로 불리는데 이는 '인간', '침대', '덕', '선' 등과 같은 보편 명사의 의미에 관한 문제이다. 이에 대한 플라톤의 대답이 만족스럽지 않다는 점이 밝혀졌으므로 이는 철학적 난제로 남았다. 이 책의 뒤이은 장들에서 아리스토텔레스가 이 문제를 어떻게 다루었는지 살펴볼 예정이다. 이 문제는 중세를 거쳐 현대에 이르기까지 계속 논의되면서 자신의 역사를 형성해 왔다. 보편의 문제에 관한 현대적 논의에서 등장하는 많은 개념들은 플라톤의 이데아와 상당한 유사점을 보인다.

술어. 현대 논리학에서 '소크라테스는 현명하다'와 같은 문장은 '소크라테스'라는 주어와 그 외의 나머지 부분, 즉 '…은 현명하다'라는 술어로 구성된다고 여겨진다. 몇몇 논리 철학자들은 프레게의 주장에 따라 술어가 단지 정신적인 것을 넘어서서 무언가에 대응한다고 생각한다. 즉 객관적인 술어가 (프레게는 이를 함수라고 불렀는데) '…은 사람이다'에 대응하는 방식은 한 인간으로서의 소크라테스가 '소크라테스'라는 이름에 대응하는 방식과 유사하다고 할 수 있다. '**x는 인간이다**'와 같은 프레게의 함수는 객관적인 실재이며, 플라톤의 일곱 번째 편지에 등장하는 네 번째 요소보다 다섯 번째 요소와 더욱 유사하다. 이 함수는 플라톤의 이데아가 지닌 초월적인 속성들 중 일부를 분유한다. '**x는 인간이다**'라는 함수는 인간처럼 성장하거나 죽지 않으며, 이 세상 어디에서도 우리는 '**x는 7로 나누어떨어진다**'와 같은 함수를 보거나 만질 수 없다. 하지만 함수는 자기서술이나 유일성의 원리를 만족시키지는 않는다. '**x는 인간이다**'라는 함수가, 그리고 오직 이 함수만이 진정으로, 참으로 인간이라는 점을 어떻게 상상조차 할 수 있는가?

집합. 함수는 대상들을 집합으로 분류하고 모으는 원리로서 작용한다. 예를 들면 '**x는 인간이다**'라는 함수를 만족시키는 대상들은 인간의 집합에 속할 수 있다. 어떤 측면에서 이데아도 이런 집합과 유사하다. 어떤 이데아를 분유한다는 사실은 곧 어떤 집합의 원소가 되는 것과 같은 의미를 지닌다.

그런데 이데아를 집합과 동일시하는 경우 다시 자기서술의 원리와 관련해서 어려움이 발생한다. 인간의 집합은 결코 인간이 아니며, 일반적으로 F인 것들의 집합이 F라고 말할 수 없다. 하지만 언뜻 보기에 자기 자신의 구성원이 되는 몇몇 집합들이, 예를 들면 집합들의 집합 같은 것이 실제로 존재하는 듯하다. 그러나 플라톤이 자기서술의 원리 때문에 심각한 문제에 빠진다는 점을 스스로 발견하였듯이 현대철학자들도 집합들의 집합을 아무 제한 없이 자유롭게 구성하도록 허용한다면 이는 역설에 이른다는 점을 깨달았다. 가장 악명 높은 역설은 자기 자신을 원소로 포함하지 않는 집합들의 집합에 관한 것이다. 러셀은 만일 이 집합이 자신의 원소라면 자신의 원소가 아닌 것이 되며, 자신의 원소가 아니라면 자신의 원소가 된다는 점을 지적하였다. 러셀의 역설이 《파르메니데스》에 등장하는 플라톤의 자기비판과 놀랄 만큼 유사하다는 점은 결코 우연이 아니다.

전형. 플라톤의 이데아가 전형 또는 기준으로 보일 수 있다는 점은 이미 자주 암시되었다. 개체와 이데아 사이의 관계는 길이가 1미터인 대상과 오래전 1미터를 정의하면서 등장한 미터 표준원기 사이의 관계와 유사하다고 생각할 수 있다.[37] 이런 이데아의 개념은 개체들이 이데아를 모방하며, 이데아와 유사하다고 보는 플라톤의 생각과 잘 들어맞는다. 어떤 대상이 정확하게 1미터 길이라는 것은 미터 표준원기와 유사함을 의미하며, 어떤 두 대상의 길이가 각각 1미터라면 둘 모두 공통적으로 표준원기와 유사하기 때문에 그런 결과를 낳는다. 하지만 이런 전형 또는 기준은 절대성의 원리를 만족시키지 못한다. 미터 표준원기는 천상이 아니라 파리(Paris)의 국제도량형국에 있다.

구체적 보편. 철학자들은 자주 '물은 유동체이다'와 같은 문장에서 '물'이라는 단어가 여기저기 흩어져 있는 하나의 대상, 즉 웅덩이, 강, 호수 등을

[37] 이런 생각은 비트겐슈타인이 처음 제시하였다. P. T. Geach, 'The Third Man Again', in R. E. Allen (ed.), *Studies in Plato's Metaphysics* (London: Routledge & Kegan Paul, 1965) 참조.

포함하여 물로 이루어진 세계의 모든 부분을 지칭하는 이름으로 다루어져야 한다는 재미있는 생각을 하기도 한다. 이는 개체들이 이데아를 분유한다는 플라톤의 원리에 분명한 의미를 부여한다. 이 특정한 컵 안의 물은 문자 그대로 이-세계에-존재하는-모든-물의 일부이다. 더욱이 물은 틀림없이 물이며, 물이 아닌 어떤 것도 진정 참으로 물일 수 없다. 구체적 보편의 개념은 또한 이데아를 제시하면서 추상적인 화법(예를 들면 '아름다움')보다 구체적인 화법(예를 들면 '아름다운 것들')을 선호하는(그를 연구하는 학자들은 이를 별로 마음에 들어 하지 않지만) 플라톤의 태도와도 잘 들어맞는다. 하지만 구체적 보편은 절대성의 원리 및 순수성의 원리를 충족시키지 못한다. 세계에 존재하는 물은 위치나 분량이 얼마든지 변화하고 나뉠 수 있으며, 물이라는 점 외에도 다른 많은 속성들을 지닌다.

위의 개념들 중 어떤 것도 플라톤의 이데아가 지닌 다양한 측면들 전부를 제대로 반영하지는 못한다. 플라톤의 여섯 가지 원리가 어떻게 그의 이데아론에 적절하게 적용되는지를 살펴보려면 현대 논리학의 전문적인 개념보다는 오히려 다소 평범한 개념을 검토하는 편이 더욱 바람직하다. 이제 나침반의 동서남북을 생각해 보자. 동쪽을 예로 들면 그저 평범한 수준에서 고찰해 보아도 우리 영국 사람들이 동쪽이라는 말을 다양한 관용어구에서 사용함을 발견할 수 있다. 영국을 기준으로 많은 장소가, 예를 들면 베오그라드(Belgrade)나 홍콩(Hong Kong) 등이 동쪽에 위치한다. 따라서 동쪽에 위치한 모든 장소는 동쪽의 일부이며(분유), 이들은 모두 동쪽이라는 같은 방향에 있다(모방). 이를 통해서 우리 동쪽에 있는 모든 것은 동쪽이 된다(1). 하지만 동쪽은 공간상의 어떤 점과도, 그 점이 동쪽 방향 어디에 있다 할지라도, 결코 동일시될 수 없다(2). 동쪽은 당연히 우리의 동쪽에 있으며(3), 동쪽은 오직 동쪽일 뿐이다(4). 만일 '동쪽이 붉다'라고 말한다면 이는 오직 동쪽 하늘이 붉다는 점을 의미한다. 여기서 동쪽은 엄밀하게 한정되지 않은 그저 동쪽일 뿐이다. 해는 때로 동쪽에 때로 서쪽에 있으며, 인도는 이란의 동쪽에 있지만 베트남의 서쪽에 있다. 하지만 모든 시간, 모든 장소에서 동쪽은 동쪽이다(5). 동쪽은 시간의 흐름에 따라 변화하지 않으며, 또한 보거나 만지거나 나눌 수 없다(6).

물론 여기서 나는 나침반의 동서남북이 플라톤의 원리 모두를 참으로 만들어 주는 해석을 제공한다고 주장하려 하지 않는다. 플라톤의 원리들 자체가 서로 조화를 이룰 수 없기 때문에 어떤 해석도 이런 일을 완벽하게 수행할 수 없다. 나는 단지 동서남북을 예로 든 이런 해석이 이전에 검토하였던 해석들과는 다른 방식으로, 언뜻 보기에 플라톤의 원리들을 가장 그럴듯하게 만들어 준다는 점을 말하려 할 뿐이다. 플라톤보다 훨씬 후에 등장한 철학자들은 함수, 집합, 전형, 구체적 보편 등이 모두 이들 자체만으로도 상당한 철학적 문제를 일으킨다는 점을 발견하였다. 하지만 설령 전통적인 이데아론으로 되돌아갈 수는 없다 할지라도 여전히 우리는 이 이론이 제기한 여러 문제들에 대하여 만족스러운 대답을 하여야 하는 위치에 서 있다.

플라톤의 《국가》

플라톤의 가장 유명한 대화편 《국가》에서 이데아론은 방금 살펴본 바와 같은 논리적이고 의미론적인 목적을 위해서뿐만 아니라 인식론, 형이상학, 윤리학의 문제들을 도입하는 데도 사용된다. 이렇게 세분화된 이데아론의 여러 측면에 대해서는 이 책의 후반부에서 살펴보려 한다. 하지만 《국가》는 이데아론을 다양하게 응용한 내용보다는 중요 부분에서 상세히 묘사된 정치 제도 때문에 세상에 더욱 널리 알려졌다.

이 대화편의 겉으로 드러난 주제는 정의(正義)의 본성과 가치이다. 1권에서 정의에 대한 정의(定義)에 해당하는 여러 후보들이 검토되는데 이들 모두 만족스럽지 못하다는 점이 드러난다(이 1권은 원래 하나의 독립된 대화편이었으리라고 추측된다). 그 후 《국가》의 중심 부분은 정의가 그 자체로 가치 있는 무언가임을 증명하려는 소크라테스에 대하여 다른 인물들이 도전하는 내용과 더불어 시작된다. 플라톤의 형제인 글라우콘과 아데이만토스가 이 부분에 등장하는데 이들은 정의가 악을 피하기 위한 일종의 방법으로 선택된다고 주장한다. 다른 사람들에게 억압당하지 않기 위하여 약한 사람들은 서로 부정한 일을 저지르거나 당하지 않도록 일종의 약정을 맺는다고 글라우콘은 말한다. 사람들은 부정을 저지르고도 처벌받지 않는다면 그렇게 행위 하는 편을 훨씬 더 좋아할지도 모른다 — 예를 들면 어떤 사람이 자신을 보이지 않게 만들어서 자신이 저지른 범죄를 추적당하지 않고 빠져나갈 수 있을지도 모른다. 아데이만토스는 동생 글라우콘을 지지하면서 사람들 중에는 정의의 보상이 실제로 정의로운 데 대한 보상이라기보다는 정의로운 듯이 보이는 데 대한 보상이라고 생각하는 이들이 있으며, 불의에 대하여 신들이 내리는 처벌은 기원하고 제물을 바침으로써 면할 수도 있다고 말한다(2. 358a~367e).

《국가》의 다른 부분에서도 정의에 대한 이런 도전이 계속 이어지는데 이에 대한 소크라테스의 대답은 아래의 8장에서 살펴보려 한다. 이제 플라톤의 정치철학에로 관심을 돌리기 위해서는 이런 도전에 대한 플라톤의 즉각적인 반응에 주의를 기울일 필요가 있다. 형제들의 도전에 답하면서 그는 개별적인 개인의 정의 또는 올바름을 고려하는 데서 도시국가에서의 정의라는 더욱 큰 주제로 나아간다. 그는 도시국가와 관련해서는 정의가 더 큰 글자로 쓰여 있으므로 더욱 읽기 쉬우리라고 말한다. 사람들이 도시에 사는 이유는 서로 다른 기술을 지닌 사람들이 적절한 노동의 분업을 통하여 각자에게 요구되는 바를 제공할 수 있기 때문이다. 이상적으로 만일 사람들이 이전처럼 기본적인 욕구를 충족시키는 정도로 만족한다면 매우 단순한 공동체만으로도 충분할 것이다. 하지만 현재와 같이 풍요로운 시대에는 시민들이 생필품보다 훨씬 더 많은 것을 필요로 하므로 이 때문에 잘 훈련된 직업 군인을 포함한 더욱 복잡한 정치적 질서가 반드시 필요하게 된다(2. 369b~374d).

이제 소크라테스는 세 계층으로 구성된 도시국가의 청사진을 펼친다. 군인들 중에 통치에 가장 적합한 사람들을 경쟁을 통하여 선발하여 이들이 최고의 계층을 형성하도록 하고 이들을 수호자라 부른다. 나머지 군인들은 보조자로 삼는다. 그리고 나머지 시민들은 농부와 장인 계층에 속한다(2. 374d~376e). 어떻게 노동 계층이 통치 계층의 권위를 받아들이게 되는가? 여기서 이른바 '고귀한 거짓말'이라는 일종의 신화가 선전 도구로 활용되어야 하는데 이에 따르면 세 계층의 구성원들은 서로 다른 종류의 쇠로, 즉 각각 금과 은 그리고 동으로 이루어진 영혼을 지닌다. 시민들은 일반적으로 자신이 타고난 계층에 계속 속하게 되지만, 소크라테스는 제한적인 범위에서 사회적 계층의 이동도 허용한다(3. 414c~415c).

수호자와 보조자들은 문학(불온한 부분이 삭제된 호메로스의 작품에 기초하여)과 음악(용감함을 칭송하고 덕성을 기르는 한에서) 그리고 체육(남녀 모두에게 공통적으로 부과되는)에서 특별히 세련된 교육을 받는다(2. 376e~3. 403b). 여성도 남성과 마찬가지로 수호자나 보조자가 될 수 있지만, 이는 일종의 특전이라고 할 정도로 엄격한 제한이 뒤따른다. 상위 계층은 결혼이 허용되지 않는다. 남성들은 여성들을 공유하며, 모든 성행위는 공개적으로 이루어진다. 임신은 우생학적인 근거에 따라 엄격하게 통제되어야 한다. 자녀들은 부모와 접촉할 수 없으며 공적인 기관에서 양육된다. 수호자와 보조자들은 재산을 소유하거나 돈에 손을 대서는 안 된다. 이들에게는 적절한 수준의 검소한 생필품이 무상으로 지급된다. 이들은 병영의 군인들처럼 공동으로 생활한다(5. 451d~471c).

소크라테스가 《국가》의 3권부터 5권에서 상상하는 국가는 무자비한 전체주의의 일종이라는 비난과 페미니즘의 초기 모습을 보인다는 찬사를 함께 받았다. 만일 이 국가가 진정으로 현실적인 정책의 청사진으로 제시되었다면 이는 많은 측면에서 가장 기본적인 인간의 권리를 침해하며, 개인의 사적인 영역을 박탈하는, 기만에 가득 찬 것이라는 점을 인정하지 않을 수 없다. 정치체제에 관한 일종의 제안으로 고려할 때 이는 지금까지 보수주의자와 자유주의자 모두가 퍼부은 강력한 비난을 받아 마땅하다고 생각된다. 하지만 일종의 정치체제를 제시하는 듯이 보이는 이런 주장의 분명한 목적이 사실은, 소크라테스가 계속 그렇게 하듯이, 영혼이 지닌 정의의 본성을 밝히려는 것임을 기억해야 한다.[38] 다른 대화편에서도 알 수 있듯이 플라톤은 독자들을 짓궂게 놀리기를 즐겼다. 그는 소크라테스에게 배운 반어법을 더욱 확장하여 철학적 설명의 주된 원리로 삼았다.

하지만 세 계급으로 나뉜 국가와 자신의 도덕 심리학 사이의 유추를 제시한 후 플라톤은 《국가》의 후반부에서 다시 정치 이론으로 돌아온다. 그는 자신의 이상 국가가 모든 중요한 덕들의 결합으로 이루어진다고 말한다. 수호자들은 지혜의 덕을 드러내며, 보조자들은 용기를, 노동 계층은 절제를 덕으로 삼는다. 그리고 도시국가는 이렇게 노동의 분화를 규정하는 원리로부터 시작되는데 이 원리의 근거에는 바로 정의가 있다. 정의로운 국가에서는 모든 시민, 모든 계층이 자신들에게 가장 적합한 바를 행하며, 계층들 사이에는 조화가 이루어진다(4. 427d～434c).

덜 이상적인 국가들은 이런 이상에서 점차 멀어지게 된다. 다음과 같은 다섯 가지 유형의 정치 체제가 등장할 수 있다(8. 544e). 첫 번째로 최선의 정치 체제는 군주 정치나 귀족 정치이다. 지혜 있는 자가 통치한다면 그 수가 한 사람인지 다수인지는 문제가 되지 않는다. 이보다 못한, 다른 네 정치 체제는 명예 지상 정치, 과두 정치, 민주 정치 그리고 전제 정치이다(8. 543c). 이들 각각의 정치 체제는 순서대로 그 다음으로 갈수록 더욱 타락한 형태를 보여 준다. 왜냐하면 이상 국가의 덕목들을 하나씩 상실하기 때문이다. 만일 통치자가 지혜의 덕을 잃으면 명예 지상 정치가 귀족 정치를 대신

[38] 아래의 7장 참조.

플라톤의 제안에도 불구하고 여성이 철학 학파에 참여하는 일은 무척 드물었다. 기원전 4세기 프레스코 벽화인 위의 그림은 여성철학자 히파르키아(Hipparchia)가 견유학파의 창시자인 남편 크라테스(Crates)와 함께 활동하는 모습을 보여 준다.

하게 되는데 명예 지상 정치에서는 본질적으로 군사정권이 통치를 담당한다(8. 547c). 과두 정치는 명예 지상 정치와 다른데 그 까닭은 과두정의 통치자에게는 용기를 비롯한 군사적 덕목들이 없기 때문이다(8. 556d). 과두정의 통치자는 비록 낮은 수준이기는 하지만 절제의 덕을 지니기는 한다. 이런 절제의 덕마저 상실하면 과두 정치는 민주 정치가 된다(8. 555b). 플라톤은 귀족 정치의 이상적인 국가로부터 한 걸음씩 멀어질수록 정의로부터도 한 걸음씩 멀어진다고 생각한다. 하지만 민주 정치로부터 전제 정치로의 타락은 바로 불의가 구체적으로 드러나는 모습을 상징한다(8. 576a). 따라서 귀족 정치 국가는 모든 덕들이 완전히 드러나는 형태이며, 명예 지상 정치는 지혜의 덕이 없으며, 과두 정치에서는 용기의 덕이 쇠퇴하며, 민주 정치에서는 절제를 경멸하게 된다. 그리고 전제 정치는 정의로부터 완전히 등을 돌린 형태이다.

플라톤은 현실 세계에서는 우리가 《국가》에서 묘사된 이상적인 정치 체제보다 열등한 다양한 형태의 국가에서 살게 될 가능성이 훨씬 크다는 점을 인정한다. 하지만 그는 이런 이상적인 도시국가에 살지 않는 한 행복한 삶을, 공적이든 사적이든 간에, 살 수 없으며 또한 이런 국가는 철학자가 통치자가 되거나 통치자가 철학자가 되지 않는 한 실현될 수 없다고 강력하게 주장한다(5. 473c~d). 철학자가 되는 일은 당연히 이데아를 인식하는 수준에 이르기 위한 플라톤의 교육 체계를 통하여 훈련받는 과정을 포함한다.

《법률》과 《티마이오스》

플라톤은 만년에 이르러 철인통치론을 포기하고 이데아론이 정치적 중요성을 지닌다는 생각을 철회한다. 그는 도시국가의 복지와 관련해서 통치자의 특성이 법률의 본성보다 덜 중요하다고 믿게 되었다. 그가 만년에 쓴, 가장 긴 저술 《법률》에서 그는 크레타 섬 남쪽 마그네시아(Magnesia)의 식민지에 세워진 국가를 방문한 아테네인이 크레타인, 스파르타인과 더불어 대화를 나누는 장면을 묘사한다. 이 국가는 농업이 주를 이루며 농업에 종사하는 자유민들로 구성된다. 농업 외의 육체노동은 주로 노예들이 담당하며, 수공업과 무역에 종사하는 외국인들을 위한 거주지를 갖추고 있다. 완전한 시민권은 오직 5,040명의 성인 남성들만이 지니는데 이들은 12개의 부족으로 나뉜다. 정부 구성의 청사진은 아테네 출신의 방문자가 조언한 내용을 바탕으로 마련되었는데 이는 당시 아테네가 실제 채택하였던 정치 체제와 플라톤이 상상한 이상적인 국가 체제의 중간쯤에 위치한다.

아테네와 마찬가지로 마그네시아에도 성인 남성인 시민들로 구성된 모임인 민회가 있으며, 법률의 수호자라고 불리는 선출된 공무원들이 있다. 일반 시민들은 많은 수로 구성된 배심원에 참가함으로서 법률의 집행에 관여한다. 다양한 임명직은 폭넓은 정치 참여를 보장할 수 있도록 추첨으로 선발된다. 사유 재산은 허용되지만 매우 높은 비율로 누진되는 부유세가 부과된다(5. 744b). 결혼은 결코 금지되지 않으며 오히려 법률에 의해서 강제된다. 35세가 넘은 미혼 남성은 매년 상당한 벌금을 내야 한다(6. 774b). 마지막으로 입법자들은 최선의 법률이라 할지라도 끊임없이 개정될 필요가 있다는 점을 인식해야만 한다(6. 769d).

반면에 마그네시아는 《국가》에서의 이상 국가를 떠올리게 하는 많은 특징도 지닌다. 국가의 최고 권력은 겉으로 드러나지 않도록 은밀하게 구성된 위원회가 차지하는데, 이는 가장 지혜롭고, 탁월한 능력을 인정받은 공무원들로 구성된다. 이들은 수학, 천문, 신학 그리고 법률 분야와 관련된 특별한 교육과 훈련을 받는다(이상 국가의 수호자들처럼 형이상학을 탐구하지는 않지만). 시민들은 개인적으로 금화나 은화를 소유할 수 없으며, 주택의 매매는 엄격하게 금지된다(5. 740c, 742a). 저술 활동과 음악 모두에 대하여 강력한 검열이 이루어져야 하며, 시인은 반드시 허가를 받아야 한다(7. 801d~2a). 여성으로 구성된 성행위 감시 경찰은 사람들의 집에 마음대로 들어가서 성행위 과정을 지켜볼 수 있으며 우생학적인 기준을 지키라고 강요할 수 있다(6. 784a~b). 이혼 법정에는 남성과 동일한 수의 여성 판사가 반드시 참석해야 한다(9. 930a). 여성들도 남성과 함께 식사를 하며, 군사훈련을 받고 가정을 지킬 무기를 공급받는다(7. 814a). 교육은 모든 계층에게 가장 중요한 일로서, 막강한 권력을 지닌 교육담당 장관이 지휘, 통제하고 이에 관해서 은밀한 위원회에 직접 보고한다(6. 765d).

중요한 위치를 차지하는 입법제도에 관한 설명은 《법률》의 중반부 몇 권에 등장한다. 일반 시민들이 법률의 취지를 잘 이해하고 준수할 수 있도록 각각의 법률은 법률의 목적을 설명하는 전문(前文)을 반드시 포함해야 한다. 예를 들면 30세에서 35세 사이에 반드시 결혼해야 한다고 강제하는 법률에는 우리 인간이 불멸성에 도달하는 방법이 바로 출산임을 설명하는 전문이 포함된다(4. 721b). 행정을 담당하는 많은 공무원들의 의무는 6권에서 제시되며, 유아원으로부터 그 후에 이어지는 상세한 교육과정은 7권에서 상세히 설명된다. 어쩌면 《법률》 자체가 일종의 교과서로 서술된 듯도 하다. 9권은 폭력 및 살인의 형태와 더불어 신전을 약탈하는 행위처럼 사형에 처해질 수 있는 범죄와 관련된 여러 절차를 다룬다. 피고소인이 공정한 재판을 보장받을 수 있도록 세부조항까지 제정할 필요가 있다. 민사상의 문제와 관련해서 법률은 매우 상세해야 한다. 예를 들면 원고의 벌통에서 벌들을 꾀어서 다른 곳으로 쫓아 버린 피고가 얼마의 손실을 배상해야 하는가까지도 규정해야 한다(9. 843e). 사냥은 매우 엄격하게 제한된다. 오직 말을 타고, 개와 함께, 네발 동물을 사냥하는 경우만이 허용된다(7. 824a).

《법률》에서 성행위에 관한 구체적인 법률은 간통을 처벌하는 정도의 제한적인 형태로 등장하지만 때때로 플라톤은 성도덕을 이론적인 측면에서 깊이 있게 논의한다(7. 785d~e). 그는 중세 기독교 시대에는 매우 일반적으로 통용되었지만 아직 기독교가 등장하지 않았던 고대에는 무척 드물었던 생각, 즉 임신과 출산이 성행위 본래의 목적이라는 개념에 기초하여 자신의 성윤리를 전개한다. 한 대목에서 아테네인은 '오직 본래의 목적, 즉 임신과 출산에 부합하는 성행위만을 허용하고, 동성애 관계를 금지하며, 인간 태아를 의도적으로 죽이거나 결코 뿌리를 내려 열매를 맺을 수 없는 돌이나 바위에 씨를 뿌리는 일을 금지하는 법률을' 시행하고 싶다고 말한다(8. 838e). 하지만 그는 현실적으로 이런 법률을 준수하기가 매우 어렵다는 점을 인정하며, 남색을 근절하고 임신을 전제하지 않는 모든 형태의 성행위를 억제하기 위한 다른 방법들을 제시한다(8. 836e, 841d). 이를 통하여 우리는 플라톤의 생각이 소크라테스가 등장하는 대화편들에서 자주 등장하는, 동성애를 암시하는 이야기들과는 상당한 거리가 있음을 알 수 있다.

《법률》에서 가장 흥미로운 부분 중의 하나는 10권인데 여기서는 신들을 숭배하고 이교를 몰아내는 문제가 언급된다. 아테네인은 사람들이 신들이 존재한다는 점을 믿지 않거나 신들이 존재하기는 하지만 인간을 돌보지 않는다고 생각할 때 신들에 대한 불경이 생긴다고 말한다. 따라서 불경을 금지하는 법률의 전문을 통하여 입법자는 신들의 존재를 확실히 밝혀야 한다. 이에 관하여 플라톤이 제시하는 상세한 논증은 후에 종교철학을 다루는 장에서 살펴보려 한다.

《티마이오스》의 저술 시기는 《법률》과 서로 겹치는 듯이 보이는데 여기서 플라톤은 신과 우리가 살아가는 세계 사이의 관계를 설명한다. 그는 전통적인 철학적 주제인 우주론으로 돌아가 자신이 보기에 아낙사고라스가 불만족스럽게 남겨두었다고 여겨지는 부분을 주요 논점으로 삼는다. 《티마이오스》에서 펼쳐지는 세계는 기계론적인 인과관계의 장이 아니다. 이 세계는 세계의 아버지, 조물주, 창조자(*demiourgos*) 등으로 다양하게 불리는 어떤 신성한 존재가 만들어 낸 세계이다(28c).

그의 이름이 이 대화편의 제목이기도 한 티마이오스라는 인물은 천문학자이다. 그는 소크라테스에게 우주의 시원으로부터 인류의 등장에 이르는 우주의 역사를 말해 달라고 부탁한다. 그는 사람들이 세계가 항상 존재했었는지 아니면 출발점이 있는지를 묻는다고 말한다. 이에 대한 대답은 세계의 출발점이 있음에 틀림없다는 것이다. 왜냐하면 세계는 우리가 볼 수 있고, 만질 수 있는 물질적인 대상인데 우리가 감각을 통하여 지각할 수 있는 어떤 것도 사고의 대상과는 달리 영원불변하지 않기 때문이다(27d~28c). 신성한 존재는 영원한 원형을 바라보고 세계를 만들어 내었다. '왜냐하면 우주는 존재하는 것들 중 가장 아름다우며, 이를 만들어 낸 자는 모든 원인들 중에 가장 훌륭하기 때문이다'(29a). 그렇다면 그는 왜 우주를 만들어 내었는가? 그는 훌륭하였으며, 훌륭한 자는 어떤 질투심이나 이기심도 전혀 없기 때문이다(29d).

《성서》의 창세기에 등장하는 신과 같이 우주를 만들어 낸 자는 자신이 만든 바를 바라보았으며 그것이 훌륭함을 발견하였다. 그는 기뻐하면서 많은 아름다운 것들로 우주를 장식하였다. 하지만 플라톤이 생각한 창조자는 유대-기독교 전통의 창조주와는 몇 가지 측면에서 서로 다르다. 우선 플라톤의 창조자는 세계를 무로부터 창조하지 않았으며 오히려 원시적인 혼돈 상태로부터 존재를 이끌어 내었으며, 창조 과정에서 그의 자유는 최초의 물질들이 지닌 필연적인 속성에 의해서 제한된다(48a). '신은 모든 것이 훌륭하기를 바라며 가능한 한 어떤 것도 볼품없기를 바라지 않으므로, 이처럼 가만히 있지 않고 조화롭지 않으며 무질서하게 움직이는 눈에 띄는 모든 것을 신은 무질서한 상태에서 질서 잡힌 상태로 이끌었습니다. 질서 있는 상태가 무질서한 상태보다 모든 면에서 더 좋다고 생각했기 때문입니다'(30a). 두 번째로 유대교의 창조주는 창조의 어떤 단계에서 생명이 없는 세계에 생명을 부여한 반면 플라톤에게는 질서 지어진 세계와 세계를 규정하는 근거가 되는 원형 모두가 그 자체로 살아 있는 존재들이다. 이 살아 있는 원형이란 과연 무엇인가? 이에 대하여 그가 직접 답하지는 않지만 이는 아마, 그가 《소피스테스》에서 뒤늦게 결론 내리듯이, 반드시 생명을 포함하여야만 하는 이데아의 세계인 듯하다. 신은 세계 자체를 형성하기에 앞서 세계의 영혼을 먼저 창조하였다. 이 세계-영혼이 존재의 세계와 생성의 세계 사이에서 균형을 잡는 역할을 한다(35a). 따라서 신은 이 영혼에 근거하여 세계를 규정하였다.

> 영혼은 천구의 중심에서 바깥쪽에 이르기까지 모든 방향으로 엮이어 있고 천구를 바깥쪽에서 둥글게 에워싸고 있으며, 자신 안에서 스스로 회전하면서 영원히 끝나지 않는 이성적인 삶의 신성한 원리를 제공하였습니다. 천구의 몸통은 눈에 보이도록 만들어진 반면 영혼은 눈에 보이지 않으며, 이성과 조화를 부여받았습니다. 이 영혼

> 은 우리가 생각할 수 있는 영원한 실재들 중 최선의 것을 최선으로 창조한 결과라 할 수 있습니다. (36e~37a)

다양한 세계들에 관하여 언급한 초기 철학자들과 비교해 볼 때 플라톤은 우리의 우주가 오직 하나뿐이라는 확고한 믿음을 드러낸다(31b). 그는 엠페도클레스에 따라 세계가 흙, 공기, 불, 물이라는 네 요소로 이루어진다고 여기며, 또한 데모크리토스에 따라 이 요소들의 서로 다른 성질은 이들을 구성하는 원자들의 서로 다른 형태에 기인한다고 믿는다. 흙의 원자들은 정육면체이며, 공기의 원자는 정팔면체, 불의 원자는 각뿔, 물의 원자는 정이십면체이다. 창조자는 세계가 이전부터 존재해 온 공간 안에 위치하도록 만들었으며 신비한 방식으로 네 요소들의 변환을 이끌었는데 이는 보석세공인이 금덩어리를 서로 다른 여러 형태로 변화시키는 일과 유사하다(50a). 이 대목에서 플라톤은 아리스토텔레스의 질료형상론에 등장하는 제일질료를 예견하는 듯 보인다.[39]

티마이오스는 우주에 네 종류의 생명체가, 즉 신들과 새들, 동물과 물고기들이 있다고 설명한다. 신들 가운데 플라톤은 자신이 영원히 살아 있는 존재라고 여기는, 붙박이별과 같은 신들과 호메로스적인 전통에 따라 등장한, 자신이 다소 어색한 태도로 언급하는 신들을 구별한다. 그는 영혼이 별들과 인간에게로 스며들었다고 묘사하면서 자신이 이전에 《국가》에서 도입하였던 인간 영혼의 삼분법을 더욱 발전시킨다. 또한 그는 지각의 과정과 인간 육체의 형성에 관해서도 상세히 설명한다.[40] 플라톤은 인간의 육체는 신이 직접 만든, 자신보다 덜 신성한 존재에게 자신의 모습을 모방하여 부여한 것이라고 말한다(69c). 뒤이어 우리 육체의 모든 기관과 그들의 작용에 대한 상세한 설명 그리고 정신적, 육체적 질병의 목록이 등장한다.

39 아래의 5장 참조.

40 아래의 7장 참조.

《티마이오스》는 그 후 수세기 동안 플라톤의 대화편들 중 가장 큰 영향력을 발휘하였다. 다른 대화편들이 고대 말기에 사라졌다가 르네상스에 이르러 다시 등장한 반면 《티마이오스》는 키케로(Cicero)와 4세기 칼키디우스(Chalcidius)라고 불린 기독교도의 라틴어 번역을 통하여 대부분 계속 전해졌다. 《성서》의 창세기에 등장하는 창조설을 철학적으로 흡수하려 했던 중세 사상가들도 신성한 어떤 존재에 의해서 세계가 형성된다는 플라톤의 목적론적인 설명을 별 어려움 없이 받아들였다. 《티마이오스》는 파리대학 초기에 필수 교재였으며, 이보다 300년 후쯤 라파엘로는 《아테네 학당》에서 플라톤을 한 손에 《티마이오스》를 들고 프레스코 벽화의 중심에 서 있는 모습으로 그렸다.

2장

철학의 여러 학파들: 아리스토텔레스에서 아우구스티누스까지

기원전 4세기에 이르러 전통적인 그리스 도시국가들의 정치권력은 북쪽 마케도니아(Macedonia) 왕국으로 넘어가게 되었다. 이와 마찬가지로 아테네 출신인 소크라테스와 플라톤에 뒤이어 등장한 위대한 철학자는 마케도니아 출신의 아리스토텔레스였다. 그는 소크라테스가 죽은 지 15년 후 칼키디케(Chalcidice) 반도의 작은 식민 도시 스타기로스(Stagira)에서 태어났다. 그는 알렉산드로스 대왕(Alexander the Great)의 할아버지 아민타스(Amyntas) 왕의 왕실 의사였던 니코마코스(Nicomachus)의 아들이었다. 아버지가 세상을 떠난 후인 기원전 367년, 17세의 나이로 아리스토텔레스는 아테네로 이주하여 플라톤의 아카데메이아에 들어갔다. 그는 플라톤의 제자이자 동료로 그곳에서 20년을 머물렀다. 역사를 통틀어 어떤 한 기관에 지적으로 위대한 인물들이 이렇게 모인 다른 예는 결코 찾아볼 수 없다고 확실히 말할 수 있다.

아카데메이아 시절의 아리스토텔레스

플라톤의 많은 후기 대화편들이 플라톤과 아리스토텔레스가 아카데메이아에 함께 머무른 시기에 쓰였으며 여기에 등장하는 주장들 중 일부는 아리스토텔레스가 논의에 참여한 흔적을 보이는 듯도 하다. 다소 시기 착오의 요소가 있기는 하지만 플라톤은《파르메니데스》에 아리스토텔레스라는 이름의 등장인물을 도입하는데 이 대화편은 이데아론에 대한 가장 날카로운 비판을 포함한다. 아리스토텔레스 자신도 이 시기에 몇몇 저술들을 썼는데 이들 대부분은 오늘날 전하지 않으며 단지 이후 학자들이 인용한 단편의 형태로만 남아 있다. 스승인 플라톤과 마찬가지로 그도 처음에는 대화편 형식으로 저술을 하였으며, 그 내용 또한 플라톤으로부터 강한 영향을 받았음을 보여 준다.

예를 들면 오늘날 전하지 않는 대화편《에우데모스》(*Eudemus*)에서 아리스토텔레스는 플라톤이《파이돈》에서 제시한 것과 유사한 영혼의 개념을 설명한다. 그는 영혼이 육체에 따르는 일종의 부속물이라는 견해에 강력히 반대하면서 영혼은 육체라는 감옥에 갇혀 있으며 육체에서 벗어나면 더 행복한 삶을 살 수 있으리라고 주장한다. 죽은 자들은 산 사람보다 더욱 축복받았고 더욱 행복하며, 더욱 위대하고 더욱 선하다. '남자든 여자든 간에 세상에 태어나지 않는 것이 최선이다. 그 다음으로 선한 일은 — 즉 인간이 할 수 있는 최선의 선택은 — 일단 태어났다면 최대한 빨리 죽는 것이다'(fr. 44). 죽음은 자신의 진정한 안식처로 되돌아가는 일이다.

젊은 시절 아리스토텔레스가 플라톤의 영향을 받았음을 보여 주는 또 다른 저술로《프로트렙티코스》(*Protrepticus*)를 들 수 있는데 이 제목은 철학을 권고함이라는 의미이다. 이 저술 또한 오늘날 전하지 않지만 그 후 많은 사람들이 이를 폭넓게 인용하였으므로 현대의 몇몇 학자들은 인용문을 모아 재구성하면 거의 저술 전체를 복원할 수 있으리라고 생각한다. 여기서 아리스토텔레스는 철학을 실천에 옮기는 데 반대하는 주장을 펴는 일조차도 그 자체로 철학함의 한 형태이기 때문에 모든 사람은 철학을 하여야 한다고 말한다. 하지만 최선의 철학은 자연 세계를 관조하는 것이다. 아낙사고라스는 해와 달, 별과 하늘을 관찰하는 일이 우리의 삶을 가치 있게 만든다고 말하

아테네 철학 학교들의 위치를 보여 주는 지도

였기 때문에 칭찬받을 만하다. 신이 우리를 창조하고, 우리에게 신과 같은 지성을 부여한 까닭은 바로 이 때문이다. 다른 모든 것들은 — 힘과 아름다움, 권력과 명예 따위는 — 모두 아무런 가치도 없다(Barnes, 2416).

《프로트렙티코스》에는 영혼과 육체의 결합이 어떤 의미에서는 전생에서 저지른 악행에 대한 일종의 처벌이라는 플라톤적인 견해가 명백히 드러난다. '에트루리아 사람들은 자주 죽은 사람의 시신과 얼굴과 얼굴, 팔다리와 팔다리가 서로 맞닿게 묶어 둠으로써 포로들을 고문하였다고 하는데 그 까닭은 그렇게 함으로써 포로들의 영혼이 시신으로 옮겨지고 모든 기관으로 흩어져 결코 시신을 떠나지 못한다고 생각했기 때문이다'(같은 곳). 이런 모든 주장은 아리스토텔레스가 사상적으로 완전히 성숙한 후에 제시한 견해와는 크게 다름을 알 수 있다.

주로 논리학과 논쟁의 기법에 관한 아리스토텔레스의 현존하는 저술들, 대표적으로 《토피카》(*Topics*)와 《소피스트 식 논박》(*Sophistical Refutations*)이 이 시기에 쓰였다는 주장은 상당히 설득력이 있다. 이들은 비교적 비형식 논리학을 다룬 저술로서 전자는 우리가 어떤 입장을 선택하기로 마음먹었을 때 그 입장을 지지하는 논증들을 어떻게 구성하여야 하는지를 설명하며, 후자는 다른 사람의 논증이 지닌 약점을 간파하는 방법을 보여 준다. 《토피카》에서는 아리스토텔레스의 후기 철학에서 중요하게 사용되는 범주 등의 개념이 싹트는 모습을 볼 수 있지만 위의 두 저술 중 어떤 것도 《분석론 전서》(*Prior Analytics*)에서 등장하는 수준의, 형식 논리학에 관한 체계적인 탐구에 이르지는 못한다. 그렇지만 아리스토텔레스는 《소피스트 식 논박》의 끝부분에서 자신이 논리학이라는 분야를 최초로 발명하였다고, 즉 자신이 탐구를 시작하기 전에는 아무것도 존재하지 않았다고 당당하게 밝히면서 다음과 같이 말한다. 수사학에 관한 글은 많이 있었다. 하지만

> 연역이라는 주제에 관해서는 이전의 글에서 인용할 바가 아무것도 없었으며, 오직 독창적인 탐구를 진행하는 데 많은 시간이 필요하였다. 따라서 우리의 탐구가 이렇게 앞길이 불투명한 출발점에서 시작하여 전통적인 이론들과 비교해서 만족스러운 수준에까지 이르렀다면 나의 제자인 여러분들은 이 탐구의 미흡한 점들을 너그럽게 용서

하고, 이를 통해서 발견된 바에 대해서는 따뜻한 감사를 표하여야 한다. (*SE* 34. 184^{a}9～^{b}8)

이는 자신이 논리학의 창시자임을 후세에 전하려는 아리스토텔레스의 많은 표현들 중 하나이다. 논리학에 관한 그의 가장 중요한 저술로는 《범주론》(*Categories*), 《명제론》(*de Interpretatione*), 《분석론 전서》를 꼽을 수 있다. 여기서 단순명사, 명제, 삼단논법 등에 관한 그의 가르침이 전개된다. 앞에서 언급한 두 저술과 이들 모두 그리고 과학적 방법에 관한 저술인 《분석론 후서》(*Posterior Analytics*)가 더해져 《오르가논》(*Organon*), 즉 사고의 '도구'로 알려진 저술이 구성된다. 아리스토텔레스의 추종자 대부분은 논리학이 그 자체로 과학적 탐구는 아니지만 모든 탐구에서 사용되는 기본적인 기법이라고 생각하였으며 따라서 이 저술에 이런 제목을 붙였다. 《오르가논》이 논리학의 체계로서 다소 불완전하다는 점은 이미 고대에도 지적되었지만 이 저술은 그 후 이천 년 동안 논리학의 핵심을 제공하는 것으로 여겨졌다.[1]

아리스토텔레스가 여전히 아카데메이아에 머무르는 동안 기원전 359년 아버지로부터 왕위를 물려받은 마케도니아의 필리포스 2세(Philip II of Macedon)는 팽창주의 정책을 채택하여 아테네를 포함한 그리스의 여러 도시국가들과 전쟁을 시작하였다. 아리스토텔레스와 동시대 인물인 데모스테네스(Demosthenes)가 마케도니아에 맞서 싸우자는 영웅적인 열변을 토하고, 유명한 연설문 '필리포스 탄핵'(Philippics)을 통하여 필리포스를 강력하게 비난하기도 하였지만 아테네인들은 자신의 이익을 지키는 데 냉담할 뿐이었다. 몇 차례 굴욕적인 양보를 하고 난 후 338년 아테네인들은 필리포스가 그리스 세계의 지배자가 되는 것을 허용하였다. 이 시기에 아테네에 거주하는 마케도니아인들은 그리 편한 시간을 보낼 수 없었다.

[1] 아리스토텔레스의 논리학에 관해서는 3장에서 상세히 검토할 예정이다.

하지만 아카데메이아 안에서는 평온한 관계가 유지되었던 듯하다. 후세 사람들은 플라톤과 아리스토텔레스가 서로 대립하였다고 즐겨 묘사하며, 몇몇 고대 학자들은 아리스토텔레스를 어머니를 걷어찬 배은망덕한 망나니에 비유하기도 한다(D.L. 5. 1). 하지만 아리스토텔레스는 자신이 플라톤에게 큰 빚을 지고 있음을 항상 인정하였으며, 플라톤이 죽음을 맞이하자 그를 인간 중 가장 훌륭하고 행복한 인물로 묘사하면서 '사악한 사람은 칭송하기 위해서조차도 그의 이름을 입에 담아서는 안 될 정도의 인물'이라고 말한다. 아리스토텔레스는 자신의 철학적 논의 주제들 대부분을 플라톤으로부터 이어받았으며 그의 철학은 플라톤의 이론을 부정하였다기보다는 변형한 것에 더욱 가깝다. 이 두 철학자가 지닌 사상적 공통점이 이들이 서로 다른 견해를 보이는 주제들보다 훨씬 더 중요하다 — 이와 마찬가지로 17세기와 18세기에 걸쳐 서로 대립하였던 합리론과 경험론도 이들 각각을 주도하고 추종했던 철학자들이 생각했던 것보다 훨씬 더 많은 공통점을 지니고 있었다.

하지만 아카데메이아에 머물고 있을 때 이미 아리스토텔레스는 플라톤의 이데아론과는 거리를 두기 시작하였다. 그는 소논문 《이데아에 관하여》(*On Ideas*)에서 플라톤의 중요 대화편들에 등장하는 논증은 기껏해야 개체들 외에도 과학의 대상이 되는 공통적인 무언가가 존재한다는 점만을 확립할 뿐인데 이것이 이데아일 필요는 없다고 주장한다. 그는 이데아를 반박하기 위하여 우리가 이미 플라톤 자신의 대화편에서 접했던 논증을 다소 변형하여 사용하면서 — 이를 '제삼인간론'(Barnes, 2435)이라고 부른다. 오늘날 전하는 저술들에서 아리스토텔레스는 자주 이 이론을 주제로 삼는다. 때로 그는, 예를 들면 《니코마코스 윤리학》에서는, 상당히 겸손하게 선의 이데아에 반대하는 몇 가지 논증을 소개하면서 선의 이데아 또는 형상은 자신의 훌륭한 친구들이 도입한 개념이기 때문에 이에 반대하는 일은 매우 곤란한 임무라고 말한다. 하지만 철학자로서 자신은 친구와의 우정보다 진리를 더욱 존중할 의무를 지닌다고 덧붙인다. 그러나 《분석론 후서》에서는 그는 이데아를 경멸적으로 '황당무계한 거짓말'이라고 표현하면서(1. 22. 83^{a}33) 완전히 배제하려 한다.

《형이상학》에서 아리스토텔레스는 더욱 강력하게 이데아론은 스스로 제기했던 문제를 해결하지 못한다고 주장한다. 이데아론을 통해서는 개체를 제대로 파악할 수 없다. 왜냐하면 영원불변하는 형상은 어떻게 개체들이 현존하게 되고 변화를 겪는지를 설명할 수 없기 때문이다. 더욱이 형상은 인식, 즉 다른 것들의 존재를 밝히는 데 아무런 도움도 주지 않는다(*A* 9. 991^{a}8 이하). 이데아론은 기껏해야 설명되어야 할 실재와 같은 수의 실재를 새로 도입할 뿐이다. 마치 어떤 문제를 회의함으로써 그 문제를 해결할 수 있다는 듯이(*A* 9. 990^{b}3).

생물학자 아리스토텔레스

기원전 347년 플라톤이 죽고 나자 그의 조카 스페우시포스(Speusippus)가 아카데메이아의 수장이 되었으며 아리스토텔레스는 아테네를 떠났다. 그는 북서쪽 해안의 아소스(Assos)로 이주하였는데 지금 이곳은 터키(Turkey)에 속한다. 당시 아카데메이아의 졸업생인 헤르메이아스(Hermias)가 이 도시를 통치했는데 그는 이곳에 새로운 철학 교육기관을 설립하기 위하여 많은 아카데메이아 출신자들을 초청하였다. 아리스토텔레스는 헤르메이아스의 친구가 되었으며 그의 가까운 친척인 피티아스(Pythias)와 결혼하여 자식 둘을 두었다. 343년 헤르메이아스는 비극적인 종말을 맞는다. 아리스토텔레스의 도움으로 마케도니아와 연합 전선을 구축하였지만 헤르메이아스는 배반당한 후 체포되었으며 결국 페르시아 왕에 의해서 고통스럽게 죽는다. 아리스토텔레스는 '덕에 바치는 송시'(Ode to Virtue)에서 그를 추모하며 경의를 표하는데, 이 송시는 그가 쓴 시들 중 유일하게 오늘날까지 전한다.

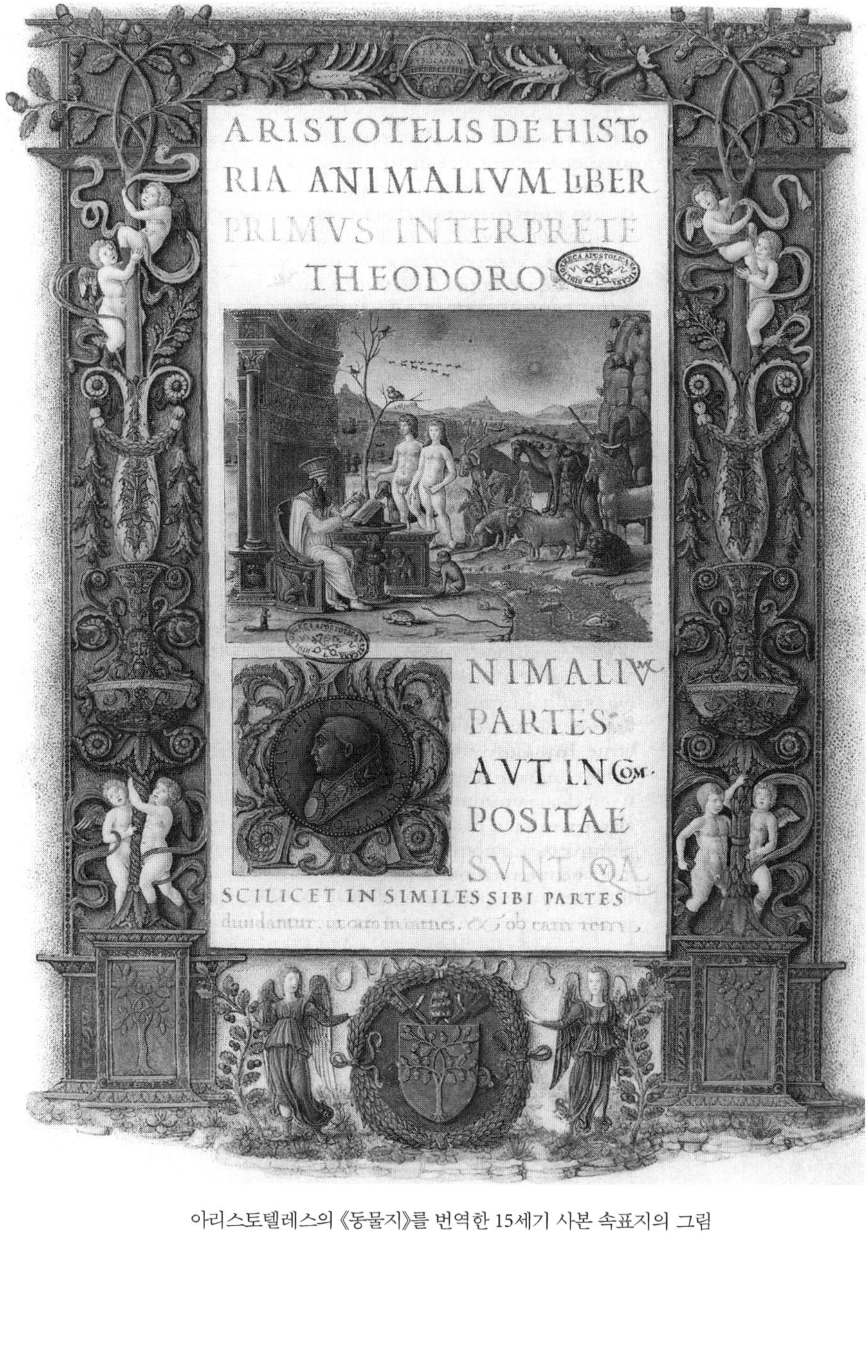

아리스토텔레스의 《동물지》를 번역한 15세기 사본 속표지의 그림

아소스에 머물렀던 시기와 그 후 레스보스(Lesbos) 섬의 미틸레네(Mytilene)에 살았던 몇 년 동안 아리스토텔레스는 폭넓게 자연과학을, 특히 동물학과 해양 생물학을 탐구하였다. 이때의 탐구를 바탕으로 그는 후에 《동물지》(*History of Animals*)로 알려진 저술을 썼는데 이 제목은 다소 오해를 일으키기도 한다. 또한 이에 덧붙여 두 편의 논문 《동물의 부분에 관하여》(*On the Parts of Animals*)와 《동물의 생성에 관하여》(*On the Generation of Animals*)도 썼다. 그는 자신이 동물학의 창시자라고 주장하지는 않으며 사실 그의 저술에는 이전 학자들의 언급을 인용한 부분이 많이 등장하지만 그들의 몇몇 엉뚱한 관찰에 대해서는 합리적인 수준에서 회의하기도 한다. 하지만 그는 매우 다양한 생물 종들을 상세히 관찰하였는데 이는 그 이전에는 결코 찾아볼 수 없는 일이며, 많은 경우에 그의 관찰 결과는 17세기에 이르기까지 그대로 받아들여졌다.

아리스토텔레스는 자신이 최초의 동물학자라고 주장하지는 않지만 분명히 자신을 선구자로 여겼으며 따라서 동물에 대한 관심을 스스로 정당화할 필요가 있다고 느꼈다. 왜냐하면 이전 철학자들이 생물보다는 천체를 관찰하는 일을 우선시하는 상황에서 그는 해면동물을 찔러 보고 굼벵이가 부화하는 모습을 관찰하였기 때문이다. 자신을 옹호하면서 그는 천체는 경이롭고 화려하기는 하지만 우리로부터 너무 멀리 떨어져 있고 너무 다르기 때문에 연구하기가 어렵다. 반면에 동물들은 우리 가까이 있고 우리의 본성과 유사하기 때문에 훨씬 더 정확하게 탐구할 수 있다. 하찮은 동물을 관찰한다고 왈가왈부한다면 이것이야말로 유치한 일이다. '우리는 조금도 부끄러움을 느끼지 말고 모든 종류의 동물을 탐구해 나가야 한다. 왜냐하면 이들 각각이 자연스럽고 아름다운 무언가를 우리에게 보여 주기 때문이다'(*PA* 1. 5. 645^{a}20~5).

아리스토텔레스의 탐구 범위는 진정 놀라울 따름이다. 생물의 속(屬, 예를 들면 갑각류)과 종(種, 예를 들면 성게)을 분류한 내용이 저술의 대부분을 차지한다. 그의 저술에는 500종 이상의 동물이 등장하는데 이들 대부분은 매우 상세히 묘사된다. 하지만 그가 박물학자 수준의 관찰에 만족하지 못하였음은 분명하다. 그는 해부학자처럼 실제로 동물을 해부하기도 하였다. 그는 해부가, 특히 인간 신체의 경우에는 몹시 불쾌한 일임을 인정한다. 하지만 어떤 동물 전체의 구조를 파악하기 위해서는 각 부분을 면밀히 조사하는 일이 필수적이라고 생각하였다(*PA* 1. 5. 644^{b}22~645^{a}36).

그는 저술에 그림을 그려 넣기도 하였는데 매우 유감스럽게도 그림들은 오늘날 전하지 않는다. 하지만 그가 고환과 음경 사이의 관계를 설명하는 다음 대목을 읽어 보면 그의 그림이 어떤 것이었는지 추측할 수는 있을 듯하다.

> 덧붙인 그림에서 글자 *A*는 대동맥으로부터 이어진 관(管)의 출발점을 나타낸다. ***KK***는 고환의 머리 부분과 앞의 관이 고환으로 내려와 이어진 점을 나타낸다. 이로부터 고환을 통해 아래로 이어진 관들은 ***ΩΩ***로, 이와는 반대 방향에서 고환으로 이어지는, 흰 체액을 포함하는 관은 ***BB***로 표시하였다. 그리고 음경은 ***Δ***, 음낭은 ***E***, 고환은 ***ΨΨ***로 표시하였다. (*HA* 3. 1. 510^{a}30~4)

오직 생물학자만이 해부, 식이요법, 서식지, 교미 형태를 비롯하여 포유류, 조류, 파충류, 어류와 곤충류의 생식 체계 등에 관하여 아리스토텔레스가 우리에게 전하는 무수한 자료와 정보가 얼마나 정확한지를 검토할 수 있다. 20세기 생물학자이며, 《동물지》의 표준적인 영어 번역을 완성한 톰슨 경(Sir D'Arcy Thompson)은 아리스토텔레스의 연구가 상세하고 엄밀하기도 하지만 때로는 미신의 흔적도 포함하므로 항상 주의를 기울여야 한다고 지적한다. 또한 어떤 희귀한 어류 종에 관한 아리스토텔레스의 믿기 어려운 이야기가 수세기 후에 정확한 사실로 판명된 극적인 경우도 있다.[2] 다른 곳에서 아리스토텔레스는 그 후 천년이 지나도록 풀리지 않았던 생물학의 문제들을 분명하고 정확하게 언급한다. 그런 문제 중 하나로 동물의 배아가 처음부터 신체의 모든 부분들을 매우 작은 형태로 포함하는가 아니면 배아가 성장하면서 완전히 새로운 기관들이 형성되는가를 들 수 있다(*GA* 2. 1. 734a1~735a4).

현대의 평범한 독자 수준에서는 그저 아래의 인용문에서 어떤 부분이 정확한 사실이고 어떤 부분이 상상의 결과인지를 한 번 생각해 보는 정도로 충분하리라 여겨진다.

> 네 발이 있으며, 혈액이 있고, 태생인 모든 동물에게는 이빨이 있다. 하지만 맨 처음 지적하자면 어떤 동물은 양턱에 모두 이빨이 있고 어떤 동물은 그렇지 않다. 예를 들면 뿔이 나는 네발 동물들은 그렇지 않은 쪽에 속한다. 왜냐하면 이들은 위턱에 앞니가 없기 때문이다. 그리고 뿔이 없는 동물 중 일부도 턱 한쪽에만 이빨이 나는데 낙타가 바로 그렇다. 어떤 동물은 멧돼지처럼 엄니가 나기도 하는데, 다른 동물들은 그렇지 않다. 더욱이 어떤 동물들은 사자나 표범, 개처럼 톱니 모양의 이빨이 나기도 한다. 말이나 소의 경우는 이빨이 서로 맞물리지 않기도 한다. 우리는 '톱니 모양의 이빨이 나는' 동물들은 날카로운 이빨이 서로 잘 맞물린다는 사실을 발견한다.
>
> (*HA* 2. 1. 501a8 이하)

> 암수가 쌍을 이루는 물고기의 경우 교미의 결과로 알을 낳는다. 하지만 교미를 하지 않고 알을 낳는 물고기도 있다. 강에 사는 물고기 중 일부에서 이런 경우를 볼 수 있다. 피라미 같은 작은 강물고기의 경우 아주 어릴 때부터 — 거의 태어나자마자라고 말할 수 있을 정

[2] G. E. R. Lloyd, *Aristotle: The Growth and Structure of his Thought* (Cambridge: Cambridge University Press, 1968), 74~81 참조.

> 도로 — 알을 지니고 있다. 이런 물고기들이 알을 낳은 후 말하자면 수컷들이 이를 대부분 삼켜 버린다. 또 알들 중 일부는 물속에서 그냥 죽어 버린다. 암컷이 적절한 장소에 낳은 알들만 살아남는다. 만일 모든 알들이 다 살아남으면 각각의 종들이 수가 너무 많아지게 된다. 이런 알들 대부분은 부화되지 못하며, 오직 수컷이 정액을 뿌린 알들만 부화한다. 즉 암컷이 알을 낳으면 뒤따라 수컷이 그 위에 정액을 뿌리는데 이렇게 정액이 뿌려진 알만 성장하여 어린 물고기가 되며 나머지는 운명을 다하고 만다. (*HA* 6. 3. 567^{a}29~^{b}6)

아리스토텔레스는 인간의 해부학적 특성과 성격상의 특성을 서로 연결 지으려 하는데 이는 당연히 성급한 판단으로 여길 수 있다. 예를 들면 그는 평발인 사람은 악당이 되기 쉽고, 귀가 크고 많이 튀어나온 사람은 상관없는 일에 끼어들어 수다 떨기를 좋아하는 성향이 있다고 말한다(*HA* 1. 11. 492^{a}1).

근거 없는 미신이 일부 섞여 있기는 하지만 아리스토텔레스의 생물학 저술들은 우리에게 충격을 줄 정도로 대단한 업적임에 틀림없다. 그가 연구를 진행하였던 당시 상황을, 즉 근대 초 이후로 과학자들이 마음대로 사용할 수 있었던 관찰도구가 전혀 없었던 상황을 기억한다면 더욱 그렇다. 그 자신이, 아니면 그의 연구를 도왔던 인물 중의 한 명이 놀랄 만큼 시력이 뛰어났다는 점은 분명한 듯하다. 왜냐하면 그가 정확하게 묘사하는 곤충의 특성들 중 일부는 현미경이 발명된 이후에야 다시 관찰되었을 정도이기 때문이다. 그의 탐구는 전정으로 과학적 정신에 의해서 이루어졌으며, 그는 증거가 불충분한 경우에는 항상 잘 모르겠다고 솔직하게 고백할 자세를 갖추고 있었다. 예를 들면 벌들의 생식과정에 관해서 그는 다음과 같이 말할 수밖에 없었다.

> 여러 사실들이 아직 충분히 확인되지 않았다. 만일 충분히 확인되기만 한다면 이론보다는 관찰을 신뢰하여야 한다. 오직 이론의 결과가

관찰된 현상과 일치할 경우에만 이론을 신뢰해도 좋다.

(*GA* 3. 10. 760b28~31)

리케이온과 그곳의 교과과정

헤르메이아스가 죽은 지 약 8년 후 아리스토텔레스는 필리포스 2세의 부름을 받고 마케도니아의 수도로 와서 당시 13살이던 왕자의 개인교사가 되었는데 이 왕자가 후에 알렉산드로스 대왕이 된다. 아리스토텔레스가 가르친 내용에 관해서는 거의 알려진 바가 없다. 현재 전하는 아리스토텔레스의 전집에는 《알렉산드로스를 위한 수사학》(*Rhetoric for Alexander*)라는 책이 있지만 이는 통상 위작으로 간주된다. 고대의 자료들에 따르면 아리스토텔레스는 자신의 제자를 위하여 왕권과 식민지 건설에 관한 글을 썼으며, 호메로스의 작품을 스스로 편집한 책을 만들어 그에게 주었다고 전한다. 알렉산드로스는 이 책을 항상 베게 밑에 넣고 잠을 잤다고 한다. 기원전 336년 왕위에 올라 알렉산드로스는 눈부신 정복사업을 시작하였는데 그는 자신이 정복한 그리스와 소아시아 모든 지역에서 생물 표본을 수집하여 스승에게 보냈다.

왕위에 오른 지 10년 안에 알렉산드로스는 다뉴브(Danube) 강에서 인더스(Indus) 강에 이르며 리비아(Libya)와 이집트(Egypt)까지도 포함하는 대제국의 주인이 되었다. 알렉산드로스가 아시아를 정복하는 동안 아리스토텔레스는 아테네로 돌아와 도시의 경계 바로 바깥쪽에 위치한 체육시설 자리인 리케이온에 자신의 학교를 세웠다. 당시 50세에 이르렀던 그는 상당한 규모의 도서관을 짓고 여러 뛰어난 학생들을 불러 모았다. 그를 중심으로 이렇게 모인 집단은 '소요학파'(Peripatetics)라고 불렸는데, 이 명칭은 그들이 함께 걸으면서 논의를 펼쳤던 길(*peripatos*)의 이름에서 유래하였다. 리케이온은 아카데메이아와 같은 사설 교육기관이 아니었다. 여기서는 많은 공개 강의가 이루어졌으며 일반 대중들도 수업료 없이 자유롭게 강의를 들을 수 있었다.

아리스토텔레스의 해부학과 동물학 연구는 그의 철학에 새롭고 결정적인 전환점을 제공하였다. 그는 평생 동안 계속 형이상학에 대한 관심을 유지하였지만 그의 성숙한 철학은 항상 경험과학과 연결되어 있었으며, 그의 사고는 생물학적인 특성을 드러낸다. 그의 저술들은, 동물학에 관한 몇몇 논문들을 제외하면, 대부분 오늘날까지 전하는데 이들은 거의 아테네에 두 번째로 체류한 기간에 쓴 것으로 보인다. 그의 저술들을 시대 순으로 정확하게 배열하기는 어렵지만 주요 저술들은 — 자연학, 형이상학, 심리학, 윤리학 및 정치학 등에 관한 — 분명히 계속 수정되고 개선된 듯하다. 이들에서 드러나는 문체를 증거로 삼아 이들이 쓰인 시기를 추측하는 일이 가능하기는 하지만 아직 이에 관한 어떤 합의에도 이르지는 못하였다.

주요 저술들에서 아리스토텔레스의 문체는 플라톤 또는 그보다 앞선 어떤 철학자의 문체와도 크게 다르다. 호메로스와 소크라테스 사이에 등장한 철학자들은 대부분 운문체로 글을 썼으며, 아테네가 비극과 희극의 전성기일 때 저술 활동을 한 플라톤은 희곡 형식의 대화체를 사용하였다. 반면 고대 그리스의 가장 위대한 웅변가인 데모스테네스와 정확하게 같은 시대를 살았던 아리스토텔레스는 산문체의 독백 형식을 즐겨 사용하였다. 그의 산문은 일반적으로 그리 명쾌하지도 또한 세련되지도 않았지만 그는 글을 마칠 때 상당한 설득력을 이끌어 낼 수 있도록 전체를 구성하였다. 현재 우리에게 전하는 저술들은 그가 강의한 내용을 정리한 것으로 보인다. 심지어 몇몇 경우는 그의 강의를 들은 학생들이 받아 적은 듯이 보이기도 한다. 아리스토텔레스의 저술은 모두 풍부한 생각들과 강력한 힘으로 가득 차 있으며, 모든 문장은 거대한 지적인 충격을 주기에 충분하다. 하지만 다소 들쭉날쭉한 그의 문구들이 전하려는 바를 해독하는 데는 노력이 필요하다. 수많은 세기를 건너면서 아리스토텔레스로부터 우리에게 전해진 바는 장문의 편지라기보다는 간략한 전보에 더욱 가깝다.

아리스토텔레스의 저술들은 상당히 체계적인데 이는 플라톤에서는 결코 찾아볼 수 없는 점이기도 하다. 플라톤의 저술 전체를 통틀어 가장 교과서의 형태에 가까운 《법률》에서조차 우리는 이 주제에서 저 주제로, 더 나아가 이 분과에서 저 분과로 어쩔 줄 모르면서 뛰어다녀야 한다. 그의 주요 대화편 중 다른 어떤 것도 잘 정리된 형태로 철학의 한 분과만을 다루지 않는다. 어쩌면 플라톤에 관하여 논의하면서 '학문의 분과들'이라는 말을 사용하는 것 자체가 시대착오적인지도 모른다. 그리고 이것이 순전히 시대착오적인 진정한 이유는 현대의 학술적인 의미에서 사용되는 분과라는 개념 자체가 바로 리케이온 시기의 아리스토텔레스에 의해서 매우 분명하게 제시되었기 때문이다.

아리스토텔레스는 《형이상학》에서(*E* 1. 1025b25)에서 세 종류의 학문이, 즉 제작에 관한 학문과 실천적 학문 그리고 이론적 학문이 있다고 말한다. 제작에 관한 학문은 당연히 무언가를 제작함으로써 어떤 결과를 낳는 학문이다. 여기에는 여러 기술과 건축술이 포함되는데 이들은 제작의 결과로 다리나 집 등을 만들어 낸다. 또한 전술학과 수사학도 이에 속하는데 이들이 생산하는 결과는 다소 덜 구체적인 것으로서 전쟁과 재판정에서의 승리 등이다. 실천적인 학문은 우리의 행위를 인도하는 것들인데 윤리학과 정치학이 이에 속한다는 점은 널리 알려져 있다. 이론적인 학문은 어떤 결과를 낳거나 현실적인 목표를 향하지는 않지만 그 자체로 지식과 이해를 추구하는 분야이다.

이론적인 학문은 다시 세 종류로 나뉘는데 자연학과 수학 그리고 신학이 바로 이들이다(*Metaph*. *E* 1. 1026a19). 이 세 분야 중 오직 수학만이 오늘날과 같은 의미로 사용되는 듯하다. '자연학'(physics)은 자연철학 또는 자연(*physis*)에 관한 탐구를 의미한다. 이는 오늘날 우리가 생각하는 물리학보다 훨씬 넓은 의미를 지니며, 화학과 기상학뿐만 아니라 생물학과 심리학까지도 포함한다. 또한 아리스토텔레스가 생각하는 '신학'은 인간 위에 있거나 인간보다 우월한 모든 존재에 관한 탐구를 의미하는 것으로서, 예를 들면 천체들을 비롯하여 별이 빛나는 하늘에 산다고 여겨지는 신성한 모든 존재를 탐구의 대상으로 삼는다. 이에 관한 그의 저술들은 현재의 관점에서 보면 자연신학 강의의 교재보다는 천문학 강의의 교재에 훨씬 더 가깝다.

이론적인 학문에 속하는 전형적인 분과로 보이는 형이상학이 위에서 아리스토텔레스 제시한 이론적 학문의 목록에 등장하지 않는 것을 보고 놀라는 사람이 있을지도 모르겠다. 그의 저술 대부분이 형이상학과 관련되고, 그의 가장 긴 저술에 《형이상학》이라는 제목이 붙어 있기 때문에 이런 놀라움은 더욱 클 수도 있다. 하지만 사실 형이상학이라는 단어는 그가 직접 쓴 저술에는 나타나지 않으며, 그의 사후에 작성된 저술 목록에서 처음 등장한다. 그리고 형이상학이라는 말은 단순히 '자연학 이후에'라는 뜻이며 저술 목록에서 《자연학》 다음에 위치한 저술을 지칭하기 위하여 사용되었다. 하지만 그는 현재 '형이상학'으로 불리는 철학의 분과를 분명히 인식하고 있었다. 그는 이를 '제일철학'이라고 불렀으며, 존재로서의 존재를 다루는 분야라고 정의한다.[3]

아리스토텔레스의 수사학과 시학

생산적인 학문과 관련해서 아리스토텔레스는 두 권의 저술을 썼는데 그중 하나는 《수사학》(*Rhetoric*)이며 다른 하나는 《시학》(*Poetics*)이다. 이들은 각각 법정에서 변호를 맡은 사람과 희곡작가들의 임무를 돕기 위하여 쓰였다. 아리스토텔레스는 수사학은 주어진 어떤 상황에서라도 가능한 설득의 방법

[3] 아래의 5장 참조.

을 제시하려는 학문 분과라고 말한다. 이는 결코 어떤 특수한 영역에만 한정되지 않으며 논의주제와 무관하다. 말을 통해서 설득하는 데에는 세 가지가 기초로 작용하는데, 이 셋은 말하는 사람의 특성, 청중들의 태도 그리고 말 자체의 (건전하든 아니면 의심스럽든 간에) 논거이다. 따라서 수사학을 공부하는 사람들은 논리적으로 추론하고, 특성을 제대로 평가하고, 감정을 이해할 줄 알아야 한다(1. 2. 1358^{a}1～1360^{b}3).

아리스토텔레스는 논리와 특성에 관해서는 다른 저술들에서 더욱 상세하게 설명하지만 인간의 감정에 대해서는 《수사학》의 2권에서 가장 완전하게 자신의 견해를 드러낸다. 그에 따르면 감정은 사람들의 판단을 변화시키는 느낌으로서 쾌락 및 고통을 동반한다. 뒤이어 그는 주요 감정들 각각에 대한 정의를 내리고 이들의 대상과 원인을 제시한다. 예를 들면 그는 분노를 고통을 동반하는 일종의 욕구라고 정의한다. 왜냐하면 이는 우리 자신이나 친구에 대한 부당한 모욕이라고 여겨지는 것에 대하여 복수를 하려는 감정으로 나타나기 때문이다(2. 2. 1378^{a}32～4). 또한 그는 우리를 화나게 하는 부류의 사람들을 나열한 긴 목록도 제시한다. 말하자면 우리를 비웃는 사람들, 우리가 목마를 때 물을 못 마시게 하는 사람들, 우리가 일할 때 자꾸 참견하는 사람들이 우리를 화나게 한다.

> 또한 우리에 대하여 험담하는 사람들, 우리가 가장 관심 갖는 것들과 관련해서 우리를 경멸하는 사람들도 그렇다. 따라서 철학자로서 명성을 추구하는 사람들은 자신의 철학을 멸시하는 사람들에게 화를 내며, 자신의 모습을 드러내는 것을 자랑스럽게 생각하는 사람들은 그런 모습을 비난하는 사람들에게 화를 낸다. 우리는 우리에게 각각의 특성들이 완전히 또는 전반적으로 부족하다는 생각이 들 때, 실제로 그렇든 아니면 일반적으로 그렇게 생각되든 간에, 특히 우리 자신에 대하여 화를 내게 된다. 왜냐하면 우리 자신이 어떤 특성의

> 측면에서 탁월하다고 확신한다면 그 특성과 관련해서 모욕당하는 일쯤은 무시할 수 있기 때문이다. (2. 2. 1379ᵃ32～ᵇ1)

아리스토텔레스는 우리에게 분노, 증오, 공포, 수치심, 연민, 분개, 질투, 시기 등의 감정에 대한 상세한 설명을 제공한다. 각각의 경우에서 그의 설명은 명료하고 체계적이며, 자주 — 위의 인용문에서처럼 — 예리한 심리적 통찰을 보여 준다.

《수사학》과 달리 《시학》은 모든 시대를 통틀어 무척 폭넓게 읽혔다. 현재 《시학》의 1권만이 전해지는데 여기서는 서사시와 비극이 논의된다. 희극을 다루었다고 하는 2권은 오늘날 전하지 않는다. 에코(Umberto Eco)는 《장미의 이름》(*The Name of the Rose*)[4]에서 이 2권이 전해진다고 상상하고 이를 둘러싼 극적인 이야기를 펼치며 동시에 14세기 한 수도원의 붕괴 과정을 묘사한다.

《시학》에서 아리스토텔레스가 전하려는 바를 이해하기 위해서는 우선 플라톤이 시에 대하여 보였던 태도를 어느 정도 알아야 한다. 《국가》의 2권과 3권에서 호메로스는 신들을 잘못 묘사하고 저급한 감정들을 부추겼다는 이유로 비난의 대상이 된다. 비극작가들의 극적인 묘사 또한 사람들을 현혹시키고 저급하게 만든다는 점에서 비난받는다. 10권에서 이데아론은 시인들을 비난하는 더 이상의, 더욱 근본적인 근거를 제공한다. 물질적인 대상들은 진정으로 실재하는 이데아의 불완전한 모방에 지나지 않는다. 따라서 물질적 대상에 대한 예술적인 묘사는 실재로부터 이중으로 멀어진 것, 즉 모방에 대한 모방에 지나지 않는다(597e). 연극은 인간 본성의 더욱 저급한 부분들에 호소함으로써 우리를 그저 울거나 웃는 일에 빠지도록 부추기기 때문에 결국 우리를 타락시킨다(605d～6c). 희곡 따위를 쓰는 시인들은 이상적인 도

[4] 〔옮긴이 주〕 이 책의 우리말 번역은 《장미의 이름》(상 · 하), 이윤기 옮김 (열린책들, 2002). 꼭 읽어 볼 만한 재미있고 세련된 추리소설이다.

시국가에서는 추방되어야 마땅하다. 이들에게는 몰약을 바르고 월계수로 만든 왕관을 씌운 후 그들의 갈 길을 가도록 떠나보내야 한다(398b).

아리스토텔레스의 임무 중의 하나는 시와 철학 사이의 이런 대립을 해소하는 것이었다. 그는 모방이 플라톤의 지적처럼 수준 낮은 행위가 결코 아니라 어릴 때부터 인간에게 자연스러운 일이라고 말한다. 모방은 인간을 동물보다 우월한 존재로 만드는 특성 중의 하나이다. 왜냐하면 그것은 인간의 학습 범위를 크게 넓히기 때문이다. 두 번째로 묘사는 그 자체만으로도 큰 기쁨을 가져다준다. 우리는 그림의 대상이 그 자체로는 불쾌하고 역겹다 할지라도 그것을 묘사한 그림을 보면서 충분히 즐기고 감탄하기도 한다(*Po*. 4. $1448^{b}5 \sim 24$).

이제 아리스토텔레스는 비극의 본성을 상세히 분석하는데 그에 따르면 비극은 다음과 같이 정의된다.

> 비극은 진지하고 일정한 크기를 지닌 완결된 행위를 모방하며, 쾌적한 장식을 겸비한 언어를 사용하는데 각각의 장식은 작품의 서로 다른 여러 부분에 따로 삽입된다. 비극은 서술적인 형식이 아니라 연극적인 형식을 취하며, 연민과 공포를 불러일으키는 사건을 통하여 바로 이런 감정들을 정화(*katharsis*)하는 데 이른다. (6. $1449^{b}24$ 이하)[5]

아리스토텔레스가 카타르시스 또는 정화라는 말을 통하여 의미한 바를 정확하게 아는 사람은 아무도 없다. 어쩌면 그가 가르치려 한 바는 비극을 봄으로써 우리가, 마치 우리와 비슷한 주변 사람들보다 훨씬 뛰어난 사람들에게 닥친 재앙을 볼 때처럼, 자신의 슬픔과 걱정을 투시할 수 있다는 점인지도

[5] 〔옮긴이 주〕《시학》의 우리말 번역은 아리스토텔레스, 《시학》, 천병희 옮김 (문예출판사, 2002)을 참고하였다.

모른다. 또한 비극이 가장 사랑과 귀여움을 받으리라고 기대되는 사람들 사이에서 누군가는 증오의 희생양이 되고 누구는 살인자가 되는 모습을 보여준다면 이로부터 정화의 대상이 되는 연민과 공포의 감정이 가장 잘 드러난다. 이 때문에 수많은 비극들이 한 가족 안에서 일어나는 불화를 소재로 삼는다(14. 1453^{b}1~21).

아리스토텔레스는 비극에 여섯 가지 요소가 필요하다고 말하는데 이들은 줄거리, 성격, 문체, 사상, 시각적 효과, 노래이다(6. 1450^{a}11 이하). 그는 이들 중 특히 처음 두 가지에 관심을 보인다. 무대 장치와 음악 반주는 반드시 필요하지는 않은 일종의 장식이다. 비극의 위대성은 오직 희곡을 읽기만 해도 제대로 평가될 수 있다. 사상과 문체는 더욱 중요하다. 관객들에게 감정을 불러일으키는 등장인물들이 표현하는 바는 바로 사상인데, 이런 일이 성공적으로 이루어진다면 이는 틀림없이 배우들이 사상을 설득력 있게 표현하였기 때문이다. 하지만 진정 비극의 진수라 할 수 있는 것은 바로 성격과 줄거리이다. 아리스토텔레스는 상당히 긴 한 장 전체를 통하여 성격을 설명하며, 줄거리는 무려 다섯 장에 걸쳐 설명한다.

주인공 또는 비극의 영웅은 지극히 선해서도 또한 지극히 악해서도 안 된다. 그는 기본적으로 선하지만 어떤 큰 잘못(*hamartia*)을 저질러 비탄에 빠진, 상당한 지위의 인물이어야 한다. 비극의 여주인공 또한 어느 정도 선한 인물이어야 하며, 설령 노예라 할지라도 주인공이 될 수 있다. 주인공이 어떤 종류의 인물이든 간에 그가 작품 전체에 어울리는 성격을 소유해야 하며 이 성격이 작품 전체를 통하여 일관되게 유지되어야 한다는 점은 매우 중요하다(15. 1454^{a}15 이하). 모든 등장인물은 어떤 선한 특성을 지녀야 한다. 그들이 행하는 바는 배역과 들어맞아야 하며, 그들에게 일어나는 바는 그들 행위의 필연적 또는 개연적 결과여야 한다.

비극의 가장 중요한 요소는 줄거리이다. 등장인물이 줄거리를 위해서 창조되는 것이지 이와 반대로 등장인물을 위해서 줄거리가 만들어지는 것이 결코 아니다. 줄거리는 도입부, 전개부, 종결부가 명확하게 구분된, 그 자체로 완결된 이야기여야 한다. 또한 줄거리는 충분히 짧고 간결하여 관객들이 세부 내용까지 기억할 수 있어야 한다. 그리고 비극은 통일성을 갖추어야 한다. 그저 평범한 영웅을 등장시켜 여러 일화들을 연결하고 나열함으로써 비극을 만들 수 있다고 생각해서는 안 된다. 오히려 줄거리 전체가 귀결되는 중요한 사건 하나가 있어야 한다(8. 1451^{a}21~9).

전형적인 비극에서 줄거리는 아리스토텔레스가 '반전'(*peripeteia*)이라고 표현한, 어떤 전환점에 이를 때까지 계속 복잡해진다. 이는 운이 좋은 듯이 보였던 영웅이, 결정적인 하지만 지금까지 몰랐던 어떤 사실을 깨닫는 '발견'(*anagnorisis*)을 통해서 큰 불행에 빠지는 순간이기도 하다(15. 1454^{b}19). 반전 후에는 대단원이 이어지는데 이는 앞서 등장하였던 복잡한 분규들이 점차 해소되는 부분이다(18. 1455^{b}24 이하).

아리스토텔레스의 이런 관찰은 실제 그리스 희곡들을, 특히 소포클레스(Sophocles)의 비극 《오이디푸스 왕》(*King Oedipus*)을 계속 인용하면서 예증된다. 오이디푸스는 희곡의 도입부에서 안락함과 명성을 누리는 인물로 묘사된다. 그는 기본적으로 선한 인물이지만 격렬한 성격이라는 치명적인 결함도 지닌다. 이런 결함 때문에 그는 어떤 낯선 사람과 격투를 벌이다가 그를 죽이고 아무 생각 없이 그의 신부와 결혼을 한다. 그 후 그는 자신이 죽인 사람이 바로 아버지이며, 자신과 결혼한 여성이 어머니임을 '발견'하는데 이것이 그의 운명을 '반전'시킨다. 그는 자신의 왕국을 포기하고 수치심과 가책 때문에 스스로 자신의 눈을 멀게 한다.

아리스토텔레스는 자신의 비극론을 통하여 희곡작가를 비롯한 다른 예술가들이 진정한 이데아 세계의 모방에 지나지 않는 일상적인 삶을 다시 모방할 뿐이라는 플라톤의 비판에 답할 수 있게 되었다. 그의 대답은 그가 연극과 역사를 비교하는 대목에서 다음과 같이 등장한다.

> 앞서 말한 바로부터 시인의 임무는 실제로 일어난 일을 묘사하는 것이 아니라 일어날 수 있는 일, 즉 필연적이거나 개연적이기 때문에 가능한 일을 묘사하는 것임이 분명하게 드러난다. 역사가와 시인의 차이는 산문을 쓰는가 아니면 운문을 쓰는가라는 문제가 아니다 — 우리는 헤로도토스(Herodotus)의 작품을 운문으로 고쳐 쓸 수 있지만 그렇게 하더라도 그것은 여전히 역사이다. 역사가와 시인의 차이는 오히려 실제로 일어나는 일을 쓰는가 아니면 일어날 수도 있는 일을 쓰는가 사이의 차이이다. 따라서 시는 역사보다 더욱 철학적이며 중요하다. 왜냐하면 시는 보편적인 것을 말하는 반면 역사는 단지 특수한 것만을 말하기 때문이다. (9. $1451^{b}5\sim9$)

여기서 아리스토텔레스가 시와 연극에 관하여 말하는 바는 물론 다른 종류의 창조적 글쓰기라 할 수 있다. 일상적인 삶에서 사람들에게 일어나는 일 대부분은 순전히 우연의 산물이다. 오직 허구의 세계에서만 우리는 등장인물과 그들의 행위가 자연스러운 결과를 낳는 방향으로 작용하는 것을 볼 수 있다.

아리스토텔레스의 윤리학 저술들

이제 제작에 관한 학문으로부터 실천적인 학문에로 눈을 돌려 보면 아리스토텔레스가 도덕철학과 정치 이론에 관한 여러 저술을 통하여 큰 기여를 하였음을 발견한다. 그의 전집 중 도덕철학에 관한 저술은 세 종류가 전해지는데 이들은 10권으로 구성된 《니코마코스 윤리학》(*Nicomachean Ethics*), 7권으로 구성된 《에우데모스 윤리학》(*Eudemian Ethics*)과 2권으로 구성된 《대윤리학》(*Magna Moralia*)이다. 이 세 저술은 아리스토텔레스 사상의 발전과정에 관심을 갖는 모든 사람에게 매우 흥미로운 것들이다. 왜냐하면 자연학과 형이상학 관련 저술에서는 단지 한 권의 저술 안에서 그의 사상이 변화하고 수정된 흔적만을 추적할 수 있는 반면 유일하게 윤리학 저술의 경우에만 동일한 주제에 대한 아리스토텔레스의 이론이 다소간 완성된 형태의 서로 다른 저술로 등장하기 때문이다. 하지만 왜 이렇게 되었는가를 설명하면서는 아직 어떤 합의도 도출되지 않았다.

아리스토텔레스가 죽은 후 얼마 되지 않은 초기에는 여러 학자들이 그의 윤리적 저술에 거의 주목하지 않았다. 그저 《에우데모스 윤리학》이 《니코마코스 윤리학》보다 자주 인용되는 정도였으며, 《니코마코스 윤리학》은 최초로 작성된 그의 저술 목록에는 등장하지도 않는다. 실제로 《니코마코스 윤리학》이 아리스토텔레스가 직접 쓴 저술인지 아니면 그의 아들 니코마코스의 작품인지를 의심한 흔적도 엿보인다. 하지만 기원후 2세기 주석가 아스파시오스(Aspasius) 이래로 《니코마코스 윤리학》은 아리스토텔레스가 직접 쓴 저술일 뿐만 아니라 세 윤리학 저술 중 가장 중요하다는 점에 거의 모든 사람이 동의하게 되었다. 중세를 거치고 근대 초 고전 연구가 부흥한 이래 《니코마코스 윤리학》은 바로 아리스토텔레스의 윤리학 **자체로** 여겨졌으며 현존하는 그의 저술을 통틀어 가장 널리 읽히는 책이 되었다.

다른 저술에 대해서는 서로 크게 다른 견해들이 등장하였다. 《니코마코스 윤리학》은 널리 읽히면서 계속 호소력을 지녔던 반면 《에우데모스 윤리학》에 대해서는 아리스토텔레스 학자들 사이에서조차 지극히 소수만이 관심을 보였다. 19세기에 이 저술은 위작으로 간주되면서 아리스토텔레스의 제자로 로도스(Rhodes) 출신인 에우데모스(Eudemus)의 이름으로 출판되기도 하였다. 20세기 학자들은 일반적으로 예거(Werner Jaeger)의 해석에[6] 따라 《에우데모스 윤리학》이 아리스토텔레스의 저술이기는 하지만 미성숙한

6 *Aristotle: Fundamentals of the History of his Development*, trans. R. Robinson (Oxford: Clarendon Press, 1948).

시기의 작품이며, 그가 리케이온 시기에 《니코마코스 윤리학》을 씀으로써 이를 대체하였다는 견해에 따랐다. 《대윤리학》에 대하여 몇몇 학자들은 이를 아리스토텔레스 사후에 등장한 작품으로 배제하는 예거의 해석에 따르는 반면 다른 학자들은 이 또한 아리스토텔레스의 저술이며 세 작품 중 가장 먼저 쓰였다고 강력하게 주장하였다.

《니코마코스 윤리학》과 《에우데모스 윤리학》 사이의 관계에 대해서는 더 이상의 문제들도 제기된다. 지금 전해지는 원전에 따르면 이들 저술에서 세 권이 두 번 등장한다. 즉 《니코마코스 윤리학》의 5, 6, 7권과 《에우데모스 윤리학》의 4, 5, 6권이 서로 일치한다. 이 겹치는 부분이 원래 어떤 저술에 속하는지를 우선 결정하지 않고 두 저술 사이의 관계를 규정하려는 시도는 일종의 오류라 할 수 있다. 철학적 내용이나 문체 분석적 근거 모두 겹치는 부분이 《니코마코스 윤리학》보다는 《에우데모스 윤리학》에 훨씬 더 잘 어울림을 보여 준다. 이렇게 《에우데모스 윤리학》을 일단 재평가하기만 하면 이를 미성숙한 시기의 하찮은 저술로 보는 해석은 바로 무너지고 만다. 또한 《에우데모스 윤리학》의 내용이 플라톤에 더욱 가까우므로 《니코마코스 윤리학》보다 일찍 쓰였다는 예거의 주장 등도 유지될 수 없다. 더욱이 작품 안의 수사법도 지금 논의 중인 저술 모두, 따라서 《에우데모스 윤리학》도 리케이온 시기에 쓰였음을 강력하게 암시한다.

《니코마코스 윤리학》 자체의 일관성과 관련된 문제도 등장한다. 20세기 초 아리스토텔레스 학자인 케이스(Thomas Case)는 《브리태니커 백과사전》(*Encyclopaedia Britannica*) 11판에 수록된 뛰어난 논문에서 '《니코마코스 윤리학》은 서로 분리된 논의들을 모아 그럭저럭 봐줄 만한 체계적 저술로 만들었을 가능성이 있다'고 주장하였다. 이 주장은 여전히 상당한 설득력을 지닌다. 《니코마코스 윤리학》과 《에우데모스 윤리학》 사이의 차이는 단순히 저술 시기를 확인함으로써 해결되지 않는다. 저술 시기에 관하여 언급하자면 《니코마코스 윤리학》이 앞서며, 《에우데모스 윤리학》이 뒤에 쓰였다고 말할 수 있다. 왜냐하면 후자가 그 자체로 더욱 큰 일관성을 지니기 때문이다. 《니코마코스 윤리학》은 《에우데모스 윤리학》뿐만 아니라 아리스토텔레스의 거의 모든 다른 저술들과도 문체상의 차이를 보이는데 고대로부터 전해진 전통적 해석, 즉 《니코마코스 윤리학》은 니코마코스가 편집한 반면 《에우데모스 윤리학》은 아리스토텔레스의 몇몇 다른 저술과 더불어 에우데모스가 편집하였다는 설을 받아들임으로써 이를 설명할 수 있을 듯하다. 《대윤리학》은 《에우데모스 윤리학》의 사상적 전개를 밀접하게 따르면서도 아리스토텔레스의 이론에 대한 많은 오해도 포함한다. 하지만 이는 아리스토텔레스가 《에우데모스 윤리학》과 유사한 내용의 강의를 리케이온에서 행하였는데 이에 대하여 어떤 학생이 단 주석을 바탕으로 《대윤리학》이 구성되었다고 보면 쉽게 설명된다.[7]

어쨌든 세 윤리학 저술의 내용은 전반적으로 상당히 유사하다. 《니코마코스 윤리학》은 플라톤의 《국가》와 거의 동일한 근거에서 많은 내용을 다루므로 약간 과장해서 말한다면 아리스토텔레스의 도덕철학은 이데아론을 배제한 플라톤의 도덕철학이라고 할 수 있을 정도이다. 아리스토텔레스는 선의 이데아가 윤리학이 다루는 최고선일 수 없다고 말한다. 왜냐하면 윤리학은 인간의 능력으로 도달할 수 있는 바를 다루는 실천적인 학문이기 때문이다. 반면 영원불변하는 선의 이데아는 오직 이론적인 관심의 대상이 될 뿐이다.

아리스토텔레스는 선의 이데아 자리에 윤리학이 다루는 최고선으로서 행복(*eudaimonia*)을 놓음으로써, 플라톤과 마찬가지로, 덕을 갖춘 삶과 행복한 삶 사이의 밀접한 연결을 제시한다. 그의 모든 윤리학 저술에서 행복한 삶은 덕이 있는 행위를 하는 삶이며, 저술들 각각은 덕의 개념에 대한 분석

[7] 여기서 제시한, 아리스토텔레스의 윤리학 저술들 사이의 관계에 대한 설명은 상당한 논란의 대상이다. 나는 우선 *The Aristotelian Ethics* (Oxford: Clarendon Press, 1978)에서 나의 견해를 설명하고 옹호하였으며, 그 후 *Aristotle on the Perfect Life* (Oxford: Clarendon Press, 1992)에서 다소 수정하고 변경하였다.

과 서로 다른 유형의 덕에 대한 분류를 제공한다. 이런 유형 중의 하나는 용기, 절제, 관대함 등을 포함하는 도덕적인 덕들인데 이들은 플라톤의 윤리적 논의에서도 계속 등장하였던 바이다. 다른 유형은 지적인 덕인데 여기서 아리스토텔레스는 플라톤보다 훨씬 세부적인 구별을 시도하여 이를 우리의 윤리적인 행위를 규제하는 지혜의 지적인 덕과 학문적 노력과 관조를 표현하는 이해의 지적인 덕으로 나눈다. 《니코마코스 윤리학》과 《에우데모스 윤리학》 사이의 중요한 차이는, 전자에서는 아리스토텔레스가 완전한 행복이 오직 철학적 관조 활동만으로 구성된다고 생각한 반면 후자에서는 그런 행복이 지적인 덕과 도덕적인 덕 모두를 조화롭게 발휘함으로써 이루어진다고 생각한 점이다.[8]

아리스토텔레스의 정치 이론

《에우데모스 윤리학》에서조차도 도덕적인 덕들을 적절하게 발휘하는 기준은 '신에 대한 봉사와 관조'로 제시되며, 《니코마코스 윤리학》에서는 이러한 관조가 우리 자신 안에 있는 신성한 부분의 초인간적인 활동으로 묘사된다. 여기서 아리스토텔레스의 마지막 언급은 비록 우리가 죽을 수밖에 없는 존재이지만 가능한 한 우리 자신을 죽지 않는 존재처럼 만들어야 한다는 의미로 해석된다. 이제 《니코마코스 윤리학》에 이어지는 《정치학》(*Politics*)에로 눈을 돌림으로써 우리는 지상으로 내려온다. 여기서 우리는 '인간은 정치적인 동물이다'라는 말을 발견한다. 즉 인간은 피와 살로 이루어진 동물인데, 도시와 공동체를 형성하여 서로 어깨를 맞대고 살아가는 존재이다.

동물학 저술에서와 마찬가지로 아리스토텔레스의 정치적 탐구는 관찰과

[8] 아리스토텔레스의 윤리적 가르침은 아래의 8장에서 상세히 설명하였다.

이론의 결합으로 이루어진다. 라에르티오스는 그가 무려 158개 도시국가의 헌법을 수집하였다고 말한다 — 리케이온에서 연구 보조자들의 도움을 받았음에 틀림없다. 이들 중 하나인 《아테네의 헌법》(*The Constitution of Athens*)은 그의 전집 중 일부로 전해지지 않았지만 1891년 파피루스에 쓰인 형태로 발견되었다. 이는 다른 저술들과 문체상의 차이를 보이기는 하지만 현재 일반적으로 아리스토텔레스가 직접 쓴 저술로 간주된다. 마치 《정치학》의 머리말처럼 읽을 수 있는 《니코마코스 윤리학》의 마지막 보충 부분에서 아리스토텔레스는 자신이 이전 저술들에서 정치 이론에 관하여 탐구해 왔는데 이제 수집된 헌법들에 비추어 무엇이 좋은 정부와 나쁜 정부를 만들며, 헌법의 유지에 도움이 되는 요소와 그 반대되는 요소는 무엇인지, 최선의 국가는 어떤 헌법을 채택해야 하는지를 탐구할 예정이라고 말한다(*NE* 10. 9. $1181^{b}12$～23).

《정치학》 자체는 아마 한 번에 바로 쓰지 않은 듯이 보인다. 이 책 여기저기서 중복되는 부분이 발견되며 관찰 기록과 이론적인 글들이 뒤섞여 등장한다. 하지만 이 책 전체의 구조는 《니코마코스 윤리학》의 차례와 매우 잘 대응된다. 즉 1～3권은 국가에 대한 일반적인 이론과 이전 학자들에 대한 비판을 포함한다. 4～6권에서는 다양한 정치체제에 대한 설명과 더불어 우리가 그런대로 허용할 수 있는 세 정치체제(군주 정치, 귀족 정치, 시민 정치)와 도저히 허용할 수 없는 세 정치체제(전제 정치, 과두 정치, 민주 정치)가 제시된다. 그리고 7～8권은 이상적인 정치체제를 다룬다. 다시 한 번 이런 논의 순서는 그의 전집에 포함된 다른 저술들의 논의 순서와 다르다는 사실이 드러난다. 하지만 학자들은 《정치학》이 처음 쓰인 시기에 대하여 아직 합의에 이르지 못하였다.

아리스토텔레스는 국가가 최고선을 목표로 삼는 최고 수준의 공동체라는 말과 함께 논의를 시작한다. 가장 원초적인 공동체는 남성과 여성, 주인과 노예로 구성된 가족이다. 그는 여성과 노예를 똑같이 대하는 것은 야만적이라고 말하기는 하지만(1. 2. 1252ᵃ25~ᵇ6) 기본적으로 남성과 여성 사이의 구별을 주인과 노예 사이의 구별만큼이나 자연스럽게 생각하는 듯이 보인다. 여러 가족이 결합하여 마을이 형성되고, 다시 여러 마을이 결합하여 국가가 형성되는데, 국가는 자급자족이 가능한 최초의 공동체로서 가족만큼이나 자연스러운 공동체이다(1. 2. 1253ᵃ2). 사실 시간상으로는 국가가 가족 이후에 등장하지만 본성상으로는 국가가 가족에 앞선다. 이는 인간의 신체와 같은 유기적 통일체가 손이나 발과 같은 유기적 부분보다 앞서는 것과 마찬가지이다. 법과 정의가 없다면 인간은 동물 중 가장 잔인한 존재이다. 국가를 이루어 그 안에서 살 수 없는 존재는 야수이다. 국가를 이룰 필요가 없는 존재는 신임에 틀림없다. 국가의 형성은 가장 큰 자비이다. 왜냐하면 오직 국가 안에서만 인간은 자신의 잠재성을 실현할 수 있기 때문이다(1. 2. 1253ᵃ25~35).

아리스토텔레스는 여성이 남성보다 열등하다고 보았다. 하지만 이런 생각에는 복수가 따르기 마련이다. 페트라르카(Petrarch)의 작품집에 실린 위의 그림은 아리스토텔레스의 아내 필리스(Phyllis)가 아리스토텔레스의 등에 올라타고 그를 때리는 모습을 보여 준다.

아리스토텔레스가 인용하고 비판하였던 이전 학자들 중 가장 대표적인 인물은 당연히 플라톤이다. 《정치학》 2권의 대부분은 《국가》와 《법률》을 비판하는 내용이다. 《니코마코스 윤리학》에 선의 이데아가 등장하지 않듯이 《정치학》에는 철인 군주가 등장하지 않는다. 아리스토텔레스는 플라톤 식의 공산주의는 오직 많은 문제만을 낳으리라고 생각한다. 재산의 사용은 공평하게 분배되어야 하지만 그 소유권은 사유화되어야 한다. 이를 통해서만 소유자는 자신의 재산에 긍지를 느낄 수 있고 이를 다른 사람에게 나누어 주거나 기부하는 즐거움을 누릴 수 있다. 아리스토텔레스는 여성을 공동으로 소유하여야 한다는 플라톤의 제안에 반대하면서 전통적인 가족제도를 옹호한다. 그리고 그는 《법률》에서 여성에게 할당된 제한적인 군사적이고 공적인 역할조차도 허용하지 않는다. 거듭해서 그는 플라톤의 제안이 비현실적임을 지적한다. 플라톤이 범한 오류의 근원은 국가를 지나치게 획일화하려는 시도에 있다고 그는 생각한다. 서로 다른 종류의 시민들이 보이는 다양성이 본질적으로 중요하며, 도시국가에서의 삶이 병영에서의 삶과 같아서는 안 된다(2. 3. 1261ª10～31).

하지만 여러 정치체제들에 대하여 자기 나름대로 설명해 나가면서 아리스토텔레스는 플라톤의 제안들을 풍부하게 활용한다. 두 사람 사이에는 분명한 차이가 있어서, 예를 들면 아리스토텔레스는 자신의 이론적 논점을 설명하기 위하여 구체적인 예를 자주 인용하기도 한다. 하지만 둘의 개념적인 구조는 매우 유사하다. 《정치학》의 3권에서 인용한 다음 대목은 《국가》의 후반부에 등장하는 플라톤의 주장을 그대로 들려주는 듯하다.

> 한 국가에서 최고의 권위를 지닌다고 할 수 있는 정부는 한 사람의 수중에, 아니면 소수 또는 다수의 수중에 있기 마련이다. 따라서 올바르고 진정한 정부 형태는 한 사람, 소수 또는 다수가 공통의 이익이 무엇인지에 대한 자기 나름대로의 견해에 따라 통치하는 장이기

> 도 하다. 통치자가 한 사람이든 소수이든 다수이든 간에 사적인 이익의 추구를 위하여 통치하는 정부는 타락한 정부이다. 한 국가에 속한 사람들은 진정으로 시민이라고 불릴 수 있으려면 이익을 공유하여야만 한다. 우리는 한 사람의 개인이 통치하는 정부를, 이 정부가 공통의 이익을 추구할 경우, 일반적으로 '군주정'이라고 부른다. 소수가 통치하는 정부는, 통치자들이 최선의 인간들이 때문이든 아니면 이 정부가 국가와 공동체를 위한 최선의 이익을 목표 삼기 때문이든 간에, '귀족정'이라고 불린다. 다수가 공통의 이익을 위하여 통치하는 정부를 우리는 '이상적 민주정'(polity)이라고 부르는데 이 단어는 또한 정치체제 자체라는 일반적이고 포괄적인 의미를 지니기도 한다. … 이런 형태들 각각이 타락한 모습을 보일 수도 있다. 군주정이 타락하면 전제정이, 귀족정이 타락하면 과두정이, 이상적 민주정이 타락하면 중우정이 된다. 전제정은 오직 군주 자신의 이익을 위해서만 통치가 이루어지는 군주정이며, 과두정은 오직 부유한 사람들의 이익만을 추구하며, 중우정은 오직 가난한 계층의 이익만을 추구한다. 이들 중 어떤 형태도 모두를 위한 공통의 선을 목표 삼지 않는다. (3. 6. 1279^{a}26∼^{b}10)

계속해서 아리스토텔레스는 이런 다양한 형태의 정치체제들을 상세히 평가하는데 자신이 생각하는 국가의 본질에 기초하여 이런 작업을 해 나간다. 그는 국가란 무엇이 선하고 악한지, 무엇이 정의이고 불의인지에 대한 공통적인 인식을 공유하는 사람들이 구성한 사회라고 말한다. 국가의 목적은 시민들에게 선하고 행복한 삶을 제공하는 것이다. 만일 어떤 공동체 안에 진정으로 탁월한 개인이나 가문이 있다면 군주정이 최선의 정치체제이다. 하지만 이는 매우 드문 경우이며 따라서 실패할 위험성이 상당히 크다. 또한 군주정이 전제정으로 타락하면 모든 정치체제 중 최악의 것이 되고 만다. 이론상 귀족정이 군주정 다음으로 바람직한 정치체제이다. 하지만 현실적으로 아리스토텔레스는 일종의 입헌 민주정을 선호하였다. 왜냐하면 그가 '이상적 민주정'이라고 부른 국가는 부자와 가난한 자가 각각의 권리를 서로 존중하며 최고 수준의 자질을 갖춘 시민들이 모든 시민의 만족을 목표 삼아 통치하는 국가이기 때문이다(4. 8. 1293b30 이하). 그는 이런 국가가 타락한 형태를 '중우정'이라고 불렀는데 이는 무질서한 군중들이 통치하는 국가이다. 하지만 그는 중우정이 나쁘기는 해도 타락한 형태의 정부들 중 가장 덜 나쁘다고 생각하였다.

현재 우리는 정부가 세 부분으로, 즉 입법부, 행정부, 사법부로 나뉜다는 점을 익숙하게 받아들인다. 이런 체제의 핵심을 최초로 제시한 인물이 바로 아리스토텔레스인데 그는 예를 들면 현재의 미국 헌법과는 다소 다른 방식으로 권력의 분리를 주장하였다. 그에 따르면 모든 정치체제는 심의부, 관리부, 사법부의 세 요소로 구성된다. 심의부는 전쟁 및 평화에 관한 문제, 동맹을 맺거나 파기하는 문제를 담당한다. 또한 법률의 제정, 법률적 명령의 실행 및 통제, 공무원들의 회계 감사 등도 심의부의 임무이다. 관리부는 장관과 공무원의 임명을 담당하는데 성직자와 대사로부터 여성 문제 조정자에 이르는 모든 공무원들을 관리한다. 사법부는 민사, 형사 재판을 맡는 법원으로 구성된다(4. 12. 1296b13～1301a12).

아리스토텔레스의 정치 이론 중 대표적으로 두 요소는 그 이후 오랫동안 현실적인 정치 제도에 큰 영향을 미쳤는데 이 둘은 바로 노예제도의 정당화와 고리대금의 금지이다. 어떤 사람들은 주인이 노예를 지배하는 일이 인간의 본성에 위배되며 따라서 노예제는 정의롭지 못하다고 말한다. 하지만 아리스토텔레스는 이들의 생각은 전혀 옳지 못하다고 주장한다. 노예는 본성상 자기 자신이 아니라 다른 사람의 소유물이다. 노예제는 태어날 때부터 어떤 사람은 지배하도록, 다른 사람은 지배당하도록 정해져 있다는 보편적인 진리의 한 예일 뿐이다(1. 3. 1253b20～3; 5. 1254b22～4).

실제로 대부분의 노예제도는 정의롭지 못하다는 점은 아리스토텔레스도 인정한다. 전쟁에서 얻은 전리품은 승리자의 소유가 되는 관행이 있는데 여기에는 패배한 자들을 노예로 삼을 권리도 포함된다. 하지만 수많은 전쟁 자체가 정의롭지 못하므로 이런 전쟁의 승리자에게는 패배자를 노예로 삼을 권리가 전혀 없다. 반면에 어떤 사람들은 그 자체로 열등하고 야만적이어서 그들의 의지대로 살도록 내버려 두는 편보다 사려 깊은 주인의 지배 아래에 두는 편이 더 나을 수도 있다. 아리스토텔레스는 노예는 살아 있는 도구라고 생각하며 — 이를 바탕으로 그는 만일 생명이 없는 도구가 노예의 일을 완벽하게 대신할 수 있게 된다면 더 이상 노예제도는 필요 없으리라고 추측한다. '만일 모든 도구가, 마치 다이달로스(Daedalus)[9]의 자동으로 움직이는 조각상처럼, 소유자의 의지에 복종하고 또 의지를 예견하기도 하면서 스스로 자신의 일을 할 수 있다면 … 베틀의 북이 스스로 천을 짜고, 마찬가지로 리라의 채가 스스로 연주를 한다면 윗사람은 하인을, 주인은 노예를 필요로 하지 않을 것이다'(1. 4. 1253^{b}35~54^{a}1). 따라서 모든 것이 자동화된 시대에 이르면 아리스토텔레스는 더 이상 노예제도를 옹호하지 않을 듯하다.

그 자신이 귀족은 아니었지만 아리스토텔레스는 마치 귀족과 같은 태도로 상업을 멸시한다. 그는 우리가 소유물을 적절하게 또는 부적절하게 이용할 수 있다고 지적한다. 예를 들면 신발의 적절한 이용법은 그것을 신고 다니는 일이다. 그것을 다른 물건이나 돈과 교환하는 일은 부적절한 사용법이다(1. 9. 1257^{a}9~10). 기본적인 생활필수품을 교환하는 일은 잘못이 아니지만 사치품을 거래하는 일에는 농업과 같은 자연스러움이 전혀 없다. 물건을 소매로 거래할 때 돈은 중요한 역할을 한다. 그런데 소유물과 마찬가지로 돈에도 적절한 사용법과 부적절한 사용법이 있다.

[9] 〔옮긴이 주〕 그리스 신화에 등장하는 뛰어난 발명가, 조각가, 건축가로 이름 자체가 '정교하게 세공한'을 의미한다. 그는 크레타 섬의 미노스 왕을 위한 미궁, 하늘을 날기 위한 날개를 만든 것으로 유명한데 자동으로 움직이는 조각상도 만들었다고 전해진다.

> 부를 얻는 방법 중 가장 혐오스러운 것은 고리대금인데 이는 오직 돈 자체를 가지고 이익을 얻으려는 시도로서 돈의 자연스러운 목적과는 거리가 멀다. 왜냐하면 돈은 교환에 사용되기 위한 것이지 이자를 받아 재산을 늘리기 위한 것이 아니기 때문이다. '이자'(*tokos*)라는 말 자체가 돈으로부터 돈이 생겨남을 의미하며 자식이 부모와 닮았음을 나타낸다. 이런 이유로 고리대금을 통하여 부를 얻는 모든 형태는 가장 부자연스럽다고 말할 수 있다. (1. 10. 1258^{b}5~7)

아리스토텔레스는 사회 계층과 관련해서 농부를 상위에, 돈놀이꾼을 하위에, 상인을 그 사이에 놓았다. 고리대금에 대한 그의 태도는 중세 기독교 시대에 가장 낮은 이율로라도 이자를 받는 일을 금지한 근거 중의 하나로 작용하였다. 셰익스피어(Shakespeare)의 《베니스의 상인》(*The Merchant of Venice*)에서 안토니오(Antonio)는 샤일록(Shylock)에게 다음과 같이 묻는다. '친구 사이라면 마치 자식을 낳을 수 없는 돈에게 자식을 낳으라는 듯이 친구의 빚에 이자를 붙일 수는 없지 않은가?'

아리스토텔레스의《정치학》에서 가장 두드러진 특징 중의 하나는 알렉산드로스와 마케도니아에 관한 언급이 전혀 없다는 점이다. 마치 오늘날 국제사면위원회(Amnesty International)의 구성원처럼 아리스토텔레스는 모든 국가의 옳고 그름에 관해서 언급하지만 정작 자신의 고향에 대해서는 아무 말도 하지 않는다. 그 자신이 생각한 이상 국가는 다음과 같이 묘사된다. 인구는 십만 명이 넘어서는 안 되며, 충분히 작아서 모든 시민들이 서로 알고 지내야 하며, 이들이 사법적, 정치적 공직을 함께 나누어 맡는다. 그렇다면 이런 국가는 알렉산드로스의 제국과는 전혀 다른 형태를 띤다. 그리고 아리스토텔레스는 만일 어떤 공동체 안에 진정으로 탁월한 개인이나 가문이 있다면 군주정이 최선의 정치체제라고 말하면서 의도적으로 마케도니아 왕실과의 관련성을 언급하지 않는다.

사실 아리스토텔레스가 리케이온에 머무르는 동안 세계를 정복한 군주와 그의 이전 스승과의 관계는 냉랭하였던 듯하다. 알렉산드로스는 과대망상증이 더욱 심해져 자신을 신이라고 선언하기에 이르렀다. 기원전 327년 아리스토텔레스의 조카 칼리스테네스(Callisthenes)는 왕의 요구에 저항하는 모임을 주도하였으며 그리스인들은 그의 앞에 엎드려 충성을 맹세하였다. 그 후 그는 잘못 음모에 휘말려 처형당하였다. 《니코마코스 윤리학》의 앞부분에서 영웅으로 묘사되는 관대하고 숭고한 인물은 당당한 알렉산드로스의 흔적을 보여 주는 듯하다. 하지만 《에우데모스 윤리학》에서는 이른바 관대함과 숭고함이라는 덕목의 지위가 격하되며 그 대신 온화함과 품위가 핵심적인 위치를 차지하게 된다.[10]

아리스토텔레스의 우주론

현재 전해지는 아리스토텔레스의 저술 대부분에서는 생산적이고 실용적인 과학이 아닌 이론적인 과학이 논의된다. 우리는 이미 그의 생물학 저술을 살펴보았다. 이제 그의 자연학과 화학에 관하여 약간의 설명을 덧붙이려 한다. 그가 이런 분야에 기여한 바는 생물에 관한 그의 탐구에 비하여 그리 큰 인상을 남기지 못했다. 그의 동물학 저술들은 다윈(Darwin)에게까지 영향을 미쳤지만 그의 자연학은 기원후 6세기경에 사라지고 말았다.

《생성과 소멸에 관하여》(*On Generation and Corruption*), 《천체에 관하여》(*On the Heavens*) 등의 저술을 통하여 아리스토텔레스는 자신이 소크라테스 이전의 철학자들로부터 물려받은 많은 요소를 포함하는 세계상을 제시하고 이를 후세에 전한다. 그는 엠페도클레스의 사원소설 즉 흙, 공기, 불 그

[10] 나의 저서 *The Aristotelian Ethics*, 233 참조.

리고 물을 원소로 간주하는 이론을 수용한 후 이런 원소들 각각이 뜨거움, 차가움, 축축함, 건조함 중에 두 속성을 지닌다고 주장한다. 예를 들면 흙은 차갑고 건조하며, 공기는 뜨겁고 축축하다는 것이다. 질서 잡힌 우주에서 각각의 원소에게는 적합한, 자연스러운 장소가 있으며, 원소들은 이런 자연스러운 장소를 향하려는 타고난 성향을 지닌다. 따라서 흙은 자연스럽게 아래로 떨어지는 반면 불은, 방해받지 않는다면, 더욱 높이 올라가려 한다. 이런 운동들은 각각 그 원소에게는 자연스러운 일이다. 이와는 다른 운동도 가능하기는 하지만 이들은 '부자연스럽다'(violent). (우리는 자연사에 반대되는 경우를 부자연스러운 죽음, 즉 변사(violent death)라고 부르는데 이런 점에서 아리스토텔레스의 용어를 이어받고 있다.)

자연학 저술들에서 아리스토텔레스는 원소들, 그들의 기본 속성, 그들의 자연스러운 운동 등에 관하여 엄청나게 많은 설명을 제시한다. 그가 이런 설명들을 구성하는 데 사용한 철학적 개념에는 서로 다른 원인의 관념(즉 질료인, 형상인, 동력인, 목적인)의 열거, 잠재성에서 현실성에로의 변화에 대한 분석 — 이 변화가 질료에서 형상에로의 (본질상의) 변화이든 아니면 한 실체에서 다른 성질을 지닌 실체로의 (우연적인) 변화이든 간에 — 등이 포함된다. 맥락에 따라 놀랄 만큼 다양한 형태로 변형되면서 사용되는 이런 전문 개념에 관해서는 이후 여러 장들에서 상세히 살펴볼 예정이다.

우주에 대한 아리스토텔레스의 시각은 소크라테스 이전의 선구자들과 플라톤의 《티마이오스》로부터 큰 영향을 받았다. 그의 견해에 따르면 지구는 우주의 중심에 위치한다. 그리고 지구의 둘레를 결정체로 이루어진 몇 개의 천체가 동심원을 그리면서 회전하는데 달, 해, 우리가 하늘에서 그들의 운행을 눈으로 볼 수 있는 행성들이 이에 속한다. 천체들은 네 원소의 화합으로 이루어진 지구상의 물체와는 다르다. 천체들은 이보다 더욱 우월한 제오원소로 구성되며, 물질적 형태뿐만이 아니라 정신도 소유한다. 천체의 정신은 초자연적인, 살아 있는 지성으로서 우주에서 천체의 운행을 인도한다. 이런 지성은 그 자체도 운동하면서 운동의 원인으로 작용하지만 이것의 배후에는 그 자체는 운동하지 않는, 운동의 원인이 존재함에 틀림없다고 아리스토텔레스는 주장한다. 이렇게 불변하는, 영원한 운동의 원인이 다른 존재들을 운동하도록 만들 수 있는 유일한 방법은 그들을 사랑의 대상으로 끌어당기는 것이다. 그리고 이런 대상들은 자신들에게 영향을 미치는 인력을 완벽한 원운동으로 표현한다. 단테(Dante)가 《신곡》 중 '천국'(*Paradiso*) 편의 마지막 부분에서 부드럽게 회전하는 수레바퀴와 같은 자신의 의지가 해와 다른 모든 별들을 운동하게 하는 사랑에 사로잡혀 이에 몰입되고 있다고 말하는 것은 바로 이 때문이다.

아리스토텔레스의 과학적 저술 중 가장 나은 것도 오늘날에는 단지 역사적 관심의 대상 밖에 되지 않는다. 그의 《자연학》과 같은 저술이 계속 가치를 지니는 까닭은 공간, 시간, 인과성, 결정론 등등 시대를 넘어서서 다른 시대의 자연학에까지 폭넓게 영향을 미치는 기본 개념들에 대한 철학적 분석을 담고 있기 때문이다. 이에 관해서는 아래의 5장에서 상세히 검토하려 한다. 아리스토텔레스는 생물학과 심리학을 자연학이나 화학과 마찬가지로 당연히 자연철학의 일부로 여겼다. 왜냐하면 이들도 서로 다른 형태를 취하는 *physis*, 즉 자연을 연구대상으로 삼기 때문이다. 생물학적 저술에 관해서는 이미 살펴보았고, 심리학적 저술은 7장에서 더욱 상세히 살펴볼 예정이다.

아리스토텔레스의 전집 중에는 과학에 관한 체계적인 저술 외에도 과학적 주제에 관하여 우연히 떠오른 순간적인 단상들을 방대하게 모아놓은 《문제집》(*Problems*)이라는 저술도 있다. 이 저술은 그 체계만 보더라도 아리스토텔레스가 제자나 편지를 주고받은 상대방이 그에게 던진 사소한 질문들과 그에 대한 대답을 그때마다 옮겨 적은 비망록임을 알 수 있다. 질문들은 뒤죽박죽 뒤섞여 있으며, 몇 차례나 반복되기도 한다 — 그런데 아리스토텔레스는 가끔 같은 질문에 대하여 다른 대답을 하기도 한다. 따라서 이 책을 어떤 한 시기에 썼든 아니면 평생에 걸쳐서 썼든 간에 아리스토텔레스 혼자 모든 대답을 서술하였을 가능성은 거의 없어 보인다. 어쨌든 여기에는 다양한 문제에 대하여 관심을 갖는 그의 폭넓은 지성을 잘 보여 주는 많은 재미있는 내용이 포함되어 있다.

어떤 질문은 환자가 의사에게 던질 수 있는 유형에 속한다. 겨드랑이와 사타구니의 종기를 치료하려면 수술보다는 약을 먹어야 하는가?(1. 34. 863a21) 소금에 절인 쇠비름이 잇몸의 염증을 막는다는 사실이 참인가?(1. 38. 863b12) 배추가 실제로 숙취 해소에 도움이 되는가?(3. 17. 873b1) 왜 물 속에서 성행위를 하기는 어려운가?(4. 14. 878a35) 다른 질문과 대답은 아리스토텔레스가 마치 현대 신문 인생 상담란의 조언자와 같은 역할을 하였음을 보여 준다. 마늘을 먹은 후 냄새 등의 후유증에 어떻게 대처하여야 하는가?(13. 2. 907b28~908a10) 어떻게 하면 비스킷이 딱딱해지지 않는가?(21. 12. 928a12) 왜 술 취한 사람은 맨 정신일 때는 결코 입맞춤하지 않을 늙은 여성과 입맞춤을 하는가?(30. 15. 953b15) 공공장소에서 도둑질한 사람을 개인 집을 턴 도둑보다 더 무겁게 처벌하는 일이 과연 옳은가?(29. 14. 952a16) 다소 심각한 문제로는 본성적으로 남성이 여성보다 더 우월함에도 불구하고 왜 남성을 죽이는 일보다 여성을 죽이는 일이 더 잔인한가?(29. 11. 951a12) 등의 다양한 질문이 등장한다.

《문제집》 중 26권 전체는 일기예보와 관련되며, 다른 곳에서는 더욱 폭넓은 호기심을 보여 주는 질문들도 제기된다. 왜 톱질 소리는 이를 갈 정도로 우리의 신경을 날카롭게 자극하는가?(7. 5. 886b10) 왜 사람에게는 갈기가 없는가?(10. 25. 893b17) 왜 인간이 아닌 동물들은 재채기하지 않으며 사팔뜨기가 되지 않는가?(실제로 그렇지 않은가?)(10. 50. 896b5; 54. 897a1) 왜 야만인들과 그리스인들이 똑같이 열까지 셀 수 있는가?(15. 3. 910b23) 왜 칠현금보다 플루트가 독창자의 목소리와 더욱 잘 어울리는가?(19. 43. 922a1) 《문제집》에는 자주 '왜 이러저러한가?'라기보다는 오히려 '이러저러한 것이 사실인가?'라고 묻는 편이 더 적절하였을 듯한 질문도 등장한다. 이런 예로는 왜 어부들은 머리카락이 붉은가?(37. 2. 966b25) 왜 큰 규모의 합창단이 작은 규모의 합창단보다 시간을 더 잘 지키는가?(19. 22. 919a36) 등이 있다.

《문제집》을 통해서 우리는 마치 이후의 학자들이 식탁에서 재미있는 한담을 나누듯이 친밀하게 대화를 주고받는 아리스토텔레스의 모습을 발견한다. 이보다 난해한 아리스토텔레스의 저술들을 나름대로 읽고 해석하면서 큰 어려움을 느낄 많은 사람들에게 특히 위안이 될 만한 그의 질문 하나를 소개한다. 왜 사람들은 어려운 책을 읽기 시작하면 자신의 의지와 반하여 졸음에 빠지게 되는가?(18. 1. 916b1)

아리스토텔레스와 플라톤의 유산

기원전 323년 알렉산드로스 대왕이 사망하자 민주적이었던 아테네인들은 마케도니아 사람이라면 심지어 알렉산드로스의 제국에 반대했던 인물까지도 달갑지 않게 여겼다. 이에 위험을 느낀 아리스토텔레스는 소크라테스를 사형에 처했던 아테네인들이 '철학에 대하여 또다시 죄를 짓기를' 원하지 않는다는 말을 남기고 칼키스(Chalcis)로 피신하였다가 그곳에서 바로 그 다음 해에 사망하였다. 그의 유언장이 오늘날까지 전해지는데 이를 보면 그가 수많은 친구와 식솔들에게 유산을 사려 깊게 배분하였음을 알 수 있다. 그의 도서관은 그의 뒤를 이어 리케이온의 수장이 된 테오프라스토스(Theophrastus)에게 넘겨졌다. 그가 직접 쓴 저술들은 엄청난 분량과 폭넓은 범위를 자랑한다 — 현재 전해지는 저술만 해도 전부 합하면 거의 백만 단어 분량에 이르는데 이는 그의 전체 저술 중 오분의 일에 지나지 않는다고 한다. 앞에서 살펴본 대로 그가 남긴 바에는 논리학, 형이상학, 윤리학, 미학 그리고 정치학에 관한 철학적 저술 이외에도 정치체제, 연극, 운동경기에 관한 역사적인 저술들, 식물학, 동물학, 생물학, 심리학, 화학, 기상학, 천문학, 우주론에 관한 과학적 저술들이 포함된다.

르네상스 시대 이래로 아카데메이아와 리케이온을 상반되는 철학의 두 축으로 여기는 태도가 일종의 전통이 되었다. 이런 전통에 따르면 플라톤은 이상주의적이며, 유토피아를 꿈꾸고, 내세를 중시한 반면 아리스토텔레스는 현실주의적이며, 공리주의자이고, 상식을 중시한 인물로 그려진다. 따라서 라파엘로의 《아테네 학당》에서도 플라톤은 가벼운 공기와 불을 상징하는 색의 옷을 입고 한 손으로 하늘 쪽을 가리키며, 아리스토텔레스는 물을 상징하는 푸른색과 땅을 상징하는 녹색 옷을 입고 지면에 굳건히 서 있다. 콜리지(S. T. Coleridge)[11]는 '모든 사람은 아리스토텔레스주의자 아니면 플라톤주의자로 태어난다. 이것이 인간의 두 부류이며, 이 둘 외에 제 삼의 부류를 생각하기란 거의 불가능하다'라고 썼다. 20세기 철학자인 라일(Gilbert Ryle)은 콜리지의 생각을 더욱 발전시켰다. 라일에 따르면 인간은 다음과 같은 네 가지 이분법, 즉 녹색 대 청색, 단맛 대 짠맛, 고양이 대 개, 플라톤 대 아리스토텔레스 사이의 이분법에 기초하여 두 부류로 나뉜다. 라일은 '이들 중 어느 하나에서 당신이 어떤 쪽을 좋아하는지 말해 달라. 그러면 다른 세 가지에서 당신이 어떤 쪽을 좋아하는지 내가 알아맞히겠다'고 자주 말하였다.[12]

이미 살펴보았고 또 앞으로 상세히 살펴보게 되듯이 플라톤과 아리스토텔레스의 공통점이 그들 사이의 차이점보다 훨씬 더 중요한 경우가 많다. 르네상스 이후 많은 철학사가들은 고대 세계에서 가장 위대하였던 이 두 철학자 사이에 조화로운 일치점을 발견하는 일을 자신들의 임무로 삼았던 고대 후기의 많은 학자들에 비하여 오히려 통찰력이 부족했던 듯하다.

흔히 철학자는 그가 제시한 대답이 얼마나 옳은가보다는 그가 던진 질문

[11] 〔옮긴이 주〕 영국의 서정시인인 동시에 비평가, 철학자로 1772년에 태어나 1834년에 사망하였다.

[12] 이들 중 어느 하나에서 첫 번째 것을 좋아하는 사람은 나머지 세 가지에서도 첫 번째 것을 좋아하며, 두 번째 것을 좋아하는 사람은 계속 두 번째 것을 좋아한다고 한다.

이 얼마나 중요한가에 따라 평가되어야 한다는 말을 하곤 한다. 이 말이 사실이라면 플라톤은 철학자 중에 더 이상 비교할 대상이 없는 최고의 탁월한 인물이다. 그는 진정으로 깊이 있고 위대한 철학의 수많은 문제들을 처음 제기하였으며, 이들 대다수는 오늘날에도 여전히 철학적 논의의 대상으로 남아 있다. 하지만 아리스토텔레스 또한 세계의 지적인 유산에 중요한 기여를 하였다. 왜냐하면 오늘날 우리가 이해하는, 르네상스 이후 계속 받아들여져 온 학문의 개념을 처음 만들어 낸 인물이 바로 그이기 때문이다.

아리스토텔레스가 기여한 바를 세분하면 다음과 같다. 첫째, 그는 그가 남긴 저술들이 보여 주듯이 자연 현상을 세부적으로 관찰한 최초의 인물이다. 둘째, 그는 과학적 방법을 통하여 관찰과 이론 사이의 관계를 건전하게 파악한 최초의 철학자이다. 셋째, 그는 학문의 여러 분과를 확인하고 분류하였으며 그들 사이의 관계를 탐구하였다. 학문들을 서로 구별하려는 시도 자체가 그로부터 시작되었다. 넷째, 그는 강의를 연속된 강좌의 형태로 구성하였으며, 각각의 강의를 전체 강좌의 적절한 위치에 배열하기 위하여 수고를 아끼지 않은 최초의 교육자였다(*Pol*. 1. 10. 1258^{a}20 참조). 다섯째, 그가 설립한 리케이온은 수많은 학자들과 연구자들이 공동으로 탐구하고 탐구한 바를 기록하여 문서로 남기기 위하여 모인 최초의 연구기관이었으며 현재 우리는 이에 관한 상세한 자료를 가지고 있다. 여섯째, 매우 중요한 사실 중 하나로 그는 연구를 위한 도서관을 설립한 역사상 최초의 인물이었다 — 단지 자신의 서가에 책 몇 권을 모아놓은 수준이 아니라 동료들과 함께 사용하고 후세에 전하기 위하여 체계적으로 방대한 장서를 수집하였다.[13] 이런 모든 근거에 비추어 볼 때 오늘날 학문 연구에 종사하는 모든 학자들은 아리스토텔레스에게 크게 빚지고 있음에 틀림없다. 그는 단테가 그에게 바친 '모든

[13] L. Casson, *Libraries in the Ancient World* (New Haven: Yale University Press, 2001), 28~9 참조 - 〔옮긴이의 첨가〕 이 책의 우리말 번역은 라이오넬 카슨, 《고대 도서관의 역사 - 수메르에서 로마까지》, 김양진, 이희영 옮김 (르네상스, 2003).

지식인들의 스승'이라는 찬사가 진정으로 어울리는 인물이다.

아리스토텔레스학파

아리스토텔레스에게서 리케이온을 물려받아 그 수장이 됨과 동시에 그의 후계자가 된 테오프라스토스(기원전 372~287)는 나름대로 재능을 발휘하여 몇 가지 방식으로 스승의 연구를 이어 나갔다. 그는 특히 아리스토텔레스의 연구가 초보 수준에 그쳤던 식물학 분야에서 폭넓은 저술 활동을 하였다. 또한 그는 아리스토텔레스의 양상 논리를 더욱 발전시켜 후에 스토아학파의 논리학자들이 발견한 바를 예견하게 하는 몇 가지 기법을 제시하였다. 그는 아리스토텔레스가 우주론에서 채택한 몇몇 기본 원리들, 예를 들면 본성에 적합한 장소나 자신은 운동하지 않는 운동의 원인 등에는 동의하지 않았다. 스승과 마찬가지로 그도 무척 많은 저술들을 썼다. 라에르티오스가 그의 생애를 기술한 부분을 보면 그의 저술 제목의 목록만 무려 16면에 — 로우브판(the Loeb edition)을 기준으로 — 이른다. 여기에는 현기증, 꿀, 머리카락, 농담 그리고 에트나 화산의 폭발에 관한 논문까지 등장한다. 현재 전하는 그의 저술 중 가장 널리 알려진 책의 제목은 《성격》(*Characters*)인데 이는 아리스토텔레스가 《니코마코스 윤리학》에서 개인의 덕과 악덕에 관하여 설명한 내용을 모범으로 삼지만 아리스토텔레스보다 훨씬 더 상세하고 생생한 기지가 넘치게 개인의 성격을 묘사한다. 그는 철학사 연구에도 열심이었으며 이에 관한 그의 저술 중 일부가 《감각에 관하여》(*On the Senses*)라는 제목으로 전하는데 이는 소크라테스 이전 철학자들의 감각 이론을 살펴볼 수 있는 중요한 자료이기도 하다.

테오프라스토스의 제자 중 한 사람인 팔레론(Phaleron) 출신의 디미트리오스(Demetrius)는 알렉산드로스 휘하의 장군인 프톨레마이오스(Ptolemy)

프톨레마이오스 왕과 알렉산드리아에 있는 그의 도서관을 묘사한 베네치아의 그림

의 조언자였는데, 프톨레마이오스는 기원전 305년 그 자신이 이집트의 왕이 되었다. 디미트리오스는 그에게 새로운 도시 알렉산드리아(Alexandria)에 아리스토텔레스의 도서관을 모범으로 삼은 도서관을 세우라고 건의하였다. 알렉산드리아 도서관은 프톨레마이오스의 아들 프톨레마이오스 2세(Ptolemy II Philadelphus)에 이르러 완성되었다. 하지만 아리스토텔레스의 도서관이 어떻게 되었는지 그 행방은 모호하다. 테오프라스토스가 죽은 후 아리스토텔레스의 장서들은 테오프라스토스의 뒤를 이어 리케이온의 수장이 된 자연학자 스트라톤(Strato)이 아니라 테오프라스토스의 조카이며 아리스토텔레스로부터 직접 가르침을 받은 마지막 제자였던 스켑시스 출신의 넬레우스(Neleus of Skepsis)에게 넘겨진 듯하다. 넬레우스의 상속인들은 페르가몬(Pergamon)을 통치했던 에우메네스(Eumenes) 왕의 대리인에게 책을 압수당하지 않기 위하여 아리스토텔레스의 장서를 동굴 안에 감추었다고 전해진다. 당시 에우메네스는 알렉산드리아에 필적하는 도서관을 페르가몬에 건설하는 중이었다. 그 후 아리스토텔레스의 장서는 한 도서 수집가에 의하여 다시 아테네로 옮겨졌는데 기원전 86년 로마의 장군 술라(Sulla)가 아테네를 점령한 후 이를 빼앗아 로마로 옮겼다고 한다. 아리스토텔레스의 장서는 결국 기원전 1세기 중반쯤에 로마에서 로도스 출신의 안드로니쿠스(Andronicus of Rhodes)에 의해서 편집, 출판되었다(Strabo 609～9; Plutarch, *Sulla* 26).[14]

이런 행적의 세부적인 내용에 대해서는 여러 학자들이 계속 의문을 제기하였다.[15] 하지만 이것이 사실이라면 테오프라스토스의 시대와 키케로

[14] 하지만 안드로니쿠스가 편집하였다는 아리스토텔레스 저술의 목록 중 현재 우리가 볼 수 있는 가장 완벽한 목록은 알렉산드리아의 사서가 만든 듯이 보이며 이는 상당한 혼란을 불러일으킨다. 어쩌면 로마의 장군 마르쿠스 안토니우스(Mark Antony)가 앞서 언급한 장군 술라의 상속인으로부터 아리스토텔레스의 저술을 얻어 당시 파괴된 도서관을 복원하려고 애썼던 클레오파트라(Cleopatra)에게, 마치 그녀의 이전 애인이었던 율리우스 카이사르(Julius Caesar)가 그녀를 위하여 페르가몬 도서관을 약탈하였듯이, 넘겨주지 않았을까?

(Cicero)의 시대 사이에 아리스토텔레스의 저술들이 사라졌음을 설명할 수 있을 듯하다. 흔히 '만일 아리스토텔레스가 기원전 272년, 즉 그의 사망 50주기에 맞추어 아테네에서 환생하였다면 더 이상 아테네를 자신의 지적인 고향으로, 자신이 평생에 걸쳐 제자들을 가르치면서 연구하였던 곳으로 여기지 않았을 것'이라는 말을 하곤 한다.[16]

당시 아테네를 지배하였던 것은 아리스토텔레스의 철학이 아니었다. 그의 철학과는 상당히 거리가 먼 것이었다. 비록 스트라토가 수장을 맡은 리케이온에 그의 철학적 흔적이 남아 있었으며 아르케실라오스(Arcesilaus)라는 새 수장을 맞이한 플라톤의 아카데메이아는 형이상학을 포기하고 좁은 의미의 회의주의에 호의를 보이기도 하였지만 아테네에는 이미 새로운 두 철학 학파가 활기를 띠고 등장하였다. 당시 아테네에서 가장 유명한 철학자는 아카데메이아 출신도, 리케이온 출신도 아닌 새로운 학파의 창시자들이었다. 그들 중 한 사람은 정원(The Garden)이라고 알려진 학파를 세운 에피쿠로스(Epicurus)였으며, 다른 한 사람은 스토아(Stoa) 즉 채색된 기둥이 늘어선 복도에서 주로 가르쳤으므로 그 추종자들이 스토아학파(Stoics)라고 불리게 된 키티움 출신의 제논(Zeno of Citium)이었다.

에피쿠로스

에피쿠로스는 사모스(Samos) 섬으로 추방된 아테네 출신 가문에서 태어났으며 아리스토텔레스가 만년에 이르렀을 때 잠시 아테네를 방문하기도 하였다. 젊은 시절에는 여행을 하면서 데모크리토스의 추종자 아래에서 연구를

[15] J. Barnes, in J. Barnes and M. Griffin, *Philosophia Togata*, vol. ii (Oxford: Clarendon Press, 1997), 1~23 참조.

[16] Introd. to LS, 1.

하였으며 그리스 섬들에 여러 학교를 세우기도 하였다. 기원전 306년 그는 아테네에 자신의 집을 지었으며 271년 사망할 때까지 그곳에서 살았다. 정원이라고 불린 이 집에는 여성과 노예를 포함한 추종자들이 함께 살았는데 소박한 음식을 먹으면서 은둔 생활을 하였다. 그는 300여 권의 책을 썼다고 하지만 현재 원래 모습대로 전해지는 바는 세 편의 편지와 두 묶음의 격언들뿐이다. 그의 자연철학은 헤로도토스(Herodotus)에게 보낸 편지와 피토클레스(Pythocles)에게 보낸 편지에서 드러나며, 세 번째 편지, 즉 메노이코스(Menoecus)에게 보낸 편지에서 에피쿠로스는 자신의 도덕적 가르침을 요약한다. 그가 남긴 격언 중 첫 번째 묶음은 40개로 구성되는데 세 편지와 마찬가지로 라에르티오스가 에피쿠로스의 삶을 기록한 내용 중에 등장하며 이는 흔히 《주요 원리들》(*Kyriai Doxai*)이라고 불린다. 이와 유사한 81개의 격언들이 1888년 바티칸의 문서 보관소에서 발견되었다. 또한 지금은 전하지 않는 그의 저술 《자연에 관하여》(*On Nature*) 중 몇몇 단편들이 기원후 79년 베수비오(Vesuvius) 화산이 폭발하였을 때 매몰된 도시 헤르쿨라네움(Herculaneum)에서 화산재에 묻힌 형태로 발견되었다. 이를 복원하여 판독하려는 힘든 노력이 1800년에 시작되어 지금까지 계속되고 있다. 하지만 그의 철학에 대한 우리의 지식 대부분은 그의 후계자들이 남긴 현존하는 저술들, 특히 그보다 훨씬 후에 등장한 로마의 시인 겸 철학자인 루크레티우스(Lucretius)의 저술에 의존하고 있다.

에피쿠로스 철학의 목표는 평정심을 유지하는 데 가장 큰 장애물인 죽음에 대한 공포를 제거함으로써 가능한 한 행복해지려는 것이다. 사람들은 부와 권력을 얻으려고 발버둥 치는데 이는 결국 죽음을 연기하기 위함이다. 사람들은 어떤 것에 열광적으로 몰두하기도 하는데 이 또한 죽음을 피할 수 없다는 사실을 잊기 위함이다. 종교는 죽은 후 우리가 겪게 될 고통을 끊임없이 제시함으로써 죽음의 공포를 불러일으키는 원인이 된다. 하지만 이는 환상에 불과하다. 종교가 제시하는 공포란 사실은 꾸며 낸 이야기에 지나지 않으므로 우리는 이를 무시하고 세계에 대한 과학적 설명에 귀 기울여야 한다.

이러한 과학적 설명은 주로 데모크리토스의 원자론에서 얻을 수 있다. 무로부터는 어떤 존재도 생겨나지 않는다. 세계를 구성하는 기본 단위는 영속하며, 불변하는, 우리가 볼 수 없는 무언가 즉 원자이다. 무한히 많은 수의 원자가 텅 빈, 무한한 공간인 허공 안에서 스스로 운동한다. 만일 허공이 없다면 운동 또한 불가능하다. 이런 운동은 시작점이 없지만 최초에 모든 원자는 일정하고 동일한 속도로 낙하운동을 한다. 하지만 때로 이들은 자신의 경로를 벗어나 서로 충돌하기도 하는데 바로 이런 원자들의 충돌로부터 하늘과 땅의 모든 것이 생성된다. 또한 원자들의 경로 이탈로부터, 설령 이들의 운동 자체는 맹목적이고 뚜렷한 목표가 없다 할지라도, 인간 자유의 범위가 규정된다. 원자는 형태와 무게, 크기 외에는 다른 어떤 속성도 지니지 않는다. 우리가 지각하는 물체의 속성들은 환상은 아니지만 원자들의 기본적인 속성에 부수되는 것에 지나지 않는다. 또한 무수히 많은 세계들이 존재하는데 이들 중 일부는 우리의 세계와 유사하며 다른 일부는 우리의 세계와 다르다(Letter to Herodotus, D.L. 10. 38~45).

다른 모든 것과 마찬가지로 영혼도 원자들로 구성되는데 이들은 더욱 작고 미묘하다는 점에서 다른 원자들과 다를 뿐이다. 이 원자들은 죽음과 더불어 흩어지므로 영혼은 지각을 멈추게 된다(Letter to Herodotus, D.L. 10. 63~7). 신들 또한 원자로 만들어지지만 신들은 인간에 비하여 덜 소란스러운 곳에 살기 때문에 죽음을 피할 수 있다. 신들은 자신들 나름대로 행복한 삶을 살며, 인간에게 관심을 보이는 등의 골치 아픈 일을 결코 하지 않는다. 따라서 신의 섭리를 믿는 것은 미신이며 종교적인 제사는 시간 낭비일 뿐이다(Letter to Menoecus, D.L. 10. 123~5). 원자들의 이탈 덕분에 우리는 자유로운 행위자가 되므로 우리 운명의 주인은 우리 자신일 뿐이다. 신들은 우리에게 필연성을 강요하지도, 우리의 선택을 방해하지도 않는다.

에피쿠로스는 감각이 신뢰할 만한 지식의 근원으로서 외부 물체의 상을 우리 영혼을 구성하는 원자들에게로 옮기는 작용을 한다고 믿었다. 감각적 인상들 자체는 결코 거짓일 수 없지만 우리는 가끔 진정한 현상이 무엇인지에 관하여 그릇된 판단을 내리기도 한다. 만일 현상들이 서로 대립한다면(예를 들어 어떤 것이 부드럽게 보이는데 거칠게 느껴진다면) 우리의 정신이 이렇게 서로 대립하는 증거들 사이에서 판단을 내려야 한다.

에피쿠로스에게 쾌락은 행복한 삶의 시작과 끝이다. 하지만 이것이 그가 향락주의자[17]임을 의미하지는 않는다. 그와 그의 후계자들의 삶은 사치스러움과는 거리가 멀었다. 그는 치즈 한 조각도 진수성찬만큼이나 충분하다고 말하였다. 그는 이론적으로는 쾌락주의자였지만 실제 생활에서는 서로 다른 유형의 쾌락을 구별하는 일이 무척 중요하다고 생각하였다. 음식과 술, 성행위에 대한 우리의 욕구를 만족시킴으로써 얻을 수 있는 쾌락도 분명히 존재한다. 그러나 이는 고통을 동반하기 때문에 열등한 수준의 쾌락일 뿐이다. 이런 쾌락에 대한 욕구를 만족시키는 일은 그 자체로 고통스러우며, 또한 이런 만족이 새로운 욕구를 낳는다. 우리가 목표 삼아야 할 쾌락은 개인적인 우정이 주는 것과 같은 조용한 쾌락이다(Letter to Menoecus, D.L. 10. 27~32).

만년에 이르러 에피쿠로스는 철학자는 어떤 상황에서도 고통을 능가하는 쾌락을 누릴 수 있어야 한다고 주장하였다. 임종 직전에 그는 친구인 이도메네우스(Idomeneus)에게 다음과 같은 편지를 썼다. '나는 내 삶의 마지막 날, 더 없이 행복한 날에 이 편지를 쓰네. 나는 소변을 보기 어렵고 이질에도 걸려 극심한 고통을 겪고 있지만 우리가 과거에 나누었던 대화를 떠올리는 기쁨으로 그런 고통을 상쇄하고 있다네'(D.L. 10. 22). 그는 비록 우리가 죽음을 피할 수는 없지만 진정 철학적 관점에서 바라본다면 죽음이 악은 아니라는 자신의 철학적 신념에 끝까지 충실하였다.

[17] 〔옮긴이 주〕 향락주의자에 해당하는 영어는 epicure이며 이 단어는 바로 에피쿠로스라는 이름에서 유래하였다. 이는 사람들이 그의 철학을 크게 오해하여 받아들였음을 보여 주는 증거이며, 에피쿠로스 자신이 사람들이 생각하는 에피쿠로스주의자는 아니라는 일종의 역설을 드러낸다.

스토아학파

에피쿠로스와 마찬가지로 스토아학파도 마음의 평정을 추구하였지만 그 방법은 달랐다. 스토아학파의 창시자는 키티움 출신의 제논(기원전 334~262)이었다. 제논은 키프로스(Cyprus)에서 태어났지만 313년 아테네로 이주하였다. 그는 크세노폰이 쓴 소크라테스 회상기를 읽고 철학을 공부하려는 열정을 지니게 되었다. 그는 당시 소크라테스와 가장 유사한 인물이 견유학파(Cynicism)의 크라테스(Crates)라는 말을 들었다. 견유학파는 어떤 철학적 이론을 체계화하지는 않았지만 부를 경멸하고 판에 박은 예의를 무시하는 삶의 방식을 드러내었다. 견유학파의 창시자는 시노페 출신의 디오게네스(Diogenes of Sinope)였는데 그는 개집과 같은 통 안에서, 남루한 옷을 입고 구걸을 하면서 마치 개처럼 살았다(이 학파의 명칭에 등장하는 'cynic'이라는 단어 자체가 '개를 닮은'을 의미한다).[18] 그는 플라톤과 동시대인이었지만 어느 누구도 그를 존경하지 않았다. 그는 알렉산드로스 대왕을 박대한 것으로 유명하다. 어느 날 대왕이 그를 찾아가 '내가 당신에게 해 줄 일이 없는가?'라고 묻자 그는 '햇볕이나 가리지 말고 비켜서 달라'고 대답하였다(D.L. 6. 38). 디오게네스에게 큰 감명을 받은 크라테스는 자신의 재산을 가난한 사람들에게 나누어 주고 디오게네스를 모방하여 방랑의 삶을 살았다. 하지만 그는 덜 염세적이었으며 그가 풍자시에서 표현한 바를 보면 상당한 유머 감각을 지녔음을 알 수 있다.

제논은 잠시 동안 크라테스의 제자였지만 견유학파의 태도를 보이지는 않았으며, 비록 격식을 차린 식사를 피하고 조용히 햇볕을 쬐는 일을 즐겼지만 사회로부터 도피하려 하지는 않았다. 아카데메이아의 학생으로 몇 년을 보낸 후 그는 채색된 기둥이 늘어선 건물에 자신의 학교를 세웠다. 그의 학

[18] [옮긴이 주] 견유학파라는 번역어도 한자로 犬儒學派로 표기함으로써 이런 사실을 드러낸다.

디오게네스의 햇볕을 가로막은 알렉산드로스 (로마, 빌라 알바니 소장)

교에는 세 가지의 중요 분과들, 즉 논리학, 윤리학, 자연학으로 나뉜 체계적인 철학 교육과정이 마련되었다. 그의 추종자 중 한 사람은 논리학은 철학의 뼈와 같으며, 윤리학은 살, 자연학은 영혼이라고 말하였다(D.L. 7. 37). 제논은 메가라학파의 위대한 논리학자인 디오도로스(Diodorus Cronos)의 가르침을 받았다. 디오도로스는 필론(Philo)의 동료였는데 필론은 논리학의 몇몇 영역에서 아리스토텔레스를 넘어서는 발전의 근거를 제시하기도 한 인물이다.[19] 하지만 제논 자신은 윤리학에 더 큰 관심을 보였다.

그런데 제논과 같은 도덕철학자가 자연학을 철학 교과과정의 최고 위치에 놓았다는 점은 다소 이상하게 보일지도 모른다. 하지만 제논과 뒤이은 스토아학파 철학자들에게 자연학은 자연에 관한 탐구이며, 자연은 신과 동일시된다. 라에르티오스는 다음과 같이 전한다. '제논은 하늘과 땅 전체가 신의 실체라고 말한다'(7. 148). 신은 능동적인 원리이며, 물체는 수동적인[20] 원리이다. 둘은 모두 물질적이며 함께 모든 것을 관통하는 우주적인 불을 구성한다(LS 45G).

제논의 저술은 오늘날 전하지 않는다. 고대에 가장 유명하였던 그의 저술은 《국가》(*Republic*)이었다. 이는 플라톤의 유토피아주의와 견유학파의 몇 가지 요소를 결합한 것이었다. 제논은 당시의 통상적인 교육 체계를 거부하고, 체육관이나 법정, 사원의 건설을 시간 낭비라고 생각하였다. 그는 부인들을 공유하는 공동체를 추천하였으며 여기서는 남성과 여성이 모두 피부를 노출한 같은 옷을 입어야 한다고 주장하였다. 화폐 제도는 폐지되어야 하며, 모든 인류에게 동일한 법체계가 적용되어 전 인류가 공통의 법에 따라 인도되고 성장하는 한 무리처럼 되어야 한다(LS 67A).

이런 사회주의적인 제안에 대하여 후에 그를 추종하였던 사람들조차 상당히 충격적으로 생각하였지만 그는 사는 동안 아테네인들로부터 존경받았으며 아테네에서 자유롭게 활동할 수 있었다. 마케도니아의 왕 안티고노스(Antigonus)는 제논을 자신의 궁정 철학자로 초빙하였지만 그는 고령을 이유로 사양하고 젊고 똑똑한 제자 둘을 대신 보내기도 하였다.

제논이 세상을 떠난 후 클레안테스(Cleanthes, 331~232)가 제논이 세운 학교의 수장 자리에 올랐는데 그는 원래 권투선수였다가 철학자로 전향한

19 디오도로스와 필론에 관해서는 아래의 3장 참조.

20 〔옮긴이 주〕 원문에는 '능동적'로 되어 있지만 저자가 밝힌 인용출처 LS 45G를 확인해 보니 '수동적'이 맞으므로 옮긴이가 바로잡았다.

인물로 종교적인 성향이 상당히 강했다. 클레안테스는 제우스에게 바치는 송가를 썼는데 후에 성 바울로가 아테네인에게 행한 설교에서 이를 인용하기도 하였다. 이 송가에서는 스토아학파의 능동적 원리가 유대-기독교적 유일신교에도 충분히 어울릴 정도로 상승함을 볼 수 있다. 하지만 스토아학파의 신 개념은 성서에 기초한 종교적 신 개념과 크게 다르다. 스토아학파의 신은 세계와 분리되지 않으며 세계의 물질적인 구성요소로 작용한다. 자신의 산문체 저술에서 클레안테스는 어떻게 신성한 불이라는 요소가 이 세계 안의 모든 살아 있는 존재들에게 활력을 제공하는지를 상세히 설명하였다(Cicero, *ND* 2. 23～5).[21]

클레안테스의 뒤를 이어 스토아학파의 수장이 된 인물은 솔로이 출신의 크리시포스(Chrysippus of Soli)였는데 그는 기원전 232년부터 206년까지 학파를 이끌었다. 크리시포스는 클레안테스의 제자였지만 스승을 그리 존경하지는 않았던 듯하다. 그는 스승에게 '선생님께서 정리를 말씀해 주시면 저는 그것에 대한 증명까지 제시하겠습니다'라고 말하였다고 한다. 그는 잠시 동안 아카데메이아에 학생으로 머물렀는데 이를 통하여 회의주의에 반대하는 입장을 지니게 되었다. 그는 헬레니즘 시대 스토아학파의 인물들 중 가장 지적이며 가장 부지런하였다. 그는 경이로울 정도로 많은 저술을 썼다. 그의 집사는 그가 하루 평균 500행 분량을 썼다고 전하며, 그는 모두 705권의 저술을 남겼다고 한다. 하지만 오늘날에는 단지 단편들만이 전할 뿐이다. 하지만 그가 스토아사상을 체계화한 인물임은 분명하다. 따라서 '만일 크리시포스가 없었더라면 스토아학파도 없었을 것'(D.L., 6. 183)이라는 말을 하곤 한다.

지금까지 언급한 초기 스토아학파의 세 철학자의 저술 거의 모두가 사라졌기 때문에 그들이 기여한 바를 정확하게 구분하여 살펴보기란 무척 어렵

[21] 클레안테스의 신 개념에 관해서는 아래의 9장 참조.

다. 하지만 크리시포스가 논리학의 중요한 발전에 크게 기여한 중심인물이라는 점에는 거의 의심의 여지가 없는데 이에 관해서는 다음 장에서 상세히 검토할 예정이다. 자연학에서도 그는 동물과 식물의 생명 원리로서 클레안테스의 불 대신에 호흡 또는 숨을 의미하는 프네우마(*pneuma*)를 주장하였다. 그는 형상과 질료에 대한 아리스토텔레스의 구별을 받아들였지만, 충실한 유물론자로서 그는 형상 또한 물질적이라고, 즉 프네우마라고 생각하였다. 인간의 영혼과 정신 모두 이 프네우마로 만들어지며 신 또한 마찬가지이다. 신은 세계의 영혼이며 자신의 완전성을 통하여 이성적 동물을 만들어 낸다. 만일 신과 영혼이 그 자체로 물질적이 아니라면 물질계에 영향을 미칠 수 없으리라고 스토아학파는 주장한다.

스토아학파가 생각한 자연 세계를 가장 발전된 형태로 묘사하면 다음과 같이 요약된다. 오래전에는 오직 불만이 존재하였다. 이로부터 점차 다른 요소들과 우리에게 친근한 우주의 여러 천체들이 등장하였다. 미래의 언젠가에 세계 전체가 불타오름으로써 다시 이 불로 돌아가게 될 것인데 이런 거대한 순환은 끝없이 계속 반복된다. 이들 모두는 어떤 법칙의 체계, 즉 '운명'이라고(왜냐하면 이 법칙에는 어떤 예외도 없으므로) 또는 '섭리'라고(왜냐하면 이 법칙은 신이 자비로운 목적을 위하여 부여한 것이므로) 부를 수 있는 체계에 따라 발생한다. 신이 설계한 체계는 자연이라 불리며, 우리 삶의 목표는 바로 이 자연에 따라 사는 것이다.

크리시포스는 또한 스토아학파의 윤리적 체계를 완성한 주요 인물이기도 한데 이 체계는 자연에 순응하여야 한다는 원리에 기초한다. 어떤 것도 자연의 법칙으로부터 벗어날 수 없다. 운명은 이미 결정되어 있지만 인간은 자유롭고 책임을 져야 하는 존재이다. 만일 의지가 이성에 복종한다면 우리는 자연에 따라 살게 된다. 이렇게 자연의 법칙을 자발적으로 수용하는 일을 바로 덕이라 할 수 있으며, 덕은 행복에 이르기 위한 필요조건인 동시에 충분조건이다.[22]

스토아학파 철학자들은 모두 사회가 인간에게 자연스러운 조직이기 때문에 자신의 목표와 자연 사이에 조화를 이룰 줄 아는 선한 사람은 사회 안에서 어떤 역할을 담당하여야 하며, 사회적 덕목을 함양하여야 한다는 사실에 동의한다. 하지만 크리시포스는 다른 스토아철학자들과 구별되는 다양한 윤리적, 정치적 견해를 드러낸다. 제논과 마찬가지로 그도 《국가》(*Republic*)라는 제목의 저술을 썼는데 여기서 그는 근친상간과 식인 풍습을 옹호하였다고 한다(LS 67F). 또한 크리시포스는 철학자가 학문 연구에만 몰두할 필요는 없다고 주장한 점에서도 그의 동료들과 달랐다. 그는 공적인 일에 참여하는 것이 허용될 뿐만 아니라 사실 칭찬받아야 마땅하다고 생각하였다(LS 67W).

아카데메이아의 회의주의

기원전 3세기 끝 무렵에 스토아학파의 이론은 아카데메이아로부터 공격을 받게 된다. 플라톤의 후계자로서 아카데메이아에 속했던 철학자들은 자신들의 스승이 스승으로 모셨던, 끊임없이 질문을 던졌던 소크라테스로부터 영감을 받아 일종의 회의주의를 채택하였다. 273년부터 242년까지 아카데메이아의 수장은 아르케실라오스(Arcesilaus)였는데 그는 엘리스 출신인 피론(Pyrrho of Elis)의 제자였다. 피론은 자주 철학적 회의주의의 창시자로 여겨진다. 에피쿠로스와 동시대인이었지만 그보다 나이가 많았던 피론은 알렉산드로스의 군대에서 복무하기도 하였는데 아무것도 인식될 수 없다고 가르쳤으며 따라서 어떤 저술도 쓰지 않았다. 기원전 3세기 초에 회의주의를 아테네에 전파한 사람은 아르케실라오스와 피론의 또 다른 제자 티몬(Timon)이었다. 티몬은 과학의 기초로 활용될 수 있는 어떤 자명한 원리도 발견할 수

22 스토아학파의 윤리적 체계에 관해서는 아래의 8장에서 상세히 검토하려 한다.

없다고 주장하였다. 이런 원리, 즉 공리가 없기 때문에 모든 추론 과정은 순환론에 빠지거나 무한히 계속될 뿐이다.

티몬과 아르케실라오스의 회의주의는 더욱 복잡한 형태로 변형되어, 기원전 155년부터 137년까지 아카데메이아의 수장을 지냈던 카르네아데스(Carneades)의 작업을 통하여 결실을 맺게 되었다. 피론과 마찬가지로 그 또한 어떤 저술도 쓰지 않았지만 매우 대중적이었던 그의 강의를 들은 제자 한 사람이 이를 기록하였다. 그의 강의는 주로 키케로의 충실한 기록을 통해서 우리에게 전해지는데, 키케로는 한때 카르네아데스의 제자인 필론의 가르침을 받았다. 기원전 155년 아테네인들은 스토아철학자 한 사람, 소요학파 철학자 한 사람과 더불어 카르네아데스를 로마에 대사로 파견하였다. 대사의 직무를 수행하면서 그는 며칠 동안 계속해서 정의(正義)에 관한 찬반 논쟁을 펼침으로써 자신의 수사학 기법을 로마인들에 소개하였다. 이런 소식을 들은 당시 로마의 감찰관 카토(Cato the Roman Censor)는 그를 사회 질서를 파괴하는 위험인물로 규정하여 되돌려 보냈다(LS 68M).

아르케실라오스가 스토아철학자들을 비판한 까닭은 그들이 이른바 결코 오류에 빠질 수 없는 정신적 인상에 근거하여 진리를 추구할 수 있다고 주장하기 때문이었다. 아르케실라오스는 이런 인상 따위는 결코 존재할 수 없다고 단언한다. 카르네아데스 또한 스토아학파의 인식론을 공격하면서 결코 도달할 수 없는 진리가 아니라 개연성이 우리의 삶을 인도함에 틀림없다고 가르쳤다. 그는 무신론자는 아니었지만 그리스의 전통적인 신전과 스토아학파의 범신론 모두를 냉정하게 비웃었다. 그가 스토아학파의 숙명론을 비판한 내용은 키케로에게 이어져 더욱 세련된 형태로 발전하였다.[23]

[23] 스토아학파와 회의주의 사이의 논쟁은 아래의 4장에서 더욱 상세히 검토하려 한다.

루크레티우스

기원전 2세기에 가장 지적이며 가장 큰 설득력을 지녔던 철학자는 카르네아데스였다. 하지만 기원전 1세기로 접어들면서 철학의 주도권이 그리스학자들로부터 로마의 라틴학자들에게로 넘어가게 된다. 그리스철학과 마찬가지로 라틴철학도 처음에는 운문 형태의 저술로 시작되어 후에 산문 형태의 저술로 변화되었다. 오늘날까지 전해지는, 전체가 완벽한 라틴어로 서술된 최초의 철학적 저술은 6보격의 운문체 형식의 상당히 길고 웅장한 철학시로 구성된 루크레티우스(Lucretius)의 《사물의 본성에 관하여》(*On the Nature of Things*)이다.

루크레티우스의 생애에 관해서는 거의 아무것도 알려져 있지 않다. 우리는 키케로가 기원전 54년 그의 철학시를 읽었으며, 이 시가 기원전 53년 로마의 집정관이었던 멤미우스(C. Memmius)라는 인물에게 헌정되었다는 사실에 비추어 그가 언제쯤 이를 썼을 것이라고 대략 추측할 뿐이다. 루크레티우스는 열렬한 에피쿠로스 찬양자였으며, 키케로가 지적하였듯이, 철학시 중 여섯 부분은 대단한 예술성 및 빛나는 천재성을 자주 드러내면서 에피쿠로스의 체계를 운문으로 표현한다. 루크레티우스도 스스로 자신의 시적 기법이 철학의 난문을 벌꿀처럼 달콤하게 바꿀 수준은 된다고 묘사한다(1. 947). 그의 철학시 중 일부를 드라이든(John Dryden)[24]이 영어로 번역하였는데 만일 이 작업이 완성되었다면 그의 번역은 포프(Alexander Pope)[25]의 《인간론》(*Essay on Man*)과 경쟁할 만큼 가치 있는 작품이 되었을 듯하다.

루크레티우스는 자신의 철학시를 종교가 주는 두려움을 떨쳐 버린 에피

[24] 〔옮긴이 주〕 드라이든(1631~1700)은 영국의 시인, 극작가 겸 문학평론가로 계관시인이었으며 그가 살았던 때를 '드라이든 시대'라고 부를 정도로 큰 영향을 미친 인물이다.

[25] 〔옮긴이 주〕 포프(1688~1744)는 영국 신고전주의 시대의 시인이며 풍자가로, 작품이 가장 자주 인용되는 영국 시인 중 한 사람이라는 평가를 받는다.

쿠로스의 용기를 칭찬함으로써 시작한다. 사람들은 영원한 처벌로 위협하는 성직자들의 횡포에 맞서지 못한다. 하지만 이는 사람들이 영혼의 본성을 깨닫지 못하기 때문에 일어나는 일에 지나지 않는다. 철학시 1권에서 루크레티우스는 에피쿠로스의 원자론을 설명한다. 자연은 단순한 물체와 텅 빈 허공으로 이루어지는데 물체는 감각을 통해서 지각되며, 허공은 이성을 통해서 존재가 확립된다. 단어가 글자로 만들어지듯이 물체는 원자로 만들어진다. 불을 의미하는 라틴어 '이그니스'(ignis)와 나무를 의미하는 라틴어 '리그눔'(lignum)이 거의 같은 글자로 만들어지듯이 불과 나무 또한 거의 같은 원자로 만들어진다(1. 911~14).

철학시의 2권 앞부분에 등장하는 유명한 한 대목에서 루크레티우스는 항상 사소한 일을 가지고 다투는 사람들의 싸움을 높은 덕을 갖추고 위에서 내려다보는 철학자를 묘사한다. 이를 통하여 그는 소박한 쾌락을 추구하며 불필요한 욕구를 피하려 하는 에피쿠로스의 태도를 칭송한다.

> 오 비참한 인간이여! 위험과 소란스러운 다툼이
> 가득 찬, 안개 같은 삶 속에서
> 그 짧은 삶을 낭비하면서, 자연이 원하는 바 이상의
> 게걸스러운 욕구를 채우려 하는구나!
> 현명한 자연은 우리의 욕망을 알맞게 조절하여
> 근심과 두려움 없는 정신이 얻을 수 있는
> 조용한 기쁨 이상을 바라지 않는다.
> 고요한 영혼과 고통 없는 육체
> 나의 육신이 요구하는 바는 이 작은 것뿐
> 우리의 자연적 욕구는 이렇게 제한될 뿐
> 단지 이것만을 바라고 고통을 무시하면
> 아무리 궁핍해도 우리의 감각은 만족한다. (2. 16~28)

철학시 3권에서는 영혼과 감각의 기능에 관한 에피쿠로스적인 이론이 소개된다. 우리 영혼의 본성이 물질적이라는 점을 제대로 이해하기만 하면 우리는 죽음의 공포가 유치한 생각에 지나지 않음을 깨닫게 된다. 죽고 나면 육체는 아무것도 느낄 수 없고, 죽음은 고통을 겪을 자아를 남기지 않는다. 죽음을 슬퍼할 권리는 오직 살아남은 사람들만 누릴 수 있다. 루크레티우스는 사람들에게 죽음의 두려움을 극복하라고 말한다.

> 이제 그대는 잠들 것이고 결코 다시 깨어나지 않을 것이므로
> 삶을 떠나면서 살아 있을 때의 고통에서도 떠난다.
> 하지만 그대의 친구인 우리 모두는
> 그대가 남긴, 언젠가는 잊게 될 죽음을 무척 슬퍼한다.
> 지금은 우리 눈물이 마르지 않고 우리 마음에서 그대가 지워지지 않는다.
> 제대로 생각해 보니 그대에게 일어날 가장 나쁜 일도
> 이제는 조용한 잠뿐이니, 긴 작별을 고하네. (3. 90~6)

마치 떠오르는 해가 별들을 사라지게 하듯이 다른 철학자들을 아무것도 아니게 만들어 버린, 그토록 찬란한 천재성을 보였던 에피쿠로스도 결국 죽을 수밖에 없었다(3. 1042~4).

철학시의 4권에서 루크레티우스는 사랑의 본성에 관하여 다루는데 이 부분은 원자론에 기초한 생리학적 설명과 더불어 성행위에 관한 생생한 묘사로 가득 차 있다. 후에 히에로니무스(St Hieronymus)[26]가 지적하고 테니슨

[26] 〔옮긴이 주〕 히에로니무스(347~420)의 영어식 표기는 제롬(St Jerome)이다. 그는 기독교 초기의 대표적 교부로서 특히 《성서》의 라틴어 번역을 완성한 인물로 유명하며 이 때문에 번역자의 수호성인으로 여겨지기도 한다. 그렇다면 지금 이 번역에도 부디 히에로니무스의 보살핌이 함께하기를!

(Tennyson)[27]이 시의 소재로 삼음으로써 루크레티우스를 거의 전설적 인물로 만든 것이 바로 이 부분이라는 점에는 의심의 여지가 없다. 하지만 여기서 루크레티우스는 성적 욕구에 지나치게 탐닉하는 일종의 광기와는 분명한 간격을 유지함을 보여 준다.

히에로니무스는 루크레티우스의 철학시가 미완성으로 남았는데 그가 죽은 후 키케로가 이를 편집하였다는 전통적인 해석에 충실히 따른다. 하지만 이는 사실이 아닌 듯하다. 왜냐하면 키케로는 이 시를 처음 읽은 후 크게 칭찬하였고 또한 에피쿠로스의 철학 체계를 상당히 주의 깊게 연구하였지만 루크레티우스의 철학시가 사실은 자신의 철학적 저술이라고 어디서도 언급하지 않기 때문이다.

키케로

키케로는 스스로 자신의 철학이 역사가나 흥미를 느낄 절충적인 것이라고 생각하였는데 사실 그렇기도 하다. 왜냐하면 그의 저술은 당시의 철학적 흐름에 관한 다양한 정보를 제공하기 때문이다. 그는 20대 후반 아테네에서 공부하면서 서로 다른 많은 철학 학파들을 처음 접했다. 그 후 그는 로도스에서 스토아철학자인 포시도니우스(Posidonius) 아래에서 공부를 계속하였다. 그는 기원전 88년 아테네로 이주하여 아카데메이아의 마지막 수장이 된 라리사 출신의 필론(Philo of Larissa)에게서 큰 영향을 받았다. 또한 키케로는 스토아철학자 디오도투스(Diodotus)를 집으로 초빙하여 기원전 60년 그가 죽을 때까지 그를 개인적인 스승으로 모셨다.

27 〔옮긴이 주〕 테니슨(1809~1892)은 영국 빅토리아 여왕 시대의 대표적인 시인으로 계관시인의 자리에도 올랐다. 그가 쓴 시 '루크레티우스'는 지나치게 음란하다는 이유로 큰 논란거리가 되었다.

그 후 오랫동안 키케로는 정치 및 법률과 관련된 공직을 담당했기 때문에 정치철학을 제외한 다른 분야의 철학을 연구할 여가를 누릴 수 없었다. 50대 후반에 이르러 그는 플라톤을 모방하여 《국가론》(*Republic*)과 《법률론》(*Laws*)이라는 제목의 저술을 썼는데 이들은 오늘날 단지 부분적으로만 전해진다. 카이사르(Julius Caesar)가 내전[28]에서 승리를 거두고 최고의 권력을 차지하게 되자 이 전쟁에서 카이사르의 반대편을 지지하였던 키케로는 공직에서 물러났다. 카이사르의 독재가 계속되는 동안 키케로는 대부분의 시간을 저술활동에 바쳤다. 특히 그의 유일한 딸이었던 툴리아(Tullia)가 45년 2월에 사망하자 키케로는 슬픔을 잊기 위하여 거의 미친 듯이 저술에만 매달렸다. 그의 철학적 저술 대부분은 기원전 45년과 44년에 쓰였다.

이때 쓰인 처음 두 작품은 오늘날 전해지지 않는데 그중 하나는 딸 툴리아의 죽음을 다룬 《위안에 관하여》(*Consolatio*)이며, 다른 하나는 철학 연구를 권고하는 《호르텐시우스》(*Hortensius*)이다. 후자는 특히 아우구스티누스(St Augustine)의 삶이 극적으로 전환하는 데 큰 영향을 미쳤다. 이 둘을 제외한 나머지 10편의 저술은 현재까지 전해지는데 주제의 폭넓은 범위와 탁월한 수사가 깊은 인상을 남긴다.

키케로는 라틴어 철학 용어들을 개발하여 로마인들이 모국어로 철학을 탐구할 수 있도록 만드는 것을 자신의 임무로 삼았다. 실제로 현재 사용되는 많은 철학 용어들이 그의 라틴어에서 유래하였다. 그는 스스로 자신이 서로 다른 여러 철학적 조류들에서 기본 요소를 취하였다고 생각한다. 인식론적 측면에서 그는 필론에게서 배운 온건한 회의주의 입장을 선호하였다. 그는 《아카데미카》(*Academica*)라는 저술에서 아카데메이아를 중심으로 전개된 철학 체계와 그것이 변형된 여러 형태를 제시하는데 이 저술은 서로 다른 두 판본이 전해진다. 윤리학과 관련해서 그는 에피쿠로스보다는 스토아학파의

[28] 〔옮긴이 주〕 기원전 49년 폼페이우스(Pompeius)와 카이사르가 권력을 독차지하기 위하여 벌인 전쟁을 의미한다.

전통에 따랐다. 그는 위안과 마음의 평안을 위한 도덕철학을 추구하였다. 《최선과 최악에 관하여》(*de Finibus*)와 《투스쿨룸 논쟁》(*Tusculan Disputations*)에서 그는 열정을 다하여 진정 아름다운 문체로 감정과 덕, 행복 사이의 관계를 밝힌다. 또한 《신들의 본성에 관하여》(*On the Nature of the Gods*)와 《운명에 관하여》(*On Fate*)에는 철학적 신론과 결정론에 관한 흥미로운 논의들이 등장하며, 《예언에 관하여》(*On Divination*)에서는 자신보다 훨씬 앞서 등장하였던 카르네아데스를 이어받은 듯한 논증이 적절히 사용된다.[29]

키케로는 그리 깊이 있는 철학적 저술을 남기지는 않았지만 그의 논증은 상당히 날카로우며, 그의 문체는 항상 우아하고 기품이 넘친다. 그리고 그는 진정 독자들에게 따듯한 온기를 전한다. 우정과 노년에 관한 그의 글은 시대를 넘어서 항상 대중의 사랑을 받는다. 도덕철학에 관한 그의 마지막 저술 《의무론》(*de Officiis*)은 기원전 44년 3월 카이사르가 암살당한 직후에 아들을 위하여 쓴 글이다. 이는 시대를 뛰어넘어 그 후 모든 시기에 신사를 교육하는 데 필수적인 교재로 여겨졌다.

카이사르가 죽은 후 키케로는 정치에 복귀하여 카이사르의 뒤를 이은 집정관 안토니우스(Mark Antony)를 통렬하게 공격하였다. 안토니우스가 카이사르의 양자인 옥타비아누스(Octavian)와 손을 잡은 후 키케로는 이들이 함께 꾸민 음모에 빠져 처형당하였다. 그는 다시 이들 둘 사이에 다툼이 일어나 결국 기원전 31년 악티움(Actium)에서 안토니우스가 패배하는 모습을 살아서 지켜보지 못했다. 그는 옥타비아누스가 아우구스투스(Augustus)로 이름을 바꾸고 로마 최초의 황제로 등극하기 전에 사망하였다.

[29] 아래의 9장 참조.

유대교와 기독교

오랜 철학의 발전과정 중 기원후 1세기에 로마 제국에서 일어난 가장 중요한 사건은 나자렛 출신인 예수(Jesus of Nazareth)의 등장이다. 그의 가르침이 철학에 미친 영향은 물론 상당한 시간이 흐른 후에 간접적으로 드러났다. 하지만 그의 도덕철학은 이전의 철학에서도 어느 정도 등장한 바이기도 하다. 그는 악을 악으로 되갚지 말라고 가르쳤는데 플라톤이 묘사한 소크라테스도 이런 주장을 폈다. 또한 그는 모인 사람들에게 이웃을 네 몸같이 사랑하라고 말하였는데 이는 고대 히브리의 《구약성서》 중 '레위기'에서 인용한 바이다. 예수는 우리가 단지 그른 행위뿐만 아니라 그른 생각과 욕구까지도 피하여야 한다고 주장하였는데 아리스토텔레스 또한 진정으로 덕이 있는 사람은 그른 행위를 원하지조차 않는 사람이라고 말하였다. 예수는 제자들에게 세상의 쾌락과 명예를 버리라고 가르쳤는데 에피쿠로스와 스토아학파도, 서로 다른 방식을 통해서기는 하지만, 이렇게 가르쳤다. 도덕철학자로서 고려할 때 예수는 그리 새로운 창시자는 아니었다. 하지만 그 자신과 그의 제자들은 그의 임무가 오직 도덕철학자로서만 한정된다고는 전혀 생각지 않았다.

예수의 가르침은 《구약성서》의 세계관, 즉 유일신인 야훼(Yahweh)가 오직 말씀으로 하늘과 땅 그리고 그 안에 있는 모든 것을 창조하였다는 관점을 기본구조로 삼는다. 유대인들은 신의 선택을 받은 민족으로서 모세(Moses)에게 계시된 신의 법을 소유하는 특권을 누린다. 헤라클레이토스를 비롯한 다른 그리스, 유대 사상가들과 마찬가지로 예수 또한 우주 전체가 멸망하는 가운데 세계에 대한 신의 심판이 내려지리라고 예언하였다. 우주가 대단원의 막을 언제 내릴지에 대하여 분명한 시기를 못 박지 않고 먼 미래의 일이라고만 주장하였던 스토아학파와 달리 예수는 심판이 임박했으며 이때 자신이 구세주로서 결정적인 역할을 하리라고 생각하였다.

예수가 십자가에 못 박혀 죽은 때(기원후 30경) 전후로 로마에도 유대 사상을 받아들인 사람들이 등장하였다. 이집트의 프톨레마이오스 왕조 초기에 알렉산드리아(Alexandria)에서 이미 《구약성서》가 그리스어로 번역되었기 때문에 그리스어에 능통한 유대인들이 상당수 있었음을 알 수 있다. 기원후 1세기에 그리스의 유대인 문화를 대표하는 탁월한 인물은 필론이었는데 그는 알렉산드리아에서 유대인을 박해하고 황제 숭배를 강요한 일에 대하여 항의하기 위하여 기원후 40년 당시 로마 황제 칼리굴라(Caligula)에게 파견된 항의단을 이끌기도 하였다. 그는 그리스 문화권에서 교육받은 사람들에게 《구약성서》를 호의적으로 소개하기 위하여 모세의 삶에 관한 저술과 모세 5경에 관한 일련의 주석서를 쓰기도 하였다.

초기에 기독교는 주로 그리스어를 할 줄 아는 유대인 학자들을 통해서 로마 제국에 전파되었는데 곧 이교의 여러 철학과 접촉하게 되었다. 아테네에서 복음을 설교하였던 바울로는 에피쿠로스학파나 스토아학파의 철학자들과 논쟁을 벌였는데 특히 '사도행전'의 한 대목에서 그의 입을 통해서 직접 언급되는, 우상 숭배에 반대하는 설교는 매우 짜임새 있으며 철학 학파들 사이에서 논의되는 문제를 그가 잘 알고 있었음을 여실히 보여 준다. 기독교가 알 수 없는 신을 위한 제단을 차렸다는 비난에서 벗어나기 위하여 바울로는 철학자들도 신에 대하여 제대로 알지 못한 채 신을 숭배한다는 점을 보이려고 한다.

> 사실 하느님께서는 누구에게나 가까이 계십니다. 우리는 그분 안에서 숨 쉬고 움직이며 살아간다는 말도 있지 않습니까? 또 여러분의 어떤 시인은 우리도 그의 자녀다 하고 말하지 않았습니까? 하느님의 자녀인 우리는 하느님을 사람의 기술이나 고안으로 금이나 은이나 돌을 가지고 만들어 낸 우상처럼 여겨서는 안 됩니다. (사도행전, 17장 27~9절)

여기서 바울로가 인용한 '시인'은 스토아학파의 두 번째 수장이었던 클레안테스이다. 후에 바울로가 스토아학파의 철학자인 세네카(Seneca)와 철학적 대화를 나누었다는 이야기가 전설처럼 전해진다. 이는 전혀 사실이 아니지만 그렇다고 완전히 터무니없는 이야기도 아니다. 바울로는 세네카의 형인 갈리오(Gallio)가 재판을 맡은 법정에 선 적이 있으며, 세네카가 모신 로마 황제 네로(Nero)의 궁전에도 많은 친구들이 있었다.

로마 제국의 스토아학파

세네카는 기원후 1세기의 가장 중요한 철학자였다. 그는 기원전에서 기원후로 전환되는 시기 즈음에 스페인의 코르도바(Cordoba)에서 태어났으며 49세 때 당시 12살이었던 네로의 개인교사가 되었다. 기원후 54년 네로가 황제 자리에 오르자 그는 황제의 최고 조언자가 되어 비교적 훌륭한 조직을 구성하고 로마 제국을 잘 이끌어 나갔다. 하지만 이런 시기는 59년 네로가 자신의 어머니를 살해하면서 끝나고 만다. 62년 이후 세네카는 네로 황제에 대한 모든 영향력을 잃었으며 점차 공직에서 배제되었다. 65년 이른바 황제에 대한 반란에 가담하였다는 혐의 때문에 스스로 혈관을 자르라는 명령을 받고 소크라테스와 같은 죽음을 맞이하였다.

세네카는 많은 비극을 썼으며, 자연 현상에 관한 질문을 모은 책도 남겼다. 하지만 철학자로서 그의 명성이 높은 까닭은 열 개의 윤리적 대화편과 대부분 은퇴 후에 쓴 듯한, 도덕에 관한 124편의 서한 때문이다. 세네카의 문체는 논증적이라기보다는 권고적이며, 그는 논쟁보다는 권유를 즐겼다. 그는 논리학에는 별 관심이 없었으며 인문학에 대해서도 다소 속물적인 태도를 보였다. 그는 문학을 지나치게 많이 배운 사람을 너무 많은 가구가 들어찬 집에 사는 사람에 비유하였다(Ep. 88. 36). 그는 자연과학에 대하여 어느 정도 관심을 지니고 있었으며 《자연에 관한 물음들》(*On Natural Questions*)이라는 저술도 썼지만 사실은 자연 현상에서 도덕을 이끌어 내려고 하였으며 스토아철학의 세 분야 중 그가 주로 관심을 보인 바는 윤리학이었다.

그는 우리가 정념으로부터 자유로워지기 위하여 분투하여야 함을 강조하였다. 그의 대화편들 중 가장 분량이 많고 널리 알려진 《분노에 관하여》(*On Anger*)에서 그는 한편으로 육체적인 혼란과 다른 한편으로 그릇된 판단 사이에는 분명한 구별이 이루어져야 한다고 보면서 우리가 진정으로 벗어나야 할 본질적인 요소는 후자임을 강조한다. 이 문제에 관하여 초기 스토아학자들은 한 목소리를 내지 않았다. '우리의 마음에 우연히 떠오른 것들은 결코 정념이라고 불러서는 안 된다. 이들은 마음이 만들어 낸 바가 아니라 단지 우연히 등장한 바에 지나지 않는다. 실제로 존재하는 것들을 보고 이로부터 영향을 받아서 생긴 바는 정념이라 할 수 없다. 정념은 우리가 이들에 굴복하여 이런 우연적인 영향을 따르는 것이라 할 수 있다'(2. 3. 1). 그렇다면 울음이나 얼굴빛이 창백하게 변하는 것, 갑자기 숨을 몰아쉬는 행위, 성적 흥분 등은 정념이 아니라 단지 신체적 현상에 지나지 않는다. 문제가 되는 것은 바로 우리의 마음에서 일어나는 일이다. 세네카는 이런 구별이 제대로 이루어지기만 하면 정념에 맞서는 스토아학파의 태도를 훨씬 더 분명하고 강력하게 주장할 수 있으리라고 생각하였다.

세네카는 유물론자로서 인간의 정신이 신성하지만 물질적인 세계영혼의 물질적인 부분이라는 스토아학파의 이론을 받아들인다(Ep. 66. 12). 하지만 그는 자주 명백히 내세를 염두에 둔 듯한 태도로 영혼과 육체의 관계에 대하여 언급한다. '인간의 마음은 우리 자신의 유한성을 성찰할 때 가장 신성하며, 또한 이때 인간은 삶을 마치기 위하여 태어난다는 사실과 이 육체는 영원한 안식처가 아니라 잠시 머물다 떠나는 여관임을, 즉 여관 주인 역할이 힘에 겹다는 사실을 알게 되자마자 바로 떠나야만 하는 여관임을 깨닫는다'(120. 14). 세네카는 스토아학파가 덕에 이르는 길로 제시한 바를 따르기가 무척 어렵다는 점을 인정한다. 그러면서 그는 이에 이르는 도덕적 발전을 세 단계로 구별한다. 우선 몇몇 악덕은 근절하였지만 모든 악덕을 근절하지는 못한 사람들이 있다 — 예를 들면 탐욕은 없지만 화를 잘 내는 사람, 육욕은 없지만 야망에 불타는 사람 등이 이에 속한다. 그 다음으로 모든 정념을 근절하였지만 이전의 나쁜 상태로 되돌아갈 위험이 있어 아직 확고하게 안전하지는 않은 사람들이 있다. 세 번째 유형으로 지혜에 가장 가까이 근접한 사람들은 이전 상태로 되돌아갈 위험에서는 완전히 벗어났지만 아직 자신들이 덕에 도달하였다고 스스로 확신하지는 못하는 이들이다(Ep. 75. 8～14).

세네카는 또한 스토아학파가 널리 받아들였던, 이론과 교훈 사이의 구별도 제시하였다. 이론은 전반적인 철학적 틀을 제공한다. 반면 교훈은 진정한 최고선의 개념을 개인에게 전달하는 구체적인 규정들을 표현한다(Ep. 94. 2). 이런 구별을 통하여 스토아학파는 그들의 체계가 너무나 고상하여 현실에 적용되기는 어렵다는 주장에 답하고, 세네카 자신의 편지를 가득 채운 것과 같은 일종의 교훈적인 충고를 철학자가 얼마든지 할 수 있다는 사실을 정당화하였다.

고대와 현대의 많은 학자들은 세네카가 다소 위선적인 측면을 지닌다고 평가한다. 그는 자비를 칭송한 동시에 폭군 네로의 범죄에 연루되었다. 또한 그는 세속적인 가치가 무의미함을 역설하였지만 동시에 엄청난 재산을 모았다. 그를 옹호하는 입장에서는 그가 네로에게 미칠 수 있는 영향은 상당히 제한적이었으며, 그도 만년에 이르러 비로소 세속으로부터 진정 초연하였다고 말할 수 있을지 모른다. 하지만 그가 어떤 망상에도 빠지지 않고 스토아학파의 기준에 따르는 삶을 살았음은 분명하다. 그는 '내가 완전함에 이르기까지는 아직 무척 긴 길이 남아 있을 뿐만 아니라 그저 괜찮은 사람이 되기에도 아직 반 정도 밖에 가지 못한 듯하다'(Ep. 57. 3)고 솔직히 고백한다.

세네카는 로마 제국의 스토아학파를 세운 창시자이다. 이 학파에 속하는 다른 두 중요한 학자는 로마 제국에서 스토아학파가 얼마나 폭넓은 호소력을 발휘하였는지를 잘 보여 주는데 그중 한 사람은 노예인 에픽테토스(Epictetus)이며, 다른 한 사람은 로마 제국의 황제인 마르쿠스 아우렐리우스(Marcus Aurelius)이다. 제국 시대의 스토아학파는 이전 헬레니즘 시대의 선구자들에 비하여 논리학과 자연학에는 훨씬 덜한 관심을 보였으며 에픽테토스와 아우렐리우스 모두 세네카와 마찬가지로 주로 도덕철학과 관련해서 기억되고 언급된다.[30]

에픽테토스의 생몰연대는 불확실한데, 기원후 89년 당시 로마 황제 도미티아누스(Domitian)가 그를 다른 철학자들과 더불어 로마에서 추방하였다는 사실은 알려져 있다. 평생 절름발이로 지내게 되었지만 노예에서 해방된 후 그는 에피루스(Epirus)에 학교를 세웠다. 그를 추종하였던 아리아노스(Arrian)는 그의 강의를 정리한 네 권의 책과 그의 중요한 가르침을 요약한 책 한 권(*enchiridion*)을 출판하였다. 에픽테토스는 스토아학파 철학자들 중 저술을 가장 쉽게 읽을 수 있는 인물로서, 소박하고 익살스러운 문체를 사용하며 자주 가상적인 상대방을 내세워 대화 형식으로 글을 썼다. 이 때문에 철학자 외에도 많은 사람들이 그를 매력적으로 생각하였다. 아널드(Matthew Arnold)는 그를 호메로스와 소포클레스와 더불어 자신에게 가장 큰 영향을 미친 세 사람 중 한 사람으로 꼽았다.

> 내가 그와 우정을 나눈 지 오래되지는 않았지만
> 그는 노예에서 벗어난 후 베스파시아누스(Vespasian)의 무례한 아
> 들이 자신을 부끄럽게 하는 것들을 로마에서 몰아낼 때까지[31]
> 니코폴리스에서 아리아노스를 가르친 인물이라네.

[30] J. Barnes, *Logic and the Imperial Stoa* (Leiden: Brill, 1997)은 에픽테토스의 논리적 능력이 상당하였음을 잘 보여 준다.

[31] 〔옮긴이 주〕 베스파시아누스(기원후 9~79)는 로마의 황제로 69년에서 79년까지 로마를 다스렸다. 그의 아들 도미티아누스가 뒤를 이어 황제가 되었는데, 저자가 앞에서 밝혔듯이, 도미티아누스는 에픽테토스를 로마에서 추방하였다.

에픽테토스의 특징적인 문체는 자살에 관한 다음 대목에서 잘 드러나는데 여기서 그는 폭군의 정치와 불의를 자신에게 하소연하는 상대방을 상상하여 이야기를 전개한다. 우선 상대방이 다음과 같이 말한다.

> 에픽테토스, 이제 우리는 이 육신에 갇힌 상태를 더 이상 견딜 수 없네. 이 육신을 먹이고, 물 마시게 하고, 쉬게 하고, 씻기면서 이와 더불어 이런저런 일들을 하고 이런저런 사람들과 만나는 일 따위를 더 이상 참을 수 없네. 이런 일들은 사실 아무것도 아니며 우리와 아무 상관도 없지 않은가? 죽음은 나쁜 것이 아니지 않은가? 우리는 신의 자식이며 그로부터 생기지 않았는가? 이제 우리가 온 곳으로 되돌아가려 하니 이를 허락하게. (1. 9. 12)

이에 그는 다음과 같이 대답한다.

> 이보게, 신을 기다리게. 신이 신호를 보내 자네를 이런 곤경에서 벗어나게 하려 할 때, 그때 신에게 가도 좋지 않겠나? 그때까지는 신이 정해 준 자네의 자리를 지켜야 하네.

우리는 자살을 함으로써 도피하기보다는 세상의 어떤 악도 진정으로 우리를 해칠 수 없다는 점을 깨달아야 한다. 이를 보이기 위하여 에픽테토스는 자아를 도덕적 의지(*prohairesis*)와 동일시한다.

> 한 폭군이 나를 위협하고 호출한다면 나는 '당신이 위협하려는 것은 과연 무엇인가?'라고 답하려 하네. 만일 그 폭군이 '나는 네 손에 수갑을 채우려 한다'고 말한다면 나는 '그가 나의 손과 발을 위협하려 하는구나'라고 생각할 것이며, 또한 그가 '나는 너의 목을 베려한

> 다'고 말한다면 나는 '그가 내 목을 위협하는구나'라고 생각할 것이네. … 그렇다면 과연 그는 나를 조금이라도 위협하였을까? 내가 나의 손발과 목이 내게 아무것도 아니라고 생각하는 한 그는 나를 위협하지 못한 셈이네. 하지만 내가 그의 위협에 두려움을 느꼈다면 그는 나를 위협한 셈이 되네. 그렇다면 과연 내가 누구에게 두려움을 느껴야 하는가? 내 자신의 능력 안에 속한 것들을 지배할 수 있는 사람에게? — 세상에 그런 사람은 없네. 내 자신의 능력 안에 속하지 않은 것들을 지배할 수 있는 사람에게? — 내가 왜 그런 사람 때문에 고민해야 하는가? (Disc. 1. 29)

그 후 여러 시대를 거치면서 에픽테토스의 저술은 폭군의 지배 아래 살아야 하는 사람들에게 큰 위안을 주었다. 하지만 그가 살았던 당시에 한 인물이 그의 저술로부터 무척 큰 감명을 받았는데 그 인물은 바로 자신이 로마 세계의 통치자였다. 마르쿠스 아우렐리우스는 161년 황제 자리에 올랐는데 그는 당시 역사상 가장 넓은 영토를 확보했던 로마 제국의 국경을 지키는 데 삶의 대부분을 바쳤다. 자신이 스토아학파의 철학자였지만 그는 중요한 철학 학파들, 즉 플라톤주의, 소요학파, 에피쿠로스주의 모두를 위한 학교를 아테네에 세웠다. 전쟁을 수행하는 중에도 그는 시간을 내어 자신의 철학적 단상을 기록하였는데 이는 《명상록》(*Meditations*)이라는 제목으로 오늘날까지 전한다. 이는 여러 격언과 대화를 모아놓은 것으로서, 우리의 짧은 삶, 공동의 선을 위하여 노력할 필요, 모든 인간의 평등함, 타락하기 쉬운 권력의 속성 등을 주제로 다룬다. 그는 애국심을 보편적인 관점과 결합하려 하였다. 그는 '내가 속한 도시와 국가는 내가 마르쿠스 아우렐리우스인 한에서는 로마이지만 내가 한 사람의 인간인 한에서는 이 세계이다'라고 말한다. 또한 그는 세계를 '제우스의 신성한 도시'라고 찬미하였다.

마르쿠스 아우렐리우스의 친구 중 한 사람이 의사 갈레노스(Galen)였는데 그는 페르가몬에서 검투사들을 치료하다가 로마로 건너왔다. 그의 방대한 저술들은 철학사보다는 주로 의학사에서 다루어지지만 사실 그는 상당한 논리학자였으며 《훌륭한 의사는 철학자여야만 한다》(*That a Good Doctor Must Be a Philosopher*)는 제목의 저술을 쓰기도 했다. 그는 생리학 분야에서 아리스토텔레스의 몇몇 중요한 오류를 바로잡았는데 이는 정신과 육체의 관계를 제대로 파악하는 데 결정적인 역할을 하였다. 아리스토텔레스는 영혼이 심장에 머무르며 두뇌는 단지 혈액을 식히는 냉각 장치라고 믿었다. 갈레노스는 신경이 두뇌로부터 아래로 내려오며 근육 수축이 시작되는 데는 척수가 필요하다는 점을 발견하였다. 따라서 그는 심장이 아니라 두뇌가 영혼이 주로 머무는 장소라고 생각하였다.

초기 기독교 철학

마르쿠스 아우렐리우스와 더불어 스토아학파도 막을 내리게 되는데 당시 에피쿠로스주의는 이미 흔적을 감추었다. 로마 황제의 허가를 받아 아테네에 학교를 세운 철학 학파 중 한 가지가 빠졌다는 사실, 즉 기독교가 제외되었다는 사실이 눈길을 끈다. 사실 마르쿠스 아우렐리우스는 기독교를 잔인하게 박해하였으며 순교자들이 가식적인 연극을 한다고 생각하고 모두 처형하였다. 그가 통치하는 동안 처형된 인물 중 한 명이 바로 최초의 기독교 철학자로 불리는 유스티누스(Justin)인데 그는 기독교를 옹호하는 《변증론》(*Apologia*)을 마르쿠스 아우렐리우스에게 헌정하였다.

기독교인들이 예수와 바울로의 종교를 플라톤 및 아리스토텔레스의 철학과 조화시키려는 시도를 처음 한 때는 2세기 말이었다. 알렉산드리아 출신의 클레멘스(Clement of Alexandria)는 일련의 잡기(雜記, *Stromateis*)를 출판하였는데 이 저술은 식탁에서 나누는 편한 대화의 형식을 띤다. 여기서 그는

마르쿠스 아우렐리우스를 기리는 기둥에 새겨진 출정 행렬, 로마 소재

교양을 갖춘 기독교인이 되기 위해서는 철학을 허용해야 할 뿐만 아니라 반드시 연구하여야 한다고 주장한다. 그리스 사상가들은 청소년기에 해당하는 세계에서 교사로서 활동하였는데 신은 성숙한 세계를 실현하기 위하여 그리

스도를 보내기로 예정하였다. 클레멘스는 플라톤을 이원론을 주장하는 기독교 이단설에 대항하기 위한 동맹자로 여겼으며, 아리스토텔레스의 논리학을 기독교와 연결하려는 실험도 하였고, 정념으로부터의 자유라는 스토아학파의 이상을 크게 찬미하였다. 필론과 마찬가지로 클레멘스도 교양을 갖춘 그리스인들에게 반발심을 불러일으켰던 《성서》의, 특히 《구약성서》의 우화적인 측면을 가능하면 배제하려 하였다. 이를 통하여 그는 오랜 역사를 지닌 알렉산드리아의 전통을 다시 드러내었다.

클레멘스는 여러 문헌을 편집한 동시에 이를 대중화한 인물이었다. 이에 비하여 그보다 젊은 알렉산드리아 출신의 동료 오리게네스(Origen, 185~254)는 독창적인 사상가였다. 그는 자신이 그저 성서를 연구하는 학생에 지나지 않는다고 생각하였지만 사실 그는 알렉산드리아 출신의 플라톤주의자 암모니오스 사카스(Ammonius Saccas)의 제자로서 당시 주류 기독교도들이 이단으로 간주하였던 많은 철학 사상들을 자신의 체계 안에 수용하려 하였다. 그는 플라톤처럼 인간의 영혼이 탄생이나 수태 이전에도 존재한다고 믿었다. 이전에는 자유로운 정신이었던 인간의 영혼은 육체와 결합한 상태에서도 그리스도의 은총에 힘입어 자신의 자유의지를 사용하여 천국에 오를 수 있다. 오리게네스는 결국 모든 이성적 존재가, 성인이든 죄인이든, 천사든 악마든 간에, 구원받으며 축복을 누릴 수 있으리라고 믿었다. 또한 그는 부활하게 될 때 우리의 육체는 (우리 육체 중 일부를 근원으로 삼아) 둥근 형태를 띠게 되리라고 생각하였다. 왜냐하면 구형은 플라톤이 가장 완벽하다고 주장한 형태이기 때문이다.

오리게네스는 이런 독특한 주장을 펼침으로써 당시 로마에서 활동하던 성직자들과 마찰을 일으켰으며 또한 기독교에 충성을 맹세함으로써 로마 제국에서 추방되었다. 그는 팔레스타인(Palestine) 지방으로 망명하였는데 그곳에서 이교도 플라톤주의자인 켈수스(Celsus)에 맞서 신과 자유, 불멸성에 대한 기독교적 믿음을 옹호하는 철학적 논증을 펼쳤다. 오리게네스는 254년 로마 황제 데시우스(Decius)의 박해 때 거듭 고문을 받은 후 사망하였다.

플라톤주의와 아리스토텔레스주의의 부활

기독교 철학이 아직 유아기 수준에 머물고 스토아학파와 에피쿠로스학파가 점차 쇠퇴하자 플라톤과 아리스토텔레스의 철학을 부활하려는 다양한 시도가 등장하였다. 플루타르코스(Plutarch, 46경~120경)는 보이오티아(Boeotia)에서 태어나 거의 평생 그곳에서 살았지만 아테네에서 공부한 적도 있고, 최소한 한 번 이상 로마에서 강연도 하였다. 그는 그리스의 유명한 영웅 23명과 로마의 영웅 23명의 생애를 짝지어 비교한 《영웅전》(*Bioi paralleloi*)을 쓴 역사가로 가장 널리 알려졌다. 영국 엘리자베스 1세 시대 번역가인 노스 경(Sir Thomas North)[32]이 《영웅전》을 영어로 번역하였는데 이는 로마 시대를 다룬 셰익스피어의 희곡에 줄거리뿐만 아니라 큰 영감을 제공하였다. 하지만 플루타르코스는 《영웅전》 외에도 대중적인 철학적 주제에 관한 글들을 모아 《도덕론》(*Moralia*)라는 제목으로 펴냈다. 그는 플라톤주의자로서 대화편 《티마이오스》에 대한 주석을 달기도 하였다. 또한 그는 스토아학파와 에피쿠로스학파에 반대하는 수많은 논쟁적인 글들을 썼는데 이는 이들 체계가 쇠퇴하는 원인이 되었다. 그는 이런 글들에 서로 대비되는 제목을, 예를 들면 《에피쿠로스학파의 모순점》(*On the Contradictions of the Epicureans*)과 《스토아학파의 모순점》(*On the Contradictions of the Stoics*) 또는 《자유의지에 관하여 에피쿠로스에 대답하면서》(*On Free Will in Reply to Epicurus*)와 《자유의지에 관하여 스토아학파에 대답하면서》(*On Free Will*

[32] 〔옮긴이 주〕 노스 경(1535~1601)은 1579년 《영웅전》을 영어로 번역하였는데 이는 번역임에도 불구하고 초기 영어 산문의 걸작으로 손꼽히며, 저자의 지적대로, 셰익스피어의 희곡과 시에 큰 영향을 미쳤다.

in Reply to the Stoics) 등의 제목을 붙였다. 오늘날 전하는 그의 글 중 가장 긴 것의 제목은 《에피쿠로스는 사실상 즐거운 삶을 불가능하게 만든다는 사실에 관하여》(*That Epicurus Actually Makes a Pleasant Life Impossible*)이며, 비교적 긴 다른 글에서는 에피쿠로스의 초기 제자 중에 한 사람으로, 플루타르코스가 언급하지 않았다면 이름이 알려지지 않았을 콜로테스(Colotes)라는 인물을 공격한다. 비록 철학자들이 플루타르코스의 저술을 자주 읽지는 않았지만 사학자들은 그가 공격의 대상으로 삼은 인물에 관한 많은 정보를 그의 저술을 통해서 얻을 수 있었다.

이 시기에 플라톤주의가 부활하였다는 사실보다 훨씬 중요한 점은 아리스토텔레스의 저술에 관한 전문적인 주석의 전통이 마련되었다는 사실이다. 현재 전하는 것들 중 가장 오래된 주석은 2세기에 아스파시오스(Aspasius)가 쓴, 아리스토텔레스의 《니코마코스 윤리학》에 관한 주석인데 이로부터 《니코마코스 윤리학》을 그의 윤리학을 대표하는 저술로 여기는 전통이 시작되었다. 2세기 말경에 아프로디시아스 출신의 알렉산드로스(Alexander of Aphrodisias)가 아테네 소요학파의 수장으로 지명되었는데 그는 아리스토텔레스의 《형이상학》, 《감각에 관하여》(*de Sensu*)와 몇몇 논리학 저술에 대한 폭넓은 주석을 달았다. 또한 그는 영혼과 운명을 다룬 소논문에서 자신이 아리스토텔레스의 생각을 이어받아 더욱 발전시켰음을 드러낸다. 아리스토텔레스는 다소 모호하게 인간의 개념 형성은 능동적 지성의 책임이라고 말하였다. 알렉산드로스는 이 능동적 지성을 신과 동일시함으로써 후에 아리스토텔레스를 추종한 아랍인 학자들에게 큰 영향을 미친 해석을 시도하였다. 반면 기독교 학자들은 이런 해석을 거부하면서 능동적 지성을 각각의 개별적 인간이 지닌 능력으로 여겼다.

플로티노스와 아우구스티누스

하지만 고전적인 고대의 황혼기에 가장 큰 철학적 영향력을 발휘한 인물은 아리스토텔레스가 아니라 플라톤이었다. 기독교도 오리게네스와 동시대인이며 암모니오스 사카스의 동료 겸 제자이기도 한, 고대 최후의 위대한 이교도 철학자는 플로티노스(Plotinus, 205~70)였다. 잠시 동안 군대에 몸담은 후 플로티노스는 로마로 이주하였는데 로마 황실로부터 호의를 얻었다. 그는 캄파니아(Campania)에 플라톤이 생각하였던 국가를 세우려는 계획을 항상 지니고 있었다. 그의 저술은 그가 죽은 후 그의 제자인 동시에 전기작가이기도 한 포르피리오스(Porphyry)에 의해 여섯 주제로 분류되어 아홉 권(Enneads)으로[33] 편집되었다. 이 책은 엄격하고 난해한 문체로 쓰였지만 다양한 철학적 주제들을 포괄적으로 다룬다. 포르피리오스의 분류에 따르면 이 책은 윤리학과 미학, 자연학과 우주론, 심리학, 형이상학, 논리학 그리고 인식론의 여섯 주제로 나뉜다.

플로티노스의 체계에서 가장 중요한 위치를 차지하는 것은 '일자'(the One)라는 개념이다. 이 개념은 단일성을 존재의 핵심적인 속성으로 보았던 파르메니데스로부터 플라톤을 거쳐 플로티노스에게 전해졌다. 일자는 다소 신비스러운 방식으로 플라톤이 말한 선의 이데아와 동일시된다. 이 일자는 모든 존재의 기초이며, 모든 가치의 기준이다. 하지만 일자 자체는 존재와 선을 넘어서 있다. 이런 말로 표현할 수 없는 최고의 정점 바로 아래 정신이(이데아는 이에 속하는데) 있고 그 다음으로 시간과 공간의 창조자인 영혼이 있다. 영혼은 정신 아래에 그리고 자연 위에 위치한다. 자연은 결국 물리적 세계를 구성한다. 가장 낮은 단계에는 순전한 질료가 존재하는데 이는 일자에서 가장 멀리 떨어진 실재의 한계이다.

[33] 〔옮긴이 주〕 흔히 플로티노스의 저술 제목으로 사용되는 '엔네아데스'라는 단어 자체가 그리스어로 '아홉'을 의미한다.

이런 단계들은 서로 독립적이지 않다. 각각의 단계는 현존하고 활동하기 위하여 바로 위의 단계에 의존한다. 모든 것은 일자로부터 이어지는, 하나의 연속적인 유출의 과정을 통하여 자신의 위치에 존재하게 된다. 플로티노스는 이런 인상적이고 놀라운 형이상학의 체계를 신비적인 계시가 아니라 플라톤과 아리스토텔레스로부터 도출된 철학적 원리들에 기초하여 제시하였다. 이에 관해서는 아래의 9장에서 상세히 검토할 예정이다.

로마의 플로티노스학파는 그가 죽은 후에는 유지되지 못하였다. 하지만 그의 제자들과 다시 그들의 제자들은 그의 사상을 다른 곳으로 이식하였다. 신플라톤주의 전통은 아테네에서 크게 번성하였는데 529년 기독교 황제인 유스티니아누스(Justinian)가 모든 이교 학파를 금지하고 그들이 세운 학교의 문을 닫으면서 막을 내렸다. 하지만 플로티노스의 사상을 고대 이후의 세계에 전한 인물은 이교도가 아니라 기독교도들이었는데 그중 가장 위대한 인물로 히포(Hippo) 출신의 아우구스티누스(St Augustine)를 들 수 있다. 그는 모든 기독교 철학자들을 통틀어 가장 큰 영향을 미친 인물이기도 하다.

아우구스티누스는 현재 알제리(Algeria)에 속한 작은 마을에서 354년에 태어났다. 그는 기독교 어머니와 이교도 아버지 사이에서 태어났는데 유아세례를 받지는 않았지만 라틴 문학 및 수사학과 더불어 기독교 교육을 받았다. 그의 젊은 시절 삶에 관하여 알려진 바 대부분은 그의 자서전이라 할 수 있는 《고백록》(*Confessions*)에 의존하는데 이 작품은 보즈웰(Boswell)과 같은 천부의 재능을 타고 난 전기작가가 존슨(Johnson)보다도 더욱 마음이 넓은 사람에 대하여 묘사한 듯한 인상을 준다.[34]

아우구스티누스는 그저 겉핥기로 그리스어를 배웠지만 수사학 교사 자격

[34] 〔옮긴이 주〕 존슨(Samuel Johnson, 1709~84)은 영국의 유명한 시인, 비평가 겸 사전편찬자이며, 보즈웰(James Boswell, 1740~95)은 전기작가인데 1791년 존슨의 전기 《사무엘 존슨의 생애》(*The Life of Samuel Johnson*)를 출판하였다. 이는 영국문학사를 통틀어 최고의 전기로 평가된다.

을 얻었고 카르타고(Carthage)에서, 그 자신의 묘사에 따르면 '사악한 사랑이 가득 찬 용광로 같은' 도시에서 수사학을 가르쳤다. 18세 때 키케로의 《호르텐시우스》를 읽고 그는 플라톤을 열렬히 사랑하게 되었다. 그 후 10여 년 동안 그는 마니교(Manichaeism)를 믿었는데, 이는 신이 창조한 정신적인 선과 밝음의 세계와 악마가 창조한 육신의 어두운 세계라는 두 세계가 존재한다고 주장하는 혼합적인 종교였다. 성행위를 혐오하는 마니교의 태도는 그 후 평생 동안 그에게 큰 영향을 미쳤다. 하지만 그는 몇 년 동안 한창 때에 어떤 여성과 동거하여 아들 아데오다투스(Adeodatus)를 낳기도 하였다.

383년 그는 지중해를 건너 로마로 온 후 바로 밀라노(Milan)로 갔는데 당시 그곳은 둘로 나뉜 로마 제국 중 서로마 제국의 수도였다. 그곳에서 그는 밀라노의 주교인 암브로시우스(Ambrose)와 친분을 나누었는데 암브로시우스는 테오도시우스(Theodosius) 황제의 무자비한 세속 권력에 대항하여 종교적, 도덕적 주장을 수호한 위대한 인물이었다. 암브로시우스와 어머니 모니카(Monica)의 영향으로 아우구스티누스는 기독교로 전향하게 되었으며 잠시 주저하다가 387년 세례를 받았다.

세례를 받은 후 몇 년 동안 아우구스티누스는 여전히 플로티노스 철학의 영향 아래 있었다. 그는 신과 인간 영혼에 관한 몇 편의 대화를 통하여 기독교적인 신플라톤주의를 분명히 드러내었다. 《아카데메이아학파에 반대하여》(*Against the Academics*)에서 그는 아카데메이아 중심의 회의주의에 반대하는 논증을 상세히 제시한다. 또한 《이데아에 관하여》(*On Ideas*)에서는 플라톤의 이데아론에 관한 나름대로의 해석을 시도한다. 그에 따르면 이데아는 정신을 초월하여 존재하는 무언가가 아니라 신의 정신 안에 영원불변하게 존재하는 것이다. 그는 인간의 자유의지와 선택, 악의 근원을 다룬 《자유의지론》(*On Free Choice*)을 썼는데 이는 오늘날에도 철학의 많은 분야에서 자주 인용된다. 그는 또한 《83가지 서로 다른 질문들》(*83 Different Questions*)도 썼는데 여기서는 철저히 플라톤주의의 입장을 유지한다. 이외에도 그는 음악에 관한 여섯 권의 책을 썼고, 《교사에 관하여》(*On the Teacher*)라는 활기에 넘치는 저술도 썼는데 여기서는 말의 본성과 능력을 풍부한 상상력을 통하여 제시한다.

이런 저술들은 모두 아우구스티누스가 마지막 부름을 받아들여 391년 사제로 임명되기 이전에 쓴 것들이다. 사제가 된 직후 그는 알제리 히포의 주교가 되었으며 430년 사망할 때까지 그곳에서 살았다. 주교가 된 후에도 그는 대표작 《신국론》(*The City of God*)을 포함한 방대한 저술을 계속 펴냈지만, 391년은 그 자신뿐만 아니라 철학사 전체에서도 중요한 전환점을 형성한다. 그 이전까지 그는 자신을 고대철학을 마지막으로 꽃피운 인물로 드러낸다. 하지만 그 이후부터 그는 더 이상 이교도 플로티노스의 제자가 아니라 중세 기독교 철학의 아버지로서 자신의 모습을 제시한다. 그와 더불어 전개된 중세가 낳은 여러 창조적 성과에 관해서는 이 '철학사'의 다음 권에서[35] 살펴보려 한다.

아우구스티누스는 성숙기에 이르러서도 자신이 새로운 철학의 창시자라고는 전혀 생각지 않았다. 그는 자신보다 훨씬 위대한 인물인 플라톤과 바울로를 통하여 그리고 인간 이상의 존재였던 예수를 통하여 자신에게 전달된 신의 뜻을 해석하고 설명하는 일을 자신의 임무로 여겼다. 하지만 이후 여러 세대에 걸쳐 많은 학자들이 아우구스티누스가 스승으로 여겼던 인물들의 사상을 이해한 방식을 보면 대부분 아우구스티누스의 저술을 바탕으로 삼고 있음을 발견하게 된다. 그렇다면 고대의 철학자들을 통틀어 진정으로 인간의 사고에 큰 영향을 미친 인물은 아리스토텔레스가 유일하다고 생각된다.

[35] 〔옮긴이 주〕 참고로 원서의 서지사항을 밝히면 다음과 같다. A. Kenny, *Medieval Philosophy* (Oxford: Oxford Uni. Press, 2005).

3장

논증의 방법: 논리학

논리학은 나쁜 논증에서 좋은 논증을 골라내는 방법을 다루는 분야이다. 아리스토텔레스는 자신이 논리학의 창시자라고 주장하였는데 이는 결코 근거 없는 허풍이 아니다. 물론 인간은 사회를 형성하기 시작한 이래 논증을 계속해 왔으며, 다른 사람들의 논증에서 오류를 지적해 왔다. 로크(John Locke)가 말하였듯이 '신은 인간을 단지 두 발로 걷는 수준으로 창조하지 않았으며, 인간을 이성적으로 만드는 임무를 아리스토텔레스에게 맡겼다.' 우리가 최초로 논증적 추론을 형식적으로 탐구하게 된 계기는 당연히 아리스토텔레스에게서 마련되었다. 하지만 다른 분야와 마찬가지로 논리학의 등장도 우선 플라톤에 크게 힘입었음을 인정하여야 한다. 프로타고라스의 가르침에 따라 플라톤은 말을 구성하는 여러 부분들 사이의 중요한 구별을 제시하였는데 이런 구별은 논리학의 기초가 되는 여러 부분들을 형성한다. 《소피스테스》에서 그는 명사와 동사 사이의 구별을 도입하는데, 동사는 행위를 나타내며 명사는 그런 행위를 하는 행위자를 나타낸다. 그는 한 문장은 반드시 최소한 하나의 명사와 또 최소한 하나의 동사로 이루어진다고 주장한다. 연속된 두 명사 또는 연속된 두 동사는 결코 문장이 될 수 없다. '걷는다 뛴다'는 문장이 아니며 '사자 수사슴' 또한 마찬가지다. 가장 단순한 문장은 '사람은 배운다', '테아이테토스가 하늘을 난다'와 같은 형태를 띠는데,

최소한 이런 구조를 지녀야 참인지 거짓인지 판정될 수 있다(*Sph*. 262a~263b). 이렇게 문장을 가장 작은 단위로 분리하는 일은 — 위의 경우는 이를 보여 주는 하나의 예이기도 한데 — 논증을 논리적으로 분석하는 데 반드시 필요한 첫걸음이기도 하다.

아리스토텔레스는 논리학에 관한 많은 저술을 남겼는데 이들은 전통적으로 그의 전집 맨 앞에 다음과 같은 순서로 배열된다. 《범주론》(*Categories*), 《명제론》(*de Interpretatione*), 《분석론 전서》(*Prior Analytics*), 《분석론 후서》(*Posterior Analytics*), 《토피카》(*Topics*), 《소피스트 식 논박》(*Sophistical Refutations*). 이는 이들이 쓰인 순서대로 배열된 것도 아니며 이들을 읽는 일이 우리에게 더 큰 도움이 되는 순서대로 배열된 것도 아니다. 따라서 《분석론 전서》를 검토함으로써 논의를 시작하는 것이 가장 바람직한 듯하다. 왜냐하면 이 책은 아리스토텔레스가 스스로 창시한 논리학이라는 분야에 기여한 바를 가장 잘 보여 주는 동시에 논쟁의 여지가 거의 없기 때문이다.

아리스토텔레스의 삼단논법

《분석론 전서》에서는 주로 삼단논법이 다루어지는데 이는 중요한 추론 방법으로서 다음과 같은 낯익은 예에서 잘 드러난다.

모든 그리스인은 인간이다.
모든 인간은 언젠가는 죽는다.
그러므로 모든 그리스인은 언젠가는 죽는다.

아리스토텔레스는 삼단논법이 얼마나 많은 형태를 취할 수 있으며, 이들 중 몇 가지가 신뢰할 만한 추론을 제공하는지를 밝히려 한다.

이를 탐구하기 위하여 아리스토텔레스는 여러 전문 용어들을 도입하는데 이들은 수많은 언어로 번역되면서 논리학사 전반에 걸쳐 중요한 역할을 담당해왔다(1. 1. 24a10~b15). '삼단논법'(syllogism)이라는 용어 자체도 아리스토텔레스가 위와 같은 유형의 추론을 지칭하는 데 사용한 그리스 단어 '실로기스모스'(*syllogismos*)를 영어로 번역한 것이다. 이는 《분석론 전서》 첫머리에서 다음과 같이 정의된다. 삼단논법은 어떤 것들로부터 필연적으로 도출되는 다른 무언가를 이끌어 내는 데 관한 논의이다(1. 1. 24b18).

위에서 든 삼단논법의 예에는 직설법으로 표현된 세 문장이 등장하는데 아리스토텔레스는 이들 각각을 **명제**(*protasis*)라고 부른다. 명제는, 그리 엄밀하지 않게 말한다면, 논리적 특성의 측면에서 고려된 문장이라 할 수 있다. 위의 예에서 세 번째 명제를 — 즉 '따라서' 뒤에 이어지는 명제를 — 아리스토텔레스는 삼단논법의 **결론**이라고 부른다. 그렇다면 다른 두 명제는 **전제**라고 부를 수 있는데 아리스토텔레스 자신은 이들을 구별하여 지칭하기 위한 별도의 일관된 전문 용어를 사용하지는 않는다.

위의 예에서 명제들은 '모든'이라는 단어로 시작되는데 아리스토텔레스는 이런 명제들을 **전칭** 명제(*katholou*)라고 부른다. 하지만 이들이 유일한 종류의 전칭 명제는 아니다. '어떤 그리스인도 말이 아니다'와 같은 명제 또한 전칭 명제이다. 전자가 전칭 **긍정** 명제(*kataphatikos*)인 반면 후자는 전칭 **부정** 명제(*apophatikos*)이다.

전칭 명제와 대비되는 것으로 **특칭** 명제(*en merei*)가 있는데 '약간의 그리스인은 수염을 기른다'(특칭 긍정 명제) 또는 '약간의 그리스인은 수염을 기르지 않는다'(특칭 부정 명제) 등이 이에 속한다. 아리스토텔레스는 이런 종류의 명제들 모두에서 무언가가 다른 무언가의 **술어가 된다고** 말한다. 위의 예에서 언젠가는 죽는다는 것이 그리스인의 술어가 되기도 하며 말이라는 것이 그리스인의 술어가 되기도 한다. 부정을 표시하는 말이 있는가 없는가에 따라 이들 술어가 긍정인지 아니면 부정인지가 각각 결정된다(1. 1.

24b17).

명제에서 술어의 자리에 놓일 수 있는 단어를 아리스토텔레스는 명사(名辭, *horoi*)라고 부른다. 그가 생각한 대로 명사는 그 자체로 술어가 되기도 하고 다른 명사를 자신의 술어로 삼기도 하는 특성을 지닌다. 따라서 위의 첫 번째 예를 보면 인간이라는 명사는 첫 번째 문장에서 다른 것의 술어로 사용되지만 두 번째 문장에서는 다른 것이 인간이라는 명사의 술어가 됨을 발견할 수 있다.

아리스토텔레스는 삼단논법에서 등장하는 명사들에게 세 가지의 서로 다른 역할을 부여한다. 결론의 술어로 등장하는 명사는 **대명사**이며, 결론에서 대명사를 술어로 삼는 명사는 **소명사**이다. 그리고 두 전제 각각에서 모두 등장하는 명사는 **중명사**이다(1. 4. 26a21~3).[1] 그러므로 위의 예에서 '언젠가는 죽는다'가 대명사이며, '그리스인'이 소명사, '인간'이 중명사가 된다.

이런 전문 용어들의 발명과 더불어 아리스토텔레스는 논증의 유형을 명백히 표현하기 위하여 구체적인 단어를 대신하는 문자를 사용하기 시작하였다. 이는 추론을 체계적으로 연구하는 데 반드시 필요할 뿐만 아니라 현대의 수학적 논리학에서 항상 사용되는 바이기도 하다. 따라서 위에서 예시한 논증의 유형을 아리스토텔레스는 구체적인 예를 들지 않고 다음과 같은 도식적인 문장으로 표현한다.

> 만일 A가 모든 B에 속하고, B가 모든 C에 속한다면, A는 또한 모든 C에 속한다.[2]

[1] 하지만 아리스토텔레스는 《분석론 전서》에서 이런 용어들을 그리 일관되게 사용하지 않는다. 그는 삼단논법의 2격과 3격을 검토하면서는 여기에서 벗어나기도 하지만 위와 같은 설명이 고대로부터 표준적인 것으로 받아들여졌다(W. C. Kneale and M. Kneale, *The Development of Logic* (Oxford: Clarendon Press, 1962), 69~71 참조).

[2] 이런 도식적인 형태의 표현과 더불어 삼단논법에 대한 아리스토텔레스의 설명이 'p, q이므로 따라서 r'이라는 유형이 아니라 '만일 p이고 q라면 필연적으로 r이다'라는 유형을 따른다는 점에 주목할 필요가 있다.

아리스토텔레스는 구체적인 예를 들고 싶을 경우에도 일반적으로 어떤 삼단논법을 생략하지 않고 모두 쓰기보다는 도식적인 문장을 제시한 후 A, B, C에 들어갈 수 있는 것들의 목록을 나열하는 방식을 택한다(예를 들면 1. 5. $27^{b}30$~2 참조).

모든 삼단논법에는 세 명사와 세 명제가 등장한다. 그런데 아리스토텔레스는 이미 명제를 서로 다른 네 종류로 구별하였고, 명사들이 전제에서 서로 다른 순서로 등장할 수 있으므로 이로부터 서로 다른 수많은 삼단논법의 유형들이 생겨난다. 우리가 앞에서 들었던, 오직 전칭 긍정 명제들만으로 구성된 예와는 달리 세 명제에는 부정 명제나 특칭 명제가 포함될 수도 있다. 또한 중명사가 첫 번째 전제에서 술어로, 두 번째 전제에서는 주어로 등장하는 위의 예와는 달리 두 전제 모두에서 중명사가 주어로 등장하거나 아니면 모두에서 술어로 등장하는 경우도 있을 수 있다. (아리스토텔레스가 선호하는 정의에 따라 결론에서는 항상 소명사가 주어로, 대명사가 술어로 등장한다.)

아리스토텔레스는 전제들에서 중명사가 놓이는 위치에 따라 삼단논법의 세 가지 격(*schemata*)을 구별한다. 1격에서는, 우리가 위에서 들었던 예에서처럼, 중명사가 한 번은 술어로 한 번은 주어로 사용된다(이때 전제들의 순서는 상관이 없다). 2격에서는 중명사가 두 번 모두 주어로 등장하며, 3격에서는 중명사가 두 번 모두 술어로 등장한다. 이제 소명사를 S, 중명사를 M, 대명사를 P로 약칭하면 다음과 같은 세 격을 얻는다.

	(1)	(2)	(3)
	S–M	M–S	S–M
	M–P	M–P	P–M
그러므로	S–P	S–P	S–P

아리스토텔레스는 주로 1격의 삼단논법에 관심을 보였으며 오직 이것만이

'완전하다'고 여겼는데, 이를 통하여 그가 의미한 바는 1격이 다른 격의 삼단논법에서는 발견할 수 없는 직관적인 타당성을 보여 준다는 점인 듯하다(1. 4. 25^b35).

삼단논법의 모든 명제들에는 술어가 등장하지만 이들은 서로 다른 네 종류의 명제에, 즉 전칭 긍정, 전칭 부정, 특칭 긍정, 특칭 부정에 기초하여 서로 다른 형식을 지니게 된다. 따라서 S-P라는 명제는 '모든 S는 P이다', '어떤 S도 P가 아니다', '약간의 S는 P이다', '약간의 S는 P가 아니다' 중 어떤 것도 될 수 있다. 그러므로 각각의 격에서 수많은 추론의 유형이 등장할 수 있다. 예를 들면 1격에서 다양한 유형이 얼마든지 가능하지만 두 가지만 예를 들면 다음과 같다.

모든 그리스인은 인간이다.	약간의 동물은 개다.
어떤 인간도 영원히 살지 못한다.	약간의 개는 희다.
어떤 그리스인도 영원히 살지 못한다.	모든 동물은 희다.

삼단논법에서 이런 서로 다른 유형은 후에 삼단논법의 '식'(mood)으로 불리게 되었다. 방금 예로 든 두 삼단논법은 모두 1격에 속하지만 이들 둘 사이에는 명백히 큰 차이가 있다. 즉 첫 번째는 타당한 논증이지만, 두 번째는 참인 전제로부터 거짓인 결론을 이끌어 낸 부당한 논증이다.[3]

아리스토텔레스는 가능한 여러 가지 식들 중에 과연 어떤 것이 타당한 추론인지를 규정하는 일을 자신의 임무로 삼는다. 그는 가능한 다양한 전제들의 쌍을 엄밀하게 검토하고 이들로부터 과연 어떤 결론이 도출될 수 있는지를 자문함으로써 이런 작업을 수행한다. 한 쌍의 전제로부터 어떤 결론도 타

[3] 어떤 타당한 논증에서도 참인 전제들로부터 거짓인 결론은 도출되지 않는다. 하지만 거짓인 전제들로부터 거짓인 결론을 이끌어 내는 타당한 논증이나 거짓인 전제들로부터 참인 결론을 이끌어 내는 부당한 논증은 얼마든지 있을 수 있다.

당하게 도출되지 않는다면 이는 삼단논법이 아니라고 그는 말한다. 예를 들면 그는 만일 B가 어떤 C에도 속하지 않고 A가 약간의 B에 속한다면 이는 삼단논법일 수 없다고 말하며, 문자의 자리에 '희다', '말', '백조'를 대입하여 이를 검토한다(1. 3. 25ª38). 이를 대입해 보면 '어떤 백조도 말이 아니다'와 '약간의 말은 희다'라는 한 쌍의 전제를 얻게 되는데 이를 검토해 보면 이로부터는 백조가 희거나 또는 그렇지 않다는 점에 관한 어떤 결론도 이끌어낼 수 없음이 발견된다.

그의 검토 과정은 처음에는 특별한 계획이 없이 직관적으로 진행되는 듯이 보이지만 논의가 진행됨에 따라 점차 그는 어떤 식이 결론을 산출하며 어떤 식이 그렇지 않은지를 적절히 판별할 수 있는 몇 가지의 일반 규칙을 찾아낸다. 모든 격의 삼단논법에 적용되는 규칙은 다음 세 가지이다.

(1) 최소한 전제 중 하나는 전칭 명제여야 한다.
(2) 최소한 전제 중 하나는 긍정 명제여야 한다.
(3) 전제 중 하나가 부정 명제이면 결론도 부정 명제여야 한다.

이 규칙들은 보편적으로 적용되지만 특정한 격과 관련해서는 더욱 구체적인 형태를 취하게 된다. 특히 1격에 적용되는 규칙은 다음과 같다.

(4) 대전제는 (대명사를 포함하는 전제는) 전칭 명제여야 한다.
(5) 소전제는 (소명사를 포함하는 전제는) 긍정 명제여야 한다.

이런 규칙들을 적용해 보면 1격의 삼단논법 중에 다음과 같은 오직 네 개의 식만이 타당하다는 사실을 발견한다.

모든 S는 M이다.	모든 S는 M이다.	약간의 S는 M이다.	약간의 S는 M이다.
모든 M은 P이다.	어떤 M도 P가 아니다.	모든 M은 P이다.	모든 M은 P가 아니다.
모든 S는 P이다.	어떤 S도 P가 아니다.	약간의 S는 P이다.	약간의 S는 P가 아니다.

아리스토텔레스는 2격과 3격에 속하는 여러 식들의 타당성을 판별하기 위한 규칙들도 제시하지만 이들까지 상세히 살펴볼 필요는 없을 듯하다. 왜냐하면 아리스토텔레스 자신이 2격과 3격에 속하는 모든 삼단논법은 1격의 삼단논법과 동일하다는 점을 보이기 때문이다. 일반적으로 2격과 3격의 삼단논법은 아리스토텔레스가 환위(*antistrophe*)라고 부른 과정을 통하여 1격의 삼단논법으로 변형될 수 있다.

환위란 아리스토텔레스가 《분석론 전서》의 앞부분에서 설명한, 서로 다른 형태를 취하는 명제들 사이의 여러 가지 관계에 의존한다. 예를 들면 특칭 긍정 명제와 전칭 부정 명제의 경우 그 명제에 등장하는 명사들의 순서를 바꾸어도 명제의 의미는 전혀 변하지 않는다. 약간의 S는 P이다와 약간의 P는 S이다는 논리적 동치이며, 또한 어떤 S도 P가 아니다와 어떤 P도 S가 아니다도 논리적 동치이다(1. 2. 25^{a}5~10). (이와는 대조적으로 '모든 P는 S이다'가 참이 아닌 경우에도 '모든 S는 P이다'는 참일 수 있으며 따라서 이들은 논리적 동치가 아니다.)

다음과 같은 3격의 삼단논법을 검토해 보자. '어떤 그리스인도 새가 아니다. 그러나 모든 까마귀는 새이다. 따라서 어떤 그리스인도 까마귀가 아니다.' 여기서 소전제를 환위하면 '어떤 새도 그리스인이 아니다'라는 명제가 되며 이를 통하여 우리는 위의 표에서 두 번째 식으로 제시한 1격의 삼단논법을 얻게 된다. 아리스토텔레스는 자신의 저술에서 이런 방식의 환위를 통하여 거의 모든 2격과 3격의 삼단논법이 1격의 삼단논법으로 환원될 수 있음을 보인다. 이런 절차가 불가능한 드문 경우들에서 그는 귀류법을 사용하여 2격과 3격의 삼단논법을 변형하며, 이를 통하여 삼단논법의 한 전제가 결

뤼시포스(Lysippus)의 작품으로 여겨지는 아리스토텔레스의 두상 (기원전 4세기)

론을 부정하는 두 번째 전제와 연결될 때 이는 (1격의 연역을 통해서) 두 번째 전제의 부정을 결론으로 낳는다는 점을 보인다(1. 23. 41a21 이하).

아리스토텔레스의 삼단논법은 진정 주목할 만한 성과이다. 이는 논리학의 중요한 부분을 체계적으로 정식화한 시도이다. 이후에 등장한 몇몇 학자들은 — 고대와 중세의 학자들은 말할 것도 없고 — 삼단논법이 논리학의 전부라고까지 생각하였다. 예를 들면 칸트(Immanuel Kant)는《순수이성비판》의 재판 머리말에서 아리스토텔레스 이후 논리학은 단 한 걸음도 앞으로 나아가지 않았을 뿐만 아니라 그렇게 할 필요도 느끼지 않았다고 말하였다.

하지만 사실 삼단논법은 논리학의 일부에 지나지 않는다. 삼단논법은 전제와 결론에 등장하는 '모든' 또는 '약간의'라는 단어에 의존하는 추론만을 다룰 뿐이며, 명사에 집착하기보다는 전체 문장을 연결하는 '만일 …라면 …이다'와 같은 형태의 추론을 다루지 않는다. 앞으로 살펴보겠지만 '만일 지금이 낮이 아니라면 밤이다. 그런데 지금은 낮이 아니다. 그러므로 지금은 밤이다'와 같은 추론이 고대철학 말기에 이미 정식화되었다. 아리스토텔레스의 삼단논법이 지닌 또 다른 결함을 메우는 데는 이보다 훨씬 오랜 시간이 걸렸다. 그의 삼단논법은 특히 '모든', '약간의' 등의 단어들과(이들은 후에 한량 언어(quantifier)라고 불리게 되는데) 관련되지만 이들이 주어의 위치가 아니라 문법적으로 술어에 해당하는 명사를 한정하는 추론까지 다루지는 못한다. 아리스토텔레스의 규칙들은 예를 들면 '모든 소년은 어떤 소녀를 사랑한다', '어떤 사람도 모든 실수를 피할 수는 없다' 등의 전제를 포함하는 추론의 타당성을 평가하는 데 이용될 수 없다. 이런 추론들을 만족스럽게 정식화하여 해결하는 데는 무려 2천 년 이상이 걸렸다.

아리스토텔레스는 어쩌면 잠시 동안 자신의 삼단논법이 가능한 모든 타당한 추론을 다루기에 충분하다고 생각하였는지도 모른다. 하지만 그 자신의 논리학 저술을 보더라도 논리학에는 삼단논법이 꿈꾸는 정도보다 훨씬 더 많은 요소들이 있음을 그가 곧 깨달았음을 알 수 있다.

《명제론》과 《범주론》

《분석론 전서》와 마찬가지로 《명제론》에서도 아리스토텔레스는 '모든', '어떤 …도 …가 아니다', '약간의' 등의 단어로 시작되는 명제들 일반을 중요하게 다룬다. 하지만 그의 주된 관심은 이런 명제들 각각을 삼단논법을 통하여 연결하기보다는 이들 사이의 양립가능성 또는 양립불가능성이라는 관계를 밝히는 데 있다. '모든 사람은 희다'와 '어떤 사람도 희지 않다'라는 두 명제가 동시에 참일 수 없다는 점은 명백하다. 아리스토텔레스는 이런 명제들이 서로 **반대**(*enantiai*) 관계에 있다고 말한다(7. 17^b4~15). 하지만 이들 두 모두 거짓일 수는 있다. 즉 실제로 그렇듯이 어떤 사람은 희고 다른 어떤 사람은 희지 않을 수 있다. 반면 '모든 사람은 희다'와 '약간의 사람은 희지 않다'는 앞의 경우와 마찬가지로 둘 모두 참일 수는 없다. 하지만 — 사람이라 불리는 것이 존재한다는 가정하에서 — 둘 모두 거짓일 수는 없다. 둘 중 하나가 참이면 다른 하나는 거짓이며, 둘 중 하나가 거짓이면 다른 하나는 반드시 참이다. 아리스토텔레스는 이를 **모순**(*antikeimenai*) 관계라고 부른다(7. 17^b16~18).

전칭 긍정 명제가 특칭 부정 명제와 모순 관계를 이루는 것과 마찬가지로 전칭 부정 명제와 특칭 긍정 명제 또한 모순 관계를 이룬다. 예를 들면 '어떤 사람도 희지 않다'와 '약간의 사람은 희다'는 명제 사이의 관계는 모순 관계이다. 하지만 서로 대응하는 두 특칭 명제 사이의 관계는 반대 관계도 모순 관계도 아니다. 예를 들면 '약간의 사람은 희다'와 '약간의 사람은 희지 않다'라는 두 명제는, 실제로 그렇듯이, 모두 동시에 참일 수 있다. 하지만 사람이 존재한다고 가정할 경우 두 명제가 모두 동시에 거짓일 수는 없다. 이런 관계에 대하여 아리스토텔레스 자신이 어떤 이름을 붙이지는 않았지만 후에 등장한 학자들은 이를 소반대 관계라고 불렀다.

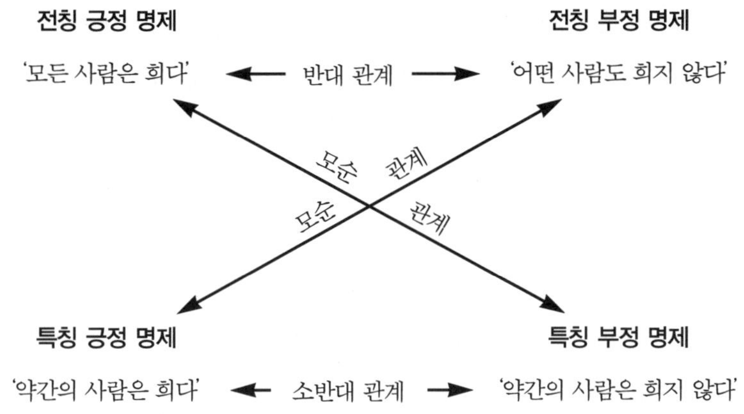

아리스토텔레스가 《명제론》에서 제시한 명제들 사이의 관계로부터 위와 같은 표를 만들 수 있는데 실제로 그의 후계자들은 수세기에 걸쳐 이를 계속 깊이 탐구하였다. 이 표는 오늘날 대당 사각형(square of opposition)으로 불린다.

삼단논법과 대당 사각형에 등장하는 명제들은 전칭이든 특칭이든 간에 모두 일반 명제들이다. 바꾸어 말하면 이런 명제들 중 '소크라테스는 현명하다'와 같이 고유명사를 사용하여 개인에 관하여 언급하는 명제는 하나도 없다. 하지만 아리스토텔레스는 단칭 명제에 관해서도 충분히 알고 있었으며 《분석론 전서》의 마지막 장에서 '피타코스는 관대하다'는 단칭 명제를 예로 사용하기도 한다(2. 27. 70^{a}25). 하지만 이 책 전반에서 아리스토텔레스는 모든 전제와 결론은 한량이 정해진 일반 명제라는 점을 기본적으로 전제하므로 단칭 명제의 등장은 다소 어색한 감이 있다. 《명제론》에서는 단칭 명제가 비교적 자주 언급되는데 주로 일반 명제와 대비하기 위하여 사용된다. 예를 들면 '소크라테스는 희다'라는 명제와 모순 관계를 이루는 명제는 '소크라테스는 희지 않다'이며 이를 제시하기란 손쉬운 일이라는 식으로 언급된다(7. 17^{b}30). 하지만 단칭 명제에 관한 체계적인 연구를 찾아보기 위해서는 《범주론》에로 눈을 돌려야 한다.

《분석론》에서는 명제와 명사 사이의 구별과 더불어 논의가 시작되는 반면 《범주론》은 '언급된 바'를 복합적인 것(*kata symploken*)과 단순한 것(*aneu symplokes*)으로 나눔으로써 출발한다(2. 1ª16). 복합적 언급의 예는 '한 사람이 달려간다'는 문장이며, 단순한 언급은 복합적 언급에 등장하는 명사와 동사들, 예를 들면 '인간', '황소', '달린다', '이긴다' 등이다. 오직 복합적 언급만이 참, 거짓이 판별되는 문장일 수 있다. 단순한 언급은 참도 거짓도 아니다. 이와 유사한 구별이 《명제론》에도 등장하는데 이를 통하여 우리는 문장(*logos*)은 그 자체로 완전한 의미를 표현하는 반면 단지 기호에 불과한 단어들은 이렇게 완전한 의미를 지니지 못한다는 사실을 알게 된다. 이런 단순 기호들은 서로 다른 두 종류로 나뉘는데 그중 하나는 명사이며(*Int*. 2. 16ª20～ᵇ5), 다른 하나는 동사이다(*Int*. 3. 16ᵇ6～25). 이 둘은 서로 구별되는데 동사는 명사와는 달리 '특별히 시간을 의미하는 부분'을, 즉 시제를 지니기 때문이다. 하지만 《범주론》에서는 단순한 단어들에 관한 이보다 훨씬 더 상세한 설명이 이루어진다. 이 저술의 4권에서 아리스토텔레스는 다음과 같이 말한다.

> 각각의 단어는 어떤 실체(*ousia*)를 의미하거나 아니면 그것이 얼마나 큰지, 어떤 종류인지, 다른 것과 어떻게 관련되는지, 어디에, 언제 있는지, 어떤 자세를 취하는지, 무엇을 입고, 무엇을 하며, 무엇을 당하는지 등을 의미한다. 그리 엄밀하지 않은 예를 들어 보면 실체에 해당하는 단어는 인간, 말 등이며, 얼마나 큰지는 4피트, 6피트 등이며, 어떤 종류인지는 흰, 박식한 등이며, 다른 것과 어떻게 관련되는지는 두 배, 절반, 더욱 큰 등이며, 어디에 있는지는 리케이온에, 광장에 등이며, 언제는 어제, 내일, 작년에 등이며, 어떤 자세를 취하는지는 누워 있는, 앉아 있는 등이며, 무엇을 입었는지는 신발을 신은, 무장을 한 등이며, 무엇을 하는지는 자르는, 불태우는 등이

며, 무엇을 당하는지는 잘려지는, 불태워지는 등이다. (4. 1^b25~2^a4)

매우 압축된 동시에 애매하기도 한 이 대목은 이후 수세기에 걸쳐 많은 학자들의 탐구 대상이 되었으며 그들에게 큰 영향을 미쳤다. 아리스토텔레스가 단순한 단어들이 의미한다고 지적한 이 열 가지가 바로 이 대목이 등장하는 저술의 제목이기도 한 **범주**이다. 여기서 아리스토텔레스는 서로 다른 성격을 지니는 일련의 표현 방식, 즉 명사(예를 들면 '실체'), 동사(예를 들면 '무엇을 입었는지') 그리고 의문사(예를 들면 '어디에?', '얼마나 큰지?') 등을 통해서 범주를 나타낸다. 그가 제시한 열 가지 범주를 다소간 추상적인 명사로 다음과 같이 표현하는 일이 이미 관행이 되었다. 즉 실체, 분량, 성질, 관계, 장소, 시간, 자세, 의상, 능동, 수동이 열 가지 범주에 해당한다.

범주란 무엇이며 이들을 나열한 아리스토텔레스의 의도는 무엇인가? 그 중 최소한 한 가지는 그가 개체를 주어로 삼는 문장에서 술어로 등장할 수 있는 서로 다른 열 가지 표현 방식을 제시하고 있다는 점이다. 우리는 예를 들면 소크라테스에 대하여 인간이었으며, 키가 5피트 정도였고, 현명하였으며, 플라톤보다 나이가 많았고, 기원전 5세기에 아테네에 살았다고 말할 수 있다. 어떤 특정한 기회에 그의 친구가 그에 대하여 그가 앉아 있었고, 망토를 걸치고 있었으며, 천 조각을 자르고 있었으며, 해가 따듯하게 그를 비추고 있었다고 말하였을지도 모른다. 어쨌든 《범주론》에 등장하는 이론이 《분석론 전서》에서의 엄격하게 제한된 명제 이론보다 다양한 진술을 할 수 있는 훨씬 넓은 공간을 제공한다는 점은 분명한 사실이다.

또한 위의 인용문은 아리스토텔레스가 언어적인 표현 방법만을 분류하는데 그치지 않았음을 명백히 드러낸다. 그는 자신이 언어를 넘어서는 실재들을, 즉 언어라는 기호를 통해서 의미되는 바에 대응하는 대상 자체를 분류하고 있다고 생각하였다. 범주 이론이 형이상학적으로 함축하는 바에 관해서는 아래의 6장에서 살펴볼 예정이다. 하지만 여기서 바로 다루지 않으면 안 될 문제가 한 가지 있다. 아리스토텔레스의 주장을 받아들인다면 우리는 '소크라테스는 배불뚝이였다', '소크라테스는 멜레토스보다 현명하였다' 등의 문장에 등장하는 술어의 범주를 쉽게 분류할 수 있다. 그러나 이런 문장들에 등장하는 '소크라테스'에 관해서는 무어라 말해야 하는가? 아리스토텔레스의 목록은 술어의 목록이지 주어의 목록은 아닌 듯이 보인다.

그는 《범주론》의 뒤이은 장에서 이에 대한 대답을 제시한다.

> 실체에 관해서는 — 즉 엄격한 의미에서 실체라고 불리는, 제1의 전형적인 실체에 관해서는 — 그것이 주어에 관한 것이라고도 아니면 주어 안에 있는 것이라고도 말할 수 없다. 즉 이러저러한 사람이나 이러저러한 말이 바로 실체이다.
>
> 반면 제이실체는 제일실체가 속하는 유와 종이라 할 수 있다. 따라서 이런저런 사람은 인간이라는 종에 속하며, 다시 인간은 동물이라는 유에 속한다. 그러므로 인간과 동물은 모두 제이실체로 불린다. (5. 2^a11~19)

아리스토텔레스가 이 인용문에서 주어라는 말을 사용하면서 언어적 표현에 관해서가 아니라 그런 표현에 대응되는 바에 관하여 말하고 있음은 분명하다. 즉 제일실체는 '소크라테스'라는 단어가 아니라 인간 소크라테스이다. 그렇다면 범주들의 목록에서 맨 처음 등장하는 실체는 제이실체라는 점이 드러난다. 따라서 '소크라테스는 인간이다'라는 문장에서는 제이실체가(즉 종이) 제일실체의(즉 개체의) 술어가 됨을 알 수 있다. 다시 위의 인용문에서 아리스토텔레스는 제일실체와 **주어 안에 있는** 바를 서로 구별하는데 이때 그가 주어 안에 있음이라는 말을 통하여 의미한 바는 다른 어떤 범주에 속하는 술어에 의해서 규정되는 바라고 할 수 있다. 따라서 만일 '소크라테스는 현명하다'라는 말이 참이라면 소크라테스의 현명함은 소크라테스 안에 있는 여러 요소 중 하나가 된다(2. 1a25 참조).

아리스토텔레스는 다시 범주들에 관하여 논의하면서 자신의 생각을 정리한다. 실체, 분량, 성질 등의 범주는 상당히 길게 논의되지만 다른 범주들, 능동이나 수동 등은 그저 간단하게 언급하는 데 그친다. 또 다른 범주들, 자세나 의상 등은 아예 논의에서 제외되기도 한다. 이 과정에서 서로 다른 범주들을 분명히 구별하기 위하여 상세한 논리적 관점들이 형성된다. 예를 들면 성질들은 대체로 정도의 차이를 허용하지만 어떤 특정한 분량은 이를 허용하지 않는다. 어떤 것이 다른 것보다 더욱 어두울 수는 있지만 길이가 더욱 4피트일 수는 없다(7. 6a19; 8. 10b26). 각각의 범주 안에서 그에 속하는 하위의 집합들도 확인된다. 예를 들면 서로 다른 두 유형의 분량이(연속적인 것과 불연속적인 것이라는) 있으며, 성질에 속하는 것의 예로 아리스토텔레스는 덕, 건강함, 어두움, 형태의 네 가지를 든다. 그가 이런 유형들을 구별하는 데 사용한 기준은 전혀 명료하지 않으므로 독자들은 어떤 특정한 요소가 하나 이상의 집합에 속하지 않는지, 심지어 하나 이상의 범주에 속하지 않는지를 궁금하게 여길 정도이다. 아리스토텔레스를 연구하는 학자들은 수세기에 걸쳐 이런 공백을 메우고 그에게서 드러나는 불일치를 해소하기 위한 노력을 계속해 왔다.

《범주론》에는 범주에 관한 이론 외에도 많은 내용이 등장하며 특히 다른 논리적 주제들도 다소 뒤섞인 형태로 다루어진다. 현재 우리에게 전해지는 《범주론》 전체를 아리스토텔레스가 혼자 쓰지 않았음은 분명한 사실이지만 그렇다고 해서 몇몇 학자들처럼 이 저술을 위작으로 의심할 필요까지는 없는 듯하다.[4]

《범주론》에서 논의되는 여러 주제 중 하나는 동음이의성(homonymy)과

4 《범주론》 중 8. 11a10~18에 등장하는, 공통점이 전혀 없는 두 요소를 서로 연결하고 이후 범주들을 다룬 내용에서 빠진 부분을 설명하려는 시도는 분명히 편집자가 삽입한 것이다.

유의성(synonymy)에 관한 것인데 이들 단어 자체가 아리스토텔레스가 사용한 용어를 그대로 음역한 것이다. 하지만 영어에서 이들이 어떤 언어상의 속성을 의미하는 반면 아리스토텔레스는 이들을 세계에 존재하는 사물의 속성을 지시하는 데 사용한다. 이에 대한 그의 설명은 다음과 같이 요약된다. 만일 A와 B가 동일한 의미를 지니는 동일한 이름으로 불린다면 A와 B는 서로 유의성의 관계를 지닌다. 만일 A와 B가 서로 다른 의미를 지니는 동일한 이름으로 불린다면 A와 B는 서로 동음이의성의 관계를 지닌다. 그리스어 관용구들이 매우 독특하기 때문에 아리스토텔레스의 예를 굳이 번역하여 소개하지는 않겠지만 그가 생각하는 바는 충분히 명확하게 드러난다. 페르시안 고양이와 얼룩 고양이는 서로 유의성의 관계를 지닌다. 왜냐하면 둘 모두 고양이라고 불리기 때문이다. 하지만 이들은 비유적으로 고양이라고 불리기도 하는, 끝이 아홉 갈래로 갈라진 채찍과는 동음이의성의 관계를 지닐 뿐이다. 동음이의성의 관계를 지니는 것과 유의성의 관계를 지니는 것 사이의 차이에 관하여 아리스토텔레스는 전자의 경우에는 단지 이름만이 공통적인 반면 후자의 경우에는 이름과 정의가 모두 공통적이라고 말한다.

동음이의성과 유의성에 대한 아리스토텔레스의 구별은 언어상에서 동음이의어와 유의어 사이의 구별로, 말하자면 단지 문자의 형태만 공통적인 것과 의미까지도 공통적인 것 사이의 구별로 쉽게 이어지는 — 후에 그 자신도 실제로 이런 시도를 하는데 — 매우 중요한 요소이다.

동음이의성에 관한 연구는 애매한 용어를 사용함으로써 생기는 논증상의 오류를 다루는 데 매우 중요한 역할을 한다. 이런 문제는 주로《토피카》에서 다루어지는데 여기서 아리스토텔레스는 이런 오류를 발견하기 위한 규칙들을 제시한다. 예를 들어 '샤프'(sharp)라는 단어는 칼에 사용될 경우 '날카로운'이라는 의미를, 음표에 사용될 경우 '반음 올림'이라는 의미를 지니므로 의미가 서로 전혀 다르다. 칼의 경우 반대어는 '무딘'이며 음표의 경우 반대어는 '반음 내림'이므로 '샤프'가 동음이의어임이 더욱 명백해진다(*Top*. 1.

15. 106a13~14). 이와 같은 연구가 진행되면서 아리스토텔레스는 단지 우연적인 동음이의어의 경우와(예를 들면 영어 단어 '뱅크'(bank)가 강둑을 의미하기도 하고 은행을 의미하기도 하는 경우와) 더욱 흥미로운 유형의 동음이의어, 즉 그의 후계자들이 '유추'라고 불렀던 경우를 구별한다(*NE* 1. 6. 1096a27 이하). 그가 유추를 표현하는 데 사용한 표준적인 예는 '의학적'(medical)이라는 단어이다. 의료인(medical man), 의학적 문제(medical problem), 의료 기구(medical instrument)라는 말 각각에서 이 단어가 등장하지만 이들 모두 동일한 방식으로 사용되지는 않는다. 하지만 이 단어를 서로 다른 맥락에서 사용한다는 사실이 단순히 동음이의어를 통한 말장난은 결코 아니다. 의료인이 시행하는 전문적 기술로서의 의학(medicine)이라는 단어가 의학적이라는 단어에 일차적인 의미를 제공하며 다른 의미들은 이로부터 도출된다(*EE* 7. 2. 1236a15~22). 아리스토텔레스는 이런 유추의 이론을 윤리학과 형이상학에서 다양하게 사용하는데 이에 관해서는 후에 살펴보려 한다.

아리스토텔레스의 논리적 저술들에서 우리는 명제의 구조와 그것을 구성하는 부분들의 본성에 관한 서로 다른 두 개념을 발견하게 된다. 이들 중 하나는 《소피스테스》에서 플라톤이 제시하였던 명사와 동사 사이의 구별에 기원을 두고 있다. 여기서 플라톤은 모든 문장은 최소한 하나의 동사와 하나의 명사로 구성되어야 한다고 주장하였다(262a~263b). 바로 이런 문장의 개념, 즉 서로 전혀 이질적인 두 요소가 결합한 것이 문장이라는 생각이 아리스토텔레스의 《범주론》과 《명제론》에서도 전면에 등장한다. 명제의 구조에 대한 이런 식의 개념은 프레게 이래로 현대 논리학에서도 여전히 중요하게 통용되었다. 잘 알려져 있듯이 프레게는 대상을 명명하는 단어와 대상에 대하여 참이거나 거짓인 술어를 서로 분명히 구별하였다.

반면 《분석론 전서》의 삼단논법에서는 명제가 전혀 다른 방식으로 다루어진다. 명제를 구성하는 기본 요소는 **명사**(名辭, term)이다. 이는 명사(名

詞, noun)와 동사처럼 서로 이질적인 요소가 아니라 서로 구별 없이 등장할 수 있는, 의미 변화 없이 주어가 되기도 하고 술어가 되기도 하는 요소이다.[5] 연속해서 등장하는 두 명사가(예를 들면 '인간 동물'과 같은) 문장을 구성하지 못함은 분명하다. 삼단논법에 등장할 수 있는 '모든 인간은 동물이다'와 같은 명제에 이르기 위해서는 다른 요소들, 즉 한량 언어나 '이다'와 같은 연결사가 반드시 필요하다. 아리스토텔레스는 연결사에는 거의 관심을 보이지 않으며 한량 언어와 명제들 사이의 상호 관계에 주의를 집중한다. 술어로부터 주어를 구별해 주는 특성 등은 전혀 고려의 대상이 되지 않는다.[6]

이런 명사 중심의 이론이 지닌 문제점 중의 하나는 기호와 그것이 의미하는 바 사이에 혼동을 불러일으킨다는 점이다. 명사와 동사를 언급하면서 플라톤은 자신이 일종의 기호에 관하여 논의하고 있다는 점을 매우 명확히 드러낸다. 그는 '테아이테토스'라는 이름과 그런 이름을 지닌 개인을 분명히 구별한다. 그리고 그는 '테아이테토스가 하늘을 난다'라는 문장이 우리에게 말하는 바, 즉 하늘을 나는 테아이테토스가 현실 세계에 존재할 수 없다 할지라도 이 문장 자체는 성립될 수 있다는 점을 보이기 위하여 애쓴다. 기호와 그것이 의미하는 바 사이를 구별하면서 플라톤은 약간의 어려움을 겪는다. 왜냐하면 고대 그리스어에는 인용부호로 사용되는 역콤마가 없었기 때문이다. 현대 언어의 중요한 발명품인 역콤마를 이용하면 어떤 단어가 자신이 의미하는 바를 말하는 데 사용되는 일반적인 경우와 우리가 단어 자체에 대하여 말하기 위해서 그 단어를 사용하는 특별한 경우, 즉 '"테아이테토스"

5 43ª25~31 참조. 여기서는 명사(名詞)와 동사 사이의 구별 대신에 고유명사(술어가 될 수는 없지만 다른 술어에 의해서 수식될 수는 있는)와 명사(名辭, 술어가 될 수도 다른 술어에 의하여 수식될 수도 있는) 사이의 구별이 등장한다.

6 프레게를 추종하는 현대의 논리학자들은 당연히 이런 명사(名辭) 중심의 이론을 논리학의 발전을 방해한 일종의 재난으로 여긴다. 기치(Peter Geach)는 '아리스토텔레스는 논리학의 아담(Adam)이다. 그의 명사 이론은 아담의 타락이다'(*Logic Matters* (Oxford: Blackwell, 1972), 290)라고 썼다.

는 이름이다'와 같은 경우를 쉽게 구별할 수 있다. 반면에 명사 이론은 이런 언급과 관련해서 너무나 쉽게 혼동을 불러일으킨다.

'모든 인간은 언젠가는 죽는다'와 '모든 그리스인은 인간이다'를 전제로 삼는 삼단논법을 예로 들어 보자. 이에 대하여 과연, 아리스토텔레스의 언급이 가끔 암시하듯이(예를 들면 *APr*. 1. 4. 25b37~9), 언젠가는 죽는다가 인간의 술어이며, 인간이 그리스인의 술어라고 말할 수 있는가? 이는 그리 명확하지 않은 듯하다. 술어로 등장하는 바는 분명히 한 마디 언어일 뿐이므로 우리는 어쩌면 다음과 같이 말해야 할지도 모른다. '언젠가는 죽는다'는 말이 인간의 술어이며, '인간'이라는 말이 그리스인의 술어이다. 그렇다면 이 삼단논법에는 세 개의 명사가 아니라 네 개의 명사가 등장하는 듯하다. 왜냐하면 '"인간"이라는 말'은 '인간'과 같지 않기 때문이다. 그리고 첫 번째 명제를 '언젠가는 죽는다'는 말이 '인간'이라는 말의 술어라고 다소 변형한다 할지라도 이 문제를 해결할 수는 없다. 왜냐하면 언젠가는 죽는 것은 인간 자체이지 인간을 지칭하기 위하여 우리가 사용하는 말이 아니기 때문이다. 아리스토텔레스가 말을 사용하는 것과 그 자체를 언급하는 것 사이에서 가끔 혼동을 일으킨다는 점은 분명한 사실이다. 하지만 놀라운 점은 그가 명사 이론이 제공하는 매우 불안정한 토대 위에 서 있으면서도 이런 혼동을 그리 자주 일으키지는 않는다는 사실이다.

시간과 양상에 관한 아리스토텔레스의 견해

《범주론》과 《명제론》에서 논의되는 명제의 특성 중 하나는 명제의 진리값이 변할 수 있다는 점이다. 《범주론》의 1. 5. 4a24에서 어떤 실체가 현재와는 정반대되는 속성을 지니는 일이 이상한지 그렇지 않은지에 관하여 논의하면서 아리스토텔레스는 다음과 같이 말한다. '동일한 진술이 참도 되고 거짓도 될 수 있는 듯하다. 예를 들면 누군가가 앉아 있다라는 진술은 지금은 참이지만 그가 일어선 후에는 거짓이 되어 버린다.' 명제의 본성에 관한 현대의 일반적인 개념에 따르면 어떤 명제도 어떤 때는 참이다가 다른 어떤 때는 거짓이 될 수 없다. '테아이테토스가 앉아 있다'와 같은 문장은 실제로 그가 앉아 있을 때에는 참이다가 그렇지 않은 때에는 거짓이 되는데 현대적 견해에 따르면 이는 서로 다른 시간에 서로 다른 명제를 표현한 것으로, 바꾸어 말하면 어떤 때는 참인 명제를, 다른 때는 거짓인 명제를 표현한 것으로 해석된다. 그리고 '테아이테토스가 앉아 있다'는 사실이 어떤 특정한 시간 t에는 **참이었다고** 주장하는 문장은 일반적으로 어떤 특정한 시간 t에 앉아 있었다는 사실을 테아이테토스의 속성으로 간주하는 명제로서 시간과 무관하게 항상 참인 것으로 여겨진다. 이런 설명에 따르면 어떤 명제에서도 시제가 큰 중요성을 지니지 않으며, 시제와 관련되는 문장으로 표현된 모든 명제들은 시간과 암시적으로 관련될 뿐 그 자체는 시간과 무관하게 참이거나 거짓이 된다.

아리스토텔레스는 다른 어디서도 시제와 관련되는 문장은 시간과 무관한, 명확한 명제에 비하여 불완전하다는 생각을 암시하는 이론을 전개하지 않는다. 그는 일단 입 밖으로 발설된 문장은 분명히 자기 자신과는 다른 무언가를, 말하자면 마음 안의 생각을 표현한다고 여겼으며, 문장의 진리값이 변하듯이 생각의 진리값도 변한다고 보았다(*Cat*. 1. 5. 4a26~8).[7] 아리스토텔레스는 '테아이테토스가 앉아 있다'와 같은 문장 또는 명제는 시제와 중요하게 관련되는 것으로서 어떤 때는 참이 되고 다른 때는 거짓이 된다고 생각한다. 이 문장은 테아이테토스가 실제로 앉아 있을 때마다 참이 되며, 그가 더 이상 앉아 있지 않는다면 그때마다 거짓이 된다.

아리스토텔레스는 진리값이 변하지 않는 점이 명제의 본성에 속한다는 식의 생각을 전혀 하지 않는다. 하지만 어떤 특정한 명제의 내용과 관련해서

[7] 반면 어떤 명제의 진리값은 경우에 따라 참이거나 거짓이 된다.

그 명제의 진리값을 변하지 않고 항상 고정되게 만드는 무언가가 있을 수는 있다고 생각한다.

후대의 논리학자들은 거의 모두 진리값이 변할 수 있는 명제와 변할 수 없는 명제를 구별하여 전자를 **우연적** 명제, 후자를 **필연적** 명제라고 불렀다. 이런 구별의 근거는 아리스토텔레스에서도 발견된다. 하지만 그는 필연적으로 또는 우연적으로 주어에 속하는 술어 또는 속성에 대하여 언급하기를 더욱 즐겼다. 《명제론》과 《범주론》 모두에서 그는 'A는 B임에 틀림없다'와 'A는 B일 수 없다'는 등의 명제에 관하여 논의하는데, 후대의 논리학자들은 이를 이른바 '양상 명제'라고 부른다.

《명제론》에서 그는 'A는 B이다'의 부정은 'A는 B가 아니다'인 반면 'A는 B일 수 있다'의 부정은 'A는 B가 아닌 것일 수 있다'가 아니라고 말함으로써 양상 명제라는 주제를 도입한다. 예를 들면 천 조각은 잘려질 수 있는 가능성을 지니면서 동시에 잘려지지 않을 수 있는 가능성도 지닌다. 하지만 서로 모순 관계를 이루는 두 명제는 동시에 참일 수 없다. 따라서 'A는 B일 수 있다'의 부정은 'A는 B가 아닌 것일 수 있다'가 아니라 'A는 B일 수 없다'이다. 직설법으로 표현된 정언적 진술에서는 '아니다'(not)가 연결사 '이다'(is)에 적용되든 아니면 술어 'B'에 적용되든 현실적으로 아무런 차이도 생기지 않는다. 반면 양상 명제에서는 '아니다'를 '일 수 있다'(can)에 적용하는가 아니면 'B'에 적용하는가에 따라 큰 차이가 발생한다. 아리스토텔레스는 'A는 B일 수 있다'를 'A가 B인 경우는 가능하다'로, 'A는 B가 아닌 것일 수 있다'를 'A가 B가 아닌 경우는 가능하다'로, 'A는 B일 수 없다'를 'A가 B인 경우는 불가능하다'로 변형하여 서술함으로써 이런 차이를 더욱 명확히 드러내려 한다(*Int*. 12. $21^a37 \sim {}^b24$). 이렇게 변형하면 부정의 표현이 어디에 적용되는지를 분명하게 알 수 있으며 따라서 양상 명제와 그 부정의 관계를 확실히 밝힐 수 있다.

'가능한'과 다른 양상적 표현들, 즉 '불가능한'이나 '필연적' 등도 이와 마찬가지로 생각할 수 있다. 'A가 B인 경우는 불가능하다'의 부정은 'A가 B가 아닌 경우는 불가능하다'가 아니라 'A가 B인 경우는 불가능하지 않다'이며, 'A가 B인 경우는 필연적이다'의 부정은 'A가 B가 아닌 경우는 필연적이다'가 아니라 'A가 B인 경우는 필연적이지 않다'이다(*Int*. 13. 22a2~10).

이런 양상적 개념들은 서로 관련된다. '불가능한'의 부정이 '가능한'이라는 점은 충분히 명백하다. 이보다 더욱 흥미로운 점은 '필연적'과 '가능한'을 서로 상대방을 이용하여 정의할 수 있다는 사실이다. 필연적인 것은 그것이 성립하지 않는 경우가 불가능한 것이며, 가능한 것은 그것이 성립하지 않는 경우가 필연적이지 않은 것이다. 만일 A가 B인 경우가 필연적이라면 A가 B가 아닌 경우가 가능하지 않으며 이것의 역 또한 성립한다. 더욱이 만일 무언가가 필연적이라면 그것은 당연히 가능하며, 만일 무언가가 가능하지 않다면 당연히 그것은 필연적이 아니다. 아리스토텔레스는 이렇게 서로 다른 경우들을 내가 위에서 정언 명제들과 관련해서 제시한 대당 사각형과 유사한 형태로 다음과 같이 배열한다.

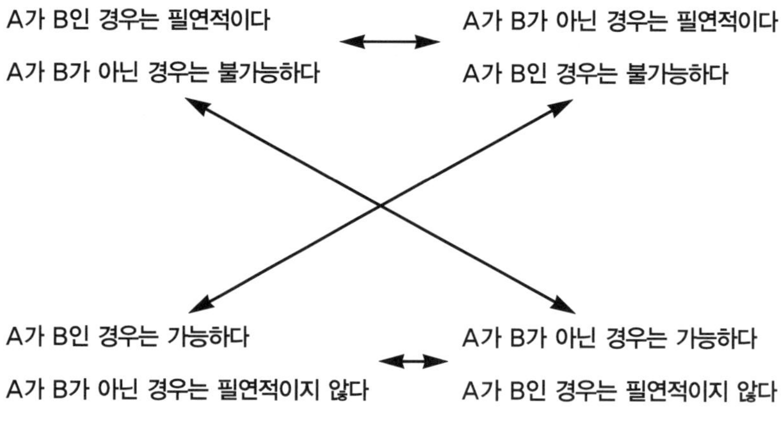

이 표의 네 모서리에는 서로 동일한 한 쌍의 명제가 놓여 있는데 이를 보면 양상적 용어들이 서로 상대방을 통해서 정의될 수 있음을 알 수 있다. 이

사각형에 등장하는 세 연산자 '필연적', '가능한', '불가능한'은 정언 명제의 대당 사각형에 등장하는 한량 언어 '모든', '약간의', '어떤 …도 …가 아니다'와 유사한 방식으로 서로 관련된다. 정언 명제의 경우와 마찬가지로 위의 두 모서리에 있는 명제 사이에는 반대 관계가 성립하여 모두 동시에 참일 수는 없지만 동시에 거짓일 수는 있다. 서로 대각선의 위치에 놓인 명제들 사이에는 모순 관계가 성립한다. 또한 위의 두 모서리에 놓인 명제들의 쌍은 각각 바로 아래에 놓인 명제들의 쌍을 함축하지만 그 역은 성립하지 않는다. 아래의 두 모서리에 놓인 명제들은 서로 양립 가능하다. 즉 이들은 모두 동시에 참일 수는 있지만 동시에 거짓일 수는 없다(*Int*. 13. 22ª14~35).

이 사각형에서 모든 필연적인 명제들은 또한 가능한 것이기도 하지만 그 역은 참이 아니다. 하지만 아리스토텔레스는 '가능한'이 '필연적'과 대비되면서 서로 일치하지 않는 또 다른 방식으로 사용될 수도 있음을 지적한다. 이 또 다른 용법에 따르면 'A가 B가 아닌 경우는 가능하다'는 'A가 B인 경우는 가능하다'와 일치하지 않지만 실제로는 이로부터 도출된다(*Int*. 12. 21ᵇ35). 이런 용법에서 '가능한'은 '필연적도 아니고 불가능하지도 않은'과 동일한 의미를 지니는 듯하다. 이런 두 번째의 용법으로 사용되는 '가능한' 대신 사용할 수 있는 용어가 바로 '우연적'(*endechomenon*)이며, 아리스토텔레스도 실제로 이 용어를 자주 이렇게 사용하기도 한다(예를 들면 *Apr*. 1. 13. 32ª18~21; 15. 34ᵇ25). 따라서 명제들은 세 유형으로, 즉 필연적인, 불가능한, 그리고 이들 둘 사이에 위치하는 우연적인(즉 필연적이지도 않고 불가능하지도 않은) 명제로 나뉜다.

아리스토텔레스의 《오르가논》에서 가장 흥미로운 대목 중 하나는 《명제론》의 아홉 번째 장인데 여기서 그는 명제의 시제와 양상 사이의 관계에 대하여 논의한다. 그는 우선 현재 존재하는 바와 과거에 존재했던 바에 대한 긍정이나 부정은 필연적으로 참이거나 거짓이 된다고 말함으로써 논의를 시작한다(18ª27~8). 하지만 그가 여기서 그저 만일 'p'가 현재 또는 과거 시제의 명제라면 'p이거나 또는 p가 아니다'가 필연적으로 참이라는 점 정도를 말하는 데 그치지 않는다는 점에 유의하여야 한다. 'p이거나 또는 p가 아니다'는 시제에 상관없이 항상 모든 명제에 대하여 필연적으로 참이다(19ᵃ30). 또한 그는 만일 'p'가 현재 또는 과거 시제의 명제라면 p는 참이거나 거짓이라는 점을 말하지도 않는다. 후에 드러나듯이 그는 이 점이 미래 시제의 명제에 대해서도 참이라고 생각한다. 그렇다면 그가 여기서 말하려는 바는 무엇인가? 그것은 바로 만일 'p'가 현재 또는 과거 시제의 명제라면 p는 필연적 명제라는 사실이다. 이때 논의의 대상이 되는 필연성이 논리적 필연성이 아님은 명확하다. 앤 여왕(Queen Anne)[8]이 죽었다는 사실은 논리학의 문제가 아니다. 여기서의 필연성은 한 번 행해진 바는 행해지지 않은 것일 수 없다는, 즉 이미 엎질러진 물이라는 속담에서 표현되는 일종의 필연성이다(*NE* 6. 2. 1139ᵇ7～11 참조).

《명제론》 아홉 번째 장의 핵심 부분에서는 현재와 과거 시제의 명제들에 적용되는 이런 종류의 필연성이 미래 시제의 모든 명제들에 대해서도 적용될 수 있는지가 탐구된다. 현재와 과거뿐만이 아니라 미래에 대해서도 적용되는 보편적인 필연적 명제들이 존재한다는 점은 의심의 여지가 없다. 하지만 아리스토텔레스는 '이 외투는 입기 전에 길이를 줄일 것이다', '내일은 해전이 벌어질 것이다'와 같은 단칭 명제에 초점을 맞춘다. 언뜻 보기에 어떤 보편적인 일반화도 이런 명제의 참 또는 거짓을 함축하지 않는 듯하다.

하지만 미래에 관한 이런 명제가 만일 참이라면 필연적으로 참이라는 결과를 낳는 강력한 논증을 구성하는 일은 가능하다. 만일 A는 내일 해전이 벌어질 것이라고 말하며, B는 벌어지지 않을 것이라고 말한다면 둘 중 하나는 참을 말하는 셈이 된다. 이제 서로 다른 시제의 명제들 사이에는 어떤 관계가 있음이 밝혀진다. 예를 들어 만일 '소크라테스는 백발이 될 것이다'가 현

[8] 〔옮긴이 주〕 스튜어트 왕가 출신의 마지막 군주였던 영국 여왕으로 1665년에 태어나 1714년에 사망하였다.

재 참이라면 이 명제는 과거부터 계속 참이었으며, 사실 과거의 어떤 순간에도 항상 참이었다. 그렇다면 — 논증은 다음과 같이 진행된다 —

> 만일 무언가가 어떻다는 또는 어떻게 될 것이라는 말이 과거에 항상 참이었다면 그것이 어떻지 않은 또는 어떻게 되지 않는 일은 불가능하다. 그런데 무언가가 일어나지 않는 일이 불가능하다면 그것은 결코 일어나지 않을 수 없다. 또한 만일 그것이 일어나지 않을 수 없다면 그것은 필연적으로 일어나야만 한다. 따라서 앞으로 일어나게 될 모든 일은 필연적으로 일어난다. (9. $18^b11\sim25$)

여기서 아리스토텔레스가 제시하는 논증은 예를 들어 누군가가 '내일 해전이 벌어질 것이다'라고 말하며 다른 누군가는 '내일 해전이 벌어지지 않을 것이다'라고 말한다면 둘 중 한 사람은 참을 말한다는 점을 지적함으로써 시작된다. 그리고 그는 계속해서 무척 오래 전에 이런 예측이 이루어졌더라도, 예를 들어 누군가가 '지금부터 천년 후에 해전이 벌어질 것이다'라고 말하였다 할지라도 이 예측 또는 그 부정은 참이 된다고 생각한다. 사실 어떤 예측이 이루어졌는지 그렇지 않은지는 아무 상관이 없다. 만일 전체 시간 안에서 어떤 명제 또는 그 명제의 부정이 계속 진리성을 지녀 왔다면 그 명제가 언급하는 일은 필연적으로 일어나기 마련이다. 실제로 일어나는 어떤 일에 대해서도 '그 일이 일어날 것이다'라는 언급은 그 일이 일어나기 전에는 항상 참이었기 때문에 모든 일은 필연적으로 일어나게 된다(9. $18^b26\sim19^a5$).

이로부터 어떤 일도 우연히 또는 예상치 않게 일어나지 않는다는 사실이 도출된다고 아리스토텔레스는 말한다. 더욱 나쁜 점은 여러 대안들을 놓고 심사숙고하거나 선택할 수조차 없다는 사실이다. 하지만 그는 어떤 일이 이런 방식으로 진행될 수도 있었지만 실제로는 그와는 다른 방식으로 진행되었음을 보여 주는 많은 명백한 예들이 있다고 말한다. 즉 외투를 줄일 수도 있었지만 줄이기 전에 다 닳아 버리는 경우가 이에 속한다. '따라서 모든 일이 필연적으로 존재하거나 일어나는 것이 아니라 어떤 일들은 우연히 일어난다는 점이 명백하며, 이런 일들과 관련해서는 그 일이 일어나지 않으리라는 부정보다 그 일이 일어나리라는 긍정이 오히려 참이 아니다. 다른 일들과 관련해서는 대부분 그 일이 일어나리라는 긍정이 오히려 참이 되기도 한다. 하지만 그 일이 우연히 일어나고 다른 일들이 우연히 일어나지 않을 가능성은 여전히 열려 있다'(9. 19a18~22).

그렇다면 모든 일이 필연적으로 일어난다는 결과를 낳는 논증을 어떻게 다루어야 하는가? 아리스토텔레스가 어떤 경우에는 '그 일이 일어나지 않으리라는 부정보다 그 일이 일어나리라는 긍정이 오히려 참이 아니다'라고 말하였기 때문에 몇몇 학자들은 그가 미래에 관한 우연적인 명제들은 진리값을 지니지 않는다는 점을 이 문제에 대한 해결책으로 제시하였다고 생각하였다. 즉 그런 명제들은 필연적으로 참이거나 거짓이 아닐 뿐만 아니라 아예 참이거나 거짓일 수조차 없다. 하지만 이는 아리스토텔레스가 의미한 바와는 거리가 멀다. 왜냐하면 18b17에서 그는 우리에게 'p인 경우가 일어날 것이다'도 참이 아니고 'p인 경우가 일어나지 않을 것이다'도 참이 아니라고 말할 수 있는 자유는 없다고 분명히 밝히기 때문이다. 그가 이렇게 주장한 이유 중 하나는 이 두 명제 모두 거짓이 되는 일은 명백히 불가능하기 때문이다. 하지만 이 사실이 이 둘 모두가 어떤 제삼의 가치를 지니는 경우를 완전히 배제하지는 못한다. 이런 경우를 배제하려는 아리스토텔레스의 논증은 전혀 명확하지 않지만 대체로 다음과 같은 형태를 취하는 듯하다. 만일 '내일 해전이 벌어질 것이다'와 '내일 해전이 벌어지지 않을 것이다' 모두가 오늘 참이 아니라면 '오늘 해전이 벌어진다'와 '오늘 해전이 벌어지지 않는다' 모두가 내일 참이 아닐 것이다.

논의를 마무리 지으면서 아리스토텔레스는 미래에 관한 우연적인 명제들이 참일 수 있지만 현재나 과거 시제의 명제들처럼 필연적이지는 않다는 주장을 분명히 받아들이는 듯하다. 즉 모든 것은 필연적인 형태로 현존하지만 이 사실이 모든 것은 필연적임을 의미하지는 않는다고 결론짓는다. 내일 해전이 벌어지거나 벌어지지 않을 것이라는 사실은 필연적이지만 해전이 벌어질 것이라는 사실은 필연적이 아니며, 해전이 벌어지지 않을 것이라는 사실도 필연적이 아니다(9. 19a30~2).

아리스토텔레스가 어떻게 보편적 필연성을 옹호하기 위하여 스스로 제시했던 강력한 논증을 포기하게 되었는지는 더욱 불분명하다. 방금 언급한 필연성의 구별은 그 자체만으로 충분한 설명이 되지 못한다. 왜냐하면 이 구별은 논증의 일부를 차지하는, 미래에 관한 우연적 명제를 과거의 진리성에 호소하여 확보하려는 시도를 제대로 설명하지 못하기 때문이다. 과거는 필연적이라는 그 자신의 주장을 받아들일 경우 미래의 사건들에 관한 과거의 진리성 또한 필연적이어야만 하며, 따라서 미래의 사건들도 그 자체로 필연적이어야만 한다. 이 문제는 과거의 진리성이라는 개념을 분석함으로써 해결되어야 한다. 즉 우리는 과거 시제로 진술된 바의 진리성과 과거에 일어난 사건을 통해서 참이 된 바의 진리성을 구별해야 한다. '내일 해전이 벌어질 것이라는 말은 천 년 전에 참이었다'라는 말은 비록 과거 시제로 진술되었지만 사실은 과거에 관한 명제가 아니다. 하지만 아리스토텔레스는 어디서도 이런 해결책을 분명히 언급하지 않으며, 그가 제시한 문제는 고대 말기와 중세를 거치면서 서로 다른 다양한 형태로 반복하여 등장하였다.[9]

《분석론 전서》에서 아리스토텔레스는 양상 명제들로 삼단논법을 구성할 수 있는지에 관해서도 탐구한다. 양상 삼단논법을 구성하려는 그의 시도는

[9] 《명제론》의 이 부분에 대해서는 현대에도 수많은 논의가 줄을 이었다. 나의 해석은 G. E. M. Anscombe가 1956년에 발표한 논문 'Aristotle and the Sea-Battle'(*From Parmenides to Wittgenstein* (Oxford: Blackwell, 1981)에 재수록)에 힘입은 바 큰데, 이 논문은 발표된 지 거의 50년이 지났지만 최고의 해석 중 하나로 손꼽힌다. 이와는 다소 다르지만 주의 깊게 논증된 해석으로는 S. Waterlow, *Passage and Possibility: A Study of Aristotle's Modal Concepts* (Oxford: Clarendon Press, 1982), 78~109 참조.

오늘날 통상 명백히 실패한 것으로 간주된다. 심지어 고대에도 여러 단점들이 지적되었다. 아리스토텔레스의 후계자인 테오프라스토스(Theophrastus)가 이를 계속 탐구하여 다소 발전시키기도 하였지만 이조차도 대단히 불만족스럽게 보인다는 점을 부정할 수 없다. 아리스토텔레스의 시도가 성공하지 못한 이유를 설명하면서 닐(Martha Kneale)은 양상 명제들을 분석하기 위한 최선의 방법에 대하여 아리스토텔레스가 확실한 결정을 내리지 못했기 때문이라는 적절한 지적을 한다.

> 만일 양상적 단어들이 술어를 수식한다면 양상 삼단논법에 관한 특별한 이론을 제시할 필요가 없다. 왜냐하면 양상 삼단논법은 전제들에 특이한 술어가 등장하는 평범한 정언 삼단논법에 지나지 않기 때문이다. 다른 한편으로 설령 양상적 단어들이 자신이 등장하는 진술 전체를 수식한다 할지라도 특별한 양상 **삼단논법**을 제시할 필요가 없다. 왜냐하면 양상적 진술들 사이의 논리적 관계를 규정하는 규칙들은 양상적 단어들에 의해서 지배되는 명제의 특성과는 무관하기 때문이다.[10]

따라서 양상 논리에 반드시 필요한 기초는 후에 스토아학파가 발전시켰던 것과 같은, 더 이상 분해되지 않는 명제들의 논리라고 닐은 결론짓는다. 하지만 이런 주장은 검증이 필요하다. 20세기에 크게 유행한 양상 논리가 바로 그런 명제 계산에 의존한다는 점은 분명한 사실이다. 그러나 중세에는 아리스토텔레스의 맥락을 따르면서도 양상 논리의 영역에서 중요한 발전이 이루어지면서 아리스토텔레스 자신의 양상 삼단논법을 능가하는 훨씬 더 복잡한 체계가 제시되었다. 다시 한 번 지적하자면 술어에 '할 수 있다'나 '해야만

[10] Kneale and Kneale, *The Development of Logic*, 91.

한다'와 같은 단어가 등장하는 모든 명제를 양상적 연산자가 자신이 속한 명제 전체를 한정하는 명제로 대체할 수는 없다. 예를 들면 '나는 프랑스어를 할 수 있다'라는 말은 '내가 지금 프랑스어를 하는 것은 가능하다'라는 말과 정확히 동일한 의미를 지니지 않는다. 아리스토텔레스는 양면적 가능성과(예를 들면 어떤 사람이 지닌, 자신의 선택에 따라 걸을 수도 걷지 않을 수도 있는 능력과) 일방적 가능성을(불은 나무를 태울 수 있지만 나무가 있는 한 나무를 **항상 태울 것이므로** 양면적 가능성, 즉 나무를 태우지 않을 가능성은 존재하지 않는다) 구별한다(*Int*. 22^b36~23^a11). 우리가 무언가를 선택할 때 드러나는 양면적 가능성의 논리는 오늘날까지도 제대로 형식화되지 않았다.

스토아학파의 논리학

아리스토텔레스 다음 세대에서 양상 논리는 특히 메가라(Megara)학파를 통하여 흥미로운 방식으로 전개되었다. 이 학파에 속한 디오도로스 크로노스(Diodorus Cronos)는 명제는 참이거나 참일 수 있으면 그리고 그럴 경우에만(iff)[11] 가능하며, 거짓이며 결코 참이 될 수 없으면 그리고 그럴 경우에만 불가능하며, 참이고 결코 거짓일 수 없으면 그리고 그럴 경우에만 필연적이다. 디오도로스는 아리스토텔레스와 마찬가지로 명제에는 반드시 시제가 있으며, 시제에 따라 진리값이 변할 수 있다는 점을 받아들인다. 하지만 아리스토텔레스와는 달리 그는 현실성과 잠재성을 뚜렷하게 구별할 필요를 느끼지 않는다. 왜냐하면 잠재성은 현실성과 관련해서 정의되기 때문이다. 디오도로스의 정의에 따르면 명제는 진리값뿐만 아니라 양상까지도 변할 수 있다. '페르시아 제국은 멸망하였다'는 소크라테스가 살아 있을 때는 참은 아

[11] 'iff'는 논리학자들이 '…이고 그리고 그럴 경우에만'(if and only if)의 생략형으로 사용하는 용어이다.

니지만 가능한 명제였다. 알렉산드로스가 페르시아를 상대로 승리를 거둔 후 이 명제는 참이고 필연적인 것이 되었다(LS 38E). 아리스토텔레스와 마찬가지로 디오도로스도 특별한 필연성은 과거에 적용된다고 생각하였다.

가능성에 대한 디오도로스의 정의가 지닌 특징은 바로 영원히 실현되지 않는 가능성은 없다는 점이다. 가능한 모든 것은 현재 참이거나 언젠가는 참이 된다. 그런데 이는 일종의 숙명론을, 즉 어떤 사람도 자신이 사실상 행하는 바와 다른 어떤 일도 결코 행할 수 없다는 생각을 포함하는 듯이 보인다. 그는 이런 생각을 주요 논증(the Master Argument)이라고 알려진(왜 이렇게 알려졌는지 그 이유는 알 수 없지만) 추론 과정을 통하여 옹호하는 듯하다. 이 추론은 (1) 과거에 관한 참인 명제는 필연적이라는 전제로부터 출발하는데 이에 대한 증명으로 디오도로스는 현재 참이 아니고 미래에도 참일 수 없는 어떤 것도 가능하지 않다는 주장을 내세운다. (고대에 이 논증에 관하여 논의하면서 사용된 예를 그대로 빌려와서) 얕은 물에 조개가 산다고 가정하고 이 조개를 앵무조개(Nautilus)라고 부르기로 하자. 그런데 이 조개를 실제로 본 사람은 아무도 없다. 그렇다면 이 전제로부터 그 조개가 모습을 드러내는 일은 불가능하다는 논증을 구성할 수 있다.

(2) 앵무조개는 결코 모습을 드러내지 않을 것이다.
(3) 앵무조개가 결코 모습을 드러내지 않으리라는 점은 항상 사실이었다. ((2)로부터 이끌어 낼 수 있는 결과)
(4) 앵무조개가 결코 모습을 드러내지 않으리라는 점은 필연적이다. ((4)와 (1)로부터)
(5) 앵무조개가 모습을 드러내는 일은 불가능하다. (필연적으로 아니다는 곧 불가능하다이므로)

디오도로스가 제시한 증명의 정확한 형태를 알 수는 없지만 일어나기로 정

스토아학파의 가장 대표적인 논리학자인 크리시포스의 조각상. 루브르 박물관 소장 (기원후 3세기 작품)

해져 있는 일만이 일어날 수 있다는 점을 보여 주는 이런 유형의 논증은 무척 쉽게 일반화될 수 있다.

이 논증이 앞에서 살펴보았던, 미래에 관한 우연적 명제를 다룬 아리스토텔레스의 논의와 유사하다는 점은 명백하다. 디오도로스의 논증은 과거에 관한 참인 명제는 필연적이라는 전제의 모호함 때문에 큰 결함을 지니게 되는 듯하다. 과거에 관한 참인 명제는 과연 무엇인가? 만일 이것이 과거 시제로 표현된 참인 명제를 의미한다면 이 명제가 필연적이라는 점은 전혀 보장되지 않는다. 이를 밝히기 위해서는 과거 시제로 표현된 부정 명제를, 예를 들면 '페르시아 제국은 멸망하지 않았다'와 같은 명제를 생각해 보기만 해도 충분하다. 이 명제는 소크라테스가 살았던 시대에 참이었지만 필연적이지는 않았다. 그 후 이 명제는 진리값이 참에서 거짓으로 변하였다. 반면에 과거에 관한 참인 명제가 과거에 일어난 사건에 의해서 참이 되는 명제를 의미한다면 이는 사실상 필연적이라 할 수 있다. 하지만 위의 (4)와 같은 명제는 과거에 관한 참인 명제가 아니며 따라서 필연적임을 함축하지 않는다.[12]

디오도로스의 제자인 필론(Philo)은 스승의 양상적 정의들을 포기하고 시간에 따라 달라지는 진리값보다는 명제가 지닌 내적인 속성의 측면에서 가능성을 설명하였다. 현재 그의 설명이 어떻게 전개되었는지는 알려지지 않으며, 단지 나무 조각은 설령 결코 불에 타지 않았으며 심지어 완전히 바다 밑에 묻힌 채로 존재한다 할지라도 여전히 불에 탈 가능성을 지닌다는 언급만이 전한다(LS 38B).

필론은 조건문을 정의함으로써 논리학에 크게 기여하였다. '만일 p라면, 그렇다면 q이다'와 같은 조건문은 p가 참인데 q가 거짓일 경우에만 전체가 거짓이며 이를 제외한 나머지 세 경우에는 참이다. 이 견해에 따르면 조건명제의 참, 거짓은 전제나 결론의 내용에 전혀 의존하지 않으며 오직 그들의

[12] A. N. Prior, *Time and Modality* (Oxford: Clarendon Press, 1957), 86~7; Jonathan Barnes in *CHHP* 89~92 참조.

진리값에만 의존한다. 따라서 '만일 지금이 밤이라면, 지금은 낮이다'는 낮 동안에는 항상 참이며, 원자론이 참이라고 가정한다면 '만일 원자가 존재하지 않는다면, 원자는 존재한다'는 조건문은 참이다. 조건문을 이런 방식으로 다룸으로써 필론은 실질적 함축을 진리함수를 통하여 정의하는, 현대의 명제 논리학에서 사용되는 기법을 예견하게 한다. 하지만 그가 조건문의 참, 거짓을 결정하는 데 사용한 진리값은 변할 수 있는 진리값이다. 그런데 이는 논리적 형식화에 큰 단점으로 작용한다. 왜냐하면 '만일 p라면, 그렇다면 q이다'는 더 이상 논리적 법칙이 아니도록 만들기 때문이다. 필론의 견해에 따르면 '만일 내가 앉아 있다면 나는 앉아 있는다'라는 조건문은 내가 전제와 결론을 말하는 중간에 일어서 버리면 거짓이 되고 만다.

그렇지만 필론의 정의는 스토아학파의 논리학자들 가운데 최초로 명제 논리를 형식화한 것으로 높이 평가받아 왔다. 아리스토텔레스는 논리학 저술들에서 변항을 표시하는 데 문자를 사용한 반면 스토아학파는 숫자를 사용하였다. 이는 사소한 차이에 지나지 않지만 이보다 훨씬 더 중요한 차이는 아리스토텔레스의 변항이 명사를 대신하는 반면 스토아학파의 변항은 명제 전체 또는 명제 전체가 될 수 있는 요소들을 대신한다는 점이다. '만일 별들이 빛난다면 지금은 밤이다'에서 '별들이 빛난다'(the stars are shining)는 전제나 '지금은 밤이다'(it is night)라는 결론 중 어떤 것도 완전한 문장은 아니다. 하지만 이런 단어들의 조합은, 예를 들어 첫 글자를 대문자로 쓰고 마침표를 찍는다면, 각각 그 자체로 완전한 문장이 될 수 있는 가능성을 지닌다.

스토아학파의 명제 논리는 언어와 의미에 관한 그들의 정교한 이론에 파묻혀 부각되지 못한 측면이 있다. 스토아학파는 소리(*phone*)와 음성(*lexis*) 그리고 말(*logos*)을 구별하였다. 맹수나 바다의 으르렁거림은 그저 소리에 지나지 않으며, 오직 명료하게 발음된 소리만을 음성이라 할 수 있다. 하지만 모든 음성이 의미를 지니지는 않는다. 인간은 '헤이 논니 노'와 같이 무의미한 단어를 발언할 수도 있다. 오직 의미를 지니는 음성만이 무언가를 말하는 것으로 간주된다(D.L. 7. 57). 그리스어의 소리와 음성을 그리스어를 사용하지 않는 이방인들도 따라할 수 있을지 모른다. 하지만 오직 그리스어를 아는 사람들만이 그 의미를 이해한다(S.E., *M* 8. 11~12).

내가 '말'(saying)이라고 번역한 그리스어 단어 '로고스'(*logos*)는 무척 다양한 의미로 사용된다. 이 단어는 맥락에 따라 '단어', '문장', '언어', '이성'을 의미하기도 한다. 이 단어는 그리스어에서 흔히 사용되는, 말한다는 의미를 지니는 동사 '레게인'(*legein*)과 관련되는 명사이다. 스토아학파는 이 동사에 근거하여 '렉톤'(*lekton*)이라는 새로운 단어를 만들어 내었다. 이 단어는 문자 그대로 직역하면 '말해진 바'를 의미하지만 나는 이 단어를 번역하지 않고 일종의 전문 용어로 사용하려 하는데 그 까닭은 정확히 이와 동일한 의미를 지니는 영어 단어가 없기 때문이다.

렉톤은 기호와 그것이 의미하는 바를 구별하려는 스토아학파의 이론에서 중요한 위치를 차지한다. 이제 참일 수도 거짓일 수도 있는 명제인 '디온이 걸어간다'는 문장을 예로 들어 생각해 보자. 섹스토스 엠피리코스(Sextus Empiricus)는 이 문장에 관하여 다음과 같이 말한다.

> 스토아학파는 세 요소가, 즉 의미와 기호적 표현 그리고 주제(*tunchanon*)가 서로 연결되어 있다고 말하였다. 기호적 표현은 예를 들면 '디온'이라고 말할 때 나는 소리이며, 의미는 기호적 표현이 묘사하는(*deloumenon*) 내용이고 … 주제는 디온 자신과 같은 외부적 대상이다. 이들 세 요소 중 두 가지, 즉 소리와 주제는 물리적이지만 다른 한 요소, 즉 의미를 지니는 내용은 무형의 것인데 이것이 바로 렉톤이다. 그리고 이것이 참이나 거짓이 되는 바이다. (S.E., *M* 8. 11~12)

그렇다면 렉톤은 문장이, 즉 **디온이 걸어간다는 문장이** 말하는 바이다. 섹스토스의 지적대로 이는 디온 자신이나 '디온'이라는 이름 또는 '디온이 걸어간다'는 문장 전체와는 달리 어떤 유형의 실재가 아니다. 이 문장의 주제는 디온이라는 사람인데 이는 곧 이 문장이 그에 **관하여** 언급한다는 의미이다. 이 문장이 참인지 거짓인지는 그것이 묘사하는(portray)[13] **내용**이 사실인지 아닌지, 즉 실제로 디온이 걸어가는지 그렇지 않은지에 달려 있다. 위의 인용문에 기초한다면 렉톤은 직설법으로 서술된 문장의 내용이라고 말할 수 있다(Seneca, Ep. 117. 13 참조).

하지만 렉톤을 이런 방식으로 정의하면서 두 가지를 검토할 필요가 있다.

첫 번째로 라에르티오스는 스토아학파가 자립적인 렉톤과 불완전한 렉톤을 구별하였다고 전한다. 그는 '불완전한 렉톤'을 설명하면서 '능동적이고 수동적인 술어들'이 이에 해당한다고 말한다. 그리고 '쓰고 있다'와 같은 불완전한 언어적 표현이 불완전한 렉톤을 지닌다고 설명한다. 이런 표현은 바로 '누가?'라는 질문을 불러일으킨다. 따라서 불완전한 렉톤은 예를 들면 우리가 **무언가를 쓰고 있는** 누군가에 관해서 말할 때 술어가 말하는 바라고 할 수 있다. 이런 렉톤은 우리가 누구에 관해서 말하는지가, 예를 들면 소크라테스가 쓰고 있다는 식으로 주제가 분명히 드러나기 이전에까지는 불완전한 채로 남게 된다(D.L. 7. 63).

두 번째로 직설법의 서술문만이 렉톤의 예를 제공할 수 있는 유일한 형태는 아니다. 의문문도 얼마든지 이에 해당할 수 있는데 의문문은 다시 두 종류로 나뉜다. 즉 '지금이 낮인가?'처럼 '예' 또는 '아니오'로 답하게 되는 질문도 있고, '당신은 어디 사는가?'처럼 더욱 복잡한 대답이 필요한 질문도 있다. 또한 '목욕을 해라'와 같은 명령문도 있으며 '판테온은 아름답지 않은가!'와 같은 감탄문도 있다(D.L. 7. 66~7).

[13] 그리스어 단어 *deloumenon*에 대한 번역어로 '밝히다'(reveal)가 자주 사용되었는데 이는 그리 만족스럽지 못하다. 왜냐하면 우리는 오직 실제로 사실인 바만을 밝힐 수 있기 때문이다. 만일 어떤 문장이 거짓이라면 그 문장이 밝힐 내용은 존재하지 않는다.

사실 렉톤이라는 단어에 대하여 내가 제시한 정의, 즉 서술문의 내용이라는 정의는 사실 특정한 한 종류의 렉톤에만, 물론 이것이 가장 중요하기는 하지만, 들어맞는다. 그리고 이것이 바로 스토아학파가 악시오마(*axioma*)라고 불렀던 바이기도 하다. 악시오마를 다음과 같은 몇 가지 방식으로 정의할 수 있다. '악시오마는 참이나 거짓이 되는, 본질적으로 그 자체만으로 무언가를 주장할 수 있는 완전한 내용이다.' '악시오마는 본질적으로 그 자체만으로 주장되거나 부정될 수 있는 무언가, 예를 들면 "지금은 낮이다" 또는 "디온이 걸어간다" 등을 의미한다'(D.L. 7. 65). 악시오마는 그 자체만으로 하나의 자립적인 주장이기 때문에 다시 주장될 필요가 없다. 예를 들면 '만일 디온이 걷고 있다면 지금은 낮이다'에서 위에 인용된 두 악시오마 중 어떤 것도 다시 주장되지 않는다. 이 때문에 몇몇 학자들은 악시오마라는 단어를 '주장될 수 있는'으로 번역하기도 한다.[14] 이 번역어는 정확하지만 다소 깔끔하지 못하므로 나는 악시오마를 '명제'로 번역하려 한다. 그리고 앞에서 설명하였듯이 이 그리스어의 의미 중에는 '명제'의 표준적인 의미와 상당히 가깝게 일치하는 바도 포함된다. 하지만 스토아학파가 생각하는 명제와 아리스토텔레스의 명제가 서로 다르다는 점은 반드시 기억할 필요가 있다. 스토아학파의 명제는 문장 자체가 아니라 문장이 말하는 바로부터 추상화된 무언가이다. 또한 스토아학파의 명제는 현대 논리학자들이 논의하는 명제와도 다르다. 왜냐하면 그것은 시간에 따라 진리값이 변하는 무언가이기 때문이다.

스토아학파는 단순 명제와 단순하지 않은 명제를 구별한다. 단순 명제는 '지금은 낮이다', '지금은 밤이다' 등을 통해서 바로 쉽게 예시된다. 하지만 단순 명제는 세 종류의 주어-술어 명제로 분류되는데 이들은 주어가 지시사인가 고유명사인가 아니면 한량 기호로 작용하는 대명사인가에 따라서 나누어진다. 스토아학파는 '저 사람이 걸어간다'는 한정 명제라고, '누군가가 걸

[14] 예를 들면 Suzanne Bobzien in *CHHP* 93 이하 참조.

어간다'는 부정(不定) 명제라고, 그리고 '소크라테스가 걸어간다'는 중간 명제라고 불렀다. 단순하지 않은 명제는 서로 다른 단순 명제들이 하나 또는 그 이상의 결합사(*sundesmoi*)를 통해서 복합된 것이다. 이런 명제의 예로는 '만일 지금이 낮이라면 지금은 밤이다', '지금은 낮이기 때문에 지금은 밤이다', '지금은 낮이거나 또는 지금은 밤이다' 등을 들 수 있다(D.L. 7. 71).

단순하지 않은 명제들을 이런 방식으로 다룬 스토아학파의 접근법은 진리함수의 연산자에 기초한 현대의 명제 계산과 매우 유사하다.[15] 동시에 많은 차이점도 발견되는데 그중 다음의 것들은 지적할 필요가 있다.

현대의 명제 계산에서 부정(否定) 기호는 진리함수의 연산자로 간주되며, 두 명제와 관련되는 '그리고', '또는', '만일 …라면 …이다'와 동등한 지위를 지닌다. 이와는 대조적으로 스토아학파는 부정 명제를 단순 명제로 분류한다. 하지만 이들도 부정 기호를 단지 술어가 아니라 명제 전체에 적용함으로써 한 명제를 부정할 수 있는 가능성, 즉 명제 계산에 핵심적인 이런 절차의 가능성을 인정하였다. 따라서 이들은 '지금은 낮이 아니다'(It is not day)보다는 '지금은 낮이지는 않다'(Not: it is day)라는 표현을 선호하였다. 또한 이들은 부정이 단순 명제뿐만 아니라 단순하지 않은, 복합 명제에도 적용될 수 있음을 알고 있었으며 따라서 진정한 반대와 의심스러운 반대를 구별하기 위하여 주의 깊게 다음과 같은 경우를 검토할 필요가 있다고 생각하였다. '지금은 낮이며 그리고 지금은 밝다'의 반대는 '지금은 낮이며 그리고 지금은 밝지 않다'가 아니다. 반대는 부정 기호를 명제의 맨 앞에 붙임으로써 형성되어야 하며 따라서 부정 기호는 명제 전체에 적용된다. 이를 통하여 스토아학파는 논리학의 역사에 **범위**라는 개념을 도입하였다(S.E., *M*. 8. 88∼90).

스토아학파의 논리학과 현대의 명제 논리학 사이의 또 다른 차이점은 개

15 논리적 연산자는(즉 하나 또는 그 이상의 명제로부터 새로운 명제를 만들어 내는 데 사용되는 기호는) 새로운 명제의 진리값이 원래 명제들의 내용이 아니라 오직 그들의 진리값에 의존하며 그리고 오직 그런 경우에만 진리함수가 된다.

별적인 결합사를 다루는 태도에서 드러난다. 현대의 명제 논리학에서 '또는'은 관행적으로 포괄적인 결합사로 간주된다. 즉 'p 또는 q'는 p와 q 둘 중에 오직 하나만 참일 경우뿐만 아니라 둘 모두 참인 경우에도 참이 된다. 하지만 스토아학파는 '또는'을 이렇게 포괄적으로 해석할지 아니면 p와 q 둘 중에 하나만, 즉 오직 하나만 참이며 그리고 그럴 경우에만 전체가 참이라고 배타적으로 해석할지를 결정하지 않은 채 남겨둔 듯하다. 더욱이 이들은 복합 명제를 형성하는 결합사들 중 진리함수가 아닌 것도 허용하였다. '왜냐하면 p이기 때문에 q이다'라는 형식의 명제가 참인지 아닌지는 이를 구성하는 명제들의 진리값만으로는 결정되지 않는다.

조건언의 결합사 '만일 …라면 …이다'와 관련해서 스토아학파가 조건언에 대한 필론의 진리함수적 해석을 어느 정도 받아들였는지는 확실하지 않다. 앞서 언급하였듯이 필론의 해석에 따르면 '만일 p이면 q이다'는 'p'가 참이고 'q'가 거짓인 경우를 제외하고는 모두 참이다. 섹스토스는 다음과 같이 말함으로써 스토아학파가 필론의 해석에 따랐음을 암시한다.

> 건전한 조건언은 전제는 참인데 결론은 거짓이 아닌 경우를 의미한다. 조건언은 예를 들면 '만일 지금이 낮이라면 지금은 밝다'와 같이 전제와 결론이 모두 참일 수도 있으며, '만일 지구가 날아다닌다면 지구에는 날개가 있다'처럼 전제와 결론이 모두 거짓일 수도 있다. 또한 '만일 지구가 존재한다면 지구는 날아다닌다'처럼 전제는 참인데 결론은 거짓이기도 하며, '만일 지구가 날아다닌다면 지구는 존재한다'처럼 전제는 거짓인데 결론은 참일 수도 있다. 스토아학파는 이들 중에 오직 한 경우, 전제는 참인데 결론은 거짓인 경우만을 건전하지 않다고 말하며 나머지는 모두 건전하다고 말한다. (S.E., *P.* 2. 104~6).

여기서 제시된 예는 스토아학파가 조건언을 진리함수로 해석하였다는 섹스토스의 주장을 지지하기에 충분하다. 이런 해석의 특징은 바로 조건언의 진리성이 전제의 내용과 결론의 내용 사이에 어떤 연결점도 필요로 하지 않는다는 점이다. '만일 지구가 날아다닌다면 지구에는 날개가 있다'는 날아다니는 모든 것에는 날개가 있다는 생각을 통해서 서로 연결될 수 있는 반면 '지구가 존재한다'와 '지구가 날아다닌다' 사이에는 어떤 연결점도 발견되지 않는다. 물론 스토아학파가 가장 큰 관심을 보였던 조건언은 이런 연결점을 지니는 조건언이었으며, 섹스토스는 이런 예로 위의 인용문 바로 다음에 '만일 그녀에게 젖이 나온다면 그녀는 임신하였다'를 들었다. 현대 명제 논리학은 조건언의 기본 형식을 철저히 진리함수적 해석에 기초하여 설명하지만 스토아학파가 든 예들 대부분은 현대의 교과서에서도 무리 없이 참으로 받아들여질 듯하다.

다른 한편으로 스토아학파의 학자들 중 최소한 몇몇은 조건언 명제의 진리 조건에 대하여 이와는 다른 견해를 보였다. 크리시포스는 '만일 p이면 q이다'에서 결합사는 **q가 p로부터 도출됨을** 분명히 드러낸다는 말을 하였다고 전해진다. 이런 주장은 그 자신 아니면 다른 스토아학파의 학자에 의해서 다음과 같이 표현되었다.

> 조건언에서 결론의 부정이 전제와 대립한다면 그 조건언은 참이다. 예를 들면 '만일 지금이 낮이라면 지금은 밝다'에서 결론을 부정하여 '지금은 밝지 않다'라고 한다면 이는 '지금은 낮이다'라는 전제와 대립하므로 이 조건언은 참이다. 반면 결론의 부정이 전제와 대립하지 않는 조건언은 거짓이다. '만일 지금이 낮이라면 디온은 걸어간다'에서 '디온은 걸어가지 않는다'라고 결론을 부정해도 이것이 '지금은 낮이다'라는 전제와 대립하지 않으므로 이 조건언은 거짓이다. (D.L. 7. 73)

여기서 '대립'은 단지 진리값의 차이가 아니라 전제와 결론의 내용이 어떤 측면에서 서로 양립할 수 없음을 명백히 지칭하는 듯하다. 하지만 이런 양립 불가능성의 정확한 본질이 무엇인지는(이는 논리적인 것인가? 아니면 경험적으로 발견되는가? 등은) 명확하지 않은 채로 남는다.

다행히 추론에 관한 스토아학파의 이론을 제시하고 평가하기 위하여 이런 불확실성을 반드시 제거할 필요까지는 없다. 아리스토텔레스는 자신의 삼단논법들에 대응하는, 조건문으로 표현된 필연적 진리들을 나열함으로써 삼단논법의 형식 각각을 드러낸 반면 스토아학파는 때로는 숫자를 변항으로 사용하기도 하며, 때로는 표준적인 예를 들기도 하고 또 때로는 '만일 플라톤이 살아 있다면 플라톤은 숨을 쉰다. 그런데 전자가 성립하므로 따라서 후자도 성립한다'에서처럼 이 둘을 혼합하기도 하면서 자신들의 논증을 추론의 도식 형태로 제시하였다. 스토아학파의 학자들 대부분은 추론이 반드시 첫 번째 전제(*lemma*)와 두 번째 전제(*proslepsis*) 그리고 결론(*epiphora*)으로 구성되어야 한다고 생각하였다. 추론이 때로는 하나의 전제만으로도 구성될 수 있다는 생각은 소수 의견에 지나지 않았다(D.L. 7. 76).

스토아학파가 부당한 추론의 기준으로 생각한 바는 크리시포스가 조건언의 진리값을 결정하는 기준으로 제시한 바와 상당히 유사하다. 어떤 추론에서 결론의 부정이 전제와 결합할 경우 대립이 일어난다면 추론은 타당하다(*perantikos*). 반면에 대립이 일어나지 않는다면 추론은 부당하다. 전형적인 부당한 추론의 예로 '만일 지금이 낮이라면 지금은 밝다. 그런데 지금은 낮이다. 그러므로 디온은 걸어간다'를 들 수 있다(D.L. 7. 77). 오늘날 우리는 타당한 추론과 건전한 추론을 익숙하게 구별한다. 어떤 추론의 전제들 중 하나 또는 그 이상이 참이 아니라면 그 추론은 타당할지 몰라도 건전하지는 않다. 스토아학파도 이와 유사한 구별을 하였지만 '건전한' 논증을 지칭하는 데 '참'에 해당하는 그리스어 알레테스(*alethes*)를 사용하였으며 마찬가지로 '건전하지 않은' 논증을 '거짓'으로 표현하였다. 그리고 이들은 타당하지 않은 논증과 전제에 거짓이 포함된 논증 모두를 건전하지 않다고 불렀다(D.L. 7. 79).

추론들은 다양한 형식을 취할 수 있는데 이를 '식'이라고 부른다. 크리시포스는 타당한 추론의 기본 형식 또는 '자명한 식'으로 다음의 다섯 가지를 제시하였다(D.L. 7. 79).

(A) 만일 1이면 2이다. 그런데 1이다. 따라서 2이다.
(B) 만일 1이면 2이다. 그런데 2가 아니다. 따라서 1이 아니다.
(C) 1과 2 모두는 아니다. 그런데 1이다. 따라서 2가 아니다.
(D) 1이거나 또는 2이다. 그런데 1이다. 따라서 2가 아니다.
(E) 1이거나 또는 2이다. 그런데 2가 아니다. 따라서 1이다.

크리시포스는 모든 타당한 추론은 이런 다섯 가지의 원초적 형식으로 환원될 수 있다고 믿었으며, 지금은 전해지지 않는 많은 저술들에서 더욱 복잡하고 파생적인 식들을 이런 단순한 유형으로 환원하는 데 사용되는 다양한 정리들을 증명하였던 듯하다. 다음의 예를 고찰해 보자.

(F) 만일 1이라면 그러면 만일 1이라면 2이다. 그런데 1이다. 따라서 2이다.

우선 (A)에 따라 두 전제를 받아들인 후 다시 한 번 (A)를 사용하여 '2'의 자리에 '만일 1이면 2이다'를 대입하면 우리는 (F)를 얻게 되며 이를 통하여 (F)가 (A)와 마찬가지로 타당한 추론 도식임을 보일 수 있다(S.E., *M* 8. 234~6).

언뜻 보기에 크리시포스의 다섯 가지 원초적 도식은 명제 계산에서 이루어지는 연역을 위한 완벽하거나 환원 불가능한 기초를 전혀 제공하지 못하는 듯하다. 예를 들면 이 다섯 가지 중에는 'p인 동시에 q이다'로부터 'p'를 이끌어 내는 추론을 정당화하는 원초적 명제가 포함되지 않는다. 이 까닭은 물론 스토아학파가 오직 하나의 전제만을 갖는 추론을 소홀히 다루었기 때문이다. 네 번째의 원초적 도식은 '또는'을 오직 배타적으로 해석할 경우에만 타당하다. 그러나 만일 그렇게 해석한다면 이는 언급할 필요가 없다. 왜냐하면 이 도식을 통해서 정당화되는 모든 추론은 이미 (C)를 통해서 정당화되기 때문이다.

고대철학 말기에 아리스토텔레스의 논리학과 스토아학파의 논리학은 서로 경쟁 관계에 있다고 여겨졌다. 스토아학파의 철학자들이 직접 쓴 저술은 거의 전해지지 않지만 이 두 체계를 지지하는 학자들 사이에 상당한 논쟁이 벌어졌음을 보여 주는 증거들은 많이 있다. 이로부터 이천 년이나 지난 후 뒤늦게 깨닫게 되었지만 현재 우리는 이 두 체계가 반드시 서로 양립할 수 없는 것은 아니라는 점을 알고 있다. 이 둘은 논리학의 서로 다른 영역에서 나름대로 논리적 정식들을 제시함으로써 각각 서로 다른, 하지만 상호 보완적인 현대 논리학의 분야, 즉 명제 계산과 술어 계산 분야의 발전에 선구적 역할을 담당하였고 말할 수 있다.

4장

지식과 그 한계: 인식론

오늘날 인식론으로 불리는 철학의 분과가 있는데 이는 우리가 과연 무엇을 알 수 있는지, 또 그것을 어떻게 알 수 있는지를 탐구의 대상으로 삼는다. 우리 모두는 다양한 주제들에 관한 수많은 믿음을 지닌다. 이들 중 어떤 것이 진정한 지식으로 간주될 수 있는가? 그런 것이 단 하나라도 존재하는가? 진정한 지식의 특징은 무엇이며 이는 어떻게 단순한 믿음과 구별되는가? 그저 참인 듯 보일 뿐인 거짓 믿음들을 제거하고 참된 지식에 이르게 하는 믿을 만한 방법이 존재하는가? 초기 단계부터 그리스 사상가들은 이런 질문에 상당한 관심을 보였다.

소크라테스 이전의 인식론

파르메니데스는 인식론의 창시자로 여겨질 만한 충분한 자격이 있다. 최소한 그는 지식과 의견을 체계적으로 구별한 최초의 철학자이다. 그의 방대한 철학시 첫머리에서 한 여신은 그가 모든 것을 배우게 되리라고, 즉 신뢰할 만한 진리와 신뢰할 수 없는, 유한한 의견 모두를 배우게 되리라고 예언한다. 그의 시는 진리의 길과 의견의 길이라는 두 부분으로 구성된다. 진리의 길에서는 존재에 관한 파르메니데스의 이론이 전개되는데, 이에 관해서는 형이상학을 다루는 6장에서 살펴볼 예정이다. 의견의 길은 감각의 세계, 변화하는 외관의 세계, 공허한 이름뿐인 세계를 다룬다. 진리의 길을 따르지 못하는 유한한 존재들은 형이상학적 오류에 빠져 전혀 아무것도 인식하지 못한다. 귀먹고, 정신이 멍하고, 눈먼 그들을 '머리가 둘인 채로 헤매는 자들'이라고 부를 수 있다. 왜냐하면 그들의 믿음에는 내적인 모순이 있기 때문이다(KRS 293).

실재와 현상을 분명하게 구별하려는 시도는 파르메니데스와는 전혀 다른 유형의 철학자인 데모크리토스의 저술에서도 발견된다. 데모크리토스에게는 오직 원자와 빈 공간만이 진정한 두 실재이며 감각을 통해서 지각되는 성질들은 단지 현상에 지나지 않는다. 감각적인 현상들이 사물에 관한 진리일 수 없음을 보이기 위하여 그는 이런 현상들이 상충한다는 점을 지적한다. 어떤 동일한 대상에 대하여 병든 사람과 건강한 사람이 느끼는 맛은 서로 일치하지 않으며, 또한 사람이 느끼는 맛과 동물이 느끼는 맛도 일치하지 않는다. 심지어 감각적 속성들은 동일한 한 사람에게도 서로 다른 때에는 서로 다르게 나타나기도 한다(Aristotle, *Metaph*. *Γ* 5. 1009b7). 감각적 현상을 통해서는 진리가 아니라 단지 의견에 이를 뿐이다. 그는 다음과 같이 말했다고 전한다. '관습상 달다고, 관습상 쓰다고 말한다. 또한 관습상 뜨겁다고, 관습상 차갑다고 말한다. 하지만 실제로는 원자와 빈 공간일 뿐이다'(KRS 549). '바람이 차다'와 같은 명제를 말한다면 이는 거짓 믿음을 드러낸다는 생각과 이런 명제는 오직 관습상 참인 무언가를 드러낸다는 생각은 전혀 다른 듯 보인다. 하지만 데모크리토스가 정확하게 무엇을 의미하였든 간에 그가 감각이 독립적인 실재에 관한 진리를 우리에게 전하지 못한다고 주장하였음은 분명하다.

만일 나와 상대방이 같은 바람을 맞으면서 나는 바람이 따듯하다고 말하는데 상대방은 바람이 차다고 말한다면 데모크리토스는 이를 보고 우리 중 어느 누구도 참인 명제를 말하지 않는다고 생각할 듯하다. 하지만 소피스트인 프로타고라스는 이와는 정반대되는 입장을 취하여 우리 둘 모두 참을 말한다고 주장하였다(Plato, *Tht*. 151e). 그의 유명한 언급에 따르면 '인간은 모든 것의 척도이다. 존재하는 것에 대해서는 그것이 존재한다는, 존재하지 않는 것에 대해서는 그것이 존재하지 않는다는 척도이다'(KRS 551). 어떤 특정한 개인에게 무엇이 참으로 보이든 간에 그것은 그 개인에게는 **분명히 참이다**. 따라서 모든 믿음들은 참이다. 하지만 이들은 단지 상대적으로 참일 뿐이다. 프로타고라스에 따르면 데모크리토스가 추구하였던, 감각을 통해서 드러나는 현상으로는 파악할 수 없는 독립적이고 객관적인 진리 따위는 결코 존재하지 않는다. 데모크리토스는 프로타고라스의 주장이 자기모순적임을 들어 반박하였다. 만일 모든 믿음들이 참이라면 이들 중에는 모든 믿음들이 참은 아니라는 믿음도 포함된다(DK 68 A114).

프로타고라스는 자신의 주장을 감각적 지각의 경우에만 한정함으로써 이런 반박에 답할 수 있었을 듯하다. '나에게는 …로 보인다'는 표현은 이와 동일한 의미를 지니는 그리스어에서도 감각적 인상 또는 의견의 영역에만 적용되기도 하며, 데모크리토스의 반박 또한 이 사실을 이용하고 있다. 하지만 사실상 프로타고라스는 이런 도피로를 선택하지 않는다. 그의 관심은 감각적 지각의 영역을 훨씬 넘어서까지 확대되었다. 디오게네스 라에르티오스는 프로타고라스가 모든 문제에는 상반되는 두 측면이 있다고 말하였음을 전하며 또한 세네카(Seneca)에 따르면 그는 모든 주제에서 우리가 서로 반대되는 양 측면 중 어떤 쪽에서도 논증을 펼칠 수 있다고 주장하였다.[1] 만일 A는 p를 지지하는 논증을 펼치고 B는 p가 아님을 지지하는 논증을 펼치는데 두 논증의 과정이 모두 타당하다면 내가 이들 사이에서 어떻게 결정하여야만 하는가? 프로타고라스는 내가 어떤 결정도 내릴 수 없으며 둘 모두를 받아들일

[1] D.L. 9. 51; DK 80 A20. J. Barnes, *The Presocratic Philosophers*, rev. edn. (London: Routledge, 1982), ii. 243 참조.

수밖에 없음을 주장한 듯하다. 하지만 내가 p와 p가 아님 모두를 받아들인다면 일종의 모순을 범하지 않는가? 이에 대하여 프로타고라스는 이런 모순은 성립하지 않는다고 생각하였다(D.L. 9. 53). 이 경우 내가 사실상 받아들이는 바는 'p'와 'p가 아님'이 아니라 'A에게는 "p"가 참'이라는 점과 'B에게는 "p가 아님"이 참'이라는 점이다.

프로타고라스에게는 바람에 대한 느낌과 같은, 명백하게 주관적인 문제에 관한 진리뿐만이 아니라 모든 진리가 상대적이다. 우리가 아는 한 그는 이 주장을 증명하기 위한 어떤 논증도 제시하지 않았으며, 단지 감각적 현상과 믿음 사이의 유추와 무언가를 찬성하는 논증에 항상 그것에 반대하는 논증을 대응시킬 수 있다는 개인적인 주장을 펼 뿐이다. 하지만 이 주장을 통하여 프로타고라스는 데모크리토스의 덫으로부터 빠져나온다. 그는 '몇몇 믿음들은 거짓이다'라는 사실을 참으로 받아들일 수 있다 — 단 **데모크리토스에게만** 참이다. 그는 계속해서 '어떤 믿음도 거짓이 아니다'가 참이라고 믿을 수 있다 — 물론 이는 그 자신, 즉 프로타고라스에게만 참이다. 이들 둘 사이의 논쟁을 해결할 다른 어떤 방법이 등장해야만 한다 — 앞으로 살펴보게 되듯이 플라톤도 이 방법을 제공하려 하였다.

때로 프로타고라스는 회의주의자로 묘사된다. 하지만 이는 다소 어색한 주장이다. 회의주의자란 진리의 발견이 무척 어렵거나, 어쩌면 불가능하다고 생각하는 사람이다. 프로타고라스에게 진리의 발견은 지극히 쉬운 일이다. 우리가 어떤 믿음을 형성하기만 하면 이는 곧바로 참이 된다. 하지만 데모크리토스와 같은 사람의 관점에서는 보편적이고 객관적인 진리 개념을 상대적인 개념으로 대체하려는 시도 자체가 매우 극단적인 형태의 회의주의로 보인다. 하지만 진정으로 추구할 만한 가치를 지닌다는, 이른바 유일한 진리는 상대주의자의 입장에서 보면 결코 발견할 수 없다. 왜냐하면 그런 진리는 존재하지 않기 때문이다.

하지만 데모크리토스 자신은 강력하게 회의주의를 거부하는 입장에 서지 않았다. 그는 두 종류의 지식이, 즉 감각을 통한 지식과 지성을 통한 지식이 존재한다고 생각하였다. 오직 지성을 통한 지식만이 진정한 지식이다. 우리의 다섯 가지 감각은 잘못 변형된 지식만을 전할 뿐이다(S.E., *M*. 7. 130~9). 하지만 여기서도 문제가 발생한다. 원자론을 통해서 드러나는, 지성을 통한 지식 또한 부분적으로는 경험적인 증거들에 기초하는데 경험적 지식은 결국 우리를 속이는 감각으로부터 생겨나지 않는가? 갈레노스(Galen)는 감각적 속성들이 관습상의 것이라고 말하는 데모크리토스의 언급을 인용한 후 다음과 같이 말한다. '현상들을 비판한 다음 〔데모크리토스는〕 감각들이 지성에게 이렇게 말하도록 한다. "가련한 정신이여! 그대는 우리에게서 믿음의 증거들을 얻으면서도 우리를 뒤엎으려 하는가! 우리의 전복은 또한 그대의 몰락이기도 하다"' (KRS 552).

그렇다면 논리적 측면에서 데모크리토스는 원자론자가 아니라 회의주의자로 평가되었어야 한다. 그의 제자 중 한 명인 키오스(Chios) 섬 출신의 메트로도로스(Metrodorus)는 극단적인 회의주의적 주장을 폈다고 알려져 있다. '우리 중 어느 누구도 아무것도 알지 못한다. 심지어 우리가 아는지 알지 못하는지도, 앎과 알지 못함이 무엇인지조차도 알지 못한다' (DK 70 B1). 하지만 이는 원자론에 기초한 자연학을 다룬 책의 첫머리에 등장한 것이므로 이런 선언이 얼마나 진지하게 받아들여졌는지를 파악하기란 쉽지 않다. 반면에 소피스트인 고르기아스(Gorgias)는 실재에 관한 인식이 불가능함을 보여 주는 논증을 제시하였다. 그의 논증은 다음과 같이 진행된다. 만일 사고(*ta phronoumena*)의 대상이 실재하지(*onta*) 않는다면 실재하는 것은 사고의 대상이 아니다. 그러나 사고의 대상은 실재하지 않는다. 왜냐하면 만일 사고의 대상 중 어떤 것이라도 존재한다면 모든 사고의 대상이 사고되는 바대로 존재하여야 하기 때문이다. 하지만 우리는 하늘을 나는 사람이나 바다 위를 달리는 전차 등을 얼마든지 사고할 수 있다고 해서 이것이 곧 하늘을 나는 사람이나 바다 위를 달리는 전차 등이 존재함을 의미하지는 않는다. 따라서 사고의 대상이 실재한다는 주장은 사실이 아니다. 그러므로 실재하는 것은 사고의 대상이 아니다(DK 82 B3).

우리는 고르기아스가 이 논증을 진지하게 주장하였는지 그렇지 않은지를 알지 못한다. 우리는 만일 사고의 대상 중 어떤 것도 실재가 아니라면 어떤 실재도 사고의 대상이 아니라는 주장을 의문시하지 않는다. 위의 논증에서 취약점은 만일 사고의 대상 중 어떤 것이 실재한다면 모든 사고의 대상이 실재한다는 주장인 듯하다. 위에서 예로 든 경우 자체가 사고의 대상이 실재하지 않는 경우와 실재하는 경우를(즉 우리의 사고에 대응하는 대상이 실재하는 경우를) 우리가 충분히 구별할 수 있음을 드러낸다.

소크라테스, 지식과 무지

프로타고라스와 고르기아스는 소피스트였으며, 소피스트들에게 가해진 통상적인 비판은 그들이 회의주의를 확산시킨다는 것이었다. 어떤 사람들은 소크라테스도 이와 마찬가지의 결점을 지닌다고 생각하였다. 소크라테스는 분명히 지식을 지니고 있다는 다른 사람들의 주장을 계속 반박하였으며, 자신은 스스로 자신의 무지를 깨달았다는 점을 자랑스럽게 여겼다. 하지만 그는 어떤 특정한 분야에 대하여 지식을 지니고 있다는 장인이나 전문가의 주장은 단 한 번도 반박하지 않았다. 사실 소크라테스가 등장하는 플라톤의 대화편에서 우리는 거듭하여 다양한 기술들과 — 신발을 만드는 기술, 조선술, 항해술, 요리법, 의술 등과 — 마주치게 되는데 이들은 자신이 도덕적, 정치적 지식을 지니고 있다고 주장하는 사람들이 진정으로 그런지를 검토하고 그들에게서 부족함을 발견하기 위하여 지식의 전형을 제공하는 데 사용된다. 만일 소크라테스가 회의주의자였다면 그의 회의주의는 지극히 제한된, 우연적인 것에 불과하다. 그는 단지 우리가 아직 지식에 이르지 못한 어떤

에페소스의 벽화에 그려진, 로마인들이 묘사한 소크라테스의 모습

중요한 분야에 대해서만 회의적인 태도를 보일 뿐, 인간이 결코 이런 지식에 이르지 못한다고 생각하지 않았다. 즉 당시 아테네에서 이런 지식을 아직 발견하지 못하였을 뿐이다.

하지만 소크라테스의 인식론을 평가하기 위해서는, 더욱이 플라톤이 대화편에서 소크라테스의 입을 빌어 제시한 인식론적 주장들을 이해하기 위해서는 '지식'(knowledge)이라는 단어에 대응되는 그리스어의 서로 다른 단어들을 검토할 필요가 있다. '인식론'(epistemology)이라는 단어 자체가 '에피스테메'(*episteme*)라는 그리스어에서 유래하였는데 이 단어는 자주 더욱 폭넓은 범위의 지식을 지칭하는 데 사용되기도 하므로 '학문'(science)이 이 단어의 동의어가 되기도 한다. 명사인 '에피스테메'와 그 동사형인 '에피스타마이'(*epistamai*) 외에 더욱 일상적인 지식과 앎을 지칭하는 평범한 단어들도 많이 있다. 따라서 누군가가 특정한 영역에서 에피스테메의 가능성을 부정한다고 해도 이것이 반드시 모든 지식의 가능성을 완전히 배제하는 회의주의로 이어지지는 않는다.

델포이 신전의 신탁은 소크라테스가 가장 현명한 인물이라고 선언하였다. 지혜(*sophia*)를 지녔다는 평판을 듣는 많은 사람들을 만나 여러 가지를 물어본 후 소크라테스는 자신이 그들보다 현명하다는 결론을 내린다. 왜냐하면 자신은 알지 못하는 문제에 대해서도 안다고 생각하는 잘못된 믿음을 갖고 있지 않기 때문이다. 정치가와 시인들에게 질문을 던진 후 그는 그들이 지식을 지니고 있다는 평판을 듣는 영역에서 사실은 어떤 진정한 지식도 갖고 있지 못하다는 결론을 내린다. 반면에 장인들을 만났을 때는 그들이 자신이 알지 못하는 많은 것들에 대한 지식(*episteme*)을 지니고 있음을 발견하고 최소한 그런 측면에서는 그들이 자신보다 현명하다는 점을 깨닫는다. 문제는 그들이 자신들의 전문적인 지식에 근거하여 어리석게도 전혀 다른, 더욱 중요한 주제에 대해서까지도 지식을 지니고 있다고 생각한다는 점이다. 소크라테스는 자신이 그들처럼 지식을 지니고 있지는 않지만 또한 그들처럼 무지하지도 않다는 점에서 그들보다 낫다고 생각하였다(*Apol*. 22d~e).

사실 소크라테스가 주인공으로 나서는 플라톤의 초기 대화편들에는 자신이 어떤 특정한 분야의 지식을 지닌다고 자처하는 인물이 항상 등장한다. 이 등장인물은 대체로 자신이 어떤 특정한 덕이나 기술의 본성을 안다고 주장한다. 예를 들면 에우티프론은 경건함과 불경스러움에 대한 지식을 지녔다고 주장하며(*Euthphr*. 4e~5a), 메논은 자신이 덕이 무엇인지 안다는 사실을 자랑스럽게 생각하며(*Men*. 71d~e), 심지어 가장 겸손한 카르미데스조차도 자신이 겸손이 무엇인지 안다고 생각한다. 이에 소크라테스는 정의(定義)로 표현된 지식을 얻기 위하여 이들에게 질문을 던진다. 각각의 정의가 제시되면 그는 반대되는 예를 들거나 용어상의 모호함을 드러냄으로써 정의의 부족한 점을 지적한다. 반대되는 예는 두 가지 형식을 취할 수 있다. 즉 정의가 적절한 정도 이상을 포함한다는 점을 보일 수도 아니면 적절한 정도 이하를 포함한다는 점을 보일 수도 있다. 따라서 케팔로스가 《국가》의 1권에서 정의(正義)란 진실을 말하고 빌린 것을 그대로 잘 돌려주는 일이라고 말할 때 소크라테스는 어떤 친구가 제정신일 때 빌려온 무기를 그가 제정신이 아닐 때 돌려주는 것은 정의롭지 않다고 이의를 제기한다(*Rep*. 331c~d). 반면에 라케스가, 그의 이름을 따라 《라케스》라는 제목이 붙은 대화편에서, 용기란 전투에서 물러나지 않고 자기 자리를 지키는 것이라고 말할 때 소크라테스는 작전상 후퇴는 오히려 용기의 표현일 수 있음을 지적한다. 빠르던 늦던 간에 이른바 전문가들은 자신의 정의가 완전하지 않다는 점에 동의하지 않을 수 없으며, 이렇게 만족스러운 정의를 내리는 데 실패한다는 사실은 그들의 지식이 정당화될 수 없다는 근거로 간주된다.

플라톤의 대화편들에서 질문을 던지는 소크라테스는 상대방이 **덕**이나 **지식**과 같은 개념에 포섭되는 대상들을 아무리 많이 나열한다 해도 결코 만족하지 않는다. 예를 들면 메논은 서로 다른 많은 종류의 덕들이 있다고 말하면서 남성의 덕, 여성의 덕, 어린이의 덕을 비롯하여 노예의 덕, 자유인의 덕, 젊은이의 덕, 늙은이의 덕 등을 나열한다. 하지만 소크라테스는 이런 것들은 아무 소용이 없다고 말한다. 이는 마치 벌이 무엇인지 알고 싶어 하는 사람에게 서로 다른 많은 종류의 벌이 있다고 말하는 것과 같다. 소크라테스는 서로 다른 종류의 벌들도 모두 벌인 한에서는 서로 구별되지 않는다고 말한다. 그리고 우리가 발견하려는 바는 그들 모두를 동일하게, 서로 구별되지 않도록 만드는 바로 그 무언가이다(*Men*. 72c). 덕의 경우도 마찬가지이다. 말하자면 소크라테스는 덕의 **본질**을 추구한다.

무언가의 본질에 관한 지식은 매우 특별한 종류의 지식임이 분명하다. 플라톤이 묘사한 소크라테스 이래 많은 철학자들이 이를 지식의 전형으로 여겨 왔다. 하지만 최근의 다른 철학자들은 본질에 관한 지식을 고집스럽게 추구하는 소크라테스를 비판하기도 한다. 비트겐슈타인은 철학자들이 큰 관심을 보이는 대상 중에 어떤 것은 본질을 전혀 갖지 않을 수도 있음을 지적하였다. 예를 들면 그는 우리가 언어라고 부르는 모든 것이 우리로 하여금 그들 모두를 지칭하는 데 동일한 단어를 사용하도록 만드는 하나의 공통적인 특성을 지닌다는 사실을 부정한다. 마치 한 가족의 서로 다른 구성원들이 체격이나 걸음걸이, 피부색, 성격 등의 특성과 관련해서 서로 유사성을 보이듯이 언어라는 현상 또한 이와 같이 서로 다른 많은 방식으로 연결된다.[2] 설령 X가 어떤 본질을 지닌다 할지라도 X를 정의할 수 있거나 X를 X 아닌 것과 구별하는 예외 없는 기준을 분명하게 제시하는 일이 우리가 X를 보았을 때 그것을 X라고 진정으로 말할 수 있기 위한 필요조건은 아니다. 따라서 나는 생물과 무생물을 구별하는 완벽한 기준을 제시하지 않고도 컴퓨터는 생물이 아니라는 점을 바로 인식할 수 있다.[3]

우리는 지식이라는 단어가 일상적으로 사용되는 의미에 비추어 볼 때 무

[2] L. Wittgenstein, *Philosophical Investigations* (Oxford: Blackwell, 1958), 1. 66~7.

[3] Peter Geach는 이를 부정하는 태도를 '소크라테스적 오류'(the Socratic Fallacy)라고 부른다(*God and the Soul* (London: Routledge, 1969), 40).

언가를 정의하고 경계를 규정하는 능력이 없이도 그것에 대한 지식을 지닐 수 있다는 점에 동의한다. 하지만 본질을 추구하려는 또는 어쩌면 어떤 개념이 서로 다르게 적용되는 경우들 사이에서 가족 유사성을 이끌어 내려는 철학자들의 특별한 임무가 존재한다고 얼마든지 생각할 수 있다. 이런 특별한 임무의 목표는 일상적으로 엄밀하지 않게 어떤 개념을 사용하는 사람들보다는 높은 지식의 수준에, 아니면 최소한 이해의 수준에라도 도달하는 것이다. 그리고 플라톤은 더욱 성숙한 시기에 쓴 대화편들에서 '에피스테메'라는 그리스 단어를 탐구함으로써 바로 이런 수준의 통찰을 보여 준다.

《테아이테토스》에서 논의되는 지식

가장 풍부한 내용이 등장하는 대화편 중의 하나인 《테아이테토스》는 지식(*episteme*)이란 무엇인가라는 문제를 다룬다(145e). 이 대화편은 비록 초기의 것은 아니지만 소크라테스가 등장하는 초기 대화편과 유사한 구조를 보인다. 주인공이(여기서는 테아이테토스가 젊고 똑똑한 수학자로 묘사되는데) 몇 가지 정의를 제시하면 소크라테스는 이들을 모두 반박하며 결국 주인공이 자신의 무지를 인정하면서 마무리된다. 대화편의 첫머리에서 젊은 테아이테토스는 마치 임산부가 아이를 낳듯이 '지식이란 무엇인가?'라는 질문에 대답할 준비를 갖추고 있다. 소크라테스는 산파의 역할을 자청한다(149a~151d). 하지만 테아이테토스는 단지 환상만을 낳는, 비유하자면 상상임신을 하였음이 밝혀진다.

테아이테토스의 첫 번째 제안은 지식이 한편으로는 기하학이나 천문학으로, 다른 한편으로는 제화 기술이나 목공일 등으로 구성된다는 것이다. 하지만 이는 제대로 된 대답이 아니다. 소크라테스는 결코 이런 목록에 만족하지 않으며, 만일 기하학이나 목공일을 정의하려면 '지식'이라는 단어 자체가 다시 이 정의에 포함되리라고 말한다. 테아이테토스의 그 다음 제안은 지식이 지각(perception)이라는 것이다. 무언가를 안다는 것은 감각을 통하여 그것을 지각함을 의미한다(151e). 이에 소크라테스는 오직 참인 바만 인식될 수 있으므로 감각적 지각이 항상 올바른 경우에만 지식이 이런 지각일 수 있다는 점을 지적한다. 하지만 이는 프로타고라스의 주장, 즉 어떤 특정한 개인이 무엇을 지각하든 그것이 그에게는 참이라는 주장을 우리가 받아들일 경우에만 성립될 수 있다.

순간적인 감각과 관련해서 프로타고라스의 주장은 세계가 끊임없이 변화한다는 헤라클레이토스의 주장과 더불어 더욱 그럴듯하게 보일지도 모른다. 우리가 보는 색들은 어떤 고정된 대상이 아니다. 나의 눈이 대리석 한 조각을 볼 때 대리석의 흰색과 내가 보는 흰색은 두 가지의 순간적인 요소로서, 나의 눈과 대리석이라는 두 원인이 만나 함께 만들어 낸 쌍둥이 같은 것이다(156c~d). 그렇다면 만일 어떤 특정한 순간에 내가 '이것은 희다'라고 말할 경우 나는 틀릴 수가 없다. 다른 어느 누구도 나를 주장을 부정할 만한 위치에 있지 않다. 다른 종류의 감각적 지각에 대해서도 마찬가지이다(157a).

이제 우리가 프로타고라스의 주장을 받아들여 이런 경우 지각하는 사람이 말하는 바가 참이라고 가정해 보자. 하지만 여전히 이런 주장을 펴는 것이 불합리한 다른 수많은 경우들이 있다고 소크라테스는 단언한다. 우리는 꿈에서 자신이 하늘을 날고 있다고 얼마든지 생각하며, 어떤 미친 사람은 자신이 신이라고 생각할 수도 있다. 이런 경우들은 한 개인이 지각하는 바가 명백히 참이 아닌 경우들인가? 그리고 지각이 오류를 범하지 않는 일상적인 경우들조차도 진정한 지식이 아닐 수 있다. 우리 자신이 현재 꿈꾸고 있지 않다는 사실을 어떻게 확신할 수 있는가? 우리는 삶의 반을 잠자면서 보내며, 우리가 잠자지 않고 깨어 있다는 사실을 증명할 수는 없다는 것이 일반적인 상식이다(158c~e).

이 점을 활용하여 소크라테스는 테아이테토스의 (그리고 프로타고라스의) 주장을 반박한다 — 하지만 꿈꾸는 사람이나 미친 사람의 경우가 아니라 병에 걸려 감각이 변한 사람의 예를 들기 때문에 다소 설득력이 떨어지는 듯도 하다. 소크라테스가 병에 걸려 단맛의 포도주를 시게 느낀다고 가정해 보자. 헤라클레이토스 식의 설명에 따르면 포도주의 맛은 포도주와 그것을 맛보는 사람이 낳은 결과이다. 병에 걸린 소크라테스는 건강한 소크라테스와 다른 사람이며 따라서 서로 다른 사람이 서로 다른 결과를 낳음은 당연하다. 포도주가 시다는 점은 사실이 아닐 수도 있지만 병에 걸린 소크라테스에게 포도주는 분명히 시다. 그러므로 여기서 우리는 지각이 오류에 빠진 경우를 발견할 수 없으며, 따라서 지식을 지각과 동일시하는 입장은 아직 반박되지 않았다.

《테아이테토스》에서 소크라테스는 다른 주제로 옮겨 논의를 이어간다. 지식이 없는 지각의 경우 즉 누군가가 말하는 외국어를 듣기는 하지만 그 언어를 인식할 수는 없는 경우도 있고(163b), 지각이 없는 지식의 경우 즉 눈을 감고 이전에 보았던 무언가를 떠올려 현재 더 이상 그것을 보고 있지 않지만 그것이 무엇처럼 보이는지를 인식하는 경우도 있다(164a). 하지만 지식이 곧 지각이라면 이들은 모두 인식함과 인식하지 못함이 동시에 발생하는 경우들이 될 텐데 그렇다면 이는 불합리하지 않은가? 하지만 여기서조차도 소크라테스는 프로타고라스가 빠져나갈 길을 열어 둔다. 지각과 비지각이 동시에 일어나는 경우는 드물지 않게 찾아볼 수 있다. 한쪽 눈만 안대로 가리면 한쪽 눈에는 보이는 것이 다른 눈에는 보이지 않는다. 따라서 지각이 곧 지식이라면 무언가를 인식하는 동시에 인식하지 못한다 해도 이는 전혀 놀랄 일이 아니다(165c).

지식을 지각과 동일시하는 테아이테토스의 견해에 관하여 논의하면서 플라톤이 묘사한 소크라테스는 프로타고라스에게 수렁에서 빠져나올 수 있도록 많은 줄을 던져 주었다. 그러나 소크라테스는 결국 프로타고라스가 데모크리토스의 덫에 걸려 버렸다고 확신한다. 모든 사람들이 어떤 사람이 다른 사람보다 더 잘 인식한다는 점을 받아들이는 듯하다. 그렇다면 이 점은 — 프로타고라스에 따르면 — 모든 사람들에게 참이다. 하지만 대부분의 사람들이 프로타고라스의 주장을 거짓이라고 생각하는 듯하다. 그렇다면 그의 주장은, 그 자신의 설명에 의해, 참보다는 거짓일 가능성이 훨씬 높다. 왜냐하면 그의 주장을 믿지 않는 사람의 수가 믿는 사람의 수보다 많기 때문이다(170b~171d). 또한 그의 주장을 더욱 직접적으로 공격할 수도 있다. 감각적 지각에 적용할 경우 상당히 그럴듯해 보일지 몰라도 그의 주장은 의학적 진단이나 정치적 예측에는 적용할 수 없다. 설령 각 개인이 **지금** 자신이 감각하는 바에 대해서는 권위를 지닌다 할지라도 **앞으로** 느끼거나 지각할 바에 대한 척도는 될 수 없다. 앞으로 환자가 열이 난다고 느낄지 아니면 몸이 차다고 느낄지에 대해서는 환자보다 의사가 더 잘 알며, 다음 해에 출시될 포도주가 달지 덜 달지에 대해서는 주당보다 양조업자가 더 잘 안다(178c).

소크라테스가 테아이테토스로 하여금 지식은 지각이라는 생각을 포기하도록 만드는 최후의 논증은 다음과 같다. 감각의 대상들은 서로 다른 경로를 통해서 우리에게 전달된다. 우리는 눈을 통해서 보며, 귀를 통해서 듣는다. 그리고 색은 소리와 같지 않다. 우리는 색을 들을 수 없으며, 소리를 볼 수 없다. 하지만 '색은 소리와 같지 않다'는 판단 자체는 어떤가? 이런 지식은 어디서 생기는가? 눈은 소리를 볼 수 없기 때문에 이 판단은 눈을 통해서 전달되지 않는다. 또한 귀는 색을 들을 수 없으므로 이 판단은 귀를 통해서 전달되지도 않는다. 더욱이 우리의 감각기관이 보거나 듣는 것과 동일한 방식으로 동일함을 감지하는 감각기관은 없다. 그렇다면 이는 감각을 통해 전달된 모든 것을 우리의 영혼이 사고하여 공통적인 요소를 표현한 판단으로 보아야 한다(184b~185d).

이런 주장에 답하면서 테아이테토스는 지식에 대한 두 번째 정의를 제시한다. 그에 따르면 지식은 지각(*aesthesis*)이 아니라 사고(*doxa*)이며, 사고는 영혼이 스스로 행하는 활동이다. 우리의 정신이 사고할 때 정신은 마치 자신과 대화를 나누듯이 묻고 답하며 조용히 자신의 의견을 형성한다. 그릇된 사고도 있기 때문에 지식을 바로 사고와 동일시할 수는 없다. 그러나 아마도 지식이 참된 사고라고는 말할 수 있을 듯하다(187a5).

소크라테스는 '그릇된 사고'라는 개념도 문제가 없지는 않다는 흥미로운 지적을 잠시 한 후 이 정의에 대한 반박을 제시한다. 사람들이 실제로 지식을 소유하지 않으면서도 참인 사고를 하고 또 참인 의견을 형성하는 경우들이 있다. 배심원들이 똑똑한 변호사에게 설득당하여 어떤 평결을 내렸는데 평결이 사실과 일치한다면 배심원들은 참인 의견을 형성한 셈이 된다. 하지만 과연 그들의 참인 사고가 지식에 근접할 수 있는가? 소크라테스는 그렇지 않다고 말한다. 재판의 대상이 되는 폭행이나 절도 행위를 직접 목격한 증인만이 실제로 어떤 일이 일어났는지를 정확히 알 수 있다. 따라서 지식은 참인 사고로 정의될 수 없다.

앞에서 소크라테스는 지각만으로는 충분한 지식에 이르지 못하는, 그런 지식을 예로 듦으로써 지식은 지각이 아님을 보였다. 그런데 이제 그는 지식에 이르기 위해서는 지각을 반드시 필요로 하는 예를 들면서 지식은 참인 의견이 아니라고 주장한다. 여기서 독자들은 테아이테토스가 지각과 사고 사이의 어떤 관계를 언급함으로써 둘을 모두 포괄하는, 지식에 대한 설명을 제시하기를 기대할지도 모른다. 하지만 테아이테토스는 그렇게 하지 않고 자신의 두 번째 정의를 더욱 다듬는 방향을 택한다. 그의 새로운 제안에 따르면 지식은 로고스(*logos*)를 동반한 참된 사고이다. 그러면서 그는 로고스가 개입하는 세 가지 방식을 제시한다(206c).

앞에서도 지적하였듯이 '로고스'는 서로 다른 많은 영어 단어들에 대응될 수 있기 때문에 번역하기 몹시 어려운 단어이다. '로고스'는 '단어' 자체에, '문장'에 아니면 '담론'이나 '이성'에 대응되기도 한다. 현재 맥락에서 테아이테토스가 로고스를 동반한 참인 사고라는 말을 통해서 로고스를 동반하지 않은 사고와는 다른 어떤 방식으로 로고스와 밀접하게 관련된 사고를 의미한다는 점은 분명하다. 이제 그가 생각하는 서로 다른 종류의 밀접한 관련에 대하여 설명하면서 나는 로고스라는 단어를 번역하지 않고 그대로 사용하려 한다.

우리가 사고에 로고스를 부여할 수 있는 방법 중 하나는 사고를 단어로 표현하는 것이다. 하지만 이런 방식으로 사고를 정교하게 표현한다고 해서 이것이 곧 참인 사고와 지식 사이의 차이를 드러내지는 않는다. 왜냐하면 벙어리가 아니기만 하면 누구나 그렇게 할 수 있기 때문이다(206d～e).

로고스를 일종의 분석으로 보는 편이 더욱 그럴듯하다. X가 무엇인지 안다는 것은 X를 그것을 구성하는 여러 요소로 분석할 수 있음을 의미한다. 우리는 어떤 단어의 철자를 말함으로써 그 단어를 안다는 사실을 보일 수 있다. 만일 이것이 지식이라면 실재에 관한 지식은 그 실재의 구성요소를 궁극적인 수준까지 분석하여 보이는 것임에 틀림없다. 하지만 이런 분석을 단어의 철자를 말하는 일에 비유한다면 우리는 어려움에 빠지고 만다. 예를 들어 '소크라테스'(Socrates)라는 단어는 이를 구성하는 요소로, 즉 S라는 글자로 분석될 수 있다. 하지만 S라는 글자는 더 이상 분석할 수 없으며, '소크라테스'라는 단어와는 달리 S의 철자를 말할 수도 없다. 따라서 지식이 분석을 의미한다면 더 이상 분석될 수 없는, 우주의 궁극적 요소는 결코 인식될 수 없다. 또한 어떤 복합체를 구성하는 요소들을 인식할 수 없다면 어떻게 복합체 그 자체를 인식할 수 있겠는가? 더욱이 복합체를 구성하는 요소들을 단지 나열하기만 한다면 이 요소들이 올바르게 결합되는 방식을 밝히지 않는 한 이런 나열은 지식이 되기에 충분하지 않다(207b).

대상에 로고스를 부여하는 데 대한 마지막 설명으로 테아이테토스는 오직 그 대상에 대해서만 참이 되는 유일한 속성을 기술하는 것을 제시한다. 예를 들면 해는 우리가 볼 수 있는 가장 밝은 천체라고 말함으로써 해에 로고스를 부여할 수 있다. 하지만 과연 이런 작업을 통하여 해에 관한 진정한 지식에 도달할 수 있는가? X에 관한 명확한 기술을 제시하는 일이 X에 관하여 어떤 사고라도 하는 데 필요조건임은 분명하다. 하지만 그런 기술은 X에 관한 진정한 사고를 참된 지식으로 전환하는 데는 충분하지 않다.

이에 이르러 테아이테토스는 두 손을 들고 만다. 그가 전달하려 했던 생각은 소크라테스의 산파술에 힘입어 결국 올바른 결론에 이르지 못하는 헛된 것으로 판명된다. 그렇다면 그들은 지식에 대한 정의에 전혀 도달하지 못한 셈이 되며 따라서 그들 사이의 대화 전반에 걸쳐 등장한 '안다'와 '알지 못한다'는 단어는 부당하게 사용되었음이 드러난다(196e).

그러나 어쩌면 테아이테토스가 너무 성급하게 포기하지 않았나 하는 생각도 든다. 그가 '로고스'에 대한 네 번째의 설명으로 '정당화', '근거' 또는 '증거' 등을 도입하여 지식을 로고스를 동반한 참인 믿음이라고 정의하였다면 후에 등장한 많은 철학자들이 이를 만족스럽게 생각하였을 듯하다. 하지만 플라톤이 묘사한 소크라테스는 결코 만족을 모르는 사람이었다. 그리고 플라톤 자신은《국가》의 6권과 7권에서 자신을 대변하는 소크라테스를 통하여 지금까지와는 전혀 다른 형태로 전혀 다른 인식론을 제시한다.

지식과 이데아

《테아이테토스》와《국가》에서 전개되는 논의가 전혀 다른 까닭은 전자에서는 플라톤 자신의 이데아론이 등장하지 않지만 후자에서는 등장하기 때문이다. 두 대화편 모두에서 인식되는 바는 참이어야만 하며, 지식은 오직 **존재하는** 바에 관한 것이라는 원칙은 공통적으로 인정된다.《국가》에서 이데아가 지식과 관련되는 까닭은 플라톤이 오직 이데아만이 진정으로 **존재한다는** 주장을 펴기 때문이다. 바꾸어 말하면 이데아가 아닌 다른 모든 것은 단지 제한적인 의미에서만 존재할 뿐이다. 예를 들면 아름다움의 이데아가 아닌 아름다운 것들은 단지 한때 아름답다가 다른 때는 아름답지 않을 수도 있으며 또한 한 부분만 아름답고 다른 부분은 아름답지 않을 수도 있다. 플라톤은 아름다움의 이데아를 제외한 다른 어떤 것도 오직 아름답기만 하지는 않다고 단언한다(*Smp*. 211a). 이데아는 플라톤이 철학자에 관하여 묘사하는《국가》의 5권에서 처음 등장한다. 그는 철학자를 진리를 사랑하는 자로 묘사하면서 철학자를 그저 보이는 바나 들리는 바를 사랑하는 호사가와 구별한다.

철학자가 아닌 사람은 아름다운 대상과 아름다움 자체의 차이를 인식하지 못한다. 그는 단순한 인상을 실재로 오해하면서 마치 꿈을 꾸듯 살아갈 뿐이다(*Rep*. 476c~d). 이런 사람의 마음 상태(*dianoia*)를 묘사하면서 플라톤은 '독사'(doxa)라는 단어를 사용하는데 이는《테아이테토스》에서 사고 또는 의견을 지칭하는 데 사용된 단어이기도 하다. 플라톤은 '독사'를 철학자들이 지니는 '지식'과 — 여기서는 그노메(*gnome*)라는 단어로 표현되는데 — 대비한다. 지식이 **존재하는** 바에 관한 지식이며, 오직 이데아만이 진정으로 **존재한다면** 지식은 이데아에 관한 지식임에 틀림없다. 만일 이데아와 정반대되는 무언가가, 즉 진정으로 **존재하지 않는** 무언가가 있다면 이는 전혀 알려질 수 없다. 하지만 F인 것들 대부분은 부분적으로만 F이며 부분적으로는 F가 아니기 때문에 한 측면에서만 F이며 다른 측면에서는 F가 아니다. 그렇다면 이들은 순전히 F인 것과 순전히 F가 아닌 것 사이에 위치한다. 그리고 이들이 바로 독사의 대상이다.

이런 점에서《국가》와《테아이테토스》사이의 근본적인 차이가 드러난다.《테아이테토스》에서 우리는 인식하는 사람의 마음 상태가 지닌 특징으로 지식의 본질적 특성을 규정하려 하였으며 따라서 지식은 감각의 문제인가?, 지식은 로고스를 동반하여야 하는가? 등의 질문을 던졌다. 하지만《국가》에서는 지식과 믿음의 차이가 인식 대상의 차이, 즉 **인식되는 바**와 **사고되는 바**의 차이로 드러난다. 이 점은 다음의 설명에서 매우 명백해진다. 플라톤은 시각이나 청각이 우리의 능력이듯이 인식과 사고 또한 분명히 **능력**(*dynameis*)이라고 말한다. 능력 자체는 우리가 구별해서 말할 수 있는 색이나 형태를 지니지 않는다. '능력의 경우 나는 다만 그것이 관계하는 대상과 그것이 담당하는 작용만을 주목할 뿐이며, 이를 통하여 나는 각각의 능력을 확인하고 그렇게 부를 뿐이네'(477d). 시각은 색을 식별하는 능력이며, 청각은 소리를 분간하는 능력이다. 이런 두 능력을 서로 구별 짓는 바는 바로 대상, 즉 색과 소리의 차이이다. 이와 마찬가지로 인식과 믿음 사이의 차이는 이들이 담당하는 두 종류의 대상 사이의 차이를 지적함으로써 규정된다고 플라톤은 주장한다(478b6 이하).

《국가》의 6권에서 플라톤은 이런 논증 방향을 더욱 발전시켜 그노메와 독사, 즉 지식과 사고를 다시 세분한다. 사고는 눈에 보이는 세계를 영역으로 삼지만 서로 다른 대상에 따라 서로 다른 두 형태로 등장한다. 그중 한 형태는 그림자와 반성을 대상으로 삼는 상상(*eikasia*)이며, 다른 한 형태는 우리와 같은 살아 있는 존재를 비롯하여 자연 또는 인간의 손이 만들어 낸 모든 것을 대상으로 삼는 믿음(*pistis*)이다. 지식의 영역도 마찬가지로 둘로 나뉜다. 전형적인 지식 그 자체는 노에시스(*noesis*) 또는 이해로서 이는 철학자의 담당분야인 이데아를 대상으로 삼는다. 하지만 또 다른 종류의 지식도 존재하는데 이는 수학자에게 어울리는 지식으로서 플라톤은 이를 추론적 사고(*dianoia*)라고 부른다(509c5 이하). 수학자가 다루는 추상적인 대상은 이데아와 마찬가지로 영원성과 불변성이라는 특성을 지닌다. 그리고 이런 대상들은 생성의 세계가 아닌 존재의 세계에 속한다. 하지만 이들은 일상적인 평범한 대상들이 지니는 특성도 공유한다. 즉 이들은 하나가 아니라 다수이다. 기하학자가 다루는 원은 원의 이데아와는 달리 서로 교차할 수 있으며, 산술학자가 다루는 둘(two)은 오직 유일할 뿐인 둘의 이데아와는 달리 서로 더해져서 넷을 만들어 낸다(525c~526a 참조).

플라톤은 수학자와 철학자를 구별하는데 그 기초에는 그들의 학문이 서로 다른 대상을 다룬다는 사실뿐만 아니라 그들의 탐구가 서로 다른 방법을 사용한다는 점도 놓여 있다. 플라톤은 수학자들이 스스로 명백하게 여기므

플라톤에 따르면 인간의 지식은 사슬에 묶인 채 동굴에 갇힌 죄수의 지식과 유사하다. 죄수는 동굴 입구 쪽에 놓인 여러 물체들이 동굴 안쪽 벽에 비친 그림자 외에는 아무것도 보지 못한다. 오직 수학자와 철학자만이 동굴에서 벗어나 밝은, 참된 세계로 나갈 수 있다. (위의 그림은 16세기 플랑드르파 (Flemish school)[4]의 작품이다.)

로 별로 설명할 필요가 없다고 생각하는 가정으로부터 논의를 시작한다고 불평한다. 반면에 철학자들은 가정에서 출발하기는 하지만 수학자와는 달리 바로 가정에서 결론을 이끌어 내는 대신 우선 가정으로부터 거슬러 올라가 더 이상 가정을 필요로 하지 않는 어떤 원리를 발견하고 그 다음에 다시 가

[4] 〔옮긴이 주〕 플랑드르파는 15세기에서 17세기 초까지 플랑드르 지역을 중심으로 활동한 여러 화가들을 지칭하는데, 이들은 유화의 대가였으며 특히 감각적 표현과 뛰어난 회화 기법으로 유명하다. 대표적인 화가로는 얀 반 에이크(Jan van Eyck, 1395～1441), 브뢰겔(Brueghel, 1525～1640), 루벤스(Rubens, 1577～1640) 등을 들 수 있다.

정으로부터 결론을 이끌어 낸다. 그는 이런 철학적 방법을 '변증술'이라고 불렀는데 그 자신의 표현에 따르면 변증술은 '가정들을 원리로서가 아니라 문자 그대로 아래에 놓여 있는 것으로 대하네. 즉 가정들을 더 이상 가정이 필요 없는 원리로 나아가기 위한 발판이나 출발점으로 생각한다는 말이네'(511b). 변증술을 통하여 위로 거슬러 올라가는 방법은 《국가》의 7권에서 다시 '이미 가정되었던 바를 차례로 폐기하고 모든 것의 제일원리로 나아가는' 과정으로 묘사된다. 여기서 '이미 가정되었던 바를 차례로 폐기한다'는 말은 가정을 더 이상 가정으로 여기지 않는다는 뜻으로써 어떤 경우에는 가정을 포기하는 일을 의미하기도 하고 다른 경우에는 가정을 더 이상 어떤 가정도 필요로 하지 않은 기초 위에 올려놓음을 의미하기도 한다(533c).

플라톤이 전개한 변증술의 정확한 본질이 무엇인가에 대하여 여러 학자들은 일치된 의견을 보이지 않지만 변증술의 적용과정에 관한 대강의 개요만을 밝힌다면 다음과 같이 말할 수 있을 듯하다. 변증술을 사용하는 사람은 다소 의문시되는 전제를 일종의 가정으로 채택한 후 이 가정이 모순을 일으킨다는 점을 보이려고 시도한다. 만일 모순에 도달한다면 그는 이 가정을 포기하고 다른 전제들을 채택한 후 다시 이들이 혹시 모순을 일으키지 않는지 검토하며 전혀 의문시되지 않는 전제에 이를 때까지 이런 작업을 계속해 나간다. 바로 《국가》 자체가 이런 절차를 잘 보여 주는 예이다.

《국가》 1권에 등장하는 세 인물, 케팔로스, 폴레마르코스, 트라시마코스는 각각 정의(正義)에 관한 정의(定義)를 제시하는데 소크라테스가 보기에는 이들이 모두 불만족스럽다. 정의는 진실을 말하고 빌린 바를 그대로 잘 돌려주는 것이라는 케팔로스의 제안이 거부되는 까닭은 제정신이 아닌 친구에게 무기를 돌려주는 일은 정의롭지 않기 때문이라고 소크라테스는 주장한다(331c). 그런데 이런 제안을 거부하는 배후에는 친구에게는 도움을 주고 적에게는 해를 입히는 것이 정의라는, 정의에 대한 또 다른 정의가 암시적으로 놓여 있다. 폴레마르코스가 이런 정의를 명백히 밝히지만(332b 이하) 이 또한 어느 누구에게라도 해를 입히는 일은 결코 정의로울 수 없다는 근거에서 거부된다. 이러한 거부는 결국 정의가 인간에게 좋은 것이라는 전제에 의존한다. 선한 사람이 자신의 선을 발휘하여 다른 사람들을 덜 좋게 만든다는 생각은 명백히 불합리하다. 하지만 트라시마코스는 이를 뛰어넘어 전제 자체에 도전한다. 그에 따르면 정의는 좋은 것이 아니라 단지 나약하고 어리석은 것일 뿐이다(338c). 하지만 그는 정의로운 사람이 정의롭지 못한 사람보다 더 나은 삶을 산다는 점에 동의하지 않을 수 없게 되면서 그의 주장 또한 결국에는 거부된다(354a). 그는 그 자체로 의문시되는 많은 가정들에 의해서 자신의 주장을 포기하도록 강요당하는데 이런 가정들 대부분이 《국가》의 다른 부분에서 다시 의문시됨을 발견할 수 있다.

예를 들면 트라시마코스를 반박하는 데 사용되는 가정 중 하나는 영혼의 역할이 그 영혼을 소유한 개인을 인도하는 것이라는 가정이다. 이 가정은 《국가》 4권에서 소크라테스가 영혼을 세 부분으로 나누면서 다시 검토된다. 이에 따르면 개인을 인도하는 역할은 영혼 전체가 아니라 오직 이성에만 속한다. 이른바 영혼삼분설을 확립하면서 소크라테스는 다음과 같은 원리에 호소한다. 즉 '동일한 어떤 것이 동시에, 동일한 부분과 관련해서, 동일한 것에 대하여 서로 상반되게 작용하거나 작용을 받을 수 있다던가 또는 서로 상반된 것일 수 있다는 점은 결코 사실이 아니네'(437a). 언뜻 보기에 이 원리는 아무 문제없는 무모순의 원리인 듯하지만 플라톤의 관점에서 이는 오직 이데아에 대해서만 참인 가정임이 드러난다. 따라서 변증술을 시도하는 사람은 반드시 이데아의 영역까지 거슬러 올라가야만 한다.

정의(正義)의 본성을 완전히 이해하는 데 이르려면 플라톤이 《국가》의 6권에서 제시하는, 서로 다른 단계의 인식에 관한 논의를 살펴보아야 한다. 첫 번째 단계를 플라톤은 상상이라고 부른다. 누군가는 시를 읽거나 연극을 관람하면서(물론 시나 연극 장면이 정의를 드러내는 경우에) 무대 위에서 정의가 승리함을 지켜보고 신들이 불변하며, 선하고, 우리를 속이지 않는다는 사실을 배울지도 모른다(382c). 이로부터 그는 정의에 관한 참된 믿음으로 나아간다. 이 믿음은 법정에서 작용하는, 인간 사이에 통용되는 정의의 능력과 동일하다. 하지만 이상적인 정의가 무엇인지를 아는 일은, 또한 어떻게 그것이 이데아의 체계에서 다른 모든 이데아를 지배하는 최고의 이데아라는 위치를 차지하게 되는지를 파악하는 일은 변증술의 임무에 속한다. 하지만 유감스럽게도 소크라테스는 선 자체가 법과 도덕의 제일원리임을 배우기 위하여 변증술을 통하여 거슬러 올라간 길의 막바지에 이르러, 마치 시나이(Sinai) 산의 모세처럼, 홀연히 구름 속으로 사라지고 만다. 그는 단지 은유를 통해서 말할 뿐, 선 자체에 대한 어떤 사소한 설명조차도 제시하지 않는다(506d).

이데아론의, 특히 선의 이데아의 모호함은 《국가》에서 전개된 인식론의 핵심에 큰 구멍이 뚫려 있음을 의미한다. 여기서는 이데아를 인식한다는 것이 무엇인지, 그리고 어떻게 그런 인식에 도달할 수 있는지에 관한 어떤 설명도 등장하지 않는다. 다른 대화편들에서 ― 《파이돈》과 《메논》에서 ― 이런 공백을 메우기 위한 깜짝 놀랄 만한 내용이 제안된다. 그에 따르면 이데아에 대한 인식은 본질적으로 일종의 상기, 즉 이전의 더욱 정신적인 삶에서 알았던 바를 다시 떠올리는 일이다. 인식론보다는 형이상학과 관련되는 듯한 이 제안에 대해서는 후에 살펴보려 한다.

과학과 환상에 관한 아리스토텔레스의 견해

다른 분야에서와 마찬가지로 인식론에서도 아리스토텔레스의 연구 방향은 플라톤에 의해 규정되었다. 그는 감각과 지성을 구별한 플라톤의 견해를 받아들이면서 이에 큰 중요성을 부여하여 자주 감각과 사고 사이의 구별에 실패했다는 이유로 초기 철학자들, 예를 들면 엠페도클레스나 데모크리토스 등을 비판하기도 한다(예를 들면 *Metaph*. *Γ* 5. 1009b14 이하). 또한 그는 《테아이테토스》를 염두에 두고 감각의 신뢰가능성과 오류가능성에 관한 프로타고라스적인 질문을 다시 한 번 던지기도 한다. 결국 그는 서로 다른 지적인 상태에 관한 플라톤의 구별을 받아들이면서 더욱 발전시켜 최고 수준의 지적인 상태, 이른바 과학적 인식에 이르기 위한 기준을 제시한다.

플라톤은 자주 감각 경험의 불안정하고 혼란스러운 본성을 강조한다. 예를 들면 《국가》의 10권에서 그는 다음과 같이 말한다. '같은 것들이 물속에서 볼 때와 물 밖에서 볼 때 구부러져 보이기도 하고 곧게 보이기도 하며, 색과 관련된 착시로 인하여 오목하게도 볼록하게도 보이네. 이런 종류의 온갖 혼란들이 우리의 영혼 안에 있는 게 분명하네'(602c~d). 그러면서 그는 이를 영혼의 추론적 부분이 수행하는 계산과 측정의 결과가 보이는 불변성과 대조한다.

아리스토텔레스는 《형이상학》 4권에서 프로타고라스적인 주장에 반대하기 위하여 모순의 원리를 옹호하는 과정에서 감각의 인식론적 지위를 검토한다(5. 1009b1 이하). 문제는 상충하는 감각적 인상들이 등장한다는 사실에서 발생한다. 이런 측면에서 우리는 다음의 네 명제를 얻는다.

(1) 감각은 p라고 말한다.
(2) 감각은 p가 아니라고 말한다.
(3) 감각이 말하는 바는 참이다.
(4) p인 동시에 p가 아닐 수는 없다.

이들은 모순을 일으키는 네 개의 명제이다. 이들 중 어떤 세 개도 네 번째 명제가 거짓임을 보이는 데 사용될 수 있다. 이와 관련하여 서로 다른 학자들이 서로 다른 방식으로 이런 가능성을 제시한다. 예를 들면 데모크리토스와 플라톤 그리고 이들에 따르는 고대와 현대의 회의론자들은 (1)과 (2) 그리고

(4)를 받아들임으로써 (3)이 거짓임을 보이려 한다. 반면 프로타고라스주의자들은 (1), (2), (3)을 받아들임으로써 (4)가 거짓임을 보이려 한다고 아리스토텔레스는 주장한다. 현대의 몇몇 철학자들은 (1)과 (2)에 제한조건을 부과하고 감각적 자료(sense-data)라는 개념을 도입함으로써 (3)과 (4)를 옹호하려 하였다. 이런 철학자들에 따르면 감각은 어떤 막대가 실제로 곧은지 아니면 곧지 않은지에 대하여 제대로 알려 주지 않는다. 감각은 지금 여기에 곧지 않은 듯이 보이는 시각적인 감각적 자료가 있으며 또 지금 여기에 곧은 듯이 느껴지는 촉각적인 감각적 자료가 있음을 말해 줄 뿐이다.

아리스토텔레스는 감각적 자료 이론을 도입한 학자들과 유사하게 (1)과 (2)에 어떤 제한조건을 부과함으로써 네 명제 사이의 불일치를 해결하려 한다. 하지만 그는 해결을 시도하면서 p의 내용 자체를 변형하려 하지는 않는다. 그에 따르면 감각은 우리에게 외부의 실재들에 관하여 말할 뿐, 감각적 자료와 같은 이른바 순전히 정신적인 실체에 관해서는 전혀 알려 주지 않는다. 그는 감각에 초점을 맞춤으로써 문제를 해결한다. 감각이 명백하게 p라고 말하는 경우와 또 감각이 p가 아니라고 말하는 경우를 접할 때 실제로 우리가 접하는 바는 한 가지 감각 S1이 p라고 말하고 다른 어떤 감각 S2가 p가 아니라고 말하는 경우이다. 감각이 우리에게 말하는 바 모두가 참은 아니다. 그리고 만일 S1과 S2가 우리에게 서로 다른 사실을 말한다면 우리는 이들 중 하나를 선택하고 그 근거를 제시할 수 있어야 한다.

감각에 기초한 두 판단이 상충할 때 둘 중 어떤 하나가 다른 하나에 비하여 더욱 진리에 가깝다고 생각할 근거가 존재하지 않는다는 것이 바로 프로타고라스적인 주장의 핵심적 부분이다. 하지만 누군가는 건강한 사람이 느끼는 맛과 아픈 사람이 느끼는 맛이 상충할 경우 우리는 건강한 사람의 맛을 선택해야 한다고 말할지도 모른다. 왜냐하면 그쪽이 다수의 의견이기 때문이다. 이에 답하면서 아리스토텔레스는 프로타고라스의 주장에 동조하여 우리는 다수 의견을 진리의 기준으로 채택할 수 없다고 말한다. 만일 전 세계에 전염병이 퍼져 건강하다고 여겨지는 사람이 소수가 되어 버리면 벌꿀이 달다는 그들의 의견을 더 이상 참으로 받아들일 근거가 없게 된다(*Metaph*. *Γ*. 5. 1009ᵃ1~5).

아리스토텔레스는 우리가 병든 사람의 지각보다 건강한 사람의 지각을 선호하는 근거가 통계적인 문제와는 다른 무언가여야 한다는 점에 동의한다. 하지만 그는 모든 사람들이 사실상 현상들에 등급을 매기며, 어느 누구도 모든 등급이 똑같이 신뢰할 만하다고는 생각하지 않는다고 말함으로써 프로타고라스적인 결론에 반대한다. 만일 우리가 리비아(Libya)에서 깜빡 잠이 들었는데 자신이 아테네에 있는 꿈을 꾼다면 우리는 꿈속에서는 몰라도 실제로는 결코 아테네 극장을 향해 출발할 수 없다(*Metaph*. *Γ*. 5. 1010ᵇ11). 아리스토텔레스는 감각적 현상들 사이에 어떤 선택이 필요할 때 이들의 등급을 매기는 다양한 기준을 제시하는데 그중 가장 중요한 기준은 적절한 대상에 대해서 판단을 내리는 감각이 우선성을 지닌다는 것이다.

각각의 감각에 어울리는 적절한 대상은 《영혼에 관하여》(2. 6. 418ᵃ12)에서 정의된다. 이에 따르면 다른 감각에 의해서는 지각될 수 없으며, 그것에 관해서는 결코 잘못 지각할 수 없는 대상이 어떤 감각의 적절한 대상이 된다. 그렇다면 색은 시각의 적절한 대상이며, 소리는 청각의, 맛은 미각의 적절한 대상이다. 여기서 아리스토텔레스의 논점은 충분히 명백하다. 우리는 색을 맛볼 수 없으며, 맛을 들을 수 없고, 소리를 볼 수 없다는 것이다. 하지만 어떤 감각이 자신의 적절한 대상을 결코 잘못 지각할 수 없다는 말은 무엇을 의미하는가? 아리스토텔레스는 서둘러 이를 다음과 같이 설명한다. 만일 내가 흰색을 띠는 무언가를 본다면 그것이 사람인지 아니면 다른 어떤 것인지에 대해서는 잘못 지각할 수도 있지만 그것이 흰지 그렇지 않은지에 대해서는 잘못 지각할 수 없다(3. 6. 430ᵇ29). 이를 통하여 그는 그저 우리가 자신의 눈을 사용하여 지금 여기서 보이는 바에 대한 어떤 진술을 하는 한에서는 절대 틀릴 수 없다고 주장하는 듯이 보인다. 하지만 이는 결코 그가 의미한 바가 아니다. 왜냐하면 그는 하나의 감각이 서로 다른 두 내용을 전달하여 이들 사이에 실제로 대립이 일어나는 경우를 예상하며 이런 경우를 조절하기 위한 규칙까지 제시하기 때문이다. 예를 들면 시각의 경우 가까이에서 본 바를 멀리서 본 바보다 신뢰해야 한다.

따라서 아리스토텔레스에게 적절한 대상과 관련된 감각의 오류불가능성은 특정한 감각이 자신의 담당 영역 안에서 파악하는 바는 모두 참이라는 점을 의미하지 않는다. 즉 우리의 눈을 근거로 하여 색에 관하여 언급한 모든 진술이 참은 아니다. 우리 눈에 붉게 보이는 바가 사실은 붉지 않을 수도 있다. 우리의 시각적 경험에 기초하여 형성된 '이것은 붉다'와 같은 진술이 절대 교정될 수 없는 것은 아니다. 여기서 특별히 중요한 점은 이런 진술이 오직 동일한 감각을 더욱 엄밀하게 사용함으로써만 교정될 수 있다는 사실이다. 지금 여기서 우리가 보는 대상이 실제로 어떤 색인지 확실하지 않다면 우리는 더 나은 위치에서 본다든지 아니면 더 가까이서 또는 더욱 밝은 빛 아래서 봄으로써 대상의 색을 확인하게 된다. 어떤 특정한 관점에서 본 것에만 근거하여 판단을 내린다면 이에 대하여 항의할 수 있다. 하지만 색이 문제가 되는 한 결코 시각보다 더 높은 재판정에 항의할 수는 없다. 하지만 다른 감각에 적절한 성질들에 대해서나 하나 이상의 감각에 의해서 지각되는 내용에(즉 '공통적으로 감각되는 바'에) 대해서 시각은 최종의 판단을 내려서는 안 된다(*Metaph*. *Γ*. 5. 1010^{b}15～18). 이를 일반화하면 각각의 감각은 자신에게 적절한 대상의 경우에는, 물론 올바른 상황과 위치에서 판단을 내려야 하지만, 최종의 판단을 내릴 자격을 갖는다고 볼 수 있다. 예를 들어 S1과 S2가 우리에게 서로 다른 감각적 속성들을 알려 주는데 S1은 적절한 감각인 반면 S2는 부적절한 감각이라면 우리는 적절성에 근거하여 S2보다 S1을 더 신뢰하여야 한다. 또한 모두 적절한 두 감각이 서로 다른 판단을 내린다면 우리는 어떤 것이 최적의 조건에서 전달되었는가에, 예를 들면 멀리서가 아니라 가까이에서, 병든 상태가 아니라 건강한 상태에서, 잠잘 때가 아니라 깨어 있을 때 전달되었는가에 근거해서 둘 중 하나를 선택해야 한다.

이를 통하여 아리스토텔레스는 프로타고라스의 현상론과 플라톤의 주지주의에서 모두 벗어나려 한다. 그는 우리의 지식이 우리가 사용하는 개념과 우리가 출발점으로 삼는 아직 증명되지 않은 전제들의 측면 모두에서 감각에 의존한다고 주장한다. 우리는 다음과 같은 과정을 통해서 개념을 형성한다. 우선 우리는 무언가를 감각하며 그 후에는 그것을 기억한다. 기억은 경험으로 구성되며, 개인적인 경험으로부터 우리는 보편적인 개념을 형성하는데 이것이 실천적인 기술(*techne*)과 이론적 지식(*episteme*)의 기초가 된다(*APo*. 19. 100a3). 또한 아리스토텔레스는《분석론 전서》에서(1. 30 46a17~22) 어떤 주제에 관한 원리든 간에 원리를 제공하는 것은 바로 경험이라고 말한다. 천문학자는 천체에 관한 경험과 더불어 탐구를 시작하며, 천문학적 현상을 충분히 파악한 후에야 비로소 그 원인을 찾고 증명을 제시할 수 있다. 생명과학에서도 이와 유사한 방법을 채택해야 한다(*APr*. 1. 1. 639b7~10, 640b14~18).

과학은 경험과 더불어 시작되지만 경험으로 끝나지는 않는다. 따라서 플라톤과 마찬가지로 아리스토텔레스도 인간이 지닐 수 있는 인식적, 지적 상태에 관하여 상세한 분류를 시도하였다. 두 철학자 모두 도덕적인 덕과 지적인 탁월성을 특별한 부류에 속하는 두 가지 유형의 상태로 간주하였다. 하지만 플라톤이(의심의 여지없이 소크라테스의 영향을 받아) 덕을 마치 특별한 종류의 지식인 듯이 다룬 반면 아리스토텔레스는 지식을 특별한 종류의 덕으로 간주하였다. 플라톤이 지식을 상세히 분석하고 고찰한 내용에 상응하는 아리스토텔레스의 주장은 그의 두 윤리학 저술 중 공통되는 부분에서(*NE* 6, *EE* 5) 드러나는데 여기서 그는 지적인 덕들을 다룬다. '아르테'(*arete*)라는 그리스어 단어는 '덕'과 '탁월성' 모두에 대응될 수 있으므로 현재의 맥락에서 나는 이 단어를 번역하지 않고 그대로 사용하려 한다.

어떤 것이든 그것이 지닌 아르테의 본성은 그것의 에르곤(*ergon*), 말하자면 그것의 임무 또는 그것이 낳은 특징적인 결과에 의존한다. 정신과 그것이 지닌 모든 능력의 에르곤은 참인 판단과 거짓인 판단의 산출이다(*NE* 6. 2. 1139ª29). 이들 판단은, 정신이 제대로 활동하였든 아니면 잘못 활동하였든 간에, 최소한 정신의 특징적인 활동과 그 결과물이라는 의미에서 정신의 에르곤이라 할 수 있다. 정신이 제대로 활동하여 자신의 임무를 충실히 수행할 경우만을 한정하여 말하는 엄격한 의미에서의 에르곤은 오직 참인 판단뿐이다(2. 1139ᵇ12). 그렇다면 지적인 아르테들은 우리 영혼의 지적인 부분이 참인 판단을 낳도록 만드는 탁월성이다. 이 결과 정신의 다섯 가지 상태가 — 즉 테크네(*techne*), 에피스테메(*episteme*), 프로네시스(*phronesis*), 소피아(*sophia*), 누스(*nous*)가 — 등장하는데 이들을 각각 기예, 학문적 인식, 실천적 지혜, 철학적 지혜, 직관적 지성으로 번역할 수 있을 듯하다(3. 1139ᵇ16~17).

기예와 실천적 지혜는 모두 실천적 지식, 즉 무엇을 어떻게 행해야 하는지에 관한 지식의 형태들이다. 건축술이나 의술 같은 기예는 이들의 발휘 자체와는 다른 무언가를 산출(*poiesis*)하기 위하여, 이것이 집과 같은 구체적인 것이든 아니면 건강과 같은 추상적인 것이든 간에, 발휘된다. 반면에 지혜는 자신이 낳는 결과물보다는 인간의 활동(*praxis*) 자체와 관련된다. 지혜는 인간에게 무엇이 좋고 무엇이 나쁜가에 관한 참인 판단을 확인하는 데서 드러나는 추론적인 탁월성으로 정의된다(4. 1140ᵇ5, ᵇ21).

우리가 행위를 통하여 얻을 수 있는 좋은 것들에 관하여 신중하게 심사숙고하는 일은 실천적 지혜를 지닌 사람의 특징이다. 그는 현재와 다른 방식으로 존재할 수 없는 것들에 대해서는 별 관심을 보이지 않는다(7. 1141ᵇ9~13). 따라서 실천적 지혜는 영원불변하는 문제들에만 관심을 갖는 학문적 인식이나 철학적 지혜와는 구별된다. 인간 영혼의 이성적 부분은 두 영역으로 나뉘는데 그중 하나는 신중하게 생각하는 역할을 담당하는 로기스티콘(*logistikon*)이며, 다른 하나는 영원한 진리들에 관련하는 에피스테모니콘

(*epistemonikon*)이다. 이들은 각각 자신에게 적합한 아르테를 지니는데 전자의 아르테는 실천적 지혜이며, 후자의 아르테는 철학적 지혜이다. 다른 지적인 덕들은 실천적 지혜 또는 철학적 지혜를 구성하는 부분임이 드러난다. 예를 들면 철학적 지혜는 학문적 인식과 직관적 지성으로 구성된다(7. $1141^b3\sim4$).

아리스토텔레스는 철학적 지혜가 신성하고 고귀하지만 현실적으로 그리 실용적이지는 않은 것을 주제로 삼는다고 말한다. 이는 탈레스나 아낙사고라스 같은 유명한 철학자들이 자신의 삶을 통하여 실제로 드러내 보인 바이기도 하다. 직관적 지성이 무엇인지는 바로 명확하게 드러나지 않는다. 누스라는 그리스어 단어는 자주 인간의 지적인 능력 전반을, 즉 정신의 정서적인 능력과 상반되는 인식적 능력 전체를 지칭하는 것으로 사용된다(1. 1139^a17, 2. 1139^b5 참조). 하지만 여기서 누스는 이론적 학문의 제일원리에 대한 통찰을, 즉 학문적 인식의 기초가 되는, 아직 증명되지 않은 필연적 진리를 파악하는 일을 의미한다(6. $1140^b31\sim41^a9$). 이런 직관적 지성이 학문적 인식과 결합하여 철학적 지혜에 이르는 것이 바로 인간이 도달할 수 있는 최고의 지적인 경지이다.

하지만 《니코마코스 윤리학》에는 에피스테메 또는 학문에 무엇이 포함되는지에 관한 상세한 언급이 등장하지 않는다. 이에 관해서는 《분석론 후서》 중 1권의 처음 여섯 장에서 상당히 길고 명확한 설명이 제시된다. 아리스토텔레스는 무언가를 안다는 것은 왜 그것이 그렇게 존재하는지 또한 왜 다른 방식으로 존재할 수는 없는지에 대한 설명을 제대로 파악하는 것이라는 주장을 받아들인다. 이어서 그는 다음과 같이 말한다. 만일 무언가가 지식이라고 불리는 바라면 '그것은 참이고, 원초적이고, 직접적인 것들에 의존하는, 따라서 결론보다 더욱 잘 인식될 수 있는 논증적인 지식일 필요가 있다. 이는 또한 결론에 선행하여야 하며 결론을 설명할 수 있는 것이어야 한다'(*APo*. 1. 2. $70^a20\sim2$). 학문적 지식의 본체는 논증으로 구성된다. 논증은 특별한 종류의 삼단논법으로서 그 전제 중 하나는 참이고, 필연적이고, 보편적이고, 직접 직관되는 원리에까지 거슬러 올라갈 수 있어야 한다. 이런 제1의, 자명한 원리는 마치 공리가 정리와 관련되듯이 어떤 학문의 결론과 관련된다.

하지만 《분석론 후서》에 등장한, 학문에 관한 설명 중 제대로 해결되지 않은 문제가 하나 있는데 아리스토텔레스 자신의 중요한 과학적 저술에서도 이와 유사한 문제에 대한 해결책이 등장하지 않는다. 이후 여러 세대에 걸쳐 학자들은 그의 저술에서 논증적 삼단논법에 해당하는 경우를 단 하나라도 발견하려고 애썼지만 이런 시도는 아무 성과도 낳지 못하였다. 《분석론 후서》가 과학적 방법이 아니라 과학적 설명을 위한 일련의 지침을 제공하기 위한 저술이라는 점은 분명하다.[5] 그러나 아리스토텔레스의 저술들 자체가 방법론을 다루기보다는 설명을 제시하는 편에 가깝기 때문에 《분석론 후서》에서 스스로 제시한 학문의 유형에 근접조차 못한다는 점은 분명한 사실이다.

아리스토텔레스가 제시한 학문을 제대로 드러내지 못하는 것은 그 자신의 저술들만이 아니다. 사실 학문적 탐구 전체의 역사를 살펴보아도 그가 제시한 학문에 완벽하게 들어맞는 경우를 발견할 수는 없다. 아리스토텔레스 자신은 산수나 기하학으로부터 도출된 많은 예를 드는데 이는 그가 당시의 수학에서 많은 영향을 받았음을 보여 준다. 아리스토텔레스가 죽은 후 유클리드(Euclid)가 공리에 기초한 기하학을 제시하자 마치 《분석론 후서》에서의 학문적 이상이 실현된 듯 보였다. 하지만 이로부터 이천 년도 더 지난 후에 유클리드의 공리 중 하나가 필연적인 자명성을 결여하고 있다는 사실이 발견되었다. 20세기에 등장한, 공리에 기초한 산수와 논리를 확립하려는 프레게의 기획 또한 이와 유사한 운명을 겪었다. 철학 자체를 공리화하려 했던 17세기 철학자 스피노자(Spinoza)의 시도 또한 《분석론 후서》에서 제시된 이상이 단지 이룰 수 없는 목표에 지나지 않음을 보이는 데 기여하였을 뿐이다.

[5] J. Barnes, 'Aristotle's Theory of Demonstration', in J. Barnes, M. Schofield, and R. Sorabji (eds.), *Articles on Aristotle*, i: *Science* (London: Duckworth, 1975) 참조.

에피쿠로스학파의 인식론

헬레니즘 시대에 이르면 인식론은 철학 전반에서 플라톤이나 아리스토텔레스의 철학에서 차지했던 것보다 훨씬 더 중요한 위치를 차지하게 된다. 인식론을 철학의 독립적인 한 분과로 보고 새로운 이름을 붙인 최초의 철학자는 에피쿠로스였다. 그는 인식론을 '규준학'(canonic)이라고 불렀는데 이 말은 규칙 또는 측량을 위한 막대를 의미하는 그리스 단어 '카논'(kanon)에서 유래하였다. 하지만 에피쿠로스를 비롯한 다른 헬레니즘 시대 철학자들은 '규준'보다는 '기준'(criterion)이라는 용어를 더욱 자주 사용하였다. 에피쿠로스에 따르면 진리의 기준은 세 가지, 즉 감각과 개념(*prolepseis*) 그리고 감정이다.

에피쿠로스는 감각이 지식의 기초라고 생각하며, 적절한 대상에 관한 한 감각은 결코 오류를 범할 수 없다는 강력한 형태의 주장을 편다. 루크레티우스는 이를 다음과 같이 우아하게 설명한다.

> 진리는 바로 감각에서 생겨나는 개념이라네.
> 그렇다면 감히 어떤 증거가 감각에 도전하는 주장을 펼 수 있는가?
> 감각에 대한 믿음에 반대하여 승리를 거둔다 한들
> 어떤 더 위대한 진리가 거짓을 몰아낼 수 있는가?
> 잘못된 감각이 이성이 만들어 낸다면
> 이성에게 감각을 비판할 무슨 권리가 있는가?
> 감각이 우리에게 전하는 바가 참이 아니라면
> 이성적인 자아 또한 거짓 외에는 아무것도 아니라네.
> 귀가 눈에 대하여 판결을 내릴 수 있는가?
> 촉감이 귀에게, 맛이 촉감에게 거짓말한다는 판결을 내릴 수 있는가? (4. 478~87)

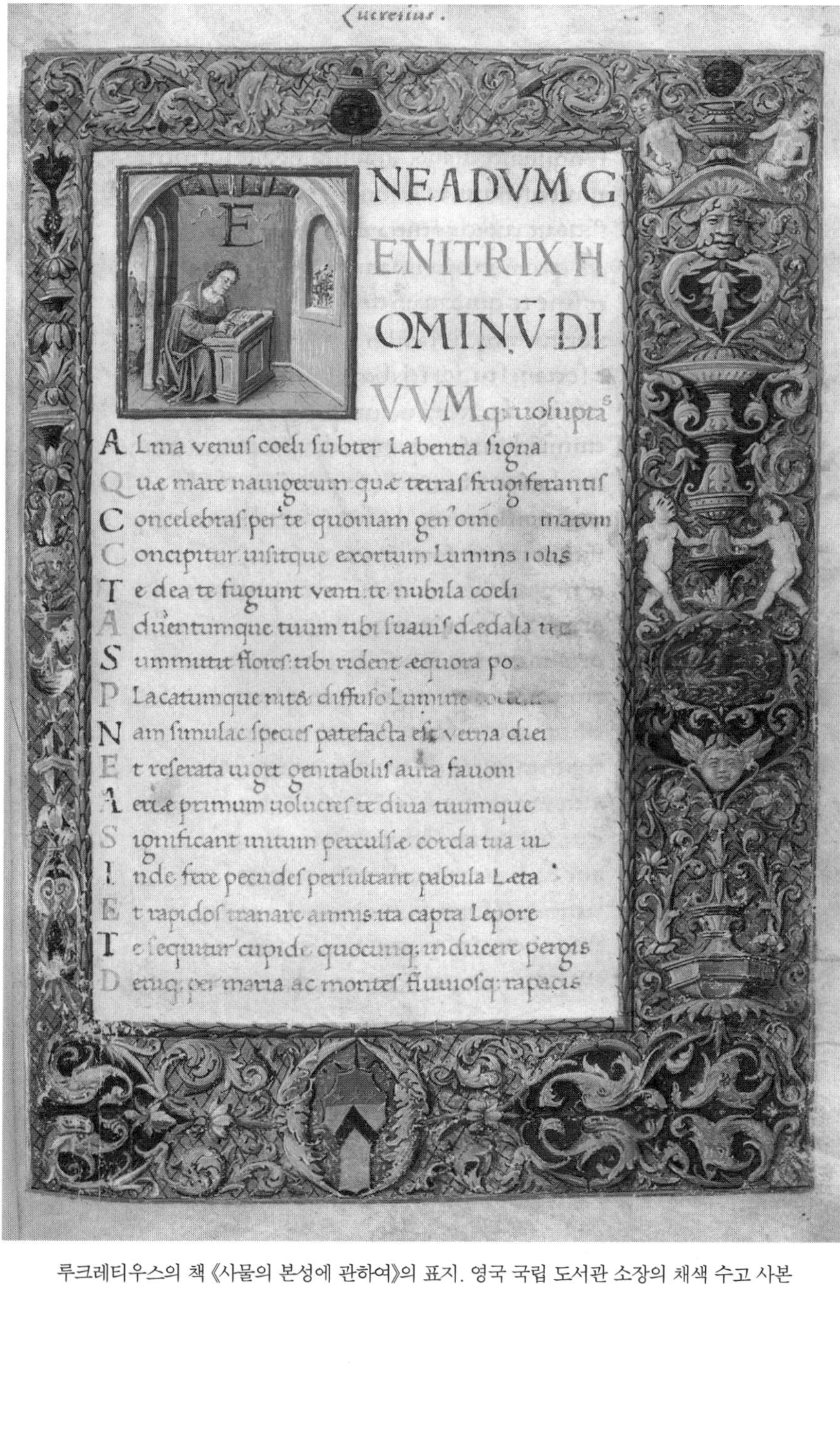

루크레티우스의 책《사물의 본성에 관하여》의 표지. 영국 국립 도서관 소장의 채색 수고 사본

루크레티우스는 아리스토텔레스와 마찬가지로 적절한 대상과 관련하는 한 하나의 감각이 다른 감각에 의해서 교정될 수 없음을 지적한다. 하지만 에피쿠로스학파는 아리스토텔레스보다 한 걸음 더 나아가 감각은 심지어 자기 자신이 낳은 인상조차도 교정할 수 없다고 주장한다. 각각의 인상은 똑같이 신뢰할 만하며 따라서 언제든 어떤 감각을 통하여 드러나는 바는 모두 항상 참이다(Lucretius 4. 497~9; D.L. 10. 31).

현상들을 신뢰가능성을 기준으로 등급을 매기지 않고 모든 현상들을 동등하게 취급함으로써 에피쿠로스주의자들은 인상들이 대립할 경우 이를 해결하기 위한 아리스토텔레스의 방법을, 예를 들면 어떤 탑이 멀리서는 둥글게 보이지만 가까이에서는 사각형으로 보일 경우 가까이에서 본 인상이 우선한다는 식의 방법을 배제한다. 그 대신 그들은 이런 경우 우리는 똑같이 타당한 두 개의 인상을 지니는데 이들은 서로 다른 대상에 대한 인상이라고 주장한다. 섹스토스(Sextus Empiricus)는 에피쿠로스가 원자론에 기초하여 시각을 설명하는 내용을, 즉 어떤 시각적 대상으로부터 흘러나온 상의 흐름이 우리와 마주침으로써 우리가 그 대상을 보게 된다는 주장을 인용함으로써 에피쿠로스라면 이 문제를 어떻게 다루었는지를 설명한다.

> 어떤 탑이 멀리서는 작고 둥글게 보이다가 가까이에서는 크고 사각형으로 보인다 할지라도 나는 우리의 시각이 속았다고 말하지 않으려 한다. 오히려 이는 지극히 옳고 당연한 일이다. 우리가 지각한 바가 작고 둥글게 보일 때는 그것은 실제로도 작고 둥근 모양이다. 왜냐하면 상이 대기를 거쳐 우리에게 이르는 동안 모서리가 닳았기 때문이다. 그리고 그 대상이 크고 다른 모양으로 보일 때 마찬가지로 그 대상은 실제로도 크고 그런 모양이다. 이 둘은 결코 같은 것이 아니다. (*M*. 7. 208)

우리는 일반적으로 위의 두 인상이 동일한 것에 대한 인상이라고 생각하는데 이는 지각이 아니라 '왜곡된 믿음' 때문이라고 에피쿠로스는 말한다. 그는 감각의 오류불가능성에 대한 다른 반박들, 예를 들면 꿈이나 환상 등도 이와 유사한 방식으로 다룬다. 오레스테스(Orestes)가 복수의 세 여신(Furies)을 보았다고[6] 생각했을 때 그는 시각적으로 속임을 당한 것이 아니다. 왜냐하면 세 여신의 상이 실제로 존재했기 때문이다. 바로 그의 정신이 이들을 상이 아니라 실제의 대상으로 간주하는 잘못을 저질렀을 뿐이다(S.E., *M*. 8. 63). 우리는 감각적 인상(*phantastike epibole*)과 이에 동반되지만 인상 자체와는 구별되는 믿음을 분명히 구별해야만 한다(D.L. 10. 51).

따라서 감각은 진리의 첫 번째 기준이며 결코 오류에 빠질 수 없는 것이기는 하지만 우리 지식 전체의 구조에 단지 그리 미덥지 않은 기초를 제공하는 데 그친다. 그렇다면 이제 진리의 두 번째 기준인 개념에 관하여 살펴볼 필요가 있다. 개념을 지칭하기 위하여 에피쿠로스가 사용한 용어 '프롤렙시스'(*prolepsis*)를 자주 선개념(preconception)으로 번역하기도 하는데 이는 잘못이다. 왜냐하면 한편으로 선개념은 선입견을 암시하며 다른 한편으로 어떤 명제 전체가 표현하는 무언가를 암시하기 때문이다. 하지만 에피쿠로스가 제시하는 예들은 대부분 '물체', '인간', '소', '붉음' 등 한 단어가 표현하는 바를 의미한다. 개념은 이런 한 단어가 지시하는 바가 어떤 종류의 것인지에 관한 일반적 관념이라 할 수 있다(물론 개념은 '소는 이런저런 종류의 동물이다'와 같은 문장 전체가 표현하는 바일 수도 있다). '프롤렙시스'라는 용어에서 '프로'(pro)는 X의 개념이 X에 관하여 경험을 통해서 도출된 정보들의 집합이 아니라 오히려 그것을 기초로 우리가 경험한 어떤 개체가 X

[6] 〔옮긴이 주〕 오레스테스는 아가멤논(Agamemnon)과 그의 아내 클리타임네스트라(Klytaimnestra) 사이에서 태어난 아들인데, 아가멤논이 트로이아에서 돌아온 후 아내와 정부 아이기스토스(Aigisthos) 손에 죽음을 당하자 성장한 후 이들을 죽여 복수하였다. 하지만 어머니를 죽였다는 이유로 복수의 여신들에게 쫓기면서 계속 괴롭힘을 당한다.

인지 X가 아닌지를 판별하게 된다는 점을 의미한다. 개념은 증명되어야 하는 것이 아니라 그 자체가 모든 증명에 사용되는 것이다(D.L. 10. 33, 38). 에피쿠로스와 그 후계자들 모두에게 개념이 어디서 유래하는지는 제대로 대답되지 않은 모호한 문제로 남아 있다. 개념들은 결코 경험의 결과일 수 없다. 왜냐하면 이들은 우리에게 감각을 분류하기 위한 수단을 제공하는데 이런 감각이 경험의 기초이기 때문이다. 하지만 개념들 중 몇몇은 경험의 결과인 듯도 — 어쩌면 잘못 해석된 경험의 결과인 듯도 — 한데 예를 들면 신의 개념이 그렇다(Lucretius 5. 1169~71).

에피쿠로스에게 감각과 개념은 모두 '명백한' 것들이다(감정 또한 그러한데 이에 관해서는 다른 맥락에서 검토하려 한다). 우리는 이런 명백한 요소들에 기초하여 명백하지 않은 것들에 관한 우리의 믿음을 형성하여야 한다. 우리는 감각과 더불어 출발하여 감각적 증거로부터 추론을 통하여 불명확한 것들에 대한 판단을 내린다(D.L. 10. 39). 추측이나 이론들은 감각이 이들에 반대하는 증거를 제시하면 거짓으로 판명된다(D.L. 10. 50~1). 반면 감각에 의해서 확증되는 추측과 감각에 의해서 논박당하지 않는 이론은 참이 된다(S.E., *M*. 213). 여기서 후자의 주장은 매우 놀랍게 보인다. 서로 양립할 수 없는 하나 이상의 이론이 감각적 증거와 일치할 수도 있지 않은가? 에피쿠로스학파는 이런 가능성을 인정한다. 따라서 루크레티우스는 석판 위에 눕혀진 시신의 사망 원인에 대하여 서로 다른 가정들을 할 수 있듯이 별들의 운동에 관해서도 서로 다른 방식으로 설명할 수 있음을 인정한다(6. 703~11). 이런 경우 설명 모두를 인정하고 받아들여야 한다. 각각의 설명은, 설령 우리가 사는 세계에서 어떤 설명이 참인지는 알 수 없다 할지라도, 이 우주에 속한 많은 세계들 중 이곳 또는 저곳에서 참일 가능성을 충분히 지닌다(5. 526~33).

스토아학파의 인식론

초기 스토아학파는 지식의 본성과 관한 많은 가정들을 에피쿠로스학파와 공유하였다. 에피쿠로스학파와 마찬가지로 스토아학파도 지식의 기초는 두 가지임에 틀림없다고, 즉 오류에 빠질 수 없는 감각적 인상과 원초적, 후천적 개념들이라고 믿었다. 개념과 관련해서 스토아학파는 에피쿠로스학파보다 훨씬 많은 정보를 우리에게 전하며, 개념의 근원에 대해서도 아리스토텔레스와 매우 유사한 설명을 제시한다. 한 사람이 태어날 때 그의 정신은 텅 빈 백지와 같은데 그가 이성을 사용할 수 있도록 성장하고 발전하면서 이 백지 위에 개념들을 써 나간다. 최초의 개념들을 감각에서 유래한다. 개별적인 경험들은 기억으로 남으며, 기억은 경험을 형성한다. 몇몇 개념들은 가르침을 받아 얻어지거나 어떤 목적을 위하여 고안되기도 한다. 다른 개념들은 자연적으로, 자발적으로 생기는데 '프롤렙시스'라는 이름을 붙이기에 합당한 것은 바로 이런 개념들이다(LS 39E). 이런 종류의 개념은 모든 인간들이 공통적으로 지닌다. 의견의 불일치는, 예를 들면 동일한 행위를 어떤 사람은 용감하다고 하고 다른 사람은 미친 짓이라고 할 경우처럼, 이런 개념을 특정한 경우에 적용하는 과정에서 발생한다(Epictetus 1. 22. 3).

스토아학파는 에피쿠로스학파에 비하여 인간의 정신적 상태에 관한 분류를 훨씬 더 정교하게 발전시켰다. 이를 통하여 그들은 회의주의의 도전에 맞설 수 있는 인식론을 제시하려 하였다. 그들은 플라톤이 대비하였던 지식(*episteme*)과 의견(*doxa*)이라는 두 상태에 새로 한 가지를 더하여 인상(*katalepsis*)[7]이라는 세 번째 상태를 도입한다. 스토아학파에 속하는 섹스토

[7] 현재 *katalepsis*에 대한 표준적인 영어 번역어는 cognition이며 Long and Sedley (LS 254)와 Frede (*CHHP* 296 이하) 모두 이를 사용하였다. 나도 마지못해 이를 사용하기는 하지만 'cognition'이라는 용어는 현대의 심리철학과 관련해서 혼동을 불러일으킬 소지가 크다 – *katalepsis*에 대한 우리말 번역어는 아직 확정되지 않은 듯하다. 스토아학파의 철학을 다룬 전문적인 논문들에서도 '인

스는 다음과 같이 말한다.

> 말하자면 서로 연결된 세 가지가 있는데 지식과 의견 그리고 그 사이에 위치한 인상이 바로 그들이다. 지식은 건전하고 확고하며 논증에 의해서 변화될 수 없는 인식이다. 의견은 근거가 약하며 거짓인 동의이다. 이들 사이에 인상이 위치하는데 이는 인식적 현상에 대한 동의라 할 수 있다. (*M* 7. 150∼1)

여기서 새로 첨가된 요소는 지식에 대한 정의, 즉 지식은 논증에 의해서 변화될 수 없다는 점이다. 그리고 이는 건전한 통찰로 보인다. 만일 내가 p임을 안다고 주장한다면 나는 특히 어느 누구도 내가 p라고 믿지 않도록 (올바르게) 논증을 펼 수는 없으리라고 주장하는 셈이 된다. 이는 내가 p라고 믿지만 p가 아니라는 믿음을 가질 수도 있는 경우와는 다르다. 바로 이 후자가 의견은 근거가 약한 동의라는 말이 의미하는 바이다. 이런 의견은 또한 거짓이거나 거짓일 수도 있다. 'X는 p임을 안다. 하지만 p는 거짓이다'라는 말과 마찬가지로 'X는 p임을 믿는다. 하지만 p는 거짓이다'라는 말에서도 어떤 불합리한 요소를 발견할 수 없다. 하지만 이 문구에서 가장 흥미로운 점은 인상을 인식적 현상(*phantasia kataleptike*)과 관련해서 정의한다는 사실이다.

'현상'이란 무척 폭넓은 용어로서 감각에 드러나는 바뿐만 아니라 다른 종류의 의견을 갖도록 하는 근거까지도 포함한다. 마찬가지로 인상 또한 감각에서 유래할 수도, 이성에서 유래할 수도 있다(D.L. 7. 52). 하지만 현상은 의견과 동일하지 않다. 의견은 일종의 특별한 요소, 즉 동의를 포함한다. 그런데 동의는 현상과는 달리 의지와 관련되는 문제이다. 현상은 동의할 만한 것일 경우 인식적이 된다. 인상은 지식과 의견 사이에 위치하는데 그것은 의

상', '지적 인상', '관념' 등의 용어가 혼용되는데 이들 중 '인상'이 가장 원뜻과 가깝게 여겨져 이를 번역어로 선택하였다〔후반부는 옮긴이의 첨가〕.

견과는 달리 결코 거짓일 수 없으며, 또한 지식과는 달리 결코 우리의 마음에 따라 변화하지 않는 확고부동한 힘을 포함하지 않는다.[8]

인식적 현상이란 '존재하는 바로부터 생겨나며, 존재하는 바와 정확히 일치하게 각인된 인상을 주는 것'(D.L. 7. 46; Cicero, *Acad*. 2. 77)이라고 할 수 있다. 그런 인상이라면(우리가 이미 그렇게 규정하였듯이) 얼마든지 동의할 만하다. 현명한 사람은 단지 의견만을 지니지는 않는다고 제논이 말하였는데(Cicero, *Acad*. 2. 77), 만일 현명한 사람이 오직 인식적 현상에만 동의한다면 충분히 이렇게 할 수 있을 듯하다. 하지만 나는 어떤 현상이 인식적인지 그렇지 않은지를 어떻게 알 수 있는가? 어떤 현상이 명석하고 판명하여 실제로 나의 동의를 이끌어 내고 그 결과 내가 그것을 믿지 않을 수 없게 되는 것은 현상 자체의 문제가 아닌가? 아니면 그런 현상이 어떤 특성을 지니므로 내가 그런 특성을 동의를 하거나 하지 않기로 결정하는 기준으로 사용하는 것인가? 현재 우리가 지닌 자료를 가지고 이 문제에 대하여 명확한 답을 하기란 몹시 어렵다. 하지만 다음의 예들을 통하여 어떤 암시는 얻을 수 있을 듯하다.

우선 우리는 비정상적인 인상은 인식적이 아니라는 말을 듣는다. (때로 스토아학파는 비정상적인 인상들을 '환영'이라고 부름으로써 이들이 진정한 인상이라는 사실조차도 거부한다. D.L. 7. 49.) 비정상적인 인상들은 '순전히 외부에서 우연히 발생하므로 이들은 자주 자신을 명확하게 드러내지 않으며 따라서 이들에 동의를 표할 수 없다'(S.E., *M*. 7. 248). 하지만 이들에 동의할 수 있다고 가정해 보자. 이렇게 한다고 해서 이런 인상들이 인식적이 되지는 않는다. 왜냐하면 이들은 참이 아닌데, 오직 참인 현상만이 인식적이 될 수 있기 때문이다. 하지만 비정상적인 인상들은 과연 어떤 인식론적 규칙을 위반하였는가? 글쎄, 어쩌면 이들은 자신의 인상이 어느 정도로 엄밀한지

[8] 이에 관해서는 Frede, *CHHP* 296 이하 참조.

를 검토 받지 않은 듯하다. 두 번째로 우리는 인식적 인상은 매우 포괄적이어야만 하며 따라서 인상의 근원이 되는 대상이 지닌 모든 특성을 재현할 수 있어야 한다는 말을 듣는다. '반지에 새겨진 문장이 밀랍 위에 항상 정확하게 동일한 상을 찍어 내듯이 대상에 대한 인식을 만들어 내는 인상은 대상의 모든 특성을 구체적으로 드러내야 한다'(S.E., *M.* 2. 750). 하지만 만일 인식적 인상들이 대상의 세부적인 모습까지를 완전히 포괄적으로 알려 주어야 한다면 이는 매우 드물 수밖에 없다.

어쩌면 인식적 인상은 대상의 특성을 전하는, 어떤 특별한 설득력을 지닌다고 추측할 수 있을 듯하다. 스토아학파는 실제로 설득력을 기준으로 하여 인상들을 네 유형으로 분류한다.

(1) 설득력이 있는 인상 : 예를 들면 '지금은 낮이다', '나는 말하는 중이다.'
(2) 설득력이 없는 인상 : 예를 들면 '만일 어둡다면 지금은 낮이다.'
(3) 설득력이 있는 동시에 없는 인상 : 예를 들면 철학적 역설들.
(4) 설득력이 있지도 없지도 않은 인상 : 예를 들면 '모든 별들의 수는 홀수이다.'

하지만 설득력이 진리를 보장해 주는 기준은 아니다. 물에 잠긴 노가 굽어보이는 현상은 충분히 설득력이 있지만 당연히 거짓 인상이다. 현명한 사람은 설득력이 있는 모든 현상을 받아들이라는 유혹에 분명히 저항할 것이며, 설득력이 있을 뿐만 아니라 합리적이기도 한 현상에 대해서만 제한적으로 동의할 것이다. 따라서 포시도니우스(Posidonius)는 인식적 인상을 진리 기준으로 제시하는 데 더하여 이전의 몇몇 스토아철학자들은 이 기준을 올바른 이유와 동일시하였다고 말한다(D.L. 7. 54).

하지만 이 문제는 더욱 복잡한 양상을 띤다. 인식적 인상에 더하여 합리적 인상도 존재한다. 한 스토아철학자가 프톨레마이오스 4세(Ptolemy Philopator)의 속임수에 걸려들어 밀랍으로 만든 석류가 진짜 석류인지 그렇지 않은지 답하게 되었을 때 그는 이것이 석류라는 명제에는 동의하지 않지만 이것을 석류라고 믿는 것이 합리적(*eulogon*)이라는 명제에는 동의한다고 답하였다. 그는 뒤이어 합리적 인상은 거짓과 양립할 수 있다고 말한다(D.L. 7. 177). 그렇다면 어떤 현상이 인식적인지 그렇지 않은지를 평가하는 일은 이유의 문제일 수가 없는 듯이 보인다. 초기 스토아학파는 인식적 인상의 특성을 확인하고 규정하는 일과 관련해서 우리에게 더 이상의 어떤 도움도 제공하지 않는다.

기원전 3세기 후반 새로운 아카데메이아의 수장이 된 아르케실라오스(Arcesilaus)는 스토아학파의 주장이 지니는 약점을 적절히 지적하였다. 그는 인식적 인상이 '어떤 것이 존재하는 바와 정확히 일치하게 각인된 무언가'라는 스토아학파의 정의를 비판한다. 그는 과연 참인 인상과 구별될 수 없는 거짓 인상이 존재할 수 있는가라고 묻는다. 제논은 만일 어떤 인상과 정확하게 일치하는 거짓 인상이 존재할 수 있다면 그런 인상은 (설령 그 인상 자체는 참이라 할지라도) 인식적 인상일 수 없다는 점에 동의한다. 따라서 그는 인식적 인상에 대한 위의 정의를 수정하여 '존재하지 않는 바로부터는 생겨날 수 없는 종류의 인상'이라는 점을 더한다(Cicero, *Acad*. 2. 77; S.E., *M*. 7. 251). 하지만 스토아학파가 어떤 경우에서 오류를 범할 수 없는 특성이 발견되는가를 어떻게 확립하는지 그리고 참인 현상이 성립할 때마다 그것과 구별될지 않는, 거짓인 모사를 얼마든지 상상할 수 있다는 회의주의의 주장에 대해서는 어떻게 대응하는지 등은 그리 명확하지 않다.

아카데메이아의 회의주의

스토아학파의 인식론이 회의주의 진영으로부터 거센 도전을 받았다는 사실은 그리 놀라운 일이 아니다. 그러나 이런 도전이 플라톤의 유산을 이어받은 아카데메이아로부터 제기되었다는 사실은 매우 놀라운 일이다. 플라톤의 저술들이 지금까지 등장한 것 중 가장 독단적인 철학을 담고 있다는 사실은 분명하다. 하지만 이후 아카데메이아의 지도자들, 예를 들면 아르케실라오스나 그 후계자인 카르네아데스(Carneades) 등은 플라톤보다 더 위쪽으로 거슬러 올라가려는 태도를 보였다. 이들은 소크라테스에 의지하면서 그의 문답 기법이야말로 지식에서 거짓 주장을 걸러 내는 탁월한 방법이라고 생각하였다(Cicero, *Fin*. 2. 2). 소크라테스 자신은 어떤 철학적 지식도 주장하지 않았으며, 어떤 철학적 저술도 남기지 않았다. 그리고 아르케실라오스와 카르네아데스도 이 두 측면 모두에서 소크라테스에 따랐다. 하지만 이들은 소크라테스보다 더욱 멀리 나아가 훨씬 더 극단적인 회의주의를 주장함으로써 철학적 문제뿐만 아니라 일상적인 문제들 대부분에 대해서도 판단을 중지하는 수준에 이르렀다.

아르케실라오스와 카르네아데스는 어떤 저술도 남기지 않았지만 우리는 이들의 철학적 가르침에 관하여 상당히 많은 정보를 지니고 있다. 그 까닭은 카르네아데스의 제자인 필론에게서 철학을 배운 키케로가 아카데메이아의 회의주의에 큰 매력을 느껴 자신의 저술 《아카데미카》에서 회의주의 논쟁의 전말을 생생하게 기록하여 전하기 때문이다. 이를 비롯한 다른 근거들을 통하여 우리는 아카데메이아의 철학자들이 오류에 빠지지 않는 인상은 존재할 수 없다는 점을 보이기 위한 논증의 동력을 제공하였음을 알게 된다.

비인식적인 다른 어떤 인상과 짝을 이룰 수 없으며 이와 구별되지 않는, 감각으로부터 생겨난 참인 인상은 존재하지 않는다. 그리고 두 인상이 서로 구별되지 않으면서 한 인상은 인식적인 동시에 다른 인상은 인식적이 아닌 경우 또한 있을 수 없다. 따라서 어떤 인상도, 설령 참이라 할지라도, 인식적이 아니다. 서로 동일한 쌍둥이 푸블리우스 게미누스(Publius Geminus)와 퀸투스 게미누스(Quintus Geminus) 경우를 들어 이 논증을 예시해 보자. 만일 누군가가 푸블리우스를 보면서 자신이 퀸투스를 보고 있다고 생각한다면 그는 실제로 퀸투스를 볼 때 갖게 되는 인상과 모든 점에서 일치하는 인상을 지니게 된다. 따라서 그의 인상은 인식적인 것이 아니다. 그의 인상은 앞에서 제시한 제논의 정의 중 마지막 부분, 즉 '존재하지 않는 바로부터는 생겨날 수 없는 종류의 인상'이라는 조건을 만족시키지 못한다(Cicero, *Acad*. 2. 83~5).

이에 답하면서 스토아학파는 모든 측면에서 완전히 서로 동일한 한 쌍의 대상이 존재할 수 있는 가능성을 부정하는 듯이 보인다. 그리고 이런 생각은 후에 서로 구별될 수 없는 것들의 동일성이라는 주장으로 알려진다. 어떤 두 알의 모래도, 어떤 두 가닥의 머리카락도 완전히 동일하지는 않다. 아카데메이아의 철학자들은 이런 주장이 불필요하고 근거 없는 것이라고 비난하였다. 하지만 참인 인상은 거짓인 모사와 **항상** 혼동을 일으킬 수 있다는 자신들의 주장에 비추어 보면 이런 주장이 더 이상 불필요하지는 않다는 점이 명확해진다.

하지만 사실 우리가 회의주의의 도전을 어떻게 해석하는가에 따라 이 주장은 불필요하거나 불충분한 듯이 보인다. 만일 우리가 실제로 참인 인상과 거짓 모사를 혼동하는 잘못을 저지를 가능성이 있을 경우에만 그 인상이 인식적이 아니라면 인식적 인상을 유지하기 위하여 스토아학파는 모든 경우에 참인 인상이 거짓 인상으로 대체될 수 없다고 주장할 필요가 없었다. 그들은 단지 몇몇 경우에서 그렇게 대체될 수 없다는 사실을 주장하기만 하면 된다. 반면에 단지 거짓 모사를 상상할 수 있다는 점만으로도 어떤 인상이 인식적이라는 주장을 허물어뜨리기에 충분하다면 구별될 수 없는 것들의 동일성으로는 이 주장을 회복시킬 수 없다. 내가 상대방에게 말할 때 어쨌든 무언가에 관해서 말한다는 점은 확실한 듯하다. 하지만 상대방과 똑같이 생긴 쌍둥이가 있는데 나는 그 쌍둥이는 전혀 알지 못하면서 그와 대화를 나누는 일이 일어날 수 있다는 상상은 가능하지 않은가?

회의주의에는 여러 단계가 있다. 어떤 회의주의자는 그저 (탐구의 어떤 영역 또는 모든 영역에서) 진정한 지식의 성립가능성을 부정하는 사람일 수도 있다. 이런 회의주의자는 다양한 주제들에 관한 의견을 지니는 것에, 단 의견의 소유자가 자신의 의견이 지식의 지위에 도달하였다고 주장하지만 않는다면, 굳이 반대할 필요가 없다. 또한 그 자신도 지식 따위는 존재하지 않는다는 의견을 포함한 일련의 의견을 얼마든지 지닐 수 있다. 이때 그가 지식은 존재하지 않는다는 사실을 **인식하였다고** 주장하지만 않는다면 어떤 모순도 일어나지 않는다. 아르케실라오스는 소크라테스가 스스로 아무것도 모른다는 점을 인식하였다고 주장하였음을 들어 그를 비난하기도 한다 (Cicero, *Acad*. 1. 45).

하지만 이보다 더 극단적인 회의주의자는 지식의 가능성뿐만 아니라 의견의 적절성까지도 의문시한다. 이런 회의주의자는 아마도 확실성에 대하여 확고한 동의를 표하는 일뿐만 아니라 어떤 의견에 대하여 잠정적인 동의를 표하는 일도 삼가야 한다고 권고할 듯하다. 아르케실라오스는 바로 이런 유형의 회의주의자로 보인다. 키케로의 언급에 따르면(*Acad*. 1. 44; LS 68A) 그는 '어느 누구도 무엇에 대해서도 단언하거나 긍정해서는 안 되며 동의를 표해서도 안 된다. 그 대신 우리는 성급함을 억누르고 어떤 실수도 저지르지 않도록 주의해야 한다. 무언가를 거짓이라고, 알 수 없다고 인정하는 일도 성급한 것이지만 가장 수치스러운 일은 어떤 인식에 동의하고 이를 시인하는 분별없는 행위를 하는 것이다.' 아르케실라오스는 자신이 권한 바대로 쉽게 동의하지 말라는 점을 보이기 위하여 모든 주장에 대하여 찬반 논증을 제시하는 습관이 있었다고 한다(*Fin*. 5. 10). 학자들은 그의 논증들이 순전히 감정에 호소하는 것들이었는지 아니면 그가 (자신의 주장과는 모순되게) 실제로 자신의 회의주의적인 철학적 입장을 참으로 여기고 주장하였는지에 대하여 확실히 답하지 못하고 있다.[9]

우리에게 전하는 몇몇 고대의 자료들에 따르면 카르네아데스는 다소 덜 극단적인 회의주의자로서 지식의 가능성은 부정하였지만 현명한 사람이 정당하게 의견을 지닐 수 있다는 점은 받아들였다. 아카데메이아의 두 철학자 아르케실라오스와 카르네아데스는 모두 제논을 집중적으로 비판하였지만 둘의 비판점은 서로 다르다. 제논은 어떤 현명한 사람도 의견을 지닐 수 없지만 만일 그가 오직 인식적 인상들에만 의존한다면 모든 사람들이 그의 동의를 지식으로 여기리라고 주장하였다. 아르케실라오스와 카르네아데스는 어떤 인식적 인상도 존재할 수 없으며 따라서 어떤 지식도 성립할 수 없다는 점에 서로 동의한다. 하지만 아르케실라오스가 현명한 사람은 어떤 동의도 표하지 않으리라고 결론지은 반면 카르네아데스는 현명한 사람은 순수한 의견은 지닐 수 있으리라고 보았다(Cicero, *Acad*. 2. 148).

하지만 카르네아데스의 입장을 평가하는 또 다른 설명에 따르면 우리는 인식론 학자로서 그가 탐구한 정신적 현상을 더욱 상세히 분석할 필요가 있다. 이에 따르면 우리는 단지 현상과 현상에 대한 동의를 구별하는 대신에 충동(*horme*)이라는 새로운 개념을 도입하여야 한다. 동의는 의지와 관련되며 스스로 자제할 수도 있지만 우리가 아는 한 현상은 우리의 통제 밖에 놓여 있다. 하지만 현상에는 반드시 충동이 뒤따르며, 진리를 발견하고 거짓을 피하려는 정신적인 작용인 동의가 없이도 이런 충동에 따르는 일이 가능하다(Plutarch, *adversus Coloten* 1122 LS 69A; Cicero, *Acad*. 2. 103~4 LS 69I).

이런 구별은 극단적인 회의주의에 대하여 흔히 제기되는 반박, 즉 회의주의자가 모든 판단을 유보한다면 어떻게 일상적인 삶을 살 수 있겠는가라는 반박에 답하기 위하여 도입된 듯하다. 예를 들어 물이 고인 곳이 단지 바위

[9] Schofield, in *CHHP* 334 참조.

의 갈라진 틈이라는 사실만 안다면 어떻게 회의주의자는 그곳에서 목욕을 할 수 있겠는가? 이에 대한 대답은 그는 그곳이 정말 목욕하기에 적절한지 그렇지 않은지에 대하여 성급한 판단을 내리지는 않지만 목욕을 하고 싶다는 충동에 이끌릴 수는 있다는 것이다. 철학과 무관한 논의에서 현명한 사람은 여러 질문에 대하여 '예'나 '아니오'라는 대답을 하기 위하여 자신의 충동에 따르기도 한다.

피론의 회의주의

기원전 1세기 무렵에 철저한 회의주의를 내세우는 새로운 근본주의 학파가 성장하였는데 이들은 아카데메이아의 회의주의자들이 회의주의를 오히려 받아들일 수 없는 방식으로 약화시켰다고 생각하였다. 이 학파의 창시자는 아이네시데모스(Aenesidemus)였지만 그와 그 후계자들은 자신들의 회의주의를 엘리스 출신인 피론(Pyrrho of Elis)의 이름을 붙여 피론주의라고 불렀다. 피론은 알렉산드로스 대왕의 군대에 소속되었던 군인이었는데 새로 등장한 회의주의 학파는 그를 학파의 진정한 창시자로 여겼다. 아이네시데모스는 자신과 아카데메이아 중심의 회의주의 사이의 차이를 설명하기 위하여 피론주의를 강의한 내용을 묶어 책으로 내기도 하였지만 현재 이 책은 전하지 않는다. 또한 그는 우리가 이 장의 앞부분에서 살펴보았던 회의주의 논증을 포함한 여러 논증들을 모은 후 이들을 열 가지 제목에 따라 분류하였는데 이는 아이네시데모스의 열 가지 비유라는 이름으로 널리 알려졌다. 피론주의에 대한 우리의 지식 또한 고대의 다른 회의주의에 대해서와 마찬가지로 기원후 2세기에 활동한 피론주의 회의주의자인 섹스토스 엠피리코스의 저술에 의존한다.

섹스토스는 세 권으로 구성된 《피론주의 개요》(*Outlines of Pyrrhonism*)

와 열한 권으로 이루어진 《독단론에 반대하여》(*Against the Professors*)를 남겼다. 여기에는 이후 문헌에서 자주 등장하는 환상에 기초한 논증으로부터 어느 누구도 다시 사용하지 않은 많은 것들에 이르는 거의 모든 회의주의 논증이 등장한다. 여기서 우리는 황달에 걸려 노랗게 보이는 경우, 책을 보고 난 후에 남는 잔상, 안구에 압력이 가해져 왜곡되어 보이는 현상, 오목거울과 볼록거울의 예, 포도주가 무화과를 먹은 후에는 시며 호두를 먹은 후에는 달게 느껴지는 경우, 수평선에 정지해 있는 듯이 보이는 배, 물 안에서 굽어 보이는 노, 목욕탕에서 더욱 자극적으로 느껴지는 냄새, 비둘기의 목 부분에서 잠깐 반짝이듯 보이는 색, 그리고 물론 멀리서는 둥글게 보이다가 가까이에서는 사각형으로 보이는 탑에 관한 친근한 예 등을 모두 접하게 된다.

섹스토스 자신의 회의주의는 그가 우리에게 전한 아카데메이아의 회의주의와 그리 크게 다르지 않은 것으로 판명되었다. 그는 회의주의가 어떤 것에 대해서도 분명한 동의를 표시하지는 않지만 여전히 일상적인 지각의 문제에 대해서뿐만 아니라 철학적인 주제에 대해서도 여러 견해를 지닐 수 있다고 보았다. 섹스토스의 저술이 우리에게 큰 가치가 있는 까닭은 회의주의 논의에 새로운 전환점을 제시하였기 때문이 아니라 초기에 등장한 더욱 독창적인 회의주의자들의 추론 방식에 관한 많은 귀중한 정보를 전해 주기 때문이다. 그리고 그는 자신이 연대순으로 상세히 기록한 회의주의 전통에 마침표를 찍은 인물이기도 하다.

고대의 인식론에 관한 연구를 통하여 우리는 지식의 본성과 회의주의의 한계 등에 대하여 많은 것을 배울 수 있다. 특히 고대에 등장한 다음의 몇 가지 통찰은 이후 모든 철학에 전해진 유산이 되었다. 오직 참인 것만이 지식이 될 수 있다. 지식은 오직 무언가에 의해서, 그것이 경험이든 추론이든 아니면 다른 어떤 근거이든 간에, 암시적으로 또는 명시적으로 지지될 경우에만 지식일 수 있다. 그리고 지식을 주장하는 사람은 이후에 등장할 다른 견해에 의해서 자신의 지식이 뒤집힐 가능성을 배제할 수 있을 정도로 단호한 태도를 보여야 한다.

하지만 고대의 인식론은 서로 다르면서도 또한 서로 관련되는 두 가지 오류에 빠져 있다. 두 오류 모두 무엇이든 간에 지식은 참이어야만 한다는 진리를 오해한 결과로 등장하였다. 두 오류 중 하나는 아리스토텔레스의 시대까지 이어진 고전적인 인식론에서, 다른 하나는 헬레니즘과 로마 제국 시대의 인식론에서 자주 발견된다.

첫 번째 오류는 다음과 같다. '무엇이든 간에 지식은 참이어야만 한다'는 주장은 다음과 같이 두 가지로 해석될 수 있다.

(1) 필연적으로 만일 p가 인식된다면 p는 참이다.

또는

(2) 만일 p가 인식된다면 p는 필연적으로 참이다.

여기서 (1)은 참이지만 (2)는 거짓이다. '만일 내가 당신이 앉고 있다는 사실을 인식한다면 당신은 앉고 있다'는 진술 전체는 필연적인 진리이다. 그러나 만일 내가 당신이 앉고 있다는 사실을 인식한다 할지라도 당신은 지금 앉고 있다는 사실은 필연적인 진리가 아니다. 당신은 어떤 순간에 얼마든지 일어설 수도 있다. 플라톤과 아리스토텔레스는 거듭해서 (2)를 (1)과 구별되지 않는 것으로 간주하였다. 이들은 지식과 진리 사이의 필연적인 연결을 전제한 후 오직 필연적인 것만이 인식될 수 있다고 생각한 듯이 보인다. (2)를 받아들임으로써 플라톤은 영원불변하는 이데아에 관한 이론을 구성하였고, 아리스토텔레스는 도달할 수 없는 이상적인 학문을 이끌어 내었다.

만일 무엇이든 간에 지식은 참이어야만 한다면 지식은 결코 오류를 범하지 않는 능력을 발휘한 결과여야만 하는 듯이 보인다. 그리고 이것이 헬레니즘 시대에 자주 등장한 오류의 모습이다. 플라톤이나 아리스토텔레스와는 달리 에피쿠로스학파와 스토아학파는 오직 영원한 진리로서의 지식이 아니라 디온은 지금 걸어가는 중이다와 같은 평범한 우연적인 일도 기꺼이 지식으로 인정하려 한다. 하지만 오직 오류를 범하지 않도록 작용하는 어떤 능력을 — 이것이 감각이든 이성이든 간에 — 우리가 지닐 경우에만 이런 일이 가능하다고 주장한다. 이런 헬레니즘 시대의 오류는 그 이전 고전 시대의 오류를 거울에 비춘 것에 지나지 않는다. 예를 들어 F가 어떤 능력이라고 가정해 보자. 그러면 다음의 진술은 참이다.

'만일 F가 p를 인식한다면, F는 잘못을 범하였다'는 불가능하다.

그러나 다음의 진술은 앞의 진술과 동일하지도 않고 참도 아니다.

만일 F가 p를 인식한다면, 그러면 F가 잘못을 범하는 일은 불가능하였다.

이런 인식론적 오류는, 고전 시대의 것이든 헬레니즘 시대의 것이든 간에, 이후 철학사에 상당히 큰 영향을 미치지 않을 수 없었다.

5장

어떻게 여러 일들이 일어나는가: 자연학

앞의 여러 장들에서 우리는 탈레스에서 플라톤에 이르는 여러 그리스철학자들이 우리가 살고 있는 세계의 정교한 모습을 어떻게 점차 발전된 형태로 묘사해 왔는지를 살펴보았다. 이들의 자연학 이론은 물론 대단한 역사적 관심의 대상이기는 하지만 이제는 발전된 과학에 그 자리를 넘겼으며, 세계에 대한 어떤 새로운 사실을 더 이상 우리에게 전해 주지는 않는다. 아리스토텔레스의 세계관도 이들과 마찬가지이다. 하지만 자연에 대한 깊이 있는 사고와 관련해서 아리스토텔레스는 그 이전의 어떤 철학자보다도 훨씬 더 폭넓게 서로 다른 많은 종류의 자연학적 설명의 기초에 놓여 있는 개념들을 철학적으로 검토하였다. 그의 자연철학은, 그의 자연학 체계와는 달리, 오늘날까지도 계속 관심의 대상이 된다.

아리스토텔레스의 범주들 중 두 번째는 분량의 범주이다. 이는 '얼마나 큰가?'라는 질문에 대한 대답에 해당하며 그는 '길이가 4피트이다', '높이가 6피트이다'와 같은 대답을 기대한다(*Cat*. 4. 1^{b}28). 그리고 그는 서로 다른 두 종류의 분량이, 불연속적 분량과 연속적 분량이 있다고 말한다. 불연속적 분량은 예를 들면 천 명으로 구성된 군대와 같은 것이다(*Metaph*. *Δ* 13. 1020^{a}7 참조). 연속적 분량의 예로는 선, 표면, 물체, 시간, 장소 등을 들 수 있다(*Cat*. 6. 4^{b}20 이하). 연속과 연속적 분량에 관한 아리스토텔레스의 견해는 그의 자연철학에 기초를 제공하므로 이 장의 전반부에서는 이런 주제들에 관하여 살펴보려 한다.

연속

《자연학》 6권의 첫머리에서 아리스토텔레스는 분량을 지니는 대상들 사이의 서로 다른 관계를 다음과 같은 세 가지 용어를 통해서 소개한다. 즉 대상들은 계속되거나(*ephexes*), 근접하거나(*hama*), 연속된다(*syneches*). 어떤 두 대상 사이에 그들과 같은 종류의 다른 대상이 없다면 두 대상은 계속된다고 말할 수 있다. 따라서 다도해에 있는 두 섬 사이에 다른 섬이 없고 오직 바다뿐이라면 두 섬은 계속된다. 오늘과 내일의 경우처럼 두 날 사이에 다른 날은 없고 오직 밤만 있다면 이 두 날은 계속된다고 할 수 있다. 다음으로 어떤 두 대상의 경계가 서로 맞붙어 있다면 이 두 대상은 서로 근접해 있다고 아리스토텔레스는 말한다. 그리고 이들 사이에 공통되는 오직 하나의 경계만이 있다면 이들은 서로 연속된다(231ª18~25). 이런 정의들에 기초해서 그는 연속이 더 이상 분할 불가능한 원자들로 구성될 수 없다는 자신의 주장을 전개해 나간다.

예를 들면 선은 크기가 없는 점들로 이루어질 수 없다. 점에는 부분이 없기 때문에 점은 자기 자신과 구별되는 경계를 지닐 수 없다. 따라서 두 점은 서로 근접할 수도 연속될 수도 없다. 만일 누군가가 점의 경계는 그 점 자체와 같다고 말한다면 연속된 두 점은 결국 하나의 동일한 점이 되고 만다. 또한 점들은 서로 계속될 수도 없다. 연속된 선 위의 어떤 두 점 사이에서도 우리는 그 선 위에 있는 또 다른 점을 항상 발견할 수 있다(231ª29~ᵇ15).

아리스토텔레스는 이와 유사한 추론이 공간상의 크기, 시간, 운동에 대해서도 적용된다고 말한다. 사실 이들 셋은 모두 같은 종류의 연속이다. 시간은 더 이상 분할될 수 없는 순간들로 이루어질 수 없다. 어떤 두 순간 사이에도 항상 시간적 간격이 존재하기 때문이다. 만일 시간이 순간들로 이루어진다면 운동하는 원자는 실제로는 매 순간 정지 상태에 있어야만 한다.

사실 분할 가능성은 분량 또는 크기의 결정적인 특성인데 아리스토텔레스는《형이상학》5권에서(1020a7) 철학적 용어들을 정의하면서 실제로 이런 표현을 사용하기도 한다. '우리는 자신을 구성하는 두 부분 또는 그 이상의 부분들로 분할될 수 있는 모든 것을 분량이라고 부르는데 이때 부분들 각각은 하나의 개별적인, 일종의 실재이다.' 여기서 '개별적인 일종의 실재'라는 표현이 의미하는 바 또한 반드시 탐구할 필요가 있지만 이에 관해서는 후에 살펴보려 한다.

따라서 분할 불가능한 점 또는 순간은 크기를 지닐 수 없으며 크기가 0이므로, 아리스토텔레스가 거듭 주장하듯이, 아무리 더한다 해도 결코 어떤 크기에 이를 수 없다. 그러므로 우리는 다른 어떤 경로를 통해서 연속적 분량은 분할 불가능한 대상들로 구성되지 않는다는 결론에 도달하여야 한다. 만일 크기가 오직 다른 크기들로만 분할될 수 있으며 또한 모든 크기는 분할될 수 있다면 이로부터 모든 크기는 무한히 분할될 수 있다는 결론이 도출된다.

아리스토텔레스가 생각한 무한한 분할 가능성이라는 개념은 쉽게 파악되지 않는데 그 자신도 이런 사실을 잘 알고 있었다.《생성과 소멸에 관하여》에서 그는 자신의 주장에 대한 반박을 상당히 길게 소개하면서 바로 이런 방식의 논증이 데모크리토스로 하여금 원자론을 옹호하도록 만들었다고 주장한다. 이 논증은 다음과 같이 진행된다.

물체가 무한히 분할될 수 있다고 보고 이제 이런 분할이 실제로 이루어졌다고 가정해 보자 — 만일 실제로 물체가 무한히 분할될 수 있다면 이렇게 가정하는 데는 아무런 문제도 없다. 그렇다면 이런 분할의 결과로 생긴 조각은 얼마나 클 것인가? 이 조각이 어떤 크기라도 지닌다면 무한한 분할 가능성의 가정에 따라 이를 더 이상 분할하는 일이 가능하다. 따라서 이 조각은 마치 기하학적인 점처럼 결코 연장성을 지닐 수 없다. 하지만 분할될 수 있는 모든 것은 또한 다시 결합될 수도 있어야 한다. 통나무를 톱으로 잘라 여러 토막을 내었다 하더라도, 심지어 톱밥과 같은 작은 조각으로 만들었다 하더라도 이들을 모두 모으면 다시 원래의 크기와 같은 통나무를 만들 수 있다. 그러나 만일 조각들이 크기가 없다면 어떻게 우리가 처음 분할하기 시작했던, 연장성을 지닌 물체 덩어리를 다시 만들어 낼 수 있는가? 물체는 단지 기하학적인 점들만으로는, 설령 점의 수가 무한하다 할지라도, 구성될 수 없으므로 결국 우리는 분할 가능성에는 끝이 있으며, 가능한 가장 작은 조각들도 크기와 형태를 지닌 물체여야만 한다는 결론에 도달한다(1. 2. 316a14~317a3).

아리스토텔레스는 몇 군데서 이런 난점에 대한 자신의 해결책을 제시한다(*Ph*. 3. 6. 206a18~25; 7. 207b14). 그는 '무한히 분할 가능함'이라는 말이 '무한히 많은 부분으로 분할할 수 있음'이 아니라 '끝없이 분할할 수 있음'을 의미한다고 주장한다. 어떤 크기를 얼마나 많이 분할하였든 간에 항상 그것을 더 이상 분할할 수 있다. 따라서 무한히 분할 가능하다는 것은 분할 가능성에 끝이 없음을 의미한다. 연속은 무한히 많은 수의 부분들로 이루어지지 않는다. 사실 아리스토텔레스는 무한한 수가 실제로 존재한다는 생각 자체를 일종의 모순으로 여긴다. 그는 무한은 단지 잠재적으로 현존할 뿐이라고 말한다(3. 6. 206a18).

이는 데모크리토스의 논증에 대한 건전한 대답이다. 하지만 아리스토텔레스는 계속 사족을 덧붙인다. 그는 우선 서로 다른 종류의 잠재성을 구별한다. 한 덩어리의 대리석은 조각상이 될 잠재성을 지닌다. 이 잠재성이 실현되면 조각상이 등장하는데 조각상은 단번에 바로 존재하게 된다. 하지만 시간상의 일정기간 또는 연속으로 분할될 수 있는 부분들은 이와는 다른 종류의 잠재성을 지닌다. 이들은 모두 단번에 존재할 수 없다. 내가 잠에서 깨었을 때 내 앞에 놓인 오늘 하루는 오전과 오후를 모두 포함하지만 이 둘이 단번에 함께 발생할 수는 없다.

이런 논의는 그리 바람직하지 않은 방향으로 나가는 듯이 보이는데 그 근거로 몇 가지를 들 수 있다. 우선 아리스토텔레스는 지금 연속 일반에 관한 주장을 옹호하는 중이다. 그런데 이 논의는 어떤 특수한 형태의 연속, 즉 시간에만 해당되는 특별한 속성에 호소함으로써 연속 일반을 제대로 옹호하지 못하는 듯하다. 두 번째로 연속의 무한한 분할 가능성을 지지하는 논증은 분할의 과정과 관련되지 않는다. 아리스토텔레스가 데모크리토스의 견해로 간주하는 논증에서 데모크리토스는 무언가가 무한히 분할될 수 있다면 그 분할이 동시에 이루어질 수 있는지 그렇지 않은지가 아니라 분할의 결과를 모순 없이 상상할 수 있는지 그렇지 않은지를 문제 삼는다(*GC* 1. 2. 316^{a}18). 세 번째로 조각상을 만드는 경우의 잠재성과 대조한 시도는 명백한 잘못에 지나지 않는다.

미켈란젤로(Michelangelo)는 한 소네트에서 잠재성이란 대리석 덩어리가 본래 갖추고 있는 것임을 우리에게 환기시킨다.

> 아무리 위대한 생각도 예술가의 마음이 아니라
> 대리석 덩어리에 있는 법
> 지성이 손을 깨우쳐 이를 발견하고 풀어놓을
> 누군가를 숨어 기다릴 뿐.[1]

연속을 구성하는 모든 부분들이 동시에 실현될 수 없는 것과 마찬가지로 아무리 위대한 예술가라 하더라도 결코 자신의 모든 생각을 한 덩어리 대리석

[1] 원문은 다음과 같다.

> Non ha l'ottimo artista alcun concetto
> Ch'un marmo solo in sè non circoscriva
> Col suo soverchio, e solo a quello arriva
> La man che ubbidisce all'intelletto.

에 동시에 실현할 수는 없다. 일반적으로 말하면 이는 다음과 같은 오류를 범하고 있다.

(1) p가 가능하고 또한 q도 가능하다
로부터
(2) p와 q가 동시에 모두 가능하다
를 이끌어 낼 경우 발생하는 오류.

이것이 오류임을 알기 위해서는 그저 'q'가 'p가 아닌'(not p) 경우를 살펴보기만 하면 된다. 따라서 데모크리토스에 답하기 위하여 아리스토텔레스는 동시에 실현될 능력을 갖춘 경우와 그렇지 않은 경우 따위를 구별할 필요가 전혀 없다. 그저 연속적인 것은 **어떤** 점에서도(at *any* point) 분할될 수 있다는 말과 그것이 **각각의 모든** 점에서(at *every* point) 분할될 수 있다는 말은 차이가 있다는 점을 지적하기만 하면(실제로 *GC* 1. 2. 317a8에서 그랬듯이) 충분하다.

하지만 위에서 인용한 소네트를 더욱 상세히 검토할 필요가 있다. 미켈란젤로의 손과 지성이 대리석의 잠재성을 실현하는 데는 더할 나위 없이 탁월했을지 모르지만 그의 시가 잠재성의 본질을 철학적으로 적절하게 파악하였는지는 의문이다. 분명히 그는 잠재적 조각상이 숨겨진 실재로서 다소 신비한 어떤 방식으로 아직 조각되지 않은 대리석 안에 내재한다고 생각한다. 만일 잠재성이 현실성을 반영한다고 생각한다면 우리는 잠재성을 셀 수 있고 분량으로 표시할 수 있어야 할 듯하다. 이 경우 무한히 분할 가능한 것은 무한한 수의 부분을 지녀야만 한다. 하지만 미켈란젤로든 아니면 데모크리토스든 간에 잠재성을 이런 방식으로 생각하려는 유혹은 반드시 떨쳐 버려야 한다.

장소에 관한 아리스토텔레스의 견해

아리스토텔레스가 생각한 다섯 번째 범주는 장소인데 '어디에?'라는 질문에 대한 대답에 해당하며 전형적인 대답으로는 '리케이온에'를 들 수 있다(*Cat.* 4. 2^a1). 《범주론》에는 장소라는 범주에 관한 더 이상의 어떤 언급도 등장하지 않지만 《자연학》의 4권에서는 장소에 관한 내용이 무려 여섯 장에 걸쳐 논의된다(아리스토텔레스는 이 주제가 무척 어려우며 특히 이전 철학자들로부터 어떤 도움도 얻을 수 없었다고 말한다; 4. 1. 208^a32~3). 최소한 언뜻 보기에 모든 물체는 어떤 장소를 차지하며 이 장소에서 저 장소로 이동할 수 있다. 실험용 병 안에 처음에는 물이 들어 있다가 나중에는 공기가 들어 있는 경우처럼 서로 다른 때에 서로 다른 물체가 동일한 장소를 차지하는 일이 얼마든지 가능하다. 따라서 장소는 그곳을 차지하는 물체와 동일시될 수 없다(4. 1. 208^b29~209^a8). 그렇다면 장소란 도대체 무엇인가?

중세 시대의 이 상상화는 알렉산드로스 대왕이 아리스토텔레스의 연구 조수가 되어 유리로 만든 종 모양의 잠수 기구 안에 들어가 해저를 탐험하는 모습을 보여 준다.

이 질문에 대한 아리스토텔레스의 대답은 결국 어떤 사물의 장소는 그것이 무엇이든 간에 움직이지 않는 최초의 경계라는 것이다. 따라서 포도주 1파인트(pint)[2]의 장소는 그것이 들어 있는 병의 — 병이 움직이지 않는다는 전제 아래 — 안쪽 표면이 된다. 하지만 병이 움직이는 경우, 예를 들면 강 위에 떠 있는 배에 실린 병의 경우는 어떤가? 이 경우 포도주도 이 장소에서 저 장소로 움직이게 되므로 포도주의 장소는 움직이지 않는 강둑을 기준으로 삼고 이에 따라 그 위치를 지정하여야 한다(4. 5. 212b15). 급류가 흐르는 시내 가운데 서 있는 나무의 경우도 마찬가지이다. 나무의 장소는 나무가 뿌리박고 서 있는, 움직이지 않는 바닥을 기준으로 제시된다.[3]

이런 예들에서 분명히 드러나듯이 아리스토텔레스는 어떤 사물의 장소가 직접 그것을 담고 있는 바에 의해서뿐만 아니라 다시 담고 있는 바를 담고 있는 것에 의해서도 규정된다고 생각한다. 따라서 어린아이에게 주소를 써 보라고 하면 하이 스트리트 1번지, 옥스퍼드, 영국, 유럽, 지구, 우주라고 쓰는 경우처럼 아리스토텔레스도 '현재 당신은 우주 안에 있다. 왜냐하면 당신은 대기 안에 있는데 대기는 우주 안에 있기 때문이다. 또한 당신은 대기 안에 있다. 왜냐하면 당신은 지구상에 있기 때문이다. 당신은 지구상에 있다. 왜냐하면 당신은 당신 자신의 특정한 장소를 차지하고 있기 때문이다'라고 말한다. 우주는 모든 것이 공통적으로 차지하는 장소이다.

무언가가 어떤 장소를 차지한다는 것이 그것을 담고 있는 바 안에 존재하는 것을 의미한다면 이로부터 우주는 어떤 장소도 차지하지 않는다는 점이 도출된다. 그리고 이는 아리스토텔레스 자신이 이끌어 낸 결론이기도 하다. '우주는 어떤 장소도 차지하지 않는다. 어딘가에 있는 모든 것은 그 자체로

2 〔옮긴이 주〕 파인트는 액체의 분량을 재는 단위로 영국에서는 약 0.57리터, 미국에서는 약 0.47리터에 해당한다.

3 W. D. Ross, *Aristotle*, 86; 같은 저자의 *Aristotle's Physics* (Oxford: Clarendon Press, 1936), 575 참조.

존재하여야 할 뿐만 아니라 자신이 그 안에 담겨 있는 무언가, 즉 자신을 담고 있는 무언가와 더불어 존재하여야만 한다. 그런데 우주 전체의 외부에는 아무것도 없다'(*Ph*. 4. 5. 212ᵇ14~17). 그리고 만일 우주가 어떤 장소도 차지하지 않는다면 우주는 이 장소에서 저 장소로 움직일 수 없다.

여기서 아리스토텔레스가 묘사한 우주는 뉴턴(Newton) 이후 자주 무한한 연장성 또는 우주에 펼쳐진 망으로 여겨지는 공간과 전혀 다르다는 점이 명백히 드러난다. 뉴턴의 공간은 물질적인 우주가 만들어졌든 그렇지 않든 간에 이와 상관없이 현존한다. 반면에 아리스토텔레스의 관점에서는 어떤 물체도 없다면 또한 어떤 장소도 없다. 아무 물체도 없이 텅 빈 장소로서의 진공은 존재할 수 있다. 하지만 이 장소가 구체적인 물체로 둘러싸여 있을 경우에만 존재할 수 있다(4. 1. 208ᵇ26). 따라서 아리스토텔레스의 장소 개념은 칸트와 같은 철학자로 하여금 공간의 실재성을 부정하도록 만들었던 난점을 피할 수 있다. 하지만 아리스토텔레스는 여기에 그 자신의 체계에서는 중요한 요소로 작용하는 기본적인 개념일지 몰라도 사실은 더 이상 어떻게 해 볼 도리가 없을 정도로 시대착오적인 개념, 즉 본성에 적합한 장소라는 개념을 더한다.

아리스토텔레스는 질서 잡힌 우주에서는 흙, 공기, 불, 물의 네 요소 각각에 자신의 본성에 적합한 장소가 있으며 이들이 인과적 영향력을 발휘한다고 믿는다. 공기와 불은 본성상 위로 올라가려 하며 물과 흙은 아래로 내려가려 한다. 이런 운동들 각각은 네 요소의 본성에 적합하다. 이와는 다른 운동도 가능하지만 이는 '본성에 위배된다.' 우리가 자주 발견하듯이 우주 안에서 본성에 적합한 운동은 다양한 요소들에 의해서 방해받으므로 실제로 자신의 본성에 적합한 장소를 차지하는 것들은 거의 드물다. 그러나 이들이 실제로 취하는 형태는 자신의 본성에 적합한 장소를, 즉 자신이 존재하기에 가장 적합한 장소를 찾아가려는 성향을 통해서 설명될 수 있다(4. 1. 208ᵇ9~22). 우리는 죽음을 자연스러운 죽음(natural death)과 부자연스러운 죽음

(violent death), 즉 자연사와 변사로 구별하는데 이는 본성에 적합한 운동(natural motion)과 본성에 위배되는 운동(violent motion)을 구별한 아리스토텔레스의 용어법을 그대로 물려받은 듯하다. 하지만 아리스토텔레스를 높이 평가하는 현대의 학자들 중 우주를 이렇게 네 요소의 집합으로 보면서 각각의 요소가 자신의 장소를 알며 자연이 자신에게 할당한 장소에 존재할 때 가장 행복하다는 관점을 옹호하는 학자는 아무도 없다.

운동에 관한 아리스토텔레스의 견해

운동에 관한 아리스토텔레스의 기본적인 설명은 바로 앞에서 제시한 시대착오적인 이론과 연결되기는 하지만 이 때문에 그리 크게 손상되지는 않는다. 사실 운동은 그의 자연철학에 등장하는 여러 내용들 중 가장 미묘한 부분에 속한다. 아리스토텔레스에게 '운동'(*kinesis*)은 매우 넓은 의미를 지니는 용어로서 서로 다른 여러 범주에서 일어나는 변화를 예를 들면 크기가 커진다든지 색이 변하는 경우 등을 모두 포함한다(*Ph*. 3. 1. 200^{b}32). 하지만 이 장소에서 저 장소에로의 이동, 즉 공간적 운동이 그의 이론을 설명하는 과정에서 운동의 전형으로 사용된다.

아리스토텔레스가 《자연학》 3권에서 제시하는 운동에 관한 정의는 언뜻 보기에 그리 명확하게 이해되지 않는다. 그는 '운동이란 무언가가 잠재적 상태에 있는 한에서 잠재적인 것이 실현되는 과정'이라고 말한다. 이를 상세히 검토해 보자. 만일 어떤 물체 X가 점 A에서 점 B로 운동한다면 이는 위의 정의에 충분히 들어맞는다. X는 A에 있을 경우에는 오직 잠재적으로만 B에 있는 셈이 된다. 이런 잠재성이 실현되면 X는 B에 있게 된다. 그리고 X는 B에 정지해 있으며 더 이상 운동하지 않는다. 따라서 A에서 B에로의 운동은 그저 A에서 B로 향하려는 잠재성의 실현이 아니다. 과연 이 운동이 잠재성의 부분적인 실현이라고 말할 수 있는가? 전혀 그렇게 말할 수 없다. 왜냐하면 물체 X가 A와 B 사이의 중간점에서 정지하였을 경우에만 잠재성이 부분적으로 실현되었다고 말할 수 있기 때문이다. 따라서 우리는 A에서 B로에로의 운동은 여전히 계속 실현되는 중인 잠재성의 실현이라고 말하여야 한다. 그리고 이것이 바로 아리스토텔레스의 정의가 의미하는 바이다. 또한 A에서 물체는 사실상 서로 다른 두 잠재성을, 즉 B에 위치하려는 잠재성과 B로 운동하려는 잠재성을 지닌다. 아리스토텔레스는 이 점을 또 다른 운동을 예로 들어 설명한다. 즉 물체가 점점 뜨거워지는 경우, 조각상을 새기는 경우, 환자를 치료하는 경우, 집을 짓는 경우 등이 모두 이에 해당한다(3. 1. 201^{a}10~15).

그는 운동인 몹시 파악하기 힘든 개념이라고 말하는데 그 까닭은 운동이 순전한 잠재성과 순전한 현실성 사이의 중간 과정이기 때문이다. 그는 운동은 불완전한 잠재성의 불충분한 또는 불완전한 현실성이라고 말함으로써(3. 2. 201^{b}31) 자신의 설명을 요약한다. B에 위치하는 것은 완전한 현실성인 반면 B에로의 운동은 불완전한 현실성이다. B에 위치하려는 잠재성은 완전한 잠재성인 반면 B로 운동하려는 잠재성은 불완전한 잠재성이다.

운동은 일종의 연속이다. 단지 A와 B 사이의 여러 지점들에 계속 위치하는 것이 A에서 B로의 운동은 아니다. X가 A에서 B로 운동하려면 X는 A와 B 사이에 놓인 모든 중간점들을 통과해야 한다. 하지만 어떤 점을 통과하는 것과 그 점에 위치하는 것은 서로 다르다. 아리스토텔레스는 현재 운동하고 있는 모든 것은 이미 이전에도 운동 중이었다고 주장한다. 만일 A에서 B로 운동 중인 X가 중간점 K를 통과한다면 X는 그 이전에 A와 K 사이의 중간점 J를 통과했음에 틀림없다. A와 J 사이의 거리가 아무리 짧다 할지라도 이 거리는 항상 분할 가능하며 따라서 이런 과정은 무한히 계속된다. X가 운동하면서 통과하는 어떤 점에 대해서도 X가 이미 통과한 이전의 점이 항상 존재한다(*Ph*. 6. 5. 236^{b}33~5 참조). 이로부터 최초의 운동 순간과 같은 것은 존재하지 않는다는 결론이 도출된다.

운동에 관한 아리스토텔레스의 설명은 그리스어 동사의 의미론적 속성에 대한 상세한 분석을 통해서 더욱 구체화된다. 그리스어와 달리 영어에는 각각의 시제마다 특별히 연속성을 표현하는 형식이 있다. 즉 영어에서 '그는 달린다'(He runs)와 '그는 달리는 중이다'(He is running) 사이의 차이는 명백하게 드러난다. '운동하는 모든 것은 이전에도 운동하였다'(이는 의심스러운 주장이다)와 '지금 운동 중인 모든 것은 이전에도 운동 중이었다'(이는 명백한 참이다) 사이의 차이도 마찬가지이다. 아리스토텔레스는 현재 자신이 운동하는 모든 것이 아니라 운동 중인 모든 것에 관하여 논의한다는 점을 그리스어로 표현하는 데 약간의 곤란을 겪는다. 하지만 그는 지금 운동 중인 모든 것은 이전에도 운동 중이었을 뿐만 아니라 이전에 **운동한 적이 있다고까지** 표현한다(*Ph*. 5. 6. 237^{b}5).

아리스토텔레스는 어떤 동사는 키네시스들을(즉 운동들을) 지시하며 다른 동사는 에네르게이아들을(즉 현실성들을) 지시한다고 주장한다(*Metaph*. θ 6. 1048^{b}18~36). 앞서 언급하였듯이 키네시스는 우리가 일반적으로 생각하는 운동뿐만 아니라 서로 다른 많은 종류의 변화와 제작 등도 포함한다. 아리스토텔레스는 키네시스의 예로 무언가를 배우는 일, 특정한 집을 짓는 일, 특정한 장소를 걷는 일 등을 든다. 에네르게이아의 예로는 무언가를 보거나 아는 것 또는 행복함 등을 든다. 그는 미묘한 언어학적 사실을 지적함으로써 이 두 유형의 동사를 구별한다.

첫 번째 유형의 동사는 다음과 같은 의미에서 불완전한 활동을 지시한다. 즉 만일 지금 내가 φ 하는 중이라면 나는 아직 φ 한 것이 아니다(만일 내가 지금 집을 짓고 있다면 나는 아직 집을 다 지은 것이 아니다). 이런 동사가 지시하는 활동은 시간을 필요로 한다(*NE* 10. 4. 1174^{b}8). 반면 두 번째 유형의 활동 또는 성취는 시간을 **필요로 하지 않고** 시간상 **지속되거나** 계속된다. 케네시스는 빠르거나 느릴 수 있으며 완성되거나 방해받을 수도 있다. 하지만 에네르게이아는 그럴 수 없다. 나는 무언가를 빨리 배울 수는 있지만 나는 그것을 빨리 인식할 수는 없다. 배우는 동안에는 어떤 방해를 받을 수 있지만 인식하는 동안에는 방해를 받을 수 없다(*NE* 10. 4. 1173ª33; *Metaph.* ***Θ*** 6. 1048ᵇ19).

앎과 같은 에네르게이아는 일종의 상태이다. 인식과 같은 상태 이외에도 이런 상태를 발휘하는 것으로서의 이차적인 에네르게이아 또는 현실태도 존재한다. 따라서 우리는 연속해서 일어나는 세 가지 상태, 예를 들면 나는 그리스어를 배운다, 나는 그리스어를 안다, 나는 그리스어를 말한다와 같은 상태에 도달한다. 이차적인 현실태는 운동의 몇몇 특징과 현실성의 몇몇 특징을 모두 지닌다. 그리스어를 말하는 것은 그리스어를 배우는 것과는 달리 어떤 종착점을 향한 불완전한 과정이 아니다. 또한 그리스어를 말하는 것은 그리스어를 아는 것과는 달리 방해받을 수도 있다.

아리스토텔레스의 이런 분류는 문법학자들이 이른바 동사의 **상**(相, aspect)이라고 부르는 바에 관한 연구로 볼 수 있는데 그리스어에서는 영어보다 훨씬 더 자주 동사의 상이 **시제**와 결합하면서 복잡한 양상을 띤다. 우리는 예를 들면 미완료(imperfect) 시제(무엇이 **일어나고 있었는지를** 말해 주는)와 완료(perfect) 시제(무엇이 이미 **이루어졌는지를** 말해 주는)를 구별하면서 여전히 아리스토텔레스의 용어를 사용한다. 이미 앞의 3장에서 《명제론》에 등장한 과거시제 명제와 미래시제 명제에 대한 그의 견해를 검토함으로써 그가 시제를 어떻게 다루었는지 살펴보았다. 이제는 그가 《자연학》에서(4. 10～14) 시간이라는 주제를 어떻게 체계적으로 탐구하였는지를 살펴보는 것이 적절할 듯하다.

시간에 관한 아리스토텔레스의 견해

아리스토텔레스는 연장성, 운동, 시간을 서로 밀접하면서도 질서 있는 관계를 유지하는 세 가지 연속으로 보았다. 그가 변화의 전형으로 생각한 바는 공간상의 운동, 즉 거리상의 이동이다. 운동은 공간적 연장성이라는 연속으로부터 연속성을 얻는다(*Ph*. 4. 11. 219ª10~14). 따라서 시간에 관한 아리스토텔레스의 설명은 운동에 관한 그의 설명에 의존한다. 시간에 대한 그의 공식적 정의는 다음과 같다. 시간은 이전과 이후라는 측면에서 본 운동의 수이다(4. 11. 219ᵇ1).

운동과 시간이 서로 밀접하게 연결되어 있음은 분명하다. 하지만 아리스토텔레스가 운동에 부여하는 우선성에 대해서는 의문을 가질 만하지 않은가? 운동을 비롯한 모든 종류의 변화는 시간이 없다면 명백히 불가능하다. X가 A에서 B까지 운동한다면 반드시 **처음에는** A에 있어야 하며 **나중에는** B에 있어야 한다. 또한 모든 변화는 이전 상태와 이후 상태를 포함하여야 한다. 하지만 운동이 없다면 시간이 불가능한가? 길든 짧든 간에 일정한 시간 동안 지속되는 정적인 또는 텅 빈 우주를 얼마든지 상상할 수 있지 않은가?

아리스토텔레스는 그렇게 생각하지 않는다. 그에 따르면 운동이 없는 곳에는 시간도 없다(4. 11. 219ª1). 결코 시간은 운동과 동일하지 않다. 운동은 특수한 것들의 운동이며, 서로 다른 종류의 변화는 서로 다른 종류의 운동이지만 시간은 보편적이며 단일하다. 또한 운동은 빠르거나 느릴 수 있지만 시간은 그렇지 않다. 사실 운동의 속도를 결정하는 작업은 시간을 통해서 이루어진다(4. 10. 218ᵇ9; 14. 223ᵇ4). 그렇지만 우리는 '운동과 시간을 함께 지각한다'고 아리스토텔레스는 말한다(4. 11. 219ª4).

우리는 어떤 변화의 과정을 관찰함으로써 시간이 얼마나 지났는지를 말한다. 오늘날 우리는 시계 바늘이 시계의 문자판을 도는 여행을 계속하다가 어느 지점을 가리키는지를 보고 현재 시간을 안다. 모래시계나 물시계의 경우에도 어떤 방법이 사용되든 간에 이와 유사한 과정이 이루어진다. 아리스토텔레스에게 특히 중요한 점은 우리가 해와 달, 별들의 천체 운동을 관찰함으로써 하루, 한 달, 일 년을 측정한다는 사실이다.

여행의 경우 우리는 목적지에 가까운 지점보다 출발지에 가까운 지점에 일찍 도착한다. 여기서 알 수 있듯이 가깝고 멀다는 공간상의 관계가 운동의 측면에서 이전과 이후라는 관계의 기초를 제공한다. 시간에 대한 아리스토텔레스의 정의에 등장하는 바가 바로 이 '이전'과 '이후'이다. 그리고 시간상의 **이름**과 **늦음**을 제공하는 것 또한 바로 이 운동상의 **이전**과 **이후**이다. 그러므로 아리스토텔레스의 견해에 따르면 시간적 질서는 궁극적으로 운동이 진행되는 공간상의 순서로부터 도출된다.

아리스토텔레스가 시간은 운동의 수라고 말할 때 그가 바로 이 순서를 생각하고 있다는 점은 의심의 여지가 없다. 우리는 운동의 각 부분을 첫 번째, 두 번째, 세 번째 등으로 나열할 수 있다. 또한 시간은 위치와 관련되는 요소뿐만 아니라 계량과 관련되는 요소도 지니므로 아리스토텔레스는 순서를 나타내는 서수뿐만이 아니라 분량을 나타내는 기수도 당연히 생각하고 있다. 우리는 자주 A가 B보다 먼저 왔다고 말할 뿐만 아니라 **얼마만큼** 먼저 왔다고도 말한다. 하지만 그는 '수'를 언급하면서 자신은 측정의 단위가 아니라 측정된 바를 의미한다고 설명하는데(*Ph*. 4. 11. 219a9) 이것이 무엇을 말하는지는 그리 분명하지 않다. 시간에 대한 정의에 시간은 이전과 이후라는 측면에서뿐만 아니라 빠름과 늦음이라는 측면에서의 수량화도 포함한다는 점을 덧붙였다면 그의 주장이 훨씬 분명해졌을 듯하다. 시간의 보편성에 대한 증명으로 그는 모든 변화는 어떤 것이든 속도의 관점에서 측정될 수 있다는 사실을 지적한다(*Ph*. 4. 13. 222b30).

그렇다면 시간에 대한 아리스토텔레스의 정의에서 등장하는 시간(이름과 늦음 사이의 연속)과 시제로 표현된 시간(과거-현재-미래) 사이의 관계는 무엇인가? 아리스토텔레스는 '지금'(*to nun*)이라는 개념을 통하여 이들을 연결한다.

> 우리는 지금으로부터의 거리와 관련해서 '이름'과 '늦음'을 말한다.

> 그리고 지금은 과거와 미래 사이의 경계이기도 하다. … 그런데 '이름'은 과거 또는 미래와 관련해서 서로 반대되는 방식으로 사용된다. 과거와 관련해서 우리는 지금에서 더욱 멀리 떨어진 시점을 이르다고, 지금에서 더욱 가까운 시점을 늦다고 말한다. 반면에 미래와 관련해서는 지금에서 더욱 가까운 시점을 이르다고, 지금에서 더욱 멀리 떨어진 시점을 늦다고 말한다. (*Ph*. 4. 14. 223ª5～14)

아리스토텔레스는 자주 '지금'을 언급한다. 그는 이 단어를 서로 다른 두 가지 의도로 사용하는 듯한데 그중 하나는 가장 일반적인 용법으로 현재라는 시점을 지시하며, 다른 하나는 다소 전문적인 용법으로 '순간' 또는 '찰나'를 의미하는 듯하다. 바로 이 두 번째 용법을 사용하여 우리는 방금 전 순간들과 바로 다음 순간들(earlier and later nows, *Ph*. 4. 10. 218ᵇ24; 11. 220ª21)이라고 표현하기도 한다. 그런데 위의 인용문에서 아리스토텔레스는 이 두 용법을 결합하여 지금을 '현재 이 순간'을 의미하는 것으로 사용하는 듯하다. 하지만 이는 유감스러운 일이다. 왜냐하면 '현재 이 순간'은 성립될 수 없는 개념이기 때문이다. '현재의'(present)라는 말은 올해(the present year)나 금세기(the present century)처럼 오직 일정한 기간에만 적용될 수 있는 형용사이다. 반면 순간은 일정한 기간의 경계이다. 즉 미래의 일정한 기간은 미래의 순간들로, 과거의 기간은 과거의 순간들로 경계 지어진다. 하지만 현재라는 기간은 현재의 순간들에 의해서가 아니라 오직 두 순간에 의해서 경계 지어지는데 그중 하나는 과거이며 다른 하나는 미래이다. 따라서 순간적인 현재란 존재하지 않는다.[4]

현재가 한 순간이라는 주장은 아리스토텔레스가 상당한 중요성을 부여하

[4] G. E. L. Owen은 ('Aristotle on Time', in J. Barnes, M. Schofield, and R. Sorabji (eds.), *Articles on Aristotle*, iii: *Metaphysics* (London: Duckworth, 1975), 151에서) 이런 혼동이 플라톤의 《파르메니데스》, 152a～e에서 유래하였으며, 크리시포스에 이르러서야 제거되었다고 주장한다.

는 또 다른 주장, 즉 어떤 한 순간에는 운동이 존재할 수 없다는 주장과 마찰을 일으킨다. 만일 지금이 한 순간이라면 그리고 순간에는 운동이 존재하지 않는다면 아무것도 지금 운동 중일 수 없다. 또한 이 논증은 언제든 계속 반복될 수 있다. 그렇다면 운동은 영원히 실제로 존재할 수 없는 듯이 보인다. 하지만 어떤 한 순간에는 운동이 존재할 수 없다는 두 번째 주장은 과연 그 자체로 성립되는가?

우리는 어떤 대상도 어떤 한 순간에는 운동할 수 없다는 점에는 기꺼이 동의한다. 어떤 지점 A에서 A에로의 운동이 존재할 수 없듯이 어떤 시간 t와 t 사이에도 운동이 존재할 수 없다. 하지만 이로부터 어떤 대상도 한 점에서 운동 중일 수 없다는 사실이 도출되지 않듯이 어떤 대상도 한 순간에는 **운동 중일 수 없다는** 사실은 도출되지 않는다. 그렇다 할지라도 아리스토텔레스가 단지 그리스어의 현재 시제에서 받아들일 수 있는 바를 다른 시제에 적용한 일종의 오류 추리를 범한 것은 아니다. 앞에서 살펴보았듯이 그는 이런 종류의 의미론적 혼동을 피하면서 자신의 논증을 전개해 나갈 충분한 능력을 지녔다. 그는 우리가 이미 접했던 전제, 즉 운동 중인 모든 것은 이전에도 이미 운동 중이었다는 전제에 기초하여 더욱 강력한 결론을 이끌어 내기 위한 논증을 제시한다. 하지만 이 논증으로부터 도출되는 올바른 결론은 어떤 것도 한 순간에는 운동 중일 수 없다는 점이 아니라 어떤 것도 오직 독립적인 한 순간 동안에는 운동 중일 수 없다는 점이다.

아리스토텔레스의 주장 배후에 놓여 있는 사실은 t가 오직 X가 운동 중인 일정한 기간 t′와 t″ 안에 있는 순간일 경우에만 X가 시간 t에서 운동 중이라고 말할 수 있다는 점이다. 이는 어떤 점 p가 X가 운동하는 일정한 경로 p′와 p″ 사이에 놓인 점일 경우에만 X가 점 p에서 운동 중이라고 말할 수 있는 것과 마찬가지이다. 그렇다면 어떤 점에서의 속도라는 개념은 X가 p′에서 p″까지 가는 데 걸린 시간, 즉 t′에서 t″까지의 시간으로부터 도출된다(이 과정은 운동이 일정한가 그렇지 않은가에 따라 단순할 수도 복잡할 수도 있다).

인과관계와 변화에 관한 아리스토텔레스의 견해

《형이상학》 5권 및 《자연학》 2권 3장(194^b16~195^b30)에서 철학적 용어들을 정의하면서 아리스토텔레스는 네 종류의 원인 또는 설명 방식을 구별한다. 그는 다음과 같이 말한다. 우선 청동으로 동상이 만들어지고 글자로 음절이 만들어지듯이 그것에서 또는 그것을 재료로 삼아 사물이 만들어지는 무언가가 존재한다. 이는 질료인으로 불린다. 두 번째로 어떤 사물의 형태 또는 유형이 존재하는데 이는 그 사물에 대한 정의에서 표현되기도 한다. 이와 관련해서 아리스토텔레스는 칠현금에서 두 줄의 길이 비율이 하나의 음표가 한 옥타브나 차이가 나는 소리를 내는 원인이 된다는 예를 든다. [이는 형상인으로 불린다.][5] 세 번째 유형의 원인은 무언가에서 변화 또는 정지 상태의 원인으로 작용한다. 아리스토텔레스의 추종자들은 이를 자주 '동력인'이라고 부른다. 이에 대한 예로 아리스토텔레스는 어떤 결정에 도달하는 사람, 아이를 돌보는 아버지, 조각상을 새기는 조각가, 환자를 치료하는 의사 등 더욱 일반적으로 말하면 무언가를 만들거나 변화시키는 모든 사람을 든다. 마지막으로 네 번째 유형의 원인은 목적 또는 목표, 즉 그것을 위하여 무언가가 행해지는 바이다. 이는 누군가가 우리에게 왜 산책을 하느냐고 물었을 때 '건강을 유지하기 위하여'라고 답하는 경우에서 드러나는 설명의 유형이기도 하다. 이 마지막 종류의 원인은 '목적인'으로 알려졌다.

현대철학에서 인과관계는 일반적으로 두 사건, 즉 한편으로는 원인과 다른 한편으로는 결과라는 두 사건 사이의 관계로 여겨진다. 하지만 아리스토

[5] [옮긴이 주] 다른 원인들의 명칭은 분명히 제시된 반면 형상인은 빠져 있어 옮긴이가 첨가하였다.

텔레스는 분명히 이와는 다른 방식으로 인과관계를 체계화한다. 그는 자주 어떤 사건의 원인이 되는 사건을 언급한다(아테네인들이 사르디스(Sardis)에 원정대를 보낸 사건이 페르시아와의 전쟁을 일으켰다; *APo*. 2. 11. 94ª36). 하지만 원인들의 표준적인 목록을 제시하면서 그는 이런 역사적인 사건들을 전혀 포함시키지 않는다. 그의 목록에 등장하는 원인은 예를 들면 한 덩어리의 청동처럼 대부분 기본적인 실재나 인간 등이며 또한 칠현금의 줄들 사이의 비율, 조각가의 기술과(이는 조각상의 더욱 직접적인 원인이 된다; *Ph*. 2. 3. 195ª6) 같은 지속적인 상태도 원인으로 제시된다. 세 번째 원인, 즉 동력인의 결과는 앞서 언급한 대로 실체(어린아이), 인공물(조각상), 사건(환자를 치료함) 등을 포함한다. 하지만 동력인의 경우 결과로 등장하는 바가 항상 어떤 사건이라고 말하더라도, 즉 무언가에서 일어난 변화든(환자의 회복) 아니면 무언가가 존재하게 된 일이든(아이의 출산, 조각상의 제작) 간에, 이것이 아리스토텔레스가 제시한 결과의 개념에 어긋나지는 않는다.

현대의 원인 개념과 아리스토텔레스의 원인 개념 사이의 차이는 무척 크기 때문에 어떤 학자들은 아리스토텔레스의 용어 아이티아(*aitia*)를 원인(cause)으로 번역하는 전통적인 관행을 거부하기도 한다. 이들은 원인 대신 '설명'(explanation)이라는 용어를 선호하며, 네 가지 원인 대신 네 가지 까닭들(becauses)이라고 말하기도 한다. 아리스토텔레스 자신은 이들이 '왜?'라는 질문에 대한 네 가지 유형의 대답이라고 말한다.

> '왜'에 대한 궁극적인 대답은, 수학에서처럼 불변하는 것들의 경우에는, '무엇'에 대한(직선 또는 약분 가능함 등의 정의에 대한) 대답을 우리에게 요구한다. 또는 변화의 근원(왜 그들은 전쟁을 하게 되었는가? 습격을 받았기 때문이다)이나 목표(권력을 잡으려는 목표) 아니면, 새로 생겨난 것들의 경우에는, 재료에 대한 대답을 요구하기도 한다. (*Ph*. 2. 7. 198ª14~21)

여기서도 네 요소가 지적되지만 그 순서는 형상, 동력, 목적, 질료로 나타난다.

자신이 생각한 네 원인을 나열하면서 아리스토텔레스는 수학을 형상인의 예로 든다. 하지만 그가 인과관계에서 가장 큰 관심을 갖는 형상은 생명체의 형상 또는 본성이다. 동식물의 생활 주기와 특징적인 활동에 대한 내적인 설명을 제공하는 바가 바로 형상이기 때문이다. 동식물의 경우에는 형상인이 목적인과 일치한다. 자신의 본성적 형상을 완전히 실현하는 일은 유기체의 활동이 목적으로 삼고 추구하는 바이기도 하다. 하지만 아리스토텔레스는 또한 생명이 없는 실체들 사이의 상호 변화를 설명하는 데도 관심을 보이는데 이런 예로는 물이 수증기로 변화하는 경우를 들 수 있다. 이 경우 그는 형상인과 질료인을 설명의 원리로 사용한다.

아리스토텔레스는 변화가 서로 다른 다양한 범주에서 일어날 수 있다고 생각한다. 예를 들면 성장은 분량의 범주에서 일어나는 변화이며, 성질의(예를 들면 색의) 변화는 변질이라고 불린다(*GC* 1. 5. 320ᵃ13). 앞서 살펴보았듯이 공간상의 운동은 장소의 범주에서 일어나는 변화이다. 하지만 실체의 범주에서 일어나는 변화에서는 분량과 성질이 변화한다 할지라도 실체의 형상과 더불어 실체 자체는 계속 동일하게 유지된다. 그러나 어떤 종류의 실체가 다른 종류의 실체로 변화한다면 이 과정에서도 무언가가 그대로 유지되는가? 아리스토텔레스는 질료가 유지된다고 답한다.

> 변화의 주체가 지각 가능하게 계속 유지되면서 단지 그 속성들만이 변화하는 경우 이를 변질이라 할 수 있다. … 예를 들면 어떤 육체는 계속 동일한 육체임을 유지하면서 한때는 건강하고 다른 때는 아프기도 한다. 어떤 청동 덩어리는 한때는 둥근 모양이다가 다른 때는 각진 모양이 되기도 한다. 그러나 변화하는 주체의 동일성에서 우리가 지각할 수 있는 아무것도 유지되지 않고 완전히 변화한다면

> (예를 들어 정액이 혈액이 되거나 물이 수증기로 변화하고 수증기가 다시 완전히 물로 변화한다면) 이런 현상은 하나의 실체가 새로 존재하게 되는 반면 다른 실체는 존재하기를 멈추는 경우이다. … 이 경우에는 바로 '질료'가, 우리가 이 용어에 부여할 수 있는 가장 적절한 의미에서, 생성과 소멸을 겪는 주체와 동일시되어야 한다. (*GC* 1. 4. 319b8~320a2)

그렇다면 실체가 변화할 때 그 근거에 놓이는 이 질료의 본성은 무엇인가? 아리스토텔레스는 거듭하여 생명체에서(예를 들면 그가 위에서 다소 낡은 방식으로 묘사한 태아의 형성에서) 질료와 형상의 관계를 인공물에 비유하여 설명한다. '청동과 조각상, 나무와 침대, 형상을 얻기 이전 형상이 없는 것들과 형상을 얻은 대상의 관계가 바로 근거에 놓여 있는 본성과 실체의 관계와 같다'(*Ph*. 1. 7. 191a9~12). 이 비유는 그리 쉽게 파악되지 않는다. 나무가 침대로 만들어지기 이전이나 이후나 계속 나무임을 유지하는 것과 같은 방식으로 실체가 변화하는 과정에서 그대로 유지되는, 근거에 놓여 있는 본성은 과연 무엇인가? 나무나 청동을 새로운 형태로 만드는 일은 명백히 실체의 변화가 아니라 우연적인 변화의 예일 뿐이다.

아리스토텔레스가 다음과 같이 말한다 할지라도 이 문제가 조금도 분명하게 해결되지 않는다.

> 질료라는 용어를 통하여 나는 그 자체로 어떤 종류의 것도, 어떤 크기의 것도 아니며 존재에 적용되는 어떤 범주로도 묘사될 수 없는 무언가를 의미한다. 이것은 이런 범주들을 모두 술어로 삼을 수 있으므로 이것의 본질은 모든 술어들과 서로 다르다. 다른 모든 범주는 실체의 술어가 되지만 실체는 질료의 술어가 된다. 따라서 궁극적인 주체는 그 자체로는 어떤 종류의 것도, 어떤 크기의 것도 또한

다른 어떤 것도 아니다. (*Metaph*. *Z* 3. 1029[a]21~5)

어떤 종류도, 어떤 크기나 어떤 형태도 아니며 그것에 관해서 아무 언급도 할 수 없는 실재란 지극히 신비스러울 뿐이다. 그러나 이는 아리스토텔레스가 우리에게 받아들이라고 요청하는 바가 아니다. 그의 궁극적인 질료는(그는 때로 이를 제일질료라고 부르는데) **본질적으로 그 자체로는** 어떤 종류에도 속하지 않는다. 그것은 본질적으로 그 자체로는 어떤 특정한 크기도 지니지 않는다. 왜냐하면 늘어나거나 줄어들 수 있기 때문이다. 또한 그것은 예를 들면 본질적으로 그 자체로는 물도 아니며, 본질적으로 그 자체로는 수증기도 아니다. 왜냐하면 그것은 언제든지 이들 중 무엇으로도 변화하기 때문이다. 하지만 이런 사실이 질료가 항상 어떤 크기도 지니지 않거나 항상 물도 수증기도 또는 다른 어떤 것도 아님을 의미하지는 않는다.

그렇다면 어떻게 질료 덩어리를 확인할 수 있는가? 글쎄, 일상적인 삶에서 우리는 하나의 동일한 질료 덩어리가 처음에는 어떤 종류였다가 나중에는 다른 종류가 된다는 생각을 익숙하게 받아들인다. 일 파인트의 우유 지방이 든 병을 계속 흔들면 우유 지방이 아니라 버터를 발견하게 된다. 하지만 병 안에 새로 생긴 버터의 질료는 처음 병에 넣었던 우유 지방의 질료와 동일하다. 우리는 처음의 질료에 아무것도 더하지 않았으며 또한 아무것도 빼지 않았다. 하지만 새로 생성된 바는 처음의 질료와는 분명히 다른 종류에 속한다. 바로 이런 경우로부터 아리스토텔레스가 생각한 질료의 개념을 이끌어 낼 수 있을 듯하다.

인과성에 대한 스토아학파의 견해

원인에 대한 스토아학파의 설명은 아리스토텔레스의 설명보다 단순한 동시에 복잡하기도 하다. 스토아학파의 설명은 질료인, 형상인, 목적인을 적절한 목적이 아니라고 여기는 점에서 아리스토텔레스의 설명보다 단순하다. 스토아학파는 아리스토텔레스의 추종자들을 '목적의 무리들'이라고 비웃기도 한다(Seneca, Ep. 65. 4). 하지만 그들이 동력인을 다룬 방식은 인과관계를 서술하기 위한 표준적인 형식을 채택한 후 서로 다른 종류의 원인들을 더욱 세분하였다는 점에서 아리스토텔레스보다 더욱 복잡하다. 가장 중요한 점은 이들이 아리스토텔레스와는 달리 보편적인 인과관계의 법칙을 제시하였다는 사실인데 이는 상세히 검토하고 옹호할 필요가 있다.

스토아학파가 인과관계를 분석하는 표준으로 삼은 형식은 다음과 같다. A가 B를 F가 되도록 만든다. 여기서 원인 A는 물체여야만 하며, B 또한 마찬가지이다. 하지만 B가 F로 되는 결과는 물체가 아니라 추상적인 실재인 렉톤(*lekton*)[6]이다. 섹스토스는 이를 다음과 같이 설명한다.

> 스토아학파는 모든 원인은 물체인데 이것이 다른 물체에 비물질적인 어떤 변형을 일으키는 원인이 된다고 말한다. 예를 들면 물체인 해부용 칼이 다른 물체인 살이 **잘려진 상태**라는 비물질적인 속성을 지니게 만드는 원인이 된다. 또한 물체인 불이 다른 물체인 나무가 **불타는 상태**라는 비물질적인 속성을 지니게 만드는 원인이 된다. (*M*. 9. 211)

여기서 A와 B는 모두 물질적인 실재인데 스토아학파는 특히 B, 인과관계에서 수동적인 요소가 되는 B를 '질료'라는 용어로 지칭한다(Seneca, Ep. 65. 2 LS 55E). 따라서 스토아학파의 인과관계에는 원인, 질료, 결과라는 세 요소가 등장한다.

6 〔옮긴이 주〕 이 개념에 관해서는 앞의 3장 중 '스토아학파의 논리학' 참조.

또한 스토아학파는 공동원인(*sunaitia*)과 보조원인(*sunerga*)이라는 개념을 도입하였다. 두 마리 황소가 쟁기를 끄는데 순전히 어느 한 마리가 끌지 않고 두 마리가 함께 끈다면 두 황소는 공동원인이다. 그리고 상대방 혼자서도 들 수 있는 짐을 드는데 내가 돕는다면 나는 보조원인이 된다(LS 55I). 공동원인과 보조원인을 인식하는 일은 중요한데 그 까닭은 어떤 상태나 사건의 원인을 **어느 하나로** 지정하여 말하면 자주 오류에 빠질 수 있기 때문이다. 원인은 연쇄가 아니라 일종의 관계망이다.

스토아학파의 관점에서 보면 오직 변화는 현존의 시작만이 원인을 필요로 하지는 않는다. 무언가를 계속 현존하도록 만드는 지속적인 원인(*aitiai synektikai*) 또한 존재한다. 예를 들면 모든 종류의 물체는 프네우마(*pneuma*), 즉 문자 그대로 직역하면 '숨'을 의미하는 능동적이고 미묘한 흐름에 의해서 결합되는데 이 프네우마는 우주 전체가 계속 유지되도록 하는 근거이기도 하다. 생명체는 영혼에 의해서 계속 살아 있는 상태로 유지되므로 영혼이 생명체의 지속적인 원인이다. 이 원인이 작용을 멈추면 결과 또한 더 이상 존재하지 않게 된다는 점이 이 원인의 특징이다.

사실 제논은 이런 특성이 모든 원인의 특징이라고 말하였다(LS 55A). 하지만 다른 스토아철학자들은 또 다른 원인의 범주, 즉 선행하는(*prokatarktikai*) 원인의 범주를 허용한 듯 보이는데 이는 원인이 제거된 후에도 결과가 계속 유지되는 경우를 가리킨다(LS 55I). 예를 들면 집은 건축가가 작업을 멈춘 후에도 분명히 꽤 오랫동안 계속 현존한다. 제논이 생각하였던 바는 지속적인 원인이 현존이나 생명과는 다른 무언가를 계속 지속하도록 만든다는 점인 듯하다. 예를 들면 어떤 사람을 신중하게 만드는 바는 바로 신중함인데 그는 오직 신중함이 지속되는 한에서만 신중하다. 여기서 스토아학파의 유물론자들은 신중함을 한 개인을 구성하는 물리적인 요소로 간주한다는 점 또한 기억할 필요가 있다(LS 55A).

선행하는 원인의 존재와 모든 원인이 지속적인 원인이라는 제논의 주장을 조화시키는 방법은 다음과 같은 것이었던 듯하다. 선행하는 원인은 대상으로 하여금 어떤 내적인 특징을 지니도록 만드는데 이 특징은 동시에 그 자체로 어떤 결과를 설명해 주는 지속적인 원인으로 작용한다. 이런 도식이 다음과 같은 의학적 실례를 설명하는 데 사용되는 이론임은 명백하다. 한 환자가 감기에 걸린 경우 찬 공기가 선행하는 원인으로 작용한다. 그리고 환자의 열은 내적인, 지속적인 상태인데 이것이 그의 어떤 증상에 대한 지속적인 원인이 된다.[7]

크리시포스가 제시한, 정원의 땅 고르는 롤러나 어린아이의 팽이에 관한 예는 널리 알려져 있다. 팽이는 어린아이가 치지 않으면 돌지 않는다. 하지만 일단 팽이를 쳐서 돌리기 시작하면 팽이는 '자신의 힘과 본성에 따라 계속 돌아간다'(Cicero, *Fat*. 43). 이 경우 팽이채로 팽이를 치는 일은 선행하는 원인이지만 팽이의 내적인 힘이 주된 원인으로 작용한다. 마찬가지로 롤러도 사람이 일단 밀기만 하면 그 후에는 저절로 계속 굴러간다. 이런 예들은 인과성에 관한 스토아학파의 이론을 인간에게 책임을 물을 수 있는 가능성과 조화시키기 위한 시도로 등장하였다.

인과관계와 결정론

스토아학파는 보편적인 인과관계, 말하자면 모든 것에는 원인이 있다는 주장뿐만이 아니라 보편적인 인과적 결정론, 즉 모든 것에는 원인이 있으며 모든 것은 이 원인에 따라 결정된다는 주장도 받아들였다. 아프로디시아스 출신의 알렉산드로스(Alexander of Aphrodisias)는 다음과 같이 언급하였다.

[7] Hankinson, *CHHP* 487~91의 원전 참조.

> 세계 안의 어떤 것도 원인이 없이 존재하거나 생겨나지 않는다. 왜냐하면 세계 안에 포함된 어떤 것도 이전에 등장하였던 모든 것들과 무관하거나 이들로부터 분리될 수 없기 때문이다. 만일 원인이 없는 어떤 운동이라도 도입된다면 세계는 완전히 부서져 산산이 흩어지고 말며, 더 이상 유일한 질서와 법칙의 지배 아래 유지되지 않을 것이다. 존재하고 생겨나는 모든 것이 필연적으로 따라야만 하는, 자신들에 앞서는 원인들을 지니지 않는다면 바로 이런 일이 일어나고 만다. (Alexander of Aphrodisias, *Fat*. 191. 30 LS 55N)

이는 스토아학파의 극단적인 관점을 드러낸다. 이들은 모든 것이 현존하기 시작하려면 원인이 있어야 할 뿐만 아니라 일어나는 모든 일에는 원인이 있다고 주장한다. 더 나아가 이들은 모든 원인이 필연적이라고까지 주장한다. 즉 원인이 주어지면 결과는 일어나지 않을 수 없다. 그렇다면 이들은 보편적 인과성뿐만 아니라 보편적 결정론을 주장하는 셈이다. 이후의 철학에 엄청난 영향을 미친 보편적 결정론은 스토아학파의 발명품이다. 고대의 원자론이 이 이론을 잠재적으로 포함하였음은 의심의 여지가 없지만(Cicero, *Fat*. 23) 데모크리토스는 이를 스토아학파처럼 명확하게 드러내지 않았다. 아리스토텔레스도 인과성에 대한 스토아학파의 주장을 받아들이지 않았으며, 에피쿠로스학파 또한 보편적 인과관계는 받아들인 반면 보편적 필연성은 받아들이지 않았다.

이런 단일하고, 계속 이어지며, 피할 수 없는 필연적 원인들의 연속을 스토아학파와 그들을 비판하는 사람들 모두 운명이라고 불렀다(LS 55F). 운명에 관한 이론은 곧바로 다양한 학파로부터 철학적 비판의 대상이 되었는데 키케로의 《운명에 관하여》에는 이런 운명 개념을 비판하는 사람들이 제시한 논증과 이들에 대한 스토아학파의 대응이 생생하게 묘사된다. 이런 논증들 중 유명한 것으로 게으름의 논증(*argos logos*)을 들 수 있는데 이 논증의 목적은 만일 결정론이 참이라면 무엇이든 간에 어떤 일도 할 이유가 없다는 점을 보이려는 것이다.

이 논증은 누군가가 스토아철학을 신봉하는 환자의 침대 옆에서 그에게 말을 건네는 일로 시작된다. '만일 당신이 이 병에서 회복되도록 운명 지어져 있다면 의사를 부르든 부르지 않든 간에 당신은 회복될 것이다. 마찬가지로 당신이 이 병에서 회복되지 못하도록 운명 지어져 있다면 의사를 부르든 부르지 않든 간에 당신은 회복되지 못할 것이다. 회복되든 되지 않든 간에 그것이 당신의 운명이다. 따라서 의사를 부를 아무런 이유가 없다'(*Fat*. 29 LS 55s0). 이와 같은 종류의 논증이 우리가 살아가면서 행하는 평범한 일들에 충분히 적용될 수 있음은 명백하다. 또 다른 문헌에는 권투선수에게 두 손을 들어 자신을 방어할 이유가 없다고 설득하는 내용이 등장하기도 한다.

이에 답하면서 크리시포스는 단순한 사실과 복합적인 사실을 구별한다. '소크라테스는 언젠가는 죽을 것이다'라는 말은 실제로 소크라테스가 무엇을 행하든 간에 참이다. 하지만 '라이오스(Laius)는 오이디푸스를 낳을 것이다'라는 말은 라이오스가 아내와 성행위를 나누지 않는다면 참이 될 수 없다. 위의 예에서 만일 환자의 회복이 의사를 부르는 일과 연결된 복합적인 사실이라면 의사를 부르는 일과 결국 회복되는 일은 모두 결코 운명 지어진 것이 아니다.

만일 세계사가 서로 연결된 사건들로 형성된 하나의 연속적인 장이라면 과연 크리시포스가 단순한 사실과 복합적인 사실을 어디까지 구별할 수 있는지는 그리 명확하지 않다. 어쩌면 소크라테스의 죽음도 그의 다양한 행위들과, 예를 들면 그가 재판정에서 보인 행동들과 (크리시포스 자신의 용어를 빌리면) 함께 운명 지어진(co-fated) 것인지도 모른다. 사실 모든 것은 다른 모든 것과 함께 운명 지어져 있다.

그렇지만 크리시포스는 게으름의 논증을 거부할 자격은 지닌다. 다음의 명제를 검토해 보자.

(1) 만일 의사를 부른다면 나는 회복될 것이다.

(2) 만일 의사를 부르지 않는다면 나는 회복될 것이다.

만일 내가 회복될 운명이라면 위의 두 명제 각각의 결론은 참이다. 그리고 이들 각각을 필론과 같은 방식으로 진리함수로 해석한다면 내가 회복될 운명이라는 점을 전제할 경우 이들은 모두 참이 된다. 이런 의미에서 의사를 부르든 부르지 않든 간에 내가 회복될 것이라는 점은 참이다. 하지만 이런 명제들은 일반적으로 행위를 인도하는 데 사용되므로 단지 진리함수만으로 이해되어서는 안 되며 이에 대응하는 반사실적 조건문을 지지하는 것으로도 이해되어야 한다.

(3) 만일 의사를 불렀더라면 나는 회복되었을 것이다.

(4) 만일 의사를 부르지 않았더라면 나는 회복되었을 것이다.

그런데 스토아학파는 (4)를 받아들일 이유를 제시하지 못한다.[8]

결정론과 자유

결정론이 참일 경우 발생하는 더욱 심각한 문제는 인간 행위의 책임이 증발되며 우리가 누군가를 칭찬하거나 비난할 근거가 사라진다는 점이다. 에피쿠로스학파와 아카데메이아의 철학자들 모두 이런 주장을 폈다. 에피쿠로스는 필연성은 어느 누구에게도 책임을 물을 수 없도록 만드는데 우리 자신에

[8] 게으름의 논증은 그 후 계속해서 다양한 맥락에서 등장하는데 대표적인 예로는 밀턴(John Milton)이 《기독교 교리에 관하여》(*de Doctrina Christiana*)에서 칼뱅주의의 예정설에 반대하는 논증으로 사용한 경우를 들 수 있다.

게 의존하는 바, 즉 비난이나 칭찬을 받을 수 있는 바는 운명의 전제적인 지배로부터 자유로워야만 한다고 말하였다(LS 20A). 이런 자유를 자신들의 원자론적 체계와 조화시키기 위하여 에피쿠로스학파는 예측 불가능하게 이탈하는 원자들이 있음을 가정하였다. 루크레티우스는 다음과 같이 썼다.

> 우리의 정신이 강제적인 힘에 억눌리지 않게 하려고
> 이미 정해진 길을 어쩔 수 없이 따라 걷지 않게 하려고
> 운동하는 원자가 주어진 공간을 벗어나
> 정해지지 않은 시간, 정해지지 않은 장소에서 이탈을 한다. (2. 290)

하지만 고대에나 현대에나 제멋대로 이루어지는 원자의 이탈이 어떻게 인간 자유의 충분조건이 되는지는 전혀 명백하게 제시되지 않았다. 스토아학파뿐만 아니라 아카데메이아의 철학자들도 원자의 이탈이 인간 자유의 충분조건뿐만 아니라 필요조건도 될 수 없다고 생각하였다.

키케로는 다음과 같이 말한다.

> 카르네아데스는 에피쿠로스학파가 이런 허구적인 이탈을 도입하지 않고도 자신들의 견해를 옹호할 수 있음을 보였다. 이들은 정신의 자발적인 운동이 일부 가능하다고 가르쳤으며 이런 주장을 옹호하는 편이 특히 아무 원인도 제시할 수 없는 원자의 이탈을 도입하는 편보다 훨씬 낫다고 생각하였다. 이런 주장을 옹호함으로써 에피쿠로스학파는 크리시포스에게 대답할 수 있게 되었다. 즉 그들은 일어나는 모든 일은 그보다 앞선 원인의 결과라는 점을 인정하지 않고도 원인이 없는 운동은 존재하지 않는다는 사실에 동의할 수 있었다. 왜냐하면 우리 의지의 작용에는 그보다 앞선 어떤 외부적인 원인도 존재하지 않기 때문이다. (*Fat*. 33)

자발적인 운동은 그 자체의 고유한 본성에 따라 우리의 능력 안에 위치하며 우리 자신에 따라 이루어진다. 그리고 자발적인 운동의 원인은 바로 이 고유한 본성이다.

여기서 카르네아데스는 에피쿠로스학파가 크리시포스에게 제시할 수 있는 대답을 언급한다. 하지만 크리시포스는 카르네아데스와 매우 유사한 방식으로 자신의 견해를 언급하였다. 앞서 지적하였듯이 크리시포스는 인과관계를 설명하기 위하여 팽이나 정원용 롤러의 예를 즐겨 사용하며 또한 이를 우리가 책임져야 하는 행위를 위한 공간을 확보하는 데도 사용한다. 우리가 어떤 명제나 제안에 동의하는 일은 오직 어린아이가 팽이를 칠 경우에만 팽이가 돌기 시작하는 것과 마찬가지로 외부적인 자극에 의해서 촉발된다. 하지만 실제로 동의하는 행위 자체는 우리의 능력 안에 포함되며 이를 통해서 운명의 개념에 위배되지 않으면서도 책임을 유지할 수 있다. '만일 무언가가 그보다 앞선 원인이 없이도 발생할 수 있다면 모든 일이 운명에 따라 일어난다는 주장은 거짓이 된다. 하지만 일어나는 모든 일들에 대하여 그보다 앞선 원인이 존재한다는 생각이 가능하다면 도대체 어떤 근거에서 모든 일이 운명에 따라 일어난다는 점을 부정할 수 있는가?' (Cicero, *Fat*. 43)

카르네아데스와 크리시포스 사이의 차이는 다음과 같은 듯하다. 카르네아데스는 자발적인 행위가 그보다 앞선 외부적 원인을 지닌다는 점을 부정한다. 크리시포스는 자발적인 행위가 이런 원인을 지닌다는 점에는 동의하지만 이 원인이 자발적인 행위를 직접 강요한다는 점은 부정하는 듯이 보인다. 이런 주장이 스토아학파가 다른 대목에서 주장하는 보편적 결정론과 어떻게 조화를 이룰 수 있는가? 이 질문에 답하기 위해서 팽이의 비유를 더욱 상세히 검토해 보자. 어린아이가 팽이를 침으로써 현재 팽이는 운동 중이다. 하지만 팽이는 자신의 본성 때문에 나름대로의 방식으로(예를 들면 정원용 롤러가 운동하는 방식과는 다른 방식으로) 운동한다. 이와 마찬가지로 우리의 정신이 자극이 주어질 경우에만 무언가에 동의한다 할지라도 동의하는 행위 자체는 우리 자신의 본성 때문에 이루어진다. 만일 외부적 자극과 우리 자신의 본성이라는 공동원인이 낳을 수 있는 유일한 결과가 동의뿐이라면 동의는 운명의 포괄적인 규칙 안에 포섭된다. 하지만 동의는 이보다 앞선 외부적 원인에 의해서 강요되지는 않으며 바로 이런 의미에서 크리시포스는 동의가 필연적이라는 점을 부정할 수 있다.

이후 등장한 많은 철학자들은 만일 어떤 행위자가 행위 X에 대한 책임이 있으려면 행위의 순간에 그가 X를 행하거나 행하지 않는 일이 모두 가능해야만 한다고 주장하였다. 이런 자유 또는 선택의 가능성은 후에 이른바 '무관심성의 자유'라는 전문용어로 불리게 되었다. 크리시포스는 이런 무관심성의 자유가 운명과 양립할 수 있다고 주장하지는 않는다. 그는 오히려 이후 철학자들이 '자발성의 자유'라고 부른 바에 관심을 보인다. 어떤 행위자가 X를 행하기를 원하기 때문에 X를 행한다면 그는 자발성의 자유를 누린다. 크리시포스가 생각한 인간은 분명히 이런 자발성의 자유를 누린다. 왜냐하면 인간은 X에 동의하기 때문에 X를 행하며, 또한 자신의 본성과 특성 때문에 X에 동의하기 때문이다. 그가 옹호하는 책임은 외부의 원인과 자극에 의해서 강요당하지 않고 행위 하는 행위자의 자율이다.

크리시포스 이후 현대에 이르기까지 철학자들은 결정론과 자유를 얼마나 또 어떻게 조화시킬 수 있는지에 대하여 논쟁을 계속해 왔다. 이 문제와 관련해서 고대에 등장한 가장 흥미로운 주장 중의 하나는 아우구스티누스의 견해인데 이는 그가 기독교로 개종한 바로 그 해에 쓴, 자유의지에 관한 저술에 등장한다. 하지만 그는 윤리적이며 신학적인 맥락에서 논의를 전개하므로 이에 관해서는 아래의 7장에서 검토하려 한다.

6장

존재하는 바: 형이상학

형이상학의 중심 주제는 존재론, 즉 존재에 관한 탐구이다. '존재론'(ontology)이라는 단어는 그리스어 '온'(on, 복수형은 'onta')에서 파생되었는데 이는 '존재하다'를 의미하는 그리스어 동사 '에이나이'(*einai*)의 현재분사이다. 영어와 마찬가지로 그리스어에서도 정관사를 분사 앞에 붙여 어떤 집합에 속하는 사람이나 사물 전체를 나타낼 수 있다. 예를 들어 우리가 살아 있는 사람들(the living)이나 죽은 사람들(the dying)이라고 말할 때 이는 현재 살아 있는 모든 사람들 또는 이미 죽은 모든 사람들을 의미한다. 존재론의 창시자는 파르메니데스였으며 그는 현재분사 '온'(on) 앞에 정관사 '토'(to)를 붙여 존재론의 주제를 규정하였다. '토 온'(to on)은 문자 그대로 직역하면 '존재하는 바'이지만 위에서 말한 '살아 있는 사람들'의 예에 따른다면 '존재하는 모든 것'을 의미한다. 이 표현은 관행적으로 항상 첫 글자를 대문자로 써서 '존재'(Being)로 번역되어 왔다. 첫 글자를 대문자로 쓰지 않은 '존재'(being)라는 단어는 철학에서 두 가지 의미로 사용되는데 그중 하나는 그리스어 분사에 대응되며 다른 하나는 그리스어 부정사에 대응된다. 분사로 사용할 경우 존재는 존재하는 개체, 즉 존재자를 의미하는 반면 (동명사로 사용할 경우) 존재는 말하자면 모든 개별적인 존재자들이 취하는 형태를 의미한다. 개별적인 존재자들의 총체가 존재를 형성한다고 말할 수 있다.

이런 다소 장황한 문법상의 구별이 필요한 까닭은 이를 소홀히 할 경우 혼란을 일으킬 수 있으며 실제로 가장 위대한 철학자조차도 혼란에 빠진 경우가 있기 때문이다. 파르메니데스를 이해하기 위해서는 또 하나의 중요한 구별이, 즉 존재와 현존 사이의 구별이 필요하다.

그리스어와 마찬가지로 영어에서도 '있다'(to be)는 말은 분명히 '현존함'(to exist)을 의미한다. 따라서 워즈워스(Wordsworth)는 '그녀는 알려지지 않은 채 살았으며, 루시가 더 이상 없었을 때(When Lucy ceased to be) 거의 아무도 이를 알지 못했네'라는 표현을 사용하였다. 하지만 영어에서 이런 표현은 거의 시에서나 등장할 뿐이며, 피라미드는 여전히 현존하지만 로도스의 거상(the Colossus of Rhodes)은 그렇지 않다는 사실을 의미하기 위하여 '피라미드는 있지만 로도스의 거상은 있지 않다'라고 말한다면 이는 그리 자연스러운 표현은 아니다. 하지만 고대 그리스어에서는 이와 유사한 표현이 지극히 자연스러운 것이었으며, 존재에 관한 파르메니데스의 논의는 바로 이런 의미에서의 '있음'을 분명히 포함한다. 존재하는 모든 것, 현존하는 모든 것은 존재에 포함된다.

하지만 '있다'에 해당하는 그리스어 동사는 '트로이아는 더 이상 없다'와 같은 문장뿐만이 아니라 다른 많은 종류의 문장에서도, 예를 들면 '헬레네는 아름답다', '아프로디테는 여신이다', '아킬레우스는 용감하다' 등의 문장에서도 사용되는데 후에 아리스토텔레스는 이런 서로 다른 양상들 모두를 범주로 구체화하였다. 파르메니데스에게 존재는 단지 현존하는 것들뿐만 아니라 '이다'를 포함하는 참인 문장 전체를 포괄한다. 마찬가지로 있음은 단지 현존함(즉 무언가가 있다는 점)뿐만 아니라 무엇으로, 어떤 방식으로 있음을 모두 포괄한다. 즉 뜨거움 또는 차가움, 땅이다 또는 물이다 등을 모두 포함한다. 이런 방식으로 해석하면 그가 말하는 존재는 현존하는 모든 것들의 총체보다 훨씬 폭넓은 동시에 훨씬 다루기 어려운 영역이 된다.

파르메니데스의 존재론

이제 파르메니데스의 신비적인 주장 중 몇몇을 더욱 상세히 살펴보자. 이들은 그리 세련되지 못한 운문의 형태로 표현되어 있으므로 나 또한 다소 어색하기는 하지만 원문 그대로 번역하려고 애썼다.

> 우리가 말하고 사고할 수 있는 바는 존재해야만 한다.
> 왜냐하면 존재는 있을 수 있지만 무는 그럴 수 없기 때문이다.
>
> (DK 28 B6)

첫째 줄은 (더욱 원문에 충실하게 직역하면 '말해지고 사고되기 위한 것은 존재해야만 한다'인데) 존재의 보편성을 표현한다. 즉 우리가 어떤 이름으로든 부를 수 있는 모든 것, 우리가 그것에 대하여 생각할 수 있는 모든 것은 존재해야만 한다. 왜 그런가? 어쩌면 내가 어떤 이름을 말하고 무언가에 대하여 생각한다면 '당신이 지금 말하고 생각하고 **있는** 것은 무엇인가?'라는 질문에 답할 수 있어야만 하기 때문인지 모른다. 둘째 줄이 (직역하면 '왜냐하면 존재는 있지만 아무것도 아닌 것은 그렇지 않으니까'인데) 전하려는 바는 존재할 수 있는 모든 것은 이것이나 저것으로 존재하여야만 하며 무, 즉 아무것도 아닐 수는 없다는 주장이다.

이런 주장은 파르메니데스가 뒤이은 단편에서 존재에 대응하는 부정의 개념을 도입하면서 더욱 분명해진다.

> 비존재가 있다는 생각에 결코 사로잡히지 말라.
> 너의 마음에 이 같은 어떤 생각도 깃들지 않도록 차단하라.
>
> (DK 28 B7, 1~2)

라파엘로의 《아테네 학당》에서 파르메니데스와 헤라클레이토스는 서로 이웃해 있다.

여기서 나의 '비존재'(Unbeing)라는 용어는 파르메니데스가 사용한 현재분사의 부정(*me eonta*)을 나타낸다. 내가 '있지 않음'(not-being) 등의 용어가 아니라 비존재라는 용어를 사용한 까닭은 현재의 맥락에서 분명히 파르메니데스의 그리스어 표현이 지극히 자연스럽게 존재와 정반대되는 바를 지시하기 때문이다. 만일 존재가 이것 또는 저것이, 그것이 무엇이든 간에, 참이라는 점을 의미한다면 비존재는 전혀 아무것도 아닌 것이 참임을 의미한다. 그런데 이는 당연히 무의미한 말이다. 따라서 비존재는 현존할 수 없을 뿐만 아니라 그것에 대해서는 생각조차도 할 수 없다.

> 너는 비존재를 파악할 수 없다 — 이는 결코 할 수 없는 일이다 — 또한 비존재를 말할 수도 없다. 생각되는 것과 존재하는 것은 하나이다.

만일 '비존재'를 어떤 술어로도 수식할 수 없음을 의미하는 것으로 이해한다면 비존재는 생각할 수 없는 무언가라는 말은 분명히 옳다. 만일 '당신은 지금 어떤 종류의 것을 생각하고 있는가?'라는 상대방의 질문에 답하면서 내가 그것은 어떤 종류의 것도 아니라고 답한다면 상대방은 혼란에 빠질 것이다. 한 걸음 더 나아가 만일 내가 상대방에게 그것이 무엇인지 말할 수 없거나 그것에 관해서 전혀 아무 말도 할 수 없다면 상대방은 당연히 내가 아무것에 관해서도 생각하지 않거나 아예 생각 자체를 하지 않는다고 결론지을 것이다. 만일 파르메니데스를 이런 의미로 이해한다면 우리는 생각되는 것과 존재하는 것이 하나라는 주장에 동의할 수 있다.

하지만 이를 인정한다 하더라도 우리는 여전히 생각되는 것과 존재하는 것이 하나라는 주장을 완전히 받아들이기는 꺼릴지도 모른다. 만일 내가 X에 대하여 생각해야 한다면 사고상에서라도 X에 어떤 술어를 부여할 수 있어야만 한다는 점이 사실인 듯도 하다. 하지만 내가 X에 대하여 생각하는 모든 것이 참이어야만 한다는 점은 사실이 아니다. 나는 실제로 **X는 P가 아니지만** 얼마든지 **X는 P라고** 생각할 수 있다. 이런 방식으로 해석한다면 위의 문구는 거짓이 된다. 생각되는 것과 참이라는 것은 서로 전혀 다른 별개의 것이다.

다시 한 번 우리는 현존하지 않는 것은 생각될 수 없다는 사실에 동의하지 않고도 비존재는 생각될 수 없다는 사실에 동의할 수 있다. 즉 우리는 단 한 번도 현존한 적이 없는 소설 속의 영웅이나 상상 속의 괴물에 대하여 충분히 생각할 수 있다. 만일 현존하지 않는 것은 생각될 수 없다는 점이 사실이라면 우리는 그저 무언가를 생각함으로써 그것이 현존한다는 점을 증명할 수 있을 것이다. 과연 파르메니데스는 우리가 그렇게 증명할 수 있다고 믿었는가? 그가 사용한 언어가 몹시 해석하기 어렵다는 점을 전제하더라도 그가 그렇게 믿었다고 확신하기는 어렵다. 몇몇 학자들은 그가 술어인 '이다'와 (비존재는 생각될 수 없다는 참인 주장에 포함된) 현존인 '있다'를(현존하지 않는 것은 생각될 수 없다는 거짓 주장에 포함된) 혼동하였다고 주장하기도 한다. 하지만 나는 파르메니데스가 '이다'를 항상 — 어떤 경우에 사용되든 간에 — 독립적이고 완전한 동사로 다룬다고 말하는 편이 차라리 도움이 되리라고 생각한다. 말하자면 '빠르게 달리기'와 '느리게 달리기'가 모두 '달리기'와 관련되는 것과 동일한 방식으로 그는 '물임'(being water) 또는 '공기임'(being air)이 '있음'과 관련된다고 생각한다. 즉 'S는 P이다'라는 형식의 문장에서 '이다'를 연결사로, 'P'를 술어로 보는 대신에 파르메니데스는 '이다'를 동사로, 'P'를 부사와 유사한 것으로 본다. 어떤 사람이 처음에는 빨리 나중에는 천천히 달린다 할지라도 그는 어쨌든 계속 달리고 있다. 마찬가지로 파르메니데스에게 처음에는 물이다가 나중에는 공기인 어떤 질료는 어쨌든 계속 있는 셈이 된다. 없는 것에서 있는 것에로의 또는 있는 것에서 없는 것에로의 변화는 결코 일어나지 않는다. 실제로 일어날 수 있는 변화는 대부분 존재의 변형일 뿐이다.

파르메니데스를 이렇게 해석함으로써 존재의 보편성 및 비존재의 상상 불가능함에 관한 주장으로부터 어떻게 매우 주목할 만한 몇몇 결론을 이끌어 내는지를 쉽게 파악할 수 있다.

> 하나의 길이 있는데 여기서는 많은 표지판들이 발견된다.
> 존재는 생성되지 않고 소멸되지도 않으며,
> 온전하며, 움직이지 않고, 끝이 없다.
> 그것은 이전에 있었던 것도, 앞으로 있게 될 것도 아니며 오직 지금 있을 뿐이다.
> 그것은 하나이며 연속적이다. 어떻게 그것이 생겨날 수 있으며
> 무엇으로부터 그것이 성장할 수 있겠는가? 비존재로부터? — 결코 아니다 —
> 비존재에 대해서는 말하는 것도 생각하는 것도 허용되지 않는다.
> 우리는 심지어 그것을 부정하기 위해서라도 언급할 수 없다.
> 이전이든 이후든 간에 존재가 비존재에서 생겨날 필요가 왜 있는가?
> 따라서 전적으로 있거나 아니면 전적으로 없어야 한다.
>
> (DK 28 B8. 1～11)

'무로부터는 아무것도 생겨나지 않는다'는 원리로부터 서로 다른 견해를 지닌 많은 철학자들이 세계는 항상 현존해 왔음에 틀림없다는 결론을 이끌어 내었다. 다른 철학자들 또한 이 원리를 이 세계가 이르든 늦든 간에 다른 때가 아닌 어떤 특별한 한 순간에 현존하게 되었다고 생각할 만한 충분한 이유가 없다는 주장을 지지하기 위한 근거로 제시하였다. 하지만 존재는 시작도 끝도 없다는 파르메니데스의 주장은 이보다 훨씬 더 포괄적인 형태를 띤다. 존재는 영원히 지속할 뿐만 아니라 어떤 변화도 겪지 않으며('온전하고 움직이지 않으며') 심지어 시간의 흐름과도 무관하다(항상 현재이며 과거도 미래

도 없다). 과거를 현재나 미래와 어떻게 구별할 수 있는가? 과거가 존재의 한 종류가 아니라면 시간은 실재하지 않는다. 과거가 존재의 한 종류라면 그것은 존재의 일부일 뿐이다. 따라서 과거와 현재와 미래는 모두 하나의 존재이다.

이와 유사한 논증을 통하여 파르메니데스는 존재가 분할될 수 없음을 보이려 한다. 무엇이 존재를 존재로부터 분리할 수 있는가? 존재인가? 이 경우 분할은 일어나지 않고 연속적인 존재만이 있을 뿐이다. 비존재인가? 이 경우 어떤 분할도 실재하지 않게 된다(DK 28 B8. 22～5). 우리는 그가 이와 유사한 방식으로 존재가 무제한적이라는 점을 논증하리라고 기대하는지도 모른다. 무엇이 존재에 한계를 설정할 수 있는가? 비존재는 무엇에 대해서도 아무것도 할 수 없다. 그리고 만일 존재가 존재에 의해서 한계가 설정된다고 상상한다면 존재는 아직 그 한계에 이르지 못한 셈이 된다. 파르메니데스의 추종자들 중 몇몇은 실제로 이렇게 논증하였다(Aristotle, *GC* 1. 8. 325^{a}15). 하지만 파르메니데스 자신은 이 문제를 이런 식으로 보지 않은 듯하다. 그는 자신의 가르침을 요약하면서 이제는 친숙해진 전제로부터 출발하여 자신이 다소 놀라운 결론에 도달하였음을 보인다.

> 무언가를 생각하는 것은 그것이 있음을 생각하는 것, 오직 그뿐이다.
> 존재가 없이는 우리가 무엇을 표현하더라도
> 이는 생각에 이르지 못한다. 존재의 경계를 넘어서는
> 아무것도 존재하지 않으며 존재하지 않을 것이다. 왜냐하면 운명의
> 명령에 따라 존재는 온전하고 움직이지 않도록 정해졌기 때문이다.
> 모든 것에는 이름이 붙었다.
> 유한한 인간들이 참되다고 확신하고서 붙인 이름이 —
> 생성과 소멸, 있음과 있지 않음,
> 장소의 변화와 색깔 등의 이름이.

그러나 모든 것을 포함하는 경계가 있기에
존재의 모습은 완벽한 공과 같이 완전히 둥글다.

(DK 28 B8, 34～43)

어떻게 완벽한 구의 모습을 띠는 우주의 개념이 파르메니데스의 다른 주장들과 일치하는지 또는 조화를 이룰 수 있는지는 전혀 분명하지 않다. 이를 제쳐두고라도 이보다 더욱 부담스러운 의문이 제기된다. 만일 단일하고, 불변하고, 움직이지 않고, 시간과 무관한 것 등이 존재의 본성이라면 우리가 일상적으로 감각 경험에 기초하여 세계 안의 여러 사물들의 속성으로 여기는, 끊임없이 변화하는 다양한 성질들을 어떻게 받아들여야 하는가? 파르메니데스에 따르면 이런 성질들은 감각의 길에 속한다. 그리고 진정 진리의 길을 따르려고 한다면 우리는 존재에만 정신을 집중해야 한다.

그리스어를 사용하는 이탈리아 지역 출신인 파르메니데스와 그의 제자들은 오직 전혀 움직이지 않고 고정된 것만이 실재한다는 점을 강조한 반면 바다 건너 그리스어를 사용하는 아시아 지역에서 활동한 헤라클레이토스는 실재하는 바는 끊임없는 흐름뿐이라고 주장하였다. 그는 수수께끼처럼 말하기를 즐겼다. 모든 것이 변화한다는 자신의 철학을 표현하기 위하여 그는 불과 물을 자주 상징으로 사용하였다. 세계는 영원히 살아 있는 불로서 한때는 타오르기도 하고 또 한때는 사그라지기도 한다. 마치 금과 물건들을 서로 교환하듯이 불은 모든 것으로 교환될 수 있다(DK 22 B30, B90). 또한 세계는 영원히 흐르는 강물과도 같다. 당신이 강물에 발을 들여놓았다면 당신은 결코 같은 강물에 발을 두 번 담글 수 없다. 그는 이런 은유가 무척 마음에 들었던지 — 만일 플라톤이 그를 정직하게 묘사하였다면 — 계속해서 당신은 같은 강물에 발을 두 번 담글 수 없다는 말을 하였던 듯하다(*Cra*. 402a). 어떻든간에 그가 모든 것은 항상 움직이고 있다고 주장하였음은 의심의 여지가 없다(Aristotle, *Ph*. 8. 3. 253^{b}9). 우리가 이를 알아채지 못한다면 이는 우리의 감각에 결함이 있기 때문이다. 그렇다면 헤라클레이토스에게는 변화가 진리의 길이며, 고정되어 있음이 감각의 길이 된다.

플라톤의 이데아와 그 문제점들

파르메니데스와 헤라클레이토스는 수세기에 걸친 철학적 전투에 전장을 제공하였다. 플라톤의 가장 정력적인 철학 활동은 대부분 이 두 전사를 화해시키거나 아니면 이들의 무장을 해제하려는 시도였다. 그의 대화편에 등장하는 한 인물은 진정한 철학자라면 모든 실재는 변화하지 않는다는 주장이나 모든 실재는 항상 변화한다는 주장을 받아들여서는 안 된다고 말한다. '케이크를 손에 갖고 싶기도 하고 먹고 싶기도 한 어린아이처럼 진정한 철학자라면 모든 것을 포함하는 존재는 둘 모두에 해당한다고 — 즉 모든 것은 변화하지 않는 동시에 또한 변화한다고 — 말해야만 한다'(*Sph*. 249c~d).

아리스토텔레스는 플라톤이 헤라클레이토스 사상의 영향 아래에서 철학을 시작하였으며 이를 평생 유지하였다고 말한다(*Metaph*. *A* 6. 987^{a}31~3). 《테아이테토스》에서 플라톤은 모든 것은 변화한다는 점을 받아들이지 않고도 헤라클레이토스의 통찰이 진리성을 유지할 수 있도록 만드는 지각 이론을 제시한다. 이에 관해서는 7장에서 살펴보기로 하고 지금은 플라톤이 파르메니데스의 문제를 어떻게 다루었는지에 집중하려 한다.

평생 동안 플라톤은 파르메니데스와 헤라클레이토스, 이 두 거인이 제기한 형이상학적 문제를 해결하려는 노력을 세 차례 시도하였다. 그 첫 번째는 《향연》과 《파이돈》, 《국가》에 등장하는 이데아론이다. 매우 단순화하여 말한다면 이 첫 번째 단계에서 플라톤이 묘사한 소크라테스는 철학을 두 영역으로 나누었는데 그중 하나는 파르메니데스로부터 물려받은, 지성으로 파악할 수 있는 이데아의 세계이며 다른 하나는 헤라클레이토스로부터 물려받은,

지각 가능한 감각의 세계이다. 플라톤의 두 번째 단계에서는 파르메니데스라는 이름 자체가 제목이 된 대화편에서 그 자신이 소크라테스에게 이데아론이 낳는, 받아들일 수 없는 결과를 설명한다. 플라톤의 마지막 단계는《소피스테스》에서 전개되는데 여기서는 이름이 없이 엘레아 출신의 이방인이라고만 알려진 제3의 학자가 등장하여 파르메니데스와 헤라클레이토스뿐만 아니라 플라톤 자신의 이데아론도 거부하고 이들 셋 모두를 넘어서서 우리에게 형이상학적 케이크를 가지는 동시에 먹을 수도 있게 해 주는 정교한 해결책으로 나아가도록 이끈다.

앞서 살펴보았듯이 플라톤의 중기 대화편들 중 비교적 일찍 쓴 작품들에서 등장한 바와 같이 이데아는 파르메니데스가 진리의 길을 통해서 밝힌, 불변하는 존재의 영원한 세계에 속한다. 반면 경험적인 세계에 속하는 것들은 헤라클레이토스가 주장한 변화에 따르며 끊임없이 있음과 없음 사이를 오간다. 하지만 결코 플라톤은 두 철학자를 똑같이 평가하지 않았다. 파르메니데스의 세계가 헤라클레이토스의 세계보다 훨씬 더 우월하다. 불변하는 이데아의 세계가 변화하는 경험의 세계보다 훨씬 더 큰 실재성을 지니며 더욱 진리에 가깝다. 오직 이데아에 대한 지적인 통찰을 통해서만 지식의 수준에 이를 수 있다. 감각은 기껏해야 참인 의견을 낳을 뿐이다.

이데아의 세계는 불변하지만 파르메니데스의 존재처럼 단일하거나 전체가 같은 성질을 지니지는 않는다. 파르메니데스의 존재는 아무런 차이도 없는 하나인 반면 이데아의 세계에는 서로 다른 많은 이데아들이 존재하며 이들은 서로 어떤 관계를 맺고 있다. 또한 이데아들은 어떤 위계질서를 드러내는데 선의 이데아가 다른 어떤 존재의 개념보다 우월한 최고의 위치를 차지하는 듯하다(*Rep*. 6. 509b). 다른 이데아들이 이데아이기 위하여 선의 이데아에 의지한다는 점은 의심의 여지가 없다. 어떤 침대가 완전한 또는 이상적인 침대인 까닭은 완전성을 분유한, 가능한 최선의 침대이기 때문이다. 하지만 선의 이데아 아래에 있는 서로 다른 이데아들 사이의 관계에 대해서는 어

바티칸에 소장된 플라톤의 흉상. 그는 자신의 사상 중 가장 핵심적인 부분을 스스로 비판하고 수정하는 탁월한 능력을 보여 준 거의 유일한 철학자였다.

떤 언급도 등장하지 않는다. 즉 파르메니데스의 숭고한 존재 영역에서처럼 모든 이데아가 서로 하나가 된다는 식의 주장은 전혀 암시되지 않는다.

그렇다면 플라톤이 파르메니데스의 입을 통하여 이데아론을 비판적으로 평가하면서 일자, 단일성의 이데아에 초점을 맞춘다는 사실은 그리 놀라운 일이 아니다.

《파르메니데스》는 플라톤의 대화편들 중 가장 해석하기 어려우며, 많은 학자들은 이를 연구하면서 당혹감을 느꼈다고 고백하기도 하였다. 《파르메니데스》는 두 부분으로 나뉜다. 전반부는 소크라테스가 등장하는 초기 대화편들과 유사하게 전문가로 자칭하는 인물이 이른바 자신의 전문 분야에 속하는 주제에 대하여 아직 검증되지 않은 주장을 편다. 놀라운 점은 등장인물들의 역할이 완전히 뒤바뀐다는 사실이다. 초기 대화편들에서는 전문가인체 하는 유명한 소피스트에게 소크라테스가 질문을 던져 그의 주장이 지닌 문제점을 드러내지만 《파르메니데스》에서는 오히려 질문을 받는 쪽이 젊은 소크라테스이며, 그가 문제점을 발견하고 철회하는 논의주제가 다름 아닌 이데아론이다. 결국 논쟁에서 승리를 거두는 파르메니데스는 소크라테스에게 아직 변증술을 제대로 익히지 못했으니 훈련을 계속하라고 말한다. 《파르메니데스》의 후반부에서는 소크라테스에게 필요한 여러 종류의 훈련이 제시된다. 일자가 존재한다는 것 이외의 다른 가능성들을 완전히 배제하는 듯이 보이는, 일자와 존재에 관한 한 쌍의 가정으로부터 출발한 후 파르메니데스는 엄밀하지만 자주 불가능해 보이기도 하는 몇 가지의 논증을 통하여 어떤 종류든 간에 모순을 받아들인다면 우리는 전혀 바람직하지 않은 결론에 도달하게 된다는 점을 보인다.

학자들은 《파르메니데스》의 전반부와 후반부의 본질이 무엇이며, 이들 사이의 관계는 어떤지에 대하여 일치된 의견을 보이지 않는다. 플라톤은 전반부에 등장하는, 이데아론에 대한 비판이 진정으로 자신의 이론을 손상한다고 생각하였는가? 그렇다면 그는 이에 대응하기 위한 무언가를 제시하였는가 아니면 자신의 이론이 어려움에 빠졌다고 솔직히 인정하는가? 후반부에 등장하는 증명들은 일종의 농담에 불과한가 아니면 진지한 논증인가? 만일 후자라면 플라톤은 이런 논증들 자체가 오류를 범하였다고 생각하는가 아니면 타당하다고 생각하는가? 어느 쪽이든 간에 후반부는 전반부에 등장하는 이데아론에 대한 비난과 어떤 관계를 지니는가?[1]

전반부에서 제시된 이데아론의 중요한 문제점들을 살펴보기에 앞서 이 대목에서 이전에 1장에서 확인하였던, 이데아론에 대한 고전적인 해석의 핵심을 이루는 여섯 가지 원리를 다시 한 번 소개할 필요가 있을 듯하다.

(1) **공통성의 원리.** 서로 다른 여러 가지가 F라면 그 까닭은 이들이 F의 이데아라는 한 가지 요소를 분유하거나 모방하기 때문이다(*Rep*. 5. 476a).
(2) **분리의 원리.** F의 이데아는 F인 모든 것들과 구별된다(*Phd*. 74c).
(3) **자기서술의 원리.** F의 이데아는 F 자체이다.
(4) **순수성의 원리.** F의 이데아는 다름 아닌 F일 뿐이다(*Phd*. 74c).
(5) **유일성의 원리.** 오직 F의 이데아만이 진정으로, 참으로, 전적으로 F이다(*Phd*. 74d; *Rep*. 5. 479a~d).
(6) **절대성의 원리.** 이데아는 영원히 지속되며, 어떤 부분으로 나뉘지도 않고, 어떤 변화도 겪지 않는다. 또한 감각을 통해서는 지각되지 않는다(*Phd*. 78d).

《파르메니데스》의 전반부에서 제시된 이데아론의 문제점은 다음과 같다.

1. 이데아론에 따르면 특수한 F들이 F인 까닭은 F의 이데아를 분유하기

[1] 이후의 설명은 Constance C. Meinwald, *Plato's Parmenides* (New York: Oxford University Press, 1991)에 힘입은 바 크다. 하지만 몇몇 중요한 논점에 대하여 나는 그녀와 다르게 해석하였다.

때문이다. 하지만 여기서 '분유한다'는 말은 무엇을 의미하는가? 특수한 F가 F의 이데아 중 일부를 공유한다는 말인가 아니면 F의 이데아 전체를 포함한다는 말인가? 어떤 쪽으로 해석하든 난점이 발생한다. 만일 어떤 특수한 큰 것 L이 큼의 이데아 모두를 지닌다면 이데아는 각각의 개체로 흩어지게 되며 따라서 이데아의 단일성이 훼손된다. 하지만 만일 L이 단지 큼의 이데아 중 일부만을 공유한다면 L은 그 자체로 작은 무언가에 의해서 큰 것이 된다. 왜냐하면 L은 단지 큼의 일부에 지나지 않기 때문에 큼보다 작아야 하기 때문이다(131a 이하).

2. 몇 개의 개체가 F일 경우 항상 이들은 자신들과는 다른 어떤 실재, 즉 F의 이데아로부터 자신들이 F임을 이끌어 낸다. 이는 이데아론의 본질적인 내용에 속한다. 따라서 몇 개의 큰 개체들은 큼의 이데아로부터 자신들의 큼을 이끌어 낸다. 하지만 이런 큰 개체들의 집합에 큼의 이데아를 더하면 우리는 큰 것들로 구성된 새로운 집합을 얻게 되는데 이에 속하는 원소들 또한 자신들과는 다른 어떤 실재로부터 자신들의 큼을 이끌어 내어야 한다. '따라서 큼의 이데아 및 큼의 이데아를 분유하는 개체들과 더불어 또 다른 형태의 큼이 등장하며 다시 이를 포함하는 또 다른 형태의 큼이 계속해서 등장한다' — 따라서 우리는 일종의 무한소급에 빠지게 된다(132b). 이런 유형의 사고는 아리스토텔레스에게 깊은 인상을 남겼는데 그는 최초의 전제에 등장하는 F에 '큼' 대신 '인간'을 대입하여 이른바 제삼인간 논변을 제시하였다. 이를 통하여 그는 (a) 이 세계의 현실적인 인간 다음에 (b) 인간의 이데아, 다시 그 다음에 이데아를 넘어서는 제삼의 인간이 등장해야 하는 문제점을 지적한다.

3. 관계적 술어들과 관련해서 특별한 어려움이 발생한다. 내가 노예라고 가정해 보자. 이데아론에 따르면 나는 노예의 이데아와 유사하기 때문에 노예임이 틀림없다. 그런데 노예의 이데아를 소유하는 주인은 누구인가? 당연히 주인의 이데아이다. 하지만 나는 주인의 이데아의 소유가 아니며, 누구든

간에 현실적인 노예 소유주가 나의 주인이다. 따라서 현실적인 존재들 사이의 관계는 이데아들 사이의 관계를 통해서 제대로 설명되지 않는다(133e).

이런 난점들은 실제로 이데아론에서 발생하는 심각한 문제점들이며 플라톤은 우리가 이런 점들을 확실히 깨닫기를 진심으로 바란다. 최소한 이들은 이데아론이 근본적으로 수정되어야 함을 보여 주는데 플라톤은 다른 대화편에서 이런 수정을 시도한다. 하지만 《파르메니데스》에서 그는 어떤 수정이 필요한지를 명백하게 제시하지 않는다. 그렇더라도 우리는 이 대화편의 후반부에서 어떤 방향으로 수정이 필요한지에 대한 최소한의 암시는 얻을 수 있기를 기대한다.

《파르메니데스》의 후반부에 등장하는 대표적인 문제점은 파르메니데스가 논증의 출발점으로 삼는 한 쌍의 가정이 정확하게 무엇인지를 제대로 파악할 수 없다는 점이다(137b). 그 자신은 이를 일자 자체에 관한 가정이라고 말하는데 그가 여기서 사용한 그리스어는 몇 가지 방식으로 번역이 가능하다. 다음의 두 가지가 가장 신빙성 높은 번역이다.

(1) 만일 일자가 존재한다면 대 만일 일자가 존재하지 않는다면
(2) 만일 그것이 하나라면 대 만일 그것이 하나가 아니라면

《파르메니데스》 중 이에 해당하는 부분을 검토해 보면 (2)가 원전의 그리스어와 가장 잘 들어맞는 번역이다. 하지만 '하나'(*hen*)라는 단어 앞에 정관사가 없다. 사실 (1)의 번역을 강력하게 지지하는 학자들조차도 정관사와 관련해서는 원전을 수정해야만 의미가 유지된다는 점에 동의한다. 반면에 (1)은 이 대목 바로 앞에 등장하는 표현뿐만 아니라 이후 이어지는 논증 전체와도 적절하게 들어맞는 듯하다. 하지만 정관사가 붙은 일자(the One)가 무엇을 지시하는지가 지극히 애매하다. 또한 (2)를 받아들이는 사람도 여기서 '그

것'이 무엇을 지시하는가라는 질문에 답하여야 한다.

내 생각에는 원전을 수정할 필요까지는 없을 듯하며 두 번째가 자연스러운 번역인 동시에 이후의 논증과도 쉽게 조화를 이루는 듯이 보인다. 이런 조화에 이르는 방법은 두 가지이다.

첫 번째는 문제가 되는 '그것'을 역사상 실존했던 파르메니데스가 철학시에서 제시한 진리의 길로 나아가는 주체로서의 '그것', 즉 존재와 같은 것으로 해석하는 방법이다. 《파르메니데스》에서 뒤이어 등장하는 논증을 보면 존재와 일자의 관련성은 쉽게 설명된다. 이 점은 뒤이은 논의에서 '그것은(즉 존재는) 하나이다'라는 가정을 통해서 제시된다. 만일 이 가정이 참이라면 '하나'라는 술어가 적용될 수 있는 특별한 주어는 오직 하나, 이른바 존재 자체밖에는 없다. 그리고 이 주어가 '일자'를 지시한다는 생각은 매우 자연스러우며, 《파르메니데스》 137b3에서 파르메니데스는 예상되는 반대를 미리 반박하면서 실제로 이렇게 말한다. 하지만 이 해석은 파르메니데스가 부정의 형태로 표현된 가정, 현재의 맥락에서 '존재는 하나가 아니다'라는 가정을 검토하는 대목에 이르면 유지되기가 어렵다.

그러므로 이제 제시하려는 두 번째의 해석이 더욱 바람직하다. 여기서 '그것'은 '일자'로 여겨져야 한다. 이 경우 두 개의 가정은 '일자는 하나이다'와 '일자는 하나가 아니다'로 표현된다. 언뜻 보기에 이는 전혀 성립될 수 없는 해석인 듯하다. 특히 두 번째 가정은 스스로를 바로 자기모순을 범하도록 만드는 듯이 보인다. 하지만 좀 더 깊이 생각해 보면 그렇지 않다는 점을 깨닫게 된다. 《파르메니데스》의 전반부에서 지적된, 이데아론에서 발생하는 주요 문제들은 자기서술의 원리, 즉 F의 이데아는 F 자체라는 원리로부터 도출된다(위의 338면 참조). 이 대화편의 후반부에서는 자기서술의 원리가 당연시되지 않으며 중요한 이데아 하나를 예로 들어 이 원리의 긍정뿐만이 아니라 부정이 어떤 결과를 낳는지가 탐구되는데 이는 매우 적절한 일이다.

변증술은 주인공 파르메니데스가 일자에 대하여 어떤 술어를 부여할 수 있는지 그리고 첫 번째 가정에 기초하여 다른 것들에는 어떤 술어를 탐구할 수 있는지를 탐구하면서 시작된다. 만일 일자가 하나라면 일자는 부분들로 이루어진 전체가 아니다(137d). 일자는 경계가 없으며 장소를 차지하지도 않는다(138b). 또한 일자는 불변하지만 그렇다고 정지해 있지도 않다(139b). 일자는 자기 자신 또는 다른 것과 같지도 않고 다르지도 않으며(139e), 일자는 자기 자신 또는 다른 어떤 것과도 같지도 않고 같지 않지도 않다(140b). 일자는 자기 자신 또는 다른 어떤 것보다 크지도 작지도 않다(140d). 일자는 어떤 시간상에 위치하지도 않는다. 왜냐하면 일자는 과거에도, 현재에도, 미래에도 속하지 않기 때문이다. 일자는 다른 존재들과 어떤 무엇도 전혀 공유할 수 없다. 그렇다면 결론은 다음과 같다.

> 따라서 일자는 어떤 방식으로도 존재하지 않는다네. 따라서 그것은 하나로 존재하는 방식으로도 존재하지 않는다네. 왜냐하면 이 경우 일자는 일종의 존재, 즉 존재에 관여하는 것이 되어 버리기 때문이지. 이런 논증들을 신뢰한다면 일자는 하나가 아니며 또한 전혀 존재하지 않는다는 점을 우리는 받아들여야 할 걸세. 무언가가 존재하지 않는다면 아무것도 그것에 속하거나 그것과 관련될 수 없다네. 따라서 일자는 이름이 없으며, 일자에 관해서는 어떤 언급이나 생각도 할 수 없고, 일자에 관한 어떤 감각이나 지식도 전혀 있을 수 없다네. (142a)

이런 결론이 이를 일자에 관한 참인 진술로 받아들이라는 의도에서 제시되지 않았음은 지극히 명백하다. 《파르메니데스》에서 대화의 상대방으로 등장하는 아리스토텔레스는(실제의 아리스토텔레스와는 별 상관이 없지만) 철저하게 계속 예, 예라는 대답만을 계속하는 인물로 묘사되며 위와 같은 결론이 가능하냐는 질문을 받고 아무런 이의도 제기하지 않는다. 만일 이 결론이 참이라면 이는 지금까지 논증을 이어온 근거를 완전히 허물고 만다. 왜냐하면 이 논증 전체는 오직 일자에 대하여 언급하기 위하여 진행되었는데 논증의 결론에 따르면 이런 논증은 진행 불가능한 것으로 판명되기 때문이다. 현재까지의 변증술은 일종의 귀류법으로 제시되었음에 틀림없다. 하지만 도대체 무엇에 대한 귀류법인가? 당연히 일자는 하나이며 오직 하나뿐이라는 가정에 대한 귀류법이다. 그런데 이데아론의 핵심적인 요소 중 하나는 순수성의 원리, 즉 F의 이데아는 다름 아닌 F일 뿐이라는 점이었다. 그러므로 이 점에서 변증술은 이데아론의 중요한 요소를 부정하는 셈이 된다.

이제 파르메니데스는 일자는 하나라는 가정에서 새롭게 출발하여 다시 다음과 같은 점들을 증명한다. 일자는 수많은 부분들을 지니는 전체이며(142b, 143a), 경계가 있으며 형태를 지니고(145b), 그 자신 안에 그리고 다른 곳에도 모두 위치하며, 운동 중이면서도 정지해 있고, 자기 자신 또는 다른 것들과 같은 동시에 다르기도 하며(146b), 자기 자신 또는 다른 것들과 유사한 동시에 유사하지 않기도 하며(148c), 또한 자기 자신 또는 다른 것들과 같은 동시에 크거나 작기도 하다(151b). 그리고 일자는 자기 자신 또는 다른 것들보다 늙거나 젊기도 하며 또한 그렇게 될 수도 있다. 하지만 동시에 일자는 자기 자신 또는 다른 것들보다 늙거나 젊지 않으며 또한 그렇게 될 수도 없다(155c). 일자는 과거에, 현재에, 미래에 모두 속하며, 설령 존재함과 하나임이 동일하지 않다 하더라도(플라톤은 만일 이들이 동일하다면 '무언가는 하나로 존재한다'는 말이 '무언가는 하나로 하나이다'와 같은 의미를 지닐 것이라고 주장한다)(142c) 다른 존재들과 존재한다는 점을 공유할 수도 있다(155e).

변증술이 전개되는 처음 두 부분 사이에 정확한 대비가 이루어진다는 점은 명백하다. 그리고 논증 각각의 단계에서도 우리는 서로 정반대되는 한 쌍의 술어를(예를 들면 운동 중과 정지해 있음을) 발견한다. 논증의 전반부에서 파르메니데스는 이런 술어들 중 어떤 것도 일자에 적용될 수 없다고 주장한다. 반면 후반부에서는 이런 술어들이 모두 일자에 적용될 수 있다고 주장한다. 이런 대비를 통하여 이 두 부분은 이데아론을 심각하게 훼손한다. 전반부는 F의 이데아가 다름 아닌 F일 뿐이라는 주장(순수성의 원리)이 어리석음을 보이며 후반부는 오직 F의 이데아만이 진정으로, 참으로, 전적으로 F라는 주장(유일성의 원리)이 거짓임을 보인다.

하지만 이 두 부분이 서로 정확하게 들어맞지는 않는다. 이미 지적하였듯이 전반부의 결론은 자기모순에 빠지며 전체 논증은 오직 귀류법으로서만 진지한 의미를 지닐 수 있다. 반면 후반부는 놀랍게도 충분히 자기반박이 아닌 것으로 이해될 수 있는 결론에 이른다.

후반부의 결론을 요약해 보면 파르메니데스는 때로는 일자가 존재를 공유하며 때로는 공유하지 않는다고 말한다. 그의 말은 《국가》 등에서 제시되는, 감각적 지각의 대상이 아닌 일상적인 것들에 대한 불평, 즉 이들이 존재하였다가 존재하지 않기를 반복한다는 불평을 그대로 옮겨놓은 듯하다. 여기서는 이데아 자체가 이렇게 존재하였다가 존재하지 않는 모습을 드러내는 반면 이데아론의 절정기인 《국가》에서는 이데아를 일상적이고 평범한 대상과 구별해 주는 특징이 바로 이데아는 이렇게 변화하지 않는다는 점이었다. 즉 F의 이데아는 때로는 F이다가 다른 때는 F가 아닌 것이 아니었으며 또한 어떤 측면에서는 F이다가 다른 측면에서는 F가 아닌 것이 결코 아니었다. 그런데 이제 《파르메니데스》에 등장하는 일자에 관한 언급은 매우 중요한 점에서 원래의 이데아론에서 멀어짐을 보여 준다.

감각 가능한 개별적인 것들의 경우 우리는 — 무모순의 원리를 전혀 위배하지 않고도 — 이들을 F인 동시에 F가 아니도록 만드는 시간, 관점, 관계 등을 얼마든지 제시할 수 있다. 그런데 이제 우리가 해야 할 바는 어떤 술어 및 그와 정반대되는 술어가 어떻게 서로 다른 관점에서 일자에 대하여, 그리고 암시적으로 다른 형상들에 대하여 참이 될 수 있는지를 밝히기 위한 적절한 구별을 제시하는 일이다. 여기서 주의할 점은 파르메니데스의 모든 술어가 적용되는 주어는 이데아이거나 아니면 최소한 보편적인 용어로 표현되는 대상이지 개체의 이름이 아니라는 사실이다. 즉 이들을 '동일한 것', '다른 것' 등으로 표현할 수는 있지만 '칼리아스'(Callias)나 '디오'(Dio) 등으로 표현할 수는 없다.

이데아와 관련된 몇몇 문제들을 해결하기 위하여 플라톤은 서로 다른 두 유형의 서술 사이에 어떤 구별을 도입한다. 그가 후기 철학에서 사용한 용어로 표현하면 우리는 그가 본질적인(*per se*) 서술과 우연적인(*per accidens*) 서술을 구별한다고 말할 수 있다. 이 두 서술 사이의 구별은 다음과 같다. 만일 P임이 S임이 되기 위하여 필요한 바의 일부라면 S는 본질적으로 P이다. 따라서 참나무는 본질적으로 나무이다. (만일 엄밀하게 S임이 되기 위하여 필요한 바의 한 부분인 경우뿐만 아니라 그렇지 않은 경우까지도 허용한다면 참나무는 본질적으로 참나무라고도 말할 수 있다.) 반면에 S가 사실상 P이기는 하지만 P임이 S임의 일부가 아닐 경우 S는 우연적으로 P이다. 따라서 참나무가 어떤 지역에서 실제로 잘 자란다 할지라도 '잘 자람'은 단지 우연적으로만 참나무를 서술한다.[2]

우리는 플라톤이 《파르메니데스》에서 순수성의 원리와 유일성의 원리를 포기하였음을 살펴보았다. 자기서술의 원리와 관련해서 그는 방금 언급한 서술 유형 사이의 구별을 활용한다. 큼의 이데아는 실제로 크다. 즉 큼은 크기 위하여 필요한 바의 일부이다. 하지만 다른 것들은 본질적으로 크지는 않다. 나의 집이 크다 할지라도 이는 크다는 사실이 집이 되기 위하여 필요한 바의 일부이기 때문은 아니다. 따라서 '크다'는 술어는 큰 것들과 큼의 이데아를 동일한 방식으로 서술하지 않는다. 따라서 큼의 이데아와 다른 큰 것들은 결코 한데 묶여서 하나의 집합을 형성할 수 없다. 즉 제삼인간 논변이라는 별명으로 불린 무한소급을 이끌어 내기 위하여 사용되었던 집합을 만들

[2] 여기서 사용된 라틴어 *per se*와 *per accidens*는 플라톤이 사용한 그리스어 *pros heauto*(그 자체와 관련해서)와 *pros alla*(다른 것들과 관련해서)에 대응되는 것일 뿐 정확한 번역은 아니다.

수 없다.

마찬가지로 노예는 본질적으로 주인에 속한다. 왜냐하면 어떤 주인에 속한다는 사실이 노예이기 위하여 필요한 바의 일부이기 때문이다. 하지만 현실적인 노예와 현실적인 주인 사이의 관계 그리고 노예의 이데아와 주인의 이데아 사이의 관계는 서로 본질적이 아니라 우연적이다. 이런 집합들 사이의 관계, 즉 개체들 사이의 관계나 형상들 사이의 관계는 서로 대립하지 않고 공존하면서 작용할 수 있다.

마지막으로 분유의 개념을 다시 검토해 보자. 얼마나 많은 것들이 하나의 이데아를 공유할 수 있는가와 관련해서 드러나는 주된 어려움은 이런 생각 자체가 이데아를 여러 부분으로 나누는 듯이 보인다는 점이다. 이제 우리는 형상이 형상이기 위하여 필요한 바의 일부이기 때문에 형상이 유일하고 고유해야만 한다면 형상은 본질적으로 하나라고 말할 수 있다. 만일 그렇지 않다면 형상은 자신이 처음에 도입된 목적, 즉 같은 이름으로 불리는 것들에서 공통적인 요소를 지적하기 위함이라는 목적을 이루지 못한다. 하지만 만일 형상을 예시하는 많은 개체들이 존재한다면 형상은 우연적으로 다수가 된다.

이런 변증술적 논증을 비롯하여 형상 이론과 관련해서 파르메니데스가 제기한 난점들에 대한 대답 전반을 관통하는 공통적인 해결의 실마리는 개체들과 개체들이 분유하는 이데아를 어떤 것도 동일한 방식으로 서술할 수 없다는 점이다. 플라톤이 말하는 분유의 개념을 현대적인 관점에서는 집합의 원소로 비유할 수 있다. 만일 x가 F의 형상을 분유한다면 x는 F들로 이루어진 집합의 원소이다. 마찬가지로 《파르메니데스》에 등장하는 내용을 현대적으로 비유하면 개체들에게 적용되는 술어를 집합의 술어로는 적용할 수 없다는 말이 된다. 우리가 자기 자신을 원소로 삼지 않는 모든 집합들의 집합에 대하여 언급할 때 발생하는 역설은 바로 《파르메니데스》에서의 역설이 동일선상에서 오늘날에 전해진 것이라고 할 수 있다.

이데아론을 다소 변형하여 형상 이론으로 만들려는 더 이상의 시도는 대화편 《소피스테스》에서 전개된다. 겉보기에 이 대화편의 목적은 소피스트에 대한 정의를 발견하려는 것이다. 하지만 이 결과로 제시된 정의는 명백히 일종의 농담에 지나지 않는다. 여기서 정의를 추구하는 과정은 정의를 추구하는 방법 중 하나를 보여 주는데 이 방법은 오늘날에도 스무고개 같은 말놀이 게임에서 흔히 사용된다. 이 게임에서 질문하는 사람의 임무는 둘 중 하나로만 대답할 수 있는 이분법적인 질문을 계속 던져서 대답하는 사람이 임의로 생각한 대상을 알아맞히는 것이다. 예를 들면 그것은 생물이냐 아니냐? 생물이라면 동물이냐 식물이냐? 동물이라면 인간이냐 아니냐? 이렇게 질문이 이어진다. 《소피스테스》에서 플라톤은 바로 이런 형태의 정의가 형이상학적으로 전제하는 바를 검토한다.

이 과정이 진지하게 진행된다면 이렇게 일종의 분할을 통하여 정의를 추구하려는 시도는 종은 속 아래에, 다시 좁은 속은 넓은 속 아래에 놓이는 계통수를 낳는다. 예를 들면 인간은 동물 아래, 동물은 생물 아래 놓인다. 이 계통수는 《파르메니데스》에서 중요한 요소로 드러났던 본질적 서술과 관련된다. 왜냐하면 이렇게 종과 속으로 이루어진 계통수에서 F 아래 놓이는 모든 것에는 F가 본질적 술어로 적용될 수 있기 때문이다. 따라서 동물임은 인간이기 위하여 필요한 바의 일부이며, 생물임은 동물이기 위하여 필요한 바의 일부가 된다.

소피스트를 정의하는 과정에서 우리는 거짓 사고와 거짓 대화의 문제를 만나게 된다. 즉 거짓의 본성에 관하여 논의하지 않고서는 진정한 철학자와 거짓을 늘어놓는 소피스트를 구별할 수 없다. 하지만 어떻게 우리는 역사상 실존했던 파르메니데스가 철학시에서 설명했던 덫에 걸리지 않고 거짓에 관하여 논의할 수 있는가(237a)? 무언가가 거짓이라는 말은 그것이 존재하지 않는다는 말이다. 그런데 존재하지 않는 바는 당연히 비존재이며, 파르메니데스가 제시한 근거들에 따르면 비존재는 단지 무의미할 뿐이다(238e). 따라서 무의미한 것에 관하여 언급하지 않고는 거짓인 바를 논의할 수 없는 듯이 보인다. 그렇다면 우리의 설명을 수정하여 무언가가 거짓이라는 말은 존재하는 바를 존재하지 않거나 존재하지 않는 바를 존재한다고 말하는 것이라고 주장해야 하는가? 그렇다면 이는 파르메니데스의 비난을 피할 수 있는가?

이 문제를 다루기 위해서는 파르메니데스를 존재하지 않는 바도 어떤 측면에서는 존재하며, 존재하는 바도 어떤 측면에서는 존재하지 않는다는 점에 동의하도록 만듦으로써 그를 무장해제하여야 한다(241d). 예를 들면 운동은 정지가 아니지만 그렇다고 해서 이 말이 운동이 전혀 아무것도 아님을 의미하지는 않는다(250b). 심지어 존재도 무언가가 아니라고 얼마든지 말할 수 있다. 예를 들면 존재는 운동이 아니며, 존재는 정지가 아니다(250c~e).

《파르메니데스》에서와 마찬가지로 《소피스테스》에서도 플라톤은 서로 다른 형상들 사이의 관계에 관심을 보인다. 여기서 그는 이 주제를 '형상들을 서로 얽히게 만드는 것'으로 묘사하는데 이때의 형상은 우리가 사용하는 언어의 근거로 작용한다(259e). 만일 어떤 형상도 서로 결합할 수 없거나 아니면 모든 형상이 서로 결합할 수 있다고 가정한다면 우리는 스스로 무덤을 파는 꼴이 된다(251e~252e). 어떤 형상들은 서로 결합할 수 있고 다른 형상들은 그렇게 할 수 없음이 명백하기 때문에 우리는 어떤 형상이 다른 형상들과 결합할 수 있는지를 탐구하여야 한다. 《파르메니데스》에서는 일자(*to hen*)가 핵심적인 역할을 담당했는데 현재의 탐구에서는 존재(*to on*)가 그런 역할을 담당한다. 하지만 존재와 더불어 다른 네 요소가 — 즉 운동, 정지, 같음, 다름이 — 검토되며 이들 사이의 상호관계가 탐구된다.

우선 다름이 존재와 결정적인 관계를 지닌다는 점이 드러난다(256d~e). 존재하지 않는 바에 관하여 말할 때 우리는 존재와 반대되는 비존재에 관하여 말하는 것이 아니다. 우리는 단지 존재하는 것들 중 하나와 다른 무언가에 관하여 말할 뿐이다(257b). 아름답지 않음은 아름다움과 다르며 정의롭지 않음은 정의로움과 다르다. 하지만 아름답지 않음이나 정의롭지 않음도 아름다움이나 정의로움과 마찬가지로 실재한다(257e~258a). 만일 무언가가 아니거나 무언가와 반대되는 것을 모두 한데 묶는다면 우리는 비존재의 범주를 얻는데 이 범주는 존재의 범주와 똑같이 실재한다. 따라서 우리는 파르메니데스가 우리를 가두었던 감옥에서 벗어나게 된다(258c).

이제는 사고와 말에서 드러나는 거짓을 설명할 차례이다. 문제의 핵심은 비존재는 무의미하므로 존재하지 않는 바에 관하여 말하거나 사고하는 것이 불가능하다는 점이었다. 하지만 이제 우리는 비존재도 엄연히 실재한다는 사실을 발견하였으므로 이를 사용하여 거짓 사고나 거짓 문장을 설명할 수 있다.

문장은 전형적으로 명사와 동사로 구성되며 무언가에 관하여 무언가라고 말하는 형식을 띤다(262a~e). '테아이테토스는 앉아 있다'와 '테아이테토스는 날고 있다'는 모두 테아이테토스에 관한 문장인데 이들 중 하나는 참이며 다른 하나는 거짓이다(263b). 이들은 테아이테토스와 관하여 서로 다른 것들을 언급하는데 참인 문장은 그에 관하여 현재 그에게 속하는 것들 중 하나를 언급하는 반면 거짓인 문장은 그에 관하여 현재 그에게 속하지 않는 것들 중 하나를 언급한다. 날고 있음은 결코 비존재가 아니라 존재하는 것들 중 하나인데 — 이런 방식으로 존재할 수 있는 것들이 엄청나게 많은데 — 단지 현재 테아이테토스에 속하는 것들, 즉 테아이테토스에 관하여 참으로 언급될 수 있는 것들과는 다를 뿐이다(263b).

《소피스테스》에서 때로 플라톤은 존재의 본성에 관한 논쟁을 철학적 호적수들 사이의 전투로 비유해서 묘사하기도 한다. 한 대목에서 이는 거인들과 신들 사이의 전투로 묘사되는데 거인들은 오직 물체만이 존재한다고 생각하는 유물론자이며 신들은 이데아론에서 등장하는, 물체가 아닌 형상만을 수용하는 관념론자에 해당한다(246a 이하). 다른 대목에서는 유물론자들이 헤라클레이토스를 수장으로 삼아 모든 것이 일종의 흐름이라는 (왜냐하면 모든 물체는 끊임없이 변화하기 때문에) 주장을 지지하는 사람들로, 형상을 지지하는 사람들은 파르메니데스를 수장으로 삼아 모든 실재는 변화하지 않는다는 주장에 따르는 사람들로 묘사된다. 마지막에 우리는 진정한 철학자라면 유일한 형상을 내세우든(즉 파르메니데스든) 아니면 수많은 형상을 내세우든(이데아론을 주장하는 플라톤이든) 간에 모든 진정한 실재는 불변한다고 주장하는 인물을 모두 거부하여야 한다는 말을 듣게 된다.

대화편 《소피스테스》는 우리 자신만의 케이크를 만들어 맛있게 먹으면서 존재는 불변하는 모든 것과 변화하는 모든 것을 포함한다고 말할 수 있는 방법을 우리에게 알려 준다(271d).

아리스토텔레스의 형상

아리스토텔레스는 이데아론을 철저히 비판하였다. 때로는 존경심과 더불어 비판하였고(예를 들면 *NE* 1. 6. 1096a11이하: 플라톤은 나의 스승이지만 진리가 더 큰 스승이다), 때로는 경멸하면서 비판하였다(예를 들면 *APo*. 1. 22. 83a28: 그 따위 헛소리는 집어치워야 한다). 다소 버릇없든 아니면 예의바르든 간에 그의 비판은 항상 플라톤의 중기 대화편에 등장한 이데아론을 대상으로 삼을 뿐 《파르메니데스》와 《소피스테스》에서 전개된, 더욱 발전된 형상 이론을 대상으로 하지는 않는다. 하지만 그는 자신의 저술에서 자주 플라톤의 후기 사상을 은연중에 사용하는데 이 점은 특히 그가 자기 자신의 형상 이론을 발전시키는 《형이상학》 7권에서 잘 드러난다. 여기서 그는 동일한 용어를 사용하여 플라톤의 이론과 그것이 지닌 난점을 마치 자기 자신의 것인 듯이 다룬다. 《형이상학》 7권은 분량이 많고 난해하기 때문에 이제 내가 제시하는 설명은 우리를 미궁에서 인도하는 실마리 정도로 받아들여졌으면 한다.

아리스토텔레스의 형상이 플라톤의 형상과 구별되는 대표적인 차이는 바로 분리되지 않는다는(*chorista*) 점이다. 아리스토텔레스의 형상은 항상 어떤 현실적인 개체의 형상이다. 그의 자연학에 관한 설명에서 이미 살펴보았

리피(Filippino Lippi)[3]는 아리스토텔레스가 플라톤주의를 거부하였든 그렇지 않든 간에 아퀴나스는 분명히 거부하였다고 보고 이를 그림으로 묘사하였다. (로마의 산타 마리아 소프라 미네르바 성당, 카라파 예배당 소장)

듯이 형상은 항상 질료와 결합하며 형상의 전형적인 예는 물질적 실체가 지닌 본질적인 또는 우연적인 형상이다. 하지만 그는 플라톤이 자신의 이론을 통해서 해결하려 했던 문제들을 피할 수는 없었다. 예를 들면 그는 동일한 이름으로 불리거나 같은 술어가 적용되는 많은 것들의 공통점이 무엇인가를

[3] 〔옮긴이 주〕 리피(1457~1504)는 피렌체 출신의 화가로 르네상스 초기에 활동하였으며 16세기 토스카나 지역의 화풍에 큰 영향을 미친 인물로 전한다.

묻는 사람에게 자기 나름대로의 대답을 제시하여야만 한다. 바꾸어 말하면 그는 보편적 용어들에 대하여 설명하여야만 한다.

《형이상학》 7권에서 아리스토텔레스는 존재, 실체, 질료, 형상 사이의 관계를 논의한다. 여기서 그는 자신이 《범주론》에서 제시한 실체와 술어에 관한 이론을 《자연학》에서 제시한 질료와 형상에 관한 이론과 서로 관련지으려 하는데 이들 둘을 한데 결합하는 동시에 변형하고 확충하여 결국 존재에 관한 자신의 견해를 밝히려 한다. '이전에도 제기되었고 현재도 제기되며, 항상 제기되고 항상 문제가 되는 질문은 바로 "존재란 무엇인가?"이다. 그런데 이는 "실체란 무엇인가?"를 묻는 질문이기도 하다'(*Z* 1. 1028ᵇ2~4).

그가 이 두 질문을 동일시하는 근거로 제시한 바는 《범주론》을 떠올리게 한다. 《범주론》에 따르면 존재하는 바는 모두 실체이거나 실체에 속하는 무언가, 즉 실체의 분량이나 성질 등이어야만 한다. 존재하는 바들의 목록을 만든다면 예를 들어 건강함이나 훌륭함 등이 당연히 여기에 포함된다. 하지만 모든 현실적인 건강함은 누군가의 건강함이며, 모든 현실적인 훌륭함 또한 무언가의 훌륭함이다. 이런 경우 무엇이 실제로, 진정으로 존재하는가라는 질문을 받는다면 이에 대한 대답은 이 건강한 사람 또는 이 훌륭한 개 등이 될 것이다(*Z* 1. 1028ᵃ24~30).

따라서 아리스토텔레스는 동물이나 식물, 흙과 물, 해와 별 등과 같은 물질적인 실재들이 실체라는 점을 명백히 제시한다(*Δ* 8. 1017ᵇ8; *Z* 3. 1028ᵇ8). 그는 이와 관련해서 제기되는 수많은 질문들을 잠시 미루어 두려하는데 이에 관해서는 우리도 잠시 후에 살펴보는 편이 적절하리라 생각된다. 이런 질문으로는 평면, 선, 점은 실체인가, 수는 실체인가 등을 들 수 있다. 그러나 그는 바로 이어서, 다소 돌려 말하기는 하지만, 플라톤의 철학에 대한 가장 근본적인 질문을 던진다. 우리가 감각을 통해서 지각할 수 있는 것들과 구별되는, 어떤 종류의 분리된 실체라도 존재하는가? (*Z* 3. 1028ᵇ8~32)

본질과 실질

우리는 플라톤이 《파르메니데스》에서 본질적 서술이라는 형식을 도입하였음을 이미 살펴보았다. 즉 만일 P가 S이기 위하여 필요한 바의 일부라면 S는 본질적으로 P이다. 아리스토텔레스는 이런 형식의 서술에 깊은 관심을 보인다. 《범주론》에서 이는 (제이)실체의 범주에 속하는 서술이다. 《형이상학》에서는 무언가가 어떤 종류의 것인가(*ti esti*)라는 질문에 대답하는 서술로 간주된다. 때로 아리스토텔레스는 어떤 것에 대하여 '그것은-무엇인가?'(what-is-it?)이라고 말하기도 하며 특히 현재의 논의와 관련해서 거의 번역이 불가능한 '토 티 엔 에이나이'(*to ti en einai*)라는 표현을 자주 사용한다. 이 표현은 정관사와 '그것은-무엇인가?' 그리고 '존재한다'(to be)는 동사의 부정사로 구성된다. 이를 문자 그대로 직역하면 어떤 것의 '바로 그렇게 무엇인가로 존재하는 바'(the what-is-it to be)가 되는데 이는 '그것은 무엇인가?'라는 질문에 대한 대답으로 존재의 종류를 밝히는 것에 해당한다.

아리스토텔레스의 저술에 라틴어로 주석을 단 학자들은 위와 같은 아리스토텔레스의 그리스어 표현을 자주 '쿼디타스'(quidditas)라는 라틴어로 번역하였다. 이는 위에서 언급한 '티 에스티'라는 그리스어 질문의 라틴어 번역인 '쿼드 에스트?'(Quid est?)에서 유래한다. 많은 영어권 학자들은 이를 '본질'(essence)로 번역하는데 이는 충분히 가능한 일이다. 하지만 나는 이 라틴어를 '실질'(quiddity)로 번역하려 한다. '본질'도 물론 라틴어에 어원을 두고 있다. 존재에 해당하는 그리스어로부터 실체에 해당하는 그리스어 '우시아'(ousia)가 유래하였듯이 '본질' 또한 '존재하다'를 의미하는 라틴어 동사 '에세'(esse)에서 유래하였다. 하지만 '우시아'에 대한 전통적인 번역어는 '실체'(substance)이며 이 번역어는 충분한 근거를 지닌다. 그렇다면 우리는 '본질'이라는 용어를 아리스토텔레스가 만들어 낸 또 다른 까다로운 개념을 적절하게 다루는 데 사용할 수 있다. 예를 들어 아리스토텔레스라면 그리스어 여격 다음에 부정사를 붙여 '금이기 위한 존재'라고 표현하면서 이를 통하여 '금이 금이기 위하여 필요한 바'를 의미하였겠지만 우리는 이를 금의 본질이라고 말할 수 있다. 본질의 개념을 이런 방식으로 구성하는 일은 다시 한 번 무언가가 금이라는 사실에 무엇은 포함되고 무엇은 포함되지 않는가라는 질문에 대한 플라톤의 관심에서 유래하였음을 알 수 있다. 하지만 대부분의 경우 '실질'을 '본질'과 동의어로 간주해도 큰 문제는 없다.

이런 예비적인 검토 작업과 더불어 이제 아리스토텔레스 자신이 《형이상학》 7권의 핵심적인 대목 첫머리에서 제시하는 논의 주제들을 살펴보자. 그는 '실체'가 네 가지의 중요한 의미를, 즉 실질, 보편, 유개념 그리고 주어의 의미를 지닌다고 말한다. 그는 뒤이은 장들에서 이 네 요소를 각각 다룬다. 주어는 3장에서, 실질은 4장과 5장에서, 유개념은 12장에 이르러서, 마지막으로 보편은 14장에서 각각 다룬다.

주어(*to hypokeimenon*)는 《범주론》의 제일실체와 같은 것임이 판명된다. 주어는 모든 것을 자신의 술어로 삼지만 자신은 다른 어떤 것의 술어도 되지 않는다. 그리고 이런 제일실체는 형상과 질료의 결합이라는 말이 이어진다. 이런 결합은 동상에서 청동과 동상의 형태가 결합하는 방식으로 이루어진다(1029a3~5). 이는 《자연학》에도 등장하였기 때문에 우리에게 무척 친근한 예이다. 하지만 질료는 실체가 아니다(왜냐하면 순수 질료는 그 자체만으로 현존할 수 없기 때문이다; 1029a27). 그리고 어떤 형상이 실체인지 아닌지를 발견하려면 그 형상과 실질의 관계를 살펴보면 된다.

실질에 관하여 다루면서 아리스토텔레스는 자신이 《형이상학》 5권에서(1017a7) 제시하였던, 본질적임(*kath'auto*)과 우연적임(*kata sumbebekos*) 사이의 구별을 사용한다. 나는 플라톤의 《파르메니데스》를 설명하면서 이미 이런 표현을 사용하였으며 플라톤의 그리스어 표현이 라틴어와 정확하게 일치하지 않는다는 점도 지적하였다. 본질적임과 우연적임에 해당하는 라틴어(*per se*와 *per accidens*)는 아리스토텔레스의 그리스어 표현을 번역한 것에 지나지 않는다. 이들 표현을 영어로 번역하려는 시도는 무익할 뿐인데 그 까닭은 라틴어나 그리스어 문구를 영어로 번역할 경우 이들의 의미는 항상 맥락에 따라 재해석되어야 하기 때문이다. 이들 표현도 다양한 맥락에서 사용되는데 그중 하나로 인과관계를 예로 들어 보자. 건축가는 집의 본질적인 원인이다. 즉 그는 집을 짓기 때문에 건축가이다. 하지만 만일 그가 우연히 눈이 멀게 되었다면 아마 신문에 '눈 먼 사람이 집을 짓는다'는 머리기사가 등장할 텐데 이 경우 눈 먼 사람은 집의 본질적인 원인이 아니라 우연적인 원인이 된다.

이 구별은 다음과 같은 방식으로 존재의 경우에 적용된다. 열 가지 범주에 속하는 실재들은 모두 본질적인 원인의 예라고 아리스토텔레스는 말한다. 어떤 것의 색이나 형태는 그것의 존재만큼이나 본질적이다(*Δ* 7. 1017a22). 따라서 본질적임과 우연적임 사이의 구별이 실체와 우연적인 것 사이의 구별과 같지 않음은 명백하다. 혼란스러울지 모르지만 우연적인 것들도 본질적인 존재들이다. 우연적으로 존재하는 것은 바로 어떤 우연에 의해서 속성을 부여받은 실체라고 말할 수 있다. 따라서 소크라테스의 지혜는 본질적인 존재이지만 지혜로운 소크라테스는 그렇지 않다. 그는 우연적인 존재이다.

아리스토텔레스는 자신의 이런 정의를 실질을 정의하는 데도 이용한다. 실질은 어떤 것에 대하여 본질적으로 말할 수 있는 바이다. 당신이 학자라 할지라도 당신은 본질적으로 사람인 것과 같은 방식으로 본질적으로 학자는 아니다(*Z* 4. 1029b15). '학자 테오프라스토스'라는 말은 우연적인 존재를 지칭한다. 반면에 '인간 테오프라스토스'라는 말은 본질적인 존재를 지칭하며 '테오프라스토스는 한 인간이다'라는 말은 본질적인 서술이다. 그렇다면 인간임은 테오프라스토스의 실질 또는 본질이다.

더 나아가 실질은 정의를 통해서 제시되는 바라는 말도 등장한다. 이 말은 혼란을 불러일으키는데 그 까닭은 오직 본질적인 존재만이 정의될 수 있는 것은 아니기 때문이다. 예를 들면 아리스토텔레스에게 우편배달부가 우연적인 존재임은 명백하다. 하지만 '우편배달부'를 '우편물을 나르는 사람'으로 정의할 수는 없는가(1029b27 참조)? 이에 대하여 아리스토텔레스는 우리가 'X'와 같은 의미를 지니는 단어들을 나열한다고 해서 항상 'X'를 정의하는 것은 아니라고 대답한다. 만일 그렇지 않다면 서사시 전체가 '일리아스'(Iliad)라는 단어에 대한 정의가 되고 만다(*Z* 4. 1030a9). 정의는 반드시 종개념 및 유개념과 관련해서 내려져야 하며 오직 이런 정의만이 실질로 이어진다(*Z* 4. 1030a12).

실체뿐만 아니라 우연적인 것들도 이런 방식으로 정의될 수 있다. 우리는 말(馬)이란 무엇인가라고 물을 수 있듯이 '삼각 모양의 것'이 무엇을 의미하는가라고도 물을 수 있다. 이를 허용하기 위하여 아리스토텔레스는 정의에 대하여 자신이 처음 제시했던 엄격한 기준을 기꺼이 완화한다. 그는 '정의'를 비롯하여 '존재', '실질' 그리고 '본질' 등이 모두 유사한 의미의 용어라고 말한다. 이들 넷은 모두 일차적으로 오직 실체에만 속하는데 이는 '건강에 좋음'이라는 말이 일차적으로 환자에게만 적용되는 술어이며 오직 이차적으로만 의술이나 의학용 도구에 적용되는 술어임과 마찬가지이다. 또한 이들 넷은 이차적으로 우연적인 것들에도 적용되며, 삼차적으로는 심지어 우연적으로 존재하는 것들에도 적용된다(*Z* 4. 1030b1 ; 5. 1031a9).

그 다음에 아리스토텔레스가 던지는 질문은 어떤 것과 그것의 실질 사이의 관계는 무엇인가이다. 이에 대한 그의 대답은 이들 둘이 동일하다는 것이다. 이 대답은 우리를 놀라게 한다. 왜냐하면 어떤 것은 명백히 구체적이지만 그것의 실질은 명백히 추상적이기 때문이다. 이런 놀라운 주장을 정당화하려는 시도로 그는 우선 어떤 것은 분명히 그 자신이라는 실체와 동일한데 어떤 것의 실질은 그것의 실체로 불린다는 점을 지적한다. 여기서 발생하는 혼란을 해결하는 더욱 직접적인 방법은 이미 《범주론》에서 제시된 듯하다. 예를 들면 소크라테스는 제일실체와 동일하며 그의 실질은 제이실체이다.

하지만 이제 《형이상학》에서 아리스토텔레스는 '제이실체'가 진정으로 의미하는 바는 과연 무엇인가라는 질문에 답하려 한다. 즉 '소크라테스는 인간이다'에서 '인간'은 무엇을 의미하는가?

이에 대한 대답으로 아리스토텔레스가 제일 먼저 검토하는 것은 플라톤식의 대답, 즉 '인간'은 소크라테스 자체와는 구별되는 무언가로서의 인간임을 의미한다는 대답이다. 아리스토텔레스는 이런 대답이 성립할 수 없음을 보이기 위하여 제삼인간 논변을 다소 변형하여 사용한다. 만일 말이 자신의 실질과 구별된다면 말의 실질은 또 다시 자신의 특유한 실질을 지녀야 하며 이런 과정이 영원히 반복된다는 것이다. 아리스토텔레스는 다음과 같은 언급으로 논의를 마무리 짓는다. '그렇다면 어떤 것에 대하여 일차적으로 그리고 본질적으로 말할 수 있는 바와 그것의 본질은 하나이며 서로 동일하다' (***Z*** 6. 1032^a8).

이 말이 의미하는 바는 다음과 같은 듯하다. '소크라테스는 지혜롭다'와 같은 문장에서 '지혜롭다'는 단어는 우연적인 것, 즉 소크라테스의 지혜를 의미하는데 이는 소크라테스 자신과는 구별된다. 반면에 '소크라테스는 인간이다'에서 '인간'이라는 단어는 소크라테스 자신과 구별되는 어떤 것도 의미하지 않는다. 우리는 소크라테스와 그의 지혜를 구별할 필요가 있는데 그 까닭은 이 둘이 서로 다르게 전개될 수 있기 때문이다. 소크라테스가 나이를 먹으면 그의 지혜는 증가할 수도 있고 완전히 사라질 수도 있다. 하지만 소크라테스와 그가 인간이라는 사실은 이렇게 서로 다르게 전개될 수 없다. 소크라테스라는 말은 곧 인간이라는 말이며 만일 소크라테스가 더 이상 인간으로 존재하기를 멈추면 그 자신도 더 이상 존재할 수 없다.

하지만 구체적임과 추상적임 사이에는 설명되어야 할 더 이상의 무언가가 남아 있지 않은가? 아리스토텔레스는 7장과 8장에서 존재하게 됨에 관하여 논의함으로써 이 질문에 답하는 데 도움을 준다. 여기서 그는 어떤 것이 존재하게 될 때 그것의 형상이나 실질이 현존하기 시작하는 것은 아니라는 사실을 논점으로 삼는다. 계속해서 지나칠 정도로 자주 언급한 비유를 다시 사용하여 그는 만일 내가 청동으로 된 둥근 공을 만든다면 이를 통해서 나는 청동을 만들지도, 둥근 형태를 만들지도 않는다. 그는 이를 일반화하여 다음과 같이 말한다.

> 현존하게 되는 바는 항상 분리될 수 있어야 하며 또한 서로 구별되는 두 구성 요소가 반드시 존재해야만 하는데 그중 하나는 질료이며 다른 하나는 형상이다. … 이로부터 형상 또는 실체라고 불리는 부분이 현존하게 되는 것은 아니라는 점이 명백해진다. 현존하게 되는 바는 형상에 따라 이름이 붙여지는 복합적인 실재이다. (*Z* 8. 1033^{b}16～19)

이어서 그는 플라톤에 반대되는 결론을 이끌어 낸다. 만일 형상이 현존하게 되는 것이 아니라 그저 질료와 결합할 뿐이라면 어떻게 형상이 현존하게 되는가를 설명하기 위하여 분리된 이데아로서의 형상에 호소할 필요는 조금도 없다(*Z* 8. 1033^{b}26).

또한 우리는 개별적인 실재가 어떻게 자신의 형상을 얻게 되는가를 설명하기 위해서도 이데아로서의 형상에 호소할 필요가 없다. 인간은 이데아로서의 인간이 아니며 자신의 부모로부터 자신의 형상을 물려받는다(*Z* 8. 1033^{b}32). 적절한 질료에 형상을 부여하는 데 책임을 져야 할 사람은 바로 아버지이다(어머니도 당연히 포함되지만 아리스토텔레스는 어머니는 언급하지 않는다). '최후의 결과물, 즉 이와 같은 살과 뼈에 이러저러한 형상이 더해진 결과물이 바로 칼리아스나 소크라테스이다. 이들을 서로 구별되게 만드는 바는 바로 서로 구별되는 그들의 질료이다. 하지만 그들의 형상은 서로 동일하다(왜냐하면 형상은 더 이상 세분되지 않기 때문이다)'(*Z* 8. 1034^{a}8). 바로 이 언급을 통하여 아리스토텔레스는 이후 오랜 역사를 지니게 되는 하나의 이론, 즉 질료가 개체화의 원리라는 이론을 명확히 제시한다. 이 이론에 따르면 어떤 두 개체가 서로 아무리 다르다 할지라도 그들을 서로 구별되게 만드는 바는 그들의 속성이나 특징의 차이가 결코 아니다. 왜냐하면 그들이 결코 서로 동일하지 않으면서도 얼마든지 서로 유사할 수 있기 때문이다. 예를 들면 완두콩 두 개는 아무리 서로 비슷하다 하더라도 두 개이지 하나의 완두콩이 아니다. 왜냐하면 그들은 서로 다른 질료를 지니기 때문이다.

다른 대목에서 아리스토텔레스는 형상과 실질을 동일시하면서(예를 들면 *Z* 7. 1032ª33) 계속해서 인간을 비롯한 다른 동물들의 경우 형상 및 실질은 영혼과 동일시되어야 한다고 말한다(*Z* 10. 1035ᵇ14). 이는 새로운 문제를 일으킨다. 만일 영혼이 실질이고 실질이 이를 소유한 존재와 동일하다면 이는 소크라테스가 소크라테스의 영혼과 동일함을 의미하는가? 아리스토텔레스도 이런 가능성에 대하여 잠시 생각했던 듯이 보인다(*Z* 11. 1037ª8). 하지만 그는 이런 의견에 대하여 신중하게 검토하지는 않으며 계속해서 영혼과 형상, 실질이 동일하다는 자신의 주장을 정당화해 나간다. '인간과 말 그리고 개체들에 대하여 보편적으로 적용되는 바 모두는 실체가 아니다. 실체는 이런 정의와 보편적으로 받아들여지는 이런 질료의 결합체이다'(*Z* 10. 1035ᵇ27). 이는 살과 뼈를 지닌다는 사실이 분명히 인간의 일부임을 의미한다. 하지만 **바로 이** 특정한 살과 뼈를 지닌다는 사실이 인간의 일부는 아니다. 그것은 소크라테스라는 개인의 일부이다.

그렇다면 우리는 형상-질료라는 쌍과 육체-영혼이라는 쌍이 서로 어떤 관계를 이루는지 궁금해할지도 모른다. 아리스토텔레스는 《형이상학》 7권 11. 1037ª5에서 동물은 육체와 영혼의 결합이라고 말하면서 분명히 육체와 질료를 동일시한다. 하지만 여기서 그는 영혼이 형상이라고 말하지는 않으며 영혼은 제일실체라고 규정한다. 바로 다음에 이어서 그는 제일실체는 사물에 내재한 형상이며, (이와는 다른 종류인) 실체는 이런 형상과 질료의 결합이라고 말한다(*Z* 11. 1037ᵃ29). 그런데 이런 주장과 그가 이전에 주장했던 바를 서로 조화시키려면 우리는 지금 그가 '제일실체'라고 부르는 바를 그가《범주론》에서 '제이실체'로 불렀던 바와 동일시하여야 한다!

그렇다 해도 여전히 심각한 문제가 남는다. 앞서《형이상학》의 한 대목을 탐구하면서 우리는 아리스토텔레스가 '소크라테스는 인간이다'라는 문장에서 '인간'이라는 술어는 다름 아닌 소크라테스 자체를 나타낸다는 결론에 도달하였다고 확신할 수 있었다. 그런데 지금은 인간이라는 술어가 소크라테스의 형상이나 영혼을 나타내는 듯이 보인다. 즉 다름 아닌 형상이나 영혼이 소크라테스에 대한 정의를 제공하며 또한 이는 소크라테스의 질료와는 구별되는 듯이 보인다. 그런데 소크라테스의 육체는 명백히 소크라테스의 일부이다. 하지만 육체는 소크라테스에 대한 정의 또는 그의 실질 중 일부인가?

아리스토텔레스가 정의를 다룬 내용에서 어떤 실마리가 발견된다. 정의는 부분들로 구성되며 이를 통해서 정의되는 실체 또한 부분들을 지닌다. 아리스토텔레스는 설령 A가 X의 일부라 할지라도 이 사실이 A에 대한 정의가 항상 X에 대한 정의의 일부여야 함을 의미하지는 않는다는 점을 설명하기 위하여 한 장을 할애한다. (당신은 직각을 정의하기 위하여 예각을 언급할 필요가 없으며 그 역 또한 마찬가지로 성립한다; *Z* 11. 1035ᵇ6.) 정의는 형상의 일부를 언급하여야 하지만 질료의 일부를 언급할 필요는 없다. 우리가 플라톤의 후기 대화편에서 이미 접하였듯이 형상의 부분들은 유개념과 종개념을 나누는 분할의 방법을 통해서 확인될 수 있다.

이제 우리는 소크라테스의 육체가 그의 실질 중 일부인가 아닌가를 묻는 질문이 왜 잘못인지를 이해할 수 있다. 육체와 영혼은 소크라테스의 부분들이다(다소 특별한 종류의 부분들인데 이에 관해서는 다음 장에서 설명하려 한다). 이성적임과 동물임은 소크라테스의 실질 중 일부이다. 그리고 동물임은 육체를(특별한 종류의 유기적인 물체를) 지님을 포함한다. 하지만 **육체를 지닌다는 사실**과 육체 자체는 전혀 동일하지 않다. 따라서 소크라테스의 육체가 그의 실질 중 일부인가를 묻는 질문은 구체적인 것과 추상적인 것을 혼동하는 잘못을 범하는데 앞에서 우리는 바로 이런 이유를 들어 아리스토텔레스 자신을 비난하려는 유혹에 빠지기도 했다. 다른 한편으로 우리는 영혼에 대해서도 이런 말을 해야만 한다. 영혼은, 아리스토텔레스가 가끔 부주의하게 주장하는 바와는 달리, 그저 실질과 동일시될 수 없다. 인간이 된다는 것은 유기적 육체를 얻기에 합당한, 적절한 종류의 영혼을 소유함을 의미한다.

우리는《형이상학》에서 전개된 실체 이론을 의미 있게 만들기 위하여 최선을 다하였다. 그런데 이는 아리스토텔레스가 더욱 근본적인 질문, 즉 존재란 무엇인가라는 질문에 답하기 위하여 도입한 주제였다. 이제 이 질문을 직접 다룰 때가 된 듯하다.

존재와 현존

아리스토텔레스가 토 온(*to on*)이라는 그리스어 표현을 파르메니데스와 같은 방식으로 사용하였음은 명백하다. 즉 존재는 무엇으로라도 존재하는 바 모두를 의미한다. 존재의 의미를 설명할 때마다 아리스토텔레스는 '존재한다'에 해당하는 그리스어 동사의 의미를 설명한다(예를 들면 *Δ* 7. 1017^{a}6 이하; *Z* 2. 1028^{a}19 이하).

'이다 또는 있다'(is)라는 단어를, 그 다음에 술어가 뒤따르든 그렇지 않든 상관없이, 포함하는 참인 문장의 주어가 될 수 있는 모든 요소는 존재를 포함한다. 따라서 '소크라테스가 있다'(Socrates is)와 '소크라테스는 지혜롭다'(Socrates is wise)는 모두 존재에 관한 무언가를 언급한다. 아리스토텔레스에 따르면 모든 범주의 술어들은 존재를 나타낸다. 왜냐하면 술어로 대체될 수 있는 모든 동사는 '이다'라는 계사를 포함하기 때문이다. 예를 들면 '소크라테스는 뛴다'는 '소크라테스는 뛰는 사람이다'로 대체될 수 있다. 실체의 범주만을 제외하고 다른 모든 범주에 속하는 존재 모두는 속성이거나 아니면 실체의 변형이다. 이것이 바로 우리가 존재의 본성을 이해하기 위하여 실체를 탐구해야 하는 이유이기도 하다.

파르메니데스와 마찬가지로 아리스토텔레스도 존재와 현존(existence)을 동일시하지 않는다. 《형이상학》 5권에서 철학적 용어들을 정의한 내용 중 '존재' 항목을 보면 '현존'은 이 단어의 의미 중 어느 하나로도 언급되지 않는다. 이는 다소 놀라운 일이다. 왜냐하면 논리적 저술들에서 그는 때로 현존을 특별한 의미의 존재와 동일시하는 듯이 보이기 때문이다. 하지만 그는 《소피스트 식 논박》에서는 '무언가라는 것은 있다는 것과 같지 않다'고, 즉 F라는 것과 있다는 것은 같지 않다고 분명히 말한다(5. 167ª2). 그는 오류를 범한 몇몇 추론들을, 예를 들면 '있지 않는 것은 있다. 왜냐하면 있지 않는 것은 생각될 수 있기 때문이다' 또는 'X는 있지 않다. 왜냐하면 X는 인간으로 있지 않기 때문이다' 등을 해결하는 데 이 원리를 사용한다. 또한 그는 이미 있기를 멈춘 것과 그것이 F라는 점을 연결하면서도 이와 유사한 태도를 보인다. 예를 들면 '호메로스는 시인이다'라는 사실로부터 그가 있다는 점은 도출되지 않는다(*Int*. 11. 21ª25).

《분석론 후서》의 유명한 한 대목에서(11. 7. 92ᵇ14) 아리스토텔레스는 '있다는 점은 그 어떤 것의 실체(*ousia*) 중 일부가 아니다. 왜냐하면 있다는 점(*to on*)은 유개념이 아니기 때문이다'라고 말한다. 이 말은 현존은 어떤 것의 본질 중 일부가 아니라는 말로, 즉 어떤 것이 **현존한다는** 점이 그 어떤 것이 **있는 바**는 아니라는 말로 해석될 수 있다. 만일 이렇게 해석될 수 있다면 쇼펜하우어(Schopenhauer)가 아리스토텔레스에 대하여 언급하면서 그가 거의 예언자적인 통찰을 통해서 이른바 존재론적 신 존재 증명을 미연에 방지하였다고 칭찬한 내용이 타당할 수도 있다.[4] 하지만 이것이 위의 대목에

[4] G. E. M. Anscombe, in Anscombe and P. T. Geach, *Three Philosophers* (Oxford: Blackwell, 1961), 20~1 참조.

대한 유일한 해석인지는 그리 명확하지 않다.

존재한다는 점이 유개념이 아니라는 전제가 현존하는 바와 같은 종류의 것이 존재하지 않는다는 점을 의미할 필요는 없으며 설령 그런 것이 존재한다 할지라도 이 전제는 유지될 수 있다. 다른 곳에서 아리스토텔레스는 존재가 유개념이 아닌 까닭은 유개념은 자기 자신과 구별되는 어떤 차이를 통해서 종개념으로 분화되는 반면 이런 차이 자체는 모두 일종의 존재이기 때문이라고 말한다(*Metaph*. *B* 3. 998b21). '존재한다'가 '현존한다'를 의미해야 한다는 점이 가장 명확하게 드러나는 경우는 '존재한다'가 '우연적인 실재들'에 적용될 때이다. 아리스토텔레스가 '지혜로운 소크라테스가 있다'고 말하면서 이를 '소크라테스는 지혜롭다'와 구별해야 한다고 주장할 때 그가 의미할 수 있는 바는 오직 지혜로운 소크라테스가 현존하며 이런 사실이 존재하는 바들 중의 하나라는 점인 듯하다. 하지만 아리스토텔레스가 그저 '소크라테스가 있다'라고 말할 때 이것이 소크라테스가 현존함을 의미하는지 아니면 소크라테스가 어떤 술어의 주어임을 의미하는지를 결정하기란 훨씬 더 어렵다. 계사 '이다'와 현존을 의미하는 '있다' 사이의 구별은 우리에게는 매우 명확한 듯이 보이지만 이를 아리스토텔레스에게 강요해서는 안 된다.

'이다'가 주어와 술어를 연결하는 계사로 사용될 때 우리는 이것이 무엇을 나타내는가라고 물을 수 있다. 아리스토텔레스의 원전에 따르면 이에 대한 두 가지 설명이 가능하다. 그중 하나는 '이다'가 아무것도 나타내지 않는다는 설명이다. '이다'는 단지 불완전한 기호로서 그 자체만으로는 아무것도 의미할 수 없으며 항상 술어를 동반해야만 한다. 따라서 '…은 희다'(… is white)는 우연적인 형태의 '흼'을 나타내는 것으로 여겨져야 한다. '이다'가 무엇을 지시하는가라는 질문에 대해서는 어떤 일반적인 대답도 할 수 없지만 '…는 P이다'가 무엇을 지시하는가라는 질문에 대해서는 일반적으로, 예를 들면 열 가지 범주 중 하나에 속하는 실재를 언급함으로써, 어떤 대답을 할 수 있다.

원전의 내용과 더욱 잘 들어맞는 다른 하나의 설명은 계사 '이다'가 **있음**(being)을 나타내는데 이때의 있음은 '뛰고 있음'(running)의 경우처럼 동명사로 간주되어야 한다는 것이다. 그런데 이렇게 말하면 우리는 다양한 유형의 있음이 존재한다는 점에 동의해야 하는 듯하다. 즉 실체가 술어가 되는 '…은 말이다'에서 '이다'가 지시하는 있음은 실체적인 있음인 반면 우연적인 술어 '…은 희다'에서 '이다'가 지시하는 있음은 성질의 범주에 대응되는 우연적인 있음으로 보아야 한다. 더욱 상세히 검토하면 서로 다른 종류의 있음들을 구별할 수 있고 따라서 서로 다른 의미의 '이다'를 구별해야 되는 듯하다.

이런 방식의 해석을 강력하게 지지하는 대목은 《형이상학》 8권의 2장에 등장한다. 여기서 아리스토텔레스는 어떤 것들이 서로 구별되는 방식에는 여러 가지가 있다고 말한다. 때로는 그들을 구성하는 내용물이 결합된 방식이 서로 다르기 때문에 구별되기도 한다. 예를 들면 내용물은 때로 여러 가지를 섞은 음료수처럼 서로 혼합되기도 하고, 때로 곡식의 단처럼 한데 묶이기도 하고, 때로 책의 경우처럼 한데 붙여지기도 한다. 또한 위치 때문에 서로 구별되기도 한다. 예를 들면 벽돌은 문 위에 놓이는가 아래에 놓이는가에 따라 상인방이 되기도 하고 문지방이 되기도 한다. 아침 식사와 저녁 식사는 시간 때문에 구별되며, 바람은 방향 때문에 서로 구별된다. 아리스토텔레스는 계속해서 '이다'가 서로 다른 많은 의미로 사용된다고 말한다. 문지방은 이런저런 위치에 놓여 있기 때문에 문지방**이며** 따라서 그것의 있음은 그렇게 위치함을 의미한다. 얼음은 이런저런 방식으로 응결되었기 때문에 얼음이다(*H* 3. 1043^{b}15 이하).

아리스토텔레스가 현존에 대한 설명으로 존재를 다루었다고 본다면 이는 실수일지 모르지만 그가 이 분야에서 철학자들을 괴롭혔던 문제를 전혀 몰랐다고 생각한다면 이는 명백히 틀린 생각이다. 철학자들이 무엇이 진정으로 현존하며 무엇은 그렇지 않은가라고 자문할 때 이들은 구체적인 것과 추상적인 것 사이의 대비를(예를 들면 소크라테스 대 지혜, 소크라테스 대 인간임) 생각했을 수도 있고 허구와 사실 사이의 대비를(예를 들면 페가소스(Pegasus) 대 부케팔로스(Bucephalus))[5] 아니면 현재까지 전하는 것과 이미 사라진 것 사이의 대비를(예를 들면 대피라미드 대 파로스 섬의 등대) 생각했을 수도 있다. 다른 곳에서 아리스토텔레스는 이들 셋을 모두 다룬다.

우리는 앞에서 범주들을 소개하면서 아리스토텔레스가 추상적인 것들을 어떻게 다루었는지에 대하여 꽤 상세히 검토하였다. 우연적인 것들은 실체의 변형이므로 추상적인 것들, 즉 색이나 작용, 변화 등에 관한 진술은 제일 실체에 관한 것들 중 하나로 분석된다. 반면에 실체의 범주에 속하는 술어들은 이 범주에 속하는 적절한 개체들과 구별되는 다른 어떤 실재의 — 예를 들면 인간의 형상과 같은 — 현존도 포함하지 않는다.

아리스토텔레스는 '이다'가 '참이다'를 의미하는 경우를 도입함으로써 허구에 관한 문제를 다루기 위한 수단을 스스로 마련한다(*Δ* 7. 1017^{a}31). 허구는 순전한 생각**이다**. 하지만 그것은 **있지 않으며** 따라서 참이 아니다. 현재까지 전하는 것과 이미 사라진 것을 다루면서 아리스토텔레스는 어떤 것이 현존하게 될 수도 있고 현존하다가 없어질 수도 있음을 형상과 질료 이론을 통해서 설명함으로써 문제를 해결한다. 현존한다는 것은 어떤 형상 아래에 질료가 있음으로 그것이 어떤 종류의 것으로 있음을 의미한다. 만일 소크라테스가 더 이상 자신의 형상을 소유하지 않는다면, 즉 그가 더 이상 인간으로 있지 않는다면 그는 더 이상 현존하지 않게 된다.

우리는 아직 아리스토텔레스가 형이상학에 기여한 바 중 가장 중요한 부분, 이른바 현실태와 가능태의 이론을 상세히 검토하지 않았다. 그 어떤 것에 관해서, 우유 1파인트에서 경찰관에 이르는 어떤 것에 관해서 검토하더라도 우리는 현재 그것에 대해서 참인 수많은 것들을 발견하는 동시에 지금은 참

[5] 〔옮긴이 주〕 페가소스는 그리스 신화에 나오는, 날개 달린 상상의 말이며, 부케팔로스는 알렉산드로스 대왕이 즐겨 탔던 실제의 말이다.

이 아니지만 앞으로 언젠가는 참이 될 수 있는 많은 것들도 발견한다. 예를 들면 현재 1파인트의 액체는 우유**이다**. 하지만 그것은 버터로 변화**할 수 있다**. 현재 한 경찰관은 뚱뚱하고, 얌전하고, 오직 영어밖에 못하지만 만일 그가 원한다면 그는 날씬하고, 거칠고, 프랑스어를 말하도록 변화할 수 있다. 아리스토텔레스는 어떤 것이 현재 있는 바 또는 행하는 바를 그것의 현실태(*energeia*)라고, 그것이 될 수 있는 바 또는 행할 수 있는 바를 그것의 가능태(*dynamis*)라고 부른다. 따라서 1파인트의 액체는 현실적으로는 우유지만 가능적으로는 버터이다. 그 경찰관은 현실적으로는 뚱뚱하지만 가능적으로는 날씬하다 등으로 말할 수 있다. 현실태와는 대조적으로 가능태는 어떤 종류의 변화를, 자기 자신의 작용을 통해서든 아니면 다른 행위자의 영향을 받아서든 간에, 겪을 수 있는 능력이다. 그런데 뚱뚱함에서 날씬함으로의 변화는 우연적인 변화이다. 이 경우 실체는 지금 F가 될 가능성을 지닐 수도, F가 안 될 가능성을 지닐 수도 있다. 하지만 아리스토텔레스는 우유에서 버터로의 변화는 본질적인 변화라고 주장한다. 그런데 이 경우 이전과는 다른 실체적 형상을 받아들일 가능성을 소유하는 것은 실체가 아니라 바로 질료이다.

물론 앞에서 질료-형상과 실체-우연적인 것에 관하여 탐구하면서 우리는 사실상 특별한 유형의 가능태와 현실태를 이미 접하였다. 형이상학의 역사에서 이런 분석이 중요한 까닭은 아리스토텔레스가 이를 파르메니데스, 헤라클레이토스, 플라톤의 도전을 무산시킬 수 있는 방법으로 보았기 때문이다. 초기 형이상학자들은 존재가 존재로부터 생겨난다거나 존재가 비존재로부터 생겨난다고 말함으로써 발생하는 역설에 지나치게 매달렸다. 아리스토텔레스는 현실적인 존재가 가능적인 존재로부터 생겨난다고 말함으로써 이런 역설의 고리를 끊으려 한다. 물론 그의 말이 모든 철학적 난문을 해결하는 마법의 처방은 아니다. 하지만 그것이 서로 다른 유형의 가능한 변화들을 상세히 분석할 수 있도록 만드는 적절한 디딤돌임은 분명하다.

아리스토텔레스 스스로 자신의 이런 탐구를 '형이상학'(Metaphysics)이라고 부르지는 않았다. 이 명칭은 처음에는 단지 '자연학 다음'(After Physics)을 의미하였으며 그의 저술을 편집한 사람들이 전체 저술에서 이 부분이 차지하는 장소를 나타내기 위하여 붙였을 뿐이다. 하지만 아리스토텔레스 자신도 '존재로서의 존재에 관한, 그리고 그 자체로서의 존재에 속하는 것들에 관한 이론을 제시하는 학문 분야가 있다'고 말한다(*Γ* 1. 1003a21). 이 분야는 '제일철학'으로 불리며, 제일원리와 궁극적 원인들에 관심을 보인다. 그런데 아리스토텔레스는 이 분야의 주제를 설명하면서 서로 대립하는 두 가지를 제시하는 듯하다. 이 분야에 속하는 주제 중 하나는, 다른 개별적인 학문의 주제와는 달리, 전체로서의 존재이며 다른 하나는 특별한 종류의 존재, 이른바 신성하고 독립적이며 불변하는 실체이다(이 때문에 그는 가끔 이 분야를 '신학'이라고 부르기도 한다). 그렇다면 우리는 이 둘이 존재로서의 존재에 대한 서로 다른 두 설명이라고 말해야 하는가?

그렇지 않다. 존재로서의 존재 따위는 존재하지조차 않는다. 오직 존재를 탐구하는 서로 다른 방법들이 있을 뿐이다. 우리는 존재로서의 존재를 탐구할 수 있다. 그러나 이것은 어떤 신비한 대상에 관한 탐구가 아니라 오히려 특별한 종류의 탐구를 수행하는 것으로 보아야 한다. 이 탐구는 아리스토텔레스의 다른 모든 학문과 마찬가지로 원인들에 대한 탐구이다. 우리는 존재로서의 존재를 탐구하면서 가장 보편적이고 근본적인 원인을 추구한다. 이를 다른 학문 분야들과 비교해 보자. 인간 생리학을 연구하면서 우리는 동물로서의 인간을 탐구한다. 말하자면 우리는 인간이 동물과 공통적으로 지니는 구조와 기능 등을 탐구한다. 하지만 동물로서의 인간이라는 실재 따위는 당연히 존재하지 않는다.

무언가를 하나의 존재로 탐구한다는 말은 그것이 다른 모든 것들과 공통적으로 지니는 바와 관련해서 그것을 탐구한다는 말이다. (다소 거창한 듯이 들릴지 모르지만 얼마든지 이렇게 생각해 볼 수 있으며, 앞에서 살펴보았듯이 아리스토텔레스 자신도 어떤 것도 본질 또는 본성만으로는 존재를 얻을 수 없다고 말한다.) 그러나 우주를 존재로서 탐구한다는 말은 우주를 우리를 둘러싼 하나의 거대한 체계로, 즉 많은 것들을 생성하고 계속 현존하도록 만드는 모든 원인을 포괄하는 체계로 보고 이를 탐구한다는 말이다. 아리스토텔레스가 생각한 원인들의 계층적 질서에서 최고의 위치를 차지하는 것은 — 이에 관해서는 9장에서 더욱 상세히 살펴보겠지만 — 운동하는 천체와 모든 생성과 소멸의 목적인이 되는 부동의 동자이다. 아리스토텔레스가 제일철학이 전체로서의 존재를 탐구한다고 말할 때 그는 제일철학은 바로 이런 영역을 설명해야 함을 의미한다. 또한 그가 제일철학이 신성한 것에 관한 학문이라고 말할 때 그는 제일철학이 궁극적인 설명의 원리를 다루어야 함을 의미한다. 따라서 아리스토텔레스의 제일철학은 존재로서의 존재에 관한 학문인 동시에 신학이기도 하다.

에피쿠로스학파와 스토아학파는 플라톤과 아리스토텔레스가 선점하였던 존재론적인 문제들에는 거의 관심을 보이지 않았다. 하지만 다음과 같은 하나의 일종의 발전은 간단히 지적할 만하다.

자신의 편지 중 한 편에서 세네카는 친구에게 어떻게 사물들이 종개념과 유개념으로 분류되는지를 설명한다. 인간은 동물의 종이지만 **동물**이라는 유개념 위에는 다시 **물체**라는 유개념이 있다. 왜냐하면 어떤 물체는 생명이 있지만 다른 물체는(예를 들면 바위는) 생명이 없기 때문이다. 그렇다면 **물체** 위에도 어떤 유개념이 있는가? 있다. 그 위에는 존재하는 바(*quod est*)라는 유개념이 있다. 존재하는 것들 중 일부는 물체이지만 다른 일부는 물체가 아니기 때문이다. 그리고 세네카에 따르면 이 존재하는 바가 최고의 유개념이다.

> 하지만 스토아철학자들은 이 위에 다시 또 다른 유개념을, 제1의 유개념을 놓으려 한다. 이런 스토아철학자들은 이 제1의 유개념을 '무언가'라고 생각한다 — 이제 그 이유를 설명해 보자. 그는 본성상 어

> 떤 것들은 존재하고 어떤 것들은 존재하지 않는다고 말한다. 그렇다면 이 본성이라는 것은 존재하지 않는 것들도 포함한다 — 예를 들면 켄타우로스(Centaurs)[6]나 거인처럼 우리 마음속에만 있는 것, 실체가 없으면서 일종의 상으로만 떠오르는 환상적인 허구를 모두 포함한다. (Ep. 58. 11～15)

여기서 세네카는 파르메니데스까지 거슬러 올라가는 복잡한 논의를 전혀 도입하지 않고 '존재한다'는 동사를 '현존한다'와 동일시하며 우리는 이 점을 분명히 발견할 수 있다.[7] 이는 큰 발전이다. 다른 한편으로 현존하는 것과 현존하지 않는 것을 최고의 위치를 차지하는 하나의 존재론적 유개념, 이른바 '무언가'(*ti, quid*)의 아래에 놓이는 두 개의 종으로 봄으로써 스토아학파는 그 후 수세기 동안 이어진 철학적 혼동의 빌미를 제공하기도 하였다. 이런 혼동의 결과에 대해서는 이 철학사의 다음 권들에서 다루려 한다. 이런 혼동이 낳은 가장 정교한 결과물이 이른바 존재론적인 신 존재 증명이다. 또한 이것이 낳은 가장 세련된 결과는 현실 세계와 가능 세계 사이의 구별이다.

스토아학파의 이런 발전이 지닌 중요성에도 불구하고 형이상학은 신플라톤주의에 이르러서야 고대철학의 핵심적인 요소로 중요성을 인정받게 되었다. 하지만 플로티노스(Plotinus) 같은 철학자의 저술을 통해서 형이상학은 신학에로 전환을 이루게 되므로 그의 가르침에 관해서는 종교철학을 다루는 9장에서 살펴보는 편이 적절하리라 여겨진다.

[6] 〔옮긴이 주〕 그리스 신화에 나오는, 상반신은 사람이고 하반신은 말인 상상 속의 종족이다.
[7] LS i. 163 참조.

7장

영혼과 정신

영혼은 철학보다 훨씬 더 오래된 개념이다. 많은 지역, 많은 문화권에서 사람들은 자기 자신을 육체적인 죽음 후에도 계속 살아남는 존재로 생각해 왔다. 언뜻 보기에 고대인들은 '영혼'이라는 단어를 결코 죽지 않는 우리 안의 무언가와 동일시한 듯하다. 철학적 사색이 시작되자마자 내세의 가능성과 영혼의 본성이라는 문제는 철학과 종교의 경계선에 놓여 있어 양쪽 모두와 관련되는, 철학의 주요 관심사 중 하나가 되었다.

피타고라스의 윤회설

자주 최초의 철학자로 존경받기도 하는 피타고라스는 사후의 삶을 옹호한 대표적 인물로도 명성이 높다. 하지만 그는 다른 많은 사람들처럼 우리가 죽은 후 영혼이 이 세상과는 다른, 잘 알 수 없고 신비로운 어떤 세계로 들어간다고 생각하지 않았다. 그는 영혼이 우리 모두가 사는 이 세계에서 환생하며, 다른 어떤 육체의 영혼으로 다시 태어난다고 굳게 믿었다. 그는 자기 자신 또한 탁월한 영적인 선조들의 계보에 따라 그들로부터 물려받은 영혼을 지녔다고 주장하였으며, 따라서 몇 세기 전 트로이아 전쟁에서 영웅으로 싸

피타고라스가 제자들에게 오래전 죽은 헤라클레스(Hercules)의 키를 추정하여 말하는 모습(아울루스 겔리우스(Aulus Gellius)[1]가 쓴 작품의 15세기 사본 중에서)

운 일을 여전히 기억한다고 말하였다. 이러한 윤회는 (반드시 영원히 계속되지는 않으므로) 죽음에서 완전히 벗어나 있는, 축복받은 신들의 불멸성과는 전혀 다른 것이다(D.L. 8. 45).

피타고라스에 따르면 영혼은 한 사람에게서 다른 사람에게로뿐만이 아니라 인간이 아닌 다른 종들에게로도 윤회한다. 언젠가 그는 개에게 매질하는 사람 앞에서 걸음을 멈추었는데 그 까닭은 낑낑대는 개에게서 이전에 죽은 친구의 목소리를 들었기 때문이라고 한다(D.L. 8. 36). 셰익스피어는 이런 주장에 깊은 인상을 받아 자신의 작품들에서 이를 몇 차례나 언급한다. 《십이야》(*Twelfth Night*)에서 말볼리오(Malvolio)는 피타고라스에 관하여 물어보면서 자신은 다음과 같이 믿는다고 말한다.

> 우리 할머니의 영혼은 어쩌면 어떤 새에 깃들었을지도 모른다네.
>
> (IV. ii. 50~1)

그리고 《베니스의 상인》에서 샤일록이 권리를 남용하였을 때 위와는 반대 방향으로 윤회가 이루어질 가능성이 제기된다.

> 당신은 나의 신앙을 거의 뒤흔들어
> 동물의 영혼이
> 인간의 몸뚱이에 깃든다는
> 피타고라스의 의견을 받아들이게 만드는 구려. (IV. i. 130~3)

하지만 피타고라스는 영혼의 불멸과 윤회에 대한 철학적 논증을 제시하지는 않았다. 그 대신 그는 자기 자신의 경우를 통하여 이전 사람의 영혼이 자신

[1] 〔옮긴이 주〕 겔리우스는 2세기에 활동한 고대 로마의 작가이다. 그가 쓴 《아테네 야화》(*Noctes Atticae*)는 지금 전하지 않는 많은 작품들이 부분적으로 실려 있는 흥미로운 자료이다.

의 육체를 얻었음을 확인하였기 때문에 윤회를 증명한 셈이라고 주장한다. 따라서 그는 기억을 자아 동일성의 기준으로 삼는 수많은 철학자들 중 최초의 인물이기도 하다(Diodorus 10. 6. 2). 아마도 그와 동시대인인 알크마이온(Alcmaeon)이 이에 관한 철학적 논증을 최초로 펼친 인물인 듯하다. 그는 다소 모호한 전제로부터 의심스러운 추론을 통해서이기는 하지만 영혼은 하늘의 신성한 천체와 마찬가지로 영원히 운동하기 때문에 불멸함에 틀림없다고 주장하였다(Aristotle, *de An*. 1. 2. 405^{a}29～^{b}1).

엠페도클레스는 피타고라스의 윤회설을 자신의 순환적 역사관의 일부로 받아들임으로써 더욱 정교하게 만들었다. 고대에 일어난 추락의 결과로 살인자나 위증자 같은 죄인들은 떠도는 영으로 삼만 년 동안을 헤매게 되는데 이 동안 온갖 모습으로 번갈아 태어나 힘겨운 삶을 이어나간다(DK 31 B115). 따라서 동물의 몸은 처벌받은 영혼들이 머무는 곳이므로 엠페도클레스는 추종자들에게 살아 있는 것들을 먹지 말라고 가르쳤다. 동물을 도살한다면 우리는 우리 자신의 아들이나 어머니를 죽이게 될지도 모른다(DK 31 B137). 더욱이 인간이 동물뿐만 아니라 식물로 윤회할 수도 있으므로 채식주의자들도 먹는 데 주의를 기울여야 하며, 특히 콩이나 월계수 잎을 먹어서는 안 된다(DK 31 B141). 죽은 후에 만일 우리가 동물로 다시 태어난다면 사자가 되는 것이 그나마 가장 나으며, 식물로 태어난다면 월계수가 되는 것이 가장 낫다. 엠페도클레스는 자신이 인간으로뿐만이 아니라 동물과 식물로 다시 태어나는 윤회를 경험하였다고 주장한다.

> 나는 이전 한때 소년이었으며, 소녀였으며, 나무였으며,
> 또한 새였으며, 바다 안의 말없는 물고기였다. (DK 31 B117)

이처럼 고대 그리스 철학 초기에 현세를 살아가는 영혼의 본성에 대한 탐구는 내세에서 그 영혼이 차지할 위치에 대한 고찰과 더불어 이루어진 듯하다.

그리고 초기 사상가들은 모두 유물론적인 견해를 선택한 듯이 보인다. 영혼은 공기(아낙시메네스와 아낙시만드로스) 또는 불로(파르메니데스와 헤라클레이토스) 이루어졌다. 하지만 어떻게 물질적인 요소가, 아무리 미세하고 유동적이라 할지라도, 영혼의 특성인 감정이나 사고와 같은 기능을 수행하는가라는 문제가 제기되기까지는 다소 시간이 필요하였다.

헤라클레이토스는 이에 대한 대답을 뛰어난 비유로 제시하였다.

> 거미줄 가운데 자리 잡은 거미는 파리가 걸려들어 줄의 어떤 한 부분이라도 끊으면 바로 이를 알아채고 마치 줄이 끊어져 무척 슬프기라도 한 듯이 그쪽으로 달려간다. 이와 마찬가지로 인간의 영혼도 육체의 어떤 부분이라도 상하게 되면 마치 육체와 밀접하고도 조화롭게 연결되어 육체의 아픔을 조금도 견딜 수 없다는 듯이 재빨리 그 부분으로 향하게 된다. (DK 22 B67a)

이 문구는 인간이라는 자그마한 동물의 내부에서 일어나는 활동이라는 측면에서 인간의 능력과 행위를 설명하려는 수많은 철학적 시도들의 선구이기도 하다 — 비록 이후에 등장한 철학자들은 영혼을 거미와 같은 절지동물이라기보다는 인간 내부에 존재하는 작은 사람으로 여겼지만.

지각과 사고

엠페도클레스는 어떻게 지각이 발생하는가에 관하여 상세한 설명을 제시한 최초의 철학자였다. 그리고 그보다 앞선 철학자들과 마찬가지로 그 또한 유물론자였다. 그에 따르면 영혼은 우주 안의 다른 모든 것들과 마찬가지로 흙, 공기, 불 그리고 물의 복합체이다. 감각은 이런 요소들 각각이 지각 대상에서 자신과 상응하는 요소를 감각기관을 통하여 만나게 될 때 발생한다. 엠페도클레스의 체계에서 이런 요소들에 작용하는 힘인 사랑과 불화 또한 지각 대상에서 자신에 상응하는 부분과 만나게 되는데 이런 과정 모두는 유사한 것은 유사한 것에 의해서 지각된다는 원리에 따른다.

> 우리는 흙으로써 흙을 보며, 물로써 물을,
> 공기로써 하늘의 공기를, 불로써 타오르는 불을 보며,
> 또한 사랑으로써 사랑을, 마찬가지로 참담한 불화로써 불화를 지각한다. (DK 31 B109)

지각 과정은 다음과 같이 이루어진다. 세계 안의 대상은 우리의 눈동자에 이르는 무언가를 방출하며, 소리는 우리 귀에 이르는 무언가를 방출한다. 지각이 이루어지려면 방출물과 우리 몸의 작은 구멍이 서로 만나야 한다(DK 31 A86). 이런 만남은 당연히 엠페도클레스 체계의 기본적인 설명 원리인 네 요소들의 수준에서 일어나야만 한다. 몇몇 경우 이 과정은 단순하다. 소리는 공기에 실려 우리 귀 안의 공기에 전달된다. 시각의 경우 이 과정은 더욱 복잡하며 위의 단편에서 암시되었듯이 네 요소들 각각의 비율과 관련된다. 모든 요소가 가장 복잡하게 혼합된 것은 혈액인데 혈액이 심장을 중심으로 순환함으로써 사고를 낳는다. 혈액 순환 조직이 매우 치밀하게 몸 전체에 퍼져 있다는 사실은 우리가 왜 폭넓은 사고를 할 수 있는지를 설명해 준다(DK 31 B105, 107).

엠페도클레스의 유물론은 그리 세련되지 못했기 때문에 후에 정신을 강조한 철학자들은 그를 손쉽게 비판할 수 있었다. 아리스토텔레스는 그가 지각과 사고를 구별하지 않았다고 비판하였으며 다른 철학자들은 눈과 귀 이외의 다른 것들에도 작은 구멍이 있음을 지적하였다. 그렇다면 왜 해면동물이나 작은 구멍이 많이 뚫려 있는 부석은 지각을 할 수 없는가? 원자론자 데

모크리토스는 이런 질문에 다음과 같이 대답한다. 시각적인 상은 시각적 대상에서 나온 방출물과 그것을 보는 사람에게서 나온 방출물 사이의 상호 작용이 낳은 결과물이다. 이 상 또는 인상은 두 방출물을 매개하는 공기 중에 형성되며 그 다음에 눈동자로 들어온다(KRS 589). 하지만 엠페도클레스와 마찬가지로 데모크리토스도 사고에 관해서는 신뢰할 만한 최소한의 간접적인 설명조차도 제시할 수 없었으며 따라서 아리스토텔레스의 비판을 피해갈 수 없었다.

소크라테스 이전 철학자들 중 이후 철학자들이 정신을 강조한 학자로 존중하는 인물은 아낙사고라스였다. 그는 우주가 작고 복합적인 알갱이로부터 시작되었는데 이것이 현재 우리가 아는 세계로 확장되고 진화했다고 생각한다. 하지만 진화의 모든 단계에서 각각의 단순한 것들은 다른 모든 것의 부분을 포함한다. 이런 진화를 통한 발전은 지성(*nous*)이 주도하는데 지성 자체는 진화의 과정 밖에 놓여 있다.

> 다른 것들은 모든 것의 부분을 지니지만 오직 지성만은 한정되지 않고 독립적이며 다른 것들과 섞이지 않고 오직 혼자 존재한다. 만일 지성이 혼자 존재하지 않고 다른 것들과 섞인다면 지성은 모든 사물을 공유하게 될 것이다. 왜냐하면 내가 앞에서 지적하였듯이 모든 것 안에는 모든 것의 일부가 들어 있기 때문이다. 그리고 지성과 섞인 것들은 지성이 혼자 존재할 때와 같은 방식으로 어떤 사물도 다스리지 못하도록 방해할 것이다. 지성은 모든 것들 가운데 가장 미세하고 가장 순수하며, 모든 것에 대한 모든 지식과 모든 것들을 압도하는 가장 강력한 힘을 지닌다. 따라서 영혼을 지닌 것은, 크든 작든 간에, 모두 지성이 다스린다. (KRS 476)

아낙사고라스는 영혼을 구별하여 이들 중 일부는 물질적 세계에 속하지만 신과 같은 지성은 비물질적이거나 아니면 최소한 특별하고 미묘한 종류의 물질로 만들어졌다고 생각하였다. 엠페도클레스는 유사한 것은 유사한 것에 의해서 인식된다고 생각한 반면 아낙사고라스의 지성은 오직 다른 모든 것들과 다르기 때문에 모든 것을 인식할 수 있다. 하지만 오직 하나의 거대한 우주적 지성만이 존재하지는 않는다. 다른 어떤 것들도(아마 인간도) 지성을 공유한다. 따라서 더욱 위대한 지성뿐만 아니라 이보다 못한 지성도 존재한다(KRS 476, 482).

플라톤의 《파이돈》에 등장하는 영혼 불멸성

아낙사고라스의 영향을 받은 사람 중 하나로 소크라테스를 들 수 있다. 하지만 역사상 실존했던 소크라테스가 영혼과 정신에 관하여 실제로 깊은 사색을 하였다고 확신하기란 쉽지 않다. 플라톤의 《소크라테스의 변론》에서 소크라테스는 내세의 가능성에 대하여 알지 못한다는 태도를 보인다. 그는 죽음이 꿈을 꾸지 않은 깊은 잠인가 아니면 이미 세상을 떠는 훌륭한 인물들을 만나기 위하여 다른 세계로 향하는 여행인가를 궁금해한다. '우리는 각자의 길을 갑니다. 나는 죽기 위해서 가고 여러분은 살기 위해서 갑니다. 이 중 어떤 길이 더 나을지는 오직 신만이 아십니다'(40c~42a). 하지만 플라톤은 《파이돈》에서 소크라테스를 영혼이 육체의 죽음 후에도 계속 살아남을 뿐만 아니라 죽음 후에 더 나은 삶을 살아간다는 주장을 무척 정교하게 제시하는 인물로 묘사한다(63e).

소크라테스가 논의의 출발점으로 삼는 바는 육체 안에 갇힌 영혼으로서의 인간이라는 개념이다. 진정한 철학자는 술과 음식, 성행위 등에서 비롯되는 육체적인 쾌락에 신경 쓰지 않으며 육체가 철학을 추구하는 데 도움이 되기보다는 오히려 방해가 된다는 사실을 발견한다(64c~65c). '영혼이 오직

소크라테스의 죽음을 소재로 삼은 그림은 무척 많다. 우피치(Uffizi) 미술관에 소장된 위의 그림은 뒤프레누아(Claude Dufresnoy, 1611~68)의 작품이다.

그 자체로만 있고 다음의 것들 중 어느 무엇도 — 즉 청각도, 시각도 또 어떤 고통이나 어떤 쾌락도 — 영혼을 방해하지 않을 때, 영혼이 육체를 떠나 가능한 한 육체와 관련하지 않을 때 우리는 가장 훌륭한 사고를 하게 되네'(65c). 따라서 진리를 추구하는 철학자라면 항상 영혼이 육체와 분리된 상태를 유지하여야 한다. 그런데 죽음은 영혼과 육체의 완전한 분리이다. 따라서 진정한 철학자는 결국 사는 동안 계속해서 죽음을 열망한다(67e).

소크라테스와 대화를 나누는 인물로 등장하는 시미아스(Simmias)와 케베스(Cebes)는 소크라테스의 말이 일리가 있다고 생각한다. 하지만 케베스는 많은 사람들이 영혼이 육체의 죽음 후에도 살아남을 수 있다는 생각을 거부한다는 점을 지적할 필요가 있다고 생각한다. 사람들은 육체의 죽음과 더불어 영혼도 더 이상 존재하지 않으며 마치 한 줌의 연기처럼 무로 사라져 버린다고 믿는다(70a). 소크라테스는 한 인간의 육체적 죽음 후에도 그의 영혼은 계속 존재한다는 사실을 증명할 필요가 있다는 점에 동의한다.

첫 번째로 그는 서로 정반대인 것들로부터의 논증을 제시한다. 만일 어떤 두 가지가 서로 정반대된다면 이들 중 어느 하나는 다른 하나로부터 생겨난다. 만일 당신이 잠들려 한다면 그 전에 당신은 깨어 있어야만 한다. 만일 당신이 깨어나려 한다면 그 전에 당신은 잠자고 있어야만 한다. 만일 A가 B보다 크게 된다면 그 전에 A는 B보다 작았어야만 한다. 만일 A가 B보다 나아지려면 그 전에 A는 B보다 못했어야만 한다. 따라서 **더욱 큼**과 **더욱 작음**, **더욱 나음**과 **더욱 못함** 등의 정반대되는 것들은 서로 상대방으로부터 생겨난다. 그런데 삶과 죽음도 서로 정반대되므로 여기에도 같은 관계가 적용된다. 만일 죽음이 삶으로부터 생겨난다면 결국 삶 또한 죽음으로부터 생겨나야 하지 않는가? 죽은 후의 내세는 보이지 않기 때문에 그것은 또 다른 세계임에 틀림없다(70c~72e).

소크라테스는 그 다음 논증을 통해서 육체와 더불어 사는 현세 다음이 아니라 그 이전, 즉 전생에 영혼이 육체가 없는 상태로 존재했음을 증명하려고 한다. 우선 그는 지식이 일종의 상기인데 상기는 우리가 이전에 존재했음을 전제한다고 주장한다. 우리는 자주 대략 크기가 같은 것들을 보게 되는데 현세에서는 서로 크기가 완벽하게 같은 두 개의 사물을 결코 볼 수 없다. 우리는 우리가 이전에 접했던 완벽하게 같음을 상기함으로써만 대략 서로 같은 것들을 보게 된다. 이렇게 완벽하게 서로 같은 것들을 접하는 일은 현세의 삶에서는 일어나지 않으며 감각을 통해서 이루어지지도 않는다. 그렇다면 이런 일은 전생에서 순수한 지성의 작용에 의해 일어났음에 틀림없다. 완벽하게 같음의 이데아에 적용되는 이런 관점은 이와 유사한 다른 이데아들, 예를 들면 절대적인 선의 이데아, 절대적인 아름다움의 이데아 등에도 마찬가지로 적용되어야 한다(73a~77d).

세 번째로 소크라테스는 분해 가능성과 분해 불가능성으로부터의 논증을 제시한다. 마치 육체가 죽음의 순간에 분해되듯이 분해될 수 있는 모든 것은 일종의 복합체이며 변화 가능해야만 한다. 하지만 영혼과 관련되는 이데아는 우리가 눈으로 볼 수 있는, 점점 아름다움이 퇴색하는 대상과는 달리 변화할 수 없다. 계속 변화하는, 눈에 보이는 세계 안에서 영혼은 술 취한 사람처럼 비틀거린다. 영혼은 순수하고, 영원불멸하는 세계로 다시 건너갈 경우에만 자신을 회복하며 바로 이 세계가 영혼의 안식처이다. 이집트의 미라처럼 육체조차도 죽은 후 상당히 오랫동안 유지되기도 하는데 영혼이 죽음의 순간에 바로 흩어져 버린다는 생각은 좀처럼 받아들이기 어렵다. 특히 철학에 의해서 정화되는 바가 영혼임을 전제한다면 영혼은 보이지 않는 지복의 세계로 떠난다고 보아야 마땅하다(78b~81a).

이런 논증들에 답하면서 시미아스는 이와는 다른 영혼의 개념을 제시한다. 그는 칠현금이 나무와 현으로 만들어지며 현을 팽팽하게 잡아당김으로써 조율되는 점을 생각해 보라고 말한다. 살아 있는 사람의 육체는 조율된 상태의 칠현금에, 죽은 육체는 조율이 풀린 칠현금에 비유할 수 있다. 그런데 조율된 상태 자체는 나무나 현과 같은 물질적인 것이 아니기 때문에 칠현금이 완전히 부서진 다음에도 이 상태가 계속 유지되리라고 생각한다면 이는 불합리하다. 육체라는 현이 부상이나 질병 때문에 끊어져 버리면 마치 부서진 칠현금의 조율 상태처럼 영혼도 사라져 버리고 만다(84c~86e).

케베스도 나름대로 반박을 제시한다. 그는 영혼이 육체보다 강인하므로 육체의 죽음과 더불어 영혼까지 죽을 필요는 없다는 점에 동의한다. 평범한 삶의 과정을 보면 육체는 자주 손상되며 영혼에 의해서 계속 치료될 필요가 있다. 하지만 영혼은 육체의 죽음 후에도 계속 유지된다는 의미에서는 불멸할지 몰라도 영원히 산다는 의미에서 결코 사라지지 않는다고 말하기는 어렵다. 설령 영혼이 이 육체에서 저 육체로 계속 윤회한다 할지라도 언젠가는 결국 사라지고 만다. 이는 마치 살아 있는 동안 여러 벌의 외투를 만들어 입고 닳게 만든 사람이 결국 죽음을 맞이하여 외투 한 벌을 남기고 떠나는 것과 같다(86e~88b).

소크라테스는 몇 가지 이유를 들어 시미아스의 비유를 거부한다. 그는 조율 상태에는 정도의 차이가 있지만 어떤 영혼도 다른 영혼에 비하여 진정한 영혼에 더 가깝거나 덜 가까울 수는 없다고 주장한다. 그리고 칠현금의 경우 팽팽하게 당겨진 현이 조율 상태의 원인이지만 인간의 경우 영혼과 육체의 관계는 이와는 다른 방향을 취한다. 즉 육체를 질서 있게 유지하는 것이 바로 영혼이다(92a~95e).

케베스에 답하면서 소크라테스는 이후 철학자라면 사물의 필연적 속성과 우연적 속성이라고 불렀을 일종의 구별을 도입한다. 인간은 키가 클 수도 작을 수도 있다. 따라서 키가 크다는 사실은 인간의 우연적인 속성이다. 하지만 삼이라는 숫자는 홀수가 아닐 수 없으며, 눈(雪)은 차지 않을 수 없다. 이런 속성들은 그들에게 단지 우연적인 속성이 아니라 필연적인 속성이다. 차가움은 뜨거움으로 변화할 수 없기 때문에 차다는 필연적 속성을 지니는 눈은 뜨거운 것에 가까이 가면 그것으로부터 물러서거나 아니면 사라져 버린다(103a~105c).

이를 일반화해 보자. 무언가는 자신과 정반대되는 것을 받아들이지 않을 뿐만 아니라 자신이 필연적으로 동반하는 바를 자신과 정반대되는 것이 동반하는 일을 결코 허용하지 않는다. 이제 눈이 차가움을 동반하듯이 영혼이 삶을 동반한다고 하자. 그런데 죽음은 삶과 정반대되기 때문에 눈이 뜨거움을 허용할 수 없는 것과 마찬가지로 영혼은 결코 죽음을 허용할 수 없다. 그리고 죽음을 허용할 수 없는 것은 불멸하기 때문에 결국 영혼은 불멸한다. 하지만 영혼은 눈과 달리 사라지지 않으며 다른 세계로 물러난다(105c~107a).

대화가 진행되면서 시미아스와 케베스는 소크라테스의 논증을 받아들이는데 사실 그들은 전혀 그럴 필요가 없었다. 무언가가 항상 자신과 정반대되는 바로부터 생긴다는 점이 과연 참인가? 설령 무언가가 정반대되는 바로부터 생긴다 하더라도 이런 순환은 영원히 계속되어야 하지 않는가? 설령 잠들기 위하여 그 전에 반드시 깨어 있어야 한다는 점이 사실이라 할지라도 (실제로 소크라테스도 《변론》에서 그렇게 추측하듯이) 우리는 한 번 깨어났다가 영원한 잠에 빠지는 것이 아닌가? 그리고 영혼이 죽음을 받아들이지 않는다는 점이 아무리 사실이라 할지라도 육체가 죽을 때 왜 영혼은 눈이 녹아버리듯 사라지지 않고 반드시 다른 세계로 물러나 존재해야만 하는가?

영혼의 해부

《파이돈》에서 영혼은 단일한 실재로 다루어진다. 하지만 다른 곳에서 플라톤은 영혼이 서로 다른 역할을 하는 서로 다른 부분들로 구성된다는 설명을 제시한다. 《파이드로스》에서 플라톤은 영혼은 스스로 운동하기 때문에 불멸해야 한다는, 알크마이온을 떠올리게 하는 간단한 증명을 제시한 후 바로 영혼의 구조에 대한 설명을 시작한다. 그는 한 사람의 전사가 두 마리의 말, 훌륭한 말 한 마리와 나쁜 말 한 마리가 이끄는 전차를 타고 하늘에서 열리는 연회로 달려가는 모습을 상상해 보라고 말한다(246b). 훌륭한 말은 하늘을 향해 위로 올라가려 하는 반면 나쁜 말은 전차를 계속 아래쪽으로 끌어내린다. 여기서 두 마리 말이 영혼의 서로 다른 두 부분을 상징한다는 점은 명백하다. 하지만 이들의 역할이 정확히 무엇인지는 분명히 드러나지 않는다. 플라톤은 이 비유를 주로 자신이 이상적인 철학적 사랑으로 생각하는 동성애의 특징을 설명하는 과정으로 사용한다. 하늘 꼭대기에 이르면 우리는 한 남자와 한 소년 그리고 네 마리 말을 만나며 이들 모두와 함께 잠자리에 든다. 이런 은유가 의미하는 바는 바로 분명히 드러난다(256a).

플라톤은 영혼을 전차에 비유하였는데, 도나텔로(Donatello)[2]는 한 흉상에서 목에 걸린 메달 안에 그 전차의 모습을 새겼다.

영혼의 구조를 해부하려는 시도는 《국가》에서 훨씬 더 분명하게 드러난다. 이 책의 4권에서 소크라테스는 자신이 상상하는 이상국가가 세 계층으로 구성되듯이 영혼도 세 요소를 포함한다고 주장한다. '우리는 영혼 중 한 부분으로는 무언가를 배우고, 다른 한 부분으로는 분노를 느끼며 세 번째 부분으로는 음식과 성행위 등이 주는 쾌락을 욕구하는가? 아니면 이런 것들에 대한 충동이 생길 때 우리의 영혼 전체가 작용하는가?'(436a~b). 그는 우리가 정신적으로 갈등하는 현상에 주목함으로써 대답을 발견한다. 어떤 사람이 목마르지만 물을 마시려하지 않을 수도 있다(예를 들면 의사의 지시 때문에). 이런 현상은 영혼 중에 무언가에 대하여 성찰하고 반성하는 부분과 육

[2] 〔옮긴이 주〕 도나텔로(1386~1466)는 이탈리아 르네상스 시대의 가장 대표적인 조각가인 동시에 청동상 제작자였다.

체적 욕구를 느끼는 다른 한 부분이 있음을 보여 준다. 여기서 전자를 이성(*to logistikon*), 후자를 정욕(*to epithymetikon*)이라 부를 수 있다(439d). 그런데 분노와 같은 것은 이들 두 요소 중 어디에도 속하지 않는다. 예를 들면 우리는 자신의 저속한 욕구에 대하여 스스로 분노와 혐오를 느끼기도 하기 때문에 분노는 정욕에 속하지 않는다. 또한 어린아이들이 매사를 분별할 수 있는 나이에 도달하기 전에도 자주 버럭 화를 내기 때문에 분노는 이성에도 속하지 않는다. 그렇다면 분노는 이성과도, 정욕과도 대립할 수 있으므로 우리는 분노가 영혼을 구성하는, 또 다른 세 번째 요소에 속한다고 보아야 하며 이를 기개(*to thymoeides*)라고 부를 수 있다(441b). 영혼의 정의로움은 이 세 요소들 사이의 조화이다.

우리는 《국가》의 9권에서 이런 영혼 삼분설을 다시 한 번 접한다. 영혼 중 가장 낮은 요소는 탐욕적인 요소이다. 왜냐하면 금전이 정욕의 욕구를 만족시키는 주된 수단이기 때문이다. 기개는 권력과 승리, 명성을 추구하므로 이 부분은 우리의 영혼 중 명예를 사랑하고 야망을 드러내는 부분이라 할 수 있다. 이성은 진리로서의 지식을 추구하며 배움을 사랑한다. 각 개인의 영혼에서 이들 중 어느 한 부분이 다른 부분보다 우세하게 드러나는데 이에 따라 각 개인은 탐욕스럽거나 야심을 품거나 아니면 학문을 사랑하는 사람으로 분류된다. 각 유형의 사람들은 자신의 삶이 최선이라고 주장한다. 탐욕스러운 사람은 사업가의 삶을, 야심을 품은 사람은 정치적인 경력의 삶을, 학문적인 사람은 지식과 이해 그리고 배움의 삶을 찬미한다. 플라톤은 당연히 철학자의 삶에 최고의 존경을 표한다. 철학자는 가장 폭넓은 경험을 쌓고, 가장 건전한 판단을 내린다. 따라서 철학자가 자신의 삶 전체를 바치면서 추구하는 목표는 다른 유형의 사람들이 추구하는 덧없는 쾌락보다 훨씬 더 높은 실재성을 지닌다(587a).

하지만 곧 살펴보게 되듯이 영혼에 관하여 《국가》의 4권에서 등장하는 설명과 9권에서 등장하는 설명 사이에는 차이점이 있다. 이 두 권 사이의 여러 부분에서 플라톤은 이데아론을 도입하고 철인 군주를 교육하기 위한 자신의 여러 계획들을 설명한다. 이성의 임무는 더 이상 단지 육체를 돌보는 수준에 그치지 않는다. 이성은 인간의 정신적인 상태와 활동을 상승시키는 요소로 작용하며 이에 따라 우리의 수준은 상상에서 믿음으로, 믿음에서 지식으로 직선적인 상승을 한다. 9권의 끝부분에서 다음과 같은 생생한 비유와 더불어 우리는 영혼 삼분설에 작별을 고한다. 정욕은 머리가 많이 달린 야수와 같아서 계속 온순하기도 하고 거칠기도 한 동물의 머리를 만들어 낸다. 기개는 사자와 같으며 이성은 인간과 같다. 정욕에 해당하는 야수는 다른 둘보다 훨씬 큰데 이 셋이 인간 내부에서 계속 서로 먹어 치우려 다툰다. 이를 보면 헤라클레이토스가 제시하였던 소박한 거미의 예로부터 크게 진전하였음을 느끼게 된다.

하지만 영혼 삼분설이 플라톤이 《국가》에서 도달한 결론은 아니다. 10권에서 그는 이성적인 부분에 속하는 서로 다른 요소들 사이의 구별을 시도한다. 그중 하나는 시각적인 환상에 의해서 혼란에 빠지는 부분이며 다른 하나는 측정하고, 수를 세고, 무게를 다는 부분이다. 《국가》의 전반부에서는 영혼의 부분들이 각각 어떤 삶을 바라는가에 따라 구별되었는데 이제는 인식 능력의 차이가 각 부분을 구별하는 기초로 작용함을 보게 된다.

또한 《국가》 10권에서 소크라테스는 영혼의 불멸성에 대한 새로운 증명을 제시한다. 각각의 존재는 자신에게 특유한 질병에 걸림으로써 파괴된다. 예를 들면 눈은 각막염에 의해서, 쇠는 녹에 의해서 파괴된다. 그런데 영혼의 특유한 질병은 악덕이다. 그런데 악덕은 영혼을 완전히 파괴하지는 않는다. 만일 영혼의 특유한 질병이 영혼을 파괴할 수 없다면 영혼은 다른 어떤 육체적 질병에 의해서도 파괴되지 않으며 따라서 불멸한다(609d). 하지만 불멸하는 바가 세 부분으로 나뉜 영혼 같은, 어색한 복잡한 실재일 수는 없다. 이렇게 삼분된 영혼은 따개비 등의 조개에 뒤덮인 채 바다 안에 잠겨 있는 동상과도 같다. 영혼의 구성 요소 중 그 본질에서 벗어난 부분들을 제외하고 오직 지혜를 사랑하고 신성한 것을 추구하려는 열정을 지닌 부분만을 볼 때 우리는 영혼의 진가를 발견한다. 진정한 본성의 측면에서 본 영혼이 단순한가 아니면 복합적인가는 여전히 논의의 대상이 되는 문제로 남는다(611b 이하, 612a3).

하지만 《티마이오스》에서 영혼 삼분설은 다시 등장하며 영혼의 각 부분들이 신체에 위치하는 것으로 묘사된다. 이성은 머리에 위치하며 다른 두 부분은 몸에 위치하는데 목이 일종의 경계선 역할을 하여 영혼 중 신성한 요소와 불멸하지 않는 요소를 서로 분리한다. 기개는 심장 근처에, 정욕은 배에 위치하는데 마치 가정에서 남성의 영역과 여성의 영역을 구별하듯이 횡경막이 기개와 정욕을 분리하는 기준으로 작용한다. 예를 들어 이성이 이런저런 이유로 전투태세를 취하라는 명령을 내리면 심장이 혈액 순환을 통하여 온몸에 이 명령을 전달하므로 심장은 마치 통제실과 같은 역할을 한다. 영혼 중 가장 하위의 부분은 간의 통제를 받는데 간은 특히 정신의 영향을 민감하게 받아들인다. 장이 꾸불꾸불한 까닭은 정욕이 만족을 모르고 탐욕스럽게 되는 일을 막기 위해서이다(69c~73b).

감각적 지각에 관한 플라톤의 견해

《국가》의 전반부에서와 마찬가지로 《티마이오스》에서도 영혼을 상세히 해부하는 일은 인식보다는 욕구를 기초로 이루어지는데 또한 여기서는 지각의 성립과정이 상당히 길게 논의된다. 감각적 지각의 지위에 관한 문제는 플라톤이 《테아이테토스》에서 프로타고라스의 주장, 즉 어떤 특정한 개인에게 보이는 바 모두가 그 개인에게는 참이라는 주장에 관하여 논의하면서 관심을 기울였던 바이기도 하다. 이제 《티마이오스》에서 플라톤은 프로타고라스를 넘어서서 보편적인 변화에 관한 헤라클레이토스의 이론을 추적한다.

만일 세계 안의 모든 것이 끊임없이 변화한다면 우리가 보는 색을 비롯하여 다른 감각을 통해서 확인하는 성질들이 안정된, 객관적 실재일 수 없다. 차라리 우리의 감각들 중 하나와 보편적으로 변화하는 순간적인 요소 중 어떤 적절한 것이 만나 이런 성질들 각각이 생긴다고 보는 편이 낫다. 예를 들면 눈이 적절한 시각적 대상과 접할 때 눈은 희다는 성질을 보기 시작하며 대상은 희게 보이기 시작한다. 희다는 성질 자체는 이들 두 요소, 즉 눈과 대상의 상호작용으로 산출된다. 눈과 대상 자체는 계속해서 변화하지만 이들의 운동은 감각적 인상이 생겼다가 사라지는 속도에 비하면 상당히 늦다. 눈이 흰 대상을 보는 일과 대상 자체가 흰 성질을 지니는 일은 함께 태어나고 함께 죽는 쌍둥이라고 할 수 있다(156a~157b).

다른 감각과 관련해서도 이와 유사한 이야기를 할 수 있지만 플라톤이 이를 과연 얼마나 진지하게 감각에 대한 설명으로 여겼는지는 명확하지 않다. 어쨌든 이는 모든 것들의 성질과 위치가 항상 변화한다는 헤라클레이토스의 주장에 반대하기 위한 논증을 펴는 과정에서 일종의 귀류법으로 등장한다. 이와 관련해서 소크라테스는 다음과 같이 주장한다. 만일 무언가가 어떤 장소에 정지해 있다면 우리는 그것이 어떻게 보이는지 묘사할 수 있다. 그리고 색이 변하지 않는 무언가를 본다면 우리는 그것이 이 장소에서 저 장소로 어떻게 움직이는지를 묘사할 수 있다. 그런데 장소와 색의 변화가 동시에 일어난다면 우리는 아무 말도 할 수 없다. 우리는 **무엇이** 움직이는지, 변화하는 색이 **무엇인지를** 전혀 말할 수 없다. 우리는 보는 바에 관한 모든 이야기는 볼 수 없는 바에 관한 이야기가 되며 결국 지각은 불가능해진다(182b~e).

보는 일이 눈과 대상 사이의 만남으로 이루어진다는 원리는 플라톤이 《티마이오스》에서 자신의 고유한 설명으로 언급한 바인데 이와 더불어 시각의 형성 과정에 관하여 다음과 같은 설명도 덧붙인다. 우리의 머리 안에는 한낮의 해와 같은 온화한 불이 있다. 이 불빛이 눈을 통하여 흘러나와 주변의 빛과 더불어 하나의 빛줄기를 형성한다. 이 빛줄기가 대상과 충돌하면 대상이 미세한 파편들이 이 빛줄기를 따라 우리에게 전달되며 이들이 우리 눈을 통해서 들어와 몸 안에 시각이라고 불리는 감각을 낳는다(45d). 색이란 물체의 표면에 퍼진 일종의 불꽃인데 이를 구성하는 입자들의 비율에 따라 우리의 시각에 일정한 감각을 불러일으킨다. 이 불꽃들은 입자를 운반하는 일종의 파동으로서 자신의 빛줄기를 사용하여 우리 눈에까지 이른다. 각각의 색들은 네 가지 기본 입자들이 서로 다른 비율로 혼합됨으로써 생겨나는데 기본적인 입자는 검은색, 흰색, 빨간색과 반짝이는 것으로 구성된다(67b~68d).

아리스토텔레스의 철학적 심리학

플라톤의 심리철학은 주로 윤리학과 형이상학의 주제를 다루는 다양한 대화편들에 등장하는 단편적인 내용을 한데 모아서 형성된다. 하지만 아리스토텔레스의 철학적 심리학에 이르면 사정이 전혀 다르다. 여기서는 윤리적 저술들에 포함된 자료 외에도 영혼의 본성에 관한 체계적인 저술(《영혼에 관하여》)과 감각적 지각, 기억, 잠, 꿈 등의 주제에 관한 수많은 논문들이 발견된다. 아리스토텔레스는 플라톤의 몇몇 생각들, 예를 들면 영혼이 여러 부분과 기능으로 나뉜다거나 감각을 일종의 만남으로 보고 철학적으로 분석해야 한다는 생각 등을 이어받고 발전시키기도 하지만 생물학적 탐구에 뿌리를 둔 접근 방식을 택한다는 점에서 플라톤과 크게 다르다. 그가 영혼과 그 능력을 체계화한 방식은 이후 거의 이천 년 동안 철학뿐만이 아니라 과학에도 큰 영향을 미쳤다.

아리스토텔레스가 생물학자의 관점에서 볼 때 영혼은, 플라톤이 《파이돈》에서 주장하듯이, 더 나은 어떤 세계에 속했다가 천박한 육체에 잘못 깃들도록 추방된 존재가 결코 아니다. 오히려 영혼의 본질 자체가 유기체와의 관계를 통해서 정의되어야 한다. 그리고 인간뿐만이 아니라 동식물도 영혼을 지닌다 — 동식물의 영혼도 전생에 지은 죄 때문에 윤회하여 죄 값을 치르는 부수적인 존재가 아니라 동물과 식물 생명의 고유한 원리이다. 아리스토텔레스는 영혼이 '생명을 지닌 육체의 현실태'라고 말하는데 이때 생명은 자기유지, 성장, 쇠퇴의 능력을 의미한다. 만일 살아 있는 실체를 질료와 형상의 결합으로 간주한다면 영혼은 자연적인 또는, 아리스토텔레스가 자주 표현하듯이, 유기적인 육체의 형상이다(*de An*. 2. 1. 412^a20, $^b5$～6).

아리스토텔레스는 '영혼'에 대하여 몇 가지 정의를 내리는데 몇몇 학자들은 이들이 서로 일치하지 않는다고 보기도 한다.[3] 하지만 정의들 사이의 차이는 영혼의 개념 자체가 통일성이 없기 때문이 아니라 아리스토텔레스가 사용한 '육체'에 해당하는 그리스어가 애매하기 때문에 발생한다. 이 단어는 때로 살아 있는 복합적 실체를 의미한다. 이런 의미에서 영혼은 살아 있는, 스스로 운동하는 육체의 형상이다(2. 1. 412^b17). 또한 이 단어는 영혼에 의해서 인도되기에 적절한 종류의 질료를 의미하기도 한다. 이런 의미에서 영혼은 **잠재적으로** 생명을 지니는 육체의 형상이다(2. 1. 412^a22; 2. 2. 414^a15～29). 영혼은 기관이 있는, 바꾸어 말하면 포유류의 입이나 나무의 뿌리처럼 고유한 기능을 지니는 부분이 있는 유기적 육체의 형상이다.

그리스어 단어 '오르가논'(*organon*)은 도구를 의미하는데 아리스토텔레스는 생명이 없는 도구와 육체 기관을 서로 비교함으로써 자신이 생각하는 영혼의 개념을 예시한다. 만일 도끼가 살아 있는 물체라면 절단 능력이 그것의 영혼이 될 것이다. 또한 만일 눈이 일종의 완전한 동물이라면 보는 능력이 눈의 영혼이 된다. 아리스토텔레스는 영혼이 일종의 현실태라고 말하면서 제일현실태와 제이현실태를 구별한다. 도끼가 현실적으로 무언가를 자르

[3] 이에 관해서는 J. Barnes, 'Aristotle's Concept of Mind' (*Proceedings of the Aristotelian Society* (1972), 101～14); J. L. Ackrill, 'Aristotle's Definitions of *Psyche*' (*Proceedings of the Aristotelian Society* (1973), 119) 참조.

거나 눈이 현실적으로 무언가를 볼 때 이는 제이현실태이다. 하지만 도끼집 안에 들어 있는 도끼나 잠자는 사람의 눈은 자신의 능력을 유지하면서도 현실적으로 발휘하지는 않는다. 이런 현실적인 능력이 제일현실태이다. 영혼은 바로 이런 종류의 현실태로서 살아 있는 육체의 제일현실태가 된다. 그리고 이런 현실태의 발휘가 유기체의 생명 작용 전체로 드러난다(2. 1. 412^{b}11～413^{a}3).

영혼은 살아 있는 육체의 형상 또는 형상인일 뿐만 아니라 육체에서 일어나는 변화와 운동의 근원이며 특히 목적론적인 방향성을 육체에 부여하는 목적인이기도 하다. 생식은 가장 기본적인 생명 활동 중 하나이다. 각각의 생명체는 '자신과 같은 종류를 낳기 위하여, 즉 동물은 동물을, 식물은 식물을 낳기 위하여 모든 노력을 다하는데 이는 그들이 가능한 한 영속적이고 신성한 것을 공유하기 위함이다'(2. 4. 415^{a}26～9, ^{b}16～20).

살아 있는 존재의 영혼은 일종의 계층적 질서를 형성한다. 식물은 식물의 또는 영양과 관련되는 영혼을 지니는데 여기에는 성장, 영양 섭취, 생식의 능력이 포함된다(2. 4. 415^{a}23～6). 동물은 이에 더하여 지각과 이동 능력도 지닌다. 동물은 감각 능력을 갖춘 영혼을 지니므로 모든 동물은 최소한 한 가지 이상의 감각 능력을 소유하는데 촉각이 가장 보편적이다. 최소한 무언가라도 느낄 수 있는 모든 존재는 쾌락을 느낀다. 따라서 감각을 지니는 동물은 욕구 또한 지닌다. 인간은 다시 이에 더하여 이성과 사고(*logismos kai dianoia*) 능력을 지니는데 이를 이성적 영혼이라 부를 수 있다.

아리스토텔레스가 생각한 이론적인 영혼의 개념은 그 이전 플라톤과도 그 이후 데카르트와도 다르다. 그에게 영혼은 육체에 영향을 미치는, 내부의 비물질적인 행위자가 아니다. '우리는 밀랍과 그 위에 찍힌 봉인이 하나인지 아닌지 또는 무언가의 질료와 그것을 질료로 삼는 존재가 하나인지 아닌지 물어서는 안 되듯이 육체와 영혼이 하나인지 아닌지를 물어서도 안 된다'(2. 1. 412^{b}6～7). 영혼은 육체와 같은 방식으로 부분들을 지닐 필요가 없다. 영혼의 부분들은 어쩌면 원의 원주에서 오목함과 볼록함처럼 서로 구별되지 않는지도 모른다(*NE* 1. 13. 1102a30~2). 영혼의 부분들을 말한다면 이는 영혼의 능력들을 말하는 것이다. 영혼의 능력은 자신의 작용과 대상에 따라 서로 구별된다. 성장 능력은 감각 능력과 구별되는데 그 까닭은 성장과 감각은 서로 다른 두 활동이기 때문이다. 시각과 청각 또한 구별되는데 그 까닭은 눈과 귀가 서로 다르기 때문이 아니라 색과 소리가 서로 다르기 때문이다(*de An*. 2. 4. 415a14~24).

감각적 대상은 두 종류로 나뉘는데 그중 한 종류는 특정한 감각에만 적절한 것으로서 색, 소리, 맛, 냄새 등이 이에 속한다. 다른 종류는 하나 이상의 감각을 통해서 지각되는 것으로서 그 예로는 운동, 수, 형태, 크기 등을 들 수 있다. 예를 들면 우리는 무언가를 봄으로써 또는 느낌으로써 그것이 움직인다고 말할 수 있다. 따라서 운동은 '공통적으로 감각될 수 있다'(2. 6. 418a7~20). 우리는 공통적으로 감각 가능한 바를 파악하기 위한 특별한 기관을 지니지는 않지만 아리스토텔레스는 우리가 자신이 코이네 아이스테시스(*koine aisthesis*)라고 부른, 직역하면 '공통 감각'(common sense)이라는 능력을 지닌다고 말한다. 하지만 영어의 관용적 표현에 따르면 이를 '일반 감각'(general sense)으로 번역하는 편이 나은 듯하다(3. 1. 425a27). 말과 마주쳤을 때 우리는 말을 보고, 듣고, 느끼고, 냄새 맡을 수 있다. 이들을 하나의 대상에 대한 지각으로 통합하는 것이 바로 일반 감각이다(하지만 아리스토텔레스에 따르면 이 대상이 말이라는 인식에 이르는 일은 감각보다는 지성의 역할에 속한다). 아리스토텔레스는 이 일반 감각에 또 다른 몇 가지 역할을 부여한다. 예를 들면 우리는 일반 감각을 통하여 우리가 현재 특정한 감각을 사용하고 있음을 지각한다(3. 1. 425b13 이하). 또한 우리는 일반 감각을 통하여 서로 다른 감각에 어울리는 감각적 대상들 사이의(예를 들면 흰 것과 단 것 사이의) 차이를 말할 수 있다(3. 4. 429b16~19). 하지만 이 마지막 주장은 그릇된 판단인 듯하다. 흰 것과 단 것 사이의 차이를 말하는 일은 빨강과 분홍 사이의 차이를 말하는 일과 같은 감각적인 구별 행위가 결코 아니다. 흰 것과 단 것을 착각하는 일이 어떻게 이와 같은가?

개별적 감각의 작용에 관한 아리스토텔레스의 가장 흥미로운 주장은 현재 작용 중인 감각 능력은 현재 활동 중인 감각적 대상과 동일하다는 것이다. 즉 감각적 대상의 현실태는 감각 능력의 현실태와 하나의 동일한 것이다(3. 2. 425^{b}26~7, 426^{a}16). 아리스토텔레스는 이를 소리와 청각을 예로 들어 설명한다. 그런데 그리스어와 영어의 관용구 사이에는 상당한 차이가 있으므로 나는 미각을 예로 들어 그가 의미한 바를 설명하려 한다.[4] 차 한 잔의 단맛은 감각적 대상, 즉 우리가 맛볼 수 있는 무언가이다. 맛을 보는 나의 능력은 감각적 능력이다. 그렇다면 맛의 대상에 가해지는 미각의 작용은 그 대상이 나의 감각에 가하는 작용과 동일하다. 바꾸어 말하면 차가 나에게 달게 느껴진다는 사실과 내가 차의 단맛을 느낀다는 사실은 하나의 동일한 것이다.

아리스토텔레스는 감각의 경우에 대해서도 가능태와 현실태라는 자신의 계층적 도식을 적용한다(2. 5. 417^{a}22~30, ^{b}28~418^{a}6). 차는 현실적으로 달지만 설탕을 넣기 이전에는 오직 가능적으로, 즉 잠재적으로만 달았다. 잔 안에 있는 차의 단맛은 제일현실태이다. 차가 현실적으로 나에게 달게 느껴진다는 사실은 제이현실태이다. 단맛은 맛을 제대로 볼 줄 아는 사람이 달게 느끼도록 만드는 능력 이외의 다른 어떤 것이 아니다. 그리고 미각 능력은 단맛을 지닌 대상의 맛을 제대로 느끼는 능력 이외의 다른 어떤 것이 아니다. 따라서 어떤 맛을 느끼는 능력과 그렇게 느끼도록 만드는 능력이 당연히 서로 다르며 전자는 어떤 동물에, 후자는 어떤 실체에 속한다 할지라도 우리에게 작용하는 감각적 속성과 그것에 작용하는 우리의 능력은 서로 동일한

[4] 아리스토텔레스는 우리가 무언가를 맛볼 때 그 대상이 우리에게 행하는 작용을 지칭하는 단어가 그리스어에는 없다고 불평한다(3. 2. 426^{a}17). 영어는 그렇지 않다. 하지만 우리가 무언가를 들을 때 소리가 우리에게 행하는 작용을 지칭하는 그리스어에 해당하는, 한 단어로 된 영어를 찾기 또한 어렵다.

하나의 것이라는 점에 동의할 수 있다.

이는 감각의 개념에 대한 건전하고 중요한 철학적 분석으로 보인다. 이를 통해서 우리는 감각이 우리의 정신과 감각되는 바가 **드러내는 무언가** 사이의 상호관련을 포함한다는 생각, 이미 수많은 철학자들을 잘못된 방향으로 인도하였던 생각에서 벗어날 수 있다. 아리스토텔레스의 상세한 설명에 따르면 감각적 속성의 화학적 전달 수단과 감각 기관의 작용 방식은 서로 전혀 다른 별개의 문제이므로 이를 사변적으로 설명하려 하는 이론들은 이미 오래전 그에 의해서 폐기되었다고 말할 수 있다. 아리스토텔레스는 이런 주제와 관련해서 이전 철학자들에 대하여, 예를 들면 데모크리토스나 《티마이오스》에 등장하는 플라톤의 주장에 대하여 지극히 비판적인 태도를 취하지만 그 자신의 설명 또한 과학의 발전을 통해서 현재 밝혀진 사실과는, 그가 비판했던 철학자들의 주장과 마찬가지로, 상당히 거리가 멀다.

그는 다섯 가지 감각과 일반 감각 외에도 다른 능력들을 인정하는데 후에 그는 이를 한데 묶어 '내적 감각'이라고 불렀다. 이에 속하는 이에 속하는 대표적인 것으로는 상상력(*phantasia*)(*de An*. 3. 3. 427^{b}28～429^{a}9)과 기억을 들 수 있는데 특히 기억에 관해서 그는 책 한 권 전체를 할애하여 설명한다(《기억에 관하여》(*de Memoria*)). 감각에 대응하는 인식적인 수준의 요소로 영혼의 정서적 부분이 있는데 이는 자발적으로 느끼는 감정이 위치하는 곳이기도 하다. 이 부분은 《니코마코스 윤리학》에서 기본적으로는 비이성적이지만 식물적인 영혼과는 달리 이성이 지배하고 통제할 수 있는 영역으로 소개된다. 이는 우리의 영혼 중 욕구와 정념을 담당하는 부분으로서 플라톤의 영혼 삼분설과 비교하면 정욕 및 기개에 해당한다. 이성의 지배 아래 있을 경우 용기나 절제 같은 도덕적인 덕들은 바로 이 부분에 위치한다(1. 13. 1102^{a}26～1103^{a}3).

플라톤과 마찬가지로 아리스토텔레스에서도 영혼 중 최상위 부분은 정신 또는 이성이 차지하는데 이는 사고와 이해를 담당한다. 사고는 감각적 지각과 다르며 오직 인간만이 — 최소한 지구상에서는 — 행할 수 있다(*de An*. 3. 3. 427a18~b8). 감각과 마찬가지로 사고도 판단을 내리는 일을 담당한다. 하지만 감각이 특수한 것과 관련하는 반면 지적인 인식은 보편적인 것과 관련한다(2. 5. 417b23). 또한 아리스토텔레스는 실천적 추론과 이론적 추론을 구별하여 정신 내부에서도 이들 각각에 대응하는 부분을 서로 구별한다. 이성적 영혼 중에 심사숙고를 담당하는 부분(*logistikon*)은 주로 인간사와 관련하며, 학문을 담당하는 부분(*epistemonikon*)은 영원한 진리와 관련한다(*NE* 6. 1. 1139a16; 12. 1144a2~3). 이런 구별은 충분히 쉽게 이해된다. 하지만 《영혼에 관하여》의 널리 알려진 한 대목에서 아리스토텔레스는 두 종류의 지성(*nous*)을 구분하는, 앞의 구별과는 다른 구별을 도입하는데 이는 몹시 파악하기 어렵다. 그는 우리가 자연 어디서나 물질적인 요소들을 발견하는데 이들은 그 어떤 것이든 모든 것이 될 수 있는 잠재성을 지닌다고 말한다. 또한 자연에는 물질들에 영향을 미치고 작용하는 창조적인 요소도 존재하는데 이는 지성과 더불어 존재한다.

> 모든 것이 될 수 있는, 그런 종류의 지성이 존재하는 동시에 이와는 다른 종류의 지성, 즉 마치 빛처럼 — 빛이 잠재적인 색을 현실적인 색으로 만드는 것과 같은 방식으로 — 모든 것들을 실재하는 상태로 만드는 지성도 존재한다. 이 지성은 분리되어 있으며 아무것도 느끼지 않고 아무것도 섞이지 않은 것으로 본질상 현실태로 존재한다. 왜냐하면 행위 하는 자는 그 행위의 영향을 받는 자보다 항상 우월하며, 원리는 질료보다 항상 우월하기 때문이다. 현실태에 있는 인식은 인식의 대상과 정확하게 동일하다. (*de An*. 3. 5. 430a14~21)

고대와 중세 학자들은 이 대목에 대하여 서로 완전히 다른 해석을 제시하였다. 어떤 학자들은 — 특히 아랍 계통의 주석가들은 — 이 분리된 능동적인

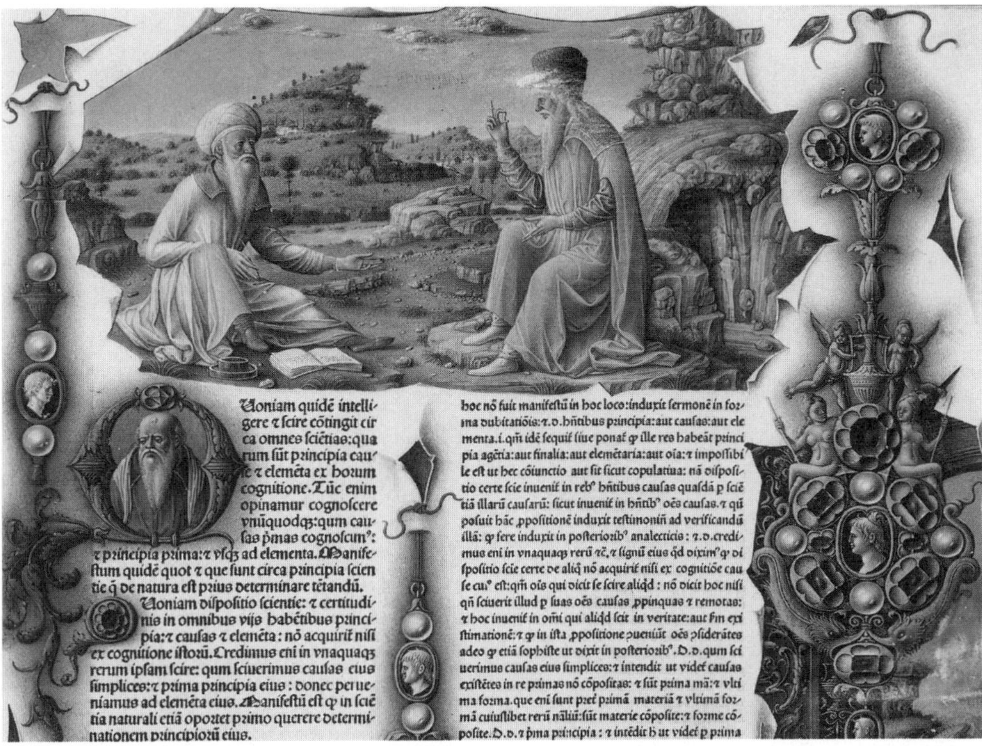

이 16세기 채색본의 삽화에서 아랍 출신의 아리스토텔레스 주석가 중 가장 중요한 인물인 아베로에스(Averroes)는 아리스토텔레스로부터 직접 주석에 대한 가르침을 받는 것으로 묘사된다.

행위자 또는 지성의 빛을 신 또는 어떤 초인적인 지성과 동일시하였으며, 다른 학자들은 — 특히 라틴 계통의 주석가들은 — 아리스토텔레스가 인간의 지성 안에 서로 다른 두 능력을, 즉 개념을 형성하는 능동적 지성과 관념 및 믿음의 저장소인 수동적 지성을 구별하였다고 생각하였다.

현실태에 있는 인식과 인식 대상이 동일하다는 원리는 — 이는 앞서 살펴본 감각적 지각에 대한 주장과도 짝을 이루는데 — 두 번째 해석에 기초하여 다음과 같이 설명된다. 우리가 경험을 통하여 접하는 대상들에 대하여 우리는 현실적으로가 아니라 오직 잠재적으로만 사고할 수 있는데 이 점은 어둠 속에서 색을 현실적으로가 아니라 오직 잠재적으로 볼 수 있음과 마찬가지이다. 능동적인 지성은 추상화의 과정을 통하여 개별적인 경험으로부터 보편적인 형상을 이끌어 냄으로써 개념을 — 즉 현실적으로 사고할 수 있는 대상들을 — 만들어 낸다. 질료를 지니지 않는 형상들은 오직 지성 안에만 현존하며 이들의 현실태는 오직 사고될 수 있다는 점이다. 사고 자체는 이런 보편들을 다루는 일로만 이루어진다. 따라서 사고의 대상을 현실화하는 일과 사고하는 사람의 사고 작용은 하나의 동일한 것이다.

만일 위의 두 해석 중 두 번째 것이 옳다면 여기서 아리스토텔레스는 인간의 영혼 중 육체와 분리된, 불멸하는 부분을 인정하는 셈이 된다. 《동물의 생성에 관하여》에서(2. 3. 736^{b}27) 아리스토텔레스는 이와 유사한 태도로 이성이 '문 밖으로부터' 육체로 들어가는데 오직 이성만이 영혼 중 신성한 요소이며 어떤 육체적 활동과도 연결되지 않는다고 말한다. 이 대목은 지금까지 살펴보았던 표면적이고 생물학적인 영혼의 개념 외에도 지성은 육체와 분리될 수 있는 특별한 실재라는, 즉 아리스토텔레스에게서 때때로 발견되는 플라톤적인 사상의 흔적을 추적할 수 있는 단서를 제공한다.

이런 사상적 흐름은 《니코마코스 윤리학》의 마지막 권에서 가장 분명히 드러난다. 《에우데모스 윤리학》 및 이 두 저술 중 서로 겹치는 부분에서는 이론적 지성이 명백히 영혼의 능력으로 제시될 뿐 이것이 초월적이거나 불멸한다는 암시는 전혀 등장하지 않지만 《니코마코스 윤리학》의 10권에서는 지성의 생명이 초인간적인 것으로, 신테톤(syntheton), 즉 육체-영혼의 결합체의 생명과는 대조되는 것으로 등장한다. 도덕적인 덕들과 실천적인 지혜는 결합체의 덕이지만 지성의 탁월성은 이와 분리되어 현존할 수 있다(10. 7. 1177^{a}14, ^{b}26~9; 1178^{a}14~20). 그리고 《니코마코스 윤리학》에서 인간의 행복이 최고로 이를 수 있는 바는 바로 이런 분리된 지성의 활동이다.

아리스토텔레스의 사상에서 생물학적인 성향과 초월적인 성향 사이에 조화를 발견하기란 어렵다. 그의 사상이 시기에 따라 발전하였다고 보는 어떤 이론도 이런 조화를 성공적으로 제시하지 못하였다. 앞서 살펴보았듯이 《영혼에 관하여》 자체는 인간의 영혼에 불멸하는 요소가 있음을 강력하게 암시하는 대목들을 포함한다. 그런데 영혼이 유기적 육체의 형상이라는 주장을 가장 분명하게 설명하는 바로 그 부분에서 아리스토텔레스는 영혼이 마치 배에 탄 선원처럼 그렇게 육체 안에 존재하는지 그렇지 않은지는 여전히 논의할 문제로 남는다고 말한다(2. 1. 413ª9). 하지만 영혼과 육체의 관계를 이원적으로 보는 것이 고전적인 해석에 속한다.

헬레니즘 시대의 심리철학

아리스토텔레스와 아우구스티누스 사이에 등장한 어떤 철학자도 심리철학을 다른 분야에 비하여 상세히 다루지는 않았다. 에피쿠로스의 철학적 심리학은 데모크리토스에서 진전된 바가 거의 없다. 에피쿠로스에게 영혼은 다른 모든 것과 마찬가지로 원자들로 구성되는데 영혼을 구성하는 원자는 다른 원자들에 비하여 더욱 작고 미묘하며 심지어 바람을 구성하는 원자들보다도 더욱 미세하게 구성된다는 점이 다를 뿐이다. 영혼이 비물질적이라는 말은 전혀 무의미하다. 물체가 아닌 것은 오직 빈 공간일 뿐이다. 영혼은 감각의 주된 원인으로서 일차적인 책임을 지지만 오직 육체와 결합하여 육체 안에 있을 경우에만 그렇다. 죽음의 순간에 영혼을 구성하던 원자가 흩어지므로 우리는 더 이상 감각 작용을 할 수 없게 되는데 그 까닭은 영혼의 원자들이 더 이상 육체 안의 적절한 장소에 위치하지 않기 때문이다(LS 14B).

루크레티우스의 위대한 철학시 《사물의 본질에 관하여》 중 3권은 심리학을 다룬다. 그는 우선 아니무스(*animus*)와 아니마(*anima*)를 구별함으로써(34~5) 논의를 시작한다. 아니무스, 즉 정신은 손이나 발과 같이 육체의 한 부분이다. 이 사실은 우리가 일단 숨을 거두고 나면 더 이상 스스로 움직일 수 없다는 사실에서 잘 드러난다. 그런데 정신은 아니마, 즉 영혼의 한 부분이다. 영혼은 심장에 위치하며 모든 것을 지배한다. 영혼이 영면에 들면 이는 육체를 통하여 전달되어 정신에게도 쉬라는 명령이 내려진다. 정신과 영혼, 육체는 서로 밀접하게 연결되어 있는데 이는 공포가 육체를 떨게 만들며 육체의 이런 충격이 정신을 비탄에 잠기도록 만드는 사실에서 잘 드러난다. 정신과 영혼은 모두 물질적이어야만 한다. 그렇지 않다면 육체를 움직일 수 없기 때문이다 — 육체를 움직이려면 육체와 접촉해야 하는데 만일 정신과 영혼 자체가 물질적이 아니라면 어떻게 육체와 접촉할 수 있겠는가(160~7)? 정신은 마치 포도주의 향기처럼 매우 가벼우며 미세한 조직을 지닌다 — 하지만 죽은 후 육체는 살아 있을 때보다 분명히 무게가 덜 나간다. 정신은 불, 공기, 바람 그리고 이름이 없는 네 번째 요소로 구성된다. 일단 정신이 어떤 방향으로 향하면 영혼은 곧 뒤따라간다. 하지만 영혼이 크게 손상 받아도 정신은 살아남을 수 있다(402~5).

어떤 사람들은 육체는 아무것도 지각하거나 감각하지 않으며 우리 내부에 있는 작은 인간으로 여겨지는 영혼만이 그런 작용을 한다고 말한다. 루크레티우스는 이런 초보적인 견해를 정교하게 반박한다. 만일 눈이 보는 일을 전혀 하지 않으며 그저 정신이 그것을 통해서 외부를 보는 창문에 불과하다면 우리는 아예 눈이 제거되고 없을 경우에 훨씬 더 분명히 볼 수 있어야 한다. 왜냐하면 집안에 있는 사람은 창문이나 창틀을 떼어 냈을 경우에 바깥을 훨씬 더 잘 볼 수 있기 때문이다(367~9).

정신과 영혼에 관한 루크레티우스의 논의는 이들 둘 모두 불멸하지 않으며 따라서 사람들이 죽음을 두려워할 이유가 없다는 점을 증명하려는 목표를 지닌다. 깨진 단지에서는 물이 흘러나오기 마련이다. 육체가 손상될 경우 정신의 미묘한 흐름은 이 물보다 얼마나 빨리 육체에서 빠져나가는지 아는가! 정신은 육체와 더불어 성장하며 육체와 더불어 쇠퇴한다. 육체가 아프면 정신도 고통을 겪으며 육체를 치료하는 의술을 통해서 정신도 치료된다. 이는 모두 유한함을 드러내는 징표이다.

육체가 죽듯이 영혼도 죽는다면
이 근거 없는 공포의 원인, 죽음을 왜 두려워하는가?
우리가 세상에 나기 전에 아무 고통도 못 느꼈듯
카르타고 사람들의 무기가 우리 땅에 몰려들더라도
하늘과 땅이 혼돈 속에 던져지더라도 무슨 고통이 있겠는가?
그저 논쟁에 빠진 이 세계에서
무서운 상상으로 두려워하는 사람은
불확실함 때문에 어쩔 줄 몰라 하는 노예임에 틀림없다.
우리의 유한한 불꽃은 흩어지고 말지니
정신과 분리된 생명 없는 몸 덩어리로 남은 우리는
슬픔과 고통의 감각에서 곧 벗어나리라,
존재하지 않으므로 느끼지 못하리라.

(830～40, 드라이든[5]의 영역(英譯)에 기초함)

결론적으로 루크레티우스는 오직 영혼과 육체가 한 몸 안에 들어 있는 한에서만 우리는 우리일 수 있다고 말한다.

에피쿠로스학파는 감각적 지각에 대하여, 특히 시각에 대하여 원자론적인 설명을 제시하였다. 세계의 물체들은 어떤 얇은 막에 자신을 구성하는 원자들을 쏘아 보내는데 이 막에는 물체의 원래 모습을 유지하는 일종의 상(*eidola*)이 형성된다. 이 막은 놀랄 만큼 빠른 속도로 이곳저곳을 날아다닌다. 그러다가 이 막이 영혼을 구성하는 원자와 접촉함으로써 지각이 발생한다. 우리가 정신적인 상을 볼 경우 이는 마치 거미줄이나 금박 같은 훨씬 더 미세한 실들이 공기 중에서 서로 결합하여 낳은 결과이다. 따라서 켄타우로스의 상은 인간의 상과 말의 상이 한데 섞인 결과이다. 이런 상은 우리가 깨

[5] 〔옮긴이 주〕 드라이든(John Dryden, 1631～1700)은 당대를 대표한 영국의 시인, 극작가, 비평가이며 그리스와 로마의 많은 고전들을 번역한 것으로도 유명하다.

어 있을 때뿐만 아니라 잠잘 때도 정신 안으로 들어온다. 우리는 항상 수없이 많은 이런 미세한 상들에 둘러싸여 있지만 오직 우리의 정신이 주의를 기울이는 상들만을 인식한다(Lucretius, 4. 722∼85).

에피쿠로스학파와 마찬가지로 스토아학파도 영혼을 유물론적으로 생각하였다. 크리시포스는 우리가 숨을 쉬는 한에서만 살아 있다고 주장한다. 영혼은 우리를 살아 있도록 만드는 것이며, 숨은 우리를 숨 쉬도록 만드는 것이기 때문에 결국 영혼과 숨은 동일하다(LS 53G). 여기서 영혼은 탁월한 상태, 즉 일종의 지배 능력(*hegemonikon*)을 유지한다. 이런 영혼이 외부의 여러 곳으로 감각을 내보내서 주변 상황에 대한 정보를 받아들이고 이를 평가한다. 감각적 지각 자체는 지배 능력인 영혼 안에 위치하기는 하지만 영혼과는 구별된다(LS 53M). 지배 능력은 영혼의 다른 부분과 마찬가지로 물질적이기는 하지만 죽음의 순간에 육체와 분리되면서 최소한 잠깐 동안이라도 살아 있을 수 있다(LS 53W). 하지만 스토아학파는 개인의 불멸성은 전혀 인정하지 않는다. 기껏해야 현자의 영혼은 사후에 우주에 충만하고 우주를 지배하는 신성한 세계영혼에 흡수될 수 있다는 정도의 주장을 편다.

몇몇 스토아철학자들은 인간의 영혼을 문어에 비유하였다. 지배 능력에서 여덟 개의 촉수가 육체로 뻗어나간 형태가 문어와 닮았다고 생각하였기 때문이다. 여덟 개의 촉수 중 다섯 개는 다섯 가지 감각이며, 하나는 팔다리를 움직이는 동력이며, 또 하나는 발성 기관을 조절하며, 마지막 하나는 정액을 생식기관으로 나르는 관이다. 이런 촉수들은 각각 숨으로 만들어진다(LS 53H, L).

이 여덟 개의 촉수 중 다섯 개는 구심적이고 세 개는 원심적이라는 주장은 주목할 만하다. 이는 스토아학파가 철학적 심리학에 중요한 구분을 도입하였음을 드러낸다. 플라톤과 아리스토텔레스는 주로 영혼의 능력을 계층적으로 분류하는 데 관심을 보였으며 이런 능력들의 대상이 지닌 인식적, 윤리적 가치를 분류의 기준으로 삼았다. 따라서 지성을 감각 위에, 이성적 선택을 동물적 욕구 위에 놓았다. 물론 스토아학파도 이성적인 언어 사용자와 아무 말도 하지 못하는 동물 사이에 능력의 차이가 있다는 점은 잘 알고 있었다(LS 53T). 하지만 이들은 능력의 수직적인 분류 못지않게 수평적인 분류 또한 중요하다고 생각하였다. 이런 구별에 대하여 키케로는 파나이티오스(Panaetius)를 인용하여 다음과 같이 말한다.

> 정신의 운동에는 두 종류가 있다. 어떤 것은 사고에 속하며 다른 것은 욕구에 속한다. 사고는 주로 진리의 탐구에 관련하며 욕구는 행위를 이끄는 데 관련한다. (Off. 1. 132)

인식능력과 욕구능력 사이의 구별과 감각능력과 지적 능력 사이의 구별은 서로 별 상관이 없다. 고대 후기와 중세의 철학자들은 다음과 같은 도식을 받아들이기 시작하였다.

지성	의지
감각	욕구

이는 이성적 수준과 동물적 수준 사이를 구별한 아리스토텔레스와 인식적 측면과 욕구의 측면을 구별한 스토아학파를 결합한 결과이다.

고대 후기의 의지, 정신, 영혼 개념

고대 그리스 고전철학에는 의지의 개념이 등장하지 않는다는 말을 자주 하곤 한다. 심지어 어떤 학자들은 아리스토텔레스의 심리학에서 의지는 전혀 등장하지 않으며 이 개념은 그 후 무려 열한 세기의 철학적 반성을 거친 후에야 비로소 발명되었다고 말하기까지 하였다. 아리스토텔레스에게서 '의지의 자유'라는 표현에 정확하게 들어맞는 표현을 발견할 수 없다는 점은 부정하기 힘든 사실이며 따라서 학자들은 그가 이 주제를 전혀 파악하지 못했다고 결론지었다.

아리스토텔레스에 대한 이런 비판은 의지의 본성에 관한 어떤 견해에 의존한다. 근대철학자들은 자주 의지를 인간의 내적인 의식이 드러나는 현상으로 생각하였다. 의지의 활동 또는 의지작용은 인간의 어떤 행위에 선행하여 그 행위를 낳는 정신적 사건이다. 의지작용이 있는가 없는가에 따라 자발적인 행위와 자발적이 아닌 행위의 구별이 이루어진다. 의지의 자유는 이런 내적인 의지작용의 매개체로 자리 잡아야 한다.

에피쿠로스학파와 스토아학파가 이런 인간 행위의 인과관계라는 개념을 어느 정도 지니고 있었는지는 확실하지 않다. 하지만 이런 의지 개념이 아리스토텔레스에게서 발견되지 않는다는 점은 확실하다. 그러나 오히려 이 점에서 그를 칭찬해야 할지도 모른다. 왜냐하면 최근에 접어들어 의지의 개념이 근본적으로 손상되었으며 따라서 그리 신뢰할 만한 것이 아니라는 지적이 이어지기 때문이다. 의지에 대한 만족스러운 철학적 설명은 인간의 행위능력, 욕구, 믿음 등과의 관계를 포함해야만 한다. 그렇다면 여기에는 자발적임, 의도적임, 합리적임 등에 대한 설명도 더해져야 한다. 설령 아리스토텔레스의 의지 개념이 오늘날 자연스럽게 사용되는 개념과 정확하게 일치하지 않는다 할지라도 그의 저술은 이렇게 이해된 의지 개념에 대한 탐구와 관련되는 풍부한 자료를 포함한다.

아리스토텔레스는 자발성을 다음과 같이 정의한다. 강제받지 않고 오류를 범하지 않는 행위자로부터 기인한 바는 자발적이다(*NE* 3. 1. 1110ª1 이하). 그의 도덕철학 체계에서 프로하이레시스(*prohairesis*), 즉 목표지향적인 행위의 개념은 매우 중요한 역할을 담당하는데 이는 삶 전반에 걸친 계획의 일부로 선택된 행위를 의미한다(*NE* 3. 2. 1111ᵇ4 이하). 우리의 삶을 구성하는 일상적인 도덕적 선택을 경계 짓기에 자발성에 대한 그의 정의는 너무 어설프며 프로하이레시스에 대한 그의 정의는 너무 폭이 넓다. '프로하이레시스'에 대응하는 영어 단어가 없다는 사실만 보더라도 이 개념이 상당히 다루기 힘들다는 점이 드러난다. 반면에 아리스토텔레스가 사용한 다른 도덕적 용어들은 대부분 모든 유럽 언어로 자연스럽게 번역된다.

비록 실천적 추론에 관하여 풍부하고 날카로운 통찰력을 보여 주는 설명을 제시하였지만 아리스토텔레스는 우리가 사용하는 의도의 개념, 즉 B를 산출하기 위하여 A를 행하는 경우, 달리 말하자면 자기 자신의 목적을 추구할 뿐만 아니라 목적에 대한 수단을 선택하는 경우를 지칭하는 전문적인 개념을 만들어 내지 않았다. 자발성은 의도보다 폭넓은 개념이다. 자발성은 우리가 예상하기는 했지만 의도하지 않은 결과를 낳은 경우, 즉 욕구하지 않은 행위의 결과를 낳은 경우도 포함한다. 프로하이레시스는 상당히 폭이 좁은 개념이다. 이는 삶의 전반적인 목적을 실현하려는 의도에서 등장한 목표만을 제한적으로 지칭한다.

아리스토텔레스가 인간의 삶 중 욕구와 관련되는 부분을 다루면서 이런 부족함을 드러낸다는 사실이 과장되어 그에게는 의지의 개념이 없다는 주장으로 이어졌다. 사실 의지의 개념이 완전한 모습으로 발전하는 데 크게 기여한 인물은 라틴 계통의 철학자들이며 이들이 생각했던 개념은 아우구스티누스의 저술에 등장하는 것과 유사한 형태를 띤다.

기원후 2세기와 3세기에 걸쳐 아리스토텔레스적인 심리철학의 변형이라 부를 수 있는 지속적인 발전이 이루어졌다. 의사였던 갈레노스(Galen, 129~99)는 운동 신경이 뇌에서 시작되어 척수를 거쳐 작용한다는 사실을 발견하였다. 따라서 심장이 아니라 뇌를 영혼이 주로 머무르는 장소로 여겨야 한다고 주장하였다. 하지만 스토아학파와 마찬가지로 갈레노스는 감각적 영혼과 운동 신경을 담당하는 영혼을 구별하면서 전자는 뇌로 향하는 구심적인 신경과 연결되지만 후자는 척수에서 출발한 운동 신경에 관련한다고 주장하

였다.[6]

소요학파에 속하는 주석가인 아프로디시아스 출신의 알렉산드로스(Alexander of Aphrodisias)는 3세기 초반에 주로 활동하였는데 《영혼에 관하여》에 등장하는 능동적 지성을 《형이상학》 12권에 등장하는 부동의 동자와 동일시하였다. 따라서 그는 그 후 오랫동안 서로 다른 형태를 취하면서 유행했던 전통, 특히 아랍 출신의 주석가들이 따랐던 해석을 제시한 최초의 인물이다. 그는 갓 태어난 인간은 오직 질료적인 또는 물리적인 지성만을 지니는데 그 후 최고의 신성한 정신의 영향을 받아들임으로써만 진정한 지성을 얻는다고 주장하였다. 따라서 인간의 영혼은 불멸하지 않는다. 영혼이 할 수 있는 최선의 일은 부동의 동자를 매개로 하여 불멸하는 것들을 생각하는 정도이다(*de An*. 90. 11~91. 6).

인간 영혼의 유한함을 강조한 에피쿠로스학파와 스토아학파, 후기 소요학파 등에 대하여 반대하면서 플로티노스는 플라톤의 뒤를 이어 개인의 영혼이 불멸함을 증명하려 하였다. 그는 '엔네아데스' 4. 7 (2)에 수록된 초기 저술 《영혼의 불멸성에 관하여》(*On the Immortality of the Soul*)에서 자신의 생각을 전개한다. 만일 영혼이 생명체가 소유한 삶의 원리라면 그것은 자신의 본성상 물질적일 수 없다. 만일 영혼이 물체라면 영혼은 네 요소, 즉 흙, 공기, 불, 물 중의 하나이거나 이들 중 둘 이상이 결합한 복합체여야 한다. 하지만 이런 요소들 자체는 생명이 없다. 만일 복합체가 생명을 지닌다면 이는 복합체를 구성하는 요소들의 특정한 비율 때문임에 틀림없다. 그런데 이 비율은 다른 무언가로부터, 즉 복합체의 내용물을 섞는 방법을 제시하고 이들을 서로 결합하게 하는 어떤 원인으로부터 부여되어야 한다. 이 다른 무언가가 바로 영혼이다(4. 7. 2. 2).

플로티노스는 생명체의 기능 중 어떤 것도, 즉 영양섭취와 성장 등의 가

[6] M. R. Bennett and P. M. S. Hacker, *Philosophical Foundations of Neuroscience* (Oxford: Blackwell, 2003), 20.

장 낮은 형태로부터 상상력과 사고라는 가장 높은 형태에 이르는 어떤 것도 순전히 물질적인 것만으로는 수행될 수 없다고 주장한다. 물체는 매 순간 변화를 겪는다. 이런 영원한 변화의 흐름에서 어떻게 무언가가 순간마다 일어나는 모든 일을 기억하겠는가? 물체는 부분들로 나뉘며 공간으로 흩어진다. 이렇게 사방으로 흩어진 실재가 어떻게 우리에게 지각하고 의식하는 하나의 통일된 초점을 제공할 수 있겠는가? 우리는 아름다움이나 정의로움 같은 추상적인 실재에 관하여 사고할 수 있다. 그런데 어떻게 물질적인 것이 비물질적인 것을 파악할 수 있는가?(4. 7. 5~8) 따라서 영혼은 변화의 세계가 아니라 존재의 세계에 속해야만 한다(4. 8. 5).

플로티노스는 영혼이 그 자체로 일종의 물체인 육체는 아니지만 현존하기 위해서는 육체에 의존한다고 주장하는 사람들이 있음을 잘 알고 있었다. 그는 《파이돈》에서 시미아스가 내세운 주장, 즉 영혼은 단지 육체의 근육과 힘들이 조율된 상태에 지나지 않는다는 주장을 다시 지적하면서 세련되게 이런 주장을 반박한다. 음악가가 칠현금을 켤 때 그가 직접 영향을 미치는 대상은 현이지 선율이 아니다. 하지만 선율이 요구하지 않는 한 현은 결코 켜지지 않는다(3. 6. 4. 49~80 ; 4. 7. 8).

플로티노스는 각 개인의 영혼이 불멸함을 분명하게 주장한다. 소크라테스가 이 세계로부터 더 나은 세계로 떠났다고 해서 그가 소크라테스이기를 멈추었다고 생각한다면 이는 지극히 불합리한 생각이다. 정신은 더 나은 세계에서 계속 유지된다. 왜냐하면 참된 존재 중 그 어떤 것도 사라지지 않기 때문이다(4. 3. 5). 하지만 이런 주장이 정확하게 어떤 중요성을 지니는지는 그리 명확하지 않다. 플로티노스는 또한 모든 영혼이 하나로 합쳐져 이른바 최고의 세계영혼이라는 통일체를 형성하며 개인의 영혼은 이로부터 생겨났다가 다시 여기로 돌아간다고 주장하기 때문이다(3. 5. 4). 이 세계영혼에 관해서는 9장에서 플로티노스의 신학을 논의하면서 더욱 상세히 살펴보려 한다.

플로티노스의 이런 생각으로부터 무척 큰 영향을 받은 사람으로 젊은 시절의 아우구스티누스를 들 수 있다. 하지만 그가 심리철학에 독창적으로 기여한 바는 자유에 관한 그의 저술에서 드러난다. 자신이 기독교로 개종한 바로 그해에 쓴 《자유의지에 관하여》(*de Libero Arbitrio*)에서 그는 일종의 자유의지를 옹호하는데 이는 우리가 앞에서 크리시포스를 다루면서 살펴보았던 양립 가능론(compatibilism)과도 다르며 아우구스티누스 자신이 후에 완전히 기독교적 입장에서 주장한, 유명한 동시에 악명 높은 운명 예정설(predestinarianism)과도 다르다.

《자유의지에 관하여》 3권에서는 영혼은 필연적으로 죄를 짓는가 그렇지 않은가라는 질문이 제기된다. 그러면서 우리는 '필연성'의 세 가지 의미를, 즉 본성과 확실성 그리고 강제로서의 필연성을 구별해야 한다는 언급이 등

연구 중인 아우구스티누스 (베네치아의 성 조르조(S. Giorgio) 성당에 소장된 카르파초(Vittorio Carpaccio)[7]의 그림)

장한다. 본성과 강요는 자발성과 양립할 수 없다. 오직 자발적 행위만이 비난의 대상이 될 수 있다. 만일 어떤 죄인이 본성이나 강제에 의해서 죄를 지었다면 그의 죄는 자발적이 아니다. 하지만 확실성은 자발성과 양립할 수 있다. 즉 X가 죄를 지으리라는 점이 확실하다 할지라도 X는 자발적으로 죄를 저지르며 따라서 마땅히 비난받아야 하는 경우가 성립한다.

우선 본성으로서의 필연성을 검토해 보자. 영혼은 돌이 본성상 아래로 굴러 떨어지는 것과 같은 방식으로 필연적으로 죄를 짓지는 않는다. 죄를 짓는 과정에서 영혼의 행위는 자발적이다. 영혼과 돌은 모두 행위자이지만 영혼은 자발적인 행위자이지 본성적인 행위자가 아니다. 이들 둘 사이의 차이는 다음과 같다. '돌은 아래로 떨어지는 자신의 운동에 저항할 능력을 갖고 있지 않다. 하지만 영혼은 스스로 그렇게 하려 하지 않는 한 더욱 높은 것을 버리고 더욱 아래의 것을 택하는 식의 행위를 결코 하지 않는다'(III. 2).

앞에서 크리시포스를 검토하면서 살펴보았듯이 자발성은 다르게 행위 할 능력(무관심성의 자유)과 관련해서 정의될 수도 있고 자신이 원하는 바를 행할 능력(자유로운 선택의 자유)과 관련해서 정의될 수도 있다. 《자유의지에 관하여》에서 아우구스티누스는 이 두 접근 방식을 결합한다. 영혼의 운동은 자발적인데 그 까닭은 영혼이 스스로 원하는 바를 행하기 때문이다. 아우구스티누스는 다음과 같이 말한다. '만일 내가 그것에 의해서 무언가를 행하거나 거부하기도 하는 의지가 나 자신의 것이 아니라면 내가 나 자신의 것이라고 부르는 바가 무엇인지 나는 알지 못한다.' 하지만 무언가를 원하는 능력 자체는 두 방향으로 작용하는 능력이다. '의지로 하여금 이 방향 또는 저 방향으로 향하도록 하는 운동은, 만일 이 운동이 자발적이지 않고 우리 능력 안에 속하지 않는다면, 전혀 칭찬할 만한 가치가 없다.' 만일 그렇다면 설령 죄인이 의지의 방향(cardo)을 지옥 쪽으로 돌린다 할지라도 우리는 그를 비

[7] 〔옮긴이 주〕 카르파초(1460~1526)는 르네상스 초기에 활동했던 이탈리아의 화가로 성인들의 생애를 그린 연작화로 유명하다.

난할 수 없다(III. 3).

이제 아우구스티누스는 무언가를 원하는 일이 우리 능력 안에 속함을 증명하려 한다. 그의 증명이 정확하게 어떤 방식으로 진행되는지는 분명하지 않다. 한 해석에 따르면 다음과 같이 진행된다. 만일 우리가 원할 때마다 X를 행한다면 X를 원하는 일은 우리의 능력 안에 속한다. 그런데 우리는 무언가를 원할 때마다 실제로 무언가를 원한다. 따라서 무언가를 원하는 일은 우리의 능력 안에 속한다. 이 증명은 매우 쉬운 듯이 보인다. 하지만 첫 번째 전제는 명백히 불완전하므로 다음과 같이 변형되어야 한다. 만일 우리가 X를 행하기를 원할 때마다 X를 행한다면 X를 행하는 일은 우리의 능력 안에 속한다. 그렇다면 두 번째 전제도 다음과 같이 되어야 한다. 우리가 X를 행하기를 원하는 것을 원할 때마다 우리는 X를 행하기를 원한다. 하지만 이 두 번째 전제는 문제시될 수도 있다. 우리는 일차적으로 무언가를 원하지 않고도 무언가를 원하기를 원하는 이차적인 원함에 이를 수 있지 않은가? 예를 들어 만일 아우구스티누스가 순결하기를 원하는 중인데 아직 순결하지 않다면 과연 그는 실제로 순결하기를 원하는 중인가 아니면 단지 순결하기를 원하는 것을 원하는 중인가?

앞에서 아우구스티누스가 제시한 의미에 따르면 X를 행하는 일이 나의 능력 안에 속할 경우 X를 행하지 않는 일 또한 반드시 나의 능력 안에 속해야 한다. 그런데 이는 무언가를 원하는 일이 우리의 능력 안에 속한다는 점을 보이려는 그의 논증을 상당히 약화시킨다. 왜냐하면 만일 내가 무언가를 원하기를 원한다면 나는 그것을 원한다는 주장이 아무리 그럴듯하더라도 만일 내가 무언가를 원하기를 원하지 않는다면 나는 그것을 원하지 않는다는 주장이 성립할 가능성은 전혀 없기 때문이다. 즉 내가 아무리 진정으로 담배를 끊기 원한다고 할지라도 이 사실이 지금 이 순간 담배 한 대를 피우기 원하는 강력한 마음을 가로막지는 못한다.

물론 아우구스티누스는 서로 다른 종류의 원함을 구별함으로써 이런 비판에 답할 수 있다. 하지만 현재의 맥락에서 의지작용에 대한 그의 분석을 더 이상 추적하는 일은 별로 도움이 되지 않을 듯하다.《자유의지에 관하여》 중 결정론과 자유라는 주제에 가장 밀접하게 관련되는 부분은 신의 예지에 관한 논의이다. 아우구스티누스는 어떤 순간에도 신이 미래에 일어날 모든 사건을 미리 알고 있다고 믿었다. 그렇다면 그는 자발적으로 죄를 지을 가능성에 반대하는 논증을 다음과 같이 구성할 수 있다.

(1) 신은 아담이 죄를 지으리라는 사실을 미리 알고 있었다.
(2) 만일 신이 아담이 죄를 지으리라는 사실을 미리 알고 있었다면 필연적으로 아담은 죄를 짓게 되어 있었다.
(3) 만일 필연적으로 아담이 죄를 짓게 되어 있었다면 아담은 필연적으로 죄를 지었다.
(4) 만일 아담이 필연적으로 죄를 지었다면 아담은 자신의 자유의지에 따라 죄를 짓지 않았다.
(5) 아담은 자신의 자유의지에 따라 죄를 짓지 않았다.

이런 논증 유형은 아리스토텔레스가 제시한 해전의 예나 디오도로스의 주요 논증을 물려받아 기독교적으로 재구성한 것임이 분명하다. 어느 경우든, 조금 다른 방식을 택하기는 하지만, 과거 상황이나 사건의 필연성이 미래 사건의 필연성을 이끌어 내는 출발점으로 사용된다. 그리스 학자들의 경우 출발점이 된 전제가 논리적이었지만 이 경우에는 신학적이다.

아우구스티누스는 한편으로 확실성과 다른 한편으로 자연적 인과관계 또는 강제를 구별함으로써 이 논증을 무력화하려고 한다. 나는 무언가의 원인이 아니면서도 그것을 인식할 수 있다(내가 그것을 기억하기 때문에 인식하는 경우처럼). 또한 나는 누군가에게 무언가를 하라고 어떤 방식으로든 전혀 강요하지 않고도 그가 곧 그것을 하리라는 점을 확신할 수 있다. 따라서 우리는 위의 논증에 등장한 '필연성'의 의미를 구별할 수 있다. 두 번째 전제와 세 번째 전제의 전반부에서 '필연적으로'는 '확실히'로 해석되어야 한다. 또한 네 번째 전제와 세 번째 전제의 후반부에서 '필연적으로'는 '강요에 따라'로 해석되어야 한다. 결국 세 번째 전제가 지닌 애매함 때문에 이 논증은 실패하고 만다.

이런 아우구스티누스의 대응이 충분한 설득력을 지니지는 않는다. 미래를 추측한 인간의 지식과 모든 시간에 일어나는 일을 다 아는 신의 전지함 사이에는 어떤 유비도 성립할 수 없음이 분명하다. 그가 해결하지 못한 채 남겨 둔 난점은 이후 여러 세대에 걸쳐 기독교 신학자들의 중요한 논의 주제가 되었다. 하지만 그의 논의가 결정론에 관한 고대의 성찰 중 마지막 단계를 대표한다고 보는 것은 적절한 듯하다.

8장

어떻게 살아야 하는가: 윤리학

초기 그리스철학자들이 남겼다고 전해지는 말 중에는 도덕적인 내용을 담고 있는 것들이 많다. 예를 들면 탈레스는 일찍이 '네가 대우받기를 바라는 대로 너도 행하라'는 말을 했다고 전해지며, 어떻게 해야 최선의 삶을 살 수 있느냐는 질문을 받고는 '다른 사람이 그렇게 했을 때 비난받을 만한 일을 우리 자신이 하지 않으면 된다'고 대답하였다고 한다. 간통을 저지른 자로부터 자신은 죄가 없다는 거짓 증언을 해야 하는가라는 질문을 받고는 다소 애매한 태도로 '글쎄, 거짓 증언이 간통보다 더 나쁘지는 않지'(D.L. 1. 37)라고 말하였다. 이와 유사한 신비적이고 애매한 언급은 헤라클레이토스에서도 발견된다. '인간이 원하는 바를 모두 얻는다 해도 이는 그리 좋은 일이 아니다'(DK 22 B110). '어떤 사람의 성격은 그의 운명이다'(DK 22 B117). 다른 철학자들도 특정한 도덕적 문제에 대하여 자신의 태도를 드러내었다. 예를 들면 엠페도클레스는 육식과 동물을 죽이는 희생제를 비난하였다(DK 31 B128, 139). 하지만 데모크리토스에 이르러서야 비로소 나름대로 도덕적 체계를 갖춘 철학자의 흔적을 발견하게 된다.

도덕철학자 데모크리토스

데모크리토스는 윤리적 주제에 관하여 많은 언급을 남겼다. 딜스와 크란츠(Diels-Kranz)의 기록에 따르면 그의 단편들 중 60여 쪽이 도덕적 충고를 다루는데 이들 중 대부분은 일상의 삶에 관한 소박한 내용을 담고 있다. 자신의 능력을 넘어서는 임무를 맡지 말라, 부와 명성을 부러워하지 말라, 자신보다 처지가 나쁜 모든 사람들을 생각하라, 자신에게 주어진 몫에 만족하라(DK 68 B91) 등의 충고가 등장한다. 또한 다음과 같은 충고도 있다. 모든 것을 알려하지 말라, 그렇지 않으면 우리는 아무것도 모르는 채 삶을 마치고 만다(DK 68 B69). 우리 자신의 허물로 일이 잘못되었을 때 불운을 탓하지 말라. 우리는 수영하는 법을 배움으로써 익사를 피할 수 있다(DK 68 B119, 172). 더 나은 보답을 하기로 마음먹고 다른 사람의 호의를 받아들여야 한다(DK 68 B92). 특히 단편 272에서 데모크리토스는 '사위 운이 좋은 사람은 아들을 얻지만 그렇지 못한 사람은 딸을 잃는다'고 말하는데 이는 결혼식 날 아침 식탁에서 자주 윤색되어 인용되기도 한다.

데모크리토스의 조언은 자주 논쟁거리가 되기도 한다. 아이를 낳지 않는 편이 더 낫다. 아이들을 잘 키우려면 엄청난 수고와 노력이 필요하며, 그들이 잘못 성장하는 것을 지켜보는 일은 가장 잔인한 고통이기 때문이다(DK 68 B275). 만일 아이를 반드시 가져야만 한다면 스스로 낳기보다는 친구의 아이들 중에서 양자를 들이는 편이 낫다. 이렇게 함으로써 원하는 유형의 아이를 선택할 수 있다. 반면 일상적인 방식으로 스스로 아이를 낳는다면 어떤 아이가 태어나든 만족해야만 한다(DK 68 B277).

플라톤 이래로 많은 도덕철학자들은 육체를 영혼을 타락시키는 존재로 경멸하였다. 하지만 데모크리토스는 이와 정반대되는 견해를 보였다. 만일 우리의 삶이 끝나는 순간에 육체가 일생 동안 고통 받고 괴롭힘 당한 바에 대하여 영혼을 상대로 소송을 건다면 공정한 재판관은 육체의 손을 들어 주리라 생각한다. 만일 영혼이 육체를 제대로 돌보지 않아 육체의 어떤 부분을 망가뜨렸거나 방탕함 때문에 육체를 파괴하였다면 이는 영혼의 잘못이다. 어쩌면 우리는 육체가 영혼의 도구에 지나지 않는다고 생각하는지도 모른다. 좋다, 그럴 수도 있다. 하지만 도구가 나쁜 상태를 보인다면 도구 자체가 아니라 그 소유자가 비난받아야 한다(DK 68 B159).

데모크리토스의 도덕적 견해는 일련의 경구나 격언의 형태로 우리에게 전해지지만 그가 체계적인 윤리학을 전개하였다는 몇몇 증거들도 있다. 하지만 그의 도덕적 견해가 그 자신의 원자론과 어떤 관련이 있는지, 아니 어떤 관련이라도 있는지는 여전히 모호하다. 그는 삶의 목적에 관한 저술을 썼으며 여기서 행복(*eudaimonia*)의 본성을 탐구하였다. 행복은 부유함이 아니라 영혼의 선함에서 발견되며, 우리는 유한한 것들에서 쾌락을 찾아서는 안 된다(DK 68 B37, 171, 189). 또한 그는 교육받은 자들의 희망이 무지한 자들의 부유함보다 낫다고 말한다(DK 68 B285). 하지만 그 안에서 행복이 발견되는 영혼의 선함은 고귀하고 신비한 종류의 것이 전혀 아닌 듯하다. 데모크리토스의 이상은 오히려 즐거운 삶과 조용한 만족이었다(DK 68 B188). 이런 이유로 그는 후대에 웃는 철학자로 알려졌다. 그는 절제를 칭찬하였지만 금욕주의자는 아니었다. 그는 근검절약과 소식도 바람직하지만 진수성찬 또한 나쁘지는 않다고 말하였다. 어려운 일은 언제 어떤 쪽을 행해야 하는지를 올바르게 판단하는 것이다. 그리고 축제가 없는 삶이란 쉴 곳이 없는 긴 행로와 같다(DK 68 B229, 230).

몇 가지 방식으로 그는 뒤이은 그리스철학자들에게 일종의 모범을 제공하였다. 우선 행복의 추구를 도덕철학의 중심에 놓은 그의 생각은 그 후 거의 모든 고대철학자들이 받아들인 바이다. 그는 '죄의 원인은 더 선한 것을 모르기 때문이다'라고(DK 68 B83) 말함으로써 소크라테스의 도덕 사상에서 핵심을 차지하는 생각을 이미 드러내었다. 또한 나쁜 일을 저지르는 것보다 나쁜 일을 당하는 편이 훨씬 낫다고(DK 68 B45) 말함으로써 후에 소크라테

브라만테(Bramante)는 이 그림에서 데모크리토스를 웃는 철학자로, 헤라클레이토스를 우는 철학자로 묘사한다.

스가 일종의 원리로 발전시킨 생각, 즉 악행을 가하는 것보다 악행을 당하는 편이 낫다는 생각을 제시하였다 — 그런데 이 원리는 우리가 행위를 오직 그 결과에 따라서만 판단하여야 하며 그 행위자가 누구인지를 확인하여 판단해서는 안 된다고 주장하는, 상당히 큰 영향력을 발휘하는 도덕 체계[1]와는 양립될 수 없는 것이기도 하다. 그가 남긴 다른 단편적인 언급들도 진지하게 고찰한다면 윤리학 체계 전체를 뒤흔들기에 충분하다. 예를 들면 그는 선한

[1] 〔옮긴이 주〕 이런 도덕 체계의 대표적인 형태는 공리주의이다.

사람은 악행을 저지르지 않을 뿐만 아니라 그렇게 하기를 바라지도 않는다고(DK 68 B62) 말함으로써 자신이 자주 제기되었던 주장, 즉 덕은 덕과 대립하는 정념들에 승리를 거둘 때 최고 수준에 이른다는 주장에 반대함을 분명히 드러낸다.

하지만 데모크리토스는 고대 그리스 윤리학에서 가장 중요한 개념인 아르테(*arete*) 또는 덕에 관하여 탐구하지 않았다. 아르테라는 그리스어 단어는 영어의 어떤 단어와도 정확하게 일치하지 않는데 최근의 학자들은 이 단어에 대한 전통적인 번역어인 덕(virtue) 대신에 탁월성(excellence)을 자주 사용하기도 한다. '아르테'는 가장 일반적인 의미에서 '좋은'(good)을 의미하는 그리스어 형용사 '아가토스'(*agathos*)에 대응되는 추상 명사이다. 어떤 종류든 간에 좋은 것은 이에 대응되는 아르테를 지닌다. 그런데 말이나 칼이 덕이 있다고 말한다면 지나치게 고풍스러워 어색하게 들린다. 이것이 아르테를 '덕' 대신에 '탁월성'이라고 번역하려는 이유 중의 하나이다. 또한 인간의 아르테 중 어떤 것, 예를 들면 학문적 전문성 등은 '지적인 덕'이라는 표현과 잘 들어맞지 않는다. 하지만 관대함 같은 성격상의 특성을 일종의 '탁월성'이라고 부른다면 이 또한 어색할 듯하다. 따라서 나는 아르테에 대한 전통적인 번역어인 덕이라는 용어를 계속 사용하겠지만 덕이 아르테와 완벽하게 들어맞지는 않는다는 점을 분명히 밝혀 둔다. 이는 단지 용어 사용과 관련된 문제에 그치지 않으며 이를 통해서 인간이 지닌 서로 다른 바람직한 속성들을 분류하는 적절한 방법이 무엇인가에 관한 고대 그리스인과 현대 서구인 사이의 개념적 차이가 드러난다고 할 수 있다. 이들 둘이 지닌 개념적 구조상의 차이는 고대의 도덕철학을 탐구하는 과정에서 드러나는 난점을 설명할 뿐만 아니라 매우 중요한 가치를 지니기도 한다.

덕에 관한 소크라테스의 견해

덕의 본성에 관한 체계적인 탐구를 시작한 인물은 소크라테스인데 그는 덕을 도덕철학의 핵심에, 더 나아가 철학 전체의 핵심에 놓았다. 《크리톤》에서 소크라테스가 자신의 죽음을 받아들이는 과정은 정의와 경건함을 위한 일종의 순교로 묘사된다(54b). 플라톤의 초기 대화편에서는 특히 여러 덕목들이 상세한 검토의 대상이 된다. 즉 《에우티프론》에서는 경건함(*hosiotes*)이, 《카르미데스》에서는 절제(*sophrosyne*)가, 《라케스》에서는 용기(*andreia*)가, 《국가》의 1권에서는(이 부분은 처음에는 《트라시마코스》라는 독립된 대화편으로 등장하였을 가능성이 매우 높은데) 정의(正義)가 논의된다. 이들 대화편은 모두 유사한 논의 방식에 따른다. 소크라테스가 이런 덕들 각각에 대한 정의(定義)를 물어 보면 다른 등장인물들이 나름대로 정의를 제시한다. 소크라테스의 문답법(*elenchus*)을 통하여 정의를 검토한 후 상대방은 자신들의 정의가 부적절함을 인정하지 않을 수 없게 된다. 하지만 소크라테스 또한 상대방보다 나은 만족스러운 정의를 제시할 능력을 전혀 갖고 있지 않으며 각각의 대화편은 결론이 없이 끝난다.

이런 유형은 《국가》의 1권에서 가장 잘 드러나는데 여기서는 정의라는 덕이 정의의 대상이 된다. 나이 많은 케팔로스는 정의가 진실을 말하고, 자신이 빌린 바를 그대로 잘 돌려주는 일이라고 주장한다. 이에 대하여 소크라테스는 제정신일 때 무기를 맡겼다가 지금은 완전히 미쳐 버린 상태로 무기를 돌려달라고 하는 친구에게 그것을 돌려주는 일이 과연 정의로운지를 물음으로써 반박을 시도한다. 지금 무기를 돌려주면 친구에게 해가 될지도 모르는데 친구에게 해를 입히는 일은 정의로울 수 없기 때문에 그렇게 하는 것은 정의롭지 않다는 데 모든 사람이 동의한다(331d). 그 다음으로 케팔로스의 아들인 폴레마르코스는 정의가 친구에게 이익을 주고 적에게는 해를 입히는 것이라는 견해를 제시한다. 하지만 이 견해는 누구에게든 해를 입히는 일은 정의롭지 못하다는 근거에서 반박된다. 정의는 일종의 덕인데 어느 누구를, 친구든 적이든 간에, 더 좋게 만들기보다는 더 나쁘게 만드는 일이 덕의 발휘일 수는 없다(335d).

이 대화편에 등장하는 또 다른 인물 트라시마코스는 정의가 일종의 덕이기는 한지 그렇지 않은지 자체를 의문시한다. 그에 따르면 정의는 덕일 수 없다. 왜냐하면 정의는 그것을 소유한 사람 누구에게도 이익이 되지 않기 때문이다. 반대로 정의는 단지 강자의 이익을 위한 것에 지나지 않는다. 법과 도덕은 그들의 이익을 보장하기 위한 체계일 뿐이다. 다소 복잡한, 자주 의심스러운 논증을 통하여 트라시마코스는 결국 정의로운 사람이 정의롭지 못한 사람보다 더 나은 삶을 산다는 사실을, 따라서 정의는 그것을 소유한 사람에게 이익이 된다는 사실을 인정한다(353e). 하지만 대화는 불가지론을 암시하는 언급과 더불어 끝나고 만다. 소크라테스는 다음과 같이 말한다. '따라서 지금의 나로서는 그동안의 대화를 통하여 아무것도 알지 못하게 되고 말았소. 나는 정의가 무엇인지 알지 못하기 때문에 그것이 일종의 덕인지 아닌지를, 또 그것을 지닌 사람이 행복한지 불행한지를 거의 알 수 없다고 생각하오'(354c).

위의 대화편들에서 플라톤이 소크라테스의 입을 통하여 무지를 고백한다고 해서 이것이 소크라테스가 도덕적 덕들에 대한 어떤 확신도 갖고 있지 않음을 의미하지는 않는다. 이는 오히려 무언가를 지식으로 간주하는 데는 무척 높은 기준이 적용되어야 함을 의미한다. 이들 대화편에서 소크라테스를 비롯한 대화자들은 어떤 특정한 행위가 현재 논의 중인 덕을 드러내는 경우로 간주될 수 있는지 그렇지 않은지에 대해서는 자주 의견의 일치를 보이기도 한다. 부족한 바는 바로 그 덕과 관련되는 모든 행위를 빠짐없이 포괄할 수 있는 하나의 정식이다. 더욱이 논의가 진행됨에 따라 소크라테스는 덕이 지닌 특수한 성격과(예를 들면 누구에게든 해를 입히는 일은 결코 정의롭지 않다) 덕 일반(예를 들면 덕은 항상 그것을 소유한 사람에게 이익이 됨에 틀림없다) 모두에 관한 많은 중요한 주장들을 제시하고 옹호한다.

덕의 본성을 탐구하면서 소크라테스는 거듭하여 덕을 목수일, 항해술, 의술 등의 전문적 기술이나 기예 또는 산술학과 기하학 같은 학문과 비교한다. 많은 독자들은, 고대와 현대를 막론하고, 이런 비교가 적절하지 않다고 생각해 왔다. 분명히 지식과 덕은 서로 전혀 다른 별개의 것이며, 전자가 지성의 문제라면 후자는 의지의 문제이다. 이런 비판에 대한 대답으로 두 가지를 지적할 만하다. 첫째, 만일 우리가 지성과 의지를 서로 뚜렷하게 구별한다면 이는 우리가 수많은 세대를 거친 철학적 반성의 유산을 물려받았기 때문인데 이런 철학적 반성에 최초의 원동력을 부여한 인물은 다름 아닌 소크라테스와 플라톤이었다. 둘째, 덕들과 여러 형태의 전문적 기술 사이에는 실제로 중요한 유사성이 발견된다. 인류의 다른 성질이나 특성과는 달리 이들 둘은 모두 타고나기보다는 태어난 후에 획득된다. 또한 둘 모두 인간의 가치 있는 특성에 속한다. 우리는 기술이나 덕이 뛰어난 사람들 모두를 칭찬한다. 소크라테스는 둘 모두 이를 지닌 사람에게 이익을 준다고 주장한다. 우리는 더 많은 기술을 소유할수록, 또 더욱 덕을 갖춘 사람이 될수록 더 나은 삶을 살아간다.

하지만 몇몇 중요한 측면에서 기술과 덕은, 최소한 언뜻 보기에, 서로 다른 듯하다. 소크라테스도 이 사실을 잘 알고 있으며 이 때문에 그는 이들 둘 사이의 유비에 계속 제시하면서 이들을 비교할 뿐만 아니라 대조하기도 한다. 그는 이들 사이의 차이가 얼마나 중요한지를 충분히 검토하려 한다. 이들 둘 사이의 차이점 중 하나는 예술과 학문이 전문가의 가르침을 통해서 전수될 수 있는 반면 덕을 가르칠 수 있는 어떤 전문가도 존재하지 않는 듯이 보인다는 점이다. 몇몇 소피스트들이 자신이 그렇게 할 수 있다고 그릇되게 주장하였지만 어쨌든 진정한 덕의 전문가는 존재하지 않는다(*Prt*. 319a~320b; *Men*. 89e~91b). 또 다른 차이점은 다음과 같다. 누군가가 잘못을 저질렀다고 가정해 보자. 우리는 그에게 고의로 그랬는지 그렇지 않은지, 만일 고의로 그랬다면 그런 잘못이 상황을 더 좋게 만들었는지 더 나쁘게 만들었는지를 물어볼 수 있다. 만일 기술을 발휘하는 과정에서 실수로 잘못을 저질렀다면 — 예를 들어 플루트를 불면서 한 음을 잘못 연주하였다거나 활을 쏘면서 과녁을 맞히지 못한 경우라면 — 이런 실수는 고의로 저지른 편이 그렇지 않은 경우보다 낫다. 바꾸어 말하면 의도적인 실수는 그것을 저지른 사람의 기술이 부족함을 드러내지 않는다. 반면에 잘못이 덕을 갖추는 데 실패한 경우라면 사정이 완전히 달라진다. 누군가가 의도적으로 나의 권리를 침하하였는데 이 경우가 그가 알지 못한 채 무의식적으로 나의 권리를 침해한 경우보다 덜 나쁘다고 말한다면 이는 매우 이상하게 들릴 것이다(*Hp. Mi*. 373d~376b).

소크라테스는 자신이 이런 반박들을 적절하게 처리하고 덕을 기술과 동일시할 수 있다고 믿는다. 두 번째 논점에 답하면서 그는 고의로 덕과 반대되는 악행을 저지르는 사람은 있을 수 없다고 단언한다(*Prt*. 358b~c). 만일 어떤 사람이 이런 형태의 악행을 저지른다면 그는 무지 때문에, 즉 자신에게 무엇이 최선인지에 대한 지식이 부족하기 때문에 그렇게 하는 것이다. 우리 모두는 잘살고 행복하기를 바란다. 사람들이 건강, 부, 권력, 명예 등을 원하는 것은 바로 이 때문이다. 하지만 이들은 오직 우리가 이들을 올바르게 사용하는 방법을 알 경우에만 좋은 것이 된다. 이런 지식이 없다면 이들은 우리에게 이익을 낳기보다는 손해를 입힐 수도 있다. 어떻게 하면 이들을 가장 잘 사용할 수 있는가에 대하여 우리가 지니는 지식이 바로 지혜(*phronesis*)이며, 이 지혜가 진정으로 좋은 유일한 것이다(*Euthd*. 278e~282e). 지혜는 무엇이 좋고 무엇이 나쁜가에 관한 지식이며 이 지혜는 덕과 — 진정으로 모든 덕들과 — 동일하다.

덕을 가르치는 교사가 없는 까닭은 덕이 일종의 지식이 아니기 때문이 아니라 완전히 습득하기가 불가능할 정도로 어려운 지식이기 때문이다. 그리고 이런 어려움은 여러 덕들이 서로 결합하여 하나로 형성되는 방식에 기인

한다. 용기를 드러내는 행위들은 절제를 드러내는 행위들과 물론 다르다. 그러나 이들 모두가 표현하는 바는 우리가 눈으로 볼 수 없는, 영혼이 지닌 하나의 상태이다. 만일 용기가 미래에 닥칠 여러 위험들과 관련해서 무엇이 좋고 나쁜지를 다루는 분야라면 우리는 이 분야가 선과 악에 관한 전반적인 지식의 한 부분으로서만 성립한다는 점에 동의하여야만 한다(*La*. 199c). 개별적인 덕들은 이 지식의 한 부분이지만 우리는 이 지식을 오직 전체로서만 소유할 수 있다. 그런데 어느 누구도, 소크라테스 자신조차도 이 지식을 소유하지는 못했다.[2]

하지만 우리는 이 지식이 어떤 모습을 보이는가에 관한 설명을 듣게 되는데 여기서 소크라테스는 상당히 놀라운 설명을 제시한다. 소크라테스는 프로타고라스에게, 그의 이름을 딴《프로타고라스》라는 제목의 대화편에서, 선은 쾌락과, 악은 고통과 동일하다는 전제를 받아들이라고 요구한다. 이 전제에서 출발하여 그는 어느 누구도 의도적으로 악을 행하지는 않는다는 자신의 주장에 대한 증명을 제시한다. 사람들은 어떤 행위가 악하다는 사실을 잘 알면서도 유혹에 넘어가거나 쾌락에 굴복하여 그 행위를 하였다는 말들을 자주 하곤 한다. 하지만 만일 '쾌락'과 '선'이 동일한 무언가를 의미한다면 사람들은 선에 굴복하였기 때문에 악을 저지른 셈이 된다. 이는 불합리하지 않은가(354c～5d)?

지식은 강력한 것이며, 무언가가 악하다는 지식을 노예처럼 함부로 다루어서는 안 된다. 프로타고라스가 받아들인 위의 전제를 우리도 받아들인다면 어떤 행위가 악하다는 지식은 그 행위의 결과를 고려했을 때 그 행위가 쾌락보다 큰 고통을 낳는다는 지식임에 틀림없다. 이런 지식을 소유한 사람은 어느 누구도 그 행위를 행하지 않을 것이다. 따라서 그른 행위를 하는 사

[2] 이 부분과 관련하여 나는 Terry Penner의 많은 논문들로부터 큰 도움을 받았는데, 그의 견해는 'Socrates and the Early Dialogues', in R. Kraut (ed.), *The Cambridge Companion to Plato* (Cambridge: Cambridge University Press, 1992)에 잘 요약된 형태로 등장한다.

람은 이런 지식이 부족함이 분명하다. 멀리 있는 대상보다 가까이 있는 대상이 시각적으로 더 크게 보이는데 이와 유사한 일이 정신의 영역에서도 일어난다. 악행을 저지르는 사람은 현재의 쾌락을 그 결과 생겨날 미래의 고통보다 더 크게 생각하는 일종의 환상에 빠져 있다. 그에게 필요한 것은 쾌락과 고통, 현재와 미래의 크기를 비교하고 측정할 수 있도록 해 주는 지식이다. '왜냐하면 현세에서 우리는 쾌락과 고통을 올바르게 선택함으로써 구원받는 듯이 보이기 때문일세'(356d~357b). 그리고 이런 선택이 바로 정의, 절제, 용기라는 덕들 각각과 서로 동일한 선과 악에 관한 지식을 형성한다(361b).

정의와 쾌락에 관한 플라톤의 견해

학자들은 소크라테스가 진정으로 쾌락의 계산이 '덕이란 무엇인가?'라는 질문에 대한 대답이라고 생각하였는지 그렇지 않은지에 대하여 일치된 의견을 보이지 않는다. 소크라테스가 어떻게 생각했든 간에 플라톤은 분명히 그렇게 생각하지 않았으며, 《국가》에서 우리는 정의에 대한 다른 설명을 — 사실 하나의 설명 이상의 무언가를 — 발견한다. 《국가》의 핵심 내용은 플라톤의 형제인 글라우콘과 아데이만토스, 이 두 인물의 도전과 더불어 전개된다. 글라우콘은 정의가 단지 악을 피하기 위한 수단이 아니라 그 자체로 가치 있는 무언가라는 점을 보이려고 한다(358b~362c). 아데이만토스는 정의에 뒤따르는 어떤 보상이나 제재와도 전혀 무관하게, 마치 눈먼 상태보다는 눈이 잘 보이는 상태가, 질병보다는 건강이 바람직하듯이 불의보다는 정의가 바람직하다는 점을 보이려 한다(362d~367d).

이 대목에서 소크라테스는 영혼과 도시국가 사이의 유비를 도입하여 자신의 대답을 제시한다. 그가 상상하는 국가에서는 서로 다른 덕들이 국가를 구성하는 서로 다른 계층에 할당된다. 국가의 지혜는 통치자들의 지혜이며,

국가의 용기는 수호자들의 용기이며, 절제는 일반 시민들이 통치자 계층에 복종하는 데서 드러난다. 정의는 이 세 계층 사이의 조화이다. 조화는 각각의 시민, 각각의 계층이 자신들에게 가장 적절한 일을 함으로써 이루어진다. 인간 영혼의 세 부분은 국가의 세 계층에 대응되며 영혼의 덕들은 국가의 덕들과 마찬가지로 영혼을 구성하는 각 부분에 배분된다(441c~442d). 용기는 기개에 속하며, 절제는 하위의 요소들이 따라야 할 바이며, 지혜는 이성에 위치하는데 이성은 영혼 전체를 지배하고 돌보는 역할을 한다. 정의는 영혼을 구성하는 요소들 사이의 조화이다. '우리 영혼을 구성하는 부분들이 자신의 역할을 다할 경우에만 또한 우리는 자신에게 주어진 적절한 역할을 수행하는 정의로운 개인이 될 것일세'(441e).

만일 정의[3]가 영혼을 구성하는 요소들 사이의 질서 잡힌 조화의 문제라면 불의와 모든 형태의 악들은 하위의 요소들이 이런 계층적 질서에 반발할 때 발생한다(443b). 영혼의 정의와 불의는 육체의 건강 및 질병과 유사하다. 따라서 정의롭게 사는 것과 악행을 저지르는 것 중 어떤 쪽이 더 큰 이익을 낳느냐고 묻는다면 이는 단지 어리석은 질문에 지나지 않는다. 육체가 질병 때문에 완전히 파괴될 지경에 이른다면 세상의 모든 부와 권력도 그런 사람의 삶을 가치 있게 만들지 못한다. 삶의 본질이라 할 수 있는 영혼이 혼란에 빠져 타락한다면 그런 삶이 더 이상 무슨 가치가 있겠는가(445b)?

이상의 내용이 글라우콘과 아데이만토스에 답하면서 제시된, 정의와 덕에 관한 첫 번째 설명이다. 이는《프로타고라스》에서 제시된 설명과 몇 가지 방식에서 차이점을 드러낸다. 영혼 삼분설의 결과로 덕이 하나라는 주장은 포기되거나 최소한 크게 변형되었다. 쾌락은 덕의 목적이 아니라 영혼의 하위 부분이 동반하는 바로 드러난다. 하지만 정의가 그것을 소유한 사람에게 이익을 준다는 결론은《국가》와 소크라테스가 등장하는 초기 대화편들 모두

[3] 〔옮긴이 주〕 원문에는 불의(injustice)로 되어 있지만 문맥상 정의가 맞으므로 옮긴이가 바로잡았다.

에서 공통적인 근거로 작용한다. 더욱이 만일 정의가 정신적인 건강함이라면 모든 사람은 당연히 정의롭기를 원한다. 왜냐하면 모든 사람은 건강하기를 원하기 때문이다. 그리고 이는 어느 누구도 의도적으로 악행을 저지르지는 않는다는 소크라테스의 주장과도 잘 들어맞는다.

하지만 《국가》 4권의 끝부분에서 도출된 결론은 단지 잠정적인 것에 머문다. 왜냐하면 이 결론은 플라톤의 위대하고 혁신적인 이론, 즉 이데아론과 어떤 관계도 드러내지 않기 때문이다. 그리고 《국가》의 중반부에서 이데아의 역할이 해명된 후에는 정의와 행복의 관계에 관한 새로운 설명이 제시된다. 정의로운 사람은 그렇지 않은 사람보다 행복하다. 왜냐하면 그의 영혼이 조화로운 상태를 유지할 뿐만 아니라 영혼을 지혜로 가득 채우는 일이 그저 정욕의 욕구를 만족시키는 일보다 훨씬 더 큰 기쁨을 주기 때문이다. 여기서 이성은 더 이상 한 개인을 돌보는 능력이 아니라 영원불변하는 진리의 세계와 가까운 무언가로 등장한다(585c).

인간은 정욕, 기개, 이성 중 어떤 요소가 그의 영혼을 지배하는가에 따라 탐욕스러운 인물, 야망을 가진 인물, 학문적인 인물로 분류된다. 각각의 유형에 속하는 사람들은 자신들의 삶이 최선이라고 주장한다. 탐욕스러운 사람은 이익에 몰두하는 삶을, 야망을 가진 사람은 정치적인 권력을, 학문적인 사람은 지식과 지성을 추구하는 삶을 찬미한다. 이들 중 학문적인 사람, 즉 철학자의 판단을 가장 선호하여야 한다. 그는 경험과 통찰, 추론 등에서 다른 사람보다 우위에 있기 때문이다(580d~583b). 더욱이 철학자가 평생 동안 헌신적으로 추구하는 목표는 다른 사람들이 추구하는 목표보다 훨씬 더 실재적이다. 다른 사람들의 목표는 철학자의 목표와 비교해 보면 단지 환상에 지나지 않는 듯하다(583c~587a). 하지만 플라톤은 아직 쾌락의 계산과 완전히 결별하지는 않는다. 그는 철학자 군주가 사악한 참주보다 729배나 행복한 삶을 산다는 논거를 제시하기도 한다(587e).

플라톤은 성숙기에 쓴 대화편 《필레보스》에서 행복과 쾌락이라는 주제를 다시 다룬다. 이 대화편의 등장인물 중 한 사람인 프로타르코스(Protarchus)는 쾌락이 최고선이라고 주장한다. 이에 대하여 소크라테스는 지혜가 쾌락보다 우월하며, 우리를 행복으로 더욱 잘 인도한다고 답한다(11a~12b). 《필레보스》에는 서로 다른 다양한 종류의 쾌락에 관한 폭넓은 논의가 등장하는데 이는 《프로타고라스》에서 쾌락을 다룬 방식, 즉 쾌락을 공통적인 측정할 수 있는 하나의 유형으로 생각하는 방식과는 큰 차이를 보인다. 대화의 끝부분에서 소크라테스는 위의 문제에 관한 논쟁에서 결국 프로타르코스에게 승리를 거둔다. 좋은 것들을 제대로 검토하여 등급을 매겨 보면 최선의 쾌락도 지혜 아래에 놓일 수밖에 없다(66b~c).

하지만 《필레보스》에서 가장 흥미로운 부분은 쾌락도 지혜도 행복한 삶의 본질이 아니며 오직 이 두 요소가 적절하게 혼합된 삶만이 진정으로 선택할 가치가 있다고 주장하는 대목이다. 매 순간 모든 종류의 쾌락을 맛보지만 이성이 부족한 사람은 지금 이 순간의 쾌락이 아닌 다른 어떤 쾌락도 기억하거나 예상하지 못하기 때문에 행복할 수 없을 듯하다. 이런 사람은 인간의 삶이 아닌 연체동물 수준의 삶을 살아갈 뿐이다(21a~d). 그러나 어떤 쾌락도 없는 순전히 지적인 삶 또한 마찬가지로 견디기 어렵다(21e). 어떤 삶도 '충분하고, 완전하고, 반드시 선택할 만한 가치를 지니지는 않는다.' 최고선은 쾌락과 지혜가 적절한 비율로 조화를 이루는 상태를 의미한다(63c~65a).

행복에 관한 아리스토텔레스의 견해

《필레보스》에서 제시된 좋은 삶의 기준은 좋은 삶에 관한 아리스토텔레스의 설명에서도 다시 등장한다. 그는 《니코마코스 윤리학》의 첫머리에서 다음과 같이 말한다. 우리가 추구하는 좋음은 다른 목적들과 비교해 볼 때 더욱 완전하여야만 한다 — 즉 그것은 다른 어떤 것을 위해서가 아니라 항상 그 자체를 위해서 추구되어야 한다. 또한 그것은 자기충족적인 것, 즉 오직 그 자체만으로 삶을 가치 있게 만들며 더 이상 아무것도 부족하지 않은 것이어야 한다. 이어서 그는 이들이 바로 행복(*eudaimonia*)의 속성이라고 말한다(*NE* 1. 7. 1097ª15~ᵇ21).

아리스토텔레스의 모든 윤리적 저술들에서 행복의 개념은 핵심적인 역할을 담당한다. 이 사실은 《에우데모스 윤리학》에서 더욱 분명히 드러나므로 나는 독자들에게 더욱 친숙한 《니코마코스 윤리학》 대신 《에우데모스 윤리학》과 더불어 이에 관한 설명을 전개하려 한다. 이 저술은 좋은 삶은 무엇이며, 어떻게 이에 도달할 수 있는가라는 질문과 더불어 시작된다(*EE* 1. 1. 1214ª15). 이 중 첫 번째 질문에 대한 대답의 후보로 일곱 가지가(지혜, 덕, 쾌락, 명예, 평판, 부, 교양), 두 번째 질문에 대한 대답의 후보로 다섯 가지가(본성을 통해서, 배움을 통해서, 훈련을 통해서, 신의 호의를 통해서, 행운을 통해서) 등장한다(1. 1. 1214ª32, ᵇ9). 아리스토텔레스는 바로 두 번째 질문에 대한 대답 중 몇 가지를 배제한다. 만일 행복이 순전히 타고난 본성이나 행운 또는 신의 은총으로 실현된다면 행복은 사람들 대부분의 능력 밖에 놓이게 되며 사람들은 행복을 추구하기 위한 아무 일도 할 수 없게 된다(1. 3. 1215ª15). 하지만 두 번째 질문에 대한 충분한 대답은 첫 번째 질문에 대한 대답에 의존한다. 따라서 아리스토텔레스는 무엇이 삶을 살 만한 가치 있게 만드는가라는 질문에 답하려는 노력을 이어 나간다.

살다 보면 사람들로 하여금 삶을 포기하고 싶도록 만드는 일들이, 예를 들면 질병이나 고통 등이 발생한다. 따라서 이들이 삶을 가치 있게 만들지 않는다는 점은 명백하다. 어린 시절에 일어난 사건들도 있는데 이들이 삶에서 가장 선택할 만한 가치가 있는 일들일 수도 없다. 왜냐하면 올바른 정신을 가진 사람이라면 어느 누구도 어린 시절로 돌아가려 하지 않을 것이기 때문이다. 성장한 후에도 우리가 오직 어떤 목적을 위한 수단으로써만 행하는 일들이 있다. 이런 일들 또한 그 자체로 삶을 가치 있게 만들 수 없음이 분명하다(1. 5. 1215ᵇ15~31).

삶이 살 만한 가치가 있으려면 그 자체로 목적이 되는 무언가가 반드시 존재해야만 한다. 이런 목적 중 하나는 쾌락이다. 하지만 술과 음식, 성행위가 주는 쾌락은 그 자체로는 동물의 수준에 머물며 따라서 인간적인 삶의 목적이 되기에는 적절하지 않다. 그러나 이들을 미학적, 지적 쾌락과 결합하면 높은 수준의 사람들이 진지하게 추구해 온 목표를 발견한다. 다른 사람들은 덕이 있는 행위로 이루어진 삶을 — 즉 오직 돈과 권력을 뒤쫓는 그릇된 정치가가 아닌, 진정한 정치가의 삶을 — 선호한다. 세 번째로 아낙사고라스가 보여 준 바와 같은 학문적인 관조의 삶도 있다. 누군가가 아낙사고라스에게 왜 우리는 태어나지 않는 편보다 태어나는 편을 택해야 하느냐고 물었을 때 그는 '천상과 우주의 질서를 찬미하기 위하여'라고 답하였다.

이제 아리스토텔레스는 '좋은 삶이란 무엇인가?'라는 질문에 대하여 가능한 대답을 세 가지로, 지혜와 덕, 쾌락으로 압축하여 제시한다. 그는 이들은 각각 세 형태의 삶, 즉 철학적, 정치적, 향락적 삶으로 드러나는데 이들이 행복과 밀접하게 연결된다고 말한다(1. 4. 1215ᵃ27). 이 세 요소는 아리스토텔레스의 윤리적 탐구에서 핵심적인 위치를 차지한다. 《에우데모스 윤리학》과 《니코마코스 윤리학》 모두에서 덕과 지혜(*phronesis*), 쾌락에 관한 상세한 분석이 이루어진다. 아리스토텔레스는 행복에 관한 자신의 설명을 제시하면서 행복이 전통적인 삶의 형태에서 이들 세 요소가 지니는 매력을 적절하게 결합함으로써 설명된다고 주장한다.

행복에 이르는 결정적인 단계에 관한 설명은 윤리적인 영역에 잠재성과 현실성이라는 형이상학적 분석을 도입함으로써 이루어진다. 아리스토텔레스는 어떤 상태(*hexis*)와 그것의 활용(*chresis*) 또는 발휘(*energeia*)를 구별한다.[4] 덕과 지혜는 모두 상태인 반면 행복은 일종의 활동이므로 덕이나 지혜를 바로 행복과 동일시해서는 안 된다(*EE* 2. 1. 1219ᵃ39 ; *NE* 1. 7.[5] 1098ᵃ16). 하

위의 그림이 묘사하는 바는 아리스토텔레스가 생각한 행복한 삶의 모습이 아닐지도 모른다. 하지만 이 그림은 15세기 사본 채색자가 그런 삶을 어떻게 보았는지를 잘 드러낸다.

지만 행복을 구성하는 활동은 덕의 활용 또는 발휘이다. 지혜와 도덕적인 덕은 비록 서로 다른 상태이기는 하지만 분리되지 않고 하나로 발휘되므로 이들은 서로 경쟁하지 않고 오히려 협동하여 행복에 기여한다(*NE* 10. 8. $1178^{a}16$~18). 더욱이 쾌락은 적절한 상태를 방해하지 않고 발휘하는 것과 동일하다고 아리스토텔레스는 주장한다. 따라서 지혜와 도덕적인 덕을 방해하지 않고 발휘하는 것으로 간주되는 행복은 덕과 지혜 그리고 쾌락의 삶을 동시에 의미한다(*EE* 7. 15. $1249^{a}21$; *NE* 10. 7. $1177^{a}23$).

이런 결론에 도달하는 데는 상당한 분량의 분석과 논증이 필요하다. 첫 번째로 아리스토텔레스는 행복이 덕에 따르는 활동이라는 사실을 보여야 한다. 그리고 이 사실은 인간의 기능 또는 특징적인 활동(*ergon*)에 대하여 고찰함으로써 도출된다. 《니코마코스 윤리학》에 따르면 인간은 반드시 어떤 기능을 지녀야만 한다. 왜냐하면 특정한 유형의 인간도(예를 들면 조각가도) 그런 기능을 지니며 인간 신체의 각 부분과 기관 또한 그렇기 때문이다. 그렇

[4] 《에우데모스 윤리학》에서는 덕/덕의 사용이라는 형태의 구별이 자주 사용되지만 《니코마코스 윤리학》에서는 덕/덕에 따르는 활동(*energeia kat'areten*)이라는 형태의 구별이 더 자주 사용된다.

[5] 〔옮긴이 주〕 원문에는 1장으로 표시되어 있지만 7장이 맞으므로 옮긴이가 바로잡았다.

다면 이 기능은 무엇인가? 영양의 섭취와 성장이 인간의 고유한 기능은 아니다. 이런 기능을 식물도 지닌다. 또한 감각에 따른 삶이 인간의 기능도 아니다. 동물들도 이런 삶을 살아간다. 인간의 고유한 기능은 행위와 관련되는 이성에 따르는 삶임에 틀림없다. 영혼의 활동은 바로 이성에 따르는 것이기도 하다. 따라서 인간의 선한 의지는 선한 인간의 기능인데 이는 곧 덕에 따르는 영혼의 활동이라 할 수 있다(*NE* 1. 7. 1098a16). 발휘되지 않은 덕은 행복이 아니다. 평생 잠만 자면서 보내는 사람도 그런 덕을 지닐 수 있지만 아무도 그를 행복하다고 말하지는 않기 때문이다(1. 8. 1099a1).

두 번째로 아리스토텔레스는 덕의 개념을 분석하여야 한다. 인간의 덕들은 앞 장에서 살펴본 영혼의 각 부분에 따라 분류된다. 영혼 중 식물적 부분의 어떤 덕도, 예를 들면 건강한 소화 작용 등은 윤리학과 무관하다. 윤리학은 특별히 인간의 덕에만 관련하기 때문이다. 욕구 및 감정과 관련되는 영혼의 부분은 특별히 인간의 경우에는 이성의 지배 아래에 놓인다는 특성을 지닌다. 이 부분은 자신의 고유한 덕을, 예를 들면 용기나 절제와 같은 도덕적인 덕을 지닌다. 영혼의 이성적인 부분에는 지적인 덕이 적용된다.

도덕적 덕과 지적인 덕에 관한 아리스토텔레스의 견해

도덕적인 덕들은 《니코마코스 윤리학》의 2권부터 5권까지 그리고 《에우데모스 윤리학》의 2권과 3권에서 다루어진다. 이런 덕들은 타고나는 것이 아니라 실천을 통해서 획득되며 사용하지 않으면 상실된다. 따라서 이들은 지성이나 기억력 같은 능력과는 다르다. 또한 이들은 지속적인 상태를 유지하기 때문에 분노와 동정심 같은 순간적인 감정과도 다르다. 어떤 사람을 좋거나 나쁘게, 칭찬할 만하거나 비난할 만하게 만드는 바는 단지 어떤 능력의 소유나 순간적인 감정의 발생 등이 아니다. 그것은 오히려 선택(*prohairesis*)과 실천

(*praxis*) 모두를 통해서 표현되는 성격의 상태라고 할 수 있다(*NE* 2. 1. 1103a11～b25 ; 4. 1105a19～1106a13 ; *EE* 2. 2. 1220b1～20).

덕은 훌륭한 선택에서, 바꾸어 말하면 좋은 삶을 살아가려는 계획에 따라 행위를 규정하는 데서 드러난다. 도덕적인 덕을 표현하는 행위는 지나침과 모자람을 피하게 된다고 아리스토텔레스는 말한다. 예를 들어 절제하는 사람은 지나치게 많이 먹거나 마시는 일을 피한다. 하지만 동시에 그는 지나치게 적게 먹거나 마시는 일도 피한다. 덕이란 지나침과 모자람 사이의 중용 또는 중간점을 선택하여 적절한 양을 먹고 마시는 것이다. 이어서 아리스토텔레스는 이런 중용에 해당하는 다양한 덕목들의 목록을 상당히 길게 제시한다. 이 목록에는 용기, 절제 등의 전통적인 덕목들로부터 시작하여 다소 생소한 관대함, 진실함, 위엄, 재치 등도 포함되며 이들 각각이 중용과 어떻게 관련되는지에 대한 설명도 등장한다.

중용 이론은 결코 평범함을 유지하라는 처방이나 무리의 평균에 머물라는 권고 수준으로 제시되지 않았다. 아리스토텔레스는 마시기에 적절한 분량이 얼마인지, 기부하기에 적절한 금액이 얼마인지, 말하기에 적절한 분량이 얼마인지 등은 사람에 따라 얼마든지 다를 수도 있음을 항상 경고한다. 예를 들면 올림픽 우승자에게 적절한 분량의 음식은 초보 운동선수에게는 적절하지 않을 수도 있다(2. 6. 1106b3～4). 우리는 각각 경험을 통해서 자신에게 적절한 분량을 배워 나가야 한다. 우리 행위의 지나침과 모자람을 계속 관찰하고 수정해 나가야 한다.

덕은 행위뿐만 아니라 감정과도 관련된다. 우리는 공포를 너무 많이 느끼거나 너무 적게 느낄 수도 있는데 용기를 통해서 공포를 느끼는 일이 적절할 경우에 공포를 느끼고 적절하지 않은 경우에는 느끼지 않게 된다. 우리는 성행위에 지나치게 탐닉하거나 아니면 지나치게 무관심할 수도 있다. 절제하는 사람은 적절한 수준의 관심을 유지함으로써 방탕하거나 무감각하지 않게 된다(*NE* 2. 7. 1107b1～9).

여러 덕목들은 행위와 감정의 중용에 관련한다는 의미 이외에도 정반대되는 두 가지 악덕 사이의 중간점을 차지한다는 의미에서 그 자체로 중용이라 할 수 있다. 따라서 용기는 한편으로는 무모함과 다른 한편으로는 비겁함이라는 두 극단 사이의 중간점에 위치한다. 또한 관대함은 인색함과 방탕함 사이의 좁은 길을 걸어간다(*NE* 2. 7. 1107^{b}1~16; *EE* 2. 3. 1220^{b}36~1221^{a}12). 하지만 행위와 감정에는 중용이 있는 반면 덕 자체에는 중용이 없다. 즉 어떤 특정한 종류의 행위를 과도하게 행하거나 감정을 지나치게 드러내는 것과 마찬가지의 방식으로 덕을 지나치게 많이 드러내는 일은 불가능하다. 만일 우리가 누군가의 행위를 보고 지나치게 용감하다고 말하고 싶은 생각이 든다면 우리가 진정으로 의미하는 바는 그의 행위가 용기라는 덕의 범위를 벗어나 무모함이라는 악덕에 이르렀다는 점이다. 덕을 지나치게 많이 행하는 일이 불가능하다면 악덕을 지나치게 적게 행하는 일 또한 불가능하다. 따라서 덕에 중용이 없는 것과 마찬가지로 악덕에도 중용이 없다(*NE* 2. 6. 1107^{a}18~26).

모든 도덕적 덕들이 행위와 감정의 중용인 반면 모든 종류의 행위와 감정에서 덕을 갖춘 중용이 발견되지는 않는다. 즉 어떤 종류의 행위는 그 행위를 조금이라도 행하기만 하면 과도하게 되기 때문에 적절한 정도라는 개념 자체가 성립하지 않는다. 아리스토텔레스는 이에 해당하는 예로 살인과 간통을 든다. 따라서 적절한 때에, 적절한 방법으로, 적절한 사람과 간통을 저지르는 일 따위는 존재하지 않는다. 마찬가지로 중용을 적용할 수 없는 감정들도 있다. 예를 들면 질투나 앙심에는 적절한 정도가 없다(*NE* 2. 6. 1107^{a}8~17).

중용으로서의 덕에 관한 아리스토텔레스의 설명을 많은 독자들은 진정 뛰어난 것으로 받아들인다. 사실 그의 주장은 큰 영향력을 지닌 다른 윤리적 체계들과 대조되는, 매우 특징적인 윤리 이론이다. 전통적인 유대교 또는 기독교 교리에 따른 도덕 체계는 도덕법칙의(자연법이든 계시된 것이든 간에)

개념에 핵심적인 역할을 부여한다. 이 때문에 행위를 규제하는 것으로서의 도덕이라는 측면이 강조되며 우리가 결코 해서는 안 되는 행위의 목록이 제시된다. 대표적으로 십계명은 대부분 '너는 … 하지 말라'라는 명령의 문구를 포함한다. 방금 살펴보았듯이 아리스토텔레스도 우리가 결코 행해서는 안 되는 몇몇 행위들이 있다고 굳게 믿었다. 하지만 그는 도덕적 상태를 유지하는 데 필요한 최소한이 아니라 도덕적 탁월성에(이것이 바로 *ethike arete*가 의미하는 바인데) 도달하기 위한 조건들을 강조한다. 어쩌면 그는 도덕의 영역에서 그저 평범한 수준이 아닌 최고수준에 해당하는 사람들을 위하여 저술을 하였는지도 모른다.

오직 종교에 바탕을 둔 도덕 체계만이 아리스토텔레스의 중용 개념과 대조되지는 않는다. 공리주의 또는 어떤 형태든 결과론에 따르는 사람들은 완전히 배제되어야 하는 행위 유형은 결코 존재하지 않는다고 주장한다. 공리주의 견해에 따르면 어떤 행위의 도덕성은 그 행위가 낳을 수 있는 결과에 따라 판단되어야 하기 때문에 어떤 특수한 경우에는 살인이나 간통도 옳을 수 있다. 반면에 몇몇 세속적인 금욕주의 체계들은 어떤 유형에 속하는 행위 전체를 완전히 금지하려는 태도를 보인다. 예를 들면 채식주의자에게는 먹기에 적절한 고기의 분량 따위는 존재하지 않는다. 아리스토텔레스의 관점에서 보면 공리주의자는 중용에서 벗어나 이론을 과도하게 적용한 셈이며, 채식주의자는 이론의 적용에 크게 부족한 셈이 된다. 그렇다면 아리스토텔레스주의는 당연히 이론의 적용에서도 중용을 제대로 지켰다고 말할 수 있다.

아리스토텔레스는 도덕적 덕에 관한 설명을 다음과 같이 요약한다. 즉 도덕적 덕은 적절한 중용에 머물면서 지혜로운 사람이 받아들일 규정에 따라 행위를 선택하는 데서 드러나는 성격의 상태이다. 그렇다면 이 설명을 완성하기 위해서 그는 지혜가 무엇이며, 지혜로운 사람의 규정에 어떻게 도달할 수 있는지를 제시하여야 한다. 그는 두 윤리적 저술 모두에서(*NE* 6; *EE* 5) 이른바 지적인 덕에 관하여 논의함으로써 실제로 이런 작업을 수행한다.

논의의 첫머리에서 그는 지혜가 유일한 지적인 덕은 아니라고 주장한다. 어떤 것이든 간에 그것의 덕은 자신의 에르곤(*ergon*), 즉 자신의 기능 또는 임무에 의존한다. 이성의 임무는 참인 판단과 거짓인 판단을 구별하는 것이며, 이를 잘 수행하였을 경우 이성은 참인 판단을 산출하게 된다(6. 2. 1139a29). 지적인 덕들은 이성이 진리를 산출하도록 돕는 여러 종류의 탁월성들이다. 아리스토텔레스에 따르면 이런 결과를 낳는 탁월성에는 다섯 종류가 있는데 이들은 기예(*techne*), 학문적 인식(*episteme*), 실천적 지혜(*phronesis*), 철학적 지혜(*sophia*), 직관적 지성(*nous*)이다(6. 3. 1139b17). 이런 상태들은 또 다른 정신적 상태, 즉 참이 될 수도 거짓이 될 수도 있는 믿음 또는 의견(*doxa*)이라는 상태와 대조된다. 그렇다면 지적인 덕의 후보로 다섯 가지가 존재하는 셈이다.

하지만 테크네, 즉 건축가나 의사 같은 장인이나 전문가에게서 발견되는 기예를 아리스토텔레스는 지적인 덕으로 여기지 않는다. 앞서 살펴보았듯이 소크라테스와 플라톤은 기꺼이 덕을 기예에 비유하여 설명하였다 하지만 아리스토텔레스는 이들 둘 사이의 중요한 차이점을 강조한다. 기예는 자신의 발휘와 다른 결과물을 산출한다 — 건축가가 집을 짓는 경우처럼 결과물이 구체적이든 아니면 의사가 건강을 낳는 경우처럼 결과물이 추상적이든 간에 마찬가지이다(6. 4. 1140a1~23). 기예의 발휘는 그 결과물의 탁월성에 따라 평가되며 발휘하는 자의 동기에 따라 평가되지 않는다. 의사가 성공적으로 치료를 하고 건축가가 훌륭한 집을 지었다면 우리는 그들이 기예를 발휘한 동기가 무엇인지는 별로 궁금해하지 않는다. 하지만 덕의 경우는 이와 다르다. 덕은 더 이상의 어떤 결과물도 필요로 하지 않고 행위 자체를 통해서 발휘되며, 행위는 아무리 겉보기에는 흠 잡을 데 없다 할지라도 올바른 동기에 따라 행해지지 않으면, 즉 가치 있는 삶의 방식 중 일부로 선택되지 않으면 덕을 갖추었다고 보기 어렵다(*NE* 2. 4. 1105a26~b8). 또한 어떤 사람이 마지못해 발휘하는 기예를 덕으로 간주할 수 없으며, 진정으로 덕을 갖춘 사람은 억지로 의무를 수행하는 사람이 아니라 즐기면서 좋은 바를 행하는 사람임에 틀림없다고 아리스토텔레스는 주장한다(*NE* 2. 3. 1104[b]4). 마지막으로 기예의 소유자는 그것을 어떻게 발휘하여야 하는지를 반드시 알아야 하며 특수한 경우에는 의도적으로 잘못 발휘할 수도 있다 — 예를 들면 교사는 학생들에게 어떤 실수를 저지르면 **안 되는지를** 보이기 위하여 일부러 실수를 저지를 수도 있다. 이와는 달리 절제라는 덕을 발휘하는 사람은 어떤 경우에도 말하자면 혼수상태에 이를 지경으로 술을 마시지 않는다.

그리고 다른 네 가지의 지적인 덕들은 결국 두 가지로 환원될 수 있음이 드러난다. 소피아, 즉 철학자들이 탐구의 목표로 삼는 영원한 진리에 대한 전반적인 파악은 직관적 지성(*nous*)과 학문적 인식(*episteme*)의 혼합물로 밝혀진다(6. 7. 1141[a]19~20). 실천적 지혜(*phronesis*)는 영원불변하는 대상이 아니라 신중한 심사숙고의 대상이 되는, 인간과 관련되는 여러 문제들을 다룬다(6. 7. 1141[b]9~13). 다루는 대상이 서로 다르기 때문에 철학적 지혜와 실천적 지혜는 영혼 중 이성적인 부분의 서로 다른 영역에 속하는 덕이다. 철학적 지혜는 영원한 진리를 다루는 이론적인 부분(the *epistemonikon*)의 덕인 반면 실천적 지혜는 인간에 관한 문제들을 심사숙고하는 실천적 부분(the *logistikon*)의 덕이다. 다른 모든 지적인 덕들은 이 두 가지 덕, 즉 이론이성과 실천이성의 덕의 일부이거나 이들로 환원될 수 있다.

실천이성의 지적인 덕은 영혼 중 감정과 관련되는 부분의 도덕적 덕과 서로 밀접하게 연결된다. 아리스토텔레스에 따르면 실천적 지혜가 없이 진정으로 선하게 되거나 또는 도덕적 덕이 없이 진정으로 지혜롭게 되는 일은 불가능하다(6. 13. 1144[b]30~2). 이로부터 실천이성이 관심을 갖는 진리의 본성이 도출된다.

> 사고에서 긍정과 부정은 욕구에서는 추구와 회피에 해당한다. 따라서 도덕적 덕은 합리적 선택으로 표현되는 상태이며, 또 합리적 선

> 택은 심사숙고된 욕구이므로 제대로 합리적인 선택을 하려면 추론은 참이고 욕구는 올바른 것이어야만 한다. 그리고 욕구는 사고가 규정하는 바를 추구하여야만 한다. 이것이 바로 실천적인 추론이며 실천적인 진리이다. (6. 2. 1139ª21～7)

덕을 갖춘 행위는 덕을 갖춘 선택에 기초하여야만 한다. 선택이란 추론을 거친 욕구이므로 선택이 올바르려면 추론과 욕구 모두가 올바른 것이어야 한다. 추론을 올바르게 만드는 것은 실천적 지혜이며, 욕구를 올바르게 만드는 것은 도덕적 덕이다. 아리스토텔레스는 도덕적인 덕이 없이도 올바른 추론을 할 수 있음을 인정하며 이렇게 할 수 있는 능력을 '영리함'(*deinotes*)이라고 부른다(6. 12. 1144ª23). 또한 그는 올바른 추론이 없이도 올바른 욕구를 지닐 수 있는 가능성도 인정한다. 본성적으로 덕을 갖춘 충동에 따르는 어린아이가 이런 경우에 해당한다(6. 13. 1144ᵇ1～6). 하지만 우리는 오직 올바른 추론과 올바른 욕구 모두를 동반할 경우에만 진정으로 덕을 갖춘 행위에 도달할 수 있다(*NE* 10. 8. 1178ª16～18). 이들 둘이 결합할 경우 영리함은 지혜가, 본성적인 덕은 도덕적인 덕이 된다.

아리스토텔레스는 실천적 추론을 인간의 행복에 관한 어떤 일반적 개념으로부터 출발하여 특수한 경우의 여러 상황들을 계속 고려한 후 행위에 관한 규정에 이르는 과정으로 생각한다.[6] 현명한 사람이 심사숙고하는 경우에는 이들 세 단계 모두가 올바르며 실천적 진리를 드러낸다(6. 9. 1142ᵇ34; 13. 1144ᵇ28). 우선 일반적 전제는 도덕적 덕에 이르기 위한 필수적 요소이다. 이 전제가 없다면 우리는 행위의 궁극적 근거를 착각하여 잘못 파악하게 된다(6. 12. 1144ª9, 35).

아리스토텔레스는 이론적 추론을 구성하는 요소로 제시한 삼단논법과 비

[6] A. Kenny, *Aristotle's Theory of the Will* (London: Duckworth, 1979), 111～54 참조.

교해 볼 때 실천적 추론에 대해서는 그리 체계적인 설명을 하지 않는다. 사실 그의 저술에서 덕에 관한 실천적 삼단논법을 충분히 설명한 부분을 단 한 곳이라도 찾을 수 있는지도 의문이다. 그가 제시한 가장 분명한 예는 기껏해야 도덕적 결함을 포함하는 논증을 지적하는 수준에 그친다. 실천적 추론이 그른 행위를 낳는 경우는 (a) 일반적 전제가 잘못되었거나, (b) 특수한 전제 또는 전제들에 관해서 잘못 판단하거나, (c) 결론을 이끌어 내지 못하거나 아니면 그에 따라 행위 하는 데 실패하는 경우이다. 아리스토텔레스는 폭식의 경우를 예로 들어 이를 설명한다.

절제의 덕이 삼가라고 명령하는(그 이유는 그리 분명하지 않지만) 단 음식에 탐닉하는 사람을 상상해 보자. 그가 자제하지 못하는 까닭은 삶 전반에 걸쳐 절제를 실천하는 대신 매 순간마다 모든 쾌락을 추구한다는 진부한 태도를 일반적인 전제로 채택하는 잘못을 저질렀기 때문이다. 아리스토텔레스는 이런 사람을 '무절제하다고' 부른다. 하지만 어떤 사람은 절제를 일반적인 전제로 받아들임으로써 적절한 일반 전제를 지니고 있으면서도 잠시 폭식을 하려는 욕구에 압도되어 현재의 경우에만 자제하는 데 실패할 수도 있다. 아리스토텔레스는 이런 사람은 '무절제'하기보다는 '자제력이 없다고' 부르며 이런 자제력의 부족(*akrasia*)이 다양한 방식에 따라 어떻게 서로 다른 다양한 형태를 취하는지를 설명하는데 이런 방식들은 후에 결국 실천적 추론을 파괴하는 결과를 낳는다(7. 3. 1147^{a}24~^{b}12).

실천적 지혜와 덕 사이의 관계에 관한 논의에서 아리스토텔레스는 자주 논의의 진행을 잠시 멈추고 자신의 주장을 소크라테스의 주장과 비교하고 대비한다. 그는 소크라테스가 지혜를 도덕적 덕에 필수적인 요소로 여긴 점에서는 옳았지만 단순히 덕을 지혜와 동일시한 점에서는 잘못을 범했다고 말한다(*NE* 6. 13. 1144^{b}17~21). 또한 소크라테스는 지식이 마치 노예처럼 끌려 다닐 수는 없다는 근거에서 무언가가 그르다는 사실을 알면서도 그것을 행할 가능성을 부정하였다. 이에 대하여 아리스토텔레스는 소크라테스가 지식의 힘을 인정한 점에서는 옳았지만 자제력 없는 경우가 불가능하다고 생각하는 잘못된 결론을 이끌어 내었다고 말한다. 자제력 없는 경우는 실천적 추론의 소전제나 결론에 결함이 있을 때 발생하므로 이런 결함이 '지식' 이라는 이름을 붙이기에 합당한 유일한 요소인, 보편적인 대전제를 손상시키지는 않는다(*NE* 7. 3. 1147^{b}13~19).

쾌락과 행복

절제와 무절제, 자제력 없음 등과 관련되는 쾌락은 특별한 종류의 쾌락, 즉 먹고 마시고 성행위를 즐기는 데서 얻는, 우리에게 친숙한 육체적 쾌락이다. 쾌락과 행복 사이의 관계를 해명하려는 자신의 계획을 수행하기 위하여 아리스토텔레스는 쾌락의 본성을 더욱 일반적으로 설명할 필요가 있다. 그리고 그는 두 대목에서, 《니코마코스 윤리학》 7권 및 《에우데모스 윤리학》 6권(1152^{b}1~54^{b}31) 그리고 《니코마코스 윤리학》 10권 1~5장(1172^{a}16~1176^{a}29)에서 이런 설명을 제시한다. 이 두 대목은 문체와 방법에서 서로 차이를 보이지만 기본적인 내용은 동일하다.[7]

이들 각각에서 아리스토텔레스는 쾌락을 다섯 가지로 분류한다. 가장 먼저 병든 사람이(육체든 정신이든 간에) 느끼는 쾌락이 있는데 이는 실제로는 사이비 쾌락에 불과하다(1153^{b}33, 1173^{b}22). 그 다음으로 식도락가나 호색가가 즐기는 먹고 마시고 성행위를 하는 데서 얻는 쾌락이 있다(1152^{b}35 이하, 1173^{b}8~15). 그 다음에는 감각을 통해서 얻는 감각적 쾌락이 있는데 이는 다시 두 종류로 나뉜다. 그중 하나는 촉각과 미각이라는 수준 낮은 감각을 통해서 얻는 쾌락이며, 다른 하나는 시각, 청각, 후각 등의 수준 높은 감

[7] A. Kenny, *The Aristotelian Ethics* (Oxford: Clarendon Press, 1978), 233~7 참조.

각을 통해서 얻는 쾌락이다(1153^{b}26, 1174^{b}14∼1175^{a}10). 마지막으로 쾌락의 등급 중 가장 상위에 정신적 쾌락이 위치한다(1153^{a}1∼20, 1173^{b}17).

이런 쾌락들은 분명히 서로 다르지만 진정한 쾌락의 본성에 대해서는 공통적인 설명을 할 수 있다.

> 각각의 감각에는 그에 대응하는 쾌락이 있는데 이는 사고와 관조에 대해서도 마찬가지이다. 각각의 활동은 가장 완전할 때 가장 큰 쾌락을 불러일으키며, 우리의 기관이 좋은 상태를 유지하고 대상들 중 가장 탁월한 것을 향할 때 가장 완전한 활동이 이루어진다. 그리고 쾌락은 활동을 완성한다. 하지만 쾌락이 활동을 완성하는 방식은 감각 대상이나 감각이 — 둘 모두 믿을 만하다는 전제 아래에서 — 활동을 완성하는 방식과 같지 않다. 이는 건강과 의사가 서로 다른 방식으로 어떤 사람이 건강한 상태를 유지하는 원인으로 작용하는 것과 마찬가지이다. (*NE* 10. 4. 1174^{b}23∼32)

쾌락이 활동을 완전하게 한다는 주장은 다른 대목에서 다른 용어로도 표현되는데 여기서는 쾌락이 본성과 일치하는 성향의 방해받지 않는 활동으로 정의된다(*NE* 7. 12. 1153^{a}14).

아리스토텔레스의 생각이 무엇인지 파악하기 위하여 미각과 관련되는 감각적 쾌락을 검토해 보자. 지금 당신은 잘 익은 포도주를 맛보고 있다. 당신은 감기에 걸려 있지 않으며 시끄러운 배경 음악 때문에 주의가 산만하지도 않다. 그런데도 포도주가 맛이 없다면 현재 당신의 감별력이 좋지 않거나('당신의 신체 기관이 별로 좋은 상태가 아니거나') 아니면 그 포도주가 질이 낮기('그 대상이 가장 탁월한 상태를 유지하고 있지 않기') 때문이다. 제3의 다른 어떤 가능성은 없다. 여기서 쾌락이 활동을 '완전하게 한다'는 말은 쾌락이 활동을 — 이 경우에는 포도주를 맛보는 일을 — 좋은 상태로 만든다는 점을 의미한다. 신체 기관과 대상은 — 이 경우에는 감별력과 포도주는 — 활동의 동력인으로 작용한다. 이들 모두가 좋은 상태라면 이들은 좋은 활동을 낳는 동력인이 되며 따라서 이들은 활동을 완전하게, 즉 현재의 활동을 이런 유형에 속하는 활동의 모범적인 경우로 만든다. 반면 쾌락은 활동의 원인으로 작용하기는 하지만 동력인이 아니라 목적인으로, 예를 들면 의사가 아니라 건강과 같이, 작용한다.

이런 분석을 한 후 이제 아리스토텔레스는 쾌락과 좋음 사이의 관계를 고려해야 하는 위치에 놓이게 된다. '쾌락은 좋은가 아니면 나쁜가?'라는 질문은 지나치게 단순하다. 쾌락을 구별하고 분류한 후에만 이 질문에 제대로 답할 수 있다. 쾌락은 그 자체로 좋거나 나쁜 것으로 여겨져서는 안 된다. 좋은 활동에 어울리는 쾌락은 좋으며 나쁜 활동에 어울리는 쾌락은 나쁘다(*NE* 10. 5. 1175^b^27).

> 어떤 쾌락이 나쁘다고 해서 다른 어떤 쾌락이 최고선이 되지 말라는 법은 없다 — 이는 어떤 지식이 나쁘다고 하더라도 다른 어떤 지식이 최고선이 될 수 있는 것과 마찬가지이다. 각각의 상태가 방해받지 않는 활동을 하는 한 모든 상태의 활동 또는 어떤 한 상태의 활동이 (방해받지 않는 한) 행복이라는 점은 필연적이기까지 하다. 그렇다면 방해받지 않는 활동은 모든 것들 중 가장 큰 가치를 지니며 이는 곧 쾌락이라고 할 수 있다. (*NE* 7. 13. 1153^b^7～11)

이런 고찰을 통하여 (어떤 종류의) 쾌락이 모든 사람에게 가장 좋은지가 드러난다. 행복이 최고 수준의 덕을 발휘하는 것이라면 그리고 방해받지 않고 덕을 발휘하는 것이 쾌락이라면 행복과 쾌락은 서로 동일한 하나이다.

플라톤은 《필레보스》에서 쾌락과 프로네시스 중 무엇이 최선의 삶을 구성하는가라는 질문을 제기하였다. 이에 대하여 아리스토텔레스는 제대로 이해하기만 하면 행복의 후보로서 이들 둘이 서로 경쟁 관계에 있지 않음을 알게 된다고 답한다. 최고 수준의 프로네시스를 발휘하는 일은 가장 참된 형태의 쾌락과 서로 동일하다. 이들 각각은 서로 동일하며 또한 행복과도 동일하다. 하지만 플라톤의 용법에 따르면 '프로네시스'는 아리스토텔레스가 실천적 지혜(*phronesis*)와 철학적 지혜(*sophia*)로 구별하는 지적인 덕 전반을 모두 포괄한다. 따라서 행복이 실천적 지혜가 주는 쾌락과 동일한가 아니면 철학적 지혜가 주는 쾌락과 동일한가라는 질문에 대하여 우리는 아리스토텔레스의 두 윤리학 저술에서 서로 다른 대답을 발견하게 된다.

《니코마코스 윤리학》에서는 행복이 철학적 지혜의 발휘에서 생기는 쾌락과 동일시된다. 앞서 살펴보았듯이 행복은 덕에 따르는 영혼의 활동이며 만일 서로 다른 여러 덕들이 있다면 그중 최선의, 가장 완전한 덕에 따르는 것이 행복이다. 《니코마코스 윤리학》에서 전개된 논의에 따르면 도덕적 덕과 지적인 덕이 있는데 이 중 후자가 전자보다 우위를 차지하며, 지적인 덕들 중에는 영원한 진리를 과학적으로 파악하는 능력인 철학적 지혜가 인간의 여러 문제에 관련하는 실천적 지혜보다 우위를 차지한다. 따라서 최고의 행복은 철학적 지혜에 따르는 활동, 즉 아리스토텔레스가 '관조'라고 부르는 활동이다. 또한 지식이 탐구와 관련하는 방식과 마찬가지로 관조는 철학과 관련한다는 언급도 등장한다. 그렇다면 관조는 어떤 방식으로, 이 방식이 다소 모호하기는 하지만, 철학적 탐구의 결실을 향유하는 것이라 할 수 있다(*NE* 10. 7. 1177^{a}12~^{b}26).

《에우데모스 윤리학》에서는 행복이 우위를 차지하는 어느 하나의 덕이 아니라 철학적 지혜 및 실천적 지혜와 연결된 도덕적 덕들을 포함하여 모든 덕들을 발휘하는 것과 동일시된다(*EE* 2. 1. 1219^{a}35~9). 이런 덕목들에 따르는 활동은 쾌락을 불러일으키며, 진정으로 행복한 사람은 동시에 가장 쾌락이 넘치는 삶을 사는 사람이기도 하다(*EE* 7. 25. 1249^{a}18~21). 덕을 갖춘 사람에 대해서는 '좋음'과 '쾌락'의 개념을 동시에 적용할 수 있다. 만일 이들을 동시에 누리지 못한다면 그 사람은 덕을 갖춘 사람이 아니라 단지 자기 억제력이 부족한 사람에 지나지 않는다(7. 2. 1237^{a}8~9). 이 두 요소를 동시에 누리게 하는 것이 바로 윤리학의 임무이다(7. 2. 1237^{a}3).

《에우데모스 윤리학》에서 비록 행복이 철학적 관조와 동일시되지는 않지만 여기서도, 《니코마코스 윤리학》에서와 마찬가지로, 관조가 행복한 사람의 삶에서 매우 중요한 위치를 차지한다. 《에우데모스 윤리학》에 따르면 지적인 덕뿐만 아니라 도덕적 덕의 발휘도 행복의 한 부분으로 포함된다. 하지만 이들을 발휘하는 기준은 이들이 관조와 어떤 관계를 맺는가에 따라서 결정된다. 그런데 여기서는 관조가 철학적이기보다는 신학적인 용어를 통해서 정의된다.

> 본성적으로 좋은 것들 가운데 — 건강이나 힘, 부, 친구들 가운데 — 무엇을 선택하고 소유하든 간에 우리를 신에 대한 관조로 가장 잘 이끄는 것이 동시에 가장 좋은 것이다. 그리고 바로 이것이 최고의 기준이다. 반면에 지나치거나 모자라기 때문에 신에 대한 헌신과 관조를 방해하는 삶의 기준은 어떤 것이든 간에 나쁘다. (*EE* 7. 15. 1249^{b}15~20)

그렇다면 《에우데모스 윤리학》에서 행복이라는 이상은, 행복이 관조와 도덕적인 덕 그리고 쾌락에 부여하는 역할에 비추어 볼 때, 아리스토텔레스가 확신한 대로 전통적인 세 가지 삶의 방식, 즉 철학자의 삶과 정치가의 삶 그리고 쾌락을 추구하는 자의 삶이 결합된 것으로 드러난다. 행복한 사람은 관조에 가장 큰 가치를 부여하지만 그의 행복한 삶 중 일부에는 정치적 덕목들의 발휘와 인간이 본성적으로 추구하는, 정신적인 또한 육체적인 쾌락의 적절한 향유도 당연히 포함된다.

에피쿠로스의 쾌락주의

최고선과 최고의 쾌락을 동일시하였다는 점에서 아리스토텔레스는 스스로 쾌락주의자로 불릴 자격을 갖추었다. 그렇다 하더라도 그는 매우 특이한 쾌락주의자이며, 가장 널리 알려진 고대 그리스의 쾌락주의자인 에피쿠로스와는 상당한 거리를 보인다. 에피쿠로스는 아리스토텔레스에 비하여 훨씬 덜 복잡하고 많은 사람이 더욱 쉽게 이해할 수 있는 쾌락의 개념을 제시하였다. 에피쿠로스는 우리가 행하는 활동의 가치와 무관하게 기꺼이 쾌락에 독립적인 가치를 부여한다. 그에 따르면 모든 쾌락은, 어떤 쾌락이든 쾌락이기만 하면 좋다. 그의 윤리적 쾌락주의는 아리스토텔레스의 윤리적 저술에 등장하는 어떤 쾌락주의보다도 데모크리토스나 플라톤의 《프로타고라스》에 등장하는 쾌락주의에 더욱 가깝니다.

에피쿠로스에 따르면 쾌락은 삶의 최종 목적이며 좋음을 선택하는 궁극적인 기준이다. 이에 대한 논증은 불필요하며 우리 모두는 본성적으로 이렇게 느낀다(LS 21A).

> 우리는 쾌락을 축복받은 삶의 처음과 끝이라고 주장한다. 또한 우리는 쾌락을 우리의 가장 기본적이고 본성적인 선으로 인식한다. 우리가 무엇을 선택하거나 피하려 할 때마다 쾌락은 출발점이 된다. 우리가 우리의 목표로 여기는 바 그리고 모든 좋은 것들에 대하여 판단을 내리면서 기준으로 삼아야 되겠다고 느끼는 바 또한 바로 이 쾌락이다. (D.L. 10. 128~9)

하지만 에피쿠로스는, 마치 아리스토텔레스가 묘사한 무절제한 사람처럼, 얻을 수 있는 모든 쾌락을 추구하는 것을 삶의 방침으로 채택해야 한다고 주장하지는 않는다. 쾌락이 최고선이라면 고통은 최고의 악인데 만일 어떤 쾌락이 장기적으로 볼 때 고통을 일으킨다면 그런 쾌락은 포기하는 것이 최선이다. 마찬가지로 만일 어떤 고통이 장기적으로는 큰 쾌락을 산출한다면 그런 고통은 충분히 감내할 가치가 있다(D.L. 10. 129).

이런 조건들은 에피쿠로스의 쾌락주의가 육욕과 관능적인 쾌락이 가득찬 삶에로 이끄는 것과는 거리가 멀다는 점을 의미한다. 우리를 쾌락의 삶으로 인도하는 것은 먹고 마시는 잔치나 진수성찬이 넘치는 식탁, 소년이나 여성들과의 난잡한 성행위 등이 아니라 절제, 명예, 정의 그리고 지혜이다(D.L. 10. 132). 소박한 정원에서 간소한 채식의 식사를 몇몇 친구들과 함께 나누는 정도만으로도 에피쿠로스의 행복은 충분히 만족된다.

에피쿠로스는 쾌락을 본질적으로 욕구의 만족으로 이해함으로써 이론적 쾌락주의와 실천적 금욕주의를 결합한다. 우리의 욕구 중 가장 강력하고 기본적인 것은 고통을 제거하려는 욕구이다(D.L. 10. 127). 따라서 고통이 없는 상태 자체를 이미 기본적인 쾌락이라 할 수 있다(LS 21A). 우리의 욕구 중 어떤 것은 본성적이지만 어떤 것은 무익한데, 가장 중요한 쾌락들은 본성적인 욕구에 대응된다. 우리는 배고픔, 목마름, 추위 등의 고통스러운 상태에서 벗어나려는 본성적인 욕구를 지니며 이런 욕구의 만족은 당연히 쾌락을 불러일으킨다. 하지만 여기에는 서로 다른 두 종류의 쾌락이 포함되는데 에피쿠로스는 이를 다소 전문적인 용어를 사용하여 구별한다. 이 중 하나는 목마름을 해소하는 과정에서 얻는 동적인 쾌락이며 다른 하나는 우리의 목마름이 완전히 해소된 다음에 수반되는 정적인 쾌락이다(LS 21Q). 이 두 쾌락은 모두 본성적이지만 동적인 쾌락 중 일부는(배고픔이나 목마름을 충분히 해소할 정도로 먹고 마시는 과정의 쾌락은) 필수적인 반면 다른 일부는(미식가의 쾌락은) 필수적이지 않다(LS 21I, J).

필수적이지 않은 본성적 쾌락은 필수적인 본성적 쾌락보다 크지 않으며 단지 본성적 쾌락이 변형된 형태에 지나지 않는다. 배고픔이 최고의 반찬이며, 배고플 때의 검소한 음식이 배부를 때의 진수성찬보다 더 큰 쾌락을 준다. 하지만 모든 본성적 쾌락에도 불구하고 진정으로 높이 평가되는 바는 정적인 쾌락이다. '우리가 진정 바라는 바는 배고프지 않고, 목마르지 않고, 춥지 않은 상태이다. 현재 이런 고통스러운 상태에 있지 않고 앞으로도 계속 그렇지 않으리라고 기대하는 사람은 제우스와도 행복을 겨룰 수 있다'(LS 21G).

에피쿠로스는 성적인 욕구를 필수적이지 않은 유형으로 분류하는데 그 까닭은 이 욕구가 충족되지 않는다 하더라도 고통이 발생하지는 않기 때문이다. 일방적인 짝사랑은 심한 고통을 불러일으키기도 하므로 이런 주장은 다소 납득하기 어렵다. 그러나 에피쿠로스는 성적인 욕구의 강렬함은 성행위 자체의 본성 때문이 아니라 사랑하는 사람에 대한 낭만적인 상상 때문에 생긴다고 주장한다(LS 21E). 필수적이지 않는 본성적 욕구들이 우리에게 해를 입히지 않는 한 에피쿠로스는 이런 욕구의 충족에 반대하지 않는다 — 이들도 당연히 우리가 이런 욕구를 충족시키지 못하면 얼마나 고통스러운가에 따라 평가되어야 한다(LS 21F). 그는 우리가 법과 관습을 존중하고 다른 사람에게 고통을 주지 않으며 다른 사람의 육체나 생계를 위험에 빠뜨리지 않는다면 원하는 어떤 방법으로 성적 쾌락을 추구하여도 좋다고 말한다. 하지만 성행위에 관한 기본적인 규범들에 이런 조건이 더해지므로 성행위는 아무런 해가 없을 경우라도 결코 바람직하지는 않다(LS 21G).

에피쿠로스는 무익한 욕구의 충족에 대해서는 더욱 비판적인 태도를 보인다. 이런 욕구들은 본성적이지도 않으며, 필수적이지 않은 본성적 욕구와 마찬가지로 충족되지 않는다 할지라도 고통을 일으키지 않는다. 이에 속하는 대표적인 욕구로 부를 향한 욕구나 세속적 명예와 대중의 갈채를 얻으려는 욕구를 들 수 있다(LS 21G, I). 학문과 철학이 주는 쾌락을 향한 요구 또한 이런 종류에 속한다. 그는 한 애제자에게 '돛을 올리고 모든 사상을 피해 떠나라'고(D.L. 10. 5) 말하였다. 아리스토텔레스는 철학을 선호하는 이유로 철학이 주는 쾌락은 감각적인 쾌락과는 달리 고통과 뒤섞이지 않는다는 점을 들었다(*NE* 10. 7. 1177a25 참조). 이제 에피쿠로스는 철학자가 되지 않더라도 고통이 따르지는 않는다는 점을 철학의 쾌락을 평가절하하는 근거로 삼는다. 에피쿠로스도 정신이 행복한 삶에 중요한 역할을 담당한다고 생각한다. 하지만 정신의 역할은 감각적 쾌락을 예견하고 회상하는 것이다(LS 21L, T).

현재 전하는 문헌들에 기초해서 우리는 에피쿠로스의 쾌락주의가 다소 세속적일지는 몰라도 방탕한 형태와는 거리가 멀다고 판단할 수 있다. 하지만 때로 그는 매우 놀랄 만한 용어를 사용하여, 어쩌면 의도적인지도 모르지만, 자신의 생각을 표현하곤 한다. '나 자신에게서 음식과 성행위, 음악과 아름다움이 주는 쾌락을 제거한다면 내게는 어떤 좋음의 개념도 남지 않을 것이다'(D.L. 10. 6). '뱃속에서 느끼는 쾌락이 모든 좋음의 시작이고 뿌리이다'(LS 21M). 이런 표현들 때문에 그는 죽은 다음에 식도락가이며 방탕한 호색한으로 널리 알려졌다. 사실 이런 이야기는 그가 살아 있는 동안에 이미 퍼지기 시작했는데 이는 그와 의견이 달랐던 제자 티모크라테스(Timocrates)가 에피쿠로스는 하루에 두 번씩 토하면서까지 밤마다 마구 먹고 마시는 잔치를 벌인다는 소문을 퍼뜨렸기 때문이다(D.L. 10. 6~7).

그에 대한 더욱 진지한 비판은 덕들이 단지 쾌락을 유지하기 위한 수단에 지나지 않는다는 그의 가르침에 집중되었다, 스토아학파의 철학자 클레안테스는 자주 제자들에게 쾌락이 여왕의 자리를 차지하고 덕들이 그 주위에 둘러선 모습을 상상해 보라고 말하곤 했다. 에피쿠로스의 윤리적 견해에 따르면 덕들은 전적으로 여왕에게 봉사하고 헌신하면서 그저 가끔 무례를 범하거나 고통을 일으키지 말라는 경고나 속삭이는 하녀로 전락하고 만다고 클레안테스는 말한다. 에피쿠로스학파는 이런 비판에 크게 이의를 제기하지는 않았다. 오이노안다(Oenoanda) 출신의 에피쿠로스학파 철학자인 디오게네스는 덕들이 행복을 낳는다는 스토아학파의 주장에 동의하면서도 덕들이 행복 자체의 일부라는 견해는 부정하였다. 그에 따르면 덕들은 목적이 아니라 수단이다. '나는 항상 모든 사람에게, 그리스인이든 이방인이든 간에, 쾌락이 최선의 삶이 추구하는 목표라고 가장 큰 목소리로 외친다'(LS 21P).

스토아학파의 윤리학

쾌락에 핵심적인 역할을 부여함으로써 에피쿠로스학파는 모든 동물은 태어나자마자 쾌락을 추구하기 시작하여 쾌락을 가장 큰 선으로 향유하는 반면 고통을 가장 큰 악으로 거부한다고 주장하였다. 스토아학파의 크리시포스는 이와는 정반대로 동물이 보이는 최초의 충동은 쾌락이 아니라 자기보존을 향한다고 주장한다. 스토아학파는 사람들이 자신의 **구조**(constitution)를 파악함으로써 의식을 갖기 시작한다고 말하는데 여기서 구조는 스토아학파가 만들어 낸 신조어이기도 하다(LS 57A). 동물은 자신의 구조를 발전시키는 데 도움이 되는 바를 받아들이고 방해가 되는 바를 거부한다. 이 때문에 어린아이는 넘어져 울면서도 혼자 서려고 온갖 노력을 다한다(Seneca, Ep. 121, 15 LS 57B). 자신의 구조를 유지하고 발전시키려는 이런 충동은 쾌락을 향한 욕구보다 더욱 원초적이다. 왜냐하면 이는 동물뿐만이 아니라 식물에서도 발견되며 인간의 경우 의식이 없는 상태에서도 자주 이를 드러내기 때문이다(D.L. 8. 86 LS 57A). 자신의 구조를 돌보라는 것이 자연이 전한 최초의 가르침이다.

스토아학파의 윤리학은 자연에 큰 중요성을 부여한다. 아리스토텔레스도 자주 개체와 종들의 본성(nature)에 관하여 언급하였지만 흔히 영어에서 첫 글자를 대문자 'N'으로 쓰는 '자연'(Nature)의 개념, 즉 서로 다른 많은 종류의 것들이 지닌 구조나 행하는 활동 전반에서 드러나는 하나의 우주적 질서로서의 자연이라는 개념은 스토아학파가 처음 도입하였다. 라에르티오스에 따르면(D.L. 7. 87) 제논은 삶의 목적이 '자연에 따라 사는 것'이라고 말하였

보스코레알레(Boscoreale)에서 발견된 기원후 1세기경의 은잔에 새겨진 제논과 에피쿠로스 (그리고 돼지 한 마리)

다. 자연은 우리의 삶 전반에 걸쳐, 어린 시절부터 나이를 먹으면서 점차 구조가 변화하는 우리 자신을 돌보는 방법을 가르쳐 준다. 하지만 자연이 이런 자기애만을 가르치지는 않는다. 우리는 자식을 낳으려는 본성적 충동과 마찬가지로 자식을 잘 돌보려는 충동도 지닌다. 또한 우리는 무언가를 배우려는 본성적 성향과 더불어 우리가 얻은 지식을 다른 사람들과 함께 나누려는 본성적 성향도 지닌다(Cicero, *Fin*. 3. 65 LS 57E). 스토아학파에 따르면 우리와 가장 가까운 사람들에게 큰 이익을 낳는 이런 충동들은 더욱 넓은 외부

세계로까지 확장되어야 한다.

하드리아누스(Hadrianus) 황제[8] 시대의 스토아철학자인 히에로클레스(Hierocles)에 따르면 우리들 각각은 여러 개로 이루어진 동심원의 중심에 서있다. 첫 번째 원은 한 개인으로서 나의 정신과 육체 그리고 이들이 필요로 하는 바를 둘러싸고 있다. 두 번째 원은 나의 직계가족들을, 세 번째와 네 번째 원은 같은 가문에 속하는 친척들을 포함한다. 그 다음 원은 이웃을 포함하며 다시 그 다음 원에는 나와 같은 국가에 사는 모든 사람들이 포함된다. 그리고 가장 외부에 놓인, 가장 큰 원은 인류 전체를 포괄한다. 만일 내가 덕을 갖춘 사람이라면 나는 이 원들 사이의 간격을 더욱 좁히려 할 것이다. 즉 사촌들을 친형제인 듯이 대우하며, 외부의 원에 속한 사람들을 내부의 원에 속한 사람들로 여기려는 노력을 계속할 것이다(LS 57G).

스토아학파는 이런 과정을 더욱 선명하게 묘사하기 위하여 '오이케이오시스'(oikeiosis)라는 특별한 용어를 새로 만들어 내었는데 이는 문자 그대로 직역하면 '내 집처럼 만듦'(homification)을 의미한다. 스토아학파는 자기 자신을 우주의 본성에 적합하도록 만드는 일은 자신이 살고 있는 세계에서 내 집처럼 편안하게 느끼게 되는 과정으로 묘사한다. 오이케이오시스는 이와는 반대 방향을 취하여 다른 사람들을 내가 중심에 놓인 원 안으로 끌어들임으로써 그들이 나를 편안하게 느끼도록 만드는 것이다. 이런 보편주의는 인상적이기는 하지만 곧 한계가 지적된다. 아무리 덕을 갖춘 사람이라 할지라도 가족에게 보이는 정도의 애정을 가장 멀리 떨어진 이방인에게도 똑같이 보일 수 있는가? 이는 비현실적인 생각이다. 오이케이오시스는 가정 안에서는 적용될 수 있을지 모른다. 하지만 내가 중심이 되는 첫 번째 원 안에서조차 어떤 차이가 있을 수밖에 없다. 즉 우리는 손톱이 상하는 경우보다는 눈이 상하는 경우에 훨씬 더 큰 곤란을 겪는다. 그런데 오이케이오시스를 통

[8] 〔옮긴이 주〕 로마 제국 최전성기인 오현제 시대의 황제 중 한 사람으로 76년에 태어나 138년에 사망하였다(재위는 117～138).

하여 형성되는 자비심이 보편적으로 적용되는 단일한 것이 아니라면 이는 모든 인류를 동일하게 대우하라는 공정의 의무에 기초를 제공할 수 없다(LS 57H). 더욱이 스토아학파는 국가를 위하여 목숨을 바치는 일이 칭찬받아 마땅하다고 믿었다. 그러나 이는 안쪽의 원보다 바깥쪽의 원을 더 중시하는 경우가 아닌가?

더욱이 자연 세계는 동심원의 중심에 놓이는 인간보다 훨씬 더 다양한 존재들을 포함한다. 우리와 세계를 공유하는 다른 존재들에게는 어떤 태도를 취하는 것이 올바른가? 스토아학파는 어떤 측면에서 세계를 인간들과 신들이 함께 사는 도시 또는 국가로 묘사하였으며 또한 그들은 공동체를 위한 개인의 자기희생을 정당화하기 위하여 바로 이 점에 호소하였다. 그들의 현실적인 윤리적 가르침에서 인간이 아닌 존재들은 거의 중요성을 지니지 않는다. 인간은 동물에 대하여 어떤 권리도 지니지 않음이 분명하다. 크리시포스는 인간이 동물을 자신의 필요에 따라 얼마든지 이용해도 이것이 정의에 어긋나지 않는다고 확신하였다(Cicero, *Fin*. 3. 67 LS 57G).

하지만 우주적 질서는 인간의 윤리적 행위가 지닌 배경뿐만 아니라 전형까지도 제공한다. '자연과 일치하는 삶'이란 단지 '인간의 본성과 일치하는 삶'만을 의미하지 않는다. 크리시포스는 우리들 각각의 본성은 우주 전체 본성의 일부이기 때문에 자연적 사건들에 대한 경험으로부터 우리가 어떻게 살아야 하는가를 배워야 한다고 말하였다. 결국 삶의 목적에 대한 스토아학파의 가르침은 다음과 같이 요약된다.

> 우리는 우리 자신의 본성 및 우주의 본성과 일치하는 삶을 살고 보편법칙이 금지하는 바를 행하지 않음으로써 자연에 따라야 한다. 이는 말하자면 모든 것을 관통하는 올바른 이법에 따르는 것으로서 존재하는 모든 것을 지배하고 주재하는 제우스조차도 이법에 따르지 않을 수 없다. (D.L. 7. 87)

덕을 갖춘 사람의 삶은 천구의 변함없는 운동 아래 평정을 유지하며, 별이 빛나는 하늘을 반영하는 도덕법칙에 따르는 삶이다.

스토아학파에게 자연과 일치하는 삶은 덕에 따르는 삶과 같은 것이다. 그들의 도덕적 견해 중 가장 널리 알려진 동시에 가장 자주 비판받기도 하는 바는 오직 덕만이 행복에 이르는 데 필요하며 또한 덕만으로 충분하다는 주장이다. 덕은 최종의 목적일 뿐만 아니라 최고선이기도 하다. 또한 행복만이 진정으로 좋은 유일한 것이다.

> 존재하는 다양한 것들 중에 어떤 것은 선하고 어떤 것은 악하며 또 어떤 것은 선하지도 악하지도 않다. 선한 것들은 덕이 되는데 지혜, 정의, 용기, 절제 등이 이에 속한다. 악한 것들로는 이에 반대되는 어리석음, 불의 등을 들 수 있다. 선하지도 악하지도 않은 것들은 우리에게 도움도 되지 않고 해를 입히지도 않는 것들로서 예를 들면 삶, 건강, 쾌락, 아름다움, 강건함, 부, 명성, 좋은 가문 출신 그리고 이에 반대되는 죽음, 질병, 고통, 추함, 나약함, 가난, 악명, 비천한 가문 출신 등이다. (D.L. 7. 101 LS 58A)

여기서 '선하지도 악하지도 않은 것들'의 긴 목록에 포함되는 항목들을 스토아학파는 '상관없는 요소들'(*adiaphora*)이라고 불렀다. 스토아학파는 이들이 우리 머리에 난 머리카락의 개수가 홀수인지 짝수인지와 같은 수준으로 우리와 전혀 상관없는 문제라고 생각하지는 않았다. 이들은 사람들이 간절히 바라거나 아니면 혐오하는 요소들임에 틀림없다. 하지만 이들은 우리의 잘 구성된 삶과 무관하다는 의미에서 우리와 상관없는 요소들이다. 즉 우리는 이들이 있든 없든 완벽하게 행복한 삶을 얼마든지 살 수 있다(D.L. 7. 104~5 LS 58B~C).

스토아학파와 마찬가지로 아리스토텔레스도 덕을 갖추고 이를 발휘하는

데 행복이 있다고 생각하였으며, 명성이나 부가 진정으로 행복한 사람의 행복에서 어떤 부분도 차지하지 않는다고 여겼다. 하지만 그는 외형적으로 여러 가지 좋음을 충분히 갖추는 것이 행복의 필요조건이라고 생각하였다(*NE* 1. 10, 1101ª14～17 ; *EE* 1. 1. 1214ᵇ16). 더욱이 그는 심지어 덕을 갖춘 사람도, 프리아모스(Priam)의 경우처럼[9], 자기 자신이나 가족에게 큰 재난이 닥치면 더 이상 행복하지 않을 수도 있다고 생각하였다(*NE* 1. 10. 1101ª8). 이와는 대조적으로 스토아학파는, 유일한 예외인 크리시포스를 제외하고 나면, 우리가 한 번 행복을 소유하기만 하면 결코 행복을 잃을 수 없다고 생각하였으며 심지어 크리시포스조차도 오직 우리가 제정신이 아니게 되는 경우 등이 발생할 때만 행복은 끝난다고 생각하였다(D.L. 7. 127).

또한 스토아학파는 우리와 상관없는 요소들이 모두 같은 수준은 아니라는 점을 인정한다. 이들 중 몇몇은 대중이 선호하지만(*proegmena*) 다른 몇몇은 대중이 선호하지 않는다(*apoproegmena*). 더욱 중요한 구별로 이들 중 몇몇은 자연과 일치하며 다른 몇몇은 자연에 거스른다. 자연과 일치하는 것들은 가치가 있지만(*axia*) 자연에 거스르는 것들은 가치가 없다(*apaxia*). 가치가 있는 것에는 재능과 기예, 건강, 아름다움, 부유함 등이 포함되며 이와 반대되는 것들은 가치가 없다(D.L. 7. 105～6). 스토아학파에 따르면 가치가 있는 모든 것들은 분명히 대중이 선호하는 듯하다. 하지만 대중이 선호하는 모든 것이 가치가 있는지는 그리 분명하지 않다. 덕은 그 자체로는 대중이 선호하는 유형에 포함되지 않는데 이는 왕이 신하들과 같은 부류의 귀족에 속하지는 않지만 사실은 귀족보다 더 상위의 계층임과 마찬가지이다(LS 58E). 크리시포스는 일상적인 용법에서 오직 대중이 선호하는 바만을 '좋다'고 부르도록 허용하려고 하였다(LS 58H). 그리고 상관없는 요소들 가운데 실제로 선택을 해야 할 경우 스토아학파는 사람들로 하여금 대중이 선호하

[9] 〔옮긴이 주〕 프리아모스는 그리스 신화에 등장하는 트로이아의 마지막 왕으로 트로이아 전쟁 마지막 해에 13명의 아들을 모두 잃는 큰 아픔을 겪는 인물로 그려진다.

는 쪽을 선택하도록 인도하려 하였다(LS 58C).

어떤 행위가 덕이 있는 행위(*katorthoma*)에 미치지 못하면서도 알맞은 행위(*kathekon*)일 수는 있다. 즉 우리의 본성과 삶의 상태에 잘 어울리는 행위는 알맞은 또는 적절한 행위이다(LS 59B). 우리 부모나 국가의 명예를 드높이는 행위는 알맞은 행위이며 부모에게 소홀하거나 애국적이지 않은 행위는 알맞지 않은 행위이다. (하지만 다른 어떤 행위들, 예를 들면 그저 나뭇가지를 집어 든다든지 다른 나라에 한번 가 보는 일 등은 알맞은 행위도 그렇지 않은 행위도 아니다.) 덕이 있는 행위는 한층 더 알맞은 행위이다. 덕은 그저 알맞은 행위에 우선 순수한 동기를 그리고 실천적인 측면에서 지속적인 안정성을 더해 준다(LS 59G, H, I). 여기서 스토아학파의 주장은 덕이 있는 행위를 하기 위하여 우리는 자신이 행하려는 바에 대하여 올바른 판단을 내려야 할 뿐만 아니라 그 행위를 오직 행위 자체를 위하여 선택함으로써 성격의 일관성을 드러내 보여야 한다는 아리스토텔레스의 가르침에(*NE* 2. 6. $1105^a30\sim^b1$) 상당히 가깝다. 또한 스토아학파에 따르면 몇몇 행위들은 알맞지 않을 뿐만 아니라 사악하기도(*hamartemata*) 하다(LS 59M). 이 두 종류의 나쁨 사이의 차이는 분명히 제시되지 않는다. 어쩌면 스토아학파가 생각하는 사악한 사람은 아리스토텔레스의 무절제한 사람과 유사한 반면 그저 알맞지 않는 행위를 하는 사람은 아리스토텔레스가 말한 억제력이 부족한 사람과 유사한 듯도 하다. 왜냐하면 스토아학파는 모든 사악한 행위는 똑같이 나쁘다고 말하면서도 치유할 수 없는 어떤 확고한 성격에 기인한 사악한 행위는 특별한 종류의 나쁨으로 간주하기 때문이다(LS 59O). 하지만 이런 주장은 별 설득력이 없어 보인다.

억제할 수 없음에 관한 스토아학파의 설명은 상당히 중요한 측면에서 아리스토텔레스의 설명과는 차이를 보인다. 스토아학파는 이를 영혼을 구성하는 서로 다른 부분들 사이의 갈등에서 생긴다기보다는 오히려 지적인 오류의 결과라고 생각한다. 억제할 수 없음은 정념, 즉 영혼의 비이성적이고 부자연스러운 운동이 낳은 결과이다. 정념은 네 종류로, 즉 공포, 욕망, 고통 그리고 쾌락으로 나뉜다. 크리시포스에 따르면 정념은 단지 선과 악에 대한 잘못된 판단일 뿐이다. 초기 스토아철학자들은 정념을 이런 잘못된 판단에서 생긴 혼란이라고 보았다(LS 65G, K). 하지만 스토아철학자들은 모두 도덕적 발전으로 나아가는 길이 이런 잘못된 판단을 바로잡는 데 놓여 있음에 동의한다(LS 65A, K). 우리의 믿음이 틀렸다면 정념은 완전히 제거되어야만 하며 아리스토텔레스의 중용과 같은 개념에 기초하여 적절하게 완화될 수는 없다.

욕망은 무언가가 우리의 이익에 도움이 되리라는 잘못된 믿음에, 공포는 무언가가 우리에게 손해를 입히리라는 잘못된 믿음에 뿌리를 두고 있다. 이런 믿음들은 경우에 따라 이에 어울리는 정서적 반응, 예를 들면 열렬함이나 움츠림 등으로 표현되는 더 이상의 믿음을 동반하기도 한다. 스토아학파의 주장에 따르면 덕 이외에는 다른 어떤 것도 우리에게 이익이 되지 않고 악덕 이외에는 다른 어떤 것도 우리에게 손해를 입히지 않기 때문에 욕망과 공포를 통하여 드러나는 종류의 믿음은 결코 정당화될 수 없으며 또한 이것이 바로 정념이 항상 제거되어야 하는 이유이기도 하다. 반면 정서적 반응들은 항상 부적절하지만은 않다. 정당한 기쁨과 마땅한 두려움도 얼마든지 있을 수 있다. 하지만 이런 반응들이 적절하게 되려면 이들은 결코 정념으로 여겨져서는 안 된다(LS 65F). 또한 현명한 사람도 다양한 형태의 갑작스런 육체적 자극에서 벗어날 수 없다. 하지만 그가 이에 굴복하지 않은 한 이는 정념이 아니다(Seneca, *de Ira* 2. 3. 1).

크리시포스가 정념은 일종의 믿음이라고 말한다고 해서 그가 정념을 평온한 지적인 상태로 판단하는 잘못을 저질렀다고까지 여길 필요는 없다. 이와 반대로 그는 무언가에 높은 가치를 부여하는 명제에 동의하는 일은 그 자체로 상당히 혼란스러운 사건임을 지적한다. 내가 사랑하는 무언가를 잃었을 때 나는 그것을 대신할 만한 가치를 지닌 아무것도 나의 삶에 남아 있지 않다고 느낀다. 이 명제에 전적으로 동의하는 일은 격렬한 내적인 갈등과 동요를 포함한다. 우리는 진정 행복하려 한다면 우리 자신이 마음대로 할 수 없는 어떤 것에도 결코 이런 최고의 가치를 부여해서는 안 된다.[10]

스토아학파의 입장이 지니는 취약점은 사실 행복이 그리 확고한 개념이 아니라는 사실과 타협하기를 거부하였다는 점에서 드러난다. 우리는 앞서 전통적 인식론과 관련해서도 이와 유사한 유혹, 즉 판단이 오류를 범할 수도 있다는 사실과 타협하기를 거부하라는 유혹을 받은 적이 있다. 인식론적 유혹은 '필연적으로 만일 내가 p라고 인식한다면 p이다'로부터 '만일 내가 p라고 인식한다면 필연적으로 p이다'를 이끌어 내는 잘못된 논증을 통해서 구체화된다. 윤리학에서 등장하는 이와 유사한 유혹은 '필연적으로 만일 내가 행복하다면 나는 X를 지닌다'로부터 '만일 내가 행복하다면 나는 필연적으로 X를 지닌다'를 이끌어 내려는 논증이라 할 수 있다. 이 논증은, 만일 성공적이라면, 행복이 우리가 지녔다가 잃어버릴 수도 있는 어떤 우연적인 좋음을 통해서 구성될 수 있다는 사실을 부정하기에 이른다(Cicero, *Tusc*. 5. 41). 그런데 우리 스스로 그것을 지니고 있다고 인식하는 인간의 우연적 본성들이 그리 확고하지 못하다는 점을 인정한다면 우연적인 좋음이 행복을 구성할 수 있다는 사실의 부정은 결국 초인간적인 존재만이 행복할 수 있다는 주장을 낳는다.

스토아학파는 결국 이런 결론을 받아들여 자신들이 생각하는 지혜로운 사람을 이상화하기에 이른다. 행복은 덕에 달려 있는데 덕에는 정도의 차이가 없으므로 각 개인은 완벽하게 덕을 갖추거나 아니면 전혀 덕을 갖추지 못한다. 가장 완벽한 덕은 지혜인데 덕은 분리될 수 없기 때문에 지혜로운 사람은 모든 덕을 함께 지닌다(LS 61F). 소크라테스와 마찬가지로 스토아학파는 덕을 일종의 지식이라고 생각하며 모든 덕목들이 하나의 유일한 지식을

[10] 이 부분과 관련해서 나는 아직 출판되지 않은 Martha Nussbaum의 논문으로부터 큰 도움을 받았다.

형성한다고 믿는다(LS 61H). 스토아철학자 중 한 사람은 용기와 정의를 구별하는 일은 흰색을 보는 능력과 검은색을 보는 능력을 구별하는 일과 같다고까지 말한다(LS 61B). 지혜로운 사람은 모든 정념에서 완전히 벗어나 있으며 그는 모든 가치 있는 지식을 지닌다. 그의 덕은 신의 덕과 같은 수준에 도달한다(LS 61J, 63F).

> 우리가 추구하는 지혜로운 사람은 자신을 나락으로 떨어뜨리는 어떤 인간적인 경험도 고통스럽다고 생각하지 않으며 자신의 영혼을 상승시키는 어떤 경험도 즐겁다고 생각하지 않는 행복한 사람이다. 우주 전체의 영원함과 광대함을 이미 잘 아는 사람의 관점에서 보면 인간과 관련된 문제 중에 무슨 중요한 것이 있겠는가? (Cicero, *Tusc*. 4. 37)

지혜로운 사람은 부유하며 모든 것을 소유한다. 왜냐하면 오직 그만이 모든 것을 잘 사용하는 방법을 알기 때문이다. 또한 오직 그만이 진정 잘 생긴 사람이다. 왜냐하면 육체의 얼굴보다 정신의 얼굴이 더욱 아름답기 때문이다. 그리고 그만이 진정 자유롭다. 그는 설령 감옥 안에 갇혀 있다 할지라도 욕망의 노예가 되지 않기 때문이다(Cicero, *Fin* 3. 75). 이런 점들에 비추어 보면 지혜로운 사람을 발견하기가 불사조를 발견하기보다 어렵다는 스토아학파의 주장은 전혀 놀랍지 않다(LS 61N). 스토아학파는 행복을 도달할 수 없는 것으로 만드는 대가를 치러야만 그것의 가치를 손상시키지 않는다고 생각하는 듯하다.

지혜로운 사람을 발견할 수 없고 또 덕의 정도 차이도 존재하지 않기 때문에 결국 인류 전체는 바보들로 구성될 뿐이다. 그렇다면 지혜로운 사람은 우리가 찬미하고 모방하여야 하는 신비적 이상이라고 말해야 하는가(LS 66A)? 거의 그런 듯하다. 우리가 이 도달할 수 없는 목표를 향하여 무척 많이 나아갔다 할지라도 여전히 구원에는 조금도 가까워지지 않았기 때문이다. 수면에서 단지 2피트 아래 있는 사람이나 500패덤(fathom)[11] 아래 심해에 있는 사람이나 익사하기는 마찬가지다(LS 61T).

그렇다면 지혜와 행복에 관한 스토아학파의 주장은 덕을 향해 나아가려는 우리의 노력을 거의 고무하지 않는 듯하다. 하지만 후기 스토아철학자들은 이론(*decreta*)과 실천적 처방(*praecepta*)을 구별하여 전자는 보편적이지만 후자는 특수한 경우와 관련한다고 주장하였다(Seneca, Ep. 94, 1~4). 이론은 엄격하고 보편적이지만 실천적 처방은, 자주 우리에게 익숙한 형태의 모순을 포함하기도 하지만, 훨씬 자유롭고 현실적이다. 스토아학파는 결혼 절차, 노래 부르기에 적절한 시간, 가장 바람직한 농담의 유형 등을 비롯하여 일상적 삶의 수많은 자질구레한 부분에 대해서도 기꺼이 충고하려 하였다(Epictetus, discourses 4. 12. 16). 이론과 실천적 처방 사이의 구별은 엄격한 선택과 폭넓은 선발 사이의 구별에 대응된다. 오직 덕만이 선하고 선택할 만한 가치를 지닌다(D.L. 7. 89). 하지만 큰 영향을 미치지 않는 문제들에 관해서 우리는 우리가 선호하는 바를 폭넓게 선발할 수 있다. 예를 들면 멋진 옷은 그 자체로는 가치가 없다. 하지만 멋진 옷을 고르는 일은 나름대로 좋은 일일 수도 있다(Seneca, Ep. 92, 12). 하지만 비판자들은 오직 우리가 고르고 선발하는 바가 좋을 경우에만 선발하는 행위 자체도 좋을 수 있다고 말한다(LS 64C). 또한 가끔 스토아학파는 마치 우리 삶의 목적이 실제로 덕에 도달하는 것이라기보다는 덕에 도달하기 위하여 최선을 다하는 것이라는 듯이 말한다. 이 점에 대해서도 비판자들은 스토아학파가 삶의 목적이 도달할 수 없는 목표 자체인지 아니면 그저 그 목표를 향한 성과 없는 노력을 계속하는 것인지조차 결정하지 못했다고 비난한다(LS 64F, C).

스토아학파의 처방 중 가장 유명한 동시에 가장 큰 논란거리가 되는 것은

11 〔옮긴이 주〕 패덤은 바다나 광산에서 사용되는 길이의 단위로 6피트를 의미하며, 미터법으로는 약 1.8미터에 해당한다.

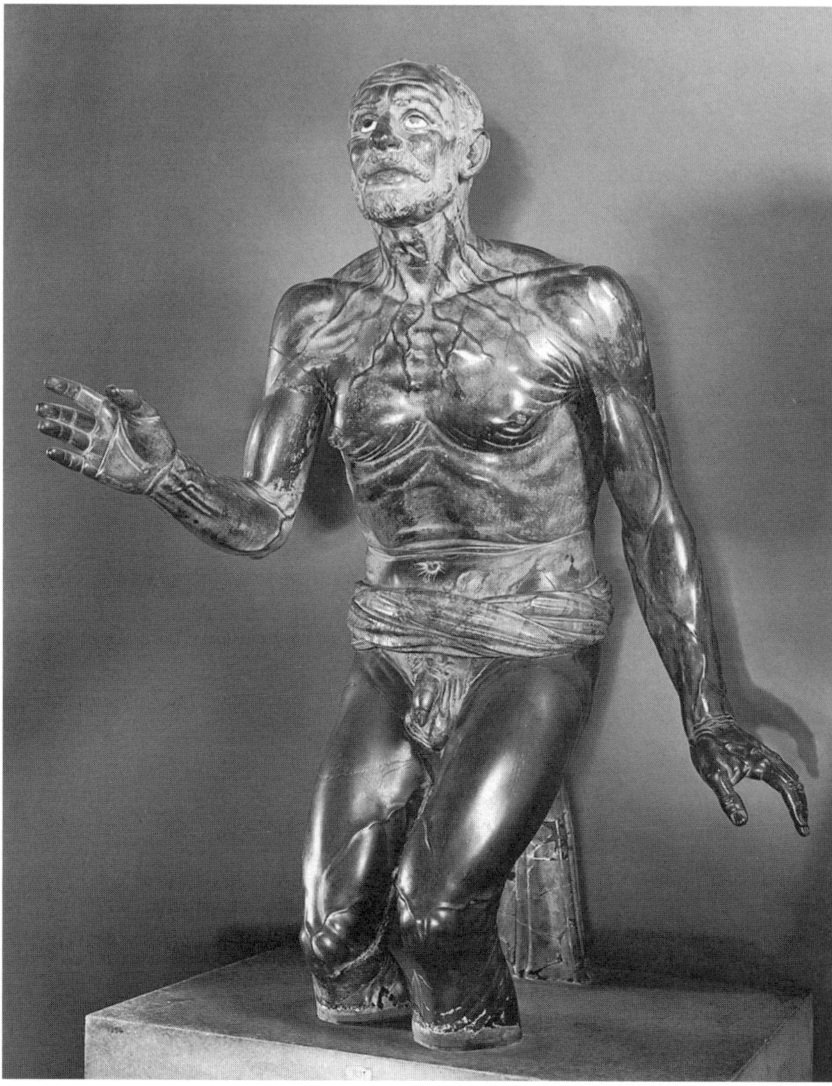

전통적으로 '세네카의 죽음'으로 알려진 로마시대의 입상. 루브르 소장

어떤 경우에는 자살이 허용될 수 있다는 주장이다. 스토아학파는 '지혜로운 사람은 국가나 자신이 존중하는 것을 위하여 또는 자신이 고통이나 장애, 질병을 겪을 경우 스스로 삶에서 벗어나기로 결정하는 합리적인 판단을 내릴

수 있다'고 말한다(D.L. 7. 130). 이런 주장이 스토아학파가 생각하는 지혜로운 사람의 모습과 어떻게 조화를 이룰 수 있는지를 파악하기란 몹시 어렵다. 이미 우리는 그들에게서 아무리 큰 고통이나 질병도 지혜로운 사람의 행복을 손상시킬 수는 없다는 말을 들었다. 그러면서도 그들은 합리적 자살을 권고하면서 그런 자살은 행복한 사람의 자살이라고 말한다(Cicero, *Fin*, 3. 60). 그렇다면 덕과 행복이 우리가 그 자체를 위하여 선택할 수 있는 전부라고 주장하는 스토아학파는 과연 무엇이 우리가 삶을 버리는 데 합당한 근거를 제공하는 동기라고 생각하는가?

스토아학파가 생각하는 지혜로운 사람이 일종의 이상이라는 점을 전제하더라도 그런 사람의 자살이 과연 덕이 있는 행위인지는 학문적인 논의 주제로 남는다. 또한 그의 자살이 적절한 행위일 수 있는지 그렇지 않은지가 나머지 우리에게 실천적 중요성을 지니는가? 많은 고대인들은 스토아학파가 몇몇 유명한 스토아철학자들이 실제로 따랐던 원리를 가르쳤다고 믿었다. 하지만 현재 우리에게 전하는 문헌에 근거할 때 자살을 하라는 원리가 명확하고 직설적으로 언급된 부분을 찾기란 몹시 어렵다. 스토아철학자로서 실제로 자살한 가장 유명한 인물은 세네카인데 그는 자살을 스스로 선택한 것이 아니라 죽음을 명하는 폭군의 전갈을 받고 자신이 이를 시행하였을 뿐이다.

9장

신

호메로스의 서사시에서 신들과 여신들은 주요 등장인물의 역할을 한다. 신들의 왕인 제우스(Zeus)와 그의 아내인 헤라(Hera), 이들의 딸인 아테네(Athena), 사랑의 여신인 아프로디테(Aphrodite), 바다의 신 포세이돈(Poseidon) 등 열 명의 주요 신들이 대가족을 구성하는데 이들은 모두 올림포스(Olympus) 산의 신성한 곳에 함께 산다. 《일리아스》(*Iliad*)와 《오디세이아》(*Odyssey*)에서 묘사되듯이 이들은 인간 영웅들의 활약상에 항상 대단히 큰 관심을 보인다. 이런 신들과 여신들은 단지 과대 포장된 인간에 지나지 않으며 인간의 감정과 악덕까지도 그대로 지닌다. 이들은 평범한 인간들과도 정신적, 육체적 상호작용을 주고받는데 이는 자주 불행한 결과를 낳기도 한다. 신들과 인간 사이의 근본적인 차이점은 단 하나, 인간은 죽는데 신들은 죽지 않는다는 점뿐이다.

크세노파네스의 자연신학

최초의 종교철학자인 크세노파네스는 이런 신의 개념을 강력하게 비판하였다. 그는 호메로스의 신관을 풍자시를 통하여 맹렬하게 공격하였는데 오늘날 이 시의 몇몇 단편만이 전한다. 그는 호메로스의 이야기가 인간들 사이에서도 부끄럽고 비난받을 만하다고 여겨지는 모든 것을, 즉 도둑질과 간통과 서로 속이는 행위를 신들의 속성으로 생각하였다고 비판한다(KRS 166). 설령 호메로스의 신들이 명예로운 행위를 한다 할지라도 이들은 인간과 너무 유사하기 때문에 결코 신뢰할 수 없다. 인간은 자신의 모습에 따라 신을 만들어 낸다. 에티오피아(Ethiopia) 사람은 코가 낮고 피부가 검은 신을 믿으며, 트라키아(Thracia) 사람은 머리카락이 붉고 눈이 파란 신을 숭배한다(KRS 168). '만일 소와 말 그리고 사자에게 손이 있어 무언가를 그릴 수 있다면 말은 말과 닮은 신을 그리며 소는 소와 닮은 신을 그릴 것이다. 각각은 자신의 모습과 닮은 신의 형태를 그릴 것이다'(KRS 169).

이렇게 유치한 신인동형론 대신에 크세노파네스는 세련된 일신론을 제시한다.

그는 다음과 같은 신을 믿는다.

> 신들과 인간들 가운데 가장 위대한 하나의 신은
> 형태도 생각도 유한한 인간들과 전혀 같지 않다. (DK 24 B23)

오직 하나의 신만이 존재할 수 있는데 그 까닭은 신은 모든 것들 중에 가장 강력한 존재이기 때문이다. 만일 하나 이상의 신이 존재한다면 그들 중 어떤 신도 다른 신보다 더욱 강력할 수 없으며 또한 어떤 신도 자신이 바라는 바를 마음대로 할 수 없을 것이다. 신은 항상 존재했음에 틀림없다. 신은 자신과 유사한 무언가로부터 생성될 수도 없으며(왜냐하면 그와 동등한 어떤 것도 존재할 수 없으므로), 자신과 다른 무언가로부터 생성될 수도 없다(왜냐하면 더욱 큰 것이 자신보다 작은 것으로부터 등장할 수는 없으므로)(Aristotle, *MXG* 976^b14~36). 신은 살아 있는 존재이지만 인간이나 동물과 유사한 유기체는 아니다. 신에게는 어떤 부분도 없다. 그리고 '그는 전체로서 보고, 전체로서 생각하며, 전체로서 듣는다'(DK 21 B24). 그는 세계 안에 있는 어떤 것과도 물리적으로 접촉하지 않지만, '멀리 떨어져서 힘들이지 않고도 오직 자신의 정신만으로 존재하는 모든 것을 지배한다'(DK 21 B25).

크세노파네스는 신에 관한 이런 중요한 주장들을 기꺼이 언급하고 논증하려 하지만 사실 그의 신학 전반은 부정적인 모습을 보인다. 그는 신이 유한하다는 주장이나 무한하다는 주장 중에 하나를 받아들이기가 어렵다고 생각한다. 마찬가지로 그는 신이 변화하는지 그렇지 않은지에 대한 질문을 던진 후 이들 각각을 지지하는 논증들을 균형 있게 펼쳐 보이기도 한다. 그가 말하는 신이 진정으로 초월적인지 아니면, 어떤 신비한 방법을 통해서, 엘레아학파가 말하는 우주 전체와 동일시될 수 있는지에 대해서는 상당히 모호한 태도를 보인다. '신들에 관한 명확한 진리는 아직 어떤 사람도 파악한 일이 없으며, 앞으로도 결코 인식할 수 없다'(DK 21 B34).

물론 크세노파네스가 최초의 일신론자는 아니었다. 그보다 훨씬 앞서 이집트에는 아크헤나텐(*Akhenaten*)[1]이 있었고 그 후 이스라엘에는 히브리인 예언자들이 등장하였다. 하지만 크세노파네스는 신비적인 계시가 아닌 이성적 논증의 결과로 일신론을 제시하였다. 그가 등장한 지 한참이 지나서도 이런 구별은 제대로 이루어지지 않았지만, 예언자들이 계시종교를 선포한 반면 크세노파네스는 자연신학자였다고 말할 수 있다.

경건함에 관한 소크라테스와 플라톤의 견해

《국가》에서 플라톤은 호메로스와 헤시오도스가 전한 신화에 넌더리를 내면

[1] 〔옮긴이 주〕 고대 이집트 제18왕조의 파라오로 아멘호텝 4세(Amenhotep IV)로 불리기도 한다. 기원전 1353~1336년경에 이집트를 통치하였으며, 아텐(Aten)이라는 유일신을 숭배하는 세계 최초의 일신교를 도입하였다고 전해진다.

서 이를 비판하였던 크세노파네스의 태도를 그대로 이어받는다. 신화는 그 자체로 거짓에 불과하며 독자들이 사악한 행위를 하도록 조장하므로 교과과정에서 제외되어야 한다. 특히 어린이들은 신들 사이의 싸움이나 인간 또는 동물의 모습으로 변신하는 신들에 관한 어떤 이야기도 들어서는 안 된다(377e~381d). 진정한 신은 선하며 어느 누구에게도 해를 입히지 않는다. 우리의 삶에서 선한 것들은 모두 진정한 신으로부터 생겨나며 만일 신이 인간들을 처벌한다면 이는 오직 인간들의 이익을 위하여 그렇게 할 뿐이다(379c~380b). 다시 한 번 신은 불변하는 존재이며, 거짓이나 변신을 통하여 다른 사람을 속이지 않는다(382e).

호메로스와 다른 시인들에 대한 플라톤의 비난은 현대 독자들의 눈에는 다소 과장된 듯이 보인다. 오직 그리스의 교육에서 《일리아스》와 《오디세이아》가 차지하는 중심적 역할과 그리스인들의 일상적인 삶에서 종교의 중요성을 떠올릴 경우에만 플라톤의 태도를 제대로 이해할 수 있다. 그리스인들이 단 한 번도 '경전에 얽매인 적이 없는 사람들'이라는 점은 분명한 사실이며, 호메로스의 서사시가 그리스인들의 삶과 종교에서 《구약성서》나 《신약성서》 또는 《코란》(*Koran*)이 그 신봉자들에게 지녔던 바와 유사한 권위를 누린 적은 결코 없다. 하지만 호메로스와 헤시오도스가 전한 여러 이야기는 그리스인의 교육과 관련하여 현재 우리 사회에서 어린이를 위한 책에 실린 요정 이야기가 미치는 영향보다 훨씬 더 큰 영향을 미쳤다. 이런 맥락에서 보면 플라톤의 비판을 이해할 수 있다. 그러나 이런 비판은 상당한 용기를 필요로 하는 일이었음에 틀림없다. 왜냐하면 어쨌든 소크라테스는 젊은이들에게 도시국가가 믿는 신을 믿지 말라고 가르쳤다는 이유로 죽음에 이르렀기 때문이다(*Apol*. 26b).

또한 소크라테스는 새로운 신적인 존재를 도입하였다는 이유로 비난받았다. 이는 그가 말한 영적인 존재(*daimon*), 즉 그가 잘못된 행위를 하려 할 때마다 경고를 보냈다고 주장하는 내부의 신성한 목소리와 관련됨에 틀림없다

(*Apol.* 40b). 이 경우를 제외하면 그는 전통적인 그리스 종교를 존중하였던 듯하다. 그는 다른 많은 덕들과 마찬가지로 당연히 신에 대한 경건함이라는 덕이 무엇인지 자신은 모른다고 주장한다. 하지만 초기 대화편에 속하는《에우티프론》에는 '신이 사랑하는 바로서의' 경건함 또는 신성함에 대하여 정의를 내리는 문제에 관한 흥미로운 논의가 등장한다.

소크라테스는 다음과 같은 질문을 던진다. 신들은 어떤 것이 신성하기 때문에 그것을 사랑하는가 아니면 신들이 그것을 사랑하기 때문에 그것이 신성하게 되는가? 이에 대하여 에우티프론은 신들이 어떤 것을 사랑하기 때문에 그것이 신성하게 되지는 않으며, 반대로 어떤 것이 신성하기 때문에 신들이 그것을 사랑한다고 대답한다. 이에 소크라테스는 '신들이 사랑하는'이라는 말을 줄여서 '경건한'으로 표현하자고 제안한다. 이에 따라 '신성한'을 '경건한'으로 바꾸면 에우티프론의 주장은 다음과 같이 표현된다.

(A) 신들은 경건한 것을 사랑하는데 그 까닭은 그것이 경건하기 때문이다.

다른 한편으로 다음의 주장은 명백한 듯하다.

(B) 경건한 것은 경건한데 그 까닭은 신들이 그것을 사랑하기 때문이다.

왜냐하면 '경건한'이라는 말은 '신들이 사랑하는'이라는 말의 동의어로 도입되었기 때문이다. 따라서 소크라테스는 에우티프론이 일종의 모순에 이르렀다고 주장하면서 신성함은 신들이 사랑하는 바라는 주장을 포기하라고 그를 몰아세운다(10a~11b).

하지만 A와 B 사이에는 어떤 진정한 모순도 발생하지 않는다. 왜냐하면 이 두 주장에서 '그 까닭은 … 때문이다'라는 말이 서로 다른 의미로 사용되기 때문이다. (A)에서 이 말은 신들의 동기를 표현하는 반면 (B)에서는 우리가 앞서 도입한 의미 조건을 다시 언급하는 데 사용된다. 이렇게 대비되는 논점은 다음의 두 주장이 모두 참임을 지적함으로써 더욱 분명히 드러나게 된다.

(C) 판사는 판결을 내리는데 그 까닭은 그가 판사이기 때문이다.

(즉 그가 판결을 내리는 까닭은 그것이 그의 임무이기 때문이다.) 그리고 또한

(D) 판사는 판결을 내리기 때문에 판사이다.

(이는 그가 판사라고 불리는 까닭을 제시한다.)

하지만 에우티프론은 자신이 앞서 내렸던 정의를 철회하고 새로운 정의를 제시한다. 신성함이란 신들에게 올바르게 봉사하는 것이다. 하지만 이 정의 또한 반박되고 만다. 우리가 어떻게 신에게 봉사할 수 있는가? 소크라테스는 신들에게 제사 지내는 일은 신들이 전혀 필요로 하지 않는 것을 바치면서 그 대가로 우리가 좋아하는 것을 달라고 요구하는 일종의 거래에 지나지 않는다고 비웃는다(14e~15a). 플라톤의 대화편 《에우티프론》이 에우티프론의 주장을 계속 반박하는 소크라테스의 실제 모습을 담고 있다면 고대 그리스의 신들에 대한 굳건한 믿음을 지녔던 아테네 대중들이 왜 소크라테스를 불경스러운 생각을 퍼뜨려 젊은이들을 해치는 인물로 간주하였는지를 이해할 수 있다.

소크라테스가 등장하는 또 다른 대화편(이는 어쩌면 플라톤이 쓰지 않았을지도 모르는데) 《알키비아데스 II》(*Second Alcibiades*)에는 신에게 무언가를 기원하는 행위의 의미를 크게 축소하는 내용이 등장한다. 우리가 원하는 무언가를 얻게 해 달라고 기원할 때 어쩌면 우리는 우리에게 해가 되는 바를 요청하는지도 모른다. 그리고 이런 기원자에 대한 신의 응답이 재난으로 나

타날 수도 있다. 우리는 무엇이 우리에게 최선인지를 잘 알지 못하므로 신에게 아무것도 기원하지 않는 편이 더 좋다. 아니면 스파르타 사람들처럼 그저 선하고 고귀한 것을 기원하는 정도에 그쳐야 하며 더욱 상세하고 구체적인 무언가를 기원해서는 안 된다(148c). 아테네 사람들은 스파르타 사람들보다 신에게 제사를 지내고 숭배하는 일에 훨씬 더 열심이다. 그런데 전투가 벌어지면 항상 스파르타 사람들이 승리를 거둔다. 이것이 놀라운 일인가? '신들이 우리의 영혼과 그 안에서 신성함과 올바름이 발견되는지 그렇지 않은지보다 우리의 제물과 제사를 더욱 중요하게 생각한다면 그것이 오히려 이상하고 유감스러운 일이다'(150a).

플라톤의 더욱 발전된 신관

종교에 대한 플라톤 자신의 태도는 그의 다른 형이상학적 믿음과 더불어 점차 발전하였다. 《국가》의 중요 부분들을 보면 세계의 최고점을 차지하는 존재는 어떤 인격신이 아니라 선의 이데아이며, 이는 변화하는 우리의 일상적인 세계에서 해가 담당하는 역할을 이상적인 존재의 세계에서 담당한다(508c~e). 모든 것은 궁극적으로 이 절대적인 선에 의존하여 존재하게 되며, 선의 이데아 자체는 모든 존재보다 우월하며 이들을 넘어서 있다(509b). 《향연》에서는 최고의 위치를 차지하는 존재가 아름다움의 이데아인데 여사제 디오티마(Diotima)는 거의 신비주의 종교 집단을 모방한 듯한 용어를 사용하면서 소크라테스에게 영혼이 최고 수준으로 상승하여 황홀하게 아름다움의 이데아를 보는 모습을 설명한다. 인간은 불멸을 열망한다. 이런 열망에 이끌려 인간은 자식을 낳고 소중하게 돌보며, 곧 역사 속으로 사라져 버릴 영웅적인 행위에 목숨을 걸며, 영원한 가치를 지닌 예술 작품을 창조하려 한다. 하지만 이들은 단지 낮은 수준에 머무는 사랑의 신비에 지나지 않는다.

진정 위대한 신비에 이르려면 우리는 아름다운 육체와 아름다운 영혼, 학문과 제도의 아름다움 등을 모두 넘어서서 영원불변하는 절대적인 아름다움에 도달해야 한다. 가장 고귀한 삶은 신성하고, 절대적이고, 순수한 아름다움을 지적으로 관조하는 삶이다. 이런 사랑의 의식은 이를 전수받은 사람들을 인간이 누릴 수 있는 최고의 불멸성에 이르도록 만든다(206b~212a).

상당히 종교적인 분위기와 표현에도 불구하고 《국가》에서 선의 이데아와 마찬가지로 《향연》에서 아름다움의 이데아는 결코 인격적인 존재가 아니다. 하지만 《소피스테스》에서는 바로 이 사실이 이데아론을 근본적으로 무너뜨리는 근거로 작용한다. 엘레아 출신의 방문자는 다음과 같이 묻는다. '변화와 생명, 영혼과 지혜 등이 가장 완전한 존재에 속하지 않으며 그 존재는 살아 있지도 생각하지도 움직이지도 않으며 위엄 있고 신성하기는 하지만 인격적이 아니라고 말한다면 오히려 우리가 더욱 쉽게 받아들이지 않겠는가?' (248e)

《티마이오스》를 쓰면서 플라톤은 대표적인 일신교들에서 생각하는 것과 유사한 신의 개념에 도달한다. 이 대화편의 주제는 우리가 살고 있는 세계의 기원이 무엇인가이다. 세계는 항상 현존하였는가 아니면 생성되었는가? 우리가 세계를 볼 수 있고 만질 수 있기 때문에 그것이 존재한다는 점은 틀림없는 사실이다. 하지만 '이 우주의 창조자이자 아버지를 발견하기란' 결코 쉬운 일이 아니다(28c). 왜 우주를 만든 존재는 오직 하나여야만 하는가? '그는 선한데 선한 존재는 자신의 내부에 질투하는 부분이 전혀 없다. 이렇게 질투하지 않는 존재로서 그는 모든 것들이 가능한 한 자신과 유사하게 존재하기를 원했다'(29e).[2] 하지만 플라톤이 생각하는 신은 무로부터 우주를 창조하지는 않았다. 신은 오히려 혼돈에 질서를 부여함으로써 우주의 체계를 확립하였다. '따라서 신은 모든 것이 선하며 아무것도 필요한 정도보다

[2] Kretzmann, *The Metaphysics of Creation* (Oxford: Oxford University Press, 1999), 101~4 참조.

덜 완전하지 않기를 바라며, 눈에 보이는 우주가 정지해 있지는 않지만 조화롭지 않고 무질서하게 운동한다는 사실을 발견하고 이 우주를 무질서의 상태로부터 질서 잡힌 상태로, 즉 자신이 전반적으로 더 낫다고 판단한 질서 잡힌 상태로 만들었다'(30a). 이 대화편에는 뒤이어 이런 질서를 부여한 순서가 등장한다. 맨 처음 영혼이 창조되었으며 그 다음에는 눈에 보이는 천체 안에 깃든 영혼과 더불어 물체가 창조되었다(34e, 36e). 우주 안에는 네 종류의 생명체가 있는데 이들은 신들, 새, 물고기 그리고 동물이다(40a). 신들은 눈에 보이는 신과 보이지 않는 신의 두 종류로 나뉜다는 말도 등장한다. 운동하지 않고 고정된 별들과 신성하고 영원한 생명체들이 눈에 보이는 신들이다. 눈에 보이지 않는 신들은 가끔 자신들이 원할 때만 인간에게 모습을 드러낸다(40b, 41a). 우주의 창조자는 피조물이기는 하지만 불멸하는 이런 존재들에게 더욱 하위의 생명체를 만들 권한을 위임하였다. 인간의 경우 불멸하는 영혼 자체는 우주의 창조자가 만들었지만 이 영혼을 머리 안에 집어넣고 육체의 나머지 부분을 더하는 일은 낮은 지위의 신들에게 맡겼다(69c~d). 이 대화편은 눈에 보이는 우주가 그 자체로 우리에게 지각되는 신이며 이는 오직 정신을 통해서만 알려지는 우주의 창조자의 모습이기도 하다는 설명과 함께 끝난다(92c).

플라톤이 최후에 쓴 대화편 《법률》에서 종교는 매우 중요한 위치를 차지하며 이 대화편 중 10권 전체가 종교를 다룬다. 이상적인 도시국가 마그네시아(Magnesia)에서 무신론은 엄격하게 금지되며 무거운 처벌 대상이다. 이 도시의 법률 58조는 공무를 담당하는 사람은 어떤 불경건한 행위라도 발견하면 이를 법정에 고소해야 한다고 규정한다. 불경건한 행위로 유죄 판결을 받은 사람은 교도소로 보내 5년 동안 독방에 감금한다. 석방된 후 다시 같은 죄를 저지르면 누구를 막론하고 사형에 처한다. 초자연적인 힘을 부정함으로써 무신론을 조장하는, 더욱 중대한 불경건 행위를 저지른 사람은 평생 감옥에 가둔다(907e~909c).

마그네시아의 입법자들은 사람들이 법률을 준수하도록 만드는 데 제재보다는 논증과 설득이 더 바람직하다고 믿기 때문에 이런 엄격한 금지 조항에 다음과 같은 서문을 붙였다.

> 법률이 명령하는 신들의 존재를 믿는 사람은 어느 누구도 자발적으로 불경건한 행위를 저지르거나 법률에 어긋나는 어떤 말도 하지 않는다. 만일 누군가가 그렇게 한다면 이는 그가 다음의 세 오류 중 하나에 빠졌기 때문이다. 즉 그는 신이 현존한다는 사실을 믿지 않거나 또는 신들이 현존하지만 우리 인류에게 아무런 관심도 없다고 믿거나 아니면 신들이 제물이나 제사에 따라 좌우될 수 있다고 믿는 자이다. (885b)

입법자들은 이런 믿음과 반대되는 세 가지 진리를 증명함으로써 사람들이 이런 오류에서 벗어나도록 치유할 의무를 지닌다.

신들이 현존한다는 점을 증명하기 위하여 우주의 경이나 계절의 순환 등을 지적하는 정도로는 충분하지 않다. 무신론자들은 해와 달, 별들은 단지 아무 감정도 없는 흙과 돌에 지나지 않으며 이런 요소들과 이들의 복합체 모두 자연에 따라 우연히 현존하게 되었다고 말한다(886d, 889a). 그리스인과 이방인들 모두 신이 현존한다는 점에 예외 없이 동의한다는 사실에 호소할 수도 없다. 무신론자들은 이런 믿음이 단지 어린 시절부터 받은 교육의 결과이며 어떤 경우든 신들의 본성에 관해서는 결코 일치된 의견을 보이지 않는다고 주장한다(887c, 889e).

무신론을 반박하기 위해서는 다소 먼 길을 돌아가야 한다. 우연적인 진화에 의해서 세계의 모든 장치들이 만들어졌다고 생각하는 사람들이 범하는 기본적인 오류는 영혼이 물체에 앞선다는 사실을 파악하지 못했다는 점이다. 영혼은 어떤 물체보다도 훨씬 앞서 창조되었으며 물리적인 것들을 전개하고 변형하는 원인이 바로 영혼이다(892a). 영혼이 물체에 앞선다는 사실은 서로 다른 종류의 가능한 운동들은 분석함으로써 증명된다. 운동의 종류는 무려 열 가지나 되는데 가장 중요한 것은 다음 두 가지이다. 즉 (a) 다른 어떤 것에 의해서 운동하게 되는 동시에 자신의 운동을 다른 것들에게 전달하는 경우와, (b) 운동을 다른 것들뿐만 아니라 지신에게도 전달하는 경우이다. 전자와 같은 유형의 운동이 이 세계에 존재하는 운동의 근원이 될 수는 없다. 우주 안의 모든 운동은 어떤 자기발생적인 운동으로부터 시작되어야 한다. 그런데 자기발생적인 운동은 영혼과 동일한 것이다. 왜냐하면 '스스로 운동한다는 점은 생명체의 정의에 속하기' 때문이다(894c~896a).

그렇다면 영혼은 물체에 앞서며 바로 영혼이, 영혼들이라고 하는 편이 더 나을 듯한데, 하늘을 지배하고 조절한다. 어떻게 영혼이 해를 지배하는가라는 질문을 받는다면 이에 대하여 세 가지 대답을 할 수 있을 듯하다. 해 자체가 영혼을 지니고 있어 마치 우리의 영혼이 육체 안에 깃들어 있듯이 해의 영혼도 해에 깃들어 있거나 아니면 자기 나름대로 육체를 소유한 어떤 영혼이 있는데 이 영혼이 해와 접촉하여 해로 하여금 정해진 운동을 하도록 강요하거나 아니면 어떤 육체도 전혀 갖지 않은 비물질적인 영혼이 정신적인 힘을 발휘하여 해를 운동하도록 이끈다고 대답할 수 있다. 어쨌든 간에 이 영혼이 일종의 신임은 분명하며 따라서 세계가 신들로 가득 차 있다는 탈레스의 말은 옳다(898e~899b).

하지만 신들이 인류를 보살피며 또한 신들이 제사나 제물에 좌우되지 않는다는 점은 여전히 증명이 필요한 문제로 남는다. 신들이 우리를 보살핀다는 점을 의심하게 만드는 주된 이유는 신들이 사악한 악당이 번성하도록 내버려 두는 듯이 보이기 때문이다. 하지만 우리는 우주를 보살피는 신들이 지혜와 절제, 용기의 덕을 지닌다는 사실은 의심할 수 없다. 또한 신들이 게으르거나 방종에 빠졌다고 생각할 수도 없다. 더욱이 신들은 모든 것을 알고, 보고 들으며 유한한 존재와 불멸하는 존재들의 능력 안에 놓인 것이면 무엇이든 할 수 있다. 만일 신들이 우리의 요구를 무시한다면 이는 신들이 우리의 요구를 알지 못하거나 아니면 이로부터 등을 돌리려는 유혹에 빠졌기 때문이다. 하지만 이런 생각은 어리석은 것에 지나지 않는다. 어쨌든 우주의 창조에 비하면 우리의 사소한 문제를 보살피는 일은 신의 수준에서는 어린아이의 장난 정도이다(899d～903a).

사악한 사람이 번성하는 일은 순간적이고 표면적일 뿐이다. 이런 일조차도 신의 위대한 계획 안에서 어떤 위치를 차지한다. 하지만 어느 누구도, 천상에 오르든 아니면 지옥으로 떨어지든 간에, 영원히 악행에 대한 처벌을 피하지는 못한다(905a). 제물과 제사를 통해서 신의 처벌을 피할 수 있다고 말하는 사람은 신들을 마치 늑대로부터 뇌물을 받는 양치기 개처럼 여기는 사람이다(906b).

아리스토텔레스의 부동의 동자

영혼이 물체에 앞선다는 플라톤의 주장은 운동과 변화의 개념에 대한 분석을 기초로 신의 현존을 증명하려는, 그 후 오랫동안 이어진 논증에 선구적인 역할을 담당하였다. 이런 유형의 논증들 중 가장 먼저 등장한 동시에 가장 정교한 것이 바로 우주적인 부동의 동자가 현존함을 증명하려는 아리스토텔레스의 시도인데 이는 《형이상학》 12권을 지극히 신학적으로 해석한 《자연학》의 마지막 두 권에 등장한다.

아리스토텔레스의 논증이 채택한 기본 원리는 운동 중인 모든 것은 다른 무언가에 의해서 움직여진다는 점이다. 《자연학》 7권의 첫머리에서 그는 자기운동이라는 개념에 대한 일종의 귀류법을 제시한다. 이에 따르면 스스로 운동하는 대상은 (a) 운동 중이기 위해서 부분을 지녀야만 하며, (b) 단지 어떤 한 부분만 운동하는 것이 아니라 전체가 운동 중이어야 하며, (c) 자신의 운동을 스스로 시작해야만 한다. 그런데 이는 불가능하다. (b)로부터 운동 중인 물체의 어떤 한 부분이라도 정지해 있다면 그 물체 전체가 정지해 있다는 결론이 도출된다. 하지만 물체 전체의 정지 상태가 부분의 정지 상태에 의존한다면 물체 전체의 운동 또한 부분의 운동에 의존한다. 따라서 그 물체는 자신의 운동을 스스로 시작하지 않는다. 그러므로 스스로 운동한다고 가정되었던 존재는 사실은 스스로 운동하지 않는다(*Ph*. 8. 241ᵇ34~242ᵃ49).[3]

그런데 이 논증은 두 가지 오류를 포함한다. 첫 번째 오류는 내가 '의존한다'라는 다소 애매한 표현을 사용하여 요약한 문장에서 드러난다. 전체의 운동은 논리적으로 부분의 운동에 의존한다. 하지만 인과필연적으로 의존하지는 않는다.[4] 더욱이 이 논증은 필요조건과 충분조건을 혼동하고 있다. 부분이 정지해 있음은 전체가 정지해 있음에 대한 충분조건이다. 그런데 이로부터는 단지 부분의 운동이 전체의 운동에 대한 필요조건이라는 점만이 도출될 뿐이다. 따라서 이 논증은 이른바 스스로 운동하는 존재의 운동이 다른 무언가를, 말하자면 인과적인 충분조건으로서 부분의 운동을 지녀야만 한다는 점을 증명하는 데 실패한다.

아리스토텔레스는 계속해서 모든 것은 다른 무언가에 의해서 움직여져야만 한다는 전제로부터 최초의 운동자가 존재해야만 한다는 결론을 이끌어

[3] 운동에 관한 아리스토텔레스의 저술을 번역하는 데는 약간의 문제가 발생한다. 영어에서 '움직이다'(move)라는 동사는 타동사로도 자동사로도 사용된다. 즉 나는 나의 방식대로 누군가를 움직일 수도 있고 그가 그의 방식대로 움직이도록 내버려 둘 수도 있다. '움직이다'에 해당하는 그리스어 동사는 오직 타동사의 의미만을 지니며 자동사의 의미를 표현하려면 이 동사를 수동형으로 만들어야 한다. 따라서 어떤 특정한 문장이 'X는 움직인다'를 의미하는지 아니면 'X는 움직여진다'를 의미하는지 결정하기 어려운 경우가 자주 발생한다 — 이런 애매함은 움직여지지 않으면서 움직임(unmoved movement)의 개념을 논의할 때 결정적으로 드러난다. 이런 애매함을 피하기 위하여 이후 논의에서 나는 자동사의 의미로는 'X는 운동 중이다'(X is in motion)라는 표현을, 목적어를 붙일 수 있는 타동사의 경우에는 'X는 움직인다'(X moves)라는 표현을 사용하였다. '운동'(motion)과 '움직임'(movement)도 이와 같은 방식으로 사용하였다. 나의 저서 *The Five Ways* (London: Routledge, 1969), 8~9 참조.

[4] Sir David Ross, *Aristotle's Physics* (Oxford: Clarendon Press, 1936), 669 참조.

낸다. 하지만 무한소급을 피하기 위한 그의 논증을 바로 검토하기보다는《자연학》8권에, 즉 마지막 부분에 등장하는, 스스로 움직임에 반대하는 더욱 상세한 논증을 먼저 살펴보는 편이 낫다고 생각된다. 여기서 아리스토텔레스는 세계 안의 어떤 것이, 예를 들면 생명체(*empsycha*)가 스스로 움직이는 듯이 보인다는 점을 관찰함으로써 논의를 시작한다.

> 우리가 운동하지 않는 정지 상태에 있다가 운동을 시작하는 경우, 말하자면 우리 외부의 어떤 행위자도 우리를 움직이지 않으므로 마치 우리 자신으로부터 우리 안에 운동이 생겨난 듯이 보이는 일이 가끔 일어난다. 이런 일은 무생물의 경우에는 결코 일어나지 않는다. 무생물을 움직이는 것은 항상 다른 어떤 외부의 존재이다. 하지만 동물은 자기 자신을 움직인다고 말할 수 있다. 따라서 만일 어떤 동물이 완벽한 정지 상태에 있다면 우리는 운동하지 않는 무언가가 외부로부터가 아니라 자신의 내부로부터 운동을 생성하는 경우를 보게 된다. 이제 이런 일이 동물에서 일어날 수 있다면 왜 전체로서의 우주에는 이와 동일한 일이 일어나지 않겠는가? (252^b18～25)

하지만 바로 아리스토텔레스는 이런 일이 일어날 수 없음을 보이기 위한 상세하고 복잡한 논증을 제시한다.

그는 우선 운동 중인 모든 것이 다른 무언가에 의해서 움직여지는 경우를 통한 증명을 제시한다. 운동은 우연적인(*per accidens*) 운동과 본질적인(*per se*) 운동으로 나뉜다. (항해 중인 배 안에서 잠자는 사람의 경우처럼 만일 무언가가 다른 어떤 것 안에 위치하기 때문에 운동한다면 이런 운동은 우연적이다. 이런 운동의 다른 예로는 어떤 사람이 손만 흔들 때처럼 어떤 것의 한 부분만 운동하는 경우를 들 수 있다.)

아리스토텔레스는 우연적인 운동은 스스로 움직이는 것이 아님을 당연시하는 듯 보인다(254^b7~11). 본질적인 운동 중에 있는 것들은 저절로 운동할 수도 있고 다른 것 때문에 운동할 수도 있다. 전자의 경우 운동은 본성과 일치하지만 후자의 경우에는 운동이 본성과 일치할 수도 있고(예를 들면 위쪽을 향한 불의 운동처럼), 본성과 일치하지 않을 수도 있다(예를 들면 위쪽을 향한 돌의 움직임처럼). 아리스토텔레스는 본성과 일치하지 않는 운동은 자기 자신의 내부가 아닌 다른 어떤 곳으로부터 도출됨이 틀림없다고 굳게 믿는다. 돌은 누군가가 던지지 않는 한 위쪽으로 운동하지 않는다는 사실에 우리는 바로 동의할지도 모른다. 하지만 일단 던져지면 돌은 저절로 운동을 계속하지 않는가에 대해서는 명확히 대답하기가 어렵다. 이에 대하여 아리스토텔레스는 그렇지 않다고 말한다. 돌을 던지는 사람은 던져진 돌뿐만 아니라 주변의 공기에까지 운동을 전달하며 특히 던져진 돌을 더 멀리 날아가게 만드는, 자력과 유사한 힘을 공기에 전달한다(266^b28~267^a3). 그는 생명이 없는 물체의 경우 본성과 일치하지 않는 운동뿐만 아니라 본성과 일치하는 운동도 그 물체 자신이 원인이 될 수는 없음이 명백하다고 생각한다. 만일 낙하운동을 하는 돌의 원인이 자기 자신이라면 돌은 스스로 낙하를 멈출 수도 있어야 한다(255^a5~8). 무겁고 가벼운 물체들이 운동을 일으키는 행위자를 원인으로 삼아 본성과 일치하는 운동을 하게 되는 방식은 두 가지이다. 첫째 물체들은 자신의 본성에 따라 상승하거나 낙하하는데 이때 운동의 원인은 그들에게 그런 본성을 부여한 존재이다. 이런 경우를 아리스토텔레스는 그들이 자신들을 만든 '생성자'에 의해서 운동하게 된다고 말한다. 따라서 불이 물을 데울 때 불은 물을 수증기로, 즉 무거운 실체에서 가벼운 실체로 만들며, 수증기는 가볍기 때문에 본성에 따라 상승한다. 그렇다면 불이 수증기의, 본성과 일치하는 운동의 원인이므로 불이 수증기를 움직인다고 말할 수 있다. 하지만 어떤 장애물이, 예를 들면 솥뚜껑이 수증기의 상승을 방해할 수도 있다. 이런 장애물과 같은 행위자는 운동을 방해하고 금지하는 또 다른 종류의 운동 원인인데 이를 '방해자'라고 부를 수 있다(255^b31~256^a2).

그렇다면 본성과 일치하는 동물의 운동은 어떤가? 이는 스스로 움직이는 경우가 아닌가? 이런 모든 경우를 아리스토텔레스는 동물의 한 부분이 다른 부분에 작용하는 것으로 설명하는 듯하다. 만일 어떤 동물 전체가 그 자신 전체를 움직인다면 이는 일종의 불합리함, 예를 들면 수업에서 어떤 한 사람이 선생인 동시에 학생이 되고 또 병원에서 치료하는 사람과 치료받는 사람이 동일한 것과 같은 불합리함을 포함한다고 아리스토텔레스는 생각한다 (257^b5). (하지만 이런 생각 자체도 마찬가지로 불합리하다. 의사는 때로 자신을 치료할 수도 있지 않은가?) '무언가가 자기 자신을 움직일 때 그것 중 한 부분이 움직이는 역할을 담당하고 다른 부분은 움직여지는 역할을 담당한다'(257^b13～14). 그런데 동물의 경우 어떤 부분이 움직이는 역할을 담당하고 어떤 부분이 움직여지는 역할을 담당하는가? 아마 전자는 영혼이고 후자는 육체인 듯하다.[5]

다른 어떤 것에 의해서 움직여지지 않으면 아무것도 운동 중일 수 없다는 주장을 만족스럽게 확립한 후 아리스토텔레스는 다른 것에 의해서 움직여지면서 또한 다른 것을 움직이는 일종의 연속이 무한히 계속될 수 없음을 보이기 위한 여러 논증을 제시한다. 우리는 반드시 다른 것들을 움직이면서 자신은 움직이지 않는 최초의 존재, 즉 부동의 동자에서 멈추어야 한다. 만일 A가 운동 중일 때 A를 움직이는 B가 반드시 존재한다는 점이 사실이라면 B 자체가 운동 중일 때 다시 B를 움직이는 C가 반드시 존재하여야 하며 이런 과정은 계속 이어진다. 그런데 이런 연속이 무한히 계속될 수는 없으며 우리는 자신은 운동하지 않으면서 다른 것들을 움직이는 어떤 X에 반드시 도달하여야만 한다(7. 242^a54～$^b54$, 256^a4～29).

아리스토텔레스가 장황하게 펼치는 논증의 상세한 부분들은 상당히 모호하며 따라가기가 쉽지 않다. 그러나 그의 추론 과정에서 발생하는 가장 심각

[5] S. Waterlow, *Nature, Change, and Agency in Aristotle's Physics* (Oxford: Clarendon Press, 1982), 66 참조.

한 문제는 그가 마음속에 어떤 종류의 연속을 생각하는지를 찾아내야 한다는 점이다. 그가 가장 자주 드는 예는 — 한 사람이 손을 사용하여 삽을 들고 돌을 옮기는 예는 — 움직이는 존재와 움직여지는 존재 사이에 동시적인 연속을 암시하는 듯하다. 우리는 어쨌든 운동이 발생하려면 그런 연속에서 어떤 최초의 계기가 있어야 한다는 사실에 동의할 수 있다. 하지만 왜 이 계기가 다양한 사람들로 이루어진, 무언가를 흔들거나 움직이는 존재가 아니라 유일하며 우주적인 부동의 동자라고 생각해야만 하는지 그 이유를 발견하기는 어렵다.[6] 하지만 아리스토텔레스는 땅에서 무언가를 파는 사람은 그 자신이 운동 중이며 따라서 다른 무언가에 의해서 움직여져야만 한다고 대답할 듯하다. 그러나 앞에서 등장한 그의 논증은 운동 중인 모든 것은 **동시에** 다른 무언가에 의해서 움직여져야만 한다는 사실을 보이지 못했다. 운동의 원인으로 간주된 생성자와 방해자는, 설령 이들이 일으킨 운동이 여전히 계속된다 할지라도, 이미 오래전 작용을 멈추었을 수도 있고 심지어 지금은 현존하지 않을 수도 있다.

그렇다면 무한소급이 불가능하다는 사실로부터의 논증은 운동 원인의 연속이 시간을 거슬러 올라가 적용된다는 점을 의미하는가? 세계에는 시작이 없다고 믿었던 아리스토텔레스가 끊임없이 변화하면서 영원히 지속하는 우주에서 운동 원인의 무한한 연속이 불가능하다는 주장을 어떻게 유지할 수 있는지를 파악하기란 무척 어렵다. 따라서 어떤 종류의 연속에서 출발하든 간에 우리는 아리스토텔레스가 마치 아낙사고라스의 위대한 지성과 유사하다고 주장하는(256b28), 불변하고 유일한 우주적인 부동의 동자라는 개념에 도달하는 데 실패하고 만다.

하지만 아리스토텔레스는《형이상학》12권에서 바로 이 존재를 신학적은 표현을 동원하여 묘사한다. 여기서 그는 영원히 지속되는 운동을 일으키면

[6] 아리스토텔레스 자신도 어떤 점에서는 이런 반박을 수용하는 듯이 보이며 땅에서 무언가를 파는 사람을 스스로 움직이는 존재로 여기기도 한다(256a8).

서도 영원히 운동하지 않는 실체가 존재하여야 한다고 말한다. 이 존재는 질료를 지니지 않으며 — 즉 이 존재는 다른 무언가로 변화함으로써 현존하였다가 현존하지 않을 수 없으며 — 또한 잠재태도 지니지 않는다 — 왜냐하면 변화를 일으키는 단순한 **힘**만으로는 운동의 영원성을 보장할 수 없기 때문이다. 따라서 이 존재는 오직 현실태(*energeia*)여야만 한다(1071b3~22). 아리스토텔레스가 보기에 천체의 회전은 근본적으로 변화할 가능성은 없지만 잠재태를 지닌다. 왜냐하면 천체에서 각각의 점은 매일 회전함으로써 다른 곳으로 움직일 힘을 지니기 때문이다. 천체는 운동 중이기 때문에 움직이는 존재를 필요로 하는데 이 존재가 바로 부동의 동자이다. 이 존재는 동력인으로는 작용할 수 없다. 만일 그렇게 작용한다면 자신 안에 변화를 포함할 것이기 때문이다. 하지만 사랑의 대상인 목적인으로 작용할 수는 있다. 왜냐하면 사랑받는다는 사실이 사랑받는 존재에게 어떤 변화도 일으키지 않으며 따라서 이 존재는 운동하지 않는 존재로 남을 수 있기 때문이다. 이런 점들이 사실이기 위해서 물론 여러 천체들은 부동의 동자에 대한 사랑을 느낄 수 있는 영혼을 소유하여야 한다. '천체와 자연 세계는 바로 이런 원리에 기초한다'고 아리스토텔레스는 말한다(1072b).

그렇다면 부동의 동자가 지닌 본성은 무엇인가? 그것의 삶은 우리의 삶 중 최선의 것과 유사함에 틀림없는데 우리의 삶 중 최선은 지적인 사고이다. 우리가 숭고한 관조의 순간에 도달하는 기쁨이 바로 부동의 동자가 누리는 영원한 상태이다 — 이를 통하여 아리스토텔레스는 이제 부동의 동자를 '신'으로 부를 준비를 마친다(1072b15~25). '삶 또한 신에 속한다. 왜냐하면 자신의 현실태는 삶인데 신은 바로 그런 현실태이며 그의 현실태가 지닌 본질은 최선의, 영원한 삶이기 때문이다. 이제 우리는 신이 살아 있는 존재이며 영원하고 가장 선하다고 선언하며 이렇게 함으로써 삶과 영원한 지속을 신에게로 돌릴 수 있다. 이런 존재가 바로 신이다'(1072b13~30). 놀랍게도 아리스토텔레스는 얼마나 많은 수의 신성한 것들이 존재하는지에 대해서는 별

행성들이 동심원 형태를 그리는, 아리스토텔레스가 생각한 (부동의 동자로부터 영향을 받는) 우주의 모습. 디 파올로(Giovanni di Paolo)가 그린, 단테(Dante)의 《신곡》 중 '천국편'의 삽화에 등장하는 그림이다.

관심이 없다. 때로는 (위의 인용문에서처럼) 유일한 신이 존재하는 듯이 말하기도 하지만 다른 곳에서는 복수형을 사용하여 신들이라고 말하기도 하고 또한 자주 단수의 중성명사로 '신성한 것'이라고 말하기도 한다. 천체의 운동과 이런 운동을 설명하기 위하여 요청된 부동의 동자 (또는 동자들) 사이의 밀접한 연결을 이미 설명하였기 때문에 아리스토텔레스는 부동의 동자가 얼마나 많은가라는 질문은 신학보다는 천문학의 문제라고 생각한 듯하며 이 문제에 대하여 그 수가 무려 47개에 이를 가능성이 있다는 대답을 준비하였다(1074ª13). 이는 이성적인 크세노파네스의 일신론과는 무척 거리가 멀다.

하지만 크세노파네스와 마찬가지로 아리스토텔레스도 신성한 정신의 본성에 대해서는 관심을 보인다. 《형이상학》의 유명한 한 부분에서(*Λ* 9) 신은 무엇을 사고하는가라는 질문이 제기된다. 신도 무언가를 사고하여야만 하며 만일 그렇게 하지 않는다면 신은 잠자는 사람보다 나을 것이 없다. 그리고 무엇을 사고하든 간에 신은 전부를 사고하여야만 한다. 그렇게 하지 않는다면 신은 변화를 겪을 것이며 잠재태를 포함하여야만 하는데 이는 신을 순수한 현실태로 아는 우리의 지식에 어긋난다. 신은 자기 자신을 사고하거나 아니면 다른 무언가를 사고한다. 그런데 사고의 가치는 사고하는 대상의 가치에 의해서 결정된다. 따라서 만일 신이 자기 자신이 아닌 다른 무언가를 사고한다면 신은 자신이 사고하는 대상의 수준으로 떨어져 버리고 만다. 따라서 신은 자기 자신에 대하여, 최고의 존재에 대하여 사고하여야만 하며 따라서 그의 사고는 사고에 대한 사고(*noesis noeseos*)이다(1074^b).

이런 그의 결론은 많은 논쟁의 대상이 되었다. 어떤 사람은 이를 신성한 존재에 관한 최고의 진리로 여긴 반면 다른 사람은 이를 단지 정교하게 구성된 무의미한 주장으로 여겼다. 또한 후자의 견해를 택한 사람들 중 일부는 이를 아리스토텔레스의 신학에 등장하는 최고의 불합리라고 생각하는 반면 다른 일부는 아리스토텔레스가 이를 오류를 범한 논증에 대한 일종의 귀류법으로, 즉 신이 사고하는 대상은 전혀 다른 종류의 것임을 보이기 위한 준비 작업으로 제시하였다고 생각한다.[7]

과연 그의 주장은 무의미한가? 만일 모든 사고가 무언가에 대한 사고이며 신이 오직 사고 자체에 대해서만 사고할 수 있다면 사고에 대한 사고는 무언가에 대한 사고에 대한 사고여야만 하며, 이는 다시 무언가에 대한 사고에 대한 사고에 대한 사고여야만 하며 … 이렇게 무한히 이어진다. 그리고 이는 아리스토텔레스로 하여금 부동의 동자를 가정하도록 만든 무한소급보다도 더욱 나쁜 결과를 낳는 무한소급임에 틀림없다. 하지만 어쩌면 '노에시스'(noesis)라는 그리스어 단어를 '…에 대한 사고'로 번역하는 것 자체가 잘못일지 모른다. 이 단어는 '…라는 사고'의 의미도 충분히 지닌다. '나는 사고한다'라고 사고하는 것은 전혀 무의미하지 않다. 실제로 데카르트(Descartes)는 이를 기초로 삼아 자신의 철학 체계 전체를 세우지 않았는가! 그렇다면 왜 신은 자신이 사고한다고 사고해서는 안 되는가? 오직 이것이 신

7 G. E. M. Anscombe, in Anscombe and P. T. Geach, *Three Philosophers* (Oxford: Blackwell, 1961), 59 참조.

의 유일한 사고일 경우에만 신은 전혀 위대하지 않은 존재로, 가설상의 신에 대한 아리스토텔레스의 표현을 빌리면, 전혀 아무것에 대해서도 사고하지 않는 존재로 보인다.

부동의 동자가 사고하는 대상과 관련해서 어떤 주장이 옳든 간에 이 대상에 우리 인간과 같은 우연적이 존재는 분명히 포함되지 않는 듯하다. 이 장의 내용에 기초하여 아리스토텔레스가 플라톤이 상상한 마그네시아에 산다고 가정해 보면 아리스토텔레스는 틀림없이 두 번째 유형의 무신론자, 즉 신들이 현존한다는 사실은 믿지만 그들이 인간을 보살핀다는 사실은 거부하는 무신론자로 낙인 찍혀 처벌받았을 듯하다.

에피쿠로스와 스토아학파의 신들

확실히 다음과 같은 유형에 속하는 사람이 바로 에피쿠로스였다. 메노이코스(Menoecus)에게 보낸 편지에서 그는 다음과 같이 썼다.

> 신에 대한 일반적인 관념에 포함된 주요 내용에 따라 신을 살아 있는 존재로, 결코 죽지 않으며 지복을 누리는 존재로 생각하라. 그리고 불멸성과 다른 어떤 것도, 지복과 양립할 수 없는 어떤 것도 신에게 덧붙이지 말라. 이런 불멸하는 지복을 유지하는 모든 것은 신에게 속한다고 믿으라. 실제로 신들이 분명히 존재하지만 — 이들에 대한 인식은 너무나도 명백하다 — 신들은 대부분 사람들이 생각하는 그런 존재는 아니다. 왜냐하면 대중들은 신들이 지복을 누린다고 생각하지 않기 때문이다. 경건하지 못한 사람은 많은 사람들이 믿는 신을 부정하는 사람이 아니라 많은 사람들의 믿음대로 신들이 그렇다고 믿는 사람이다. (D.L. 123 LS 23B)

신들이 누리는 불멸하는 지복을 위험에 빠뜨리는 믿음은 바로 신들이 인간의 일에 관심을 갖는다는 믿음이다. 신들이 어떤 인간은 좋아하고 다른 인간에게는 화를 낸다는 믿음이야 말로 행복하고 평온한 신들의 삶을 방해하는 믿음이다(Letter to Herodotus, D.L. 10. 76; Cicero, *ND* 1. 45). 신들이 인간을 위하여 세계를 창조하였다는 생각은 어리석기 짝이 없다. 우리가 신들에게 감사한다고 해서 신들이 무슨 이득을 보는가? 이미 행복한 평온함을 영원히 누리는 신들이 무슨 새로운 것을 얻으려고 무언가를 창조하려는 유혹에 빠지겠는가(Cicero, *ND* 1. 21~3; Lucretius, *RN* 5. 165~9)? 이 세상 대부분은 인간이 살기에 부적절한 거친 땅에 불과하며 인간이 살 수 있는 부분에서도 오직 인간이 노력해야만 곡식을 얻는다. 질병과 죽음 때문에 많은 사람들이 천수를 누리지 못한다. 아이가 이 험한 세상에 태어나면서 울기 시작하는 것도 놀랄 만한 일이 아니다. 이 세상은 인간보다는 야수들에게 더 어울리는 곳이기 때문이다.

폭풍우에 내던져진 선원처럼
그렇게 난파하여 아이는 세상에 태어난다.
벌거벗은 채로 이미 죽을 준비가 되어
인간에게 필요한 어떤 것도 갖추지 못하고 태어난다.
불운한 탄생의 첫 순간부터
살기 힘든 이 땅에 던져진다.
불행을 예감하는 울음소리로 방을 가득 채우면서
(자신의 운명을 너무나도 정확하게 예언한다).
하지만 새들과 짐승들 모든 야수들은
본성에 따라 제멋대로 하더라도 계속 늘어난다.
이들은 심술궂은 성미를 달랠 장난감도 필요 없고
음식을 줄 보모도 필요 없다.

이들은 말도 필요 없고 한겨울 찬바람도 두렵지 않다.
해가 바뀌어도 이들의 습관은 변하지 않는다.
이들을 지켜 줄 요새도 없지만
사악한 전쟁 무기를 쌓아 두지도 않는다.
땅 위에서 일하지 않아도 관대한 자연이 숨겨진 보물을 베풀며
자연의 넉넉한 손이 필요한 모든 것을 아낌없이 준다.

(*RN* 5. 195～228, 드라이든의 영역에 기초함)

이렇게 가엾은 인간의 운명은 신들에 대한 대중적인 믿음 때문에 좋아지기는커녕 더욱 나빠진다. 우주의 광대함과 천체의 화려함에 감동하고, 천둥 번개와 지진의 공포에 떨면서 우리는 우리의 악행을 처벌하는 데 열중하며 복수심에 불타는 어떤 천상의 존재들이 자연을 지배한다고 상상한다. 우리는 항상 공포에 떨며 죽음의 두려움에 사로잡혀 우리 자신을 엎드려 기도하고 제사를 지내는 나약한 존재로 떨어뜨린다(*RN* 1194～1225).

에피쿠로스가 신들의 존재를 받아들이는 까닭은 많은 사람들이 그렇게 믿기 때문이다. 이런 믿음은 너무나 널리 퍼져 있고 또 기본적이므로 우리의 본성에 뿌리박고 있는 듯이 보이며 따라서 참인 듯하다. 에피쿠로스는 이런 믿음의 핵심이 신들은 불멸의 지복을 누리며 따라서 어떤 수고나 분노 또는 애정과도 무관하다는 점이라고 생각한다. 이 정도의 지식으로도 인간이 미신에 빠지지 않고 신들을 경건하게 숭배하기에 충분하다. 하지만 인간의 호기심은 이에 그치지 않고 신들이 어떤 모습인지, 무슨 생각을 하는지, 어떻게 살아가는지를 알려고 한다(Cicero, *ND* 1. 43～5).

에피쿠로스에 따르면 자연이 신의 개념을 우리에게 전달하는 방식은 다음과 같다. 인간은 가끔 인간의 형태를 띤, 위대하고 잘 생겼으며 강력한 존재를 꿈꾸며 실제로 보기도 한다. 이런 존재가 이상화되면서 감각까지 부여되어, 불멸하고 지복을 누리며 아무 수고도 하지 않는 어떤 존재로 형성된다

(Lucretius, *RN* 1161~82). 비록 이상화되기는 했지만 신은 항상 인간의 형태를 유지하는 데 그 까닭은 인간이 모든 생명체 중에 가장 아름다운 형태를 지녔으며 또한 이성을 소유한 유일한 존재이기 때문이다. 하지만 신들은 우리처럼 뼈와 살을 지닌 존재는 아니다. 신들은 뼈나 살과 유사하기는 하지만 미묘한 무언가로 만들어졌으며 우리는 신을 만질 수도 볼 수도 없고 단지 정신을 통해서 지각할 뿐이다. 그리고 신들은 우리가 사는 세계의 어딘가에 살지도 않는다. 하지만 신들의 수는 유한한 인간의 수만큼이나 많다(Cicero, *ND* 1. 46~9; Lucretius, *RN* 5. 146~55).

에피쿠로스의 신학에 등장하는 모든 요소를 조화시키기란 쉽지 않다. 최근의 한 연구는 에피쿠로스의 신들을 사고를 통하여 형성된 구성물로, 즉 우리의 정신에 투영된 연속적인 상들의 결과가 우리가 생각하는 신들이 되었다고 간주함으로써 이런 조화를 모색한다. 이를 통하여 이상화된 개념들은 다시 우리가 모방할 만한 윤리적 전형을 제공한다. 이런 해석에 따르면 에피쿠로스는 엘리엇(George Eliot)이나 아널드(Matthew Arnold) 같은 19세기 사상가들을 이미 고대에 예견하였다고 할 수 있는데 이런 사상가들이 공언한 유신론은 도덕 이론에 필수적인 요소로 판명된다.[8] 이런 해석은 진지하고 매력적이기는 하지만 우리에게 에피쿠로스의 신학에 관한 대부분의 정보를 제공하는 루크레티우스나 키케로의 《신들의 본성에 관하여》에 등장하는 에피쿠로스의 대변자가 이 문제를 어떻게 생각하였을지는 그리 분명하지 않다. 왜냐하면 이런 추종자들은 에피쿠로스가 무신론자라는 평판을 액면 그대로 받아들이기 때문이다.

하지만 이들보다 앞서 고전 시대에도 에피쿠로스의 체계가 무신론에 가깝다고 여긴 학자들이 있었음은 부정할 수 없는 사실인데 특히 스토아학파가 그랬다(Cicero, *ND* 2. 25). 그러나 스토아학파가 생각한 경건함은 에피

[8] LS, i. 145~9 참조.

쿠로스의 경건함과 마찬가지로 대중들이 생각하는 개념과는 상당한 거리가 있었다. 거대한 일신교의 관점에서 보면 에피쿠로스학파와 스토아학파의 신학 모두 오류에 빠져 있다. 에피쿠로스학파는 신을 현실 세계로부터 너무 멀리 떼어놓았으며, 스토아학파는 신을 현실 세계와 너무 가까이 붙여 놓았다. 왜냐하면 스토아 신학을 지배하는 생각은 신을 섭리 자체와, 바꾸어 말하면 자연적 전개 과정의 합리성과 동일시하려는 것이기 때문이다. 그리고 이는 신은 곧 자연이라는 스피노자(Spinoza)의 사상을 예견하기도 한다.

에피쿠로스학파와 마찬가지로 스토아학파도 우선 사람들이 일반적으로 지닌, 신이 현존한다는 생각에 호소함으로써 논의를 시작한다. 그리고 이 두 학파는 신에 대한 대중적인 믿음의 근원 중 하나가 자연의 천재지변에 대한 공포라는 사실에 동의한다. 하지만 이 점으로부터 두 학파의 신학은 서로 갈라진다. 에피쿠로스학파와는 달리 스토아학파는 신의 현존에 대한 여러 증명들을 제시하는데 때로 이런 증명들의 출발점이 에피쿠로스학파가 신성한 섭리의 작용에 반대하기 위하여 제시한 논증의 출발점과 동일한 경우도 있다. 따라서 클레안테스는 인간의 마음에 신의 개념을 형성한 것은 우리가 온화한 기후와 땅의 풍요로움으로부터 얻는 이익이라고 말하였다(Cicero, *ND* 2. 12~13). 크리시포스도 땅의 과실은 동물을 위하여 존재하며, 동물은 인간을 위하여 존재한다는 전제를 받아들인다(*ND* 2. 37).

스토아학파가 제시한 가장 대중적인 증명은 후에 설계로부터의 논증으로 알려진 것이다. 천체는 규칙적으로 움직이며 해와 달은 유용할 뿐만 아니라 아름답기도 하다. 클레안테스는 집이나 체육관, 광장 등에 갔을 때 그곳이 훌륭하게 질서 잡힌 모습을 유지하는 광경을 본다면 누구나 그곳을 관리하는 사람이 있다는 사실을 알게 되리라고 말한다. 더욱이 천체들의 질서 잡힌 운행은 움직이는 천체의 수나 규모로 볼 때 분명히 어떤 정신의 지배를 받음에 틀림없다(*ND* 2. 15). 이런 측면에서 스토아학파는 세계를 시계제조공을 필요로 하는 시계에 비유한 페일리(Paley)의 생각을 이미 오래 전에 예견한 셈이다. 스토아철학자인 포시도니오스(Posidonius)는 해와 달, 행성의 움직임을 형상화하여 신비로운 고리 형태의 천구를 새로 고안하였다. 이것이 당시 원시 상태인 영국에 전해졌더라도 아무도 이것이 이성의 산물임을 의심하지 않았을 것이다. 따라서 형상화된 천구의 원형인 천체는 어떤 신성한 정신의 산물임을 더욱 큰 목소리로 선언할 수 있다. 이 세계가 우연의 산물이라고 믿는 사람은 충분히 많은 철자를 단지 안에 넣어 흔든 다음 다시 바닥에 쏟기만 하면 엔니우스(Ennius)의 《연대기》(*Annals*)[9]를 얻을 수 있다고 생각하는 사람이다. 키케로의 저술에서 스토아학파의 생각을 대변하는 발부스(Balbus)는 위와 같이 말하는데 이를 더욱 현대적으로 표현하면 타자를 칠 줄 아는 원숭이 무리가 셰익스피어의 작품을 만들어 낼 수 있다고 생각하는 것과 같다(*ND* 2. 88).

스토아학파의 창시자 제논은 신의 현존을, 아니면 최소한 세계가 합리적임을 증명하기 위한 다양한 논증들을 제시하였다. '합리적인 것은 비합리적인 것보다 우월하다. 그런데 세계보다 우월한 것은 아무것도 없다. 따라서 세계는 합리적이다.' '생명이 없는 어떤 것도 생명체를 만들지 못한다. 그런데 세계는 생명을 지닌 것들을 만들어 낸다. 따라서 세계는 생명을 지닌다.' 또한 그는 다음과 같이 말한다. '만일 올리브 나무에 피리가 열려 어떤 곡조를 연주한다면 우리는 그 나무가 음악을 안다고 생각할 것이다. 그렇다면 왜 지혜를 소유한 피조물을 만들어 내는 세계 또한 지혜를 소유한다고 생각해서는 안 되는가?' (*ND* 2. 22)

제논의 가장 독창적인 논증은, 최소한 설득력이 있다면, 다음과 같다. '우리는 합리적으로 신을 숭배한다. 하지만 우리는 현존하지 않는 것을 합리적으로 숭배할 수는 없다. 따라서 신들은 현존한다.' 이는 내가 이전에 명령문의 논리에 대하여 논의하면서 접했던 논증을 떠올리게 한다. '교회에 가

9 〔옮긴이 주〕 엔니우스(기원전 239~169)는 로마 문학의 창시자로 불리는 위대한 시인이며, 그의 《연대기》는 로마의 국민적인 서사시로 여겨졌던 작품이다.

라. 만일 신이 현존하지 않는다면 교회에 가지 마라. 그러므로 신은 현존한다.' 우리는 자주 '존재'에서 '당위'를 이끌어 내는 일을 금지해야 한다는 말을 듣곤 한다. 이제 '존재'에서 '당위'를 이끌어 내려고 시도하는 철학자를 발견하기란 쉽지 않다. 하지만 여러 시대를 거치는 동안 계속해서 철학자들은 '해서는 안 됨'으로부터 '존재하지 않음'을 이끌어 내려고 노력해 왔다. 이른바 악의 문제를 제기한 철학자들은 결국 이 세계가 현재의 모습과 같아서는 안 된다는 점으로부터 신은 현존하지 않는다는 사실을 논증한 셈이다.

스토아학파는 악의 문제에 특별한 관심을 보였다. 이들이 관심을 보인 까닭은 한편으로는 자신들의 체계에서 중요한 역할을 담당하는 신의 섭리가 악의 존재와 양립할 수 없는 듯이 보이기 때문이며 다른 한편으로는 스토아학파가 생각한 악은 오직 진정으로 실재하는 악이므로 악의 문제가 다른 학파에 속하는 유신론자들의 주장보다는 특히 자신들의 주장을 크게 제한하는 듯이 보이기 때문이다. 따라서 스토아학파는 비록 한계가 있다 할지라도 어떤 해결책을 강구할 수밖에 없었는데 크리시포스는 상반되는 것들은 오직 서로 공존할 경우에만 성립한다는 원리에 호소하여 해결책을 제시한다. 예를 들면 정의와 불의, 용기와 비겁함, 절제와 무절제, 지혜와 어리석음 등이 모두 그렇다(LS 54Q). 그런데 이 원리는(플라톤이 《파이돈》에서 영혼의 불멸성을 증명하기 위하여 제시한 논증 중 하나를 변형한 것이기도 한데) 거짓인 듯하다. 개별적인 덕목 각각의 개념은 자신에 대응되는 악덕의 개념과 분리될 수 없을지 몰라도 이런 사실이 덕과 악덕 모두 현실적으로 반드시 공존해야 한다는 사실을 보이지는 못한다.

스토아학파는 악의 문제에 대하여 이보다 덜 형이상학적인 또 다른 대답도 마련하였다. 이들은 결정론을 택했기 때문에 기독교가 이 문제를 다루면서 주로 그랬듯이 자유의지를 옹호할 수 없었다. 그 대신에 이들은 다른 두 가지 방식으로 자신들의 입장을 옹호하는데 그중 하나는 이른바 악들이 진정한 악이 아니라는(심지어 스토아학파와는 다른 입장에서 보더라도) 관점이며 다른 하나는 악들이 자비로운 섭리의 작용이 낳은, 의도하지는 않았지만 피할 수 없는 결과라는 관점이다. 첫 번째 관점에 따라 크리시포스는 빈대도 우리가 잠에서 깨자마자 바로 일어나는 데 도움을 주며, 쥐들도 우리가 주변의 모든 것을 깔끔하게 치우도록 이끈다고 말한다. 또한 두 번째 관점에 따라 그는 (다시 한 번 플라톤의 논증을 빌려) 이성을 위한 적절한 공간을 마련하기 위하여 인간의 두개골은 매우 얇아야 하는데 이는 두개골이 다소 약해지는 피할 수 없는 결과를 낳는다고 말한다(LS 54O, Q). 때로 크리시포스는 가장 잘 관리된 집 안에도 약간의 먼지가 쌓이는 일은 피할 수 없다는 논증에 의지하기도 한다(LS 54S).

크리시포스는 우리가 어떤 고통과 불편을 겪더라도 이 세계는 인간을 위하여 존재한다고 주장한다. 신들은 우리 자신과 우리들 서로를 위하여 우리를 만들었으며 또한 동물도 우리를 위하여 만들었다. 말은 전쟁터에서, 개는 사냥터에서 우리를 도우며 곰과 사자는 우리에게 용기를 키울 기회를 준다. 다른 동물들은 우리의 먹을거리가 된다. 대표적으로 돼지의 목적은 고기가 되어 우리의 식탁에 오르는 것이다. 어떤 피조물은 오직 우리가 그것의 아름다움을 찬미하기 위하여 존재하기도 하는데 공작이 그 대표적인 예이다. 공작은 바로 꼬리 때문에 창조되었다(LS 54O, P).

클레안테스 또한 제우스에게 바친 장엄한 송가에서 신의 섭리를 찬양한다.

오 왕 중의 왕이시여
모든 시대에 걸쳐 끊임없이 자신의 목적을 실현하는 신이시여
땅 위와 바다 속 모든 것, 하늘 높은 곳 모든 것에 이르기까지
무언가를 태어나게 함은 신이 하신 일이다.
얼빠진 죄인이 저지른 일 말고는.
하지만 신은 구부러진 것을 펼 줄도 아신다.
혼돈은 신을 통하여 질서가 되고, 신이 보기에

> 사랑받지 못하는 자들을 화합시켜 사랑스럽게 만들고
> 사악한 것들은 반드시 있어야 할 선한 것들과 함께하게 하므로
> 모든 것과 영원히 함께하는 분은 오직 신뿐이다.
>
> (LS 54I, 애덤(James Adam)의 영역에 기초함)

클레안테스는 경건한 유대인이나 독실한 기독교도가 유일신인 하느님에게 예배드릴 때에도 충분히 어울리는 표현을 사용하여 제우스를 찬미한다. 하지만 이 배후에 놓인 스토아학파의 개념은 일신교의 신 개념과는 전혀 다르다. 스토아학파에 따르면 신은 그 자신이 우주의 구성 요소가 되는 물질적인 존재로서 우주에 동력을 제공하며 '우주를 설계하는 불'로서 자신의 내부로부터 우주에 질서를 부여한다. 신의 삶은 우주의 역사와 같아서 우주와 마찬가지로 진화하고 발전한다.

키케로는 크리시포스의 주장을 다음과 같이 서술한다.

> 그는 신성한 힘이 이성 안에, 그리고 자연 전체의 영혼과 정신 안에 내재한다고 말한다. 그는 세계 자체를, 모든 것에 스며들어 있는 세계 영혼을 또는 정신과 이성에 위치한 영혼의 핵심적인 부분을 신이라고 부른다. 또한 그는 보편적이고 모든 것을 포괄하는 사물의 공통적인 본성을 그리고 운명과 미래에 일어날 사건들을 필연적으로 규정하는 힘도 신이라고 부른다. (*ND* 1. 39)

그렇다면 신은 흙, 물, 공기, 불 등의 요소와도 동일한 것인데 그는 이런 형태로 드러나는 신들을 전통적인 올림포스 신들의 이름에 따라 부른다. 즉 흙으로서의 신은 데메테르이며, 물과 공기로서의 신은 포세이돈, 불과 에테르로서의 신은 제우스이다. 그리고 제우스는 우리의 삶을 인도하고 우리에게 의무를 부과하는 영원한 법칙과도 동일하다(*ND* 1. 40). 키케로가 서술한 대

로 크리시포스의 종교는 일신교도 다신교도 아니다. 그것은 거의 모든 형태의 신들을 인정하는 범신론이다.

예언과 점성술에 관하여

키케로가 강력하게 이의를 제기한 스토아학파의 주장 중 하나는 바로 예언에 대한 그들의 믿음이었다. 《예언에 관하여》(*On Divination*)라는 키케로의 대화편은 자신과 동생인 퀸투스 키케로(Quintus Cicero)가 대화를 나누는 형식을 취하는데 동생은 예언을 옹호하면서 이에 대한 믿음이 종교의 성패를 좌우한다고 주장한다. 반면 자신, 즉 마르쿠스 키케로(Marcus Cicero)는 예언과 종교를 동일시하는 태도를 거부하면서 예언은 유치한 미신에 지나지 않는다고 반박한다. 퀸투스는 크리시포스의 저술을 근거로 삼는데 크리시포스는 예언에 관한 두 권의 책을 썼으며 진실을 전한 신탁과 현몽의 목록을 모아 놓기도 하였다(*D* 1. 6). 반면에 마르쿠스는 아카데메이아의 회의주의자인 카르네아데스로부터 많은 논증을 이끌어 낸다.

예언은 — 즉 언뜻 보기에 우연적인 듯한 미래의 사건들을 예측하려는 시도는 — 로마 시대에 여러 방법으로 이루어졌다. 이런 방법으로는 별을 탐구하고, 새의 비행을 관찰하고, 제사에 사용된 동물의 내장을 살펴보고, 꿈을 해석하고, 신탁을 구하는 것 등이 사용되었다. 이런 예언 방법 모두가 현대에 유행하지는 않지만 유감스럽게도 점성술은 오늘날까지도 상당한 영향을 미치는 듯하다.

퀸투스는 예언자나 점쟁이들이 행한 주목할 만한 예언의 많은 사례를 제시한 다음 우리가 새나 개구리의 행동을 보고 날씨나 열매의 수확량을 예측하는데 우리와 관련된 나머지 일들도 원리상 이와 다를 바 없다고 주장한다. 어떤 경우든 우리는 어떤 징조와 그것이 암시하는 바 사이를 연결하는 근거

열심히 공부하는 소년으로 묘사된 마르쿠스 툴리우스 키케로. 포파(V. Foppa)의 프레스코 화

를 알지 못하지만 우리가 분명히 알 수 있는 바는, 마치 주사위 두 개를 계속해서 백 번쯤 던졌을 때 나오는 눈의 횟수가 거의 비슷하듯이, 모든 일이 순전한 우연은 아니라는 점이다. 점쟁이의 예언 모두가 실현되지는 않는다. 하지만 의사들도 가끔 오진을 하지 않는가? 우리는 점쟁이들이 어떻게 예언을 하는지 이해할 수 없을지도 모른다. 하지만 우리는 자석의 작용 또한 이해 못하지 않는가? (*D* 1. 86)

퀸투스는 경험적인 증거들을 스토아학파로부터 이끌어 낸, 경험과 무관한 논증과 결합한다. 만일 신들이 미래를 아는데 이에 관하여 우리에게 말해주지 않는다면 이는 신이 우리를 사랑하지 않거나, 그런 지식이 우리에게 유

용하지 않다고 생각하거나 또는 그런 지식을 우리에게 전달할 능력이 없기 때문이다. 하지만 이런 생각들 중 어떤 것도 불합리하다. 신들은 미래를 틀림없이 안다. 왜냐하면 미래는 바로 신들 자신이 명하여 정한 바이기 때문이다. 따라서 신들은 틀림없이 우리에게 미래에 대한 지식을 전달하려고 하며 이런 전달 내용을 이해할 수 있는 능력 또한 우리에게 부여하였다. 이런 능력이 바로 예언의 기술이다(*D* 1. 82~3). 예언에 대한 믿음은 미신적이 아니라 과학적이다. 왜냐하면 예언은 서로 연결된 원인들이 하나로 결합된 연속을 이루면서 차례대로 진행되기 때문이다. 스토아학파는 이런 연속을 바로 운명이라고 부른다(*D* 1. 125~6).

이에 대하여 마르쿠스 키케로는 매우 현실적인 태도로 대답을 시작한다. 만일 어떤 사물이 무슨 색인지 알고 싶다면 티레시아스(Tiresias) 같은 맹인 예언자보다는 시력이 좋은 누군가에게 묻는 편이 더 낫다. 우리가 아프다면 점쟁이보다는 의사를 불러야 한다. 우주에 대하여 알고 싶으면 자연학자에게 가야 하고 도덕적 충고를 얻으려면 예언자보다는 철학자를 찾아야 한다. 날씨가 알고 싶다 해도 예언자보다는 배의 선원이 예상하는 바를 믿어야 한다.

만일 어떤 사건이 진정으로 우연의 산물이라면 이를 예상하는 일은 불가능하다. 왜냐하면 우연적인 경우에는 천문학자들이 일식을 예측할 수 있도록 해 주는 인과적 연속 같은 것이 전혀 존재하지 않기 때문이다(*D* 2. 15). 반면에 미래의 사건들이 운명에 따라 정해진다면 미래의 재난을 미리 안다 해도 우리는 이를 결코 피할 수 없으므로 차라리 이를 우리에게 알려 주지 않는 신들이 더욱 자비롭다고 할 수 있다. 만일 카이사르가 자신이 칼에 찔려 폼페이우스(Pompey)의 상 발 아래 나뒹구는 모습을 미리 보았다면 결코 이를 견딜 수 없었을 것이다. 점쟁이들이 내놓은 예언은 서로 모순되기도 한다. 카토(Cato)의 말을 빌리면 한 점쟁이가 다른 점쟁이를 만났을 때 서로 정면으로 마주 볼 수 있는 것이 오히려 놀라운 일이다(*D* 2. 52).

퀸투스가 늘어놓은 예언의 목록에 맞서 마르쿠스는 점쟁이의 충고가 거짓으로 드러났거나 오히려 재앙을 초래한 많은 경우를 나열한다. 예를 들면 심지어 폼페이우스와 카이사르 모두 행복한 죽음을 맞이하리라는 예언도 있었다. 키케로는 이른바 예언의 계기를 제공하는 전조를 후에 흄(Hume)이 기적에 대하여 생각한 것과 유사한 방식으로 생각한다. '전조라고 불리는 모든 것에 반대하여 결코 일어날 수 없는 모든 일은 실제로도 일어나지 않는다고 얼마든지 주장할 수 있다. 그리고 일어날 수 있는 어떤 일이 일어난다면 놀랄 이유가 전혀 없다'(*D* 2. 49). 어떤 일이 드물게 일어난다고 해서 그것이 곧 전조는 아니다. 현명한 사람을 발견하기란 망아지 중에서 노새를 발견하기보다 어렵다.

키케로는 최고의 천문학자라면 점성술을 통한 예언을 피한다고 말한다. 한 사람의 일생을 그가 태어날 때 별의 위치에 따라 예언할 수 있다는 믿음은 어리석기보다도 나쁜 것이다. 이는 결코 믿어서는 안 되는 광기에 불과하다. 쌍둥이의 삶과 운명이 전혀 다른 경우도 많다. 예언의 기초를 이루는 관찰은 지극히 잘못된 것이다. 점성술사들은 천체들 사이의 거리라 얼마나 되는지 전혀 알지 못한다. 별이 뜨고 지는 일 또한 관찰자의 위치에 따라 상대적이다. 따라서 어떻게 별들이 같은 순간에 태어난 모든 사람에게 동일한 영향을 미칠 수 있는가? 별에 관한 무언가를 연구하기보다 어떤 사람의 조상을 살펴봄으로써 그 사람의 성격을 훨씬 더 잘 예측할 수 있다. 만일 점성술이 사실이라면 왜 호메로스와 같은 순간에 태어난 다른 모든 사람들이 《일리아스》를 쓰지 못했는가? 칸네(Cannae) 전투[10]에서 사망한 모든 로마 군인들이 같은 별자리를 타고 났는가(*D* 2. 94, 97)?

마지막으로 키케로는 꿈이 미래를 예언한다는 생각을 비웃는다. 우리는 매일 밤 잠을 자고 거의 매일 밤 꿈을 꾼다. 때로 꿈꾼 내용이 실현된다고 해도 그것이 무슨 놀라운 일인가? 설령 신들이 우리의 잠자리까지 날아올 시간

[10] 〔옮긴이 주〕 칸네는 이탈리아 동남부의 고대 도시인데 기원전 216년 이곳에서 카르타고의 한니발(Hannibal)이 로마 군대를 대파하였다.

이 있다 할지라도 꿈을 통해서 무언가를 전한다는 생각은 어리석기 짝이 없다. 꿈들 대부분은 거짓으로 판명되므로 분별 있는 사람은 꿈에 신경 쓰지 않는다. 또한 우리에게는 꿈을 해석할 수 있는 열쇠가 없으므로 신들이 꿈을 통해서 무언가를 말한다면 이는 로마의 원로원에서 아프리카의 사투리로 연설하는 대사의 경우와 똑같다.

놀랍게도 키케로는 자신이 예언자로 활동한 적이 있음을 거리낌 없이 인정한다 — 하지만 오직 '대중의 의견을 존중하고 국가에 봉사하는 한에서만' 그렇게 했다고 말한다. 어쩌면 그는 계몽주의 시대 프랑스에서 등장한 무신론자 사제에게 공감을 표할지도 모른다. 하지만 그는 자신이 결코 무신론자는 아니라는 점을 강조하면서 논의를 마친다. 인간이 숭배하고 찬미하여야 하는, 영원한 최고의 존재가 있다는 사실을 그가 받아들이는 까닭은 전통을 존중해서뿐만이 아니라 천체의 질서와 우주의 아름다움 때문이기도 하다. 하지만 우리는 미신을 근절할 때 참된 종교를 가장 잘 섬길 수 있다(*D* 2. 149).

플로티노스의 삼위일체

고대의 철학적 신학은 플로티노스의 체계를 통하여 정점에 이르는데 러셀(Bertrand Russell)은 이 점을 다음과 같이 요약한다. '플로티노스의 형이상학은 신성한 삼위일체, 즉 일자, 정신, 영혼과 더불어 시작된다. 이들 셋은 기독교의 삼위일체에서 위격과는 달리 서로 동일하지 않다. 일자가 최고의 존재이며 정신이 그 다음에 위치하고 영혼이 제일 마지막 자리를 차지한다.'[11] 이를 기독교의 삼위일체와 비교하는 일은 피할 수 없는데 사실 플로티노스는 니케아(Nicaea)와 콘스탄티노플(Constantinople) 공의회가 몇몇 교부들의

[11] *A History of Western Philosophy* (London: Allen & Unwin, 1961), 292.

사상에서 영향을 받아 성 삼위 사이의 관계에 대한 명확한 결정을 내리기 이전에 세상을 떠났다.[12] 하지만 그의 사상을 제대로 이해하려면 오히려 이전 시대로 거슬러 올라가는 편이 더 큰 도움이 된다. 약간의 제한 조건이 필요하기는 하지만 플로티노스의 일자를 플라톤의 신으로, 지성을(플로티노스의 용어 nous에 대한 번역어로 앞에서 러셀이 사용했던 '정신'(spirit)보다는 '지성'(intellect)이 더욱 적절한 듯하다) 아리스토텔레스의 신으로, 영혼을 스토아학파의 신으로 볼 수도 있다.

일자의 개념은 플라톤의 대화편 《파르메니데스》에 등장하는 존재나 《국가》에 등장하는 선의 이데아와 같은 계통에 속한다. 《파르메니데스》에서 발생하는 모순은 선의 이데아처럼 '능력과 가치를 넘어선 존재', 궁극적으로 표현할 수 없는 실재의 어렴풋한 윤곽으로 간주된다. 플라톤이나 플로티노스에게 '일자'(The One)는 결코 자연수 중 맨 처음 숫자를 지칭하는 이름이 아니라는 점을 강조할 필요가 있다. 그것은 오히려 완벽하게 단순하며 분할되지 않는, 모든 것이 하나를 이루므로 궁극적으로 단일한 실재를 의미한다(Ennead 6, 9. 1과 6). 일자와 신은(플로티노스 자신이 이 두 용어를 모두 사용한다. 예를 들면 6. 9. 3) 존재를 넘어선다고 말할 때 그가 의미한 바는 일자가 현존하지 않는다는 점이 아니다. 이와는 정반대로 일자는 존재하는 바 중 가장 실재적이다. 그가 의미한 바는 일자는 어떤 술어로도 서술할 수 없다는 점이다. 우리는 결코 일자가 **이것이거나 저것이라고** 말할 수 없다. 왜냐하면 만일 일자에 대하여 참인 술어가 있다면 참인 문장에서 주어와 술어 사이의 구별에 해당하는 어떤 구별이 일자 안에도 반드시 있어야 한다. 그러나 이는 일자가 지닌 숭고한 단순성을 손상한다(5. 3. 13).

[12] 〔옮긴이 주〕 니케아 공의회는 325년 열렸는데 성부와 성자가 동등하다고 결정하였으며, 381년에 열린 콘스탄티노플 공의회에서는 성부, 성자, 성령의 세 위격이 완전히 동등하다고 결정함으로써 기독교의 삼위일체 교리를 최종적으로 공포하였다. 반면 플로티노스는 270년에 사망하였다.

> 존재란 어떤 종류의 형태를 지니지만 일자는 어떤 형태도, 심지어 지성을 통해서만 파악할 수 있는 어떤 형태도 지니지 않는다. 왜냐하면 일자의 본성이 모든 것을 만들어 내지만 일자 자체는 그들 중에 속하지 않기 때문이다. 일자는 어떤 종류의 것도 아니며, 어떤 크기나 성질도 지니지 않고, 지성도 영혼도 아니다. 일자는 움직이지도 정지해 있지도 않으며, 시간상에도 공간상에도 있지 않다. 플라톤의 표현을 빌리면 그것은 '그 자체로 혼자 있으며 단일하다' — 또는 형상이 없거나 형상에 앞서며, 운동과 정지보다도 앞선다. 왜냐하면 이런 성질들은 모두 존재의 속성으로서 일자를 다양성을 지닌 것으로 만들기 때문이다. (6. 9. 3. 38~45)

일자에 대하여 어떤 술어도 붙일 수 없다면 우리가 그렇게 하려 할 때 스스로 모순에 빠지는 것은 전혀 놀라운 일이 아니다. 플라톤주의자에게 존재는 우리가 진정으로 인식할 수 있는 바의 영역에 속하며, 단지 믿음의 대상에 지나지 않는 변화와는 반대되는 개념이다. 그런데 만일 일자가 존재를 넘어서 있다면 그것은 인식 또한 넘어선다. '일자에 대한 우리의 의식은 인식 가능한 다른 대상들의 경우처럼 학문이나 이해를 통하여 얻어지지 않으며 오직 인식보다 우월한 무언가를 통해서 얻어진다.' 이런 의식은 사랑에 빠진 사람이 사랑하는 사람 앞에서 느끼는 황홀함과 같은 일종의 신비적인 인식이라 할 수 있다(6. 9. 4. 3 이하).

일자는 인식될 수 없으므로 또한 표현할 수도 없다. 그렇다면 어떻게 일자에 관하여 말할 수 있으며 플로티노스는 어떻게 일자에 관한 무언가를 쓸 수 있는가? 플로티노스는 《엔네아데스》 5, 3. 14에서 스스로 이런 질문을 던진 후 다소 모호한 답변을 제시한다.

> 우리는 일자에 관해서 어떤 지식이나 개념도 갖고 있지 않다. 우리

> 는 그것을 말하지는 않지만 그것에 관한 무언가를 말한다. 만일 우리가 일자를 파악하지 못한다면 어떻게 그것에 관해서 말하는가? 우리가 일자에 관한 어떤 지식도 갖고 있지 않다는 사실이 우리가 그것을 전혀 파악하지 못함을 의미하는가? 우리는 일자를 파악하는 데 그것을 말하는 방식이 아니라 단지 그것에 관해서 말하는 방식으로 파악한다.

여기서 그것을 말함과 그것에 관해서 말함 사이의 구별은 무척 혼란스럽다. 여기서 플로티노스가 일자에 관해서 말하는 바가 예를 들면 배추와 같은 지극히 일상적인 대상에 관해서 말하는 바와 같을 수 있는가? 나는 배추를 말하거나 언급할 수 없으며 오직 그것에 관해서만 말할 수 있다. 내 생각에 여기서 플로티노스가 '말함'을 통하여 의미한 바는 '이름을 붙여 부름' 또는 '어떤 속성들을 부여함'인 듯하다. 나는 배추에 대해서는 이렇게 할 수 있지만 일자에 대해서는 이렇게 할 수 없다. 그리고 표준적인 번역에서 '관해서'(about)로 번역되는 그리스어 단어는 또한 '주변에서'(around)를 의미하기도 한다. 다른 대목에서 플로티노스는 우리가 심지어 일자를 '그것'이라고 부르거나 일자가 '존재한다'라고 말할 수도 없다고 주장한다. 우리는 단지 일자의 외부에서 그 주변을 맴돌 뿐이다(6. 3. 9. 55).

일자에 관한 모든 언급은 사실 일자가 행하는 창조에 관한 언급이다. 우리는 우리 자신의 나약함을 익히 알고 있다. 우리는 스스로 살아가기에 부족하며 완전성과도 거리가 멀다(6. 9. 6. 15~35). 이를 알기 때문에 우리는 일자를 파악하게 되는데 이는 마치 조각그림 맞추기에서 주변 조각들의 형태를 알아야만 가운데 들어갈 조각의 형태를 알 수 있는 것과 같은 방식으로 이루어진다. 또는 플로티노스 자신의 비유에 더욱 가까운 예를 들면 우리의 생각이 일자의 주변을 맴돌 때 우리는 보이지 않는 중력의 중심으로서 일자를 파악한다. 플로티노스가 이를 가장 생생하게 묘사한 부분은 다음과 같다.

> 이는 마치 합창단과도 같다. 합창단은 지휘자를 둘러싸고 있는데 때로는 지휘자를 쳐다보며 때로는 다른 방향을 쳐다보기도 한다. 합창단은 지휘자를 쳐다볼 때 가장 아름답게 노래 부른다. 이와 마찬가지로 우리도 항상 일자의 주변을 둘러싸고 있다 — 만일 그렇지 않다면 우리는 완전히 사라져 버려 더 이상 존재하지도 않을 것이다 — 하지만 항상 일자를 쳐다보지는 않는다. 우리가 일자의 둘레에서 신성한 춤을 추면서 일자를 바라볼 때 우리는 자신의 목표에 도달하며 평안을 찾고 완벽한 음색의 노래를 부른다. (6. 9. 38~45)

이제 일자에서 눈을 돌려 플로티노스의 삼위일체에서 두 번째 요소에 해당하는 지성(*nous*)에 관하여 살펴보기로 하자. 아리스토텔레스의 신과 마찬가지로 지성은 순수한 현실태이며 자기 자신 외부의 어떤 것에 대해서도 사고할 수 없다. 만일 이렇게 한다면 잠재태를 포함하게 되기 때문이다. 하지만 지성의 활동은 단지 사고에 대한 사고에 — 이것이 아리스토텔레스의 주장이든 그렇지 않든 간에 — 그치지 않으며 지성은 플라톤의 이데아 모두에 대해서 사고한다(5. 9. 6). 이런 이데아들은 외부의 실재가 아니다. 아리스토텔레스 자신이 일종의 보편적인 규칙으로 제시한 바와 같이 지성의 현실태와 지성의 대상이 되는 바의 현실태는 하나이며 동일하다. 따라서 이데아는 다름 아닌 지성의 활동으로 존재한다. 지성은 보편의 형상뿐만 아니라 개체의 형상까지도 포함하는 일종의 우주이다(5. 9. 9; 5. 7).

사고하는 자와 사고 자체가 동일함에도 불구하고 이데아들의 다양성은 지성이 일자가 지닌 완전한 단순성을 소유하지 않음을 의미한다. 사실 플로티노스가 지성보다 앞서며 우월한 무언가가 존재함에 틀림없다고 확신하는 까닭은 바로 이런 지성의 다양성 때문이다. 그는 모든 형태의 다양성은 궁극적으로 완벽하게 단순한 무언가에 반드시 의존하여야 한다고 믿는다.[13]

이런 지성이 만들어 낸 우주는 사실상 한없이 크며 풍요롭다.

> 이 세계에는 인색함도 모자람도 없으며 모든 것이 생명으로 가득 차 있고 생명과 더불어 끓어오른다. 모든 것이 하나의 원천에서 흘러나오는데 특별한 종류의 숨이나 따뜻함이 흘러나오는 것이 아니라 조금도 손상됨이 없이 모든 성질들을 포함하는 하나의 성질이, 달콤한 맛과 냄새, 뛰어난 포도주와 모든 향기의 본질, 다양한 색깔과 만질 때 느껴지는 모든 느낌들, 청각이 받아들일 수 있는 모든 선율과 운율을 모두 갖춘 것이 흘러나온다. (6. 7. 12. 22~30)

이것이 바로 존재, 사고, 생명의 세계이다. 이는 지성의 세계이지만 본질적인 요소로서 욕구도 포함한다. 무언가를 본다는 일이 보려는 욕구이듯이 사고도 그 자체로 일종의 욕구이다(5. 6. 5. 8~10). 지식 또한 욕구인데 탐구를 통해서 충족된 욕구이다(5. 3. 10. 49~50). 지성의 세계에서 욕구는 '항상 무언가를 욕구하는 동시에 항상 자신의 욕구를 채우려 한다'(3. 8. 11. 23~4).

그렇다면 지성의 근원은 무엇인가? 지성은 일자로부터 도출된 존재임에 틀림없다. 일자는 무언가가 새로 만들어진다고 해서 질투하지 않으며 또 스스로 무언가를 만들어 내어도 아무것도 잃지 않는다. 그런데 플로티노스의 원전은 서로 전혀 다른 두 가지 설명을 암시하는 듯하다. 한 대목에서 그는 마치 향수로부터 달콤한 방향이 흘러나오거나 해에서 빛이 유출되듯이 지성이 일자로부터 유출된다고 말한다. 이는 신의 아들은 빛에서 나온 빛이라고 말한 니케아 공의회의 교리 선언을 떠올리게 한다(4. 8. 6. 10). 하지만 다른 대목에서 플로티노스는 지성이 '감히 일자를 버리고 일자에서 벗어났다'고 말한다(6. 9. 5. 30). 이는 지성을 기독교의 삼위일체에 등장하는 한 위격과 유사한 것이 아니라 밀턴(Milton)의 작품에 등장하는 사탄 루시퍼와 유사하

[13] 나는 Dominic O'Meara의 *Plotinus: An Introduction to the Enneads* (Oxford: Clarendon Press, 1993)으로부터 큰 도움을 받았는데 그는 이를 단순성 선행의 원리라고 부른다(45면).

게 만든다.

이제 지성에서 벗어나 세 번째 요소인 영혼을 살펴보자. 여기서도 플로티노스는 일종의 배반 또는 멀어짐, 즉 스스로 독립하려는 교만한 욕구가 변형을 열망하는 형태로 드러난다고 말한다(5. 1. 1. 3~5). 암스트롱(A. H. Armstrong)은 영혼의 원죄를 다음과 같이 적절하게 설명한다.

> 영혼은 지성과는 다른 삶을 살려는 욕구라 할 수 있다. 지성의 삶은 영원히 정지된 삶, 영원한 사고의 삶, 직접적으로 가능한 대상을 모두 소유하는 삶이다. 이와는 다른 삶을 살기 위하여 영혼에게 남은 유일한 방법은 영원한 삶에서 벗어나 모든 것들이 동시에 존재하는 대신 무언가 다음에 다른 것이 생겨나는, 사고와 행위에 연속성이, 즉 지속적인 연결이 이루어지는 삶을 택하는 길뿐이다.[14]

이렇게 쉬지 않고 계속 이어지는 연속은 바로 시간이다. 시간은 영혼의 삶이며 영혼은 한 차례 살고 나면 바로 다음의 삶으로 덧없이 넘어가 버린다(3. 7. 11. 43~5).

영혼은 스토아학파의 체계에서 신과 마찬가지로 자연 세계에 내재하면서 이를 지배하는 요소이다. 하지만 스토아학파의 신과는 달리 물질적이지는 않다. 지성은 플라톤의 대화편 《티마이오스》에 등장하는 데미우르고스와 같은 우주의 창조자이다. 반면 영혼은 우주의 전개를 담당하는 지성의 대리인이다. 영혼은 지성을 올려다보는 내부적 요소와 자연을 내려다보는 외부적 요소를 지님으로써 지성에 의해서 파악되는 세계와 감각의 세계를 서로 연결한다(3. 8. 3). 자연은 물질세계의 전개를 담당하는 내재적 원리이다. 영혼은 자연을 봄으로써 자신이 자연에 반영됨을 인식한다. 자연이 만들어 가는

[14] A. H. Armstrong (ed.), *The Cambridge History of Later Greek and Early Medieval Philosophy* (Cambridge: Cambridge University Press, 1970), 251.

물리적 세계는, 비록 그 실체는 꿈과 같은 것이라 할지라도, 경이와 아름다움의 대상이다(3. 8. 4).

플로티노스의 신학적 체계가 매우 인상적이라는 점은 의심의 여지가 없다. 하지만 이를 받아들이도록 설득하기 위하여 과연 그가 어떤 종류의 논증을 펼칠 수 있는지는 의문스럽다. 그의 체계를 이해하려면 위에서 아래로 내려오는 접근 방식이 아니라 아래에서 위로 거슬러 올라가는 접근 방식을 선택하여야 한다. 즉 우리는 일자에서 출발하지 말고 실재 중 가장 바깥쪽에 위치한 물질에서 출발하여야 한다. 플로티노스는 당시 폭넓게 받아들여졌던 플라톤과 아리스토텔레스의 원리들을 출발점으로 삼는다. 플로티노스는 아리스토텔레스를 변화의 궁극적인 기체는 우리가 보거나 만지는, 변화 가능한 물체의 본성들 중 어떤 것도 소유하지 않은 무언가여야만 한다는 주장을 편 인물로 이해한다. 그러면서 어떤 물질적 속성도 소유하지 않은 질료는 상상할 수 없다고 주장한다.

설령 아리스토텔레스가 생각한 질료가 더 이상 필요 없다 할지라도 그의 형상 개념은 여전히 남는다. 형상들 중 가장 중요한 것은 바로 영혼인데, 사람들의 수만큼이나 많은 영혼이 존재한다는 생각은 매우 자연스럽다. 하지만 여기서 플로티노스는 아리스토텔레스의 또 다른 원리, 즉 형상은 질료에 의해서 개체화된다는 원리에 호소한다. 따라서 만일 질료의 개념을 포기한다면 우리는 오직 하나의 영혼만이 존재한다고 결론지어야 한다.

영혼이 물체로서의 육체에 앞서며 또한 육체와 서로 무관하다는 점을 증명하기 위하여 플로티노스는 플라톤이 《파이돈》에서 사용한 것과 정확하게 동일한 논증을 사용한다. 플로티노스는 영혼은 육체의 근육을 움직이는 일 이상의 어떤 작용도 하지 않기 때문에 영혼이 육체에 의존한다고 주장하는 사람들에 대하여 적절하게 반박한다. 음악가가 칠현금의 현을 연주할 때 그가 작용하는 대상은 현이지 선율이 아니다. 하지만 선율이 요구하지 않는 한 현은 연주되지 않는다.

다음으로 타락하지 않는 세계영혼이 어떻게 타락한 개인의 육체에 깃들 수 있는가? 바다를 통한 비유를 즐겨 사용하는 플로티노스는 이 문제를 서로 다른 두 가지 방식으로 설명한다. 그는 세계영혼을 몸의 반쯤은 바닷물에 담그고 나머지 반쯤은 공기 중에 내놓은 모습으로 바닷가에 서 있는 사람에 비유한다. 하지만 그는 우리가 진정으로 질문해야 할 바는 어떻게 영혼이 육체 안에 깃드는가가 아니라 어떻게 육체가 영혼 안에 있을 수 있는가여야 한다고 생각한다. 즉 그물이 바다에 떠 있듯이 육체도 영혼 안에 떠있다(4. 3. 9. 36~42). 비유를 통하지 않고 직접 표현하면 영혼 안에서 육체가 영혼에 의존하여 조직화되고 계속 현존한다고 말할 수 있다.

영혼은 세계를 지혜롭게 잘 관리하고 지배하지만 영혼이 세계를 지배하면서 발휘하는 지혜는 원래 영혼에 속한 것이 아니라 외부에서 들어온 것이어야 한다. 이 지혜가 물질세계로부터 들어올 수는 없다. 왜냐하면 그 세계가 바로 영혼이 규정하는 대상이기 때문이다. 이 지혜는 지성이 행하는 활동의 전형 또는 유형인 이데아와 본성상 연결된 무언가로부터 들어와야만 한다. 그렇다면 이 무언가는 오직 세계정신 또는 지성일 수밖에 없다.

우리는 앞에서 플로티노스가 지성이 궁극적인 실재일 수 없음을 보이기 위하여 사용한 논증, 즉 지성은 주어와 술어라는 이중성과 이데아들의 다양성 때문에 궁극적인 실재일 수 없다는 논증을 이미 살펴보았다. 따라서 우리의 긴 행로는 결국 단일하고 유일한 일자에 도달함으로써 마무리된다.

플로티노스의 신학은 다소 변형되기도 했지만 아테네에서 철학 학교들이 폐쇄됨으로써[15] 서양에서 비기독교 철학이 막을 내릴 때까지 계속 명맥을 유지하였다. 하지만 그는 초기 기독교 지도자들에게 흡수되고 전달된 사상을 통하여, 비록 이런 사실이 인정되지는 않았지만, 상당한 영향을 미쳤으며 오늘날까지도 미치고 있다. 이런 기독교 지도자들 중 가장 중요한 인물은 아우

[15] 〔옮긴이 주〕 529년 당시 로마 황제 유스티아누스(Justianus)의 명령에 따라 플라톤의 아카데메이아, 아리스토텔레스의 리케이온을 비롯한 모든 아테네 철학 학교들이 폐쇄되었다.

구스티누스인데 그는 젊은 시절 빅토리누스(Marius Victorinus)가 번역한 플로티노스의 저술을 읽었다. 이를 통하여 아우구스티누스는 기독교로 개종하게 되었으며 그의 《고백록》과 《삼위일체에 관하여》(*On the Trinity*)에는 플로티노스의 흔적을 드러내는 대목들이 무척 많이 발견된다. 아우구스티누스가 삶을 마감할 즈음에 반달족(Vandals)이 그가 살았던 히포(Hippo)를 포위하자 그는 《엔네아데스》의 한 부분을 인용하면서 자신을 위로하였다고 전한다. '나무와 돌이 무너져 내리는 일이나 유한한 피조물인 인간이 죽는 일을 — 이는 신이 우리를 돕는 일이기도 한데 — 중요하게 생각하는 사람을 어찌 진지하다 할 수 있겠는가?' (1. 4. 7. 24~5)

연표

기원전	585	탈레스가 일식을 예측함
	547	아낙시만드로스가 사망함
	530	피타고라스가 이탈리아로 이주함
	525	아낙시메네스가 사망함
	500	헤라클레이토스가 중년에 접어듦
	470	크세노파네스가 사망함
		데모크리토스가 태어남
	469	소크라테스가 태어남
	450	파르메니데스와 제논이 아테네를 방문함
		엠페도클레스가 중년에 접어듦
	444	프로타고라스가 도시국가의 헌법을 씀
	427	플라톤이 태어남
	399	소크라테스가 사형당함
	387	플라톤이 아카데메이아를 설립함
	384	아리스토텔레스가 태어남
	347	플라톤이 사망함
	336	알렉산드로스가 마케도니아의 왕위에 오름
	322	아리스토텔레스가 사망함
	313	키티움 출신의 제논이 아테네로 옴
	306	에피쿠로스가 자신의 정원을 설립함
	273	아르케실라오스가 아카데메이아의 수장이 됨
	263	클레안테스가 스토아학파의 수장이 됨

	232	크리시포스가 스토아학파의 수장을 이어받음
	155	아카데메이아의 수장 카르네아데스가 로마를 방문함
	106	키케로가 태어남
	55	루크레티우스가 《사물의 본성에 관하여》를 씀
	44	카이사르가 암살당함
	30	아우구스투스가 로마 황제가 됨
기원후	52	성 바울로가 아테네에서 설교함
	65	세네카가 자살함
	161	마르쿠스 아우렐리우스가 로마 황제가 됨
	205	플로티노스가 태어남
	387	아우구스티누스가 세례를 받음

여기 표시된 많은 연도들은 특히 고대로 거슬러 올라갈수록 추측의 결과일 뿐 정확하지 않다.

저술의 생략형과 인용 표시

CHHP K. Algra, J. Barnes, J. Mansfeld, and M. Schofield (eds.), *The Cambridge History of Hellenistic Philosophy* (Cambridge: Cambridge University Press, 1999).

CHLGP A. H. Armstrong (ed.), *The Cambridge History of Later Greek and Early Medieval Philosophy* (Cambridge: Cambridge University Press, 1967).

DK H. Diels and W. Kranz (eds.), *Die Fragmente der Vorsokratiker*, 6th edn., 3 vols. (Berlin: Wiedmann, 1951); DK로 약칭하고 장, 문자, 단편의 번호 순으로 표시하였다(예를 들면 DK 8 B115). 이 책의 각 장은 A(어떤 철학자에 대하여 고대 문헌에 등장하는 간접적 언급들)와 B(오늘날까지 전해진, 어떤 철학자의 직접적 단편들)의 두 부분으로 나뉜다.

D.L. Diogenes Laertius, *Lives of the Philosophers*, trans. R. D. Hicks, Loeb Classical Library, 2 vols. (Cambridge, Mass.: Harvard University Press, 1972); 권과 절을 표시하였다(예를 들면 8. 8).

Ep. 편지(Epistle)

fr. 단편(fragment)

KRS G. S. Kirk, J. E. Raven, and M. Schofield (eds.), *The Presocratic Philosophers*, 2nd edn. (Cambridge: Cambridge University Press, 1983); KRS로 약칭하고 이 책에 등장하는 단편들에는 모두 일련번호가 붙어 있으므로 이 번호를 표시하였다(예를 들면 KRS 433).

LS A. A. Long and D. N. Sedley (eds.), *The Hellenistic Philosophers*, 2 vols. (Cambridge: Cambridge University Press, 1987); LS로 약칭하고 장과 원전 각 부분에 해당하는 문자를 표시하였다(예를 들면 LS 30F).

S.E. 섹스토스 엠피리코스(Sextus Empiricus)

개별 철학자들의 저술[1]

루크레티우스(Lucretius)

RN 《사물의 본성에 관하여》(*On the Nature of Things*)

섹스토스 엠피리코스(Sextus Empiricus, S.E.)

섹스토스 엠피리코스는 S.E.로 약칭하고 저술도 생략형으로(예를 들면 S.E., *M*.) 표시하였다.

M. 《독단론에 반대하여》(*Against the Professors*)

P. 《피론주의 개관》(*Outlines of Pyrrhonism*)

아리스토텔레스(Aristotle)

아리스토텔레스의 저술을 인용하는 표준적인 방식은 전통적으로 개별 저술의 제목과 권, 장을 밝히고 그 다음에는 1831년 간행된 벡커(Bekker) 판 전집의 면, 단, 행을 표시하는 것이므로 이에 따랐다(예를 들면 *Physics* 3. 1. 200^b32).

APo. 《분석론 후서》(*Posterior Analytics*)

APr. 《분석론 전서》(*Prior Analytics*)

Barnes *The Complete Works of Aristotle*, ed. J. Barnes, Oxford Translation (Princeton: Princeton University Press, 1984).

Cael. 《천체에 관하여》(*On the Heavens*)

[1] 〔옮긴이 주〕 원서에는 철학자 이름의 영어 자모순으로 등장하지만 독자들의 편의를 위하여 옮긴이가 가나다순으로 다시 배열하였다.

Cat. 《범주론》(*Categories*)

de An. 《영혼에 관하여》(*de Anima*)

EE 《에우데모스 윤리학》(*Eudemian Ethics*)

GA 《동물의 발생에 관하여》(*On the Generation of Animals*)

GC 《생성과 소멸에 관하여》(*On Generation and Corruption*)

HA 《동물지》(*History of Animals*)

Int. 《명제론》(*de Interpretatione*)

Metaph. 《형이상학》(*Metaphysics*)

Mete. 《기상학》(*Meteorologica*)

MM 《대윤리학》(*Magna Moralia*)

MXG 《멜리소스, 크세노파네스, 고르기아스에 관하여》(*de Melisso, Xenophane, et Gorgia*)

NE 《니코마코스 윤리학》(*Nichomachean Ethics*)

PA 《동물의 부분에 관하여》(*On the Parts of Animals*)

Ph. 《자연학》(*Physics*)

Po. 《시학》(*Poetics*)

Pol. 《정치학》(*Politics*)

Rh. 《수사학》(*Rhetorica*)

SE 《소피스트 식 논박》(*Sophistical Refutations*)

Top. 《토피카》(*Topics*)

알렉산드로스, 아프로디시아스 출신(Alexander of Aphrodisias)

de An. 《영혼에 관하여》(*de Anima*)

Fat. 《운명에 관하여》(*On Fate*)

에픽테토스(Epictetus)

Disc. 《대화》(*Discourses*)

크세노폰(Xenophon)

Mem. 《소크라테스 회상기》(*Memorabilia*)

키케로(Cicero)

Acad. 《아카데미카》(*Academica*)

D. 《예언에 관하여》(*On Divination*)

Fat. 《운명에 관하여》(*On Fate*)

Fin. 《최선과 최악에 관하여》(*de Finibus*)

ND 《신들의 본성에 관하여》(*On the Nature of the Gods*)

Off. 《의무론》(*On Duties, de Officiis*)

Tusc. 《투스쿨룸 논쟁》(*Tusculan Disputations*)

플라톤(Plato)

플라톤의 저술을 인용할 경우 개별 저술의 제목을 밝히고 그 다음에는 1578년 간행된 스테파누스(Stephanus) 판 전집의 면, 단, 행을 표시하는 것(예를 들면 *Phaedo* 64a5)이 일반적인 관행이므로 이에 따랐다. 이런 표기법은 플라톤의 모든 전집과 번역들 대부분에서 통용된다.

Apol. 《소크라테스의 변론》(*Apologia Socratis*)

Cra. 《크라틸로스》(*Cratylus*)

Euthd. 《에우티데모스》(*Euthydemus*)

Euthphr. 《에우티프론》(*Euthyphro*)

Grg. 《고르기아스》(*Gorgias*)

Hp. Ma. 《대히피아스》(*Hippias Major*)

Hp. Mi. 《소히피아스》(*Hippias Minor*)

La. 《라케스》(*Laches*)

Men. 《메논》(*Meno*)

Phd.　《파이돈》(*Phaedo*)

Phdr.　《파이드로스》(*Phaedrus*)

Phlb.　《필레보스》(*Philebus*)

Prm.　《파르메니데스》(*Parmenides*)

Prt.　《프로타고라스》(*Protagoras*)

Rep.　《국가》(*Republic*)

Smp.　《향연》(*Symposium*)

Sph.　《소피스테스》(*Sophist*)

Tht.　《테아이테토스》(*Theaetetus*)

Ti.　《티마이오스》(*Timaeus*)

플로티노스(Plotinus)

플로티노스의 저술은 그의 제자인 포르피리오스(Porphyry)가 스승의 저술들을 모아 아홉 권으로 편집한 엔네아데스(Enneads)에 따라 인용하는 것이 표준적인 방식이다. 이에 따라 엔네아데스의 권, 저술번호, 장, 행 순서로(예를 들면 Ennead 6, 1. 5. 27 또는 간단히 6. 1. 5. 27) 인용을 표시하였다.

참고문헌

이 참고문헌은 각주에서 인용된 모든 저술이나 내가 이 책을 쓰면서 참고한 저술 전체를 포함하지는 않으며, 독자들이 고대의 여러 철학자나 그들이 논의하였던 철학적 주제들에 관심이 있을 경우 크게 도움이 되리라고 생각되는 저술들을 선별하여 소개하였다. 독자들이 쉽게 접할 수 있는, 영어로 쓴 저술을 주로 선별하였는데 이런 저술들에는 대부분 더욱 상세한 참고문헌의 목록이 포함되어 있다.

일반적 저술들

Brunschwig, J., and Lloyd, G. E. R., *Greek Thought: A Guide to Classical Knowledge* (Cambridge, Mass.: Harvard University Press, 2000).

Frede, M., *Essays in Ancient Philosophy* (Oxford: Clarendon Press, 1987).

Gottlieb, A., *The Dream of Reason: A History of Western Philosophy from the Greeks to the Renaissance* (London: Allen Lane, 2000).

Irwin, T., *Classical Philosophy*, Oxford Readers (Oxford: Oxford University Press, 1999).

Owen, G. E. L., *Logic, Science, and Dialectic: Collected Papers in Greek Philosophy*, ed. M. Nussbaum (London: Duckworth, 1986).

Routledge History of Philosophy, i: *From the Beginning to Plato*, ed. C. C. W. Taylor; ii: *From Aristotle to Augustine*, ed. D. Furley (London: Routledge, 1997, 1999).

소크라테스 이전 철학자들 (1장)

소크라테스 이전 철학자들이 남긴 현존하는 단편들을 모은 원전의 표준판은 H. Diels and W. Kranz, *Die Fragmente der Vorsokratiker*, 6th edn., 3 vols. (Berlin: Wiedmann, 1951)이다. 소크라테스 이전 철학자들을 비롯한 많은 고대철학자의 전기적 사실에 관한 중요한 자료는 Diogenes Laertius, *Lives of the Philosophers*, trans. R. D. Hicks, Loeb

Classical Library, 2 vols. (Cambridge, Mass.: Harvard University Press, 1972)에 등장한다.

이 시대 철학자들의 원전을 영어 번역과 더불어 편집한 책은 G. S. Kirk, J. E. Raven, and M. Schofield (eds.), *The Presocratic Philosophers*, 2nd edn. (Cambridge: Cambridge University Press, 1983)인데 다소 불완전하지만 큰 도움이 된다.

원전이 없이 영어로 번역된 내용만 모은 훌륭한 편집본은 J. Barnes, *Early Greek Philosophy* (Harmondsworth: Penguin, 1987)이며, 더욱 최근의 번역으로는 R. Waterfield, *The First Philosophers: The Presocratics and the Sophists*, World's Classics (Oxford: Oxford University Press, 2000)이 있다.

Barnes, J., *The Presocratic Philosophers*, rev. edn. (London: Routledge, 1982).

Cornford, F. M., *Plato and Parmenides* (London: Kegan Paul, 1939).

de Romilly, Jacqueline, *The Great Sophists in Periclean Athens* (Oxford: Clarendon Press, 1992).

Dodds, E. R. (ed.), *Plato: Gorgias*, text with introd. and comm. (Oxford: Clarendon Press, 1959).

Guthrie, W. K. C., *A History of Greek Philosophy*, vols. i~iii (Cambridge: Cambridge University Press, 1962~9).

Inwood, B., *The Poem of Empedocles* (Toronto: University of Toronto Press, 1992).

Kahn, C. H., *The Verb 'Be' in Ancient Greek* (Dordrecht: Reidel, 1973).

______ *The Art and Thought of Heraclitus* (Cambridge: Cambridge University Press, 1979).

______ *Anaximander and the Origins of Greek Cosmology*, repr. of 1960 edn. (Indianapolis: Hackett, 1994).

Kerferd, G. B., *The Sophistic Movement* (Cambridge: Cambridge University Press, 1981).

Mourelatos, A. P. D., *The Route of Parmenides* (New Haven: Yale University Press, 1970).

O'Brien, D., *Empedocles' Cosmic Cycle* (Cambridge: Cambridge University Press, 1969).

Osborne, C., *Rethinking Early Greek Philosophy: Hippolytus and the Pre-Socratics* (London: Duckworth, 1987).

Schofield, M., *An Essay on Anaxagoras* (Cambridge: Cambridge University Press, 1980).

Taylor, C. C. W. (ed.), *Plato: Protagoras*, trans, with notes, rev. edn. (Oxford: Clarendon Press, 1991).

소크라테스와 플라톤 (1장)

플라톤 저술 전체의 그리스어 원전은 Oxford Classical Texts (Oxford University Press)에 다섯 권으로 포함되어 있다. 그리스어-영어 대역판은 Loeb Classical Library (Harvard University Press)를 통하여 모두 열두 권으로 출판되었다. 상당히 편리한 영어 번역으로는 J. M. Cooper와 D. S. Hutchinson의 편집본 (Indianapolis: Hackett, 1997)이 있는데 플라톤의 대화편 전체를 한 권으로 출판하였다.

Clarendon Plato series (Oxford: Clarendon Press, 1973~)에는 플라톤의 주요 대화편들이 상세한 역주와 더불어 번역되어 있는데 이들 중 특히 *Theaetetus* (ed. J. McDowell, 1973), *Philebus* (ed. J. C. B. Gosling, 1975) 그리고 *Phaedo* (ed. D. Gallop, 1975)가 유명하다. Penguin Classics와 Oxford World's Classics series에도 플라톤 대화편들의 영역본이 다수 포함되어 있다.

소크라테스에 관한 크세노폰의 저술은 Loeb Classical Library를 통하여 다음과 같이 두 권으로 출판되었다. *Memorabilia* (trans. E. C. Marchant, London, 1923) 그리고 *Symposium and Apology* (trans. O. J. Todd, London, 1961). 훌륭한 영어 번역으로는 Xenophon, *Conversations of Socrates*, ed. H. Tredennick and R. Waterfield (Harmondsworth: Penguin, 1990).

Adam, J. (ed.), *The Republic of Plato*, 2 vols. (Cambridge: Cambridge University Press, 1902).

Allen, R. E., *Plato's Euthyphro and the Earlier Theory of Forms* (London: Routledge & Kegan Paul, 1970).

______ (ed.), *Studies in Plato's Metaphysics* (London: Routledge & Kegan Paul, 1965).

Annas, J., *An Introduction to Plato's Republic* (Oxford: Oxford University Press,

1981).

Blondell, R., *The Play of Character in Plato's Dialogues* (Cambridge: Cambridge University Press, 2002).

Brandwood, L., *The Chronology of Plato's Dialogues* (Cambridge: Cambridge University Press, 1990).

Brickhouse, T. C., and Smith, N. D., *Socrates on Trial* (Oxford: Oxford University Press, 1989).

______ *Plato's Socrates* (New York: Oxford University Press, 1994).

Dover, K. (ed.), *Plato: Symposium* (Cambridge: Cambridge University Press, 1980).

Gosling, J. C. B., *Plato* (London: Routledge & Kegan Paul, 1973).

Hackforth, R., *Plato's Examination of Pleasure* (Cambridge: Cambridge University Press, 1945).

Irwin, T., *Plato's Moral Theory: The Early and Middle Dialogues* (Oxford: Clarendon Press, 1977).

Kahn, C. H., *Plato and the Socratic Dialogue* (Cambridge: Cambridge University Press, 1996).

Kraut, R. (ed.), *The Cambridge Companion to Plato* (Cambridge: Cambridge University Press, 1992).

Ledger, G., *Re-counting Plato: A Computer Analysis of Plato's Style* (Oxford: Clarendon Press, 1989).

Meinwald, C. C., *Plato's Parmenides* (New York: Oxford University Press, 1991).

Morrow, Glenn R., *Plato's Epistles*, a trans, with critical essays and notes, 2nd edn. (Indianapolis: Bobbs-Merill, 1962).

Robinson, R., *Plato's Earlier Dialectic* (Oxford: Clarendon Press, 1953).

Rowe, C. J. (ed.), *Plato: Phaedrus* (Warminster: Aris & Phillips, 1986).

Ryle, G., *Plato's Progress* (Cambridge: Cambridge University Press, 1966).

Saunders, T. J., *Plato's Penal Code* (Oxford: Clarendon Press, 1991).

Sayre, Kenneth M., *Plato's Late Ontology: A Riddle Resolved* (Princeton: Princeton University Press, 1983).

Stone, I. F., *The Trial of Socrates* (Boston: Little, Brown, 1988).

Taylor, C. C. W., *Socrates: A Very Short Introduction* (Oxford: Oxford University Press, 1998).

Vlastos, G., *Platonic Studies*, 2nd edn. (Princeton: Princeton University Press, 1981).

______ *Socrates, Ironist and Moral Philosopher* (Cambridge: Cambridge University Press, 1991).

White, N. I., *A Companion to Plato's Republic* (Indianapolis: Hackett, 1979).

아리스토텔레스 (2장)

아리스토텔레스의 저술 대부분은 그리스어 원전의 형태로 Oxford Classical Texts에, 많은 저술들의 영어 번역이 Loeb Classical Library에 포함되어 있다. 현존하는 그의 저술 전체에 대한 영어 번역이 J. Barnes가 편집한 Oxford Translation (Princeton: Princeton University Press, 1984)에 2권으로 출판되었다.

Clarendon Aristotle series (Oxford: Clarendon Press, 1963~)는 아리스토텔레스의 저술 중 일부를 선별하여 상세한 철학적 주석과 더불어 번역하였다. 이 시리즈로 출판된 저술들은 다음과 같다. *Categories and de Interpretatione* (ed. J. L. Ackrill, 1963), *de Anima II and III* (ed. D. W. Hamlyn, 1968), *de Generatione et Corruptione* (ed. C. J. F. Williams, 1971), *de Partibus Animalium* (ed. D. M. Balme, 1972), *Eudemian Ethics I, II, VIII* (ed. M. Woods), *Metaphysics Γ, Δ and Ε* (ed. C. Kirwan, 1971, 1993), *Metaphysics Ζ and Η* (ed. D. Bostock, 1994), *Metaphysics Μ and Ν* (ed. J. Annas, 1976), *Physics I and II* (ed. W. Chanlton, 1970), *Physics III and IV* (ed. E. Hussey, 1983), *Posterior Analytics* (ed. J. Barnes, 1975, 1993), *Topics 1 and 8* (ed. R. Smith, 1994).

아리스토텔레스의 많은 저술들은 Penguin Classics와 Oxford World's Classics에도 영어 번역으로 포함되어 있다.

Ackrill, J. L., *Aristotle the Philosopher* (Oxford: Oxford University Press, 1981).

Anscombe, G. E. M., and Geach, P. T., *Three Philosophers* (Oxford: Blackwell, 1961).

Bambrough, R. (ed.), *New Essays on Plato and Aristotle* (London: Routledge & Kegan Paul, 1965).

Barnes, J. (ed.), *The Cambridge Companion to Aristotle* (Cambridge: Cambridge

University Press, 1995).

Barnes, J. *Aristotle: A Very Short Introduction* (Oxford: Oxford University Press, 2000).

______ Schofield, M., and Sorabji, R. (eds.), *Articles on Aristotle*, i: *Science*; ii: *Ethics and Politics*; iii: *Metaphysics*; iv: *Psychology and Aesthetics* (London: Duckworth, 1975).

Broadie, S., and Rowe, C., *Aristotle: Nicomachean Ethics*, trans., introd., and comm. (Oxford: Oxford University Press, 2002).

Irwin, T. H., *Aristotle's First Principles* (Oxford: Oxford University Press, 1988).

Jaeger, W., *Aristotle: Fundamentals of the History of his Development*, trans. R. Robinson, 2nd edn. (Oxford: Clarendon Press, 1948).

Kenny, A., *The Aristotelian Ethics* (Oxford: Clarendon Press, 1978).

______ *Aristotle on the Perfect Life* (Oxford: Clarendon Press, 1992).

Kraut, R., *Aristotle: Political Philosophy* (Oxford: Oxford University Press, 2002).

Lear, J., *Aristotle and Logical Theory* (Cambridge: Cambridge University Press, 1980).

Lloyd, G. E. R., *Aristotle: The Growth and Structure of his Thought* (Cambridge: Cambridge University Press, 1968).

Meikle, S., *Aristotle's Economic Thought* (Oxford: Clarendon Press, 1995).

Ross, W. D., *Aristotle's Metaphysics* (Oxford: Clarendon Press, 1924).

______ *Aristotle's Physics* (Oxford: Clarendon Press, 1936).

Sorabji, R., *Time, Creation and the Continuum* (London: Duckworth, 1983).

______ *Matter, Place and Motion: Theories in Antiquity and their Sequel* (London: Duckworth, 1988).

Waterlow, S., *Passage and Possibility: A Study of Aristotle's Modal Concepts* (Oxford: Clarendon Press, 1982).

헬레니즘 시대의 철학 (2장)

이 시대 철학자들에 대하여 우리가 아는 바는 대부분 키케로나 루크레티우스, 섹스토스 엠피리코스 등의 후대 철학자들이 전하는 바에 의존하는데 이들의 저술은 Oxford Classical Texts와 Loeb Classical Library로 출판되었다.

헬레니즘 시대 철학자들의 현존하는 단편과 이들에 대한 언급을 모은 매우 유용한 편집본으로 *The Hellenistic Philosophers* by A. A. Long and D. N. Sedley, 2 vols. (Cambridge: Cambridge University Press, 1987)을 들 수 있다. 이 책의 1권에는 일차 원전이 영어 번역과 함께 실려 있으며, 2권에서는 그리스와 로마 시대 저술에서 헬레니즘 철학자들에 관하여 언급된 바가 주석과 더불어 소개된다.

스토아학파 철학자들의 현존하는 원전을 인용할 때 사용된 표준판은 오랫동안 J. von Arnim, *Stoicorum Veterum Fragmenta*, 3 vols. (Leipzig, 1903~5)(*SVF*)였는데 최근 들어 K. Hulser, *Die Fragmente zur Dialektik der Stoiker* (Stuttgart: Frommann-Holzboog, 1987)로 대체되었다. 에피쿠로스학파의 원전에 대한 표준판은 H. Usener, *Epicurea* (Leipzig, 1887)이다.

Algra, K., Barnes, J., Mansfeld, J., and Schofield, M., *The Cambridge History of Hellenistic Philosophy* (Cambridge: Cambridge University Press, 1999).

Annas, J. E., and Barnes, J., *The Modes of Scepticism: Ancient Texts and Modern Interpretations* (Cambridge: Cambridge University Press, 1985).

Asmis, E., *Epicurus' Scientific Method* (Ithaca, NY: Cornell University Press, 1984).

Barnes, J., Brunschwig, J., Burnyeat, M., and Schofield, M., *Science and Speculation: Studies in Hellenistic Theory and Practice* (Cambridge: Cambridge University Press, 1982).

Burnyeat, M., *The Sceptical Tradition* (Berkeley: University of California Press, 1983).

Furley, D. J., *Two Studies in the Greek Atomists* (Princeton: Princeton University Press, 1967).

Long, A. A., *Hellenistic Philosophy*, 2nd edn. (Berkeley: University of California Press, 1986).

Rist, J. M., *Stoic Philosophy* (Cambridge: Cambridge University Press, 1969).

______ *Epicurus: An Introduction* (Cambridge: Cambridge University Press, 1972).

Sharples, R. W., *Stoics, Epicureans and Sceptics* (London: Routledge, 1994).

로마와 로마 제국 시대의 철학

에픽테토스와 마르쿠스 아우렐리우스, 플로티노스의 저술들은 Loeb Classical Library에 포함되어 있으며, P. Henry와 H.-R. Schyzer가 편집하여 Oxford Classical Text에 수록된 플로티노스의 저술은(Oxford: Oxford University Press, 1964~82)은 인용의 표준판으로 사용된다.

O'Donnell, J. J., *Augustine: Confessions*, 3 vols. (Oxford: Clarendon Press, 1992).

《고백록》의 번역을 무척 많은데 그중 World's Classic series에 포함된 H. Chadwick의 번역이 유명하다(Oxford: Oxford University Press, 1991).

Armstrong, A. H. (ed.), *The Cambridge History of Later Greek and Early Medieval Philosophy* (Cambridge: Cambridge University Press, 1970).

Bailey, C., *Titi Lucreti Cari de Rerum Natura Libri Sex*, 3 vols. (Oxford: Oxford University Press, 1947).

Barnes, J. and Griffin, M., *Philosophia Togata*, vols. i and ii (Oxford: Clarendon Press, 1989, 1997).

Clark, G., and Rajak, T., *Philosophy and Power in the Graeco-Roman World* (Oxford: Oxford University Press, 2002).

Dillon, J., *The Middle Platonists* (Ithaca: Cornell University Press, 1977).

Dodds, E. R., *Proclus: The Elements Theology*, ed., trans., and comm., 2nd edn. (Oxford: Clarendon Press, 1992).

Griffin, M. T., *Seneca, a Philosopher in Politics* (Oxford: Oxford University Press, 1976).

Lloyd, A. C., *The Anatomy of NeoPlatonism* (Oxford: Clarendon Press, 1990).

O'Brien, D., *Plotinus on the Origin of Matter* (Naples: Bibliopolis, 1991).

O'Meara, D. J., *Plotinus: An Introduction to the Enneads* (Oxford: Clarendon Press, 1993).

Rist, J., *Plotinus: The Road to Reality* (Cambridge: Cambridge University Press, 1967).

Sedley, D., *Lucretius and the Transformation of Greek Wisdom* (Cambridge: Cambridge University Press, 1998).

Stump, E., and Kretzmann, N., *The Cambridge Companion to Augustine* (Cambridge: Cambridge University Press, 2001).

논리학 (3장)

Kneale, W. C., and Kneale, M., *The Development of Logic* (Oxford: Clarendon Press, 1962).

Lukasiewicz, J., *Aristotle's Syllogistic from the Standpoint of Modern Formal Logic*, 2nd edn. (Oxford: Clarendon Press, 1957).

Mates, B., *Stoic Logic*, 2nd edn. (Berkeley: University of California Press, 1961).

Nuchelmans, G., *Theories of the Proposition* (Amsterdam: North-Holland, 1973).

Patzig, G., *Aristotle's Theory of the Syllogism* (Dordrecht: Reidel, 1968).

Prior, A. N., *Time and Modality* (Oxford: Clarendon Press, 1957).

인식론 (4장)

Bostock, D., *Plato's Theaetetus* (Oxford: Clarendon Press, 1988).

Hankinson, R. J., *The Sceptics* (London: Routledge, 1994).

McKirahan, R. D., *Principles and Proofs: Aristotle's Theory of Demonstrative Science* (Princeton: Princeton University Press, 1992).

Schofield, M., Burnyeat, M., and Barnes, J., *Doubt and Dogmatism: Studies in Hellenistic Epistemology* (Oxford: Clarendon Press, 1980).

White, N. P., *Plato on Knowledge and Reality* (Indianapolis: Hackett, 1976).

자연철학 (5장)

Bobzien, S., *Determinism and Freedom in Stoic Philosophy* (Oxford: Clarendon Press, 1998).

Hankinson, R. J., *Cause and Explanation in Ancient Greek Thought* (Oxford: Clarendon Press, 1998).

Hoenen, P., *Cosmologia* (Rome: Pontifical Gregorian University, 1949).

Sorabji, R., *Necessity, Cause, and Blame* (London: Duckworth, 1980).

______ *Time, Creation and the Continuum* (London: Duckworth, 1983).

Waterlow, S., *Nature, Change, and Agency in Aristotle's Physics* (Oxford: Clarendon Press, 1982).

형이상학 (6장)

Barnes, J., and Mignucci, M. (eds.), *Matter and Metaphysics* (Naples: Bibliopolis, 1988).

Fine, Gail, *On Ideas: Aristotle's Criticism of Plato's Theory of Forms* (Oxford: Clarendon Press, 1993).

Graham, D. W., *Aristotle's Two Systems* (Oxford: Oxford University Press, 1987).

Malcolm, J., *Plato on the Self-Predication of Forms* (Oxford: Clarendon Press, 1991).

Scaltsas, T., *Substances and Universals in Aristotle's Metaphysics* (Ithaca: Cornell University Press, 1994).

심리철학 (7장)

Annas, J. E., *Hellenistic Philosophy of Mind* (Berkeley: University of California Press, 1992).

Brunschwig, J., and Nussbaum, M. (eds.), *Passions and Perceptions: Studies in Hellenistic Philosophy of Mind* (Cambridge: Cambridge University Press, 1993).

Hicks, R. D. (ed.), *Aristotle: De Anima*, with trans., introd., and comm. (Cambridge: Cambridge University Press, 1907).

Nussbaum, M. C. (ed.), *Aristotle: De Motu Animalium*, with trans., introd., and essays (Princeton: Princeton University Press, 1978).

______ and Rorty, A. O. (eds.), *Essays on Aristotle's Philosophy of Mind* (Oxford: Oxford University Press, 1992).

윤리학 (8장)

Annas, J., *Platonic Ethics Old and New* (Ithaca: Cornell University Press, 1999).

Broadie, S., *Ethics with Aristotle* (New York: Oxford University Press, 1991).

Gosling, J. C. B., and Taylor, C. C. W., *The Greeks on Pleasure* (Oxford: Clarendon Press, 1982).

Inwood, B., *Ethics and Human Action in Early Stoicism* (Oxford: Clarendon Press, 1985).

Nussbaum, M. C., *The Fragility of Goodness* (Cambridge: Cambridge University

Press, 1986).

Price, A., *Love and Friendship in Plato and Aristotle* (Oxford: Clarendon Press, 1989).

Schofield, M., and Striker, G., *The Norms of Nature: Studies in Hellenistic Ethics* (Cambridge: Cambridge University Press, 1986).

종교철학 (9장)

Festugiere, A. J., *Epicurus and his Gods* (Oxford: Blackwell, 1955).

Kenny, A., *The Five Ways* (London: Routledge, 1969).

Kretzmann, Norman, *The Metaphysics of Theism* (Oxford: Oxford University Press, 1999).

수록된 그림 및 소장처

371면 피타고라스가 헤라클레스의 키를 추정하는 모습 (아울루스 겔리우스가 쓴 작품의 15세기 사본)
ⓒ Biblioteca Ambrosiana, Milan (cod.S/P 10/28, 90v)

378면 뒤프레누아가 그린 소크라테스의 죽음
Archivi Alinari/Giraudon

383면 플라톤은 영혼을 전차에 비유하는데 이를 메달 안에 새긴 도나텔로의 작품
Archivi Alinari/Giraudon

395면 아리스토텔레스가 아베로에스를 가르치는 모습 (16세기 채색본의 삽화)
The Pierpont Morgan Library, New York: PML 21194

406면 연구 중인 아우구스티누스 (베네치아의 성 조르조 성당에 소장된 카르파초의 그림)
Archivi Alinari, Florence

414면 데모크리토스와 헤라클레이토스를 그린 브라만테의 상상화
Archivi Alinari

427면 페트루스 데 아바노의 저서 《철학과 의학 사이의 조화》(Venice: Herbort, 1483)에 등장하는 그림의 일부로 일곱 가지 덕을 모두 갖춘 스승의 모습
Koninklijke Bibliotheek, The Hague (169 D 3, f, a2r)

446면 보스코레알레에서 발견된 기원후 1세기경의 은잔에 새겨진 제논과 에피쿠로스 (그리고 돼지 한 마리)
Lauros/Giraudon/Bridgeman Art Library

456면 루브르박물관에 소장된, 전통적으로 '세네카의 죽음'으로 알려진 로마시대의 입상
Giraudon/Bridgeman Art Library

476면　디 파올로가 단테(Dante)의 《신곡》 중 '천국편'의 삽화로 그린, 아리스토텔레스가 생각한 우주의 모습
British Library (Yates-Thompson ms 36 f 169r canto XXII)

488면　포파가 프레스코화로 묘사한 소년 시절 키케로의 모습
Trustees of the Wallace Collection, London

속표지　라파엘로, 《아테네 학당》
ⓒ Scala, Florence/Vatican

찾아보기

〈ㅇ〉